自主知识体系丛书 手册系列
Books of Independent Knowledge System Handbook Series

任少波　总主编

Handbook of
Jurisprudence

法理学手册

葛洪义　主编

ZHEJIANG UNIVERSITY PRESS
浙江大学出版社
·杭州·

图书在版编目（CIP）数据

法理学手册 / 葛洪义主编. —— 杭州：浙江大学出版社，2025.3（2025.9 重印）.——（自主知识体系丛书）.
ISBN 978-7-308-25779-4

Ⅰ. D903-62

中国国家版本馆 CIP 数据核字第 2025WY6845 号

法理学手册

葛洪义　主编

出 品 人	吴　晨
总 编 辑	陈　洁
特邀总监	褚超孚
项目统筹	徐　婵
责任编辑	梅　雪
责任校对	赵　珏
封面设计	程　晨
出版发行	浙江大学出版社
	（杭州市天目山路 148 号　邮政编码 310007）
	（网址：http://www.zjupress.com）
排　　版	大千时代(杭州)文化传媒有限公司
印　　刷	杭州宏雅印刷有限公司
开　　本	710mm×1000mm　1/16
印　　张	35.5
字　　数	599 千
版 印 次	2025 年 3 月第 1 版　2025 年 9 月第 2 次印刷
书　　号	ISBN 978-7-308-25779-4
定　　价	178.00 元

总　序

习近平总书记指出："加快构建中国特色哲学社会科学，归根结底是建构中国自主的知识体系。"这一科学论断体现了扎根中国繁荣发展哲学社会科学、探索人类文明新形态的规律性认识，为新时代我国高校哲学社会科学勇担历史使命、服务中国式现代化建设提供了根本遵循。

在"两个大局"交织演变的时代背景下，党和国家对哲学社会科学发展提出了更高的要求，期待其在理论引领、学理阐释、话语传播、智力支撑等方面发挥更大的作用。当代中国正经历着我国历史上最为广泛而深刻的社会变革，以及最气势恢宏的理论与实践创新，亟须加快哲学社会科学体系的自主性、引领性建构，建立起具有时代特征的学科体系、学术体系和话语体系，以反映中国国情和历史深度，进而指导中国现实发展，推动文明交流互鉴。

建构中国自主知识体系是为人类文明不断创造和积累新知识，为人类文明新形态不断开辟理论新视野和实践新高度的战略之举。所以，我们需要在人类知识图景的历史与时代视野中通达普遍性意义，在新的时代条件下凝练基于中国经验、中国道路、中国问题的学术概念、理论和思想，提出体现中国立场、中国智慧、中国价值的理念、主张和方案。

学术思想是自主知识体系核心的理论集成，既要有"致广大"的世界视野，也要有"尽精微"的现实关怀。没有宏阔普遍的世界历史作为参照，学术思想难以作为独特经典影响时代发展；没有经国序民的家国情怀作为底蕴，学术思想难以成为治理良策"为人民做学问"。对此，我们一方面要沿循学科化逻辑，聚焦人类知识共同的创新突破需求，借鉴其他国家优秀的学术创新成果，不断推进世界的中国学研究，以"人类知识的总和"为视野建构自主知识体系；另一方面也要立足中国式现代化的实践图景，科学阐释中国式现代化实践中的重大思想、典型案例、创新经验等，为当代中国人"安身立命"的现世生活提供智识支持。

为回应总书记的关切，浙江大学提出要建成服务中国自主知识体系建构的战略基地,系统谋划推出"自主知识体系丛书",包括手册系列、案例系列、外译系列。手册系列提炼中国特有范畴与独创性理论,案例系列聚焦中国式现代化的伟大实践,外译系列推动中国学术思想和优秀传统文化"走出去"。

其中,手册,即学科手册,正是浙江大学探索建构自主知识体系的一个重要突破口。学科手册,是一种集工具查阅、学科知识脉络梳理和学术前沿拓展等功能于一体的著作方式,面向专业领域之外更广泛的阅读受众,旨在提供特定学科领域的学科历史、知识结构、研究方法和研究前景的评述性介绍,具有学术意义、育人意义和传播意义。

我们认为,学科手册具有以下特性:

一是兼具权威性和前沿性。手册的编写者是该学科领域具有重要影响的专家学者,与一般的教科书相比,手册的回溯性较弱,时新性较强,在学科定位、理论依据、研究范畴、基本概念、研究路径、价值追求等方面都作出积极的探索,进行深度呈现和"讲解",并且关注学术前沿动态,随着学科发展不断修订、及时更新。

二是兼具通用性和创新性。手册兼顾全球视野和中国特色,建立东西方学术之间的交流对话,凝结共识;手册既有历史叙述又有理论阐释,尤其注重对学科基本规范概念的再阐释、对标识性概念的再提炼;手册"又泛又新",强调在评述介绍中提出引领学术话语走向的新议题。

三是兼具整体性和独特性。与偏向条目式编排的大部分辞典类实用型工具书不同,手册更加重视在体系上呈现出对学科内容的全景式的整体观照,以紧密的内部逻辑关系构建章节,以独特的学术视角切入研究内容,相互勾连,在构建完整知识生态体系的同时呈现出多样化的研究思路、学术观点和研究体系。

学科手册作为中国自主知识体系的重要载体,在一定程度上构成了自主知识体系建构的基础材料。其所呈现的国际通行的学科知识框架和研究规范,为学术对话、知识传播提供了必要条件,可以作为自主知识体系建构工作的一个突破口。编写学科手册本身就是总结中国经验、凝练中国方案、建构自主知识体系的过程。

中国式现代化道路和人类文明新形态的伟大实践不仅为理论创新、学术发展注入了强大活力,也为建构中国自主的知识体系提供了广阔空间。面对世界格局深刻变化的背景,"自主知识体系丛书"手册系列与时俱进,在习近平新时代中国特色社会主义思想指导下,紧扣服务中国自主知识体系建构这一核心任务,以中国实践为着力点,以铸魂育人为出发点,聚焦重大前沿问题,总结经验、提炼观点,做出独创性贡献,希望本系列手册能为中国自主的知识体系建构和话语创新添砖加瓦，以此回答"世界怎么了""人类向何处去"的中国之问、世界之问、人民之问、时代之问。

感谢全国哲学社会科学工作办公室、教育部对浙江大学哲学社会科学发展的指导，感谢浙江省委宣传部、浙江省社会科学界联合会的大力支持，感谢学校社会科学研究院、本科生院、研究生院、出版社等相关职能部门的有力组织，感谢各位作者的辛勤付出以及校内外专家学者的宝贵建议。书中难免有不尽完善之处，敬请读者批评指正。

任少波

二〇二五年三月

前　言

　　本手册的编辑，目的是通过摘编，汇集近半个世纪我国法理学者公开发表的学术论文中所涉及的若干重要领域的具有代表性的观点，回顾、挖掘、反思构成中国法学自主知识体系的概念、判断与命题的主要内容及其形成过程，为读者提供一个认识、理解、把握具有鲜明当代中国特征、特色的法理学基本理论和基础知识的大致逻辑框架。

　　这一努力的认识前提是，我国法理学尽管涉及领域广泛、内容丰富多彩、观点百家争鸣，但其中的主要内容，或者说一以贯之的线索，始终是由我国法理学者在改革开放以来各个历史时期，在坚持马克思主义基本原理的基础上，在"以经济建设为中心"的思想路线引导下，结合我国实际的发展创造的。易言之，中国法学的"自主性知识"构成了中国法学理论的核心内容和基础。其中，一部分是我国学者创造性地提出的新概念、新命题；更多的则是我国学者在前人基础上，结合我国实际，为既往法学理论之概念、判断、命题等赋予的新的时代内涵与意义，和由此产生的全新的内容。

　　显然，与其他国家的法学知识相比，我国法学知识体系面临的自主性问题更为紧迫和突出。从起源上看，这个知识体系是在一个全新的基础上启动的，也是在一个动态的历史过程中演进的。20 世纪 70 年代末，中共中央在总结自身历史经验教训的基础上，提出要"加强社会主义民主，健全社会主义法制"，中国的法治建设由此起步，相应地，对法律、法治的研究在我国也才得以迅速展开。所以，从一开始，我国的法学理论研究就面临两个基本任务：一是必须区别于一切"剥削阶级"的法学。这就决定了中国法学必须与自己的历史切割，也必须处理好与其他国家的法学理论的关系，要创造一个崭新的法学理论体系。二是必须区别于极左思想路线影响下的人治，服务于改革开放后的新的经济社会发展需要，弘扬法治，推动我国法治建设的深入进行。在法治建设与社会主义的双重原则下，我国的法学研究必须认真处理好中国与世界、现代与古代的关系，进而谨慎地探索符合自己国家实际与国情的相关理论及知识。所以，我国的法学研究是在一个全新的基础上启动的，也是在一个动态的历史过程中发展的。我国的法学研究，从来都建立在我国法治建设实践需要的基础之上，与法治实践联系密切，事实上，也始终服务于中国社会主义法治建设。中国的法治建设具有强烈的政治属性，始终是在党的领导下，在党的路线方针政策的指引下，有组织、有步骤地持续推进，并且，随着党对经济建设与法治建设的重要认识、重大决策的变化与深化，突破一个又一个思想禁锢，获得不断发展。40余年来，中国的法学理论研究伴随着改革开放的历史进程，经历了无数次的研讨与摸索，甚至是激烈严肃的思想交锋，才逐步发展出自己的理论与知识系统，具有鲜明的过程性。可以说，我国法理学教科书中形式多样的体例设计、主题新颖的学术探讨，都是基于我国实践的需要，围绕我国现实被创造出来的。从这个意义上，我国的法学和法学理论，最核心的部分，都是应我国法治实践的需要而生，都是中国法学自主知识体系的重要组成部分，都是经过一定的历史发展而形成的。因此，系统地归纳和总结近半个世纪法学理论界的成果，既可以帮助我们了解我国法理学自己的历史进程，了解在特定历史条件下制约我们思考的问题意识及其由来，进而深入理解每一个今天看来似乎平常甚至已经成为法学常识的观点的内在复杂性，又可以帮助我们发现、挖掘在我国自己的语境下思考和解决中国问题的内在逻辑，进而架构起由中国问题所主导的中国法学自主知识。

本手册由66位学者83篇学术论文中的相关观点汇集构成。我们从近50年法理学界受到集中关注的研究领域中提炼出11个我们认为更能够显示我国法学理论研究特色的主题，然后，在每个主题中选择出比较有代表性的学者的重要观点。在选择的过程中，我们刻意突出了以下选择原则和标准：

其一，坚持改革开放与法治建设的基本方向。在这个知识体系形成的过程中，尽管经历了多次极为激烈的思想交锋与交流，学术期刊刊登了大量观点各异的论文文献，但是，贯穿始终的主线，是改革开放与法治建设。换句话说，能够沉淀下来、产生长期影响的学术观点，主要是那些符合改革开放、促进我国经济发展需要的思想，是那些有助于法治进步的理论。

其二，尽力体现和反映改革开放以来我国法学理论发展的历史全貌。如前所述，我国法学理论的发展经历了一个动态的历史过程，在各个时期，我国的法理学者都在努力解决自己所面临的时代问题，贡献了自己的宝贵见解，促进了法学理论的发展。手册的编辑,既要反映最新的相关观点与理论,又要体现这些观点、理论、知识的形成过程以及形成过程中面临的主要争议,所以,手册所覆盖的内容,包括了我国几代法学工作者的成果。

最后,还要说明的是,尽管希望展示更多的作品,但由于篇幅和能力所限,我们对收入手册的每位学者的学术论文做了数量限定,并对有关主题下的作品选择进行了适当平衡。在可能的情况下,也征求了入选作品作者的意见。但是,依然必须说明,许多重要学者的论文未能入选,入选的也并不一定是作者最满意的作品,或者,不是作者最重视的研究领域的作品。为了便于现在的读者理解,个别表述有变动。种种不足,希望以后还有弥补的机会。

谢谢大家对我们的支持!欢迎各位不吝指教!

葛洪义

2024 年 9 月 3 日

目　录

第一章

法理学的问题域

>>>>>>>

开展法学基础理论的研究

潘念之

　　我国的革命和建设,不论在物质建设还是精神建设方面,都积累了自己的经验,有了自己的创造,这就是毛泽东思想。在毛泽东思想指导下,将马列主义的法学基本理论同中国的法制的具体实践结合,根据中国的情况,我们发展了自己的法制,并对此进行综合和分析的研究,提出了新的法的规律和法的理论,充实和发展了马克思主义法学。从革命根据地到中华人民共和国成立以来的几十年中,我国法制和法学有继承,有创新,发展很快,成就是很大的。当前,我国法学正处在新的繁荣时期。实事求是地总结我们的法制建设的经验,从理论上加以说明,从而进一步发展马克思主义法学,并指导我国的法制建设,是全国法学界在党的十二大的指引下,在社会主义“四化”建设的总任务中应尽的迫切任务。《法学》编辑部的《倡议》是及时的,重要的。现在我们应该开展这样的法学理论研究工作。

　　没有正确的理论指导,就没有正确的实践。要加强我国的法制工作,必须提高我们的法学基础理论。法的概念、性质和任务,它的体系和发展规律,是关联到各个部门法的基础理论,必须首先研究清楚,符合于中国的实际,适应于建设社会主义的要求。这些问题,过去在我们的理论书上曾经占有一定的篇幅,但没有充分展开研究。直到今天,我们还是按照苏联的法律体系,近来也采纳了西方的一些说法,可是从中国的法制实际出发,进行多方面的、深入的研究还是不够的。究竟在社会主义中国,我们的法制应该是怎样一个体系,我们的法学应怎样分科,虽然有过一些讨论,但还没有进行精细的研究,未能作出科学的说明,当然也谈不到全国法学界有一个统一的看法。没有一个符合我国国情的法制和法学体系,而是头痛医头、脚痛医脚,遇到什么情况就临时搞一个法规,或者看到外国有什么法律,我国也搞一个什么法律,这不仅零碎散乱,彼此矛盾,而且难免发生错误,违反马列主义、毛泽东思想的原则,不适应也不能满足社会主义法制建设的要求。

　　试举一个例子。我国民法典已经写了好几稿而又停了下来,虽然有一些原因,如我国的民法应该包括哪些内容,其性质同其他国家的有什么不同,等等,而民法在整个法律体系中的地位和关系还有争论,也是一个原因。再说,经济法今天是受大家重视的,各个经济部门都在起草经济法规,而且主管部门还建立了经济法中心,统筹经济法规的立法问题。这当然是一件大好事。但在理论上,经济法能否成为一个独立部门法,如果成为的话,它的任务和原则是什么,它的内容和体系,它与民法和行政法的关系怎样,今天还没有作充分的讨论,也还没有说得清楚。这就妨碍了经济法规的成熟和发展。其他部门的法也或多或少地有这样一些问题。

　　再就法学院校的教学课程设置来说,各校也各自为政,很不一致。当然,多开几门课,多传授一些学术,对于充实学生的知识和开阔学生的思想是有好处的。但首先总得使学习的东西有利于我国的社会主义法制建设,其次也得照顾到学习时间和学生的精力,总得有体系地、有中心地传授必需的而且有用的知识。没有体系而随便开设一些课程是不妥当的。前些时候,我们编纂《法学词典》时,由于没有统一的法学学科分类作为根据,把本来计划编制的按部门分类的词目表删去了。其后编辑《中国大百科全书·法学卷》时,为了便于读者检查,觉得这个按学科分类词目表不可不有,勉强编了一个词目框架,但也由于缺乏根据,困难很大。可见法制和法学体系的确定,是有关发展我们社会主义法学的一个重要问题,是一定要很好研究并得到解决的。

　　其他,关于法的性质、任务、适用,各个部门法之间的关系,法与社会各方面问题的关系,法学的内容和任务,法学的研究对象、方法,法学与其他学科的关系,都与整个社会主义法的健康发展有关系,也都应该深入研究并予以解决的。

　　（摘自潘念之:《开展法学基础理论的研究》,原载《法学》1982 年第 11 期。）

论法理学的创新

沈宗灵

自 1978 年底党的十一届三中全会以来的十年中,总的来说,我国法理学也有了重大变化,在某些方面,已开始有所创新。这里讲的变化并不是指发表了多少论文、著作,编写了多少教材,培养了多少研究生或召开了多少学术会议等,而是指思想理论上的变化。这种变化主要表现在以下三个方面。

一、推动法学成为一门独立的学科

我国自 20 世纪 50 年代初以来,按照苏联模式,将法学的基础理论称为"国家和法律理论"。这实质上是使法学与国家学或政治学合二为一;法学不成其为真正独立的学科。自 20 世纪 80 年代初开始,法学的理论学科或基础课程的名称开始普遍改为"法学基础理论"。这里应注意的是,这一改变主要是由两个客观条件造成的:一个是党的十一届三中全会作出了健全民主和法制的重大决策,从而为加强法学提供了必要性和可能性;另一个是当时恢复了政治学在社会科学中的地位从而进一步明确国家学说主要属于政治学研究的范围。当然,这一改变也离不开广大法学工作者的努力。他们在开始几年曾就法学研究对象问题展开广泛的讨论(有时是激烈的争论)。在讨论过程中,绝大多数人认为,法学研究的对象是法律而不是国家和法律二者,更不能说主要是国家。国家和法律是密切联系的,因此政治学和法学都应研究国家和法律的关系,但它们研究的角度、广度、深度和比重各有不同。

以"法学基础理论"代替"国家和法律理论",并不仅仅是名称上的改变,也不意味着"法学基础理论"是法学理论学科与基础课程的最理想的名称。这一改变实质上体现了学科内容、体系的重大改变以及对法学本身应有真正独立地位这种观念的确认。

二、走向以研究中国社会主义法律为主的法理学

十年前,法学的基础理论不仅称"国家和法律理论",即以国家和法律二者作为研究对象(甚至以国家作为主要研究对象),同时还强调以研究一般的国家和法律,特别是以苏联为代表的一般的社会主义国家和法律,即社会主义类型的国家和法律为主。到 20 世纪 50 年代后期,虽然苏联的"国家和法律理论"也成了被"批判的对象"(主要是批判"和平过渡""全民国家""全民法"等观点),但就法学研究的对象而言,仍强调研究一般的法律,特别是社会主义类型的法律,也就是说它研究适用于一切社会的法律或适用于一切社会主义社会法律的基本理论。在这种思想支配下,人们往往自觉或不自觉地满足于以往教材或经典著作中的一般的、抽象的概念和原理,而不认真地,深入地探讨我国法制建设的实践。与此同时,人们也往往错误地将我国社会主义法律当作仿佛是社会主义法律的唯一代表。

社会主义法律或法制是我国社会主义上层建筑的一个重要组成部分,是为我国社会主义现代化事业服务的。因此,无论是我国社会主义法律和法制,还是以这种法律和法制为主要研究对象的马克思主义法学,都应具有中国的特色。具有中国特色的马克思主义法学并不意味着它应仅仅研究中国现行的社会主义法律和法制,但作为一个整体来说,它应以研究我国现行的社会主义法律和法制为主。同样地,我国的法理学,作为我国法学的一门理论学科,无疑应研究一切社会的法律或一切社会主义社会法律的基本理论,但作为一个整体来说,我国法理学研究的立足点、中心和归宿应是中国社会主义法律、法制的基本理论。① 党的第十三次代表大会文件所阐述的关于社会主义初级阶段的理论,更加深了我们对我国的法理学应是以研究中国社会主义法律为主的认识。

---

① 参见北京大学法律系法学理论教研室编:《法学基础理论》(新编本),北京大学出版社 1984 年版,第 8 页、第 14 页;沈宗灵主编:《法学基础理论》,北京大学出版社 1988 年版,第 11-12 页、第 21 页。

三、有关法律的一些基本观念的改变

(一)关于法律在社会生活中的地位

自 20 世纪 50 年代后期起,随着"左"的指导思想的抬头,法律在社会生活以及人们观念中的地位日益下降。当时在法理学作品中,也讲到法律的重要意义,但事实上只是空洞的表白而已,但总的来说,与十年前相比,已起了巨大变化。法律在社会生活中地位的变化,是十年来我国社会中一个极为突出的现象。从党和国家的指导思想上讲,"一手抓建设和改革,一手抓法制",已将法律的重要性提到前所未有的高度。与此相应,我国的法理学,围绕法制和社会主义现代化、安定团结、经济体制改革、商品经济、政治体制改革、民主建设、精神文明建设、对外开放等各个方面的关系,对法律和法制在社会生活中的重要地位,作了较系统的论证。在论述法律重要性、反对"法律虚无主义"的错误思想的同时,有的法理学作品也指出了应防止和反对"法律万能论"的错误思想。

(二)关于法律的作用或功能

长期以来,在"以阶级斗争为纲"这种错误观点的支配下,法学中也盛行过法律的作用主要是甚至仅仅是阶级斗争工具的观点。党的十一届三中全会后,这种观点在法理学中迅速被抛弃。一般地说,人们普遍认为,就我国而论,法律的社会作用极为广泛,在社会、政治、经济、文化等各个领域中都有重要作用。即使以政治领域而论,法律的作用也不限于阶级斗争和对敌专政。它还要维护和促进社会秩序、民主建设、政治体制改革,以及保护公民的基本权利,等等。在上述认识的基础上,我国的法理学作品中也论证了以下一些关于法律作用的基本观念,如法律不仅授予权利、权力,也设定义务、责任;不仅防止和制裁公民滥用权利的行为,也防止和制裁国家机关或国家公职人员滥用权力的行为;不仅有消极地保护人们合法行为或制裁人们违法行为的作用,还有积极地指引、鼓励和教育人们正确行为的作用;它不仅体现一定阶级或国家的意志,是一种实现社会调节(即调节人们行为或社会关系)的工具,而且它本身就代表一种独立的价值(如自由、平等、正义等)。

(三)关于我国法律的本质

长期以来,法理学中盛行的观点是:法律的本质首先在于它是统治阶级意志的体现。随着"以阶级斗争为纲"这一公式的消失,在法理学面前出现了一个尖锐的问题:在我国,剥削阶级作为一个阶级已被消灭,"法律代表统治阶级的意志"这一命题对我国社会主义法律是否仍适用?尽管对法的概念这一问题在我国法理学界至今还存在着很多分歧,但通过近几年来的反复讨论,大多数人都倾向于认为上述命题已不适用于我国社会主义法律。后者代表广大人民意志,服务于社会主义现代化建设事业。它对敌视社会主义事业的分子或其他严重刑事犯罪分子是专政的工具,但不能说人民就是统治阶级,也不能说我国的法律主要是实现阶级统治的工具。

(四)关于民主和法制、法治和人治的问题

在以往的法理学作品中,经常讲法律与国家、专政的关系,却很少论述法律与民主的关系。"法治"一词,在中华人民共和国成立初期报刊上还偶尔提到,以后就长期消失。法治与人治的关系问题在十年以前也几乎从未公开讨论过,仿佛这一问题在中国仅是古代思想家的争论。党的十一届三中全会提出:"为了保障人民民主,必须加强社会主义法制,使民主制度化、法律化。"①接着在党的历史问题的决议中进一步分析了导致十年动乱的一个重要原因是不重视民主、法制建设。② 自此以后,民主与法制不可分就成为我国法理学中一个牢固的观点。法理学界还对法治与人治的问题(实际上是"法治与人治"的含义)展开了广泛的讨论。目前较普遍的观点是:民主是法制的前提,法制是民主的保障,二者相互依存。就"依法办事"这一意义上讲,"法制"与"法治"二词是同义的,"法治"指"以法治国",因为法代表公意,体现民主;"人治"指国家大事由个别领导人独断地加以决定,代表专制。因此,要反对"以言代法""权大于法"。

(五)关于党的政策和国法、党和法律之间关系的问题

从法理学的历史来看,这一问题是社会主义国家特有的问题。社会主义国家是由共产党领导的,但党的领导主要是政治领导。在我国,由于长期存在"党政不分""以党代政"的重大缺陷,因而在政法工作和法理学中也始终有如何正确认识党的政策和国法以及党和法律之间的关系问题。自党的十一届三中全会后,特别是在党的十三大之后,在法理学作品中,对这些问题的认识尽管还有不同的理解,

---

① 《中国共产党第十一届中央委员会第三次全体会议公报》,1978 年 12 月 22 日中国共产党第十一届中央委员会第三次全体会议通过。

② 参见《中共中央关于建国以来党的若干历史问题的决议》,1981 年 6 月 27 日中国共产党第十一届中央委员会第六次全体会议通过。

但大体上还是一致的。在最新出版的《法学基础理论》教材中关于这些问题的结论是：在我国，党的政策同国家法律既有本质上的一致性，又各有不同特点，二者关系极为密切。党的政策对法律有指导作用，同时法律又对政策有制约作用。党必须在法律范围内活动。因此，不能将二者对立起来，分割开来，也不能将二者等同起来。[①]

（六）关于现代资本主义国家的法制问题

在以往法学理论中关于 20 世纪资本主义国家法制占支配地位的观点是：在进入帝国主义阶段后，资本主义国家的普遍规律是从民主走向反动，资本主义法制趋于破产。党的十一届三中全会后，我国法理学作品中关于这一问题的基本观点是：根据客观事实，在第二次世界大战以前，个别资本主义国家建立了法西斯专政，法制趋于破产，但在其他大多数资本主义国家，仍实行代议制民主和法制。战后，由于各种原因，资本主义国家的统治总的来说还是比较稳定的，资本主义民主和法制也有不同程度的发展。

（七）关于法律、法学的历史继承性问题

1957 年反右派斗争前夕，中国法学界曾就不同社会制度的法律是否有历史继承性问题展开广泛讨论。有些人主张资本主义法律和法学，作为一种文化遗产可以由社会主义法律、法学批判继承。反右派斗争开始后，这些人的观点就成为政治批判的对象。事实上，自 1949 年以来，我国政法工作部门以及法学界对西方国家或我国历史上的法律、法学一直是采取否定态度的。在粉碎“四人帮”后不久，法学界又再次进行关于法律继承性问题的讨论。绝大多数人反对以往关于这一问题的简单化观点，而主张我们应研究古今中外一切法律和法学，批判地继承，即借鉴对我们有用的知识和思想，做到古为今用，洋为中用。

最后，十年来法理学的重大变化也体现在对其他一些重要理论问题进行了探讨，进一步丰富了法理学的内容。这些问题主要有：①马克思主义基本原理和法学；②马克思、恩格斯、列宁的法律思想（包括马克思的早期法律思想）；③毛泽东、邓小平的法律思想；④系统论在法学中的应用；⑤无阶级社会是否有法律；⑥法律的阶级性和社会性；⑦法律文化，特别是中西法律文化的对比，中国传统法律文化

---

① 全国高等教育自学考试教材之一，参见沈宗灵主编：《法学基础理论》，北京大学出版社 1988 年版，第 212-213 页。

对社会主义现代化的影响;⑧法学的基本范畴(主要指概念);⑨我国社会主义法律的作用(功能);⑩法律和科学技术;⑪法律和商品经济;⑫法律和改革;⑬法律和精神文明建设;⑭社会主义初级阶段法制的特征;⑮法律体系和法学体系;⑯立法的超前作用;⑰判例在法律发展中的作用;⑱立法体制;⑲法制的协调发展;⑳对法律实施的监督;㉑法学,特别是法理学本身的创新(更新、改革);等等。

这里应指出的是,我国法理学工作者主要指在各高等法律院系和法学研究机构中从事法理学教学和科研工作以及在有关国家机关和法学报刊出版单位从事法理学研究的人,约有几百人之多(大部分集中在北京、上海等大城市)。以上所讲的十年的变化,凡涉及新观点的提出和讨论研究者,大部分是由这些法理学工作者主动进行的,但其中也有一部分,特别是一些很重要的观点和问题,一般是在党和国家的文件或个别国家领导人的讲话中首先提出的,例如:民主和法制不可分,民主必须制度化、法律化,一手抓建设和改革,一手抓法制;法制建设必须贯穿于改革的全过程;党必须在宪法和法律范围内活动;等等。法理学工作者的贡献主要在于阐述这些观点和问题。

(摘自沈宗灵:《论法理学的创新》第一部分,原载《中外法学》1989 年第 3 期。)

什么是《法理学》

孙国华

我们现在开设的这门课程——法理学,是法学基础理论的另一种叫法,或者说是法学基础理论的简称。这门课程在20世纪五六十年代,曾叫作国家与法的理论,其内容既包括国家问题、政治问题的基本理论,也包括法律问题的基本理论。从马克思主义的观点看来,国家问题、政治问题与法律问题是密不可分的。不弄清国家问题、政治问题也看不清法律问题。所以把国家与法放在一起、在其紧密联系中来研究其基本理论,有合理因素。但法律问题又不等于政治问题、国家问题,它有其相对的独立性,弄清国家问题、政治问题也不等于弄清了法律问题;而法律问题弄不清又会影响国家问题、政治问题的弄清。在当时(20世纪五六十年代)的历史条件下,比较强调国家问题、政治问题,而对法律问题重视不够,最严重的时期,甚至认为政治、政策可以代替法律,视法律为可有可无。党的十一届三中全会以后,适应经济建设的需要,适应加强民主、法制建设的需要,迫切要求加强对法律理论的研究。同时政治学作为一门学科也被恢复。为了减少同政治学、宪法学、科学社会主义等学科的不必要的重复,特别是为了更好地集中精力研究法的基本理论,在20世纪80年代初,我国法学理论界在坚持法与国家密切联系的方法的同时,大大压缩了国家基本理论的讲授,而把这些内容留归政治学等相关学科,并把这门课程的名称改为法学基础理论。

这门课改叫法学基础理论后,人们往往把它简称为"法理",而"法理"实际上讲的是法的原则、法的基本精神。作为一门学科,叫作"法理"莫若叫作法理学更确切些,于是法学理论界又逐渐把这门课程改叫为法理学了。需要特别指出的是,我们开设的法理学无论在性质上、内容上、结论上,都与中华人民共和国成立前开设的法理学或西方的法理学有重大的不同。

在性质上,我们的法理学是以马克思主义为指导的、为工人阶级和广大人民的社会主义建设事业服务的法理学,是马克思主义社会科学的重要组成部分。在内容上,它是讲授马克思主义法律基本理论的法理学,邓小平同志关于民主、法制建设的论述是它的核心内容。在结构上,它也不同于西方的法理学、法哲学,西方有时认为法理学即法哲学,但多年来受英国分析法学代表人物奥斯丁的影响,法理学(jurisprudence)一般指各部门法学的共同理论问题,偏重法律本身的理论,而不过多涉及法的哲学、社会学问题。而我们的法理学则既包括法哲学问题(如关于法的本质、法的产生和发展规律等问题),也包括法的社会学问题(即把法作为一种社会现象用社会学的方法来研究的问题,如法与经济、政治、文化、社会生活的相互关系、法的社会作用等问题),还包括专门法律问题的一般理论(如关于法律规范的结构、种类、法的体系、法的形式溯源、法律解释、法律效力等问题)。西方至今还没有这样的一种法理学。

马克思是学法律的,他在《政治经济学批判》的序言中总结的经验指出,"我的研究得出这样一个结果:法的关系正象国家的形式一样,既不能从它们本身来理解,也不能从所谓人类精神的一般发展来理解,相反,它们根源于物质的生活关系"①。这是我们的法理学最基本的方法论原理。也就是我们研究法律问题不是就法律问题谈法律问题,而是要坚持历史唯物主义的指导,到社会的物质生活关系中去找根源。研究法律问题当然要谈法律问题,但不是就法律问题谈法律问题,而要同法律背后的政治、文化、道德等社会问题相联系来谈法律问题,到社会的经济关系中去找其根源。所以在马克思主义的法学理论中,法的哲学问题、社会学问题和专门法律问题是紧密联系的,我们反对孤立地就法律问题谈法律问题,而是把法律问题同其他社会问题相联系并且把它们都提高到哲学的高度,以历史的、唯物辩证的观点观察问题。所以,我们现在把法学基础理论简称为法理学绝不是简单地恢复了中华人民共和国成立前的、西方所谓的法理学,它应当是马克思主义法学理论的体现,特别是以建设有中国特色社会主义理论为指导的有中国特色的马克思主义法学理论的体现。

法理学的内容决定了它在整个法学系统中的地位和作用,它是整个马克思主义法学系统的基础理论部分,着重讲述马克思主义,特别是当代中国活的马克思主义即建设有中国特色社会主义理论关于法、法制和法理的基本观点,讲授邓小

---

① [德]马克思:《〈政治经济学批判〉序言》,载《马克思恩格斯选集》(第二卷),中共中央马克思恩格斯列宁斯大林著作编译局译,人民出版社1972年版,第82页。

平同志关于发展社会主义民主、健全社会主义法制,实行依法治国的一系列重要理论,为学好部门法,为加强法制建设,为法律服务工作打下正确、坚实的理论基础。所以这门课程往往是学习其他法学课程的先导和入门,因为它涉及基本的法律观问题、法制建设的大政方针问题。当然法理学要能胜利地完成自己的使命也需要加强与部门法学的联系,从部门法学中吸取营养,回答部门法学中提出的带有普遍性的理论问题。所以学习和研究部门法又为进一步深入研究法理学创造了前提、提供了资料。所以法学研究对法理学和部门法学两者不可偏一,而在初期,则应把更多的精力放在弄清法的一系列基本理论问题上,为今后部门法的深入的、专门的研究打下良好的基础。

在新的历史时期,面对着建立社会主义市场经济体制,发展社会主义民主和建设社会主义精神文明,在稳定的条件下,深化改革、开放的复杂任务,以江泽民同志为核心的党中央反复要求我们要"学习学习再学习"。我们从事政法工作、法院工作的干部,就要熟悉马克思主义关于法和法律的基本理论,这样才能加强我们工作中的原则性、系统性、预见性和创造性,才能真正学会使用和用好法律武器,在审判工作这个庄严而神圣的岗位上,做到全心全意为人民服务,严肃执法,刚正不阿,为建设有中国特色的社会主义贡献一份力量。当前处在改革开放的大潮中,世界的格局也发生了相当大的变化,各种思潮纷至沓来,在法律、法学领域也不例外。在这种情况下更应增强马克思主义的免疫力,要认真分析各种思潮的来龙去脉、利弊得失,是否符合实际,要始终以建设有中国特色的社会主义理论和一个中心两个基本点的基本路线为指导,作出正确的抉择,这样才能真正学有所得,才能建设有中国特色的社会主义,一直达到我们的最后目的,实现共产主义。

另外法理学也是一门承上启下的中介性的综合性理论课程,它上承哲学、政治学、经济学、社会学、伦理学等更广泛的学科,下接宪法、行政法、民法、经济法、刑法、国际法等更专门的法学课程。它的研究领域很广,每个问题的理论深度也很不一样,有些抽象的理论相当艰深。对于一个初学者来说,想在一个较短的时间内对它的全部内容的掌握都能达到很深的程度,也是不现实的。因而建议大家把学习和研究的重点放在基本理论、基本概念和基本知识这三个"基"上。力求能全面、准确地理解马克思主义关于法、法制和法治的基本原理、基本概念,着重树立社会主义的法律价值观,在借鉴和吸取前人、他人优秀且合理的法律文化的同时,改进和提高我们的审判工作水平。

总之,现在我们开设的法理学,不是恢复中华人民共和国成立前的法理学,也不是照搬西方的法理学、法哲学,它实际上也就是我们前几年叫作法学基础理论的课程。所以我们前几年所编写的法学基础理论教材,基本可用。当然在讲授时应该根据新的发展和需要适当增加一些迫切需要的新内容(如"法与利益""法的价值""市场经济体制与法制建设"等问题),减少一些不是迫切需要的问题,并坚持以建设有中国特色社会主义理论和一个中心两个基本点的基本路线以及党的十四大的基本精神为指导,紧密结合我国社会主义现代化建设,包括民主法制建设的实际,加深对一些问题的研究、阐述和理解。

(摘自孙国华:《什么是〈法理学〉》,原载《法律适用》1994 年第 10 期。)

走向新时代中国法理学之回眸与前瞻

李林、齐延平

40年来，法理学在中国是不是一门独立的学问之问，常常会在某些重要时间节点浮上学界同仁的心头，成为争论商榷的焦点。"法理学向何处去"的追问、争鸣与研讨此起彼伏，"中国法学向何处去"的主要指向也是中国法理学向何处去，而在法理学似乎仍然没有找到去处之时，又有学者宣告了中国法理学的死亡。[①] 在中国，要回答法理学是否已经是一门独立的学问之问，首先需要对什么是法理学有所交代。无问西东，学术界对法理学下定义的欲望从来没有停止，也似乎从未取得实质性进展；现有定义不下千百种，但仍没有一个能够得到大家公认的版本。或许，这本就是法理学的魅力和存在的必要性之所在？

也许，首先讨论"法理学不是什么"更有利于我们对法理学的理解。法理学不一定是各种各样的法理学专著和教科书对应的对象。无论奥斯汀、魏德士、博登海默的法理学著作，还是国内张文显、徐显明等主编的法理学教材，其中专著类的往往不过是著者基于自身特定自然法哲学、实证主义法哲学或社会法哲学观对法理学的主观阐释，而其中教材类的——特别是中国法学教育界使用的法理学教材——因为要承担基础知识传授、理论学说普及、法学方法初训等主要侧重实践指向而非理论研究指向的功能，则是一个兼顾知识、理论、法律职业伦理的教育拼盘，其更非一般意义上的法理学。法理学的范围也不一定是当今各大学法学院法理学教师所研究的对象范围，基于教学与科研组织机构划分而被赋予法理学教师身份者，其研究、教学的兴趣与重点并不一定是一般法理学，而既可能聚焦偏实务的法律技术和法律政策研究，也可能远超出了法学的范围，主要学术脉络是哲学的、社会学的或政治学的。与此相反，被赋予部门法教师身份者——比如陈兴良

[①] 参见徐爱国：《论中国法理学的"死亡"》，载《中国法律评论》2016年第2期。

等——在很多时候也经常会从部门法问题入手追问一般法理学的问题。法理学的范围更不一定是类似国际法哲学——法社会学协会(IVR)、中国法学会法理学研究会等学术组织及其所组织的各类研讨会所对应的对象范围，类似机构关注点的变化和会议选题的选定，在很多时候并不会受哲学、法学、政治学、社会学等学科边界范围的严格限制；当然，一般法理学更不是当今大多数中国法科学生心目中为申请学位和通过国家法律职业资格考试所不得不研习的法理学。①

那么，法理学是什么？不可否认，法理学的内涵深度和外延宽度在不同法理学家的理解中会有差异，坚守不同哲学立场的学者研究法理学之结论也必然会大相径庭。但是，在何为法理学之中心这一问题上，学者们是有相当的共识的。葛洪义极为中肯地给出了这一共识："法理学是一个运用哲学方法研究法律基本问题的学科门类。与法律哲学或法哲学含义相同，都是探讨法律的一般性问题的学科。"②陈景辉也认为，"法理学、法理论(Legal Theory)与法哲学(Legal Philosophy)这三个语词的含义差不多"，在学术活动中是可以不加区别运用的。但他也精致析分了三个语词的差异，认为法理学与部门法学重叠部分具有属于法理学的范围且部门法学所不可替代的独特意义；更为重要的是，法理学还存在一个独特的"二阶理论"的领域，一阶理论是关注实践的，二阶理论是关于一阶理论的"元(后设)理论"，也就是法理学独占的"法哲学"(即分析法哲学)。③我们也会发现陈景辉之论是建立于"分析哲学"立场之上的。

综上可以看出，从学术功能主义的角度划分，法理学由两部分组成：一是与哲学重叠部分的法哲学，二是与部门法学重叠部分的法理学。前者进一步趋向形而上学则为哲学，后者进一步趋向法律技术则为部门法学。法理学一端勾连着哲学，一端勾连着法律实践，形成了"运用哲学方法研究法律一般问题"的哲学和部门法学均不可替代的独有研究领域。必须注意的是，法理学独有的研究领域并不为所谓的"法理学者"所独占，而是向两端开放。一般来说，民法学、刑法学等部门法学是为各自的研究主体独占的，一位非长期研习这些领域法律规范的学者一般很难称其为本领域的专家；哲学领域的情况也一样，但哲学家中以法律一般问

---

① 除了少数天性喜欢思辨、具有理论兴趣的学生，法理学课程对大多数学生而言不仅是无用的，甚至是令人厌烦的、可恨的。

② 葛洪义：《法理学的定义与意义》，载《法律科学》2001 年第 3 期。

③ 参见陈景辉：《法理论为什么是重要的——法学的知识框架及法理学在其中的位置》，载《法学》2014 年第 3 期。

题为对象开展哲学研究者和部门法学者中因长于对部门法问题进行一般法理追问被认同为法理学家的,大有人在,这就是法理学开放性特质的最佳证明。

基于上面的理解,我们认为徐爱国"需要死亡的,首当中国法理学"①之命题是对象错误的。② 中国法理学 40 年是伴随中国改革开放逐步成熟的 40 年,其在中国已经成为一门独立的学问——即使尚未达到徐爱国期冀的"一门学科称得上是一门值得研究的科学,至少应包括统一的观念主题、连贯的逻辑体系、独到的研究方法等最基本的条件"③。从改革开放之初的一元教条理论独尊走到今天研究主题驳杂、研究方法多样、学术观点纷呈,中国法理学研究实现了初步的(仅仅是初步的)精神自由并为实现完全的精神自由提供了基本条件,这也正符合了我们深以为然的——同时也是徐爱国的主张——"法律研究的客观性并不存在于法理学之中,法理学是一门主观性显著的学说"④。

改革开放 40 年的中国法理学突破了单一客观性公理桎梏,走向了复数主观性思考。如果说中国法理学在"立"的向度上尚处于起步阶段的话,那么在"破"的向度上可以说已经为中国法理学的繁荣与发展奠定了必要基础。改革开放的 40 年是中国见贤思齐、勠力前行、努力追赶的 40 年,也是学术组织与队伍日益壮大、学术研究正常化的 40 年。虽然其中不乏波折,但历史的发展不是从来如此么? 1978 年真理标准大讨论和党的十一届三中全会的召开揭开了中国历史的新篇章,基于苏联的所谓马克思主义教条枷锁被打破,中国化的马克思主义思想解放开启,僵化的国家与法之客观性公理神话被解构,中国法理学界坚持马克思主义的历史唯物主义和唯物辩证法,迅速融入了世界法理学的研究主流之中。法律平等观,法的概念与本质,法的起源与发展,法的价值与作用,法定权利与义务,法律关系,法律体系,法律责任,法律意识,法律方法,民主与法治(法制),人治与法治,法律与政策,法律文化与法律信仰,法与经济、社会、政治、道德之关系等法学基本范畴和法理学领域经久不衰的命题,均被法理学界同仁纳入了自己的研究视野,全方位开启了与国际同行沟通对话的进程。可以说,改革开放 40 年是中国法理学"融入法学""回归法理""重返法治"的 40 年。

---

① 徐爱国:《论中国法理学的"死亡"》,载《中国法律评论》2016 年第 2 期。
② 至于说中国当下大同小异的法理学教科书体系是否应当死亡、应当重构,则是可以探讨的。
③ 徐爱国:《论中国法理学的"死亡"》,载《中国法律评论》2016 年第 2 期。
④ 徐爱国:《论中国法理学的"死亡"》,载《中国法律评论》2016 年第 2 期。

　　法理学与生俱来连接着哲学,但其形而上的思考又为实践所锚定,中国法理学深切关怀着中国 40 年的激荡变革。姑且不论学者们自发组织的难以统计的成百成千次的各类专题研讨会——比如围绕法社会学、法学基本范畴、法律与社会发展、市场经济与现代法的精神、依法治国与建设社会主义法治国家、依法治国与精神文明建设、法制现代化与中国经济发展、法律文化、法律全球化、后现代法学、法律思维与法律方法、民间法、人工智能与未来法治等主题举办的研讨会——均体现了深刻的现实实践意识;单是从中国法理学研究会历年年会主题看,这一特点也体现得十分明显。法理学研究会首届年会(1985 年,庐山)主题是"法学的概念和法学改革",1986 年年会(重庆)主题是"社会主义民主的制度化和法律化",1992 年年会(武汉)主题是"人权与法治",1993 年年会(杭州)主题是"社会主义市场经济与法制建设",1997 年年会(北京)主题是"依法治国的理论与实践",2005 年年会(广州)主题是"和谐社会与法制建设",2007 年年会(武汉)主题是"以人为本与法律发展",2011 年年会(重庆)主题是"法治发展与社会管理创新",2013 年年会(大连)主题是"法律权威与法治体系",2016 年年会(北京)主题是"全球化背景下的国家治理与制度建构",2017 年年会(厦门)主题是"信息时代的法律与法治"。在有的学者看来,上述主题大多可能难以逃脱简单照搬政治口号的怀疑;但是又不能否认,这些主题是在中国政治、经济、社会、法治发展至关重要的时间节点上难以回避的,是需要各学科共同进行研究的。法理学界同仁发表的大量文章,在特定时空条件局限下所贡献的思想与智慧,融入了中国法治发展与完善的进程,推动了中国制度文明乃至物质文明、精神文明的进步。

　　锚定现实并趋向哲学思考,然后回馈、影响现实,在此之间往来穿梭,构成了法理学存在的独特性。在时空提供的可能性之中,中国法理学历经 40 年励精图治,学术视野日趋包容,研究方法日趋多样,创新意识日趋显露,具备了与国际同行对话的能力,更具备了从多维度多视角对现实法治进程作出分析的能力,因而已成为一门独立的学问。不能否认的是,关于中国法理学的幼稚论、无用论、死亡论诸说,也同样构成了中国法理学历史进程中的必要组成部分,也在助推着中国法理学的独立性、包容性、开放性、创新性的提升。

　　(摘自李林、齐延平:《走向新时代中国法理学之回眸与前瞻》第一部分,原载《法学》2018 年第 6 期。)

中国法理学进步的阶梯

徐显明

一、中国法理学 40 年的发展历程

改革开放 40 年来,中国法理学经历了一个从"法律虚无主义"、"左"倾错误思想和"文革"桎梏中解脱出来,到逐步恢复发展和走向繁荣的过程。依据指导思想、理论主线、研究重点和学科建设成就四个方面的发展变化,中国法理学的基本历程可以大致划分为三个阶段。

(一)恢复发展阶段(1978—1997 年)

"文革"刚结束时,人们的思想尚处于禁锢状态。法学界在探讨法律问题时依旧小心翼翼、如履薄冰。① 关于真理标准大讨论和党的十一届三中全会,打破了"两个凡是"和个人崇拜的长期禁锢,打开了思想僵化、教条主义的沉重枷锁,推动了全国性的思想解放运动,法理学告别严冬而迈入春天。② 这一阶段,中国法理学的鲜明特点表现在:一是坚持以邓小平理论为学术研究的指导思想;二是紧紧围绕民主与法制建设这条主线;三是以实现"法制"向"法治"的过渡为研究重点;四是摆脱了苏联阶级斗争法学的影响,迅速构建了具有中国特色的法理学学科体系,使法理学成为引领和指导部门法学的科学理论。整个法理学界的精神面貌发

---

① 参见江平:《从幼稚走向成熟和真正繁荣》,载《中国法学》1994 年第 2 期。
② 参见张文显等:《中国法理学二十年》,载《法制与社会发展》1998 年第 5 期。

生了翻天覆地的变化,研究队伍开始建立,学术机构开始恢复,①专业法学刊物复刊和创刊,②法学院校复办和新建,③学术交流与日俱增。④ 法理学开始突破一个个学术禁区,形成了争鸣不断、观点纷呈的局面。法的概念和本质,权利和义务,民主与法制,人治与法治,法律与政策,法律文化,法律规范,法律关系,法律责任,法律意识,法学研究对象、学科体系、方法论,中华人民共和国成立以来法制建设得与失,马克思主义经典作家的法律思想等法学的基本范畴和重大理论与实践命题,都进入法理学的视野。法理学界经过激烈的论战,达成了法具有社会性、继承性,法除了政治功能,还有社会功能、公共职能等一系列理论共识,结束了法理学研究的"阶级斗争范式",⑤"权利本位"被确立为法理学研究的逻辑新起点,法理学的基本概念和法理学的基本理论框架在较短时间内被架构起来了。

在这个阶段的中期,也就是 20 世纪 80 年代末 90 年代初,国际国内形势都发生了新变化。能否把改革开放和现代化建设继续推进,成为必须解决的紧迫问题。在党和国家发展的重大历史关头,邓小平同志发表了"南方谈话",明确回答了一段时间以来困扰和束缚人们思想的"姓资姓社"问题。南风吹来满眼春,中国迎来第二次思想解放。法学界和法理学界紧紧围绕社会主义市场经济这个时代课题,作出了"市场经济就是法制经济"的重大判断,对市场经济与法制的关系、法制现代化的实现、法理学自身的变革和创新、现代法的精神、市场经济的法律体系、法的价值、人权与法治等重大问题进行了深入细致的研究,产生了直接作用于法治实践的理论成果,学科发展步入快车道。这一阶段,总体上是在思想解放运动的有力推动下进行的理论突围和学科重构,法理学的研究重点与社会的理论热

---

① 参见刘雪斌、李拥军、丰霏:《改革开放三十年的中国法理学:1978—2008》,载《法制与社会发展》2008 年第 5 期。

② 参见教育部人文社会科学重点研究基地——法学基地(9+1)合作编写:《中国法学三十年(1978—2008)》,中国人民大学出版社 2008 年版,第 47 页。

③ 参见舒扬主编:《中国法学 30 年:1978—2008》,中山大学出版社 2009 年版,第 141-142页。

④ 参见中国政法大学法律史学研究院主编:《中国法学四十年(1978—2018)》,中国政法大学出版社 2018 年版,第 6 页。

⑤ 参见卢云:《我国现阶段法制建设的主要矛盾和发展规律》,载《现代法学》1988 年第 6 期。

点遥相呼应。① 这一阶段的后期,法理学研究队伍快速壮大,②研究机构如雨后春笋,③研究成果井喷般涌现,④法学刊物迅猛增加,⑤法学论坛遍地开花,⑥法学院校数量激增,⑦法科不独在综合性大学设立,还延伸到了理工、农林、师范及其他单科性院校,法学与经济学一起,成为社会科学双峰并峙的显学。

(二)稳步发展阶段(1997—2012 年)

1997 年党的十五大所确立的"依法治国,建设社会主义法治国家"的基本方略,极大地拓宽了法理学的研究视野,对"法治国家"的研究成为法理学新的理论增长点。⑧ 这一时期,中国法理学的鲜明特点表现在:一是以中国特色社会主义理论体系为指导;二是以构建中国特色社会主义法律体系为主线;三是以推进法治国家、法治政府、法治社会建设为研究重点;四是基本完成了从广泛吸收借鉴西方法治文明成果向依靠法治本土资源的转变,法理学具有了学科独立性稳固、研究方法多元、理论主动结合实际、对部门法学指导作用突出、创新成果不断涌现、能够走向世界等成熟性特征。这一时期,法理学的研究重点放在对法治实践性问题的研究上,在法治构成要件、法制与法治的区别、人治与法治的对立、法治国家的基本要求和标准、依法治国与市场经济、法治的模式和道路、法治理念、科学立法、行政执法、司法改革、区域法治建设、法治与和谐社会、法治评估等重大实践问题上都有重大理论突破,取得了立足中国国情、符合中国实际的具有原创性的众多理论成果。以 2009 年有百年历史的世界法哲学与社会哲学协会大会第 24 届

---

① 参见刘瀚:《法理学的新突破与新起点》,载《中国法学》1997 年第 5 期。

② 参见中国政法大学法律史学研究院主编:《中国法学四十年(1978—2018)》,中国政法大学出版社 2018 年版,第 5-6 页、第 11 页。

③ 参见朱景文主编:《中国法律发展报告——数据库和指标体系》,中国人民大学出版社 2007 年版,第 596-600 页。

④ 参见刘雪斌、李拥军、丰霏:《改革开放三十年的中国法理学:1978—2008》,载《法制与社会发展》2008 年第 5 期。

⑤ 参见教育部人文社会科学重点研究基地——法学基地(9+1)合作编写:《中国法学三十年(1978—2008)》,中国人民大学出版社 2008 年版,第 47 页。

⑥ 参见中国政法大学法律史学研究院主编:《中国法学四十年(1978—2018)》,中国政法大学出版社 2018 年版,第 6 页。

⑦ 参见舒扬主编:《中国法学 30 年:1978—2008》,中山大学出版社 2009 年版,第 141-142 页、第 296 页。

⑧ 参见黎国智:《实现"依法治国",路在何方?》,载《政治与法律》1997 年第 1 期。

大会首次在亚洲、在中国举办为标志，①中国法理学开始走向世界。

（三）繁荣发展阶段（2012 年至今）

2012 年党的十八大召开，中国特色社会主义进入新时代。2014 年党的十八届四中全会通过了在中国法治史上具有划时代意义的《中共中央关于全面推进依法治国若干重大问题的决定》，进一步推动了中国法治建设和中国法理学的发展。这一时期，中国法理学的鲜明特点表现在：一是以习近平新时代中国特色社会主义思想为指导；二是突出构建中国特色社会主义法治体系这条主线；三是以社会主要矛盾变化后人民对民主、法治、公平、正义、安全、环境的新需求为研究重点；四是注重形成中国化的法理学话语体系，中国法理学的学科体系臻于成熟。法理学界围绕"全面依法治国"这个时代主题，以建设中国特色社会主义法治体系为理论总纲，对如何全面推进"科学立法、严格执法、公正司法、全民守法"，如何加强全面依法治国的顶层设计，如何处理法治与党的领导的关系、法治与改革的关系、法治与德治的关系、国法与党规的关系，中国的法治道路、法治体系构建、司法体制改革、法治人才培养等重大问题进行了深入研究。这一时期，中国特色社会主义法治理论基本形成，学理化、本土化程度大幅提高，法理学界对中国法律制度更加自信，对走中国特色社会主义法治道路更加自觉。中国法理学进入了繁荣发展的新时代。②

（摘自徐显明：《中国法理学进步的阶梯》第一部分，原载《中国社会科学》2018 年第 11 期。）

---

① 世界法哲学与社会哲学协会，是法学界历史最为悠久、声誉最为卓著的学术团体之一，建立于 1909 年，现在已经成长为一个由 46 个彼此独立、自发运作的分会组成的国际性组织。参见姜峰：《徐显明出席世界法哲学和社会哲学大会》，载《山东大学报》2009 年 9 月 21 日，第 A 版。

② 中国法理学研究会分别于 2013 年、2014 年、2015 年、2016 年、2017 年召开了"全面推进依法治国理论研讨会""深化司法体制改革研讨会""推进法治中国建设的理论与实践研讨会""党内法规建设研讨会""中国特色社会主义法治理论、法治体系、法治道路研讨会""信息化时代的法律与法治研讨会"。

法理：法理学的中心主题和法学的共同关注

张文显

　　法理学不仅重视以"法理"为研究对象，而且确立以"法理"为其中心主题。所谓"中心主题"，就是核心议题、基本论题、常态化的话题，是贯穿于法理学知识体系、理论体系和话语体系的一条主线，法理学的其他论题和问题都以法理研究为中心、前提和基础。如果说 20 世纪 80 年代初"法学基础理论"取代"国家与法的理论"是确立法学理论学科地位的重大变革，20 世纪 90 年代初"法理学"取代"法学基础理论"是法理学在中国法学体系和哲学社会科学体系中赢得合法性学科地位的历史性突破，①那么，在 21 世纪初期确立"法理"为法理学的中心主题、以"法理"为主线建构法理学体系，将是我国法理学的一次转型升级。这次转型升级的着力点和标志如下。

　　以"法理"为中心主题的法理学将以实践哲学为导向，更加关注法治实践和法律生活，更加关注部门法学，从而更加贴近现实、更接地气。这是因为"法理"是千百年来在法治实践和社会生活中不断积累和丰富的智慧和哲理。正如朱苏力所指出的："一个民族的生活创造它的法制，而法学家创造的仅仅是关于法制的理论。"②诸如"明理尊法""以法为教""变法促进""法约而易行""法正民安""法安天下、德润人心""刑无等级""惩恶扬善"等，都不是某种先验的或超验的"绝对精神""绝对理念"，而是来源于法治实践和社会生活，存在于人民群众的法律意识和法律情感之中。只有贴近人民、深入社会，才能真正理解法理及其各种要素，才能感

---

① 在很长一段时期，"法理学"被定义为"资产阶级法学的一个分支"。参见《中国大百科全书》中"法理学"词条。《中国大百科全书》总编辑委员会：《中国大百科全书》（法学卷），中国大百科全书出版社 2006 年版，第 73 页。
② 朱苏力：《后现代思潮与中国法学和法制——兼与季卫东先生商榷》，载《法学》1997 年第 3 期。

知和发现蕴藏在广袤大地的新法理。本人担任吉林大学理论法学研究中心主任时倡导一门理论与实践紧密结合的研究型课程,即"生活中的法理",这门课程的目的是引导法学教师和学生"从生活揭示法理,以法理透视生活"。

由于确立以"法理"为中心主题,法理学将更加关注立法、执法、司法实践,关注法律体系完善和法治体系的建构,关注宪法、行政法、民法、商法、经济法、环境法、社会法、刑法、诉讼法、国际法等法律部门及部门法学的发展完善。法理体系如同法学理论体系一样,是由不同层面、领域的法理构成的。法理既有不证自明的公理,也有需要深入论证的原则;既有带有普遍性的法理,也有各法律部门特有的法理。建构中国特色的法理体系,需要法学界各学科的共同关注和参与。这些都将促进法理学与部门法学的有机衔接,克服长期以来形成的法理学与部门法学互相脱节的"两张皮"现象,构建理论法学与应用法学互相协同的新型学术共同体。

以"法理"为中心主题的法理学,必将更加重视对中国特色社会主义法治理论的研究。中国特色社会主义法治理论是中国特色社会主义法治道路的核心要义,是对中国社会主义法治实践的经验总结和理论表达,是对中华传统法律文化精华的传承和对西方法治经验和理论成果的兼容并蓄,也是与时俱进、不断创新的理论。中国特色社会主义法治理论体系中包含着丰富的法理概念、命题、论述,例如:法治兴则国泰民安,法治衰则国乱民怨;法治是治国理政的基本方式;党的政策和国家法律互联互动;公正是法治的生命线;法律是成文的道德,道德是内心的法律;以公开促公正,以透明保廉洁;公正司法是维护社会公平正义的最后一道防线;法律为人民所掌握、所遵守、所运用;社会主义法治必须坚持党的领导,党的领导必须依靠社会主义法治;法治以人民为主体,法治建设为了人民、依靠人民;人民权益要靠法律保障,法律权威要靠人民维护;法律的权威源自人民的内心拥护和真诚信仰;法律红线不可逾越、法律底线不可碰触;秉持法律准绳,用好法治方式;密织法律之网,强化法治之力;心中高悬法律的明镜,手中紧握法律的戒尺;守法律、重程序;权力是一把"双刃剑",在法治轨道上行使可以造福人民,在法律之外行使则必然祸害国家和人民;法定职权必须为,法无授权不可为;自由是秩序的目的,秩序是自由的保障;发展是安全的基础,安全是发展的条件;以透明的法治环境给经济主体以合理预期;凡属重大改革要于法有据;在法治下推进改革,在改革中完善法治;小智治事,中智治人,大智立法;司法公正对社会公正具有重要引领作用,司法不公对社会公正具有致命破坏作用;所谓公正司法,就是受到侵害的权利一定会得到保护和救济,违法犯罪活动一定要受到制裁和惩罚;法院独立审判,只服从法律,只服从事实;构建开放、动态、透明、便民的阳光司法机制;党的政策是国家法律的先导和指引,是立法的依据和执法司法的重要指导;权由法定,权依法使;依法设定权力、规范权力、制约权力、监督权力,把权力关进制度的笼子;执法者必先守纪,律人者必先律己;事实认定符合客观真相,办案结果符合实体公正、办案过程符合程序公正;一个错案的负面影响足以摧毁九十九个公正裁判所积累起来的良好形象;肩扛公正天平,手持正义之剑;形成不愿违法、不能违法、不敢违法的法治环境;义利相兼,以义为先;文明因交流而多彩,文明因互鉴而丰富;文明是包容的,人类文明因包容才有交流互鉴的动力;和平、发展、公平、正义、民主、自由,是全人类的共同价值;说公道话、办公道事;坚定和平理念、扬起和平风帆;以对话解争端、以协商化分歧;在国际关系中用统一适用的规则来明是非、促和平、谋发展;营造和平稳定的国际环境,发展和谐友善的国家关系,开展和睦开放的文明交流;中国外交有原则、重情谊、讲道义、谋公正;等等。加强对中国特色社会主义法治理论及其包含的新法理的研究和学术建构,不仅有利于深化我们对法理的认识和运用,而且有利于避免马克思主义法学基础理论被边缘化、空泛化、标签化的现象。

以"法理"为中心主题的法理学,必然更加关注传统法律文化。习近平总书记指出:"我国古代法制蕴含着十分丰富的智慧和资源,中华法系在世界几大法系中独树一帜。要注意研究我国古代法制传统和成败得失,挖掘和传承中华法律文化精华,汲取营养、择善而用。"①法理存在于历史传统、民族精神之中,历史上形成的许多法律谚语、格言、警句、经典论述,都是法理的载体与存在形态,意蕴极其深厚。诸如,"以民为本""奉法利民""奉法强国""社会和合""礼法互补""德法共治""以法为教""定分止争""明德慎刑""大德而小刑""法、情、理统合""弘风阐化""刚柔相济""宽严相济""刑当贤、罚当暴,不杀不辜,不失有罪"等。还有,"法,国之权衡也,时之准绳也。权衡,所以定轻重;准绳,所以正曲直"②"当时而立法,因事而制礼。礼法以时而定,制令各顺其宜"③"法与时转则治,治与世宜则有功"④等等。传统法理是现代法治的文化基因,是现代法学的思想精华。然而,我们对传统法

---

① 习近平:《加快建设社会主义法治国家》,载《求是》2015 年第 1 期。
② 《贞观政要·公平》。
③ 《商君书·更法》。
④ 《韩非子·心度》。

律文化研究有限、传承不够,法律史学甚至被大面积边缘化。法理学中心主题的转换,必将重燃法学界对中华民族世世代代形成和积累的优秀传统法文化的热情,涤荡法学领域的历史虚无主义思潮,以时代精神激活中华优秀传统法文化的生命力,推进中华优秀传统法文化创造性转化和创新性发展,推进法治的民族精神和时代精神融汇,使源远流长的中华传统法文化发扬光大,使中华法治文明跟进中华民族伟大复兴中国梦的坚定步伐而重新展示其无穷魅力和影响力。

以"法理"为中心主题的法理学,必将推进中国法学进一步扩大开放,促进法治文明的互鉴。因为"法理"具有融通性和普遍性的特点,对法理的研究必然要求中国法学认真对待法(法治)的世界精神,而不能局限于法和法治的中国精神。中国特色社会主义法治建设是前无先例、外无范式的事业,没有现成的道路可以遵循,没有现成的模式可以照搬,主要靠我们自己探索、实践和创造。但这绝不意味着自我封闭、自给自足。近代以来,中国法治现代化的历史经验告诉我们:包括马克思主义在内的"西学东渐",撬动了中国封建社会,推动了中国传统法治文明的现代化进程。西方法治文明,如同中华法治文明一样,有许多跨越时空的理念、制度和方法。诸如依法治理、权力制约、权利保障、法律面前人人平等、契约自由、正当程序以及有关法治的许多学说,反映了人类法治文明发展的一般规律。我们必须在立足实践、尊重国情的前提下,全面梳理、认真鉴别、合理吸收西方法治文明,包括其法学理论和法治思想。

说到文明互鉴和法学的国际化,必然碰上法学的民族性问题。其实,强调民族性并不是要排斥其他国家的学术研究成果,而是要在比较、对照、批判、吸收、升华的基础上,使民族性更加符合当代中国和当今世界的发展要求。解决好法治的民族性问题,就有更强能力去解决法治的世界性问题;把中国法治实践总结好、把中国法理精神凝练好,就可以为解决法治的世界性问题提供中国思想和中国方案。习近平总书记强调:"我们既要立足本国实际,又要开门搞研究。对人类创造的有益的理论观点和学术成果,我们应该吸收借鉴,但不能把一种理论观点和学术成果当成'唯一准则',不能企图用一种模式来改造整个世界,否则就容易滑入机械论的泥坑。"①对西方法理和法理学既不能采取虚无主义、抱着御外排外的态度,也不能采取实用主义、崇洋媚外的态度,对西方的概念、话语、方法,要有分析、

---

① 习近平:《在哲学社会科学工作座谈会上的讲话》,载《人民日报》2016 年 5 月 19 日,第 2 版。

有鉴别,符合法治规律和法治文明的就采纳,但不生搬硬套,盲目"克隆"。

以法理为中心主题的法理学,必将推进法理学乃至整个法学对古今中外法学及相关学科经典作品的系统而深入的研究,因为法学及相关学科的经典著作对法理要素的研究和凝练,构成了我们今天开展法理研究的学术起点,从经典著作中可以获得用之不尽的营养。在新时期,中国法理学将全面系统地整理和研究从孔子到孙中山、从苏格拉底到拉兹的法学经典著作,深入研究马克思主义、列宁主义、毛泽东思想的法学经典,研究中国特色社会主义法治理论体系的科学论述,研究习近平总书记关于全面依法治国、建设法治中国的系列论述。可以预见,伴随着"经典著作热",法理学的思想品质和理论风格将焕然一新,同时法理学的受教育者、一代又一代法学青年学者将不再因为在校期间与法学经典擦肩而过而遗憾终生。

以"法理"为中心主题的法理学,必将重新审视中国法理学的研究内容、知识体系、理论体系和话语体系,开展一次法理学体系的"全民健身行动"。当前,以教材为主要载体的中国法理学知识体系过于臃肿,混杂着许多与法理学的中心主题无关紧要的内容。对此,必须"忍痛割爱",下决心把那些"非法理""伪法理"的内容以及可有可无的常识从法理学体系中剔除出去,形成一个法理主题更加鲜明、法理论题更加科学、理论逻辑更加严谨、学术形象更加清爽的法理学。我们将以改编国家统编的法理学教材、重构法理学体系的探索实践,努力实现"清爽法理学"的目标。

(摘自张文显:《法理:法理学的中心主题和法学的共同关注》第四部分第一小节,原载《法学》2018 年第 6 期。)

第二章

法学研究方法

>>>>>>>

建立我国法治系统工程学的浅议

吴世宦

　　人们一般习惯上把社会的治乱,国家的治理寄托于公、检、法等政法机关,社会治安不好时则较多地责备司法机关破案无力,执法不严,这是可以理解的,但这种责备也是不够全面的。社会的治乱、国家的治理要依靠法律和司法机关,这是不错的。马克思说:"法律只是在自由的无意识的自然规律变成有意识的国家法律时才起真正法律的作用……它是人的行为本身必备的规律,是人的生活的自觉反映。"①这就是说,法律是意志化了的客观规律。这话对我们的社会主义法律是完全适合的。我们的以法治国就是人民决意自觉地依客观规律、社会行为本身必备的规律治理国家。政法机关在贯彻法治中起着重要作用,主要是处理已经发生了的行为事件,治其"已然",却未能更好地灭其于"未然",有时像医生治病一样,多是发病以后给药施手术,而未能做到消灭一切疾病因素于未发,有时对"已然"甚至也不能全尽其治。

　　引起社会不安的因素很多,用现代系统科学的话来说,它来自很多系统,系统间存在有密切联系、相辅相成、相互制约、相互渗透、相互转化的规律。很有必要采取"系统治理"或者通常所说的"综合治理"。我国著名科学家钱学森同志多次提出建立法治系统工程的问题。为什么要建立这门科学? 如何建立? 这里提出个人的一些浅见,供讨论参考。

---

①　[德]马克思:《第六届莱茵省议会的辩论(第一篇论文)》,载《马克思恩格斯全集》(第一卷),中共中央马克思恩格斯列宁斯大林著作编译局译,人民出版社1956年版,第72页。

一、法治是一个大系统，要树立大系统法治思想

　　"系统"一词是一般人所熟悉了的。比如，人体就是包含有消化系统、呼吸系统、运动系统、血液循环系统、淋巴系统、神经系统等的大系统。系统间相互联系、相互渗透、相互转化，当其协调一致时可以发挥最大功能。但当一个系统出了毛病，就会影响到整体的正常运行和功能的发挥。一个国家的法治也是一样，它是一个更大的系统。例如，一方面司法机关大力惩治社会上的投机倒把的违法犯罪行为，另一方面一些企业则向"钱"看，大搞投机倒把活动；一方面海关税收部门严惩走私漏税，另一方面一些单位的领导人则利用职权大搞特权，逃税向外套购高级工业品；一方面公安机关大力逮捕强奸妇女等的罪犯，另一方面文化艺术部门为了吸引观众、增加利润收入则制作或复制某些宣扬资产阶级色情淫秽的东西，腐蚀青少年；一方面司法机关大力惩办贪污盗窃国家财产的违法犯罪分子，另一方面一些单位的领导人则不负责任地未经缜密周到的调查研究擅自决定对一些工程的投资兴建造成巨大浪费；等等。这样，一方面在消灭犯罪违法行为，另一方面则又在制造与生产犯罪违法行为；一方面在消除不安因素，另一方面则又不断地滋生不安因素。单有刑法、刑事诉讼法的严格执行，而没有统计法、经济法、科学技术法、文化教育法等等的制订、执行与遵守，拘留所、监狱、劳改场的输入大于输出，而案多积压，也就无法依时办理，影响到刑法、刑诉法的严格执行，反转过来又影响到社会的治理，产生循环效应。

　　由此可见，法治是一个结构复杂、规模庞大、因素众多、功能综合的大系统。像粮食生产要树立大粮食生产的观念一样，法治也要树立大系统法治的思想。在这个大系统中有一个系统是值得给予极大注意的，即科学技术系统。马克思做过统计，1770 年英国科学技术造成的生产率与手工劳动生产率之比是 4∶1，1840 年是 108∶1。现代统计，20 世纪初大工业劳动生产率提高中 5%—22% 靠科技成果取得，70 年代则 60%—80% 靠科技成果取得。在当代科技管理中，利用法律手段、方法和形式对科学技术工作进行领导和组织，占有突出的地位，特别是在美、苏等国的实践中起到了明显的作用。科技管理中法律调节系统的形成已是科学技术发展规律的实际需要和必然结果。当代科学技术的发展速度越来越快，从发明到应用的周期越来越短，所需人力、物力、财力和情报等各项资源越来越多，逐渐形成一个"科学—生产"的特殊部门，这个部门掌握不同专业和专业知识的人

数众多的劳动者具有复杂的社会分工,生产对社会生活各个领域有影响、起作用的多种产品,如科学发现、发明、出版物、文献以及工业品等。它与整个社会生活各系统合成一个庞大的、复杂的有机整体,没有反映客观规律的、可供遵循的法律法令和规章制度就无法保证其活动的高效率。科技部门的低效率和不安因素必将影响到整个社会发展的低效率和不安因素的增加。对大系统法治来说,科技系统是一个居于关键性地位的系统,科技系统中法律调节系统又是这个系统中居于关键性地位的系统。科学立法不能只靠法学家,还应吸收科学家参加。

总之,法治需要系统工程等正如治理黄河不能单靠修堤,防治农业病虫害不能单靠农药,而都需要综合治理才能收到最大成效一样,这是事物发展的相互渗透规律决定的。法律是意志化的客观规律,人们的主观意志应自觉地去反映这一客观规律,把它提高到法学及其有效措施的地位。

二、关于法治模型问题

系统工程的两个核心问题是要解决大系统的模型化和最优化问题。法治能否也建立起自己的模型,如何建立,这是一个需要多方面做出努力来探讨的问题。模型化的意思是指建立一个模型,对所要解决的问题作出明确的科学描述,作为进行研究的基础。模型涉及的要素,是物质、能量,也可能是信息。法治系统工程以物质能量为基础,着重在信息。一般建立起来的模型大致上可以分为三大类,即数学表达式的模型(代数式、泛函式、等式或不等式……)、数据表格或网络图形的模型(统计表、结构图、信流图、PERT 图 、GERT 图……)、语言方式的模型(自然语言、计算机的程序语言……)。法治模型也是一样,视研究问题的大小和实际需要而定。从法理学的角度,对一个地区,一个省以至全国的法治状态,可大体上用如下面这样一个方程来作出表示:

$$Y = ab^{\frac{\sum x}{n}}$$

$$\left[\begin{array}{l} \sum x = x_1 + x_2 + x_3 \cdots x_n,n \text{ 为系统数} \\ -2 < x < 2, 0 < a < 10, -2 < b < 2 \end{array} \right]$$

法治状况的好坏用 Y 来表示,读为第几级法治,它取决于经济状况(物质,用 a 表示,读为物的指数)、组织机构和人员(能量,用 b 表示,读为人的指数)和法律法令规章制度(原理、概念和信息,用 x 表示,读为法的指数),Y 是 X 的函数,Y 是因变量,X 是自变量。也就是说法治状况的好坏随法律法令的好坏而变化。X

由各系统 $x_1, x_2, x_3 \cdots x_n$ 决定,是各系统 X 代数和的平均值,即:$\frac{\sum x}{n}$。但法治状况又与经济状况(a)和人的状况(b)有关,a, b 对于不同地区、不同单位的不同时期有不同的量,但相对于 Y 和 X 的关系来说可以看作是常数。法的因素(x)通过人的状况(b)的中介与经济状况(a)发生联系,它们三者相互作用从而决定法治状况的好坏。x 和 b 的关系不是受加、减、乘、除四则运算规律支配,而是受相互渗透、相互制约、相互促进的成倍叠积的指数规律支配,形象地反映出上层建筑的实际作用。

至于 a, b, x 的取值应根据实际情况定出客观标准。例如 a,可以将当地当年人年平均实际收入 0—50 元的取为 0,51—100 元的取为 1,101—150 元的取为 1.5,151—200 元的取为 2,201—250 元的取为 2.5,251—300 元的取为 3,301—350 元的取为 3.5,1000 元以上的取为 10,等等。对 b 值,组织变质人员腐化了的取负值;组织瘫痪,人员不起作用的取 0 值;组织机构和人员一般能起作用的,和组织机构健全,人员精干的取正值,可分为 $-2, 0, -1, 1, 2$ 五级。对 x 值,法律法令规章制度违反客观规律的取负值,没有或有了也不执行的取 0 值,有法律法令和合理规章制度且一般能执行的,和有最优规章制度和最优决策咨询机构等的取正值,也可分为 $-2, -1, 0, 1, 2$ 五级。(限于篇幅,具体的客观标准当另作讨论。)

这一模型主要说明法治状况是物的因素、人的因素和法的因素相互作用的结果。它以物质生活条件和人的质素为基础,又受到上层建筑的制约。当两者都递增时,法治状态的值就会成倍叠积递增,两者都递减时,法治状况就会成倍叠积递减。而当前者趋于 0 时,整个法治状况也将趋于 0。物质生活条件虽较好,但上层建筑的法的因素,因违反规律等的不合理性使它的平均值趋于 0 时,$b^0 = 1$,乘任何数其值不变,说明法的因素已不起作用,而当 $\frac{\sum x}{n}$ 趋于负值,越来越大时,$b^{\frac{\sum x}{n}}$ 将变得越来越小,为 $2^{-\frac{16}{8}} = \frac{1}{2^2} = 0.25$。这时纵使物质生活条件搞好,整个法治状况也将大大降低。西方资本主义国家的情况基本就是这样,他们科学技术、工农业生产系统的 X 值虽然较高,但政党、政府、司法、文化艺术等系统的 X 值是建立在人剥削人的不合理性的基础之上,是负值,X 的平均值 $\left(\frac{\sum x}{n}\right)$ 不大,常是趋于 0 或小于 0,因此犯罪率仍在不断上升。以美国来说,现在平均每二十六分钟就有一人遭到凶杀,在过去的十年中,美国全国凶杀率增加了一倍,有些城市甚至增加了五六倍。要从根本上消灭人剥削人的制度,才能改变这种状态。我们的社会主义制度是以消灭人剥削人为基础的,从根本上来说是合理的,因此物质生活条件虽然较他们差一些,但 X 值较他们高,犯罪率也远较他们低。但我们也还有许多不适应社会发展规律的规章制度,特别是缺少对最优决策的普遍研究和应用。由于系统间相互制约的复杂性,内部经常发生反馈,再加上外来的噪声(干扰),也就使得整个法治状况表现为时好时坏波动振荡的不稳定状态。

以上是属于法理性质的模型,民法、刑法、科技法、经济法等还可根据其研究问题的特点和实际需要建立自己的模型。建立模型的目的就在于使问题能有明确的科学描述,有利于问题的研究思考,有利于集体的讨论协调,有利于计算机的应用,有利于定性定量的分析,有利于通常方法的建立。建立以上模型的目的也是如此,它的好处明显的有:

第一,领导机关可以通过现代系统的信息传递及时地了解与掌握各地各系统的法治等级状况。

第二,可以对各地区的法治状态作出分析。依赖一定时期的犯罪率也能了解与掌握法治状况,但只能在总体上做出反映,而不能更好地做出定性定量的分析。

第三,可以根据一段时间函数值的变化规律,对一定时期的法治状况作出预测。

第四,可以对总的法治状况进行有计划的控制和干预,事先对有关系统提出警告性通知,事后追究其领导者的法律责任。

第五,各系统也可以根据自己在整体中的地位和作用,及时地进行自觉的调节。

第六,在法学理论上能较好地说明经济基础与法的上层建筑的相互关系及其对整个社会的作用,说明法治的本质,有利于对法治的科学描述。

三、关于法治措施的最优化问题

法治系统工程的另一核心是法律法令合理规章制度的最优决策问题。它不应只是治安方面的,也是综合性质的。它的条款不一定要很多。一要"精",即最优化;二要"备",即各系统各单位都有自己的最优化的法律法令和规章制度。齐备不等于是烦琐,一项符合客观规律发展需要的最优化的法律法令措施,可以抵得上千军万马的威力;一项符合客观实际需要的最优化的规章制度,可以使一个单位的工作面貌和精神状况发生巨大而深刻的变化。全国人大常委会最近通过与公布的《关于处理逃跑或者重新犯罪的劳改犯和劳教人员的决定》就是一例。《决定》条数不多,却显示了巨大的威力,公布后一周内上海市郊一劳教农场就有22名在逃人员返回,广州市一个月内就有150名劳教外逃人员归案,已越境外逃至港澳的也主动回来投案。若以全国计,其数字所显示的法律的威力将是惊人的。前段时间广东省动员大批人力与越境外逃者作严重斗争,费力不少,问题始终未能解决,后来通过有关系统的讨论协调,找出最优措施,费力不多,问题却解决得较彻底。最优规章制度的决策,有些属于事理性的,可能较简单一些,有些属于技术性的,会复杂一些,但也都可以运用系统设计的原则,如期望有"极大值"原则、不考虑低概率事件影响原则、决策权力集中原则、局部优化原则等。且也可以运用系统工程的综合技术,如首先考虑相当数量可能取得成功的方案,从中选取有限数量最有希望的方案,对于不同参数与结构赋予各种数值,从而决定一些可以接受的方案,接着研究综合的途径,分析不同成分相互之间及其与系统总体的影响,再把模型系统计测的试验数据与原来的工作目标进行比较,最后用比较的误差去改善前阶段的工作等。举例来说,某市发动专家提出科技政策与合理规章制度的最优决策,研究员50人提出70份方案,副研究员70人提出80份方案。从研究员提的70份中初步选出10份最有希望的,从副研究员提的80份中初步选出15份最有希望的。要从中选出一份最优的,可以采用比较矩阵法,通过计算机,严格地应用概率方程式,建立矩阵,以比较矩阵为基础,估计选择不同方案的可能性,计算价值分,找出最大价值分的方案。也可以用评分优化法,由最优决策咨询机构开会决定方案中每一条件的评价分,将25份方案的评价分求出总和,以有最高评价分的为最优化方案。有了这个最优化方案再考虑一些无法用数字表达的因素,如一些老干部的丰富实践经验,再加上良好的工程判断等,最后得出恰当的结论。

各系统各单位采用科学方法制定的最优规章制度和最优决策,应提高到准法律条文的地位,故意违反造成严重危害和损失的,应追究法律责任,给予法律制裁。而发动群众和专家提合理规章制度的最优方案,采用评比,奖励最优者的办法本身也是一种集中群众智慧而又教育群众的科学方法。

总之,在国内外接受系统工程的科学技术的人越来越多,他们普遍地认为它是研究关系复杂、变量众多、结构庞大的大系统在约束条件下的合理化或最优化方案的软科学。法治系统工程主要是对法治问题作出治乱预测、系统分析、方案评比、政策评价和最优法律法令规章制度方案的决策。为了建立我国法治系统工程学,建议:一是全国和省的人大常委会、法制委员会或司法部下成立科学法学学科组,加强组织领导,各部门应大力支持,或者在国家科委下成立科学法学学科组;二是各个系统都应成立最优决策咨询机构;三是有重点地在一些大学的法律系中成立科学法学教研组成室(任务包括对科技立法的研究)先搜集与积累资料;四是招收一些系统工程系、自动控制系、电子计算机系毕业的大学毕业生当研究生,迅速培养人才;五是争取在三五年内在大学本科中开出科学法学的选修课或必修课。

　　(摘自吴世宦:《建立我国法治系统工程学的浅议》,原载《科技管理研究》1981年第 4 期。)

法律社会学的几个基本理论问题

沈宗灵

我国法学中的一个横断学科或综合学科

法律社会学早在 19 世纪末 20 世纪初就已在西方国家兴起。但就中华人民共和国自 1949 年成立后的法学而论,它还是一个正在创建的新学科。

本文所指的法律社会学是法学中的一个分支学科。按照国际社会科学中传统,不仅法学,而且社会学,都有法律社会学这一分支学科。从这一意义上讲,法律社会学也可以说是法学和社会学之间的一个边缘学科。事实上,法律社会学的研究往往要涉及法学、社会学以外的其他许多学科,包括自然科学在内。因而法律社会学也具有"软科学"的特征。

我国的法律社会学的研究对象是:通过各种社会现实问题来研究法律的实行、功能和效果。法律通过在社会生活中的实行而履行自己的社会功能并实现自己的社会目的,它的实行越接近它的社会目的,它的社会效益也就越大。

在创建一个新学科时,我们要注意这一学科与原有学科之间的关系,特别是它们之间的分工。

法律社会学并不是像民法、刑法那样单一的部门法学科,也不像法学理论、法制史那样的基础学科。它是同这些学科既有交错但又不同的横断学科或综合学科。它仿佛是在一个市区中穿越许多直行道的横行道。它所研究的范围中既有理论问题又有涉及很多部门法的实际问题。

法律社会学当然有它自己的理论,但总的来说,它并不是理论法学而是应用法学,是通过现实社会问题来研究法律的实行、功能和效果。它并不是我国法学理论中的一个学派，更不能用来代替原有的法学理论。它能丰富和发展法学理论，但它本身是把法学理论作为自己的理论基础之一的。它与原有的法学理论在研究对象方面的主要差别是：法学理论，作为法学的一个基础学科，要研究法律的产生、本质、作用（功能）、形式、发展，法律和其他社会现象的关系，法律的制定和实行等一系列基本理论问题，即有关的基本概念、原理和规律。与应用法学不同，法学理论是比较抽象的，它要为应用法学、部门法学提供理论基础。但它本身并不专门研究部门法或涉及部门法的现实社会问题。与此不同，法律社会学，作为一门应用法学，要通过现实社会问题，着重研究各部门法的实行、功能和效果问题。

与民法、刑法等部门法学不同，法律社会学要研究各部门法问题，但它通过现实社会问题来研究部门法；它并不是一般地研究部门法，而是要着重研究这些法律的实行；在通常情况下，它所研究的课题不是一个部门法而是兼及几个部门法的问题，例如以青少年犯罪问题而论，法律社会学要通过这一现实社会问题研究刑法、行政法、家庭婚姻法、劳动法等各部门法的实行，而且还要研究法律以外的经济、政治、伦理、教育等一系列问题。

法律社会学的理论基础

我国的法律社会学应以马克思主义哲学、社会学和法学理论作为自己的理论基础。在这些理论基础上构造法律社会学自身的理论观点和体系，是所有有志于法律社会学研究的人的共同任务．

社会是在生产基础上人的共同体，法律是社会现象之一，法律与其他社会现象密切联系，是建立在一定基础之上的上层建筑；法律是实现一定社会目的或社会控制的工具；它体现一定阶级意志或国家意志；法律与个人、集体、社会利益密切联系，与个人、群众、国家的行为密切联系；等等。就我国法律社会学而论，特别应注意我国正处在社会主义初级阶段。所有这些是构造法律社会学的理论时应考虑到的观点。

除了这些观点，本文想着重提出以下两点。

第一，关于法律的实行和法律的成效。

法律的制定和法律的实行是两个密切联系但又有不同的过程。制定法律本身并不是目的。它的直接目的，一般地说，是法律在社会生活中的实行、实施、实现或贯彻。

法律的制定以法律依法通过、公布并宣告何时开始生效或施行(即发生效力)而结束。但法律的效力和法律的成效同样是两个既有密切联系但又有不同的概念。法律的效力是指法律本身的存在,它表明这一法律具有这样一种特征:对其行为受法律调整的人都有某种约束力,不仅对一般公民而且对有关国家公职人员——执法和司法人员,都有约束力。法律的成效,在这里是指与法律效力相对称的一个概念,意思是人的行为的一种特征,即人们依法行为,从而使法律在实际上被遵守或执行、适用。法律的成效也不等于法律实行的社会效益,即法律通过其实行而实现自己的社会目的或社会功能及其程度,如维护公民合法权益,维护社会制度、社会秩序等。法律的成效和社会效益是法律效果的两个方面的内容。

党的《关于第七个五年计划的报告》曾指出,"现在的一个突出问题是,不依法办事的现象还相当普遍。必须强调,法律一经颁布实施,任何组织和个人都必须服从,决不能因为领导人的更替或注意力的转移而影响它们的贯彻执行"。法律社会学的任务就在于着重研究法律的实行和成效,或者更确切地说,研究如何使法律更有效地实行并取得最大可能的社会效益。

第二,理论与实践的密切结合。

从认识论角度来看,法律的实行也就是理论和实践的关系在法律领域中的体现。这就是说,法律来源于社会实践,是人们经验的总结。反过来,法律要在社会中实行、要为实践服务,并且要在实践中检验它是否真正符合实践的需要,从而修改法律或制定新的法律。

正因此,在法律教学和法律研究中必须贯彻理论联系实际的原则,不能仅限于阐释法律在纸面上的规定,还必须研究法律在社会实际生活中的实行、功能和效果。毛泽东同志在讲到青年团团章的原则性和灵活性的关系时曾指出:"应当是那样,实际是这样,中间有个距离。有些法律条文要真正实行,也还得几年。比如婚姻法的许多条文,是带着纲领性的,要彻底实行至少要三个五年计划。"[①]他在这里所讲的婚姻法的某些条文不可能立即真正实行,只是指在制定婚姻法时已估计到由于客观条件的限制,这些条文不可能立即真正实行,但他的话也表明,法律在纸面上的规定并不等于法律在实际生活中的实行,理论和实际之间,理想和

---

① 毛泽东:《青年团的工作要照顾青年的特点》,载《毛泽东著作选读》,人民出版社 1986年版,第 702 页。

现实之间，目标和过程之间，是会有距离的。

研究法律社会学的重要意义

本文作者在 1981 年初为参加北京市法学会第一届年会而与陈守一同志合写的《论法学的范围和分科》一文中曾提出法律社会学应是我国法学学科之一，"法学还应着重研究法律制定后在社会中的实施，即如何实施，是否实施，怎样得以保证实施，这种法律在社会上的作用和效果如何，等等，这些问题在法学中被称为法律社会学"。在 1982 年和 1984 年出版的《法学基础理论》的绪论中，本文作者都重申了这一观点。

在当代中国，开展法律社会学研究对加强法制建设以及改进法学教学和法学研究具有重大理论和实践意义。主要体现在以下三个方面。

首先，法律社会学着重研究法律的实行，而法律的实行正是当前法制建设中的关键问题。

自党的十一届三中全会以来，我国法制建设取得了中华人民共和国成立以来从未有过的巨大成就。但与此同时，也存在很多阻力，其中一个关键问题就是已制定的许多法律在实际生活中经常不能真正实行，缺乏应有的成效。由于过去长期不重视法制，因而在党的十一届三中全会后的几年中，人们注意力一般集中在加强立法上，迅速改变"无法可依"的局面，但随着立法的逐步增多，有法不依的问题就成为主要矛盾。如何有效地解决这一问题是当前和今后很长一段时期法制建设的一个最迫切的任务。制定法律的直接的目的是法律的实行，通过法律的实行才能实现法律的间接目的或主要目的，即维护公民权利，促进社会主义现代化建设，等等。如果很多法律不能真正实行、缺乏成效这种现象长期继续下去，将会带来严重后果。

其次，开展法律社会学研究的意义还体现在它将有助于在法学研究中贯彻理论与实际联系的原则。法律社会学的任务既然是通过各种社会现实问题来研究法律在社会中的实行、功能和效果，那么它本身的研究必然要贯彻理论与实际相联系的原则，必然要"以社会为工厂"。如果一个法学作品，不接触社会实际生活中的问题，不研究人们的实际行为，就很难被称为法律社会学的成果。

当然，这并不是说在法学各门学科中，仅法律社会学才需要贯彻理论与实际联系的原则，这里只是说，这一原则虽然是法学各门学科都应贯彻的原则，但长期以来贯彻得并不理想。因此,我们寄希望于法律社会学,由于它所研究的特定对象,有可能在法学领域中为贯彻这一原则而作出突出成绩,从而推动整个法学学科向这一方向迈进。

最后,开展法律社会学研究可能有助于改变目前法学领域中注释法学占有优势的局面。

自中华人民共和国成立以来,特别在近几年来的法学中,也有通过具体社会实际问题探讨法律实行方面的文章。但总的来说,注释法学或具有注释法学倾向的作品占有相当大的优势。课堂讲授、法学教材或论著的主要内容一般都围绕制定法的条文进行文学上、逻辑上阐释,而对这种法律实行的具体问题却不加涉及或很少涉及。在阐释法律条文时,也举一些实际生活中的例子,甚至介绍某些案例,这样的做法当然胜于单纯阐述条文,在一定意义上,也是贯彻理论联系实际的一种形式,但这种做法的出发点仍在于帮助正确地阐释条文,而不在于研究法律的实行和效果。

对传播和实行法律来说,注释法学是必要的,对法律条文作较高质量注释的文章或著作,也可以说是法学研究的一种成果,但法学不能仅限于注释法学。仅就法律的制定到实行而论,法学还应研究立法学和法律社会学等。开展法律社会学研究并不否定注释法学的价值,但如果法学仅限于研究条文的注释则显然是不够的,对促进法制建设以及法学本身发展来说,也是不利的。

我国法律社会学同西方法律社会学的联系和区别

法律社会学最早兴起于西方国家,在那里它已有一个多世纪的历史了,因此,我们在创建具有中国特色的马克思主义法律社会学时,应正确地理解我们的法律社会学同西方法律社会学之间的联系和区别。

二者的联系不仅在于名称的共同,研究对象在形式上的相似,而且更重要的在于:对西方法律社会学所提供的材料、研究方法以及观点,作为一种文化知识来说,凡是对我们有用的,是可以批判地借鉴。例如西方法律社会学强调法律在社会中的实行、功能和效果;认为法律是一种社会工程,是社会控制(或调整)的工具;应重视对人的行为的分析、重视对各种利益关系的分析;提倡结合各门社会科学进行综合研究,在法学中引进自然科学、行为科学和先进的科技手段等。这些都是可以批判地借鉴的。

我们的法律社会学尽管是从西方法律社会学发展而来的，但又同它有原则的区别。二者的阶级本质和指导思想是根本不同的。我们的法律社会学为社会主义事业服务，以马列主义、毛泽东思想为指导。而西方法律社会学服务于资本主义社会，是以资产阶级实证主义、实用主义哲学和个人主义、自由主义为指导思想的。

除了以上所说的原则区别，我们还应认识到二者在使用法律社会学这一名称时所指的不同含义以及二者的不同历史背景。

西方法律社会学（或社会学法学）的含义，众说不一。大体上说可以包括以下三种含义：第一，它指的是以社会学的观点和方法来研究法律。第二，它强调法律的"社会化"，强调法律从"个人本位"转向"社会本位"。第三，它强调法律的实行、功能和效果。

在以上三种含义中，只有第三种含义在形式上同我们的法律社会学的含义是一致的，因为我们强调法律社会学的主要任务就是要通过具体的社会问题来研究法律的实行、功能和效果。也正因为有这一共同之处，本着"约定俗成"的原则，同时也便于开展对外学术交流，我们将以研究法律实行为主旨的法学称为法律社会学。

但西方法律社会学的其他两种含义，对我们的法律社会学来说是不合适的或不一定合适的。我国的法律是社会主义法律，它当然要调整个人、集体、社会和国家各种利益，但它并不存在西方国家推行法律"社会化"的社会基础，也谈不到法律从"个人本位"转向"社会本位"的问题。

西方法律社会学的第一种含义，即以社会学的观点和方法来研究法律这一点，对说明我国法律社会学的含义是否合适，需要作具体分析。这里所说的以社会学的观点来研究法律的内容是指：承认法律是一种社会现象，法律具有社会功能，法律与其他各种社会因素互为作用；应重视研究法律的实行、功能和效果，而不是像过去那样仅研究法律的内容和形式；应强调行动中的法律即实际生活中的法律，而不应只注意书本上的法律；等等。

显然，以上这些观点，仅就形式来讲，对我们的法律社会学也是适用的。我们当然认为法律是一种社会现象，认为法律与其他各种社会因素互为作用等。但问题是西方法律社会学所讲的以社会学的观点来研究法律原先含义是指它代表了西方法学中一个与传统派别不同的学派，承认法律是社会现象等观点表明它不同于其他学派的特征。而我们现在所创建的法律社会学并不意味着这是一个与我国原有法学不同的学派,我们认为法律是一种社会现象等并不意味着这是指我们的法律社会学不同于我国原有法学的一个特征。

（摘自沈宗灵:《法律社会学的几个基本理论问题》,原载《法学杂志》1988 年第 1 期。）

论法律社会学的意义与研究框架

赵震江、季卫东、齐海滨

　　前文实际上已多处涉及法律社会学的研究内容。从边缘学科的本质属性上说,法律社会学并没有固定的学术领域界限;况且法律本身几乎涉及社会生活的一切方面,也就为对这一切方面的法律社会学研究创造了前提。在法学一般理论的意义上,法律社会学与法律哲学有重合之处。例如对法的性质和功能进行探讨。但是法律哲学偏重于法律现象的价值关系与逻辑关系的抽象研究,法律社会学则注意法律现象的经验事实和知觉表象方面。而在事实研究的意义上,法律社会学与法律史学、比较法学又有许多共性,在研究方法和内容上也互相渗透。然而法律社会学更感兴趣的不是从时空坐标系上给某一法律系统定位,而是在一定时空条件下(即此时此地)该法律系统的实态(尽管为了准确把握实态也需要进行时点系列分析和比较参照分析)。各部门法学也是以一定的现行法律体系为研究对象。但它们采取当局的、内向的、以规范为中心的研究态度,而法律社会学则以"旁观者清"为特色。由于具体研究的深入,法律社会学可以按部门法种类进行细分,如犯罪社会学、国际法社会学、经济法社会学、婚姻家庭法社会学、审判法社会学等等。按照不同的研究方法或与其他科学领域结合的方式,又产生出法文化学、法人类学、法心理学、法政策学以及数量法学、系统法学等。

　　在法律社会学出现的早期阶段,研究者的关心重点在于法律与社会之间的关系:诸如特定的法律规范与法律制度形成的社会背景是什么,法律在社会中应居于什么位置,对社会有什么影响,等等。马克思主义的法律思想也明显表现出这一倾向。例如《资本论》就从商品、货币、资本的运动关系中把握法律制度的性质与功能。……我国法学界关于法律与民主、法律与改革、法律与对外开放、法律与科学技术、法律与精神文明、法律与综合治理等课题的研究则与上述法律社会学倾向有所应和。但是关于法律与社会关系的探讨,如果仅仅停留在对哲学原理的演绎推导和对社会关系的泛泛而论这一层次上,就不可能取得实质性的进展。特别是社会主义法制建设和经济体制改革的实践,不仅不能搬用建立在市场经济基础之上的资本主义的法律体系的基本定理来说明,而且也超出了马克思主义经典作家的某些预想和其他社会主义国家的法律经验。如果不对丰富的法律实践进行科学的调查研究,那就无法进行严肃而有意义的讨论。

进行以客观材料为基础的深入研究,首先要求弄清法律制度的运行过程,以及在这一过程中互相作用着的法律与社会的各种因素。而法律社会学也需要超越法律与社会关系的广泛讨论,建立一个严密的理论体系。这样,法律社会学的研究重心就自然而然地转移到法过程论方面来了。法过程是指各种职能机关立法、执法、司法的工作过程和一定法共同体的成员知法、守法、用法的行为过程。但我们在研究法过程时还应该分析斥法过程(包括规避、越轨、纠纷、违法等现象)和类法过程(包括制约人们行为和法制实效的社会规范、与贯及其他潜在的法外因素)。对法过程在横断面上可以分析出一些基本因素,诸如当事人、审判人员、律师、程序、判决等;也可以分析出几个层次,诸如法行为、法制度、法文化等等。在纵断面上则可以分析出不同的阶段,诸如纠纷发生、当事人交涉、调解、诉讼、判决反应与执法等等。法过程在这些基本因素、层次和阶段的互相联系与互相作用之中进行,同时又不断受到外部社会环境(包括偶然因素和必然因素)的影响。按照这样一种有机有序的逻辑关系,我们对法律社会学研究的基本构架可作如下初步设想。

法意识—法文化研究

法意识是指社会成员对待法律(主要是现行法)的心理、态度、观念、知识、评价以及权利—义务的自觉认识。这一概念在使用上往往具有多义性。因此利用因素分析归类的办法把握其语义是比较适宜的。

法意识研究对于社会发展、对于不同文化之间的比较和交流以及改革具有重要意义,是法律社会学的重要课题。国外自 20 世纪 60 年代以来对法意识的研究已经有了相当进展,出现了大量的理论著作和有价值的专题研究,以及专门的研究队伍和学术刊物。这一势头至今方兴未艾,[①]日本法社会学会 1982 年、1983 年的主题都

---

① 参见[美]V. 康乃奇、E. 埃比编:《刑事司法制度——社会心理学分析》序言,W. H. 弗里曼出版公司 1982 年版。

是"法意识研究"。我国近年对东西方文化以及社会主义精神文明进行了热烈讨论，照理说应该引起法学界对法意识研究的空前活跃。而之所以未能有此实质性进展，当与研究视角的单调局限不无关系。从实用的观点看，法意识研究又与我国法律宣传教育工作及"普法"效果直接相关，两者完全可以结合起来进行。

法意识概念示意

"意识"的三个层次 ＼ "法"的两个层次	A　现实的法 (a)法系统 (b)法规范 (c)法机关	B　观念的法
甲认识	法知识 ⎱	
乙当为表现	法意见 ⎰ 法意识（1）	法观念＝法意识（2）
丙态度	法态度	

出处：六平佳本《法社会学》，日本有斐阁，1986年版。

　　法意识中作为民族性格沉淀下来带有普遍性的成分，是法文化的主要内容。在这一方面，以法人类学方法为参照进行法文化的纵向与横向的比较研究很有意义。我国法学工作者近年来于此表现出令人鼓舞的研究进展。[1] 同时我们也认为，从古典文献中探究我国法意识的源流成因和传统特色虽然也是必要的，但是我们更应当深入调查当代中国人对于法律的认识、态度及其变化趋势。例如，随着农村以承包合同为主要法律形式的改革和经济商品化的深入发展，农民对于合同的观念的变化趋势如何，有什么内在矛盾？对于中国社会具有关键意义的粮食统购统销制的变更，新的粮食合同定购制这一具有法政策取向的改革措施为什么没有实现预期功能，这种偏差对农民合同观念的培育将产生哪些效应？在中外合资企业中工作的职工、国营企业职工和个体工商业者对于法律、权力、权利的理解是否一致，差异何在？在当前进行的市场整顿中，城镇消费者、个体商贩、生产经营者和工商管理人员具有怎样的不同心理态度，其各自的合理性程度以及其对市场的发育和保护将会有什么影响？凡此种种都是极有趣味的研究课题。"传统对现代""中国对西方"这样一种公式化的简单态度未必有利于研究的深入。我们应当区分哪些是妨害法制建设的陈旧观念，这些观念通过什么方式可以减弱乃至消除其消极影响，传统法意识中哪些有益于现代法制的积极因素，法制怎样与那些

---

[1]　参见梁治平：《"法"辨》，载《中国社会科学》1986年第4期。

难以改造的传统观念相协调,等等。某些消极的法态度(例如诉讼回避倾向)得以形成的制度原因,尤其是我们应该加以探究的,因为正是在这里面可能蕴藏着革新的契机,也就是说,它可以作为对行为的规范引导因素。

法意识通过选择偏好、动机、心理反应等形式表现为个人的法行为,并最终影响法制的实践。可见,在法律系统的各个方面都能找到法意识的影响。但是我们可以把研究重点放在三个方面:(1)支持传统秩序的价值观念体系;(2)权利意识和守法精神的培养与保护;(3)诉讼利用的心理障碍与制度障碍。法意识研究的现实目的在于现行法律制度的内在化,这里蕴含两层意思:一是法律制度本身的可信赖度;二是社会对其权威的承认。需要指出,马克思主义法律社会学在指出私有制社会不同阶级之间法意识的差异①的同时,也应当着重研究社会主义社会中利益层次不同的社会成员的法意识以及具有发展前途的全民性法意识。

法行为—法关系研究

法行为是指一定的法律共同体中的个人或团体与法律系统的发动、运行有关的一切行为的总和;人们通过有意识的法行为而结成、变更或消灭现实的法关系。根据行为与制度之间的不同关系,法行为可以区分主体行为(即制定、解释、适用法律的行为)和客体行为(即接受、遵守、服从法律的行为)。根据行为者的属性,又可以区分为职能行为(搜捕、公诉、审判等行为)、集团行为(消费者、环境保护、受害者等团体的行为)。根据行为的属性,可以区分为合法行为与违法行为等。根据行为进行方式,可以区分为交涉行为、调解行为、诉讼行为。此外,法行为不仅包括人们的积极行为、主动行为,而且也包括人们的消极行为。法律制度的运行和效果就是在这一系列的相互行为中实现的。

行为的型式是由动机、目的、手段、条件、制裁、效果等复杂因素所决定的。仅就诉讼利用行为而言,以下四种因素对于行为者的决定具有重要影响:(1)法意识;(2)法院之外纠纷处理方式的选择余地;(3)进行诉讼的代价(包括诉讼费用、时间、对生活环境的影响等);(4)便于当事人接近法院的媒介(如律师、信访机构、法律咨询服务组织等)。这类具体的状态条件,在不同的社会有不同的组合形

---

① 参见[美]D. 苏格曼:《合法性、意识形态和国家》,美国学术出版社 1983 年版;[匈牙利]G. 卢卡奇:《历史与阶级意识》,卢克特汉德出版社 1922 年。

式。譬如在我国诉讼费用和时间对当事人的影响比美国要小得多。而人情、面子、社会舆论、今后的协作关系则得到更充分的考虑。

国外社会学理论从行为主义角度说明社会秩序的形成与维持,建立了许多不同的理论模型。例如舒沃兹的"制裁模型"、帕森斯的"合意模型"、今田高俊的"自省模型"等等。但无论是强调"制裁",还是强调"合意""自省",都没有充分反映行为者的主体性和差异性,因而受到包括马克思主义者在内的许多学者的批评。在这方面,我们认为韦伯的法律合理化理论具有一定的借鉴意义。这一理论当然也涉及法律组织、制度及功能等方面,①但是作为合理化基本特征的可预测性和可计算性,是与法行为的目的和预期密切相关的。对我国当前社会主义社会改革过程中法行为的特殊性与一般规律性的研究,如果能以客观调查材料为根据,其前景应当说十分诱人。我们至少可以总结出一些比较具体的行为型式,如调解员行为的二重性(因为它们正好处于行政秩序与自治秩序的接合部)等等。而如果能在大量的经验基础上概括出一般意义的理论模型,姑如行为的合理预期模型,那就更加值得称道了。

法组织—结构研究

法组织是由法行为而产生的一切可能的和现实的相互关系的组合。从零度组织(无组织)到极限组织(一元化、别无选择)之间存在着各种组织形态,在此不作具体分析。我们对法组织不妨从组织化过程和组织结构方面加以把握。

法组织化过程在较低层次上表现为社会秩序的自然形成和保持。从这一视角来透视我国农村社会现实,可以得到新的启示。法组织化过程从较低层次向较高层次的转化并不是仅仅制定村民委员会条例就能实现的,在这方面很有必要进行深入具体的调查研究。法组织化过程在较高层次上则表现为法系统针对环境干扰的多样化而进行自我调适与提纯进化,最典型的形式即"制度化"。法制度是指某种定型的法行为型式在实际中反复出现从而具有预测可能性,其正当性得到社会的一般承认,并在社会中固定和维持下去。制度化必然伴随着理由论证、说服、强制等现象。我们常说的"民主制度化、法律化",实际上就是指这种较高层次上的法组织化过程。这就不仅仅要求宪法条文对社会主义民主的确认,而且更重

---

① 参见[美]克朗曼:《韦伯:一个法学家的肖像》,斯坦福大学出版社 1983 年版。

要的是形成为社会成员真正承认并参与运行的民主机制。这样才能克服前文所提到的中国市民在政治观念与实际行为之间的脱节。

法组织结构主要表现为规范体系及其运行机构。借鉴卢曼的主张,①法规范的结构可以在三个层次上把握:(1)规范内容,包括规范的主体或受益者、客体或受制者、适用状况、行为要求、行为效果等要素。(2)社会效应,包括一定社会的全体或多数成员对规范的内心认同和效力认可两方面。(3)生效时间,规范可以从预防的意义上生效,也可以采取事后强行的方式生效。保证规范生效的程序是审判。法机构在广义上泛指各个职能机构(负责立法、司法、执行、辅导等的组织体)及其权限、相互关系、工作程序和活动方式等。对法职能机构的研究,韦伯的法律社会学理论所建立的各种合理性与非理性模型也是较有参照价值的。②

根据社会学的一般见解,将法组织与法行为联结起来的概念是"角色"(role),它是规范结构的最小单位。③ 通过这一概念作中介,我们可以把错综复杂的组织形态分解为个人活动的具体现象而进行富有实际内容的研究。法律社会学关于"角色"冲突和紧张及由此推动的制度化、组织化过程的研究,与恩格斯关于历史发展的合力作用的命题在原理上是一致的。一定"角色"的承担者日常化、固定化,其主要结果就是法职业的出现。

法职业—法专家研究

把法律职业者本身作为研究对象,的确是法律社会学的特色之一。从韦伯把"法专家"这一独特要素引入法律概念,④到弗兰克 (J. N. Frank,1889—1950) 和卢埃林(K. N. Llewellyn,1893—1962)等对法律工作者尤其是审判人员及其活动进行大量深入而细微的研究,⑤他们都于此作出了贡献。我国法律社会学的开

① 参见〔德〕卢曼:《法社会学》,岩波书店 1977 年日详本。
② 参见〔美〕克朗曼:《韦伯:一个法学家的肖像》,斯坦福大学出版社 1983 年版。
③ 参见〔德〕R. 达任多夫:《人类社会学:论社会角色范畴的历史、意义和限度》,载《社会理论论文集》,斯坦福大学出版社 1968 年版;〔日〕棚濑孝雄:《纠纷与角色过程》,载《法学论丛》第 101 卷第 4—5 号。
④ 参见〔英〕A. 亨特:《法律中的社会学运动》,麦克米伦出版公司 1978 年版。
⑤ 参见〔美〕K. 卢埃林、E. 霍贝尔:《印第安沙因人的方式:原始法学中的纠纷与案例》,俄克拉荷马大学出版社 1941 年版;〔美〕J. 弗兰克:《初审法院:美国司法的神话与现实》,普林斯顿大学出版社 1949 年版。

展,也应当把重要注意力投入这一方面。我国在汉代时曾经存在过法学世家,习律者也不在少数。① 但以后社会风气轻视法律,专门研究法律者人数极少,这些人又只能充任书吏幕友之类卑微职务,而以讼师为业者地位更是等而下之。法律专业人员这种附庸、轻贱的地位不利于其资质的提高,而易于形成自卑、逢迎、敲诈、权变的心态。反过来,"刀笔吏""师爷"以律文营私的行为又进一步增加了社会的轻法厌讼倾向,形成恶性循环。其消极影响至今仍不能说没有残存。

虽然孟子的"人治论"实在无可恭维,但他所说的"徒善不足以为政,徒法不足以自行"②却是至理名言。社会主义法制建设取得实效的重要条件之一是具有良好的职业道德和知识素养的新型法专家集团的形成。除了加强法学教育、采取实际措施提高法律工作者的社会地位,对他们的职业特点、活动方式和规律进行科学研究也很有必要。法职业研究主要指对立法、执法和司法(公、检、法、司)等法律专业部门中拥有法律专业和技能的人民代表、公安干警、审判员、陪审员、检察员、仲裁员、律师、司法辅助人员、司法行政人员、法学工作者以及涉及法律事务的企业管理人员进行实证分析。法职业的研究既有利于人们正确评价法律工作者的存在价值和社会贡献,也有助于提高法律制度水平和效率。

就目前的实际状况而言,我国距离形成新型法专家集团这一目标还相去甚远。面临着"改革、开放、搞活"方针所形成的我国城乡空前活跃而复杂的利益关系和调整需求,人们正确地指出了"法职业—法专家"与其职能期待之间的严重不适应性。但是更重要的问题在于,社会的这种职能需求与它为"法职业—法专家"所能够提供的现实条件之间存在严重不平衡状态。我们的初步调查显示,随着体制改革的深化,这一问题已经更加严峻而尖锐。不妨这样取譬:在十亿人规模上展开的从事商品经济活动和民主政治训练这样一次史无前例的社会演习中,"法职业—法专家"将要(一定意义上已经正在)以自身同时也是学习者的身份扮演教练和裁判的困难角色。这就意味着他们不但要有良好的职业道德和业务素质,而且还要有强烈的社会责任感和主动精神,对社会问题的敏锐反应和洞察力,以及尽可能广阔的知识背景和理论视野。在这一方面,法律社会学研究者不但可以从中获得大量有意义的研究课题,甚至可以有把握期待"法职业—法专家"中的实际工作部门产生更多的法律社会学研究者。

---

① 据《汉书》《后汉字》中法律家陈宠、杜周、郭躬等的传记。

② 《孟子·离娄上》。

我们认为,对于律师及其法律事务所的研究在目前来说具有尤其重要的现实意义。与资本主义各国不同,我国律师是国家公务人员,这就决定了其行为型式的复杂性和特殊性。律师在法律系统与社会的接合部承担法律系统运行的职责,发挥法律信息载体和法律关系媒介的作用,是法职业中最活跃的一部分。现代的趋势是律师逐渐突破诉讼活动的传统业务范围,参与企业经营。我国 1979 年后重建律师制度的一个重要特点是,律师工作刚起步就着手企业法务(1980 年)并高度重视经济方面的业务。① 目前,律师工作者已有 3 万多人(占人口万分之零点三)。律师服务在向三个层次发展:一是在基层,已设立乡镇法律事务所 3 万多个;二是在企事业单位,已有 4 万多个企业聘请了法律顾问;三是向更高层次发展,为中央政府部门如纺织工业部等担任法律顾问。② 尽管在实践中还有相当多的阻挠因素,但是律师工作的发展势头是令人乐观的。对于我国律师现状的研讨所可望获得的成果,不仅在学术上而且在司法实际业务中都将具有重要价值。

法功能—法运作研究

我们在前文中曾指出现代社会中法律功能不断扩大的倾向。在这些多种多样的功能中,正义实现、纠纷处理、利害调整、资源分配、权利保障和社会控制等是最为基本的。法律社会学不是从先验观念上,而是从可验证的事实上把握各种功能的实质和特征。为此,对于法功能的研究可以细分为关于法律制度(如合同制度、专利制度、破产制度、社会福利制度等)的功能、法律机构(如法院、仲裁机关、公证处、律师事务所等)的功能等多方面的考察。从历史发展进程的角度来认识法的功能,则形成了关于以法律作为工具实现社会变革和现代化这一重要研究领域。

既然法律相对于社会目标来讲具有工具性(这并不否认它作为手段本身也体现着特定的价值理想),那么这种工具的社会效用(即法功能)就必然与它的"操作—运行"状态直接相关,与强调价值目标的道德指向和强调规范手段的逻辑指向相比,法律社会学更加强调法的功能,即目标与手段的关系,或者说对手段的运行结果与预期目标之间的距离进行实证—经验研究。国外法律社会学者曾经建立过一些法功

---

① 参见季卫东:《中国现代化过程中的法律共同事务所的现状与问题点》,载日本《法律时报》1986 年第 4 期。

② 据《人民日报》1987 年 8 月 20 日第 1 版有关报道。

能理论模型。例如布里德梅尔(H. Bredmier)根据帕森斯"功能要件"和 AGIL 图式建立的理论模型,①霍贝尔(E. A. Hoeber)根据人类学资料的归纳建立的经验模型。② 但这些模型或者缺乏对其充分必要条件的说明,或者忽视了法律的效果和界限,都令人难以满意。从法政策的角度对法功能进行研究,以及对法律效果的经济分析,近来也颇见影响,但理论上的总结和体系化尚须拭目以待。在某种意义上,我国正在进行的社会改革和法制建设堪称关于法律功能的一项重大实验,十分需要在理论上认真总结。这正是时代赋予中国法学研究者的使命。

尽管法律社会学的研究历史不妨追溯到 19 世纪中期,但与法学悠久历史相比,特别是考虑到其理论体系尚未定型的事实,法律社会学仍属于新兴学科的范畴。这就决定了该领域既充满了蓬勃生机和无限潜力,又面临着许多现实的和潜在的困难。根据我国现有的实际条件,我们认为,当前法律社会学研究初始阶段的主要任务应该是:整理研究马克思主义经典作家的法律社会学思想;有选择地翻译、介绍国外的代表性学说;开设法律社会学方法论和关于资料数据的处理分析技术方面的课程和讲座;与实践部门携手组织力量进行各种专题调查。应该强调,适应我国社会主义民主与法制建设的现实需要的专题调查研究,是法律社会学发展的最佳起点,因为这样做既有助于形成不尚空谈、求真务实的科学风气,也能够为理论创新提供坚实的客观基础。

马克思在清算黑格尔法哲学的时候曾经深刻地指出:"理论在一个国家的实现程度,决定于理论满足这个国家的需要的程度。"③今天,面临着丰富多彩的社会改革实践和法制现代化的历史走向,我们有理由对我国法律社会学的前景充满信心:

"这里是罗陀斯,就在这里跳跃吧！这里有玫瑰花,就在这里舞蹈吧！"④

(摘自赵震江、季卫东、齐海滨:《论法律社会学的意义与研究框架》第三部分,原载《社会学研究》1988 年第 3 期。)

---

① 参见[美]B. 布里德梅尔:《法的综合机制》,载[美]W. 伊万编:《法律社会学》,自由出版社 1962 年版。

② 参见[美]E. 霍贝尔《原始民的法:比较法律的动态研究》,哈佛大学出版社 1954 年版。

③ [德]马克思:《〈黑格尔法哲学批判〉导言》,载《马克思恩格斯选集》(第一卷),中共中央马克思恩格斯列宁斯大林著作编译局译,人民出版社 1972 年版,第 10 页。

④ [德]马克思:《路易·波拿巴的雾月十八日》,载《马克思恩格斯选集》(第一卷),中共中央马克思恩格斯列宁斯大林著作编译局译,人民出版社 1972 年版,第 607 页。

哲学诠释学在法律解释中的作用和局限性

郑永流

无疑,哲学诠释学带给法律解释理论以新的认识,除了上述拉伦茨的评价,正如施罗特(Schroth)总结的:

> 首先人们必须说,哲学诠释学确定了进行解释时方法规则的界限。它指明,理解的功能一直内在地同时也是一个创造性的要素。

另外,哲学诠释学明确了理解植根于生活实践。诠释学中共同的前理解之概念,应该证明理解在生活实践中获得承认。同时,哲学诠释学指明,表现为文本的解释假说,不是在规则引导的程序中发现,而是在生活实践中产生的,并表现为待理解的文本。正好对理解的前理解条件的证明,也使得解释是检验假设的过程清楚无误。

在理解的前理解之条件背后,还有解释者的立场问题。每个对法律规范进行解释的任务也取决于,何种解释规则、解释思想和解释的规范性期待已内化。理解的前理解之条件学说也应揭示施太格米勒(Stegmüller)所称的"证明困境"。这致使在法学中经常对不同的解释假设提出"同样好"的论证和反论证。然而,这仍听凭解释者前理解所控制的直觉,使他遵循哪一种解释假说。理解的前理解之条件理论也包括这种说法:文本在解释发展史的过程中改变了。由于面对新的经验,文本将变成另外的样子,比如,人们比较有关法典"相同的"规范的新旧评注。

然而,哲学诠释学仍有明显的不能。它的哪些观点出了问题呢? 施罗特说道:

> 加达默尔的诠释学倾向于应完全放弃文本解释的标准。但是,假如人们遵循施莱尔马赫的观点:到处存在着对文本的误解,那么,应有必要建立解释的标准,这个标准使一个至少是符合时代的共同的文本理解成为可能。另外

的问题是,加达默尔不愿意回到作者那里去理解,正如在其他场合所介绍的,诠释学不排除一个文本的作者的独特理解。人们是应把意义归于文本,还是归于别的,这更多的是一个规范问题。也有人质疑加达默尔的观点:在赞同意义上的一致属于理解,人可以不赞同地去理解文本。

在一些方面,作为方法论的哲学诠释学显得需要精确化。进一步弄清理解的前理解之条件似乎也是重要的。作为肯定是法律本体论有意义之基础的哲学诠释学,忽视了那个对于法的适用是核心的主题:在规范解释中,决定性的问题是克服规范的一般性与案件的个别性之间的差异。法律诠释学必须细致地处理这个问题。①

赖施(Raisch)的批评态度尤为明显。他认为,诠释学作为法律发现的方法,非常含糊。无疑,法律发现必须唯理化,要通过饱和性地运用各种解释准则,找到被发现结果的可执行的、唯理的正当理由。诠释学满足不了这一要求,不具备法律发现的直接使用指示。他说,贝蒂曾把诠释学的解释方式描述为"既是伦理学的,又是政治的思考立场",这种立场伴着不同的前理解发生,对于具体的各个案,或采取相同的态度,或采取不同的态度。这与相同情况相同对待的思想不符。诠释学承认,假如人们剥去这种主观要素,在根本上与体系解释一样。所谓"解释循环",在体系解释意义上,不仅在理性上拆分为单个步骤,且因此比理解的得知更"感到"忽视了形式思维。② 解释循环的方法论被贝蒂称为"意义关联准则",这一准则为一切精神科学共有,并非诠释学特有。与之不同,承接了施莱尔马赫的科因(Coing)的解释学说认为,应要求解释者尊重一切解释准则,这包括语法的、逻辑的、历史的、体系的等解释准则。③

也许,在此将法律解释学立场与法律诠释学立场作一对比,将有利于更公允一些的评价的作出。由于对法律解释特点的认识不同,有意忽视或强调某一面,

①　Vgl. Ulrich Schroth, Philosophische und juristische Hermeneutik, in: A. Kaufmann/ W. Hassemer(Hrsg.), Einführung in Rechtsphilosophie und Rechtstheorie der Gegenwart, 6. Aufl. , 2004, S. 198 ff.

②　Vgl. Peter Raisch, Juristische Methoden: vom antiken Rom bis zur Gegenwart, 1. Aufl. , 1995, S. 209 f.

③　Vgl. Peter Raisch, Juristische Methoden: vom antiken Rom bis zur Gegenwart, 1. Aufl. , 1995, S. 23 ff;[意]贝蒂:《作为精神科学一般方法论的诠释学》,洪汉鼎译,载洪汉鼎主编:《理解与解释——诠释学经典文选》,东方出版社 2001 年版,第 124-131 页。

还有视角的不同,造成解决差异的途径、思路大相径庭(见下表)。

法律解释学立场与法律诠释学立场的对比

项目	法律解释学立场	法律诠释学立场
学科基础	科学,实证,分析	历史,人文,精神
主客体关系	主客体分立	主体性或主体间性
解释对象	制定法规范	理解者与立法者的关系
法官角色	尽量中立	价值有涉前理解是非感
解释目标	规范的客观确定含义	判决的合理性、可接受性
解释过程	使个案适应规范	规范与个案相互调适
解释方法(式)	字义,逻辑—系统,历史	理解者与立法者对话
优先价值	平等,确定性,法治,分权	个别正义,实体公正民主
解释结果	非此即彼	不仅……而且……也是

法律解释学归于认识论范畴,为了实现解释目标,需要寻找方法,因而它又属于方法论的解释学。法律诠释学为本体论的,根本不存在外在于理解者的解释对象,即制定法规范,假如存在解释对象的话,那便是经由制定法规范的理解者与立法者的关系。仁者见仁,智者见智,它们二者是在不同的层面上论说法律解释,当然也含有相互挑战的意蕴。

那么,法律解释究竟有何特点?对象决定立场和方法。在我看来:

1.在根本上,法律解释要解决的是法律的一般性与案件的个别性之间的差异。一般性的法律与个别性的案件总存在着词与物式的不对称,同时个别总大于一般。这就是法律解释发生的根本原因。当然,在法律与案件、规则与事实之间也存在着过去与当下的时间之距,但在法律解释中,这一距离的意义小于一般与个别之距的意义。

2.法律解释的对象首先是有约束力的文本。法律由文本表见,从解释学上看,这就面临着要理解文本,就需有解释的问题。[①] 这样,以法律文本为对象的法学,与神学、史学、哲学、语言学、文学同属文本科学。因为文本,甚至世界本身是

---

① [德]加达默尔:《真理与方法——哲学诠释学的基本特征》,洪汉鼎译,上海译文出版社 1992 年版,第 9 页、第 317 页、第 387 页。

由语言表现出来的,而语言具有多义性、不确定性、可变性;其次,文本的言说者、作者与听众、读者处在不同时空之中,致使即便文本语言是单一确定的,听众、读者也可能不知所云。[①] 但法学与具有强制约束力和有效性的法律、判决、合同等相连,借此有别于其他文本科学。法律解释不同于文学文本理解,而与对历史文件、神学文本,尤其是宗教典籍的解释相似,它不是自由的,要受法律文本约束。还有法律文本中的语言表达之含义,受制于制定者(言说者、作者)和接受者(听众、读者)的具体的不同环境。

3.法律解释是规范性首先是独断性解释。规范性是指解释的成果(如最高人民法院和最高人民检察院的解释、法官的解释、当事人的解释)具有调整、规制、指导一般行为或个案裁判的作用,有如法律条文的作用,这不同于将《红楼梦》理解成"淫书"还是"反封全书",后者并不直接影响人们的行为。其中权威机关及官员(法官)的解释是终局的,唯一有法律效力的,不允许有多个同时有法律效力的解释存在,尽管可以有不同的解释,尽管对某个决定或判决的争论可以长期进行下去,尽管法官的少数意见也附在判决书之中。独断性意谓将法律条文中固定的意义应用于个案中。独断性解释的目的是使一般与个别统一,一般可适用于个别,个别要服从于一般。它要解决的不是对法律条文作真假解释的问题,而是作更好解释的问题(解释的好坏问题)。所谓探究性解释恰好相反。当然,法律解释不排斥探究性解释,也就是法律解释同时面对真假与好坏两方面的问题,但优先考虑后者。

4.法律解释是关联个案的解释。这是从法律解释的发生上作出的总结,严格意义的法律解释,与其说是法律条文不清引起的,不如说是适用者不能明确地将法律条文适用于个案时才存在,因为脱离个案去追问法律条文不清无甚重要意义,所以拉伦茨才说,解释乃是一种媒介行为,借此,解释者将他认为有疑义文字的意义,变得可以理解。对于适用者而言,恰恰就是在讨论该规范对此类案件事实是否适用时,规范文字变得有疑义。[②] 法官是针对具体的待判案件而从事法律解释工作。[③] 如果从此特点出发,中国的许多司法解释并不直接关联个案,非严

---

① Vgl. Larenz/Canaris, Methodenlehre der Rechtswissenschaft, 3. Aufl., 1995, S. 133.

② 参见［德］拉伦茨:《法学方法论》,陈爱娥译,五南图书出版有限公司 1996 年版,第217 页。

③ 参见［德］拉伦茨:《法学方法论》,陈爱娥译,五南图书出版有限公司 1996 年版,第250 页。

格意义的法律解释,倒更像是实施细则。

5.法律解释需要也可能获得立法者的原意。由于一般与个别之距,法律适用者常要去揣摩立法者隐于条文后的意图。通过一定的方法可以获得它,或者扩大一般法律条文的含义,或者通过阐明使个别的个案的意义归于一般。这一判断的根据是立法者有自己的法意,不可设想它概无意图地立法,没有自己要表达的意义,假如是这样,不知为何还要设立立法机关,还要进行立法论证。

虽然上述认识有些偏向方法论,我还是以为,这两种立场有别,但可并处共存。哲学诠释学对法律解释的启示,就其核心而言,在于它为法律解释与价值立场的关系提供了有说服力的理论工具:解释者不可能价值无涉,解释者均有是非感,是非感存在先见、前理解之中,解释者的立场偏向,就决定了不存在能普遍接受的要么对要么错的判决,只有通过理解者与作者的对话,在探究性造法解释中,才能达到一个合理的、可接受的、合意的结论。而传统方法论的解释学的致命弱点是将一切先见、前理解看作是正确理解的障碍,要求判断者心地无私,这既是误解又是苛求。诚然,先见、前理解中也有谬误,但消除它们的办法不是将先见从理解中彻底驱逐,而是不断地修正先见。法律诠释学尤其是在需要创造法律的难案中有用武之地。参照在文学文本理解中要注意的几个重要结论,站在法律诠释学立场上,对法律解释应当考虑到:(1)法律文本不是一个自在的客体,这个客体在任何时候都传达给法律适用者相同的内容。(2)法律更像一个法院每断一案对此总有新的理解的总谱。对法律的阅读和适用,不是纯复制或复述,而是也总是一个创造行为。(3)对法律恰当的运用之必要前提为,适用者已理解法律应该调整的问题。① 实际上,如果就其功用而言,看似复杂高深的哲学诠释学,不过为早始于19世纪末的反概念法学、反法律教义学思潮提供了另一利器罢了。

与其相对,不论传统法律解释方法的种类多寡,它们总透着法律解释如何可能之精神,并试图要消解法律的不确定性这一关键问题,尽管这一追求一方面在法学内部遭到抨击,如德国的利益法学、自由法运动,美国的现实主义法学,另一方面也屡遇法学外部的挑战,如维特根斯坦(Wittgenstein)、塔斯基(Tarski)在语言逻辑上,加达默尔等从本体论方面,还有否认普适性、确定性的各种后现代主

① Vgl. Ulrich Schroth, Philosophische und juristische Hermeneutik, in: A. Kaufmann/ W. Hassemer(Hrsg.), Einführung in Rechtsphilosophie und Rechtstheorie der Gegenwart, 6. Aufl., 2004, S.345.

义。但这一不可为而为之的努力延绵不绝,这既有人穷理的执拗,更有法律活动,尤其是裁判活动对确定性的需求。一般而言,客观的东西确定性要大一些,法律的原意相对于解释者属于客观的,寻求法律的原意就是寻求法律的确定性。诠释学对法律的原意的否定走入误区,对法律的原意不清和法律的不确定性视而不见,不免自欺欺人,而强调解释方法对解决法律的原意不清和法律的不确定性的无能,也会消磨人们对法律的确定性的探索精神,特别是在法律者普遍未掌握基本的解释方法的情势(语境)下,负作用更大,"怎么都行"、指鹿为马的造法可能被完全正当化了,司法专横任意有了合理的借口。当然,所谓确定性是相对的,不存在绝对的确定性,法律命题只有类科学性,即在一定程度上是可检验的,不像科学命题的普适性那么大(以今人的眼光看,科学命题也不是完全可检验的)。然而,法律解释学对于减少适用法律作出决定过程中的恣意妄为,为规范的实现提供了可操作的技术保障,此功能恐不能略过。另外,它还与法治、分权原则相适应。

（摘自郑永流:《出释入造——法律诠释学和法律解释学的关系》第四部分,本文标题系作者修订,原载《法学研究》2002 年第 3 期。）

法学"科学主义"的困境

法学知识如何成为法律实践的组成部分

刘　星

不论是"科学式"历时法学,还是"科学式"共时法学,其中所包含的"法学知识可以而且必将是科学知识"的观念,是失败的。其失败,在于其自身学术期待中所包含的不可克服的前提困境。在法学实证的观察、归纳、分析的方法中,一种可能在实证的自然科学[①]或实证的其他社会科学学科中得以存在的极富成效的推论和结果,极易如履薄冰、瞬息即逝,甚至形同虚设。"科学主义"的法学学术追求,隐藏了也许是令人遗憾但又无可奈何的自我瓦解。其希望像实证的自然科学或其他社会科学学科研究那样,去处理历史以及当下的社会法律实践的各类对象,是种缺乏自我警醒而又过分自信的奢望表现。

那么,法学知识究竟是怎样的,它的道路是什么,其真实意义又是什么?

不论我们是否愿意、自觉,法学知识终将是具体历史语境中的、包含实践参与欲望的形式、对同样是存在于具体历史语境中的社会法律实践的理论编织。其展示了特定历史主体的有关法律对象的历史偏见、法律姿态、参与诉求。在这种偏见、姿态和诉求中,特定历史主体融合了自己的知识前见、价值判断和实践立场。换言之,学术中的法学知识,尽管是以观念阐述为表现方式的,终将是社会法律实践的一个组成部分,都在参与、影响直至有限度地推动社会法律实践的生成和变化,同时都从社会法律实践中的各类深受不同政治、道德、文化观念影响和利益冲突掺杂其中的存在中,汲取养分与质素,并受其制约,从而固执、坚决、胸怀征服他

---

① 　即便在自然科学中,也有观点认为自然科学中产生的观念和结论时常并不以"实证"为基础或标准。参见[英]卡尔·波普尔:《猜想与反驳——科学知识的增长》,傅季重等译,上海译文出版社 1986 年版;[美]保罗·法伊尔阿本德:《反对方法:无政府主义知识论纲要》,周昌忠译,上海译文出版社 1992 年版。

者意念地相互争斗。

即便从法学知识生产来看，它也并不因为研究主体的客观、独立、中立的立场期待和愿望，或者有意摆脱自己的知识前见、价值判断和实践立场，而成为客观、独立、中立的。法学知识的学术个体化和共同体化的冷静运作，仅仅提供了一种有关法学知识产出的独立自在的外在表象，其无法修正甚至无法遮掩法学知识本身的历史境遇性和参与性。毕竟，个体以及共同体进行学术研究所依赖的知识前提，或直接或间接，总与社会中的知识传递、价值冲突和实践交流存在着相互联系。即便学术个体和共同体对自身的知识前见、价值判断和实践立场有所警觉，有所反思，以试图尽可能实现客观、独立、中立，这种警觉和反思，也将是在另类知识前见、价值判断和实践立场的操纵下展开的，无法"自拔头发以跳离地球"。也就是说，个人化和共同体化的法学知识，是在具体历史语境中的意识形态话语网络和价值冲突场域中构建的，无法在真空中自我隔离、自在自为。而且，法学知识的生发、产出、变化，总是难以摆脱具体历史语境中出现的"法律"词汇探讨性使用的限定制约。在具体的历史语境中，如果不与这些使用发生联系，一类知识的确难以称作法学知识。而在发生联系的样式本身就是多样化的情况下，法学知识受制于"法律"词汇探讨性使用的方式，也是多样化的。因为受制于方式的多样化，法学知识通常来说也呈现了探讨性争论的多样化，从而，与具体历史语境中的纷争关系十分密切，其中的历史偏见、法律姿态以及参与诉求，也会不可避免地显露出来。因此，法学知识是历史语境化的，而非普遍科学化的，它是"小写的"，而不是"大写的"，它是一种"参与"，而非客观分析。个体化和共同体化的法学知识，不会因为学者的"自我克制"，从而摆脱社会历史法律实践的"非客观"的束缚。

就法学知识的道路而言，人为地将历史语境中的片段化法学知识叠加、积累直至有机地整合，是否就能够逐渐靠近法律现象背后的"真实本质"，逐渐推进我们对法律现象的真理认识，逐渐砌筑法学真理的宏伟大厦？[①]　我认为，这是天真的。因为，我们根本无法将现有的法学知识和设想存在的法律真实加以对比，并以后者作为标准，对前者作出上帝般的审判。在这个意义上，"是否靠近真实本质""是否靠近真理认识""是否成为宏伟大厦的一砖一瓦"之类的问题，其本身便

---

① 　如美国学者 Edgar Bodenheimer 就指出过，各类法学理论的可贵之处，便在于它们可以成为法学大厦的建筑之石。参见 Edgar Bodenheimer, *Jurisprudence*. Cambridge：Harvard University Press，1974：163.

成了无法证实的玄学问题。因为,在法学语境中,由于"法律"词汇的探讨性使用的特殊性,以及法律与被作为研究对象的人物群体和作为研究者的人物群体都有着密切的利益关系和观念纷争,我们终究不能超越其外。更为重要的是,社会中的法律现象本身就是历史语境化的,无论从价值论意义而言,还是从知识论意义来说,法律现象都在变化之中。"法律"等词作为标签,其使用背后隐藏了价值判断、特定知识制约的认识判断,隐藏了社会资源有限性导致的具有持续性的利益纷争。因此,即使存在一个法律真实,这一法律真实在历史主体的视域中,也依然只是徒有其"名",将无任何具体内容可以充实其中。它是一个虚构。在这个意义上,法学知识,仅仅是一种法学知识,一类我们如果身在其中则无法超越其外的法学知识。也是在这个意义上,客观中立的立场,"知识分子独立思考"的精神,在面对最终以不断发生的利益纷争为根基的法律现象时,都将变得"是在逃避""是在掩饰",最后也将以自己并未觉察的方式,"似从前门走出却从后门走进"地参与社会法律实践,或者是在变相地建立一种以"科学""真理"为名义的法学话语霸权。

将法学知识不视为科学的、真理的,意味着将其不视为直线型的从低级走向高级的知识构建。法学知识的道路,是一种演化的模式。演化意味着变化,而不一定意味着进化。它与实证的自然科学研究和其他一些卓有"科学"成就的社会科学学科的道路,存在着重要不同。尽管的确有内容各异甚至类型各异的法学知识,然而即使是在时序中看这些知识,依然没有坚实的逻辑理由。站在一个历史语境中,某类法学知识可能优于另类法学知识,但这仅仅是就具体语境而言的。一旦我们身处不同的另类语境,可能就会发现,"他者"法学知识可能具有了优先性。这样的"优于"认识结论,是具体语境中各种因素相互作用的认识结果,是"参与姿态"使然。换言之,具体语境中的诸如价值认同、知识结构、政治状态、经济情形等历史条件以及"参与姿态"相互作用,从而孕育了人们的这一认识结论。也正因此,历史条件和"参与姿态"的变化,引发了"优先性"的结论的变化。

最后,将法学知识视为不属于科学、真理一类的知识,并不意味着将会导致某种消极的理论结果。相反,它有利于法律学术共同体内部实现交流对话的民主机制,将法学理论话语中的民主因素,通过参与现实的能动过程,融入具体历史语境中的社会法律实践,不断实现在社会法律实践中警惕、批判、瓦解任一"骄横"霸权的目的。而这一切,都将全面而又彻底地实现法学知识以及作为法学研究者的知识分子原本就应具有的"积极参与式"的人文关怀和社会责任感。

对法学知识生产的社会性考查,对其细致的微观分析,将其中隐藏的具有中枢作用的"法律"诸词汇"探讨性"使用揭示出来,可以赋予这一陈述以新的意义和学理力量,驱散其头顶被罩盖的具有歧视压抑用意的"相对主义"修辞阴霾,可以使我们更为关注并更好理解法学知识的"实践参与性"。就此而言,重新检视"将法学知识变为科学知识"的学术努力,便是重新质问、追究、反省法学知识及其学者的社会责任立场,便是重新寻找法学知识曾经失去或者可能将要失去的"实践天堂"。

（摘自刘星:《法学"科学主义"的困境——法学知识如何成为法律实践的组成部分》第三部分,原载《法学研究》2004 年第 3 期。）

法学研究进路的分化与合作

基于社科法学与法教义学的考察

谢海定

从改革开放以来中国法学发展的整体脉络看,虽然社科法学与法教义学之间的竞争是 21 世纪以后才出现的现象,但是这两种进路并不是突然冒出来的,它们与 20 世纪八九十年代的法学研究有承继关系,是法律学术常态分化的延续和深入。社科法学实际上是以经验社会学研究为主体,集结了理论社会学、法经济学、价值法学的研究进路所组成的"非规范法学统一战线",法教义学则是曾经被称为"概念法学""法条主义""注释法学""诠释法学""法解释学"等对法律进行规范研究的进一步发展。

社科法学与法教义学的分立与竞争,能够通过促进中国法学知识生产的自我反思、整合而得到深化、进步。当前,中国法学在学术表达、学术深度、学术自觉、学术自信等诸多方面都得到了较大程度的提升。

其中,以经验社会学研究为主体的社科法学,侧重于对具体文化、社会因素的研究,通过对法律制度与生活实践之间张力的揭示,拓展了法学研究的空间。而坚持规范研究的法教义学,也将关注点从外国相关制度及其学理的讨论转移到对中国具体问题的解决。社科法学与法教义学分别从法律的外在视角和内在视角对法治实践进行互补性考察,有助于更全面地把握中国法治进程的复杂性,更清晰地明确实践问题的要害,更有针对性地发展出具体精致的法律技术。例如,苏力等关于乡村司法的研究对于我国农村的法治化治理,[①]强世功等关于"活的宪

---

① 参见苏力:《送法下乡——中国基层司法制度研究》,中国政法大学出版社 2000 年版,第 1-444 页。

法"的看法,①对于我国宪法的实施均具有明显的理论冲击效应。大量关于执法、司法过程的社会学、经济学研究对于实然状态的描述和解释,与法教义学对于法律原理的应然阐释一起,实际上已经构成立法、执法、司法机制完善及法律规范体系协调统一的知识基础和现实推动力量。

然而,目前社科法学与法教义学之间的争辩在某些方面也令人生出某些隐忧,详述如下。

第一,无论是"社科法学"还是"法教义学"的概念表述,至少在字面意思上让人不得其解。法学在中国不是社会科学吗?抑或社会科学只是法学的一种?"法教义学"一定不属于社会科学?如果"法律与社会科学研究"叫"社科法学",那"法律与发展运动""法律与自然科学研究"该叫什么?由于倡导者仅仅宽泛地指出"运用社会科学的理论"来研究法律现象,而并没有像法教义学那样清晰表述自己的预设和相对统一的研究方式,"社科法学"让人很容易理解为就是一个大箩筐,倒不如沿用法社会学、法经济学等概念更令人明白。而汉语里"教义"一词虽然已不再令人感到陌生,但是在中国公众的理解里,其主要还是与宗教相联系,尤其是与源于西方国家的宗教相联系。"法教义学"的表述是要突出其西方国家理论来源吗?还不如"法解释学""法释义学"更加清楚明白。并且,"社科法学""法教义学"这样的称谓,在一定程度上截断了法学知识积累,规范研究和非规范研究已经取得的成果或许又要在新的标签下重复表达一遍,同时也让法学外的其他学科研究者,误以为它们是近几年才出现的法学动向。总之,这样的概念表述很容易让人怀疑社科法学与法教义学的分歧与对话乃是一个伪问题,恰恰遮蔽了中国法学30多年来不断走向分化的真面目。

第二,社科法学与法教义学有着不同的研究前设和侧重点,它们的学术功能、目标和任务也不相同,因而形成互补关系,于此情形下,任何单方面强调某种进路的特殊重要性并否定其他进路的正当性,企图用一种类型的知识"包打天下",无疑都是错误的。不同的知识在科学性问题上并不是非此即彼的关系,不会因为某种知识科学而说明其他知识不科学。知识的科学性更可能指向的是特定语境下的可接受性。对于学术研究而言,重要的是遵守必要的学术规范、清晰交代研究的前设假定和问题范围、合乎逻辑地论证说理,因而每个研究成果都清晰地呈现

---

① 参见强世功:《中国宪法中的不成文宪法——理解中国宪法的新视角》,载《开放时代》2009年第12期。

为一个起点和终点都明确的"认识线段",而不是夸张为认识的"射线"甚至"直线"。在社科法学阵营中,法社会学注重事物之间的因果关系或关联度,强调知识可验证、可反驳,无疑符合当代知识观念。但是,关联度本身就意味着不确定性,如果考虑到社会调查在定性和定量、分析和统计方面存在诸多偶然的、被忽略的因素,那么研究结论与实际情况之间存在差异就是肯定的。因此,法社会学对具体问题的研究总是需要诸多变量考察的重复、重叠、交叉来加以验证,而因为研究、验证都具有时间维度,即使在某些方面得到验证的结论也仍然具有暂时性。法经济学通过"理性人"假设预测人的行为逻辑,对于法律实效问题无疑有很大的知识贡献。但是,且不说"理性人"假设在经济学领域也有很大争议,法律其实并不单纯追求实效。法律有着确定行为正当性的规范功能,因而在某种程度上,法律规范一旦产生就注定有被违反的情况,所有人都遵从的法律就不会有规范的意义。在法教义学中,其前提是存在并能够建立一个规范原理体系。从知识的类别化发展来说,任何类别的知识都具有体系性,因而体系预设本身并不构成否定法教义学可接受性的理由。但是,知识体系是动态的,也不是绝对确定的。法律制度总是含有不同的甚至相互冲突的价值准则,纳入规范原理体系的价值共识必定具有不稳定性、暂时性。而法律的演进也总是伴有一定的偶然性,即便是一个保持开放的法教义学体系,也不可能完全照顾到偶然事件导致的法律制度演变。法律生活的主体是活生生的人,每个人对法律规范的理解都会有差异,即使预设存在一种对法律的"正解",法律实践的参与者也未必都能获得那个"正解",而被束之高阁的"正解"不过是一种"神秘"。在某种情况下,对"正解"的过分强调,也可能容易导致极权专断的诞生,因为当"正解"本身产生争议时,通过身份确定"正解"也是现实中比较普遍的现象。

第三,关于法学的学科自主性问题,社科法学与法教义学的争辩似乎有争当"法学正宗"的意思。社科法学与法教义学争辩的法学自主性,尤其是法教义学关注的自主性,显然超出了知识的系统化这一学科的一般意义,似乎涉及法学相较于经济学、社会学等其他学科的尊严问题。抛开此种尊严问题是否重要或者必要不谈,仅就可能性而言,就不能忽视法学与经济学、社会学的差别。经济学、社会学对其他学科的入侵是以其相对完整的方法论作为武器的,而目前流行的法学方法论则主要是法律的适用技术,基本上限于法学研究对象的范围之内,这跟建筑学以怎样设计、建造房子为核心相似,属于特定领域内实践的学问。社科法学试图把法学锻造为类似于经济学、社会学的理解的学问,但在一个以法律实践为研究对象的学科里,不关注法律适用的技术、方法,就跟建筑学不去讨论怎样建房子,而只描述各种不同的人群或者个体对房子样式、功能的偏好一样不可思议。即便是把法学看成理解的学问,要想获得尊严意义上的学科地位,也要发展出不同于经济学、社会学的方法论。例如,假设人们总是偏好于按照规则生活,那么规则改变就可能会导致人们的心理预期、行为方式甚至价值观念的改变,规则改变会导致经济效益、经济发展模式的改变,会导致社会秩序类型的改变,等等。在这种类似于经济学"理性人"的"规则人"假设基础上,发展偏向于理解的法学知识,或许比简单运用经济学方法于法律研究,更有学科尊严的味道。法教义学即使建造起逻辑严谨的规范原理体系,也并不就因此维护了具有尊严意义上的法学学科。规范原理体系的建成,除法律技术因素外,必然是在一个动态的社会过程之中,以法伦理学关于价值问题的讨论、理论社会学关于社会结构和社会秩序的思考、经验社会学关于现实中各种要素间的关联度考察等作为建构规范原理体系的理念、结构、材料的元素,而不可能通过冥思苦想或者直接嵌入其他国家制度的材料就能实现。也就是说,当前所谓的社科法学的研究并不必然损毁法教义学所说的学科自主性,相反,通过建设规范原理体系获得法学自主性的方案,其实需要社科法学的深入参与。就目前而论,中国的法教义学并未发展起来。不少以法教义学为名的作品,其实主要还是对外国相关制度原理的引介、阐释和发挥。虽然从所讨论的具体问题看,似乎并不缺少中国问题意识,但是其讨论问题的理论基点,则可能是嵌入式的。而由于理论基点上的特殊预设,研究者往往对规范体系中不符合其预设的那些规范置之不顾,尤其是涉及"社会主义""公有制"等类型的规范,往往被视为纯粹的意识形态表达而弃之如敝屣。操作技术的知识具有共通性,而规范原理体系并不只是操作技术知识的累加。从这种意义上讲,社科法学关于"活的宪法"、"地方性知识"、法律实施经验等的研究,应该是建立中国的规范原理体系的必要分工之一,中国法学的自主性要求各种不同研究进路的分工合作。

第四,在对法治实践的理解和对法治道路的偏好上,社科法学与法教义学的分歧具有某种程度上的不可调和性。其实,无论是持法律一元观还是持法律多元观,无论是以纸面上的法律还是以现实中的法律为关注法治实践和道路的基点,或许并不如看上去的那么重要,重要的是,操作技术的知识与理解现象的知识不能混同。司法实践中"地方性知识"的存在及其合理性揭示,并不能作为操作技术的知识直接运用,只能用来改善操作技术。在法律效果之外寻求社会效果的司法现象一旦普遍化,就容易消解、损毁法律的规范功能。相反,操作技术的知识也不应被用来否定司法实践中"地方性知识"的合理性,而只能在规范意义上作暂时性的合法性判断。其所导致的案件社会效果的欠缺,构成对相关操作规范的合理性评价。合法与合理的张力存在于任何社会的法律秩序中,而这种张力恰恰是法律演进的动力之一。就此而言,如果说法治是自然演进的,那么也不意味着各种"地方性知识"都直接作为法律发生作用,而是说这些"地方性知识"有着进入法律秩序的畅通管道。而所谓"建构型法治",也不意味着所有制度都是靠凭空设计或直接移植别国现成的样本,而是说社会上各种价值争辩、现实中各种经验事实最终都需要经过特定的程序才能进入规范体系。

(摘自谢海定:《法学研究进路的分化与合作——基于社科法学与法教义学的考察》第三部分,原载《法商研究》2014 年第 5 期。)

社科法学的传统与挑战

侯　猛

社科法学往往遭受知识碎片化的批评。相比之下，法教义学具有结构清晰、逻辑严密的知识体系，大有一统法学的气势。那么这是不是说社科法学就没有自己的知识传统呢？实际上社科法学并不追求概念化和体系化，而是注重法律外部的研究视角，强调围绕具体的法律问题展开研究，是问题导向而不是法条导向的。

虽然不存在一个统一的、体系化的社科法学，但是不同进路的研究者，仍然形成了相对固定的学术共同体。这本身就说明大家分享着共同的知识理念。"无形学院"的形成让不同进路的研究者进行跨界对话，形成基本共识。并且，社科法学者通过与法教义学者展开对话，能够发现自己的比较优势，也有助于强化基本共识。这些在对话过程中凝聚而成的社科法学的基本共识，主要包括以下几个方面。

一、以实用主义的态度重视法条

社科法学与法教义学一样，都是以法律文本为基础。但是，与法教义学尊崇法条和既有的法秩序不同，社科法学关心的是法条的生活世界，是真实世界的法律问题。社科法学通过分析法条在社会生活中的作用，提出立法和政策建议。因此，社科法学虽然重视法条，围绕法条来展开工作，但是绝不会奉其为圭臬，而是采取实用主义态度。

社科法学与法教义学相比，可能更接近科学。社科法学采取怀疑主义的科学态度，对一切可能存在问题的法律条文保持警惕。而法教义学则不同，它首先要对法条采取相信甚至迷信的态度，尽可能通过法律解释来维持法体系和法秩序的稳定。正如李忠夏所言："在中国社会转型的大背景下，社科法学与法教义学之间的最大分歧,并非如何解释实证法规范的方法问题,而是如何对待实证法的问题。"①有意思的是,如果与在法学院之外的院系中进行法律研究的社科学者相比,社科法学反而又是法律中心主义的。因为前者更重视秩序、制度和社会规范,而不仅仅是法律。例如,赵旭东的法律人类学研究和张五常的法律经济学研究。②

二、从后果出发而不是从法条出发

从后果出发,不仅仅是指社科法学研究的是法律的实际后果,更重要的含义是,要从后果出发,逆向分析、解释、评判法律条文和法律问题。这与法教义学针锋相对。特别是在重大、轰动、疑难案件中,法官一定会先考虑后果。这个后果并不只是对于案件当事人的影响,而是案件对社会经济生活的影响。法官在权衡后果之后,根据后果来寻找合适的法条,然后再运用法律解释技术加以正当化论证。换句话说,法官在分析案件时分两步走:第一是发现,第二是证成。发现是后果导向的,需社科法学的分析,而证成则是法教义学的工作。

当然,有人会反问,法教义学难道不考虑后果吗?的确,对于常规案件,选择法条和考虑后果其实已经同步进行,如果不涉及疑难案件,那么就无须专门考虑后果。正如法教义学者所宣称的,教义的主要功能是简化论证。而如果先考虑后果,再考虑选择什么法条,那么其实已经与法教义学的基本原则相背离了。

需要说明的是,社科法学内部不同的研究进路,对于后果的考虑会有所不同。例如,法律经济学注重的是财富或社会福利的最大化,如桑本谦的研究;法律社会学注重的是社会结构和秩序的稳定性,如苏力的研究;法律人类学注重的是在地人的感受,如朱晓阳的研究。③

---

① 李忠夏:《基本权利教义学中的价值判断——基于社科法学与法教义学的视角》,载《"社科法学与法教义学的对话"学术研讨会会议文集》,武汉,2014年,第3页。
② 参见赵旭东:《法律与文化:法律人类学研究与中国经验》,北京大学出版社2011年版,第1页;张五常:《经济解释卷四:制度的选择》,中信出版社2014年版,第1页。
③ 参见桑本谦:《理论法学的迷雾:以轰动案例为素材》,法律出版社2008年版,第1页;苏力:《道路通向城市:转型中国的法治》,法律出版社2004年版,第3-44页;朱晓阳:《罪过与惩罚——小村故事:1931—1997》,天津古籍出版社2003年版,第1-298页。

三、注重解释因果关系

法教义学关心如何解决法律问题,如何运用现有的法律规范、法律体系来解决法律问题。社科法学不太关心是什么、如何解决,而更关心为什么、如何解释的问题。所谓为什么的问题,就是讨论法律问题产生的原因以及所导致的后果。因此,可以说,社科法学的核心问题就是对因果关系的解释。

因果关系的问题实际上是一个反事实的问题。就是你在做某一件事情的时候,要反过来想一想:如果你没有做这一件事情,情形会是什么样的?[①] 因而,为了简化问题,就需要引进假设和控制变量。因果关系的解释,至少可以区分为一果多因和一因多果两类解释。一果多因,主要是根据现有的结果,找出造成结果的根本或主要原因。解释一果多因要比解释一因多果难得多。一因多果,主要是根据现有现象来预测可能的后果。总体而言,研究原因的结果要比研究结果的原因更具有可控性和可信度。

需要说明的是,社科法学不同的研究进路,对于因果关系的解释也有所区别。严格说来,只有定量研究才能做科学的因果关系的解释。定量研究注重样本的代表性,通过提出假设加以科学验证。而大数据时代数据驱动的计算社会科学研究,会促使研究方式发生革命性的变化。[②] 对于定性研究来说,法律社会学研究可以通过访谈、数据和其他经验材料获得因果关系的解释。而法律人类学研究,则是在参与观察、理解他者的过程中,考察事件发生的来龙去脉,比较注重人文的阐释,如吉尔兹对巴厘岛人法律意识的研究,[③]甚至为了更好地阐释因果关系,也发展出人类学上的延伸个案研究方法。[④]

---

① 参见谢宇:《社会学方法与定量研究》,社会科学文献出版社 2006 年版,第 44 页。

② See David Lazer, Alex Pentland, Lada Adamic, et al., Computational social science, *Science*, 2009(5915):721-723.

③ 参见[美]克利福德·吉尔兹:《地方性知识——阐释人类学论文集》,王海龙、张家瑄译,中央编译出版社 2000 年版,第 232-296 页。

④ See Michael Burawoy, The extended case method, *Sociological Theory*, 1998(1):4-33.

四、注重"以小见大"的个案研究

社科法学研究有定性和定量之分。在美国,定量研究主要集中在法律经济学和刑事司法领域。而中国的社科法学近些年也出现了一些定量研究。定量研究除了有为数不多独立完成的,[①]也出现了法学学者与外学科学者合作展开的研究,如唐应茂与经济学者盛柳刚、贺欣与社会学者苏阳。[②] 但整体来说,国内的社科法学界,不论是法律经济学、法律社会学还是法律人类学,都以个案的经验研究见长。

既然是个案研究,那么少不了要被批评个案是否具有代表性的问题。但是否具有代表性,向来是评判定量而不是定性研究好坏的标准。作为定性研究的个案研究,更重要的意义在于个案的丰富性和深刻程度。个案研究做得好不好,关键看这样的个案研究能否起到"以小见大"的作用,能否通过个案展现出理论的解释力,甚至加以理论化。这里的问题是,既然个案研究没有代表性,那么又怎么可能"以小见大"? 其实,这完全有可能。例如,张五常称赞科斯最出色的研究是关于联邦通讯委员会的个案研究,[③]而这一研究为其随后写作《社会成本问题》奠定基础。此外,像埃里克森对夏斯塔县牲畜越界纠纷解决的研究、[④]波斯纳对古希腊初民社会的研究,[⑤]都是典型的"以小见大"的个案研究。埃里克森在其书的第 1 页还专门写道:"世界偏僻角落发生的事件可以说明有关社会生活组织的中心问题。"[⑥]

说到底,研究有好坏之分,好的研究首先需要具有敏锐的观察力和想象力,这

---

① 例如,白建军:《从中国犯罪率数据看罪因、罪行与刑罚的关系》,载《中国社会科学》2010年第 2 期;程金华:《法律人从政:合理性分析及其验证》,载《中外法学》2013 年第 1 期;等等。

② 参见唐应茂、盛柳刚:《民商事执行程序中的"双高现象"》,载苏力主编:《法律和社会科学》(第一卷),法律出版社 2006 年版,第 1-29 页;Xin He, Yang Su, Do the "haves" come out ahead in Shanghai courts?, *Journal of Empirical Legal Studies*, 2013(1):121-146.

③ See R. H. Coase, The federal communications commission, *Journal of Law and Economics*, 1959(2):1-40.

④ 参见[美]罗伯特·C. 埃里克森:《无需法律的秩序——邻人如何解决纠纷》,苏力译,中国政法大学出版社 2003 年版,第 1-146 页。

⑤ 参见[美]理查德·A. 波斯纳:《正义/司法的经济学》,苏力译,中国政法大学出版社 2002 年版,第 119-238 页。

⑥ 参见[美]罗伯特·C. 埃里克森:《无需法律的秩序——邻人如何解决纠纷》,苏力译,中国政法大学出版社 2003 年版,第 1 页。

需要知识积累、经验积累,甚至有赖于个人天赋。其次才是解释力,即考虑如何论证或验证,是通过定性还是定量。当然,定量研究和定性研究相结合更容易生产出好的研究,因此,这也是社科法学未来发展的趋势。

五、强调语境论

社科法学看起来似乎特别重视方法,重视问题的讨论。但是,方法的运用、所有问题的讨论都必须嵌入中国实际中才有意义。这类似于格兰诺维特"镶嵌理论"所强调的,经济行动镶嵌于社会结构和社会关系之中,①或者是人类学家莫斯所说的"总体的社会事实"。② 法律问题的讨论,也必须嵌入具体的社会经济文化传统中才有意义。说到底,所谓语境,就是具体的制度约束。例如,在中国的法律经济学研究中,不仅越来越多的学者反对"理性人"假设,③而且也不再强调法律经济学理论的普遍性。

同时,在研究进路上,虽然社科法学源于西方国家特别是美国的知识传统,但是不论是在概念使用、知识运用还是分析思路上,都会强调在中国语境下加以检验。研究需要在理论与经验之间来回往复地不断理解。一个好的社科法学研究,是可以通过对中国问题的研究来不断修正既有的理论的,而不是要为西方国家的主流理论提供又一个中国的例证或例外,④从而构建中国社科法学新传统。

(摘自侯猛:《社科法学的传统与挑战》第三部分,原载《法商研究》2014年第5期。)

---

① 参见[美]马克·格兰诺维特:《镶嵌:社会网与经济行动》,罗家德译,社会科学文献出版社2007年版,第1-37页。

② 参见[法]马塞尔·莫斯:《礼物:古式社会中交换的形式与理由》,汲喆译,上海人民出版社2005年版,第176页。

③ 波斯纳也认为法律经济学并不能适用于分析中国司法。参见[美]理查德·A.波斯纳:《法律经济学与法律实用主义》,陈铭宇译,载《北大法律评论》编辑委员会编:《北大法律评论》(第14卷·第1辑),北京大学出版社2013年版,第4-12页。

④ 参见冯象:《法学院往何处去》,载许章润主编:《清华法学》第四辑,清华大学出版社2004年版,第288-296页。

法教义学的方法

雷　磊

在阐明法教义学的方法之前,首先要来处理两个前提性问题,一是法教义学与法学方法论的关系,二是法教义学的立场与方法的关系。

一、法教义学与法学方法论

不可否认,法教义学与法学方法论之间具有密切的联系。"法学方法论"中的"法学(法律科学)"(Rechtswissenschaft)指的是狭义上的法学,也就是法教义学。[①] 所以,法学方法论就是法教义学的方法论,法教义学工作的一个重要方面就是将法学方法论运用于实在法的适用过程。因为法教义学作为由判例和学说对"法"加以具体化、为解决具体法律问题而确立的各种规则所构成的整体,需要借助法学方法论实现其与"法"之间的"重新勾连"。[②] 唯有如此,才能称之为"法"教义学。或许诚如迪特里希森(Dietrichson)所言,于法教义学之合乎目的理性的运作而言,起关键作用的是一种与该法教义学状况相应的法学方法论,以及受到这一教义学拘束之方法论训练的法律人阶层。[③] 所以一直以来,德国就将法学方法与法教义学方法相等同,对法学研究与法律适用方法也不作区分。中国学者在

---

① 参见[德]卡尔·拉伦茨:《法学方法论》(第 6 版),黄家镇译,商务印书馆 2020 年版,第 251-253 页。

② 参见[德]托马斯·默勒斯:《法学方法论》(第 4 版),杜志浩译,北京大学出版社 2022 年版,第 482 页。

③ [德]乌韦·迪特里希森:《法教义学的道路》,雷磊译,载舒国滢主编:《法理》(2018 年卷),商务印书馆 2018 年版,第 168 页。

进行相关讨论时,也常常对两者不予区分或将它们放在一起来处理。①

尽管如此,法教义学与法学方法论依然可以从三个角度被区分开来。首先,法教义学具有双重含义,一是"作为知识的法教义学",二是"作为方法的法教义学"。前者是学者们围绕一国现行实在法构造的"概念—命题"体系,或者说学说的体系;后者则指的是一种独特的思维方式和作业方式。② "法学方法论"中所谓的法学,指的就是前一重含义即作为知识的法教义学。换言之,它指的是产生实在法知识(学说体系)的方法论。默勒斯(Möllers)就认为,法学方法论是以跨越法律部门的方式描述生成与论证法教义学概念的方法。③ 如此一来,知识必然不等同于产生知识的方法,而作为知识的法教义学也必然不等同于法学方法论。如果说方法论要提出的是形式命题的话,那么(作为知识的)法教义学要回答的则是某个法秩序的内容问题。因此,与方法论命题不同,教义学命题并非可以毫无疑义地移植到其他国家的制定法和法秩序之中。④ 当然,更关键的是作为方法的法教义学与法学方法论如何区分。

其次,作为方法的法教义学包括两个部分:一个是一般性的部分,是关于法律解释、概念建构和体系化的最一般化的理论,它超越地域和领域;另一个则是特殊性的部分,带有地域和领域的印记,如刑法中的犯罪构成体系的三阶层说、民法中的请求权基础思维、宪法中关于违宪的三阶段审查理论等。⑤ 所谓地域印记,是指这些思维和理论有其"发源地"或者说产生的独特制度背景和文化背景。并非说它们不可能跨越地域的限制被其他国家的法教义学活动所继受或借鉴,但一定要小心检验其制度或文化的关联性。⑥ 所谓领域印记,指的是这些思维和理论

① 例如,参见许德风:《法教义学的应用》,载《中外法学》2013 年第 5 期;卜元石:《法教义学与法学方法论话题在德国 21 世纪的兴起与最新研究动向》,载卜元石:《德国法学与当代中国》,北京大学出版社 2021 年版,第 32-57 页。

② 参见雷磊:《法教义学与法治:法教义学的治理意义》,载《法学研究》2018 年第 5 期;雷磊:《什么是法教义学?——基于 19 世纪以后德国学说史的简要考察》,载《法制与社会发展》2018 年第 4 期。

③ 参见[德]托马斯·默勒斯:《法学方法论》(第 4 版),杜志浩译,北京大学出版社 2022 年版,第 486 页。

④ Vgl. Philipp Sahm, Elemente der Dogmatik, Weilerswist: Velbrück Wissenschaft, 1. Aufl., 2019, S. 40.

⑤ 参见雷磊:《法教义学:关于十组问题的思考》,载《社会科学研究》2021 年第 2 期。

⑥ 目前中国学界争议比较大的是应否继受德日刑法学中的三阶层方法。质疑此种观点的,例如,参见黎宏:《我国犯罪构成体系不必重构》,载《法学研究》2006 年第 1 期;杨兴培:《"三阶层"犯罪结构模式的中国语境批判》,载《东方法学》2021 年第 2 期。

有其各自适用的部门法场域,通常无法扩张至别的部门法场域。因为它们往往预设了本部门法的价值理念和操作模型,所以它们具有极强的"场域依赖性"。相反,法学方法论是法理论的组成部分,它具有超越地域和领域的普遍性,不会因为是中国的还是德国的,是民法还是刑法而有所区别,①因为它们本身是帮助裁判进行释法说理的理性论据或论证型式。中国近十几年来在引入德日等国的法学方法论过程中,几乎没有遇到过像引入外国教义学知识和特殊的教义学方法(思维)时遭遇的那种抵抗,就是一个例证。所以,就法教义学方法的特殊性部分而言,作为方法的法教义学也不同于法学方法论。

最后,也最为关键的是,法教义学方法的一般性部分与法学方法论是否有区别。应当承认,要区分这二者十分困难。法教义学要对现行法进行解释,而法律解释理论本就是法学方法论的重要部分。法教义学关心概念建构和体系化,而法律概念理论与体系理论现在也越来越多地被纳入法学方法论之中。已被译成中文的作品中,拉伦茨(Larenz)的《法学方法论》和普珀(Puppe)的《法学思维小学堂》都是代表。但二者依然在两个面向上有所区别:一方面,就像德国学者布克(Bumke)指出的,法学方法论主要关注的是制定法的解释和适用以及法的续造问题,充其量只会在其论述的边缘提一下法教义学的概念性和体系化作业。② 换言之,法学方法论关注的重心是法律解释和法的续造方法,而法教义学虽然也以解释等活动为出发点,但它更核心的工作在于概念和体系。而概念和体系反过来又会对解释活动起到制约作用,这一点容后再论。另一方面,也更为重要的是,作为方法的法教义学体现的是法律人与实在法打交道时的作业方式(Arbeitsweise)。至于这种作业方式展开时要借助于哪些具体的方法(Methode),比如围绕实在法进行解释时采用的方法有哪些,则不属于法教义学而恰好属于法学方法论的任务了。所以,(作为方法的)法教义学关注的是"方式",而法学方法论关注的是实现方式的"方法"。虽然二者在表述上同用"方法",但所指不一。因此,下文将在作业方式的意

---

① 当然,这不是说民法方法论和刑法方法论(或许还有其他部门法方法论)没有任何差别。例如刑法方法论就会聚焦于法律解释问题,而民法方法论除了解释,也十分关注法的续造领域。但是,作为法学方法论,无论是民法方法论还是刑法方法论都有共同的部分,在具体解释方法上也无根本差别。

② 参见[德]克里斯蒂安·布克:《法教义学——关于德国法学的发展及其思维与操作方式的思考》,吕玉赞译,载陈金钊、谢晖主编:《法律方法 第 24 卷》,中国法制出版社 2018 年版,第 5 页。

义上来谈论法教义学的方法。

二、法教义学的立场与方法

立场虽然未必完全决定方法,但构成方法之预设前提。法教义学的立场,一言以蔽之,就是坚持法与法学的规范性。具体而言体现在三个方面:其一,在裁判理论上,主张"认真对待法律规范",即以法律规范为司法裁判的依据、框架和基础;其二,在法概念论上,法教义学主张"法律是一种规范",作为具有规范性的事物,法律既不同于行为(经验事实)也不同于价值;其三,在法学理论上,法教义学主张"法学应持规范性研究的立场",因为它本质上是以建构性活动为中心的实践科学。① 换言之:(1)法教义学的作业基础是法律规范(从规范中来,到规范中去);(2)教义学作业要受到法律规范的拘束(法的规范性);(3)教义学作业本身也要提供规范性的知识(法学的规范性)。法律规范、法(律规范)的规范性和法教义学的规范性很多时候是交杂在一起的,尤其是考虑到这一智识背景:在德国,法不仅被认为是由立法者制定的权威文本,而且也同时由法教义学来塑造。②

从上述立场出发可知,法教义学活动一定是围绕法律规范展开的规范性活动。正因如此,有论者将法教义学的研究方法定位为"规范分析方法","它要型构一套以法律规范为逻辑前提,并把诸社会事实全盘结构在法律规范体系,即以法律来解释、结构和调整社会事实的知识体系"。③ 这种定位本身无误,但失之偏颇:一方面,它只考虑到了"围绕法律规范展开",却没有顾及教义学本身也是"规范性活动",也可能创设规范性的概念和原则;另一方面,它将教义学方法落脚于规范与事实(法律解释)的层面,没有立体化地展现出法教义学的所有作业方式。与此相比,德国学者阿列克西(Alexy)的思虑更加周全。他提出法教义学要进行三个层面的工作,即对现行有效法律的描述、对这种法律之概念—体系的研究、提出解决法律争议的建议。这三种活动分别对应于描述—经验的维度、逻辑—分析

---

① 参见雷磊:《法教义学的基本立场》,载《中外法学》2015 年第 1 期。

② 德国学者萨姆就认为,教义学就像是学习语言时的语法,它帮助人们学习法律,Vgl. Philipp Sahm, Elemente der Dogmatik, Weilerswist: Velbrück Wissenschaft, 1. Aufl. , 2019, S. 19.

③ 谢晖:《论法学研究的两种视角——兼评"法教义学和社科法学"逻辑之非》,载《法学评论》2022 年第 1 期。

的维度以及规范—实践的维度。① 但是,这个被学界广泛知晓的三分法其实涉及的是法教义学活动的三个面向,或者说三种性质的"作业"(Arbeit)或"任务"(Aufgabe),而非"作业方式",尽管二者之间存在紧密关联。例如,我们很难将"提出解决法律争议的建议"称为"方法"或"作业方式"。

在笔者的视野里,对法教义学活动最全面的概括来自德国青年一代学者弗洛尔(Flohr)。他将这种活动归纳为五个方面(五种"教义学思维形式"):(1)法律部门的划分,即把法律规范划归为不同的部门法,如银行法、医事法、体育法、劳动法;(2)法律原则的提炼,即从多个法律规范中提炼出共同的原则;(3)基本概念的形成,即形成独立于法律规范的基本概念;(4)体系化,即通过概念的体系化与原则的体系化,形成前后一致的理念大厦;(5)建构,即将单个事实或法律现象回溯到一个或多个已有基本概念,进而置入概念体系之中。② 这一论述极具启发性,但作者并没有清晰说明这些问题:这五个方面是前后相续的五个步骤,还是相对独立的五种作业方式? 它们之间是何关系? 例如,法律原则的提炼与体系化是何关系? 基本概念的形成与建构又是什么关系? 此外,它还忽视了法教义学作业最基础的工作,即法律解释。抛开这些问题不论,是否这五个方面都属于"法教义学"的方法也值得商榷——这里主要指的是"法律部门的划分"。法教义学从个案中的规范出发,由具体而一般,由个别而体系,最终实现与一般法学说(法理论)的衔接。③ 而法律部门的形成自然发生于这一体系化的过程中:选出某些可界分的事实片段,并将对其进行法律判断时必须顾及的全部规范汇聚为规范集合(Normenkomplex)。这种过程应当位于教义学作业的末端,而非起始。并且,法律部门的划分还须基于对法律关系之调整对象的方法的理解,对整个法律体系有整体规划,它既需要教义学"自下而上"的思维方式,也需要立足于整体的"鸟瞰"视角和法理论"自上而下"的思维方式,并不单单是属于法教义学的事。

在笔者看来,要对法教义学的方法进行准确刻画,就必须要将(作为方法的)

---

① 参见[德]罗伯特·阿列克西:《法律论证理论》,舒国滢译,中国法制出版社 2002 年版,第 311 页。

② Vgl. Martin Flohr, Rechtsdogmatik in England, Tübingen: Mohr Siebeck, 1. Aufl., 2017, S. 40 ff. 对此的简要概括也可参见卜元石:《法教义学的显性化与作为方法的法教义学》,载卜元石:《德国法学与当代中国》,北京大学出版社 2021 年版,第 66 页。

③ 对这一过程的具体描述,参见雷磊:《法理论:历史形成、学科属性及其中国化》,载《法学研究》2020 年第 2 期。

法教义学呈现为一种以法律规范为出发点,各环节相对独立但又前后相连的规范性作业过程。在这一过程中,教义学知识的一般性和体系性色彩不断增强。就此而言,依然要回到拉德布鲁赫的那个经典界定:法教义学的作业要在三个层面上展开,即解释、建构、体系论(化)。① 下文就将依次对这三种方法的内涵及其内在关联展开论述。只是要作一点修正:除非作极广义的理解,② 否则在今日之方法论中,"解释"通常被视为法律适用活动之一种而非全部。虽然不可否认解释构成了围绕裁判大前提展开的主要活动,但除了法律解释,法官还要面对法律漏洞、规范矛盾等多种情形。但不论如何,法官都要法教义学也要帮他阐明法律规范的(直接或间接的、主观或客观的、近程或远程的、扩张或限缩的)意义。使用"(法律规范的)意义阐释"来称呼这种活动,要比"解释"具有更大的容纳度。所以,本文将法教义学的作业方式重新表述为:意义阐释、法学建构和体系化。

(摘自雷磊:《法教义学的方法》第一部分,原载《中国法律评论》2022 年第 5 期。)

---

① 参见[德]拉德布鲁赫:《法哲学导引》,雷磊译,商务印书馆 2021 年版,第 8 页。
② 拉德布鲁赫没有明确他所说的"解释"是否要在宽泛意义上来理解。但他认为法律解释要取向于实在法的客观意义,而他所说的"客观意义"又似乎涵盖了漏洞和矛盾的情形,参见[德]拉德布鲁赫:《法哲学导引》,雷磊译,商务印书馆 2021 年版,第 8-9 页。

论法学研究中的历史分析方法

胡玉鸿

历史分析方法又称历史方法,指的是借用历史研究的方法,以研究法律科学。按照学者的界定,这一方法注重法律的起源、发展及制度的变迁,以及原理、原则的演进①。从这个意义上说,历史分析的对象既有制度的分析,也有原理、原则发展演变的过程梳理,而这些对于法学研究来说都是极为根本和重要的。马克思曾经指出,"极为相似的事变发生在不同的历史环境中就引起了完全不同的结果。如果把这些演变中的每一个都分别加以研究,然后再把它们加以比较,我们就会很容易地找到理解这种现象的钥匙"②。这说明了历史分析方法对于揭示历史发展规律的重要性。而这种方法同样也适用于法律的分析,因为严格说来,"法律是凝结的历史,法律是以人类的史实为依据而发展的,所以对法律进行历史考察,联系历史实际来研究法律和法律现象,是合乎科学的方法"③。众所周知,任何法律现象的产生、发展都有其历史根源,也都有其自身的规律,因而,要研究法律现象,发现其运行的规律,就必须历史地对之作出考察。其意义,一是合理地厘清法律发展的脉络,从而在"文献"的意义上梳理相关历史资料;二是更为主要的,找出法律制度的发展规律与发展方向,从而有利于本国法律的改革与完善。

在启蒙运动之后,历史分析方法在法学研究领域大放异彩。孟德斯鸠的《论法的精神》就是运用历史方法分析法律演进、发展规律的名著,由此明确了法律的精神并非空穴来风,而是有着其自身内在的生成规律,孟德斯鸠也因而"被视为历

---

① 管欧:《推开法律之门》,中国政法大学出版社 2011 年版,第 15 页。

② [德]马克思:《给〈祖国纪事〉杂志编辑部的信》,载《马克思恩格斯选集》(第三卷),中共中央马克思恩格斯列宁斯大林著作编译局译,人民出版社 1995 年版,第 342 页。

③ 孙笑侠:《法理学》,中国政法大学出版社 1996 年版,第 12-13 页。

史法学和现代社会学的先驱"①。总体来说,他对历史经验的概括就是:"各种法律应该与业已建立或想要建立的政体性质和原则相吻合。……法律还应该顾及国家的物质条件,顾及气候的寒冷、酷热或温和,土地的质量、地理位置,以及农夫、猎人或牧人等民众的生活方式等等。法律还应顾及基本政治体制所能承受的自由度,居民的宗教信仰、偏好、财富、人口多寡,以及他们的贸易、风俗习惯等等。最后,各种法律还应彼此相关,考虑自身的起源、立法者的目标,以及这些法律赖以建立的各种事物的秩序。必须从所有这些方面去审视法律。"②概括地说,法是受多种因素制约的产物,法的精神就存在于"法与各种事物可能发生的关系之中"③。借助于繁杂的历史资料与制度文献,孟德斯鸠一方面在总结经验的基础上提炼法律原理,例如他言道:"事实表明,单纯依仗权威总是显得那么笨拙,以至于得出了一条公认的经验,那就是,只有施行仁政才能实现繁荣。"④"残暴的刑罚比长期的惩罚更能激起反抗,长期的惩罚只会令人灰心丧气,而不会令人义愤填膺……总之,历史已经充分证明,刑法的效果向来就只有摧毁而已,别无其他。"⑤另一方面,孟德斯鸠还注重对历史事例的评述,以此来提炼法理。例如他指出"在罗马,父亲可以强迫女儿休夫,尽管这门亲事是经他同意的。可是,离婚竟然是由第三者处理的,这就有违人的自然本性。……只有对自己的婚姻感到烦恼,并且发现结束婚姻对双方都有好处的时刻已经到来的人,才应该有权决定离婚",这是离婚的正当法理;"勃艮第国王贡德鲍规定,小偷的妻和子如果不告发,就降为奴隶。这条法律也是违背人的天性的,妻子怎能告发丈夫,儿子怎能告发父亲呢?法律作出这样规定,岂不是要人为惩治一项罪行而犯下另一项更大的罪行吗?"⑥这是亲亲相隐的法理。当然,孟德斯鸠对人类社会最为重要的经验概括,就是"自古以来的经验表明,所有拥有权力的人,都倾向于滥用权力,而且不用到极限决不罢休"。正因如此,"为了防止滥用权力,必须通过事物的统筹协调,以权力制止权

---

① ［美］布赖恩·H. 比克斯:《牛津法律理论词典》,邱昭继等译,法律出版社 2007 年版,第 148 页。

② ［法］孟德斯鸠:《论法的精神》(上卷),许明龙译,商务印书馆 2009 年版,第 12 页。

③ ［法］孟德斯鸠:《论法的精神》(上卷),许明龙译,商务印书馆 2009 年版,第 13 页。

④ ［法］孟德斯鸠:《论法的精神》(上卷),许明龙译,商务印书馆 2009 年版,第 399 页。

⑤ ［法］孟德斯鸠:《论法的精神》(上卷),许明龙译,商务印书馆 2009 年版,第 488 页。

⑥ ［法］孟德斯鸠:《论法的精神》(上卷),许明龙译,商务印书馆 2009 年版,第 505-506 页。

力"①。权力控制的法理,即对国家权力必须加以合理的分工与有效的制约,由此从权力倾向于滥用的历史经验中导出,并成为现代法治国家所奉行的基本准则。习近平总书记对此也明确指出:"权力是一把'双刃剑',在法治轨道上行使可以造福人民,在法律之外行使则必然祸害国家和人民。把权力关进制度的笼子里,就是要依法设定权力、规范权力、制约权力、监督权力。"②中国特色社会主义法治的根本任务之一,就在于使权力依据法律来运作,防止权力任性与权力滥用。

以萨维尼为代表的历史法学派,也是通过历史分析的方法来得出"法是民族精神的体现"这一著名结论的。在关于立法与法学当代的使命的论述中,萨维尼指出:"在人类信史展开的最为远古的时代,可以看出,法律已然秉有自身确定的特性,其为一定民族所特有,如同其语言、行为方式和基本的社会组织体制。不仅如此,凡此现象并非各自孤立存在,它们实际乃为一个独特的民族所特有的根本不可分割的禀赋和取向,而向我们展现出一幅特立独行的景貌。将其联结一体的,乃是排除了一切偶然与任意其所由来的意图的这个民族的共同信念,对其内在必然性的共同意识。"③在这里,萨维尼通过对法律史的分析,确证了每一个民族都有与之相适应的法律制度;并且这种制度并非孤立于社会之外,而是体现为整体民族精神的一部分;且因为每个民族生存的环境不同,秉持的信念、意识有别,因而一个民族的法律必然会以与其他民族相区别的特征而特立独行。从这个意义上来说,不了解这一民族的精神,就不可能了解这个民族的法律;同样,如果法学家不熟稔本民族特有的精神意识,也不可能编纂出适合于这一特定民族的法典来。在萨维尼看来,当时的德国还不可能编纂出如《法国民法典》那样的一代法典,就是因为德国法学家对德意志民族的精神还需要有一个追溯、提炼的过程。"只有当我们借由废寝忘食地研究,使我们的知识达臻完美境界,尤其塑育了我们的历史感与政治感之时,才可能对我们所面临的问题作出诚实的评判。"④可见,历史分析不是一种考古、一种描述,历史考察的目的仍然在于对现实问题进行评

---

① [法]孟德斯鸠:《论法的精神》(上卷),许明龙译,商务印书馆 2009 年版,第 166 页。

② 习近平:《领导干部要做尊法学法守法用法的模范》,载《习近平谈治国理政》(第二卷),外文出版社 2017 年版,第 128-129 页。

③ [德]弗里德里希·卡尔·冯·萨维尼:《论立法与法学的当代使命》,许章润译,中国法制出版社 2001 版,第 7 页。

④ [德]弗里德里希·卡尔·冯·萨维尼:《论立法与法学的当代使命》,许章润译,中国法制出版社 2001 版,第 85 页。

价、决断。同样属于历史法学派一支的英国著名法学家梅因,则通过对古代法的考察,得出了"所有进步社会的运动,在此处为止,是一个'从身份到契约'的运动"①的著名结论,这成为历史分析方法在法学史上取得的重大成就之一。

总之,重视对历史经验的借鉴,这是所有学科根基厚实的反映,也是学科得以发展的前提。正如熊彼特所言,"就任何科学而言,我们为什么要研究它的历史呢? ……从那里我们指望得到的收获可以分为三类:在教学方法上有所裨益,获得新的观念以及了解人类的思维方法"②。法学当然也不例外。在法学中,不仅有法律史这样一门研究法律制度史、法律思想史的专门学科,同时采用历史分析法来研究具体的制度、思想、学说、观念,更是法学研究的基本方法与学术传统。波斯纳甚至认为:"法律是所有专业中最有历史取向的学科,更坦率地说,是最向后看的、最'依赖于往昔'的学科。它尊崇传统、先例、谱系、仪式、习俗、古老的实践、古老的文本、古代的术语、成熟、智慧、资历、老人政治以及被视为重新发现历史之方法的解释。它怀疑创新、断裂、'范式转换'以及青年的活力与性急。"③是否果真如此,当然令人不无怀疑,但是,注重历史传统、学习历史经验,这必然会提升法学研究的理论深度和学术厚度,运用得当,当会为现行的制度创新和理论拓展提供更多的资料。所以,正确地运用历史分析方法,不仅可以对历史上的制度、学说、观念等进行条分缕析的梳理,也能够鉴古知今,为现代法律制度的发展与法学理论的深化提供助力。

（摘自胡玉鸿:《论法学研究中的历史分析方法》第一部分,原载《甘肃社会科学》2023 年第 1 期。）

---

① ［英］梅因:《古代法》,沈景一译,商务印书馆 1959 年版,第 97 页。
② ［美］约瑟夫·熊彼特:《经济分析史》（第一卷）,朱泱等译,商务印书馆 1991 年版,第 16-17 页。
③ ［美］理查德·A. 波斯纳:《法律理论的前沿》,武欣、凌斌译,中国政法大学出版社 2003 年版,第 149 页。

第三章

法的本质与概念

法单纯是阶级斗争工具吗？

兼论法的社会性

周凤举

长期以来，人们都把法看作是阶级斗争的工具，并同国家联结在一起，认为法是随着国家的产生而产生，也将随着国家的消亡而消亡。我以为这种看法是不对的，至少是不全面的。

一

首先这种看法不符合人类社会发展的历史事实。

早在没有阶级、没有阶级斗争、没有国家的原始共产制的氏族社会里，法这种东西就出现了，尽管是不成文的，因为当时人类还没有文字，但它是在当时简单的经济基础上产生的，并在调整当时人们之间的关系和维护社会生产、生活秩序中发挥了实实在在的作用。

这样说，有人会感到奇怪，因为根据现在对法的定义来看，那时只能叫习惯，不能叫法。但是我们看问题不能从定义出发。一个事物叫什么名字无关紧要，关键是它的内容和属性。我们今天的法也不是都叫法的，有宪章、公约、条例、通则、法令、规定、办法等各种名称。这些名称，虽然有这样那样的差别，但总的说来并不失其法的本质。再说习惯，有些国家，例如英国，采用大量的习惯法是举世周知的。

原始社会各种制度和习惯的法的性质，也不是我随便赋予的，革命导师们对此早有论述。19世纪下半叶，马克思、恩格斯以及他们所十分推崇的美国学者摩尔根等，曾对古代原始社会的组织、制度、习惯和秩序等作过多年考察和深入研究，他们是怎样看待这个问题的呢？

　　恩格斯在讲到法的起源时说,"在社会发展某个很早的阶段,产生了这样的一种需要:把每天重复着的生产、分配和交换产品的行为用一个共同规则概括起来,设法使个人服从生产和交换的一般条件。这个规则首先表现为习惯,后来便成了法律"①。请注意:这里恩格斯没有把阶级斗争作为法产生的条件。

　　在谈到澳大利亚人的级别群婚制时说:"在欧洲人视为不道德和无法纪的地方,事实上都盛行着一种严格的法则。……把他们彼此结合起来的那个道德法则,同时又用剥夺权利的惩罚方法,禁止相互所属的通婚级别以外的任何性交关系。甚至在经常抢劫妇女的地方(某些地方还把这当作通例),也很慎重地遵守级别的法则。"②

　　谈到现代文明对古代社会关系的破坏时又说:"它把一切变成了商品,从而消灭了过去留传下来的一切古老的关系,它用买卖、'自由'契约代替了世代相因的习俗,历史的法。"③

　　马克思援引摩尔根的话说,"葛拉德士吞先生曾把英雄时代的希腊酋长当作国王和诸侯介绍给读者(在《世界的青年时代》一书中),而且还给他们加上绅士(贵族—地主)的资格,但是他本人不得不承认:'总的说来,我们在他们中间发现的长子继承习惯或法律,看来是完备的,但表现得不十分清楚。'"④

　　原始社会不但有"历史的法","严格的法则"和具有明显法的性质的习惯、制度等,而且还有诉讼活动和审判职能。这一职能大都是由军事首领在氏族全体成员参与下行使的。请看:

　　古代希腊的"巴赛勒斯除军事的权限以外,还有祭祀的和审判的权限;审判的权限没有详细规定,但祭祀的权限是他作为部落或部落联盟的最高代表而被赋与的"⑤。

---

　　① 〔德〕恩格斯:《论住宅问题》,载《马克思恩格斯选集》(第二卷),中共中央马克思恩格斯列宁斯大林著作编译局译,人民出版社1972年版,第538—539页。

　　② 〔德〕恩格斯:《家庭、私有制和国家的起源》,载《马克思恩格斯选集》(第四卷),中共中央马克思恩格斯列宁斯大林著作编译局译,人民出版社1972年版,第40页。

　　③ 〔德〕恩格斯:《家庭、私有制和国家的起源》,载《马克思恩格斯选集》(第四卷),中共中央马克思恩格斯列宁斯大林著作编译局译,人民出版社1972年版,第75页。

　　④ 〔德〕马克思:《摩尔根〈古代社会〉一书摘要》,中国科学院历史研究所翻译组译,人民出版社1965年版,第178页。

　　⑤ 〔德〕恩格斯:《家庭、私有制和国家的起源》,载《马克思恩格斯选集》(第四卷),中共中央马克思恩格斯列宁斯大林著作编译局译,人民出版社1972年版,第103页。

在古罗马,"最后,与元老院和人民大会并列的,还有勒克斯,他完全相当于希腊的巴赛勒斯,但决不象蒙森所描述的那样几乎是专制君主。他同样也是军事首长、最高祭司和某些法庭的审判长。他不掌握民政方面的权力,也决没有处理公民的生命、自由和财产的权力,除非这些权力来自军事首长的惩戒权或法庭审判长的判决执行权"①。

"人民大会同时也是审判法庭;各种控诉都向它提出,并由它作出判决,死刑也在这里宣判,但只有对卑怯、背叛和反自然的淫行才判处死刑。在氏族和其他分支中,也是由以氏族首长为主席的全体大会进行审判;象在德意志人的一切最早的法庭上一样,氏族首长只能是诉讼的领导者和审问者;德意志人的判决,不拘何时何地,都是由全体作出的。"②

"一切争端和纠纷,都由当事人的全体即氏族或部落来解决,或者由各个氏族相互解决;血族复仇仅仅当做一种极端的、很少应用的手段;我们今日的死刑,只是这种复仇的文明形式。"③

这些事实材料能够充分证明古代原始社会已经存在着法。当然,古代社会的法不像今天这样完善、系统、条理和具体,但它告诉我们:法这种东西不是阶级斗争的产物,也不是人类第一个剥削阶级奴隶主的发明创造,它的出现开始同国家也没有关系,当然谈不上是阶级斗争的工具了。

<h2 style="text-align:center">二</h2>

再从我们社会主义国家法的现实情况看。

我国现在已经进入社会主义现代化建设的伟大历史时期。作为阶级的地主、富农、资本家等剥削阶级已经不再存在,阶级斗争已经不是我国社会目前的主要矛盾。如果法单纯是阶级斗争的工具,那我们现在就没有理由要加强和健全社会主义法制,甚至还应该把原来的一些法加以削减才对,但是事实不是这样,全国

---

① 〔德〕恩格斯:《家庭、私有制和国家的起源》,载《马克思恩格斯选集》(第四卷),中共中央马克思恩格斯列宁斯大林著作编译局译,人民出版社1972年版,第123-124页。

② 〔德〕恩格斯:《家庭、私有制和国家的起源》,载《马克思恩格斯选集》(第四卷),中共中央马克思恩格斯列宁斯大林著作编译局译,人民出版社1972年版,第140页。

③ 〔德〕恩格斯:《家庭、私有制和国家的起源》,载《马克思恩格斯选集》(第四卷),中共中央马克思恩格斯列宁斯大林著作编译局译,人民出版社1972年版,第92页。

人民反而感到法比任何时候更加需要，更加重要了。这是为什么？我看道理就在于：法这种东西本来就不单是阶级斗争的工具，它对调整公民个人、集体和国家之间的关系，促进安定团结，维护社会秩序，动员和组织广大人民群众，万众一心、步调一致地投入四个现代化建设，更有其不可代替的重大作用。

正因为法对管理和建设国家有不可或缺的重大作用，所以我们国家在党中央领导下，在党的十一届三中全会方针的指引下，以实现四个现代化为中心，展开了30年来从未有过的法制建设，已经和将要制定大批法律、法令，其中包括民法和经济法规，使社会生产和生活的各个领域，都走上法治轨道，以推动和促进现代化建设事业。这完全是正确的，是符合历史唯物主义原理的。

有人说，法是统治阶级意志的表现，不论什么法，《种子法》也好，《森林法》也好，《环境保护法》也好，甚至技术法规也好，都是为压迫和战胜自己的阶级敌人，维护和巩固本阶级的统治利益服务的，因而无不具有阶级斗争工具的性质。我认为这种看法是错误的，是不符合客观事实的。有些法是反映统治阶级的意志的，有些法并不完全是统治阶级一个阶级的意志，它还反映整个社会的利益和要求；更不能说反映统治阶级意志，就一定是为了压迫被统治阶级的。伟大的无产阶级是以改造旧社会、建设新世界为己任的，压迫被推翻的少数剥削阶级分子的反抗并不是它贯穿一切的目的，更不是它的终极目的。拿《环境保护法》来说，难道环境污浊一些，无产阶级就不能战胜自己的阶级敌人，维护自己的统治了吗？把环境治理得干净一些，难道只对无产阶级一个阶级有利吗？

主张法单纯是阶级斗争工具的同志还认为，将来到共产主义社会就没有法了，因为那时没有阶级斗争了。这种看法也是不正确的。毛泽东同志早在1956年党的八届二中全会上就说过："法庭一万年都要。因为在阶级消灭以后，还会有先进和落后的矛盾，人们之间还会有斗争，还会有打架的，还可能出各种乱子，你不设一个法庭怎么得了呀！"[①]列宁也说："我们不是空想主义者，我们丝毫也不否认个别人捣乱的可能性和必然性，同样也不否认有镇压这种捣乱的必要性。"[②]列宁只是认为，那时捣乱者是个别的人，而不是阶级的行为，所以用不着像国家这样实行镇压的特殊机器了。我们由此可以想见，将来到共产主义社会，法这种东西

---

① 毛泽东：《在中国共产党第八届中央委员会第二次全体会议上的讲话》，载《马列著作毛泽东著作选读》（哲学部分），人民出版社1978年版，第436页。

② ［苏联］列宁：《国家与革命》，载《列宁选集》（第三卷），中共中央马克思恩格斯列宁斯大林著作编译局译，人民出版社1972年版，第249页。

（不管叫什么名堂，如列宁不止一次地把它叫作公共生活规则）是绝对少不了的。

三

把法单纯看作阶级斗争工具的这种观点，不但不符合历史发展的实际，而且在理论上也漏洞百出，给我们在立法、执法和守法的实践上和思想上带来许多问题。

第一，它过分夸大了法的政治性，在很大程度上抹杀了法的科学性，其背后是一条通向法律虚无主义和个人独裁专断的歧路。按照这种观点，归根到底，法只不过是统治阶级——更确切地说，只是统治阶级的某些领袖人物——手中的玩具！他可以用它，也可以不用它，因为他手里的工具多的是。他可以像玩积木游戏一样，喜欢把它摆成什么样，就摆成什么样。他完全用不着考虑社会客观情况，了解人民群众的意愿，更谈不上让人民或人民代表讨论同意，因为他就是统治阶级利益和意志的最高体现。

第二，它为司法实践中执法不严，破坏法制，提供了理论根据。按照这种观点，司法人员可以认为，法律只是对敌斗争的工具，凡是有利于对敌斗争的就执行，不利的就不执行。因此，"你立你的千条法，我有我的万能经"。干过多年司法工作的人，谁不懂得这点"诀窍"！中华人民共和国成立后我国虽然没有制定完整系统的法典，但也颁布过不少单行法规，可是有法不依的现象还是不少。这是为什么？我以为与这种错误理论有直接关系。现在从法的根本理论上来清除这种恶劣影响，已经是时候了！

第三，它严重破坏了法律面前人人平等的原则，为一部分人搞特权，凌驾于法律之上，提供了借口。因为法律是统治阶级压迫被统治阶级的工具，属于统治阶级本身的人，当然没有必要也不应该受这种"压迫"了。这样怎能谈得上人人平等地守法，人人平等地"违法必究"呢？多年来，这种思想的流毒之深，影响之广，是人所共知的。如果我们一面讲法单纯是阶级斗争的工具，一面又讲在法律面前人人平等，这的确是难以自圆其说的。现在，社会上有些自认为统治别人的人或出身高贵的人，法制观念淡薄，超脱在法律之外；甚至认为谁守法，谁就是被"统治"，被"压迫"，就是"绵羊""奴隶"，因而为所欲为。犯了法还有人纵容包庇。所以出现这种情况，我们法学理论上的缺口，不能不说是一个重要原因。

四

法既然不单纯是阶级斗争的工具,那么它是什么? 我们对法到底应该怎样认识? 我认为,必须肯定以下几个基本观点。

第一,法是人类社会生活客观规律的反映,是调整人与人之间关系的各种行为规范,是社会上层建筑的一部分。自形成人类社会以来,人们在生产劳动、产品分配、物资交换、生活消费和各种生存活动中,就产生了人与人相互之间的种种关系;这种关系的无数次重复和延续,就形成了社会共同规则。这些规则,在没有文字的远古社会,反映在人们的头脑里,就是习惯法;以后有文字了,把它整理规定下来,就是成文法。人们的社会生活,最主要的是物质生活资料的生产活动,是经济生活;人与人之间的关系,最主要的也是在经济生活中结成的关系。因此,法的观点和内容是由不同社会的不同经济关系,即经济基础决定的,它随着经济基础的发展而发展,变化而变化。法是生根于社会生活之中的,是反映社会生活内在联系的必然规律的,人们只能认识它,遵守它,利用它,使之为自己服务,而不能违反它,取消它。否则,像违背其他自然规律一样,也要受到客观规律的惩罚。

第二,在阶级社会里,统治阶级利用法压迫被统治阶级,一部分法的规范成了阶级斗争的工具。这里我们首先要明确,是人类社会产生了阶级和阶级斗争,而不是阶级和阶级斗争创造了人类社会本身。同样,阶级斗争性质也并不是法本身所固有的,而是统治阶级在压迫剥削被统治阶级的过程中,对法逐渐认识和利用的结果。这如同文学、艺术、宗教、哲学等,也被统治阶级利用,为压迫被统治阶级服务一样。自从人类社会第一次分化成奴隶主和奴隶两大对立阶级以后,法就形成了两部分:一部分是原来氏族传统的法,用以调整奴隶主阶级内部以及奴隶主和自由民之间的关系,除外族奴隶以外,本氏族奴隶也要遵循。这部分法是全社会性的。另一部分法是专门对付奴隶的,只有奴隶才必须遵守,这是阶级斗争的工具。由于奴隶反抗是阶级行动,这同原始社会个别人的越轨行为不一样,需要有强大的镇压力量去对付它,于是国家机器就应运而生了。革命导师曾对阶级性之渗入法的过程作过不少论述,指出“克尔特人的保存到今天的最古的法律,使我们看到了仍然充满着活力的氏族”,“古代威尔士的法律,还表明有整个村落共同耕作的事情"①,"我们所知道的关于最古的雅典法律的一切,都是以氏族及胞族的区分为基础的"②。恩格斯在谈到古罗马的十二铜表法时说:"在这里我们看到,由财富的增加和一夫一妻制所产生的新的法律规范已逐渐渗入氏族的习俗。"③人类社会进入阶级对立的时代以后,法的规范和功能一分为二:一部分是普遍性的社会生活规范,包括调整统治阶级内部关系;另一部分是专政性的阶级压迫规范,专门对付被统治阶级。各阶级社会大体都如此。

第三,社会主义社会法的政治性和社会性,阶级性和科学性的同一性。无产阶级专政的社会主义国家的法是历史上最新型的法。由于无产阶级是历史上最大公无私的阶级,是用马克思主义科学世界观武装起来的阶级,它按历史发展的客观规律办事,把解放全人类的事业当作自己的事业。由于无产阶级专政是历史上最广泛的民主,它代表着社会上广大劳动人民和各阶层群众的利益和愿望;由于社会主义国家以社会的名义掌管着属于全体社会成员所有的社会主义经济,负责组织、计划和调节全社会的生产、分配和消费,为全社会的利益服务;还由于社会主义社会是从有阶级社会向无阶级社会的过渡时期,它在初期对少数剥削阶级的专政和改造,是历史的要求,是无产阶级解放全人类的伟大使命的一部分,并且随着社会主义改造和建设事业的发展,这部分职能将逐步缩小,最后当剥削阶级分子全部改造成为自食其力的劳动者时,这一职能也就消失。因此,社会主义法的阶级性和科学性,政治性和社会性,是一致的,不可分割的。当社会主义的法宣布"社会主义公共财产不可侵犯"的时候,这与其说是阶级性的表现,不如说是科学性的标志,是全社会发展的方向。所以社会主义的法是反映社会全体成员的当前和长远利益的,是反映从有阶级向无阶级过渡这一特殊历史规律的。如果我们老是用阶级对立的观点来认识和解释社会主义社会的法,那是不符合客观事实的。

由于社会主义社会法的阶级性、科学性和社会性的高度统一,因而社会主义社会的每一成员,不论其社会地位高低,对于社会主义的法都必须一体遵行。因

---

① 〔德〕恩格斯:《家庭、私有制和国家的起源》,载《马克思恩格斯选集》(第四卷),中共中央马克思恩格斯列宁斯大林著作编译局译,人民出版社1972年版,第127页。

② 〔德〕恩格斯:《家庭、私有制和国家的起源》,载《马克思恩格斯选集》(第四卷),中共中央马克思恩格斯列宁斯大林著作编译局译,人民出版社1972年版,第98页。

③ 〔德〕恩格斯:《家庭、私有制和国家的起源》,载《马克思恩格斯选集》(第四卷),中共中央马克思恩格斯列宁斯大林著作编译局译,人民出版社1972年版,第117页。

为这不单是对阶级的义务,对绝大多数人民的义务,也是对整个社会的义务。因此,那些自恃地位特殊而置国法于脑后的人,是反社会的,是社会生活本身所绝不允许的。

第四,法的阶级性的消亡。社会主义社会是共产主义社会的第一阶段,随着社会主义革命、改造和建设事业的发展,社会上的剥削阶级和旧社会遗留下来的三大差别,将逐渐消失;阶级斗争的规模和范围,在正常情况下(如发生战争等特殊情况例外),也将越来越小,直至消失。这一过程反映在社会主义法上,就是法的阶级属性和阶级斗争工具的那部分性质,也将逐步减少,直至最后消亡。但法本身不会消灭,随着阶级斗争性质的减少和消亡,它的社会性职能反而会相对扩大,直到进入共产主义社会。到了那时,由于生产技术的高度发达和人类生活的高度文明,分工愈来愈细,人与自然和人与人的关系,可能需要比今天更周密的法,它将代表社会全体成员的意志和利益,发挥其调整生产建设和维护社会公共秩序的作用。认为到了共产主义就没有法了,不需要法了,这是不可想象的。

(摘自周凤举:《法单纯是阶级斗争工具吗? ——兼论法的社会性》,原载《法学研究》1980 年第 1 期。)

试论法的阶级性和社会性

孙国华、朱景文

　　阶级性是法的重要属性,但并非法的唯一属性。因此,不应把法的属性简单地归结为一个阶级性,也不应把法看作单纯是阶级斗争的工具。法有多方面的属性和功能,法的社会性就是法的属性的另一重要方面。问题在于怎样理解法的社会性,怎样理解法的阶级性与社会性的关系。

　　在关于法的阶级性问题的讨论中,有的同志提出,法的社会性就是指法反映了"整个社会的利益和要求"。这样理解的法的"社会性",必然是与法的阶级性绝对排斥的"社会性",这是法根本没有的属性。

　　不错,法是生根于社会生活之中的,但它并不是任何社会的社会生活的产物,而只是原始公社解体并向阶级社会过渡的阶段,在阶级社会的各种社会形态中,以及在从阶级社会向无阶级的共产主义社会过渡的阶段的社会生活的产物。

　　法的社会性就是指法是社会发展的上述那些阶段的社会关系的反映,它的存在和发展,归根到底决定于这些历史阶段社会的生产关系,同时法又是这些社会的社会关系的调整器。

　　研究法不能脱离开它所反映并维护的社会关系。但法所反映的不是任何社会的社会关系,而只是存在着经济上的不平等的社会的、对统治阶级有利的社会关系。所以法的社会性和法的阶级性不是绝对排斥的,而是辩证联系、有机统一的。法的社会性反映法的阶级性,法的阶级性说明法的社会性。

　　法的社会性反映法的阶级性。这首先表现在法所反映的社会关系本身是带有阶级性的,是有了阶级分化、有了阶级和阶级斗争的社会的社会关系,是对统治阶级有利的社会关系;其次还表现在法并不是这种社会关系的被动的、消极的反映、摄影,而是对这种社会关系的能动的、积极的确认,保护和发展,是积极的服务。

法的阶级性说明法的社会性。这首先表现在法作为被奉为法律的统治阶级的意志，这个意志并不是任意想出来的，而是一定社会关系，归根到底是一定社会的生产关系的要求的反映；其次还表现在法要实现其阶级压迫的职能，就必须同时执行某种社会职能。恩格斯曾指出："政治统治到处都是以执行某种社会职能为基础，而且政治统治只有在它执行了它的这种社会职能时才能持续下去。"①这一原理对法完全适用。法要执行自己的阶级使命，就必须考虑到社会的某些共同需要，譬如维护交通秩序、兴修水利、保护环境等等。因为执行这些社会职能正是政治统治得以持续的必要条件。把这两点概括起来，也可以说法这种与阶级、阶级斗争紧密联系的，具有阶级性的社会规范，是生根于人类历史一定阶段的社会关系：归根到底是生根于经济生活之中的。法的阶级性恰恰说明法的社会性，说明它是一定社会关系的反映和调整器。

有的同志在把法的社会性与法的阶级性绝对地对立起来的同时，似乎也把法的阶级性与法的客观性，即法对客观规律的反映绝对地对立起来。在他们看来，似乎只有法的社会性能够反映社会发展的客观规律，而法的阶级性则不反映这种规律。

其实，如我们上面讲到的，不仅法的社会性最终是被社会发展的客观规律所制约，而且法的阶级性最终也会被社会从原始公社过渡到阶级社会、阶级社会以及从阶级社会向无阶级的共产主义社会过渡的客观规律所制约。法是社会的上层建筑，它的性质归根到底被它赖以建立的经济基础发展运动的规律所制约。

法能够反映社会生活的客观规律，而且归根到底也是被这种规律所制约着，因为法是社会运动的一种特殊形式。但是，法并不等于这种规律。法是一定社会关系的反映，它可以正确反映客观规律，也可以歪曲或者违背客观规律。并不因法有社会性就一定能够正确反映客观规律，也并不因法有阶级性就一定不能反映客观规律。对法反映客观规律的情况应该进行具体分析。一般说来，法反映社会发展客观规律的程度决定于法的阶级本质，决定于统治阶级对本阶级利益认识的程度。当法反映着处于上升时期、代表新的生产关系的阶级的利益和意志时，它就能够做到比较符合社会发展的客观规律；当法反映着处于没落阶段的，代表阻碍生产力发展的生产关系的阶级的利益和意志时，它就阻碍社会发展，成为掌握

---

① ［德］恩格斯：《反杜林论》，载《马克思恩格斯选集》（第三卷），中共中央马克思恩格斯列宁斯大林著作编译局译，人民出版社1972年版，第219页。

在统治阶级手中,对抗生产关系一定要适合生产力性质的规律的工具。不过这种对抗并不能长久持续下去,"当某一个国家内部的国家政权同它的经济发展处于对立地位的时候……斗争每次总是以政治权力被推翻而告终。经济发展总是毫无例外地和无情地为自己开辟道路"①。

法对社会发展客观规律的反映,一方面决定于统治阶级所处的历史阶段,另一方面也取决于统治阶级对本阶级利益认识的程度。后者主要是指法反映它赖以建立的那种生产关系所特有的经济规律的程度问题。

可见法的客观性,即法反映社会发展客观规律的程度,同法的阶级性也不是绝对对立的。法反映社会发展客观规律程度之不同,恰恰正是法的阶级性在不同社会历史条件下的表现。

把法的社会性与法的阶级性绝对地对立起来,必然会导致认为只是一部分法律规范(如执行阶级压迫职能的那部分规范)有阶级性,而另一部分法律规范(如调整统治阶级内部关系的和执行社会职能的那部分规范)没有阶级性的错误结论。

调整统治阶级与被统治阶级的关系的法律规范有阶级性,这是很明显的。那么调整统治阶级内部关系的法律规范是否也有阶级性呢?答复也是肯定的。

法既是统治阶级意志的反映,那么调整统治阶级内部关系的法律规范,同样也是统治阶级共同意志的反映,怎么就没有阶级性呢?法在调整统治阶级内部的关系时,就是要使统治阶级内部不同集团和个人的利益,服从于统治阶级的整体利益,服从于统治阶级对被统治阶级的斗争,服从于同国内外敌对势力的对抗性斗争的根本利益。

认为调整统治阶级内部关系的法律规范不具有阶级性,至少犯了两个错误:第一,是把阶级性和阶级专政简单地画了一个等号。在持这种观点的同志看来,似乎只有实行专政,才叫有阶级性,而法在调整统治阶级内部的关系时,既然不是阶级对阶级的专政,那么似乎就没有阶级性。其实对敌对阶级的专政,这只是法的阶级性的一方面的表现,法的阶级性还表现在法在调整统治阶级内部关系时要维护统治阶级的整体利益,而限制统治阶级内部个别集团或个人的恣意妄为。第二,是把法对统治阶级内部关系的调整同法对被统治阶级执行压迫职能以及同国

---

① 〔德〕恩格斯:《反杜林论》,载《马克思恩格斯选集》(第三卷),中共中央马克思恩格斯列宁斯大林著作编译局译,人民出版社1972年版,第222-223页。

内外敌对势力的斗争,完全割裂开了。似乎调整统治阶级内部关系与实行对被统治阶级的专政以及同国内外敌对势力的斗争没有内在联系。其实把统治阶级内部的关系调整好,发扬统治阶级内部的民主,同对被统治阶级的专政以及同与国内外敌对势力的斗争,是紧密联系的。调整好统治阶级内部的关系,是加强对被统治阶级的专政,增强同国内外敌对势力进行斗争的力量的重要前提。从这种意义上讲,调整统治阶级内部关系的规范,虽然不是直接实行对被统治阶级专政的规范,但它和实行经济、文化职能的规范一样,仍然不是与国内外的阶级斗争无关的、不是与对被统治阶级的专政无关的,它们同对被统治阶级直接执行压迫职能的那部分规范一起,构成统治阶级对国内外敌对势力进行斗争、维护其政治统治的精巧工具,怎能说没有阶级性呢?

在我国现阶段,剥削阶级作为阶级已被消灭,法律调整的问题,大量属于人民内部问题,而且不少问题并不是阶级斗争问题。但法律规范直接规定的不是阶级斗争问题,并不等于这个法律规范就没有阶级性。因为:第一,我国的任何法律规范都是工人阶级领导的以工农联盟为基础的广大人民的共同意志的体现,任何法律规范都是从工人阶级和广大人民的利益出发而制定和实施的,有着鲜明的阶级性;第二,这一规范本身所规定的问题虽然不是阶级斗争问题,但按照以工人阶级为领导的广大人民的意志处理好这一问题,必然有利于促进安定团结的政治局面,有利于加强以工人阶级为领导的广大人民在阶级斗争中的力量。

有的同志认为,像《种子法》《环保法》《交通规则》等执行着一定社会职能的法律规范是没有阶级性的,因为实行这些规范对全社会成员都有利。这显然是把"阶级性"同"对全社会有利"简单地对立起来了。似乎任何现象只要对全社会有利就没有阶级性。用这种观点来分析剥削者类型的法,也未尽然,用这种观点来分析社会主义法,就更加不适合了。其所以产生这种简单化的观点,还是同把法的阶级性与社会性绝对地对立起来有关。

如前所述,阶级的政治统治本身就要求必须执行某种社会职能,否则任何政治统治都维持不下去。中国历代的封建统治阶级,都懂得治理黄河对维护其"天下"的重大意义。兴修水利、保护环境、建立并维护交通秩序等等,都是执行一定的社会职能,看起来对全社会有利,但不要忘记这个"社会"是什么样的社会,不要忘记这个"社会"正是使统治阶级的统治得以继续下去的社会。在剥削者社会,统治阶级关心这些事,不能说对劳动人民一点利益也没有,但最根本的还是对统治阶级有利,因为它使统治阶级的统治得以持续。在社会主义社会,以工人阶级为领导的广大人民当然更要关心这些问题。社会主义法有大量执行经济文化职能和社会职能的规范,这同社会主义法的阶级本质紧密联系。社会主义法担负着改造旧社会建设新社会的历史使命,社会主义法执行一定的社会职能,不仅是实现以工人阶级为领导的广大人民的政治统治所必需,而且也是为了建设社会主义和共产主义,为最终消灭阶级的划分、消灭政治统治本身、解放全人类创设条件。社会主义法由其本质所决定,它的阶级性和社会性是一致的。从根本上讲,工人阶级的利益代表着全社会发展的利益,符合工人阶级利益的,必然是符合全社会利益,符合全社会发展利益的也必然符合工人阶级利益。社会主义法的社会性,反映了社会主义法的阶级性,社会主义法的阶级性决定它有更加广泛的社会性。

有的同志认为,像"种子法""环保法""交通规则"等类法律规范,在资本主义社会是那样规定,在社会主义社会也那样规定,有些规范完全一样,这种法律规范是没有阶级性的。我们认为这种认识是模糊的,产生这种模糊认识的原因有二:

第一,脱离开法律规范所反映和保护的社会关系,也脱离开法律规范所属的整个法律体系,孤立地观察法律规范。这样孤立地观察法律规范,自然认不清它的性质。就拿《环保法》来说,如果我们把《环保法》这种法律规范,放在它所属的某一法律体系中,再把它同它所反映和保护的社会关系联系起来观察,那么它的阶级性也是很明显的。资本主义国家的《环保法》在资产阶级国家整个法律体系之中和其他资产阶级法律规范互相配合,共同维护着有利于资产阶级的社会关系和社会秩序。社会主义国家的《环保法》是社会主义法律体系的组成部分,它同社会主义法的其他规范一起,保护着有利于社会主义的社会关系和社会秩序。怎么会没有阶级性呢?

第二,是因为混淆了单纯技术规范和法律技术规范这两个不同的概念。技术规范反映着人与自然、人与劳动对象和劳动工具的关系。因此技术规范本身是没有阶级性的。但是遵守某些技术规范,不仅涉及人与自然、人与劳动对象和劳动工具的关系,而且也涉及人与人的关系。违反这些技术规范不仅是违反自然规律,而且会影响或危害社会上其他人的利益。这样,某些技术规范除了原有的技术规范的属性,又还具有社会性,而成为社会技术规范,对它的遵守也是维护一定社会关系所要求的。

现在,这种规范随着社会生产力的增长,随着生产的日益社会化,随着人们改造和破坏周围环境的能力的增长,而大量地增加了。对于涉及重大社会利益的某些技术规范,统治阶级往往要运用国家权力确认它有法律规范的属性或者规定遵守这些技术规范是法律上的义务,从而这些技术规范就不单纯是技术规范,也不单纯是社会技术规范,而成为法律技术规范了。在《环保法》《种子法》《交通规则》和有关安全生产、劳动保护、标准化、计量管理、资源保护等的法规中,有些规范原本是技术规范,没有阶级性,但当这些规范被确定在国家的法律体系中,成为维护现存秩序不可缺少的一个组成部分,它就体现了统治阶级的意志,成为法律技术规范,成为为对该统治阶级有利的社会关系服务的法律体系的组成部分,带上了阶级性。因此,法律技术规范,从它反映人与自然的关系、体现自然规律方面看,它是不带阶级性的,从它具有了社会性、法律上的属性看,它又服务于一定的社会关系,由国家确认并以国家强制力保证着人们对它的遵守和执行,又带上阶级性。这就是说,任何法律规范,包括原本反映自然规律而后又反映一定社会关系的法律技术规范,都是有阶级性的。世界上没有不带有阶级性的法律规范。

当然,我们应当区别不同的法律规范。这种原本来自技术规范的法律规范,当然具有很大的继承性。在引进一种先进技术的时候,同时应该考虑沿用相应的技术规范,但在法律上加以规定时,还应该考虑到不同社会制度的区别。如在社会主义国家就要更多地考虑保护劳动者的问题,而不能简单地照抄资本主义国家法律上的所有规定。要注意区别什么是技术上必须遵守的,什么是法律上附加的属性。通过以上的分析,我们认为应该承认和正确地理解法的社会性这个概念,正确地理解法的阶级性与法的社会性的关系。法的阶级性与法的社会性是法的两个既相互区别,又互相渗透的主要特性。法的社会性是带有阶级性的社会性,因为法同阶级、阶级斗争有着必然的联系,法的阶级性是带有社会性的阶级性,因为法本身就是一种社会现象,它是社会运动的一种特殊形式。二者是有机统一,而不是互相排斥的。法的属性很多,我们不应以法的某一属性去否定法的另一属性。当然更不应当以法的社会性去否法定的阶级性这个法的本质属性。

(摘自孙国华、朱景文:《试论法的阶级性和社会性》,原载《法学研究》1982 年第 4 期。)

论法的本质属性及其特征

齐乃宽

什么是法？法的本质属性究竟是法的阶级性还是法的社会性？法的本质属性除了它的阶级性,还有没有抽象的共同性？本文仅就这些问题谈一点看法。

要全面地完整地认识法的本质属性

法的本质属性问题,是马克思主义法学原理的重要组成部分,是它的核心和理论基础。研究法的概念问题,必须对法的本质属性作出全面的科学的论述。

那么什么是法的本质属性呢？

所谓"本质属性"就是指一事物区别于它事物的内部的质的规定性。即一定的质规定事物具有一定的,与其他事物不同的特征。这种特征表现在它和周围事物发生一定的关系和作用上;也表现在它的一定的变化规律上。同时,这种质的规定性,完全是一种客观存在,是不以人们的主观意志为转移的。

由此看来,法的本质属性就是指法的内部的质的规定性,这种质的规定性决定法具有区别于其他社会现象的某种特征。马克思主义法学原理确认:法的本质属性是法的阶级性;法不同于其他社会历史现象,是人类社会发展特定历史阶段的产物和表现。即法是随着阶级的形成、国家的产生而逐渐形成和发展起来的。法的内部的质的规定性不是别的,正是一定社会的统治阶级的意志。这种意志的内容是由该统治阶级所处的社会物质生活条件所决定的。在把握法的本质属性时,我们还必须注意反映法的内部质的规定性的如下几个特征:

第一,法不是社会上一切阶级的共同意志的反映,而是社会上占支配地位的阶级,即统治阶级的共同意志的体现。

第二,法不是统治阶级中个别成员的意志和利益的表现,而是统治阶级的整体意志和根本利益的集中表现。

第三,法不是统治阶级的一般意识形态,而是为了实现某种有意识、有目的的活动通过特种社会政治组织——国家,使之制度化、法律化了的阶级意识形态。

第四,法不是什么抽象的思维和概念,而是具体地指导人们活动的特种行为规范。故统治阶级的意志一旦上升为法律,便以国家意志的形式出现,对全社会一切人们都具有普遍约束力。

第五,法不同于一般社会规范,是为维护有利于统治阶级的社会关系和社会秩序的特定目的服务的。因此,法必然具有一定的主观意志性。但这种主观意志性,又不是任意的,它必然要受到种种客观因素的影响,而一定的社会物质生活条件,包括客观经济规律,对于法的内部的质的规定性归根结底具有决定性的影响作用。

我们在认识法的本质属性问题时,必须遵循马克思主义的唯物论和辩证法,全面地完整地把握马克思主义法学原理所确认的上述种种特征,任何片面的理解都是不正确的。因此,研究法的本质属性不能单纯"就法论法",往往从法的自身的内在规定性来探讨问题,而必须把法作为一种动态现象,从法和周围事物之间的关系上,从法的作用上,以及法的变化规律上来认识法及其本质属性。譬如说,法不是社会上一切阶级的共同意志的反映,而是社会上占支配地位的阶级,即统治阶级的共同意志的体现。这是就法的实质性内容而言的。但是就法所反映的意志与社会关系的情况来看,往往又不限于统治阶级的特定利益,有时还要考虑关系整个社会共同生存的必要条件,甚至在一定条件下出于某种原因有时也不得不吸收被统治阶级的某些要求。这种情况从表面上看来,似乎是与统治阶级的特定利益相矛盾的,但实际上仍然是与统治阶级的根本利益相一致的,这并不影响法的本质属性这一统治阶级的阶级意志的实质性内容。因为考虑整个社会共同生存条件也好,吸收被统治阶级的某些要求也好,都是以不危及统治阶级的阶级统治为限度的。而且,统治阶级之所以承认或吸收被统治阶级的某些要求,并不是出于维护整个社会利益的自觉要求,更不是出于什么高尚的利他主义,而是由他们本阶级的自身的利益所决定的(这可以说是奴隶制的法、封建制的法以及资本主义法的共同特征)。因此,我们绝不能由此而得出结论说,法是各阶级意志的混合,是社会各阶级(包括统治阶级与被统治阶级)的共同利益的体现。

马克思主义法学原理来源于实践,是对人们社会实践经验的科学概括和总结。但它又是人们的思想对于客观世界的正确反映。我们要科学地验证它的正确性,就要把我们的主观认识和客观实际密切结合起来,而不能作抽象的议论。只有这样,才能使马克思主义法学原理得到全面的完整的阐述。

法的阶级性和"法的社会性"是统一的吗?

在论述法的本质属性问题时,有人认为,不应把法的属性简单地归结为一个阶级性说,"法有多方面的属性和功能,法的社会性就是法的属性的另一个重要方面"。也有人说,"法的社会性是法的本质属性之一"。

那么什么是"法的社会性"呢? 对此,人们又有不同的理解。有人认为,法的社会性是指法反映了"整个社会的利益和要求"。并且举例说,奴隶制的法规定,杀害一个奴隶,要赔偿他的主人五个格里夫那。这项规定使大批战俘从此免遭残酷的杀害,既保护了劳动力,又使人类社会得到了发展。因此认为,奴隶制的法"它不仅是维护了奴隶主的利益,而且也维护了奴隶的利益"。甚至还说,这是马列著作中早已阐述过的。也有人从另外的角度论证:法的社会性不仅普遍存在于人类社会,而且在阶级社会,法的阶级性和法的社会性也是同时并存的。

对于上述有关的社会性问题的解释,我不敢苟同。

首先,说法反映了"整个社会的利益和要求",这就直接否定了法的本质属性是法的阶级性。因为,法既然是对统治阶级和被统治阶级共同有利的,那么还谈什么法的阶级性呢!

有关奴隶制的问题,恩格斯在《反杜林论》中,确实以历史唯物论的观点肯定了奴隶制在整个人类社会发展中的巨大历史意义。但是,恩格斯的分析,绝不能用来论证奴隶制的法不仅维护了奴隶主的利益,也维护了奴隶的利益。恰恰相反,恩格斯在《反杜林论》的同章同节中,对此作了如下重要补充:

"剥削阶级和被剥削阶级、统治阶级和被压迫阶级之间的到现在为止的一切历史对立,都可以从人的劳动的这种相对不发展的生产率中得到说明。当实际劳动的人口要为自己的必要劳动花费很多时间,以致没有多余的时间来从事社会的公共事务,例如劳动管理、国家事务、法律事务、艺术、科学等等的时候,必然有一个脱离实际劳动的特殊阶级来从事这些事务;而且这个阶级为了它自己的利益,永远不会错过机会把愈来愈沉重的劳动负担加到劳动群众的肩上。"①

恩格斯在《家庭、私有制和国家的起源》中还说:"随着在文明时代获得最充分发展的奴隶制的出现,就发生了社会分成剥削阶级和被剥削阶级的第一次大分裂。这种分裂继续存在于整个文明期。奴隶制是古代世界所固有的第一个剥削形式;继之而来的是中世纪的农奴制和近代的雇用劳动制。这就是文明时代的三大时期所特有的三大奴役形式;公开的而近来是隐蔽的奴隶制始终伴随着文明时代。"②而"卑劣的贪欲是文明时代从它存在的第一日起直至今日的动力;财富,财富,第三还是财富,——不是社会的财富,而是这个微不足道的单个的个人的财富,这就是文明时代唯一的、具有决定意义的目的"。因此在阶级压迫阶级的社会,"一个阶级的任何新的解放,必然是对另一个阶级的新的压迫"③。

恩格斯的论述,不仅对上述有关法的社会性问题的第一种观点,即法是反映"整个社会的利益和要求"的主张,是一个有力的回答,对于上述第二种观点,即"法的阶级性和社会性是统一的"的论者,也有启发思考的意义。

主张法的阶级性与法的"社会性"统一论者,有时从国家统治的政治职能和社会职能的关系上寻找论据,认为:国家统治既然存在着两种不同的职能,为这种统治服务的法,当然也具有两种不同的功能。有的由此而把法律规范区分为体现政治功能的规范与体现社会功能的规范,认为:前者是具有政治意义的,是有阶级性的,而后者则不具有政治意义,只有社会意义,因此是没有阶级性的。

是的,恩格斯在同一著作中,确实说过:"政治统治到处都是以执行某种社会职能为基础,而且政治统治只有在它执行了它的这种社会职能时才能持续下去。"④但是,通过这种论述,恩格斯只是论证了在任何社会中,政治统治的方式都不是单一的,统治阶级总是把直接的暴力统治与"牧师手段"结合并用。但其根本的出发点和最终目的,并不是为了被压迫者阶级的利益。法作为政治统治的一种手段是统一的,尽管其表现形式可能有所不同,体现阶级性的程度或许有所差,

① 〔德〕恩格斯:《反杜林论》,载《马克思恩格斯选集》(第三卷),中共中央马克思恩格斯列宁斯大林著作编译局译,人民出版社1972年版,第221页。

② 〔德〕恩格斯:《家庭、私有制和国家的起源》,载《马克思恩格斯选集》(第四卷),中共中央马克思恩格斯列宁斯大林著作编译局译,人民出版社1972年版,第172页。

③ 〔德〕恩格斯:《家庭、私有制和国家的起源》,载《马克思恩格斯选集》(第四卷),中共中央马克思恩格斯列宁斯大林著作编译局译,人民出版社1972年版,第173页。

④ 〔德〕恩格斯:《反杜林论》,载《马克思恩格斯选集》(第三卷),中共中央马克思恩格斯列宁斯大林著作编译局译,人民出版社1972年版,第219页。

但就整个法的体系来说则是同一的,都具有阶级性。

持上述观点的同志常常列举现代资本主义国家的某些法规,如交通法规,环境保护法规以及某种技术性规范来作证。的确,从这些法规本身来说,似乎是对社会上一切人"一视同仁"的。这些法规既有利于统治阶级,也有利于被统治阶级,如果执行得好,也许会使人人受益。但这绝不能作为论证"法的阶级性和法的社会性是统一的"可靠论。因为,推而广之,岂止是交通法规、环境保护法规以及某些技术性规范呢?就是其他经济法规、民事法规甚至刑事法规,孤立地去看,也都具有这样的特点。资产阶级的法制原则叫作"法律面前人人平等",但是实际上如果真的平等了,那么资本主义法不就变成全民法了?那还有什么法的阶级性呢?

为了把问题讲得更充分些,我想再作一些补充说明。作为现代资本主义国家,比起奴隶制和封建制国家,在法律制度方面的确有了很大发展。特别是随着现代产业结构的发展和变化,资本主义的社会服务性行业有了迅速的发展。为此,有的国家竟然以"福利国家"相标榜。有的国家甚至把"增进一般福利"(如美国)、使"福利为国民所享有"(如日本)公开写进了自己的宪法序言之中。同时,随着资本主义科学技术的进步,社会生产水平的提高,某些资本主义国家的统治者,也常常以"全社会利益代表者"的身份,来管理国家筹建和发展某些福利设施,以及艺术、教育、科学等事务,并且作了某些看来对全社会都有利的事。他们在管理这些事务时,还巧妙地运用了法律手段,从而促进了现代科学技术的发展,甚至使现代科学技术推广到人们社会生活的各个领域,在严格控制生态平衡防治环境污染方面取得了某种成效。其中有些经验,还是很值得我们学习和效法的。但是,与此同时,我们也可以看到在现代资本主义国家中,有些资本家宁可把大量的牛奶、水果等食品倒入大海,也不肯以此来施舍给挣扎在死亡线上的被压迫劳动群众。在这种情况下,法的阶级性和社会性又怎么能够统一呢?

生长着的生产力与现存制度间的矛盾愈是发展,那统治阶级的思想,愈是带有虚伪的性质。在现存资本主义制度不变的情况下,在阶级矛盾存在着缓和的可能时,资本主义的法,在形式上虽然也会确认劳动者的某种利益,但是它们的法归根结底还是从资产阶级的整体利益出发的。正是在这个意义上,马克思恩格斯在他们的共同著作中才明确指出:"你们的观念本身是资产阶级的生产关系和所有制关系的产物,正象你们的法不过是被奉为法律的你们这个阶级的意志一样,而这种意志的内容是由你们这个阶级的物质生活条件来决定的。"①

至于资本主义的法也执行某种社会职能问题,这并不能说明资本主义国家已经是真正代表全社会利益的国家了,也不能说明资本主义的法已成为"既维护了剥削者的利益也维护了被剥削者利益"的法了。因为,在资本主义社会,法除了社会性功能,还存在着政治性的功能。而且其政治性功能往往是大于社会性功能的。因此,在资本主义条件下,法的阶级性和社会性是不可能真正统一的。

(摘自齐乃宽:《论法的本质属性及其特征》,原载《政治与法律》1984 年第 6 期。)

---

① [德]马克思、恩格斯:《共产党宣言》,载《马克思恩格斯选集》(第一卷),中共中央马克思恩格斯列宁斯大林著作编译局译,人民出版社 1972 年版,第 268 页。

法的本质问题的哲学思考

郭道晖

法的阶级性问题的讨论,涉及如何辩证地把握法的概念和法的本质。本文试从法的整体与部分、本质与现象、本质内容与本质形式这几对范畴上,对有关法的本质的几个问题作一探讨性的分析。

法的整体与部分

是否所有的法无例外地都有阶级性? 是否也有无阶级性的或全社会性(全民性)的法? 对这两个问题,都不能用直线性的分析方法作"非此即彼"的绝对化的回答。必须分别它是作为法的整体还是作为法的相对独立的部分,进行具体分析。

按系统论的观点,孤立的部分与作为整体的结构的一部分,在性质与功能上是有很大不同的。整体不等于各部分之和,如同协作不等于单个劳动力的简单相加一样。

部分如果是作为整体的有机构成部分的话,那么,部分的性质就不能脱离整体的性质。反之,也不能把同整体相对独立的部分的性质,等同于整体的性质。

主张所有的法都有阶级性的同志,通常都是就法的整体来说的。这无疑是正确的。但对整体性质的分析,虽离不开同各个具体法律的关联,却不能代替对单个法的具体分析,不能因整体的性质而排除、否定某些单个法律独具的特性。

某个特定法律、某个法律中的某些法律规范,单独抽出来看,同法的整体、同整个法律体系,不只是量的不等,在质上有时也有区别。法在整体上有阶级性,不排斥它的某个部分作为独立的部分时的非阶级性。这正如工厂里生产出来的单个的导弹,只具有自然属性与自然科学功能,不同于已作为威慑体系的组成部分的导弹。后者已用于瞄准敌人，构成对敌斗争的战备工具的组成部分，有了社会功能，有了军事的、政治的目的，有了阶级性。

试就某一个具体的法律来分析，如环境保护法、海上交通安全法，它们所调整的对象主要是因人与自然的关系所引起的社会关系。其中绝大部分规范反映了保护环境或保障交通安全的一些客观自然与社会规律，也大多是国际上通用的一些准则，是某些技术规范的法律化，具有全社会性乃至国际性。譬如《中华人民共和国海洋环境保护法》规定："港口和油码头应当设置残油、废油、含油污水和废弃物的接收和处理设施，配备必要的防污器材和监视、报警装置"（第八条）；"残油、废油应当予以回收，不准排放入海"（第十二条）；"含强放射性物质的废水，禁止向海域排放"（第十九条）；等等，都是一些技术性的法律规范。不能说这些规范只是反映统治阶级的利益而不顾及全社会的共同利益；也不能说这类规范只能为社会主义国家所用而不能为资本主义国家所用。

总之，单就这些法律和其中大部分具体法律规范而言，说它只有阶级性而无全社会性或全民性，是说不通的，在立法实践上也是有害的。如给每个法律都贴上阶级性的标签，也会妨碍我们去吸取或借鉴古今中外法律中一切于我们有用的东西，或者拒绝了解国际惯例与采用某些国际通用的规范，独行其是，只会使我们在国际交往中、在一些涉外的立法中带有盲目性。

法的本质与现象

"法是统治阶级意志与利益的体现"，这是从总体上对法的本质的科学概括。但能否因此就完全排除被统治阶级对法律的影响呢？有的同志认为，所有法律只能体现统治阶级的意志与利益，而绝不会反映被统治阶级的利益。这种看法，未免忽视了法律现象的多样性和复杂性。

列宁说过，任何规律都是狭隘的、不完全的、近似的。现象比规律丰富。法的本质与现象的关系也是如此。法的本质如同国家的本质一样，"可以由于无数不同的经验的事实，自然条件，种族关系，各种从外部发生作用的历史影响等等，而在现象上显示出无穷无尽的变异和程度差别，这些变异和程度差别只有通过对这些经验所提供的事实进行分析才可以理解"①。在研究某个具体法律现象时,如果忽视这些"变异"与"程度差别"的事实,单用"抓住了阶级本质"来替代对极其多样的法律现象的具体分析,那也不能完整地把握事物的全貌。我们不能把只能近似地、不完全地说明法律现象的一般本质,去套在丰富多样的法律现象上,无视它们所具有的其他特征以及离开一般本质的变异。

历史所提供的事实告诉我们,在资产阶级统治的国家里,如果资产阶级同无产阶级没有任何共同利益,就不可能共处于一个统一的社会中,只会是无休止的分裂与内战。在特定历史时期或特定的领域,统治阶级与被统治阶级是可以有某些共同利害关系的。如在反对共同的敌人的斗争中,或者在被统治阶级的利益与统治阶级发生重大冲突引起激烈反抗、斗争时,资产阶级有时也"甘愿以不断向工人让步为代价来换取比较长期的休战"②。从而有时在法律中也不得不对无产阶级的利益作出某些妥协。如《共产党宣言》中所指出的,由于工人阶级的斗争,"迫使他们用法律形式承认工人的个别利益。英国的十小时工作日法案就是一个例子"③。列宁也讲过,"既然工人联合起来能够强迫资本家实行让步,能够反击他们,那么工人联合起来同样也能够影响国家法令"④。也就是说,被统治阶级的意志对国家的个别法律不是没有影响的,否则,工人就没有必要为自己利益争取八小时工作制,没有必要进行合法斗争。

这里,我们有必要区分"资产阶级的法"和"资本主义国家中的法律"这两个不能等同的概念。前者是直接体现它的阶级本质的;后者则属于法律现象,即资本主义国家立法机关所通过的各种法律文件。虽然它们在总体上是资产阶级性质的,但出于各种因素的影响,具体到某个法律或个别法律条文,则可能还是人民斗争的产物,而具有某些人民性、民主性的因素。

当然,在特定时期特定场合,居统治地位的剥削阶级迁就被统治阶级的个别利益,目的在使阶级冲突得到缓和,把冲突保持在统治阶级的"秩序"范围以内,仍

---

① [德]马克思:《资本论》,载《马克思恩格斯全集》(第二十五卷),中共中央马克思恩格斯列宁斯大林著作编译局译,人民出版社 1974 年版,第 892 页。

② [德]恩格斯:《工联》,载《马克思恩格斯全集》(第十九卷),中共中央马克思恩格斯列宁斯大林著作编译局译,人民出版社 1963 年版,第 284 页。

③ [德]马克思、恩格斯:《共产党宣言》,载《马克思恩格斯选集》(第一卷),中共中央马克思恩格斯列宁斯大林著作编译局译,人民出版社 1972 年版,第 260 页。

④ [苏联]列宁:《党纲说明》,载《列宁全集》(第二卷),中共中央马克思恩格斯列宁斯大林著作编译局译,人民出版社 1984 年版,第 83 页。

是以统治阶级的根本的、长远的利益为归宿的。

总之,就单个法律现象而言,任何时代任何国家的法律,不仅受阶级必然性的支配,还要受各种偶然性因素的影响。有时会发生某个法律或法律条文偏离统治阶级利益而有利于人民的因素。当然,这种偏离最终会通过法律的修改、废除或搁置而加以抵消,或通过整个立法来得到补偿,使法在整体上不会脱离统治阶级利益的中心线。但在探讨资产阶级和其他剥削阶级的法的本质时,如果完全否认和抹杀这种偏离或变异现象,那也会妨碍我们对复杂的法律现象的认识,也不利于我们去吸取和借鉴古今中外法律中包含的民主性的东西。

法的本质内容与本质形式

在探讨法的本质的时候,人们往往较多注意法的本质内容方面(阶级内容及其所反映的经济基础),而较少研究法的本质形式(具有国家强制性的社会规范)。

法的本质是有层次的,有其本质内容与形式的。马、恩在揭露资产阶级法的本质时,也是分层次地"加深下去"分析的。他首先指出,你们的法不过是被奉为法律的你们这个阶级的意志。这里,指出法是"阶级意志"而不是"公共意志"的表现,还只是揭露了法的本质的一个层次。再深入下去,这种意志的内容是由你们这个阶级的物质生活条件来决定的。这是法的更深一层的本质。不揭示这一层本质,就会为法的立、改、废上的"唯意志论"留下地盘。

但是,仅仅用这两层本质来概括法的本质,仍然是不完整的。因为这还只是阶级社会中某些上层建筑的共同本质内容。像政治制度、政策、统治阶级的道德等等,也都是阶级意志的体现和经济基础的反映。要把法的概念同这些上层建筑现象相区别,还须指出它的特殊本质,其中包括相同的本质内容所表现出的不同内部结构形式。这就是马、恩在前一句话中所加的、却容易被人们忽略的一个定语:法是"被奉为法律(形式)的"阶级意志。"必须给予……意志以国家意志即法律的一般表现形式。""通过法律形式来实现自己的意志。"①这就是说,法所体现的阶级意志必须以"国家意志"的形式出现,并且必须是具有国家强制性和普遍约束力的社会规范的形式。这也就是法的本质形式。舍去这个形式,那就会像列宁

---

① [德]马克思、恩格斯:《德意志意识形态》,载《马克思恩格斯全集》(第三卷),中共中央马克思恩格斯列宁斯大林著作编译局译,人民出版社 1960 年版,第 378 页。

说的,法就等于零,只是毫无意义的空气震动而已。可见,不把法的本质形式归入法的本质范畴,不从法的多层次本质和它们的本质内容与形式作全面的立体的考察,对法的本质的理解是不完整的、空洞的。

现在有些法学基础理论教科书上,把法的本质仅仅归结为法的阶级本质,而另立"法的基本特征"这个条目来说明"法是具有国家强制性的社会规范"。似乎这基本特征是游离于法的本质之外的非本质的东西。这是为了强调法的本质的阶级内容方面而忽视了它的内部形式方面。在讨论社会主义法与剥削阶级的法的本质区别时,也只强调它们在阶级本质内容上的区别,而不注重它们之间在法的内部形式上的区别,或不把这种形式上的区别看成是本质的。

其实,社会主义法虽然仍保留了国家强制性的形式,但这种形式的适用范围与强度,同剥削阶级的法已大有不同。社会主义法在内容上体现着最大多数人的最大利益,它的正义性、公正性与合理性,得到最广大人民的支持,它在实施上主要依靠人民的自觉遵守和运用,依靠党的领导和各种社会力量的维护。社会主义的法制是人民管理自己国家的工具,而不像剥削阶级的法制那样是为"制民"的,是为使民"畏法"而"服法"的。因此,社会主义法在一定范围与程度上也不完全是通过国家强制力的形式来保证它的实施,而是国家强制性与社会强制性结合或互相交织。我们应当不只从法的本质内容,而且从法的本质形式上的这种变化,去探讨社会主义法与剥削阶级法的本质区别。不作出这种区分,片面强调原来意义上的国家强制性,也会妨碍我们正确认识社会主义法律必须也能够交给十亿人民来掌握这一科学论断。

(摘自郭道晖:《法的本质问题的哲学思考》,原载《政治与法律》1985 年第 5 期。)

略论法的概念和法的质的规定性

张宗厚

我很赞成英国 17 世纪唯物主义哲学家培根的下述一段话："既成的习惯，即使并不优良，也会因习惯使人适应。而新事物，即使更优良，也会因不习惯而受到非议。……然而，历史是川流不息的。若不能因时变事，而顽固恪守旧俗，这本身就是致乱之源。"①我国当前的法学研究正有些类似这种情况。诚然，法在尖锐阶级对立的社会里具有鲜明的阶级性，并表现为"阶级统治的工具"。但当剥削阶级作为阶级在我国已不存在，阶级斗争已不再是社会的主要矛盾，阶级斗争减次减弱，而法制逐步加强，二者呈逆向运行状态的时候，如果仍然沿袭过去在阶级尖锐对立时期形成的一些观念，如"法是统治阶级意志的体现""法是阶级斗争的产物和阶级斗争的工具"，显然已经不能适应我国当前的实际。再则，如果说法律过去的活动范围主要是政治斗争舞台，那么现在它已大步流星地跨进了经济发展、科学研究、文化教育等广泛的领域。如果不从多角度和全方位去观察分析法律现象，把它看成贯穿于社会生活各个方面的现代决策系统和现代化管理网络，而仍然仅从政治的角度（甚至更简单化为阶级斗争的角度）去观察，或者仍把阶级性视为"法的唯一本质属性"，那就难免"以古断今""以偏概全"或以"一"代"多"。所以，我认为，我们的法学研究在当前面临着下述两个互为关联的课题——法学研究，必须一切从实际出发；更新传统的法学理论，势在必行！

当前，法学界仍然有人无视我国阶级斗争逐步减弱，阶级斗争已不是社会的主要矛盾，而法制却逐步加强的现实，坚持阶级性是法的唯一本质属性的观点，认为只要还有一个阶级敌人，法律就仍然是阶级斗争的工具，阶级性就仍然是法的唯一本质属性。

---

① ［英］培根：《培根论人生——培根随笔选》，何新译，上海人民出版社 1983 年版，第 16 页。

对此看法我认为有三个问题需要搞清楚：

1. 法究竟是不是阶级社会特有的现象？我国目前的阶级斗争逐步减弱而法制逐步加强的铁的事实，使我们清楚地看到，法与阶级和阶级斗争的存在不一定要有一种必然的联系。从这里，我们还可以获得一个据以进行科学预测的强有力的信息，即将来阶级对立、阶级斗争甚至阶级差别不存在了，法制和民主一起作为"根本目标"（中央文件语）还要持续发展下去。如果我们从事实出发，得出法不是阶级社会特有现象的结论，那么对"阶级性是法的唯一本质属性"的命题，就没有必要去争论了。这是常识范围里的一个问题。

2. 当我们从马克思主义那里学得了阶级分析方法去分析一切具有阶级性质的事物的时候，不能忘记比这更本质的东西，即马克思主义活的灵魂——一切从实际出发，一切以时间、地点、条件为转移，不能把阶级分析的方法不分场合地牵强附会地套用，更不能用"以阶级斗争为纲"的眼光去观察一切，分析一切，处理一切。比如，有人提出，我国目前的经济犯罪是新形势下阶级斗争的反映。当然，从它反映了剥削阶级意识这一方面讲，经济犯罪确与阶级斗争有关。但如果仅仅笼统这样讲，而不是具体情况具体分析，就有可能重犯过去"以阶级斗争为纲"时期所犯的某些错误，人们还会问：如果说社会主义条件下的经济犯罪是资产阶级势力与无产阶级的较量，那么对资本主义国家的经济犯罪又当如何解释呢？总不能说它是无产阶级与资产阶级的斗争吧！确实，我们有不少同志在过去被"以阶级斗争为纲"的哲学整怕了，似乎不讲阶级性，便有被指责为"右"的危险。这种余悸，从情理上可以理解。但如果被此死死框住，不敢面对实际，大胆探索，我们法律科学的命运和前途，不是很可忧虑了吗？

3. 在方法论上，一些同志习惯于一元论，而不习惯多元论，因为那样简单、省事。最典型的，莫过于认为红绿灯也有阶级性。正如周凤举同志指出的，这是把事物在相互联系和相互作用过程中所产生的政治影响和政治作用当作法的阶级性，包括红绿灯在内的公共交通规则以及体育竞赛规则、食品卫生法规等等，为什么说它是公共规则？正因为它们不是哪一个阶级所需要的，而是全社会所需要的。当然，在阶级社会里，统治阶级利用这些实行治理，会使他们获得政治上的好处，如获得好的声誉、赢得选票等等。但这只是法的政治影响和政治作用，决不能因此说这些法也是阶级斗争的工具，或者说这些法本身也有鲜明的阶级性。至于存在于各个不同社会制度国家间的国际法，用阶级对立和阶级斗争的观点，更是难以解释的。

法的质的规定性

关于法的本质属性是什么,是否一切法都有阶级性的问题,20 世纪 50 年代已有争论,近几年来讨论更趋热烈,比较集中的是围绕着法的阶级性与社会性进行讨论。至今,尚未取得较一致的认识,甚至对于什么是阶级性,什么是社会性,还在争论不休。

我认为,这种争论虽给了我们不少启发,但因局限在一个很狭小的天地里,即使再进行多少年,也不可能获得突破性的进展。如果把眼光放在一个更广阔的领域,如法是不是阶级社会特有现象的问题,这个讨论将会获得新的意义。这个问题下节再讲。在这里,我想从法的本质属性的理论价值的角度,谈一谈法的质的规定性问题。

......

法的特性,或曰质的规定性是什么呢? 在以往的讨论中,学者们指出法的多种属性,如社会性、阶级性、客观规律性、国家意志性、科学性、探索性、间接性、程序的特殊性以及一般法所具有的普遍性、强制性、规范性、稳定性等等。其中哪一些是法的质的规定性呢? 有同志认为是阶级性,有的认为是社会性,有的认为是阶级性和社会性的统一。对此,我都不能苟同。因为仅仅一个阶级性,或加上社会性,都不能使我们把法这种现象从其他诸多社会现象中分离出来。众所周知,在阶级社会里,政治、哲学、文化、教育、新闻、出版等等,也都是具有阶级性和社会性的。因此,阶级性和社会性仍是存在于法这种社会现象和其他诸多社会现象之间的共性,而不是法区别于其他社会现象的特性。

法的质的规定性是依赖于客观存在的社会性、区别于道德的强制性、不同于一般习俗和习惯的规范性的综合体。

须作补充的是,法不仅具有质的规定性,还具有一些其他性,诸如国家意志性、阶级性、公众意志性、客观性、科学性、民主性等等。任何一个法律都是经过一定的立法程序制定出来的,在立法过程中,社会需要(其中包括公众需要和阶级统治需要),对立法者的立法意图起决定作用。此外,在法律施行中还将表现出法的实践性、稳定性、普遍性、教育性和惩戒性等属性。有人会说,你不是认为法不是阶级社会特有的现象么,为什么也把阶级统治需要作为立法意图的一个因素,把阶级性作为法的一种属性? 答案是,这里所说的是包括各种社会形态的法律现象,在无阶级社会里,阶级统治需要和阶级性将消失,但正像九面体变为八面体并未使多面体丧失一样,法的整个立体结构并未受到根本影响。有人又会说,为什么把社会性作为法的质的规定性,而不把阶级性作为它的质的规定性? 因为社会性可以包括阶级性,而阶级性包括不了社会性。我们所说的社会,是人们相互作用的产物,在共同的物质生产活动的基础上相互联系的人类活动的总体。人类的相互依存关系纷繁复杂,有经济关系、政治关系、家庭关系以及由精神和文化生活结成的种种其他关系,当然也包括阶级关系,社会性即指一定社会关系的反映。在阶级社会里,法的社会性,不仅包括整个社会的经济、文化和生活需要(如维护交通安全、防止环境污染等),也包括统治阶级用来镇压敌对阶级,以便建立对统治阶级有利的社会关系和社会秩序的需要。当然,也不排斥还包括被统治阶级希望用法律来维护他们的合法利益,维护生命安全和生活稳定,而反对统治阶级中个别人无法无天,为所欲为的需要。

我认为,恰恰不是阶级性而是社会性、强制性、规范性这三个联为一体的质的规定性揭示了法与其他社会现象相区别的特殊本质。当我们用这三个属性对法进行多角度透视时,就能把法这种社会现象从政治、宗教、道德、哲学等其他众多社会现象中分离出来。这样便能真切地把握它,并进而对它的运动规律进行研究。

法是不是阶级社会的特有现象

我国现在多数法学教科书关于法的定义是:法是体现统治阶级意志,由国家制定或认可,并以强制力保证施行的行为规则的总称。这个定义建立在一个前提上,即法是阶级社会特有的现象。如果我们能论证法不是阶级社会特有的现象,就会像一个大厦被抽掉了基石一样,传统的定义就站不住脚了。

我们研究问题,应一切从实际出发,而不能从原则出发,这是恩格斯在《反杜林论》中反复阐述过的唯物辩证法的方法论的精髓,我所以提出法不是阶级社会特有的现象,决不仅仅是因为恩格斯在《家庭、私有制和国家的起源》中曾多次引用或评述过原始社会的法律或法权关系,也决不仅仅是因为中国的马克思主义理论家毛泽东、周恩来等指出过"一万年后还是需要有法庭的""到了共产主义社会,也是要有章程的",而是更多地从实际出发,我国现在已不存在尖锐的阶级对立,阶级斗争已不是社会的主要矛盾,在此情况下不断加强法制,使传统的法的定义和概念相形见绌,在我国的实际情况下,阶级斗争逐步减弱,法制逐步加强,这种逆向运动过程,清楚地显示了法的发展趋势,即法作为管理手段和保障民主、调整社会关系的手段,决不会随着阶级斗争的减弱而趋于消失,相反,它要逐步加强,所以,讨论法是不是阶级社会特有现象,决不是一个无所谓的问题,也不是详细探讨光阶级社会究竟有什么样的法律现象的问题,它的巨大理论意义和实践意义,在于论证党中央提出把建设高度民主与法制作为我们的根本任务和根本目标,是不是当代的马克思主义,我们真正坚持四项基本原则,就应该对党的这一符合马克思主义基本原理的战略决策,作出科学的有说服力的理论论证。

科学思维的巨大力量在于理论概括。但是,科学概念中一般的东西,只能通过单一的和特殊的东西反映揭示出来。概念正是借助于此才体现其所包含的特殊和个别的东西的丰富内容。如果忽视对单一的探讨,关于一般和特殊的知识也就空乏了,如果你认定法律是阶级社会特有现象,你就必须排除在无阶级社会里存在法的所有可能性。可是,我们现在的交通法规,它的基本准则,必然地要从有阶级社会延续到无阶级社会。你总不能否认交通法规是法吧!这一个小小的例子(当然还可以举出很多),就足以说明"法是阶级社会特有现象"这一命题缺乏普遍适用性了,因而它不是一个科学的命题。

我们有些同志习惯于单因果式的思维,而不习惯于现代思维方式——多因果的网络。实际上,世界上一切现象,一切变化和过程,都是多因果的网络。不能一谈法,就简单地说它是阶级斗争的产物。一部法制史,也不能简化为阶级斗争史。每一部法律的产生,都有很多因素在起作用,政治的、经济的、文化的、科学技术的、历史传统的、风俗习惯的、民族心理的等等。但是,从根本上和产生法的原动力来说,法产生于每天重复着的生产、分配和交换产品的需要。虽然在阶级对立社会里,统治阶级力图把法律变为维护本阶级利益的工具,但它仍不能无视这种基本的需要,只能适应这种需要或局部地控制这种需要。所以,马克思指出:"法律应该以社会为基础。法律应该是社会共同的、由一定物质生产方式所产生的利益和需要的表现。"①我们的理论研究,必须回答每天提出的问题,抛弃教条和空想。很显然,由物质生活方式所产生的对法的需要,不仅在阶级社会存在,到了将来无阶级的共产主义社会仍然存在,而且那时因为社会分工更细、人际交往更频

① [德]马克思:《对民主主义者莱茵区域委员会的审判》,载《马克思恩格斯全集》(第六卷),中共中央马克思恩格斯列宁斯大林著作编译局译,人民出版社1961年版,第292页。

繁,应该有更详尽更完备的法律。只不过,到那时法的专政职能不存在而管理职能大大加强,法的强制性大大减弱而更多地依靠自觉遵守罢了。

所以,说法是阶级社会特有的现象,既不符合历史实际,又不能解释现在和科学地预见未来;既不能为我们党中央关于加强民主与法制的正确决策提供理论论证,也不符合马克思主义的基本原理。

法的概念和定义

"人的概念并不是不动的,而是永恒运动的,相互转化的,往返流动的;否则,它们就不能反映活生生的生活。"[①]揭示概念运动的辩证法,就是揭示概念发展的规律性,提取对象中的普遍的东西和本质的东西。既然我们已由阶级尖锐对立的社会进到阶级对立消失的社会,那么就必然要求法学理论作为科学更新在过去的历史条件下形成的不能解释目前情势的旧概念。

需要改变的旧概念,除了上述所说法是阶级社会特有现象这个命题,还要改变在我国颇有市场的认为法即是专政、镇压、惩罚、制裁等"法者,刑也"的旧概念。现代的法,虽然还有专政、制裁的职能,但更多的已转化为社会管理、保障民主、科学决策等方面。所以,现代的法的概念,应是一个多侧面、多层次的立体结构。从侧面上讲,可以说它是经济发展的杠杆,管理国家的工具,生态平衡的调节器等等;从层次上讲,可以说它是维护社会秩序的武器,依法治国的工具,社会民主的保障等等。

概念的变革要求定义的更新。定义不等于概念。在下定义的过程中,是把一个概念置于另一个更广泛的概念之中。为了揭示对象的本质,需要揭示一般,因为本质对个别现象来说总是表现为一般。但是仅仅指出一般还不足以给概念下定义。马克思写道:"如果有一位矿物学家,他的全部学问仅限于说一切矿物实际上都是'矿物',那末,这位矿物学家不过是他自己想象中的矿物学家而已。"[②]在定义中,除了指出最近的属,还要力求简短和准确地指出构成种的质的规定性。因此,对法律,我们可以定义它为"一种特殊的行为规则";对法,我们可以定义它

① 〔苏联〕列宁:《黑格尔"历史哲学讲演录"一书摘要》,载《列宁全集》(第三十八卷),中共中央马克思恩格斯列宁斯大林著作编译局译,人民出版社1959年版,第277页。
② 〔德〕马克思、恩格斯:《神圣家族》,载《马克思恩格斯全集》(第二卷),中共中央马克思恩格斯列宁斯大林著作编译局译,人民出版社1957年版,第72页。

为"具有社会性、强制性和规范性的行为规则的总称"。

但是,定义的最为重要的优点,不是它的简短,而是把握对象的深刻性和全面性,一般地说,人们是从法的制定、施行和功能这几个方面来看待它的,从尽可能简明、尽可能全面的考虑出发,我提出法的新定义是:法是由国家或社会管理机关制定或认可,并以强制力保证其施行的、调整社会和人们相互关系的行为规则的总称。

我认为,这个定义不仅确定了所要定义对象的种差和质差,概括了法的质的规定性,而且也简明地指出法的制定、施行和功能。需要说明的是,我所以加上"社会管理机关",是考虑到无阶级社会中不存在国家的情况,它不是一般意义上的社会管理机关,是指马克思恩格斯所说的"公共管理机关",因为定义中有"国家",而国家在阶级尖锐对立的社会里,又表现为阶级统治的机关,所以这个定义也包括了法在阶级对立社会里的"国家意志性"和"统治阶级意志的体现"。

一切从实际出发,为建设高度民主法制的社会主义社会服务,让理论更加彻底,从而使它能产生巨大的物质力量,这是我研究的出发点和执着追求。对于我研究中肯定会存在的失误,渴望得到严肃的科学批评。

(摘自张宗厚:《略论法的概念和法的质的规定性》,原载《法学研究》1986 年第 6 期。)

"法"辨

梁治平

19世纪的历史法学派认为,一个民族的法乃是该民族以往历史和精神的产物,一如其语言和习惯。这个命题在下面意义上是正确的:作为文化要素的法和语言,都从各自的一方面反映出文化整体的特点。换言之,民族法与民族语言同是民族历史文化的产物,具有这种特定历史文化的鲜明性格。

把一种文字译成另一种文字,常常遇到"词"不达义的困难。问题的产生可能不在于译者掌握和运用语言的熟练程度,也与语言自身的表现力无关,而在于根本不可能找到一个恰合其义的对应词。这正是历史、文化差异的反映,由这种差异而造成的语言上的微妙隔阂也许是永远无法消除的。语言总是特定历史文化的产物,这便是明证。把这个结论作为起点,可以展开更有意义的探索:由某些字、词的产生,字形、字义的演变、确定来把握特定的社会现象,再由表现于这些社会现象之中的历史、文化特质反观这些字、词的内涵,提供新的解释。在这个过程中,一些为我们所熟知的字、词将获得新鲜的意蕴,而我们对于相关社会现象的认识,也会得到进一步的深化。以下展开的正是这样一个过程,作为这个过程起点的,则是人们都很熟悉(至少人们自觉如此)的字:法。

至少可以从两个不同的方面来理解"法"。首先,这是文字学、语言学中的一个字、词,其次,它意味着我们称之为"法"的那种社会现象,作为字、词的"法"与作为社会现象的"法"密切不可分。历史决定着观念,观念又左右着历史。这里,文字、语义、历史、社会诸因素须并重而不可偏废。否则,研究"法"的观念,或蔽于现象,流于肤浅,或仅知其然而不知其所以然,更遑论辨别不同文化中"法"观念的基本异同了。

法是一种特别的行为规范,关于这一点,争议不会太大。但是,如果问题涉及法的渊源、性质、特征诸方面,要寻求一致意见就很难了。与历史法学派同时的分析法学派强调法的强制性,视强制服从为法的要素之一。这种看法究竟含有多少真理性暂可不论,但把它作为本文的一般前提毕竟是有益的。至少,本文所涉的那些词以及它们所表示的那种社会现象,无论是在上古时代的中国还是古代希腊、罗马,也无论其渊源多么古老,都可以看作是"社会的有组织的暴力"。汉字"法"的渊源极其久远,成字的确切年代似不可考。下面将要谈到它较为一贯的用法、含义。现在要解决的问题是,以之作为世界上其他语系、语族如希腊、罗马、日耳曼等语族中某些字、词的对译,能否"译"尽其义。考察这个问题可以从字、词本身入手。

拉丁语汇中能够译作"法"的词不胜其多,最有意义的却是两个,即 Jus 和 Lex。Jus 的基本含义有二:一为法,一为权利。罗马法学家塞尔苏斯的著名定义"法乃善与正义之科学"(Jus est ars boni et aequi)取其第一种含义;拉丁格言"错误不得产生权利"(Jus ex injuria non oritur)则取后一种意思。此外,Jus 还有公平、正义等富有道德意味的含义。相比之下,Lex 的含义较为简单。它的原意是指罗马王政时期国王制定的法律和共和国时期各立法机构通过的法律。一般说来,Lex 具体而确定,得用于纯粹司法领域,可以指任何一项立法。相反,Jus 只具有抽象的性质。了解这两个词的含义非常重要,因为,这种语言现象在印欧语系的希腊、罗马、日耳曼等语族中具有相当普遍的意义。在欧洲法律史上,这种词义乃至观念上的二元对立有其客观依据,并有深远的影响。本文的兴趣正是对 Jus 一类混权利、正义、法于一的特殊语言现象进行考察。需要略加说明的是,英文 Law(法)并不含有权利的意思,但同样清楚的是,这个字并非来自古代地中海文明。据考,它源于北欧,大约公元 1000 年时传入英格兰。部分由于这段历史,英国法律史大不同于欧洲大陆法律的发展。不过,英文中与 Jus 相近的词还是有的,如 Right。这个字的基本含义是权利,但也指作为一切权利基础的抽象意义上的法。

拉丁语中的 Jus 与 Lex 在中文里或可译作法和法律。但实际上,即便是法学专门人才在使用"法"和"法律"两个词时,也很难说能意识到其中如 Jus 和 Lex 那样的含义和对立。因为,古汉语中"法""律"都有自己特殊的含义,与今义相去甚远,以至汉字"法""律"虽有 2000 年以上的历史,但作为独立合成词的"法律"是近代由日本输入的①,其历史不过百年。要在这样短的时间里把一种全新的观念注

---

① 参见[日]实藤惠秀:《中国人留学日本史》,谭汝谦、林启彦译,生活·读书·新知三联书店 1983 年版,第 326—334 页。

入其中,谈何容易。

凡论及汉字"法"者,照例要引《说文》中的那个著名解说。"法"的古体为灋,《说文·鹿部》:"灋,刑也,平之如水,从水;廌,所以触不直者去之,从去。"有人据以认为,汉字"法"在语源上兼有公平、正义之义,一如其他语族中"法"的古义①。这种说法不确。蔡枢衡先生以为,"平之如水"四字乃"后世浅人所妄增",不足为训。考察这个字的古义,当从人类学角度入手。这里,水的含义不是象征性的,而纯粹是功能性的。它指把罪者置于水上,随流漂去,即今之所谓驱逐②。在远古社会,这应当是一种很厉害的惩罚了。蔡先生本人的解释确与不确姑且不论,他所选取的角度应该说是对的。传说中的廌是一只独角神兽。据《论衡》,獬豸(即廌)为独角的羊,皋陶治狱,其罪疑者令羊触之,有罪则触,无罪则不触,所谓"天生一角圣兽助狱为验"③。这种我们今天称之为神判法的裁判方式通常与人类原始宗教思维有关,因此,几乎各民族的早期历史中都不乏其例。在中国,汉以后之执法官以獬豸为冠服,取其去奸佞(触罪者)之义。总之,统观各家对"法"的诠释,平之如水也好,使罪者随水漂去也好,都没有超出一般程序上的意义,当然更不曾具有政治正义论的性质。把这种公道观与表现在 Jus 一类词中的正义论混为一谈,实在是大错而特错了。更何况,这种文字学上的考辨只揭示出"法"在语源学上的浅显含义,要真正把握其具体而丰富的内涵,还必须看它与其他字、词的关系。

据蔡枢衡先生考证,灋字古音废,钟鼎文灋借为废,因此,废字的含义渐成法字的含义。《周礼·天官大宰》注:"废,犹遏也。"《尔雅·释诂》:"遏,止也","废,止也"。《战国策·齐策》注:"止,禁也。"《国语·郑语》注:"废,禁也。"法是以有禁止之义。"法禁"一词即可为证。又,法、逼双声,逼变为法。《释名·释典艺》:"法,逼也。莫不欲从其志,逼正使有所限也。"其中也含有禁的意思。《左传·襄公二年》注:"逼,夺其权势。"《尔雅·释言》:"逼,迫也。"这里强调的是强制服从,乃命令之义。可见,"法"字的含义一方面是禁止,另一方面是命令。那么,以什么手段来保证这类禁止令行的规则呢?古音法、伐相近,法借为伐。伐者攻也,击也。这里,法就有了刑罚的意思。《管子·心术》:"杀戮禁诛之谓法。"《盐铁论·诏圣》:"法者,刑罚也,

①　《法学词典》编辑委员会编:《法学辞典》,上海辞书出版社 1980 年版,第 454 页。
②　蔡枢衡:《中国刑法史》,广西人民出版社 1983 年版,第 170 页。
③　瞿同祖:《中国法律与中国社会》,中华书局 1981 年版,第 253 页。

所以禁强暴也。"说的都是这一层意思①。禁止与命令,着重于法的功能,刑罚则主要是保证这种功能实现的手段。二者的联系实在密切。

古代文献中,至少有两个非常重要的字可训为法。一个是刑,一个是律。刑、法、律可以互训,如《尔雅·释诂》:"刑,法也","律,法也"。《说文》:"法,刑也。"《唐律疏议·名例》:"法,亦律也。"当然,古字内涵丰富,常与其他字、词互训、转注,以至辗转生义。又由于时代变迁,字的形、音、义也会有种种不同。所以,这里所注意的主要是刑、法、律三个词的一般关系,特别是其中的内在逻辑联系。从时间顺序上看,我们今天称之为古代法的,在三代是刑,在春秋战国是法,秦汉以后则主要是律。从三者之间关系来看,它们之间没有如 Jus 和 Lex 那样的分层,更不含有权利、正义的意蕴。不过,三者并非平列而无偏重。应该说,三者的核心乃是刑。这样一来,古时有些词的意思,现代人就不易理解了。如大家所熟知的"法制"一词,据《吕氏春秋·孟秋纪》:"是月也,命有司修法制,缮囹圄,具桎梏,禁止奸。"再如法官:掌法律刑狱的官吏;法吏;狱吏;法司;掌司法刑狱的官署。此外如法杖、法室、法科、法寺、法曹、法场、法辟、法禁、法网等等,无一不能归入今之所谓刑法的领域②。先秦法家又有刑名之学之称,的确不乏根据。后世有刑名师爷的说法,指的是县衙里襄助县太爷处理法律事务的幕僚。透过这个名称,多少可以见到其渊源所自,更可以感受到中国古代法律文化的传统。

现在回到本文开始提出的问题:以"法"作为 Jus 一类词的对译能否言尽其义?答案怕是不言自明。总之,在传统的层次上,中、西所谓法,文字不同,含义殊异,实在难以沟通。现在人常用的"法"字虽然已有了新的含义,但要完全道出 Jus 一词的真实意蕴,还是很困难的。所以,透过"法"与"Jus"之间语义上的歧异,我们看到的是不同民族历史进程和价值取向的不同,确切地说,是中、西文化之间的差异。只有从这里入手,我们才可以对上述两种语言现象中的真正差异作出较为合理的解释。为此,我们必须从古代希腊、罗马和中国国家与法的起源谈起,在我们将要叙述的这段历史中,这两个方面是密切相连的。

(摘自梁治平:《"法"辨》第一部分,原载《中国社会科学》1986 年第 4 期。)

---

① 以上关于法字的考释请参阅蔡枢衡:《中国刑法史》,广西人民出版社 1983 年版,第 5 页、第 6 页、第 11 页。

② 参见《辞源》有关条目。

法的基本矛盾

李步云

现实的社会关系与法律之间、法律与人的法律意识之间,存在着相互影响、促进与相互制约的关系。这是法存在与发展的两对基本矛盾。它们之间的矛盾运动,决定着法的性质与面貌,推动着法向前发展。

法是社会关系的调节器,它的任务就是维护、促进现实社会中各种社会关系的存在与发展。社会关系的内容十分丰富,包括经济的、政治的、文化的、军事的、社会的(如婚姻家庭关系、民族关系等等)各个方面。法理学关于法律部门的划分,主要是依照法所调整的社会关系的不同性质决定的。从那里,可以看到对社会关系所作的一种分类以及它们的内容的广泛程度。社会关系是相对稳定的,又是绝对变动的。在社会大变革时期,它们往往发生质变或部分质变。其中,婚姻家庭关系、民族关系等发展缓慢,而政治的关系变化最迅速,因为它在最终受经济因素所决定以外,还比较容易受人们主观因素的影响。各种社会关系的发展变化,受各自的特殊规律所支配,而社会发展的基本规律则从总体上对所有各方面的社会关系的发展起着全面性的决定作用和影响。这一基本规律是:生产关系适合生产力、生产关系状况的规律和上层建筑适合经济基础状况。这是人类社会发展的自然历史过程中贯穿始终的基本规律,它们推动着人类社会不断向前发展。法本身是一种工具。它以维护一定社会关系与社会秩序为目的。因此,在社会关系与法的相互作用中,前者是主动的,后者是被动的。社会关系对法的决定作用主要表现在两个方面:一是社会关系的不断发展变化推动着法的不断发展变化。前者的发展变化要通过法的内容真实地反映与体现出来,并发挥法对社会关系的保护与促进作用。现实生活中社会关系应当怎样,法的内容就应当怎样。二是一定历史发展阶段现实社会关系的性质与状况,决定着法的内容,从而也决定着整个法的性质与状况。由此出现了古代的奴隶制法、中世纪的封建制法、近现代的资本主义法与社会主义法。法的形式从总体上受前者的决定与影响,但它本身比较保守而相对稳定,它受多种因素影响,而同一内容可以有多种形式。从历史发展的全过程看,法由低级向高级的发展,是由各种社会关系的性质与状况由低级向高级的发展所决定的。法律作为一种工具,它的工具性价值大小,主要决定于法的内容能否真实地反映与体现现实生活中各种社会关系的需求。法的形式是否科学合理,是否适应一定时代经济政治文化的性质、状况与客观要求,也在很大程度上决定着法价值的大小。

法一经制定出来,就通过一定的社会关系的调整与社会秩序的维护,对社会的经济、政治、文化等各方面发挥重大的反作用。这种反作用的一般特征是:1.法律具有国家意志性、行为规范性、普遍有效性和强制执行性等基本特性,法的社会功能就是来源于这些基本特征。2.法的内容既要符合客观实际,还要反映其规律;既要适应客观需要,还要考虑实际可能;既要巩固现存秩序,又要引导社会改革。3.法要得到有效实施需有大批素质良好的法官、检察官、律师等法律工作者。4.法的实施要有良好的社会环境,包括有健全的民主政治制度、公民有良好的法律意识等。法对社会生活反作用的有无与大小,主要取决于以上四个基本要素,即法本身的内容正确、形式科学、法实施的主观条件良好、客观条件优越。在某些时候,法对社会生活也可能起负作用。这种负作用可以是全局性的,也可以是局部的或仅限于某个具体问题。

法存在与发展的另一对基本矛盾是法与法律意识之间的相互影响、促进与相互制约。在这一对基本矛盾中,法是被动的,法律意识是主动的。法的制定与实施是作为法律主体的人的一种有预期目的的自觉活动。法律意识对法的制定与实施起一种指导作用,人们在这个问题上有时可能是高度自觉的,有时可能是不很自觉的。但人们在参与立法和执法、司法、守法、护法时,总是有某种法律意识在这样那样地支配他们的立场、观点与行为。法律意识对法的制定与实施的指导作用,具有以下几个基本特点:1.从表面上看,法是人们的法律意识的产物,但事实并不是这样。法律意识本身不过是法这一社会现象的性质、特点与规律在人们头脑中的印象。人们不过是运用法律意识,通过立法与司法活动、通过法的外在形式使法自身的性质、特点与规律再现出来。2.个体法意识之间有很大差异性,群体法意识内部也存在某种程度的不一致性。无论是个体还是群体法意识又都有很大的不稳定性。因此在法制定与法实施过程中,人们之间的法意识会相互碰撞而发生分解与化合。3.在法制定与法实施过程中,由于人们所处的地位不同,因而考虑问题的角度也就不同。例如,检察官与律师在法适用中处于一个对立面,因此他们对法律的解释与运用常常产生矛盾。不少人主张负责实施某些法律的实际工作部门不宜完全由自己制定该法律等等。4.法律意识存在于人们的头脑中,与现实世界并不同一而有矛盾,现实社会生活千差万别而又不断变动。因此,人们在运用法意识去指导法制定与法实施的时候,一刻也离不开对现实社会真实状况的了解与把握。5.由法律意识的相对独立性所决定,法律意识既可以落后也能够超越它所反映的社会现实。6.法意识与其他社会意识是相互影响的。它的本原不仅是法现象、法现实,还从其他社会现实与社会意识中吸收一些营养,因而法意识对法现实的指导还会对法产生更为广阔的影响。法律意识之所以能对法产生巨大的指导作用,主要原因是,法律作为一种社会现象有其自身的特点,而不同于有些社会现象如经济现象。经济思想、经济理论对经济制度的产生与发展有指导作用,但经济制度受经济理论的指导有很大不同,它直接受生产力发展水平的决定与制约。生产活动是人类最基础的活动;物质需求是人类最根本的需求。法律直接受法意识的影响,在政治、法律等领域,社会意识的能动作用更大得多。

同时,法与法律意识之间是被反映与反映的关系。法的现实存在从根本上决定法意识的面貌。例如,在中国几千年封建专制主义的历史条件下,广大人民群众不可能产生现代性质的民主与法律意识。近代少数先进分子曾从西方学到一些现代的民主与法律意识是另一个问题。因此,要改变人们的某些旧的法律意识,从根本上说,必须建立某些先进的法律制度。总之,法与法律意识是在彼此相互影响与制约中不断向前发展的。

在法律存在与发展的两对基本矛盾中,现实的社会关系与法这对矛盾是主要的,基本的,具有决定性意义。因为,维护与调整一定的社会关系与社会秩序是法的目的。法的全部内容,包括法规范、法原则、法概念,必须真实地反映与体现现实社会关系的现状、规律与需求。归根结底,法的发展变化,取决于现实社会关系的发展变化。但是,法与法律意识这对矛盾也是重要的,要充分认识人们的法律意识对法律的发展,对法在某一国家某一时期的面貌、状况、特点以至性质产生重大影响。从更广泛的意义上考察,从宏观到微观,制定与实施法律的人,除了法律意识,还有人的种种特殊因素,对法的作用,包括积极的与消极的影响,都是十分巨大的。

正确理解与掌握法存在与发展的基本矛盾具有重要的理论与实践意义。我国法学传统上把法与法律意识混淆在一起,只是着重强调法的内容要符合现实社会生活的状况、规律与需求,而未强调法是一个独立于法意识之外的客观存在,有它自己的特性与规律;未充分重视人的法律意识与人的其他素质对法制定与实施的重要作用,因而未进一步提出与重视法的主体,即参与法制定与法实施的人的一系列与法有关的问题。因而就出现了对法的形式即法自身的规律研究不够、尊重不够的偏向,出现了对法的主体的方方面面研究不够甚至几乎是一片空白的缺陷。实际上,法学的研究对象应当是三个基本方面:社会、法律与人,即法所反映与作用的社会、法律自身以及负责制定与实施法律的人。

我们讲,社会关系与法的矛盾、法与法律意识的矛盾,是法存在与发展的基本矛盾,是决定法的性质与面貌的决定因素,是推动法向前发展的动力。这一基本规律同社会发展的基本规律——生产力与生产关系、经济基础与上层建筑的矛盾运动规律并不矛盾。前者是特殊规律,是后者的具体化;后者是最基本的规律,是前者的指导。法存在与发展的基本规律是由法自身的两重性质决定的。中国法理学的传统观点与研究现状是:1. 只是一般地讲,法作为上层建筑的组成部分,其性质与发展由经济基础所决定,而且也很少对法在这方面的具体表现及特点作具体分析与归纳;2. 把法与法律意识混在一起,认为它们都根源于社会物质生活条件,并用这一原理抹杀、搞混了法与法律意识谁是第一性、谁是第二性这个哲学的根本问题。

(摘自李步云:《法的两重性与基本矛盾》第三部分,本文标题为原文第三部分小标题,原载《中外法学》1992 年第 1 期。)

论法律的强制性与正当性

周永坤

20 世纪 60 年代,价值法学再次扩大了自己的理论影响,理论本身也进一步深化。特别是 1958 年开始的哈特、富勒论战把价值法学推向新的理论高度。经过学界多年的努力,曾经被接受为绝对真理的法律强制论在西方彻底衰落,法律的正当性再次被视为法律的主要属性。在当代西方三足鼎立的三大学派中,固然不必说新自然法学,就连分析法学和社会法学也都反对或修正强制论而弘扬法律的正当性。分析法学的哈特将奥斯丁的三位一体的法概念比喻为抢银行的强盗用手枪对着银行职员的袋:不拿钱来就开枪了。他说:"对理解法律制度的基础和法律制度效力的观念来说,以威胁和服从习惯作后盾的命令是不适当的……强制权力存在的一个必要条件是有些人至少必须自愿地在制度中进行合作,并接受它的规则。"①社会法学巨擘庞德对法律的价值持积极肯定态度。他认为,即使不能得出每一个人都同意的价值尺度,也不能"将社会交给不受制约的强力","不能把强力设想为手段以外的什么东西"。庞德指出,对于坏人来说,"他对于正义、公正或权利毫不在意……可是正常人的态度就不是这样,他反对服从别人的专横意志,但愿意过一种以理性为准绳的生活"。②对于庞德来说,把法律看作强制、命令只是坏人的看法,而对占社会绝大多数的好人来说,法律是一种理性的安排。20 世纪 50 年代末 60 年代初,苏联法学界也对维辛斯基以强制为中心的法概念提出了批评。苏联法学家法尔别尔批评维辛斯基的法律定义"把法的保证仅仅归

---

① 参见[英]哈特:《法律的概念》,张文显等译,中国大百科全书出版社 1996 年版,第 198 页。

② 参见[美]庞德:《通过法律的社会控制法律的任务》,沈宗灵、董世忠译,商务印书馆 1984 年版,第 58 页、第 17 页。

结为强制".① 苏联《法学》杂志社在一篇社论中指出维辛斯基关于社会主义法定义的"基本缺陷在于把直接的国家强制措施宣布为社会主义国家中保证遵守法律规范的决定性手段",社会主义法规范"之所以得到遵守,主要是由于相信它的正确性和合理性、正义性和合适性,而完全不是因为在这些规范的背后存在着国家的强制措施".②

古代中国可以称为极端强制论的故乡。在语义上,法、罚音同意通,法、刑互训,兵、刑不分;在法本体论上,王法观念久而弥坚;在法作用论上,"劝策论"通行无阻;在法内容上,刑法一枝独秀;在法渊源上,乾纲独断;在法概念的涵盖面上,正常交往的规范被排斥,所重者只是刑法,甚至只是刑罚。

19世纪与20世纪之交的中国正处于法律和法观念的激烈变革时期,传入国门的有规范法学、社会法学以及后来的无政府主义、法西斯主义等各种思潮。这些思潮的国家强制成分与反法治成分经传统的改造而形成中国式的国家强制论。各种流行著作中通行的观念几乎都是:法律适于强行。故遂采用强行之手段,"因此社会力与公权力之强行而生之社会生活之法制,即所谓法律","藉权力而执行之,即所谓法律者是也".③ 至于社会大众,由于法观念变革几乎仅限于社会上层,他们的法观念仍然是千古传诵的强制论。

1949年,中华人民共和国成立,人们力图在法律和法观念上切断历史联系。然而历史仿佛开了个大玩笑。声称激烈反传统的新法观念实际上只是传统的强化与理论化(起码在强制性问题上是如此)。人们将苏联法学当作传统的替代物,将维辛斯基的法学当作马克思主义法学全盘接受,殊不知这是教条化、歪曲化了的、背叛了马克思主义关于人的自由与解放精髓的法观念。人们先是请苏联专家来讲课,继而翻译出版苏联著作,接着是出版自己的著作。经过中国学者的传播和中国文化的诠解,中国式强制论形成并在随之而来的一系列政治运动中被进一步左化、权力化、神圣化。60年代,中苏关系破裂,苏联的观念被批判为修正主

---

① 参见[苏联]法尔别尔:《论法的阶级意志性》,《政法译丛》1958年第4期,转引自王勇飞编:《法学基础理论参考资料(第一册)》,北京大学出版社1981年版,第182页。

② 这里仅将强制论逐出社会主义法,是不彻底的。法律的历史阶段性并不排斥法律具有的共性。但是无论如何,这一个历史的进步,比现今中国法学界不分法的阶级性通通以强制性开路的观念要进步得多。参见王勇飞编:《法学基础理论参考资料(第一册)》,北京大学出版社1981年版,第203页。

③ 参见王勇飞编:《法学基础理论参考资料(第一册)》,北京大学出版社1981年版,第111页。

义、社会帝国主义,"左"倾的阶级斗争为纲的观念促使强制论进一步走向极端。法律被等同于国家的刀枪,司法机关成为"刀把子"。

改革开放后,法学获得了新生,但是强制论仍一以贯之,并进一步理论化,论证更加严密。孙国华教授主编的、哺育了一代人的统编教材强调"法律是统治阶级的意志""不体现任何被统治阶级的意志""法律是阶级统治工具""法是经国家制定或认可的""法是由国家强制力保证实施的"。给法律所下的最后定义的核心是"阶级意志、国家制定认可、国家强制力保证实施",把法与正义联系的观念斥为"唯心史观"。① 权威著作《中国大百科全书·法学》在谈到法律的特征时指出,法由国家制定或认可、法具有国家强制性,是以国家强制力保证实施的一种社会规范,国家强制力是法本身具有的一种属性。② 虽然至 20 世纪 80 年代中叶以来陆续有学者质疑法的阶级性,③也有一些学者指出法的强制论的局限性,但是强制论的地位仍然不可动摇。④

那么,在 20 世纪下半叶正当论勃兴的时代,我国为什么却反其道而行之,强制论被一再强化,正当论被视为异端? 这种极端传统的法观念为何在剧烈的反传统运动中延续发展? 为什么应该以自由、人的解放为己任的以理想社会为目标的我国法学家在法律问题上失去正当的法律理想而采"现实主义"的态度? 除了强制论生存的一般条件、几千年的封建传统、闭关锁国等原因,对强制论生存与强化的特殊国情进行社会学分析是必要的。

(一)20 世纪中国所处的历史转型期及特殊的转型方式。20 世纪的中国处于由农业社会向工业社会位移的历史转型期,这一转型的实现方式又主要是暴力手

---

① 参见孙国华主编:《法学基础理论》,中国人民大学出版社 1987 年版,第 47 页。

② 中国大百科全书总编辑委员会《法学》编辑委员会、中国大百科全书出版社编辑部编:《中国大百科全书·法学》,中国大百科全书出版社 1984 年版,第 79 页。

③ 法的阶级意志性和国家强制性是两个不可分割的命题,法的阶级性是强制论的潜在逻辑前提(起码在中国当代是这样,因为它是以立法者和守法者的对立为特色的)。对阶级性的反思实质上是对强制论的反击。但是学者们每一次质疑阶级性都受到法学权威们的"反驳",问题不在于"反驳",而在于这些反驳是教条主义的、更多的不是理性分析而是政治棍棒。所以每一次质疑阶级性的结果是阶级性的再度强化。所幸的是,党的十五大再次高扬"实事求是解放思想"这一精髓,重提学习马克思主义的学风问题。

④ 例如倪正茂先生发表于《法学》1995 年第 12 期的文章,苏力先生在《法治及其本土资源》中的相关论述(中国政法大学出版社 1996 年版)。但是社会反映冷漠。《法学》在发表倪文时提出的关于开展强制性问题的讨论的倡议,响应者寥寥。社会对此类问题似乎不屑一顾,处于麻木状态,或者是早已失去探索的能力。

段和群众运动,这在诸多方面助长了强化论。革命和群众运动依靠领导人的魅力、智慧及其权力,而不是民众认可的法律;法律的历史转型依赖暴力,无论在废除旧法还是创建新法方面,权力都跃居前台;转型期的规范转换难免带来规范权威下降促使统治者更多地使用强力,民众对法律的认同退隐;废除《六法全书》的过激行动人为地扩大了法律发展的不连续性①,连续存在于法律中的人类一般理性被掩盖,呈现在人们面前的是权力意志;巩固统治的斗争使用的主要是"捆猪"的权力而不是法律,所用的法律也主要是实现权力手段的法律;转型期的价值嬗变带来的价值混乱使法律的价值基础模糊不清,社会良心处于被改造的地位,民众处于热情而不是理智的控制下,共同的价值认同十分困难,加上人为强化阶级斗争的方法更使法律的价值基础几至毁灭。这一切本身催生了法律的暴力化运动,为强制论的生存提供了良好的社会条件。这种类似经验西方国家也经历过,英国资产阶级革命中的霍布斯命令说是其代表。由于中国的特殊历史条件,这一转型的惯性冲力比西方更为强大,因而其理论表现也更为极端。

(二)特殊的经济结构及其经济运作方式。20世纪下半叶长期实行计划经济。计划经济的产生本身由自上而下的政府行为造就,社会处于被改造的对象地位。计划经济的运行靠的是权力而不是经济力量、经济规律。在计划经济时代,原有的经济关系和经济规律对法律应有的约束被权力打破。新的经济关系是权力的创造物,经济规律只以复仇女神的形象出现在人们面前,人们长期对此视而不见,且自以为发现了规律、创造了新的规律。经济关系的客观必然性不见了,代之以权力行为。这使原本限制立法权的经济关系成为论证权力正当性的工具。由于交换被视为恶并一度被禁止,包含在交换关系中的人类理性、对他人的尊重被称为温情脉脉的小资产阶级情调。在既存的体制下,改革开放本身是权力认可和推动的。改革开放本身需要改变游戏规则。无疑,改变规则的动力不是来自社会而是来自权力。无论是主张"突破法律"规定还是变法以改变规则的思想,都将权力推到了前台。法律再次成权力的工具。市场经济建设在缺乏市场传统的国家,只能靠权力塑造、靠权力保障,法律又一次被工具化。在新旧体制交替过程中,法律的工具保障作用被强化。这个保障的法律又是与道德建设、民主建设相对称,分明强调的只能是法律的强制方面。

---

① 在社会主义国家中,采取"彻底废除"旧法,不允许引用的也只有中国,其他社会主义国家均或多或少承认旧法效力以免产生全面的法律中断现象。

（三）权力过分集中的政治体制。邓小平同志多次指出"权力过分集中"是党和国家领导制度的主要弊端。① 高度集权的体制来自战时，而后在历次政治运动中不断强化。人们忘记了战时体制不能用来搞建设的常识。集权的必然结果是权大于法，法律成为权力的工具，依附于权力。人们将此种非常现象视为当然，视为规律。由于权力不受法律约束，立法中的意志色彩浓厚；由于权力大于法，在司法过程中"认权不认法"的现象必然蔓延；由于权力大于法，遵守法律就被服从权力取代，这又增强了强制论的影响力。在加强法制的过程中，人们想得更多的是以法行权，而不是以法控权。这实际突出的是法律的强制方面。权力的集中必然导致腐败蔓延，这又使人们力图用法律制止腐败，这个法律就几乎只是刑法了。可见集权的体制实为强制论的温床。

（四）国家垄断立法权和司法依附的特殊法律实践。中国自秦以来，国家基本上垄断了立法权，不过给地方习惯、家法以一席之地。民众在立法中的作用未能充分体现，实际上民众只是成了法律强制的对象。在法律的内容上，民众参与管理国家的法律和民众权利保障的法律相对滞后；在立法权的分配上，行政机关实际上掌握了相当大的立法权②；在法律实施方面，司法机关的地位明显低于行政机关，司法机关依法独立行使职权难以贯彻。显现在人们面前的是一幅"政府权力立法、靠权力行法"的强制图画。

（五）偏执的阶级意志论。早在 20 世纪 50 年代，国人就从苏联引进了维辛斯基的阶级意志论，在强化阶级斗争的政治运动中，在以阶级斗争为纲的时代，阶级意志论成为禁区。改革开放以后，阶级意志论日益完备，成为"法学基础理论"的基础。阶级意志论为法律强制论找到了新的理论根据，使它更具理论色彩，因而具有更大的说服力，成为难以改变的思维定式。加上将"阶级意志论"政治化的不懈努力，法律强制论也因而身价倍增。

（六）教条主义的学风。20 世纪下半叶，将马克思主义教条化的学风一度蔓延成灾，教条主义学风加上法学与政治问题的难以分离——法学研究的对象与政治难以剥离，在政治成为禁区的时代，法学的教条主义之风甚于其他社会科学。不良学风加上以阶级斗争为纲的思维定式，人们自然只会论证被认可为马克思主

---

① 参见邓小平：《党和国家领导制度的改革》，载《邓小平文选》（一九七五——一九八二年），人民出版社 1983 年版，第 280-302 页。

② 全国人大常委会的几次"空白授权"使行政机关可以用立法形式处理公民的权利义务，法学界将行政法规、行政规章与人大及其常委会制定的法律同称为"法律"是最好的证明。

义法学的阶级意志论和强制论的合理性,论证的方法是寻找语录,寻找苏联人的话。人们不会甚至也没有能力去发现强制论的不周延处,即人们失去了法学科学研究的勇气和能力。

(摘自周永坤:《论法律的强制性与正当性》第四部分,原载《法学》1998 年第 7 期。)

第四章

法律与权利

>>>>>>>

论人权的三种存在形态

李步云

　　人权得到最全面最切实的保障，是现代法治社会的一个根本目标，也是它的基本标志之一。现在，法律日益成为人类社会中最普遍、最权威，也是最富有成效的社会调整手段。法网几乎已经伸及社会生活的一切方面；人们行为的选择，无不处在法律的调节和支配之下。在资本主义国家，资产阶级历来十分重视运用法律手段来保障资产阶级人权。马克思主义经典作家同样重视运用法律来确认与保障人的应有权利。马克思说过："法典就是人民自由的圣经。"①列宁也曾指出："宪法就是一张写着人民权利的纸。"②

　　为什么人们会如此重视运用法律手段来保障人权，即把人的"应有权利"转化为"法定权利"呢？基本的原因是，法律既具有重大的工具性价值，同时又具有独特的伦理性价值。作为一种工具，法律具有国家意志性、行为规范性、普遍有效性和强制执行性等基本特性。法律的社会功能就是源自这些基本特征。人的"应有权利"被法律确认而成为"法定权利"以后，这种权利就会变得十分明确而具体，它就被上升成为国家意志，就对一个国家的全体居民具有普遍约束力，国家就将运用强制力量来保障其实现。法律对人权的这种保障作用，是所有社会组织规章、乡规民约以及伦理道德等等手段所无法比拟的。不仅如此，法律本身就是公平与正义的体现，它的本性就要求所有人在它面前一律平等。尽管在阶级对立的社会里，法律事实上做不到这一点，但它的这种独特的伦理价值，在千百年的中外历史

---

　　① ［德］马克思：《第六届莱茵省议会的辩论（第一篇论文）》，载《马克思恩格斯全集》（第一卷），中共中央马克思恩格斯列宁斯大林著作编译局译，人民出版社 1956 年版，第 71 页。

　　② ［苏联］列宁：《两次会战之间》，载《列宁全集》（第九卷），中共中央马克思恩格斯列宁斯大林著作编译局译，人民出版社 1959 年版，第 448 页。

上，为维护人的基本价值和尊严发挥了并将继续发挥着巨大的作用。正是基于这两个方面的原因，在人类文明的发展已经达到如此高度的现时代，我们甚至可以说，哪里没有法律，哪里就没有人权，哪里的法律遭到践踏，哪里的人权就会化为乌有。

当然，我们不应主张法律万能。事实上，人权问题并不单纯是一个法律问题。尽管把"应有权利"转化成法定权利意义十分重大，但终究不能把法律看成是保障人权的唯一手段。我们之所以提出并论证"应有权利"这一概念，目的之一，就在于阐明除了法律这个手段，还有其他一些社会力量和社会因素对保障人的应有权利也有一定作用。如果否认应有权利这一概念，在"法定权利"与"人权"之间画等号，那么势必把人权问题看成仅仅是一个法律问题。

提出"实有权利"这一概念也不是没有意义的。所谓"实有权利"，是指人们实际能够享有的权利。在一个国家里，法律对人的应有权利作出完备规定，并不等于说这个国家的人权状况就很好了。在法定权利与实有权利之间，往往有一个很大的距离。现时代，在法律中对人权的内容作出全面的规定，并不怎么困难；但要使法定权利得到全面的切实的实现，就不是一件很容易的事情。一个国家的人权状况如何，在很大程度上是取决于这一点。

一般说来，在一个国家，妨碍法定权利变为实有权利的因素主要是：第一，法制观念与人权意识。这主要是指国家的各级领导人员的法制观念与人权意识的状况如何。在那些历史上缺乏民主与法制传统的国家，这一点往往成为主要障碍。第二，国家政治民主化的发展程度。一个国家制定比较完备的法律，不等于就实行法治。法治的基本标志是法律具有至高无上的权威。而法治国家只能建立在民主政治的基础上。第三，商品经济的发展状况。马克思曾经精辟地分析与论证过，自由与平等的观念同商品经济有着不可分离的联系。在社会主义制度下，有计划的商品经济的发展，将为人权意识的普及与提高奠定可靠的经济基础。第四，社会经济与文化的发展水平。诸如劳动权、休息权、受教育权等等的充分享有，都直接同这方面的条件有关。

从应有权利转化为法定权利，再从法定权利转化为实有权利，这是人权在社会生活中得到实现的基本形式。但是，这并非唯一形式。因为在人权的实现过程中还有其他社会因素在起作用。这三者之间不是平行关系，而是层次关系，三者的内容有很大一部分是重叠的。随着人类文明的继续向前发展，它们之间在外延上将一步步接近，彼此重叠的部分将日益扩大，但永远存在矛盾，应有权利永远大于法定权利;法定权利永远大于实有权利。正是这种矛盾,推动着人权不断地得到实现。

（摘自李步云:《论人权的三种存在形态》第三部分,原载《法学研究》1991年第 4 期。）

法的价值与社会主体的权利观念

公丕祥

    不同的法的价值观是不同的社会经济条件的反映。表现在某一民族法的观念、法的理论思维中的法的精神生产，是一定的物质关系的直接产物。一个民族或时代的经济发展，构成了该社会发展的基础，人们一定的法的观念以及法的价值取向，就是在这个基础上发展起来的。中国传统法律文化的价值观正是在中国古代社会大系统的作用下作曲线运动的。我国古代社会经济基础就是以自给自足的自然经济占统治地位的封建小农经济。在这里，物质生产的社会关系以及建立在这种生产基础上的生产领域，都是以人身依附为特征的。

    中国传统法的价值信念正是在上述经济氛围中存在和发展的。无论是以奴隶劳动为基础的大庄园经济式的奴隶制国家所有制，还是以农民对地主的人身依附为条件的自给自足的自然经济，都严重地阻碍了中国社会商品经济的发展。因而，与商品经济紧密联系的民事法律也就没有发达的客观基础；反之，历代的刑事法都十分完备，呈现出民事法律被规定在刑事法律中，甚至民事制裁亦被简单地纳入刑事制裁的轨道的奇特格局。同中国古代法律制度"重刑轻民""民刑不分"的历史特点相联系，中国古代法律意识形态的一个突出现象，就是刑法思想异常丰富发展；相比之下，民法思想却贫乏得可怜（但这并不意味着没有民法思想）。所以，在中国传统法律文化中，缺乏对权利观念的逻辑规定和论证。

    中国古代社会政治法律制度的典型特征，就是强化专制主义的中央集权，树立皇帝的至高无上的独尊地位，维持界限分明的社会等级结构，保护以"超经济强制"为特色的自然经济。意识形态的折光镜不能脱离自己的对象。在中国历史上专制制度的深重影响下，古代法律思想史上各个不同时期的思想家或不同的思想派别（除先秦道家有所不同外），几乎都在不同的程度上鼓吹皇权主义。皇权崇拜和国家崇拜的观念，构成了中国传统法的价值观的一个显著特质。

此外,在中国古代社会,由于宗法血缘关系有着深厚的基础,形成以家族为主位、家国相通、亲贵合一的政治体制,因而宗法伦理精神和原则渗透和影响着法的价值取向,扼制着权利观念的发达。所以,传统的法的观念以家族和社会为本位,认为人不是单个的人,而是宗法社会的成员。个人的存在和发展以家族、社会的存在和发展为转移,个体只有在社会中才能得到全面发展,个体人格的发展必须同社会的伦理要求协调一致起来。传统的法的观念的基本倾向是突出社会本体,忽视个体的生动全面的独立发展,把个体超出血缘宗法等级关系的发展看作是大逆不道。

显而易见,一方面是权利观念的极端贫乏,另一方面则是狂热的权力崇拜,这都是与商品经济相悖的自然经济以及建立在这一基础之上的专制政体和宗法结构所造成的。中国传统的法的价值观的这一基本趋向,在商品经济迅猛发展的现时代,已成为一种巨大的历史惰性力,成为在通向法制现代化道路上的中国人民面临的沉重障碍。既然商品经济成为现代经济生活的主导,那么,就应当给予社会主体以充分的自主自由和独立地位。然而传统的法的观念的价值取向则是确立自上而下的高度隶属性的集权化状态;商品经济的必然的法的表现是以权利本位为基点的权利与义务的有机统一,但传统法律意识形态则倡导义务本位,社会主体的个性全面发展及人格独立势必被损毁;商品经济活动所遵循的基本原则是等价交换,法律上的平等要求是价值规律的法律语言,而反映自然经济人身依附关系的传统法律文化,则与法律上的平等原则格格不入,其价值选择只能是特权;商品经济要求有一个正常的规范化的法治秩序,以便使社会生活摆脱单纯偶然性和任意性的羁绊,反之,传统的法的观念所追求的只是"君王口出法随"的人治境界,法律仅仅是皇权的附属工具;商品经济充分发展的直接结果,必然使社会主体的某种利益得到满足,因之法的领域中的利益多元化应当成为社会主体的基本价值目标,可是传统法律文化却强求利益的一元化,视统一为正常,视多元化为反常而予以摒弃。

因此,一个历史性的时代课题必然地被提出——在大力发展社会主义商品经济的现代化过程中,彻底地、创造性地更新传统的法的价值观念,重构适应于商品经济需要的以权利为本体的新型法律文化和法的价值取向。

那么,在发展社会主义商品经济的现时代,以何种方式、通过何种途径来完成重构新型的法的价值观念的历史任务呢?怎样适应商品经济发展的客观需要,使社会成员的法律意识发生质的巨大飞跃呢?又如何在公民的法的观念变革的基础上，推动社会主义民主制度法制化的历史进程乃至政治体制改革的深入发展呢？

其实，问题本身的提法就已经蕴含着问题的解决。人类文明演化史不断地揭示着、证明着一个深刻而伟大的真理：一种新型物质文明的诞生，必然造就一种新型的法律文化以及法的价值观念体系，并且这种造就过程通常又是一场革命。现代中国正面临和处在这个革命过程之中。而这个革命在人类学意义上，首先是社会主体自身的革命。作为社会主体的人，是一定的法的价值系统的载体。社会主体的自主性的程度如何，是衡量法的价值系统的人类学指示器。社会主体的自主性，是人们在认识和改造世界的过程中，能够依据客观条件和自己的需求、目的、计划、聪明才智来最大限度地发挥积极性、主动性、创造性的一种能力和权利，是主体支配自己的活动所应有的自主权。人离开了自主性，就不可能对自己的活动实行自我意识、自我支配、自我控制和自我调节，因而也就谈不上主体的能动性。主体的自主性被压抑到什么程度，它就在什么程度上成为压抑者的附属物；主体的自主性受到限制和束缚，主体的积极性、主动性、创造性也就必然要受到压抑和削弱。长期以来，由于各种原因，我国形成了一个不适应生产力发展要求的高度集权化的产品经济的僵化模式，轻视商品生产，忽视价值规律和市场作用，压抑了社会主体的积极性、主动性和创造性。这一情况反映到法的价值系统中来，就是在对法的认识中片面强调法的禁止、约束的性质，忽视法的积极能动的允许的性质，忽视个人的自我决定性，忽视个人的意志和选择自由。

如今，社会主义商品经济的广泛发展，首先意味着从事这一变革的社会主体自身的飞跃，个人在社会生活中的地位明显提高，主体的自主性逐步得到了确立，个人的首创精神和聪明才能有了充分施展的广阔天地。这一时代特点也反映到法的价值系统中来，表现为社会主体的自由和权利在法的现实中的比重不断增长。因而在法律调整方面，其重心已转移到社会主体的自由和权利在法律调整机制中居于支配地位。即着重用授权性规范来调动社会主体的积极性，确认社会主体的广泛社会自由，赋予他们以广泛的法律权利，允许主体在具体社会生活过程中拥有广泛的行动方案的选择自由，促进商品经济的深入发展，推动社会的进步。

在更深的层次上，社会主义新型的法的价值系统对于社会主体的自由和权利的确认保障，表明了这种新型的法的价值取向是要满足主体的一定需要，实现主体的一定利益。这是因为，社会主体的行为同一定的需要有着不可分割的联系，人的行为的发展取决于人的动机的发展，而动机和行为的出现有赖于一定需要的基本满足。而人的需要满足的过程,实际上就是社会主体的主动性、积极性充分发挥的过程,是社会主体的行动获得较大的选择自由的过程,也是社会主体通过行使权利而显示其相对独立自主性的过程。因此,我们与其说法是一定社会自由和权利的确认与现实,毋宁说法是以授权性规范的法律形式来确认社会主体满足一定需要的行为这一事实的合理性;毋宁说法也通过禁止性规范和义务性规范来确认社会主体满足一定需要的行为的合法性,进而保障其需要的合法实现。利益是需要的具体社会形式,它表现了社会主体对客体的一种主动关系,也意味着社会主体对一定客观需要的认识以及在此基础上所进行的具有一定意志、追求一定目的的活动。一定的利益决定着社会主体的意志、行为方式和选择自由。法作为对社会主体行为自由的确认,实际上是以一定的利益为基础的;法所确认的社会主体的权利,不过是社会主体一定利益的法的表现。当然,社会主体的一定利益一旦被确认为法律上的行为自由权利,那么社会主体的自由和权利便获得了相对独立性的性质,进而成为保障其利益实现的重要手段。

当然,社会主体所具有的一定的社会自由总是与其承担的一定的社会责任相联系,他们所行使的一定权利也同所履行的一定义务相辅相成。在主体的意志自由与主体的社会责任、主体的法定权利与其法定义务之间,存在着辩证统一的关系。主体的意志自由和法定权利是他的社会责任和法定义务的必要前提;同时,主体的意志自由也受到社会责任的制约,主体的法定权利应当同他所履行的法定义务相联系而存在。因此,在当前的社会改革中,必须要求社会主体在充分发挥积极性和首创精神的同时牢记国家和社会利益的基本要求,在享受意志自由的同时承担相应的社会责任,在行使法定权利的同时履行相应的法定义务。而上述基本要求的实现,又在很大程度上有待于义务性规范、禁止性规范的创制和适用。义务性规范通过对主体的法律义务的设定,要求主体完成肯定的、积极的活动,以保证其他主体的一定权利的实现。禁止性规范则通过规定主体的法律责任以及违反责任所招致的国家制裁后果,要求主体不得作出损害国家和社会利益的任何行为,不得妨碍其他主体的一定权利的实现,以便使社会生活活而不乱,保证改革的健康发展。

由此,便涉及如何认识社会主义民主制度法律化的问题。这里的关键又取决于怎样理解民主的内涵及其基本的价值意义。传统的看法认为,民主既是手段,又是目的。作为手段,民主是为实现一定的经济利益服务的;作为目的,民主表现为一种国家制度,是指一切权力属于人民。其实,如果我们深入分析的话,就会发现,民主作为国家制度,有两个方面的含义:一是政治意义上的民主,因而民主与权力相联系而存在;另一个是法律意义上的民主,故而民主又与权利相联系。权力与权利是既有联系又相区别的两个概念。权力总是同一定的政治组织系统联系在一起,通常称之为政治权力。在一定的社会政治生活中,权力常常表现为一定的国家机关的职能或功用,诸如立法权力、行政权力、司法权力。近代启蒙思想家的"主权在民"说中的权力,也是在这个意义上来使用的。应当指出,权力与民主之间并不具有内在的必然的联系,恰恰相反,在专制政体中,权力与民主则是针锋相对的。如果要在权力与民主之间搭起一座通桥,那就必须首先使权力与法律联结为一个整体。只有在法律支配权力、权力在一定的法律范围内行使而不是相反的情况下,才有可能说得上现代意义上的民主的问题。也就是说,只有在实行法治的国度,才能提出并实现真正的民主;反之,人治只能导致专制的横行。因之,一切政治组织或国家机关的权力,只有按照法律设定的轨道运行,才能成为合法的权力,这就是为什么民主制度必须法律化的重要原因或根据之一。在今天,提出发展高度的社会主义民主的伟大任务,首先就必须健全社会主义法制,真正做到有法可依,有法必依,执法必严,违法必究。只有当法制原则不仅成为社会公民的自觉要求,更重要的是成为国家机关和社会组织的现实行动时,即法制成为渗入社会关系和社会意识之中的具体机制时,发展高度的社会主义民主的时代课题才能得到一个圆满的答案。在这个意义上,我国宪法关于国家一切权力属于人民的规定,不仅确立了人民作为国家主人的基本法律地位,而且意味着体现人民意志的国家权力,应当受到法律的制约或支配。因此,我国社会主义民主制度的法律化的一个重要原则,就是要形成一套完善的机制,务必使一切国家权力根据法律的要求来行使。

与权力不同,权利通常是指个人的权利,表示主体的权利。如果说,权力基本上是一种政治现象,那么权利毋宁更是属于法律现象的范畴,是指主体成员在法律的基础上享受行为自由、价值选择和社会利益的可能性。如上所述,权利总是与一定的需要和利益联系在一起,在某种意义上,权利就是法。权利的法律意义,就在于它是具体的权利主体按照自我意志来满足其个人利益的行为的法律可能性,是保证社会关系参加者的独立性、自由选择行为方式的可能性,是法律所确认的并受到国家严格保护的自由。在社会生活中,如果社会主体成员不具有作出决定和行为的自由选择权利,并以此来实现一定的需要和利益,那么就无民主可言。所以,我们提出"法律意义上的民主"这一范畴,实际上是要把这一范畴转换成另一个更富哲理的判断,即:"权利是民主的本体"。

　　具体地说,在社会主义社会里,既然人民是一切国家权力的源泉,那么,人民作为社会主体,就应当首先使自身的权利得到实现。他们不仅拥有积极行为的权利,可以在复杂的社会关系中自主地选择行动方案,而且还享有要求其他人履行法律义务的权利,当其上述权利受到人为的干扰时,他们有权要求得到有组织的国家强制力的保护。当然,权利作为民主的本体,不仅仅指其他人的法律义务,同时也意味着权利享受者的一定法律义务。那种只享有权利而不履行义务的状态,只能是特权。因此,社会主义民主的本体含义应当是:个人的自由与价值得到法律的确认,社会主体享有不可侵犯的人格权、言论和思想自由的权利以及其他各种社会基本权利,同时也履行对社会和他人的法律义务。所以,社会主义民主制度法律化的另一个基本原则,就是要在法的基础上,确认和实现社会主体的权利和自由,并以此为基石逐步形成权利和义务有机统一的社会法律关系。

　　显而易见,只有把社会主义民主制度的法律化问题,放到发展社会主义商品经济的大背景下来认识,才能找寻到解决问题的科学路径。作为商品经济法的关系的表现形式的权利,是社会主体的生机勃勃创造力和能动性、自主性的法律源泉。准确地把握这一契机,不仅对于社会主义民主制度的法律化,而且对于经济体制改革和政治体制改革,都是大有价值的。

　　(摘自公丕祥:《法的价值与社会主体的权利观念——兼议社会主义民主制度的法律化》第二部分和第三部分,本文标题系作者修订,原载《中国法学》1988 年第 1 期。)

权利本位说

郑成良

现代法学应是权利之学，现代法制应以权利为本位，这一观点已引起法学界的关注和讨论，本文在此提出一己之见，欢迎评说。

1. 对于生活在当代的人们而言，我们需要一种共识，是否可以这样说：一个合乎理想或至少是值得尊重的法律制度，应当使人们平等地享有各种基本权利并平等地受到义务约束，应当公正地捍卫一切正当利益，既不允许以强凌弱，也不允许以众暴寡，应当充分地尊重个人的自主选择，以促成一个与人类尊严相适应的自由社会。如果我们能够对这些基本的价值观念达成共识，那么，关于权利本位的讨论就是可能的，虽然分歧在所难免，但是，由于双方有着共同的价值目标，争论就仅限于手段和技术性问题。在这里，意见的分歧不但不会妨碍彼此的理解和沟通，反而会有助于理论的自我审视。如果在争论中，这一价值目标本身尚被视为可疑，那么，我们就只有首先把这个前提性的问题解决之后，才有可能就权利本位进行有实质意义的讨论。

2. 概念的界定。权利本位是指这样一种信念：只有使每一个人都平等享有神圣不可侵犯的基本权利（人权），才有可能建立一个公正的社会；为了而且仅仅是为了保障和实现这些平等的权利，义务的约束才成为必要；当立法者为人们设定新的义务约束时，他能够加以援引的唯一正当而合法的理由，也仅仅是这将有益于人们已享有或新近享有的平等权利。总之，权利本位要求这样来理解权利与义务的关系：对于义务而言，权利是目的，是处于主导地位的核心；对于权利而言，义务是手段，是权利的引申和派生物。当然，这里所说的权利的目的性和义务的手段性，只有在两者互为参照系的条件下才能成立。如果改换了参照系，情况就可能发生变化。例如，相对财产而言，所有权便是追求财产利益的手段；相对于违约责任而言，合同义务便成为目的，违约责任的设定是为了保证合同义务的履行。

在权利和义务互为参照系的条件下,是坚持权利本位,还是坚持义务本位,可以这样来识别:如果立法者把向人民施加义务约束作为首要目标,为了使人民更好地履行服从现行统治的义务,才略施恩惠,让人民享有某些权利,这就是义务本位。如果立法者把确认人民的权利视为首要目标,为了使人民的权利受到保障,才不得不向每个人施加平等的义务约束,这就是权利本位。因此,义务本位意味着尽可能多的义务约束和尽可能少的权利确认,除非必要,否则绝不使普通人的权利有所增加;权利本位则意味着尽可能多的权利确认和尽可能少的义务约束,除非必要,否则绝不使普通人的义务约束有所增加。

3.权利本位的要义之一是权利平等。它反对传统社会中的权利义务分配状态,在那里,立法者总是倾向于把更多的义务强加给社会下层,而把更多的权利分配给社会上层。权利本位要求有一套平等待人的普遍规则,它不分民族、出身、性别、财产状况、宗教信仰和政治信念,而把各种基本的权利无差别地赋予每一个公民,只有按照法律的正当程序并在违法犯罪行为发生后(针对个体)或非常状态来临时(针对全体),才可以对这些权利予以一定限制和剥夺。我们知道,法定权利构成了法律人格的基本内涵,它使人成为法律意义上的主体,而免于沦为被支配、被奴役的单纯客体。正是为了使这种平等权利——让每一个人都成为人的权利得到尊重,法律才有理由把义务约束施加在每一个平等权利的享有者身上。这种义务的分配同样应当遵循平等对待的原则,以使任何人都不得以非法的形式不正当地损坏他人的权利。在权利义务的分配中,如果放弃平等对待的原则,把义务约束尽可能地推给下层群众,那么,这就只能是义务本位而绝非权利本位。在根据权利本位原则对基本权利义务进行分配时,公民资格被视为唯一有法律意义的身份,一个人的公民资格一旦被确认,他在法律上就可以受到与其他人同等的对待。而在强调身份差别的法律制度中,公民资格大概是最无足轻重的东西。一个被束缚在土地上的农民,绝不敢奢望市民的特权,一个普通的市民,也绝不会幻想上层社会才能享受的工资之外的各种优惠待遇。长期以来,我们在分配权利和义务时总是尽量地考虑到身份的差别,才引出了权利本位的呼声。

4.权利本位意味着对自由社会的追求。自由与秩序是人类社会生活中两种基本的价值,为了实现自由与秩序,法律便成为一种不可替代的手段。虽然权利与自由、义务与秩序并非完全等同的概念,但其法律实质初无不同。权利就是对人们自由地安排和实施一定行为的法律保障,义务就是要求人们不得使行为超出秩序之外的法律限制。人类的法律制度史证明,仅仅想建立一个有秩序的社会,在逻辑上是相当简单的事情,只要把大量的义务约束加到人民的头上并使之发生实际效力,秩序就会出现。然而,要想建立一个自由社会,只靠施加义务约束就难以做到。诚然,任何社会都需要秩序,但是,自由社会所需要的仅仅是在保障自由的前提下,能够最大限度地促进每一个人全面的自由发展的秩序。所以,如果我们能够对前面提及的价值目标达成共识,那么,就可以断定,在这里自由权利是第一位的,而义务约束则是第二位的。对自由的执着追求使我们确立了这样一种信念:在失去自由的秩序下奴隶般地生活是可悲的和无法容忍的。正是这种信念使我们宁愿牺牲生命和荣誉,也不愿意服从等级制度、专制统治和恐怖专政下的秩序。也正是这种信念使我们在建立现实的秩序时,把这样一种价值标准放在首要位置:"对人说来只有体现自由的东西才是好的。"①因此,权利本位所昭示的法律理想是这样一种社会,生活于其中的任何人,不管其社会地位如何,都享有与别人同样神圣不可侵犯的自由权利,都有义务对之给予无条件的尊重。

5. 权利本位是对多元利益的确认。如何分配利益与负担,是任何社会都面临的首要问题,它既关系到社会的生存,也关系到社会的公正。在法律制度中,一般来说,利益(如一定的财富)是通过权利(如财产权利)的确认来分配的,而负担(如一定的税金)则是通过义务(如纳税义务)的设定来分配的。在现代社会的多元利益格局中,法律应当对于任何主体(个人、团体和政府)的正当利益都予以确认,并用赋予权利的形式加以保护。为了维护这些正当利益,为了防止它们受到非法侵害,为了在侵权行为发生后使受损害的正当利益得到补偿,法律也必须把各种负担以义务的形式施加于每一个主体。如同分权未确立的社会不会有宪法一样,利益未分化的社会也不会产生以权利为本位的法制。在我国古代典型的宗法社会中,每个个人都被束缚在封建家族之中,家族作为整体利益的所在,个体在它的面前只有义务而不能主张权利,因为个体利益就其自身而言被视为毫无价值,除非它能直接服务于整体利益。在这种否认个体利益独立地位的共同体中,虚幻的整体利益是以对人性的全面扼杀为代价来实现的,现代社会中的个体用于追求和捍卫自己正当利益的各种基本权利,如财产权、隐私权和人身自由等权利,几乎全都是无法想象的东西。宗法制度否认个体利益的独立地位,否认个人具有独立的法律人格,并以严厉的义务约束来防止利益分化,这种传统在中国的现实社会尤其

---

① [德]马克思:《第六届莱茵省议会的辩论(第一篇论文)》,载《马克思恩格斯全集》(第一卷),中共中央马克思恩格斯列宁斯大林著作编译局译,人民出版社1956年版,第67页。

是改革开放之前的社会里以各种形式延续下来,在当时,为了所谓的国家利益和集体利益,农民在市场上出卖自己的劳动产品也必须冒受到严厉制裁的风险。改革开放之后,随着商品经济与民主政治的建设和发展,利益多元化的格局开始出现,具有独立经济利益和独立政治要求的个人和团体构成了商品经济和民主政治的主体,在这种历史条件下,使我们的法律制度从义务本位转移到权利本位就成了一种不可回避的选择。否则,我们的法律就不能对各种正当利益予以有效的保护,商品经济和民主政治的稳定与发达也无从谈起。

6. 权利本位是对世俗幸福的肯定。一种好的法律制度应当在现有条件下,最大限度地有益于每个人对幸福的追求。不过,从法哲学的角度上可以大致把幸福分为两类。一类是世俗的幸福,它包括财富、健康、地位、名誉和爱情等现实的价值目标,另一类是精神的幸福,它主要指道德理性的自我升华达到了一种崇高的境界。对于无神论者来说,它意味着人格的道德完美化。对于宗教信徒来说,则意味着灵魂的得救。就事物的逻辑而言,一个追求世俗幸福的人必须借助于法律赋予他的权利在利益竞争中实现自己的目标,否则他就无法照料和保护自己的幸福;而一个追求精神幸福的人并不需要权利,只需要严格而自觉的义务约束。如果一种法律制度把精神幸福当作压倒一切的目标,它就会把人格的道德完美化和灵魂的得救作为一种外部的义务强制地施加于个人。在这种社会中,人们被要求圣人或圣徒般地生活,于是对世俗幸福的追求一方面在严酷的道德禁制下萎缩和消失,另一方面在普遍的道德虚伪之中更加强有力地、恶魔般地表现出来。西欧中世纪禁欲主义盛行之时,教廷生活的糜烂便是证明之一。东西方的传统法律文化,大都曾表现出这种强化道德禁制,蔑视世俗幸福的倾向:中国的理学家鼓吹"存天理,灭人欲",西方的神学家则要求为了实现天国的快乐而牺牲人间的快乐。在这种文化公理被全社会所认同的时代,个人的权利主张绝不会被认真对待,相反,为了维护整个社会思想、道德的纯洁性,个人的自主行为和权利被压缩到了最低限度,法律与道德保持着高度的一致性,那些违反了正统道德标准的言论和行为,很少能免于法律的制裁。从文艺复兴开始,随着肯定世俗幸福的人道主义的弘扬,评价行为的法律标准和道德标准逐渐发生了明显的区别,个人对世俗幸福的追求,无论其是否抱有高尚的目的和动机,只要未采取非法的形式,都被视为具有法律上的正当性。合法地追求各种私人利益以平等权利的形式被赋予每一个人,即使出于高尚的道德动机而非法干涉和破坏他人利益,也不能免除由此引起的法律责任。历史事实证明,只有鼓励和保护人们合法地追求各自的世俗幸福,我们才可能建立起一个富裕的社会并更好地增进公共利益，也只有以此为基础，才能使我们的社会更加公正和合乎道德。在此，我们必须正视的一个现实问题是，由于历史传统、现实体制和意识形态上的各种复杂原因，我们的法律制度为人们追求世俗幸福所提供的便利和保障，尚远远不能适应时代进步的需要。很多人幻想着：商品经济和民主政治的发达，不是要靠一个个普通人而是要靠十亿个道德完美的人去奋斗。前一段时间蛇口风波中关于"淘金者"的争论可以从一个侧面说明这一点。我们的普通公众甚至包括立法、行政和司法机关，往往习惯于从义务本位的利他主义道德观出发而不是从权利本位的现代法律观出发，去评价现实的经济、政治行为。这种对行为道德性的过度关注和追究，为追求效用最大化的理性行为设置了重重的观念障碍和法律障碍。其实，权利本位作为人道主义精神的一种法律表达，对于社会道德的进步和经济、政治的现代化都是大有裨益并不可缺少的。

7. 权利本位不是什么？其一，权利本位不是法律史上的普遍原则。有些学者以具有义务本位倾向的古代法典来驳难权利本位的主张，在我们看来，这是一种误解。因为权利本位观的提出并非要概括出一条法律的一般规律，作为一个事实陈述，它意在说明权利本位是现代法律区别于传统法律的基本特征之一；作为一种价值判断，它意在阐释在当代中国以权利本位代替义务本位是一个正当的和好的选择。其二，权利本位并非可以适用于一切时代的永恒的价值标准。在宗法制度、等级制度和专制制度的解体还不具有现实的可能性时，具有义务本位倾向的法律制度不仅难以避免，而且在一定的条件下它也可以具有某种历史的正当性。但是，当现代的商品经济与民主政治开始成长起来的时候，义务本位就既是不合时宜的，也很难证明其正当性。其三，权利本位不是把法律变成单纯的权利宣告。任何人都清楚权利和义务是互相依存的。如果没有义务约束，权利的宣告便没有实际意义。权利本位观仅仅提请人们注意：现代法律的精神，既不是使权利和义务平起平坐、平分秋色，更不是使权利的宣告服务于强化对人们的义务约束，而是以保障平等权利为基本宗旨去施加平等的义务约束。因此，法律文件中宣告权利的条款多些，还是设定义务的条款多些，并不是判别权利本位与义务本位的必要标准。其四，权利本位（至少我们所主张的权利本位）不是个人利益至上。长期以来，由于个人利益的独立地位没有得到应有的肯定，因而，在这种特定的社会背景下，权利本位的呼声确实包含着强调保护个人利益的蕴意。但是，它并不是把个人视为唯一的权利主体和利益主体。它所要求的仅仅是，任何权利主体的正当利益,无论是个人利益、团体利益还是公共利益,都必须受到社会的尊重和法律的保护。任何主体以非法形式侵害了其他主体的正当利益,都必须承担起相应的法律责任,即使这种侵害来自国家机关,也不能例外。因此,权利本位的实质在于追求利益关系的公正而有效率的协调,而不是用任何一种绝对至上的利益去限制和吞噬其他利益。在现代法治社会中,绝对的所有权、绝对的契约自由和绝对的政府权力都已不复存在。其五,权利本位不是放弃国家干预。尽管权利本位意味着主体的自治,但是,这并不等于完全放任自由竞争。为了使个人利益、团体利益和公共利益更好地协调起来,现代法律要求国家的适度干预。当然,这种干预是在充分保障私人自治和团体自治的基础上实行的。

8.权利本位的现实意义。经济、政治和文化的现代化需要以一套与之相适应的行为规范为前提,而以权利为本位的法律制度便是其中的重要内容之一。它会使人们从传统的义务约束、身份限制和专制束缚中解放出来,从而有可能创造一个自由、平等、宽容和富有活力的法治社会。自由企业制度的确立、市场规则的完善、民主政治的成长、独立人格的养成和理性精神的发扬,所有这些离开了法律的现代化都是不可想象的。正是基于此种推进商品经济、民主政治和多元文化发展的需要,我们认为,现代法学应是权利之学,现代法制应以权利为本位。当然,实现这一目标的路途是漫长而曲折的,我们不可能不经过几代人的艰辛努力就一步跨入理想的未来,但是,向着这一目标坚定而谨慎地行进,是我们不容稍懈的工作。

(摘自郑成良:《权利本位说》,原载《政治与法律》1989 年第 4 期。)

"权利本位"之语义和意义分析

兼论社会主义法是新型的权利本位法

张文显

一、"权利本位"是一个派生的、概括的概念

权利本位是在讨论"法的本位"时引发和派生出来的。"法的本位"是关于在法这一定型化的权利和义务体系中,权利和义务何者为主导地位(起点、轴心、重点)的问题。"权利本位"概括地表达了"法是或应当是以权利为本位"的观念,是"法是或应当是以权利为本位"的简明的、概括的说法。"义务本位"概括地表达了"法是或应当是以义务为本位"的观念,是"法是或应当是以义务为本位"的简明的、概括的说法。我认为,以下引文都可视为"权利本位"观念的具体表达:"权利构成法律体系的核心,法律体系的许多因素是由权利派生出来的,由它决定,受它影响,权利在法律体系中起关键作用。在对法律体系进行广泛解释时,权利处于起始的位置;是法律体系的主要的、中心环节,是规范的基础和基因。"①"权利是最能把法与现实生活联系起来的范畴。权利是在一定社会生活条件下人们行为的可能性,是人的自主性、独立性的表现,是人们行为的自由。……权利是国家创造规范的客观界限,是国家创制规范时进行分配的客体。法的真谛在于对权利的认可和保护。"②

---

① [苏联]马图佐夫:《发展中的社会主义法律体系》,载《苏维埃国家与法》1983 年第 1 期,第 21 页。

② 孙国华:《法的真谛在于对权利的认可和保护》,载《时代论评》1988 年创刊号,第 79 页。

二、"权利本位"是一个表征的概念

凡是以权利为本位的法律制度都有这样一些突出的特征（或者说基本原则）：1.社会成员皆为权利主体，没有人因为性别、种族、肤色、语言、信仰等差异而被剥夺权利主体的资格，或在基本权利的分配上被歧视。2.在权利和义务的关系上，权利是目的，义务是手段，法律设定义务的目的在于保障权利的实现；权利是第一性的因素，义务是第二性的因素，权利是义务存在的依据和意义。3.在权利和权力的关系上，公民、法人、团体等权利主体的权利是国家政治权力配置和运作的目的和界限，即国家政治权力的配置和运作，只有为了保障主体权利的实现，协调权利之间的冲突，制止权利之间的互相侵犯，维护权利平衡，才是合法的和正当的。4.在法律没有明确禁止或强制的情况下，可以作出权利推定，即推定为公民有权利（自由权）去作为或不作为。5.权利主体在行使其权利的过程中，只受法律所规定的限制，而确定这种限制的唯一目的在于保证对其他主体的权利给以应有的同样的承认、尊重和保护，以创造一个尽可能使所有主体的权利都得以实现的自由而公平的法律秩序。

既然权利本位所表达的是一种法律制度的特征，反映法律制度的原则和精神，人们不可能凭直观就断定一个法律制度是以权利为本位，还是以义务为本位；亦不能凭某一社会的法律规定权利的条款与设定义务的条款在数量上的差别，而作出该社会的法是以权利为本位，还是以义务为本位的断言。在近两年关于法的本位的争论中，有些学者却以某一社会的法"主要是由义务性规范构成"为依据而断定这个社会的法是以义务为本位，或以某一社会的法"主要是由权利性规范构成"为依据而断定该社会的法是以权利为本位。这种关于法的本位的理解显然是过于简单化的。

三、"权利本位"是一个关系性概念

首先，它体现了权利和义务的相关性。权利的主导地位和作用存在于权利和义务的关系之中，离开义务，权利就成为一个绝对的、单纯的"异己"，也就不发生、不存在权利的本位问题。其次，它表明权利和义务概念是互为参照系的，只有以义务作为权利的参照，才能把握权利的内容和界限。同理，也只有以权利作为义务的参照,才能把握义务的内容和界限。不仅在衡量具体的权利和义务时是这样,而且在衡量一般的权利和义务时亦是如此。所以,权利本位说并没有割裂权利和义务的联系,而恰恰是以权利和义务的相互联系、相互作用和互为参照系为前提的。

四、"权利本位"是一个系统性概念

它所揭示的,是在某种社会(国家)的法律规则整体中,即在法定权利和义务的系统中,权利和义务何者为起点、轴心、重心,而不是或主要不是关于在一个具体的法律规范或法律关系中权利和义务的关系。法律规范的核心是权利和义务的规定。根据规定权利义务情况,法律规范分为授权性规范和义务性规范,人们当然不能根据一个法律规范是授予权利或设定义务,而说这个法律规范是以权利为本位或以义务为本位。这是因为在立法中,有时候为了保障和实现一项法定权利而用法律规定一系列义务,这些义务性规范是围绕授权性规范而制定的,因而是以权利为本位的。相反的情况也时有存在。法律关系是以权利和义务为内容的社会联系。依权利和义务构成的情况,分为对等的法律关系和不对等的法律关系。在对等的法律关系中,主体既享有权利又承担相应的义务。在不对等的法律关系中,一方主体享有权利或享有较多的权利,另一方主体承担义务或承担较多的义务。有些法律关系是以往的权利和义务联系的延伸或派生,有些法律关系是未来的权利和义务联系形成的前提。因此,就具体法律关系来谈论法的本位也是不适当的。有些学者却往往以某个(某些)法律规范或法律关系为例,否认权利本位,显然是缺乏说服力的。

五、"权利本位"是一个体现平向利益关系的概念

权利是国家通过法律予以承认和保护的利益及权利主体根据法律作出选择以实现其利益的一种能动手段。与权利相对的是义务。义务是国家通过法律规定的、权利相对人应当适应权利主体的正当要求而作为或不作为的约束。主体的权利通常是通过权利相对人履行义务而实现的。而权利相对人之所以自觉地、忠实地履行义务则是因为他相信与之相对的权利主体已经或以后会履行同样的义务,而且确信从该法律关系的另一关系项看或在另一个法律关系中,他同样是权

利主体。由此可见，"权利本位"代表的是一种平等的、横向的利益关系。

六、"权利本位"是一个有价值定向的概念

"权利本位"不仅可以描述法律制度的特征，而且表达了我们的一种价值主张：权利本位取代义务本位是历史的进步，为了适应社会主义商品经济和社会主义民主政治的需要，我国的法律制度和国家的法律活动应以权利为本位，各级各类法律工作者和全国人民都应当牢固地树立权利本位的思想。

针对"权利本位"的观念和价值取向，一些学者提出了批评。这些批评基本上是"误"的放矢，即是基于对权利本位观念和主张的误解而造成的，或者是把个别学者关于权利本位的个别论点作为一般权利本位理论对待。因此，很有必要针对这些批评，进一步阐明"权利本位"之语义和意义。

对权利本位说的批评之一是：权利本位就是资产阶级的"天赋人权"或"自然权利"。不知批评者根据什么在"权利本位"和"天赋人权"（"自然权利"）之间画上等号的。"天赋人权"或"自然权利"最初是英格兰的新教徒为了对抗传统势力的迫害提出的概念和主张。后来，在英、法等国资产阶级启蒙思想家的著作中得到系统表达和理论化，在美国弗吉尼亚州的《权利法案》（1776 年）、美国的《独立宣言》（1776 年）、法国的《人权和公民权利宣言》（1789 年）等资产阶级政治法律文献中得到正式的确认和解释。在这些著作和文献中，"天赋权利"或"自然权利"指人生而有之、不可被剥夺和转让的人权。如弗吉尼亚《权利法案》规定："一切人生而同等自由、独立，并享有某些天赋的权利，这些权利在他们进入社会的状态时，是不能用任何契约对他们的后代加以褫夺或剥夺的；这些权利就是享有生命和自由、取得财产和占有财产的手段，以及对幸福和安全的追求和获得。"再如法国《人权和公民权利宣言》宣布："人们生来并且始终是自由的，在权利上是平等的"，"一切政治结合的目的都在于保存自然的、不可消灭的人权；这些权利是自由、财产权、安全和反抗压迫"。据我目前所知，我国学者阐述权利本位的论文没有一篇把权利本位中的"权利"等同于"天赋人权"或"自然权利"。相反，我们一贯认为，"所谓'自然义务''天赋人权''特权'之类说法，都没有法的依据和法的意义。离开法的规定去主张权利或享受特权……都不能也不应得到法的支持"。[1]

---

[1]　张文显主编：《法的一般理论》，辽宁大学出版社 1988 年版，第 167-168 页。

　　对权利本位说的批评之二是：权利本位说鼓吹"个人权利本位""个人利益至上"，宣扬"以抽象的、绝对的个人权利为中心"。这种批评显然是以批评者自己的想象和设定为靶子的。首先，当我们提出权利本位时，我们所说的权利不限于个人权利，而包括了各种权利。我们指出："在权利体系中，有个体权利、集体权利、社会权利和国家权利"，个体权利只是众多权利中的一种。而且我们所说的"个体"也不是人格化的个人或绝对的自我，而是普遍的、"一个个具体的"个体，是体现着个人、集体和社会统一的个体。① 其次，权利本位提出以来，我们始终强调指出："权利本位（至少我们所主张的权利本位）并不是个人利益至上"，鉴于"长期以来，个人利益的独立地位没有得到应有的肯定，因而在这种特定的社会背景下，权利本位的呼声确实包含着强调保护个人利益的意蕴。但是，个人并不是唯一的权利主体和利益主体。它所要求的仅仅是，任何权利主体的正当利益，无论是个人利益、团体利益还是公共利益，都必须受到社会的尊重和法律的保护。任何主体以非法形式侵害了其他主体的正当利益，都必须承担起相应的法律责任"。②

　　对权利本位说的批评之三是：主张权利本位意味着割裂权利和义务的相关性和一致性，只要权利，不要义务。其实不然。权利本位说是在"权利和义务是法的核心内容"的思想的基础上形成的。权利本位论者有一种共识：全部法的问题都归结于权利和义务。权利和义务既构成了从法律规范到法律关系再到法律责任的逻辑联系的纽带，又统贯法的一切部门和法的运作的全部过程。权利和义务不可分割，没有无义务的权利，也没有无权利的义务，任何类型的法都是权利和义务的统一，尽管有时候是以扭曲的或变态的形式表现出来的。在这个肯定权利和义务的要素性和相关性的前提下，我们进一步提出权利和义务之间何者为本位的问题，并试图以辩证唯物论和历史唯物论为指导加以解决。非常明显，从权利本位的提出和讨论的过程看，我们丝毫没有否定权利和义务的相关性。那么，权利本位说是否会导致只要权利，不要义务呢？当然不会。权利本位说坚持的权利观念有两个基本点：第一，权利是有界限的。一方面，权利所体现的利益以及实现这种利益所采取的行动方式和幅度，是被限制在社会公共利益之中的，是受社会的经济和文化发展水平制约的，即以统治阶级所代表的社会的承受能力为限度的。另一方面，权利是以权利相对人的法定义务范围和实际履行能力为限度的。权利主

---

① 参见张文显：《改革和发展呼唤着法学的更新》，载《现代法学》1988 年第 5 期，第 6 页。
② 郑成良：《权利本位说》，载《政治与法律》1989 年第 4 期，第 5 页。

体不顾权利相对人的法定义务范围和实际履行能力去追逐自我利益是非法的和空想的。① 第二,权利是平等的和制衡的。权利分配只应基于德行和才能的职位相连,同时职位对所有适格人开放,在社会主义社会,无论在法律上还是在事实上都不容许存在只享受权利而不承担义务的特殊人物和特权阶层,任何权利主体在行使权利时,都会受到其他主体的权利的制衡。从这两个基本点出发,权利本位说鼓励人们主动地追求和行使自己的权利,同时提醒人们注意法定权利的界限和社会所能提供的实际条件,不要盲目地、非善意地主张权利和滥用权利,并要求人们寻求使自己的权利同时也使别人的权利得以共同实现的方法。

对权利本位说的批评之四是:权利本位就是个人本位,因而违背了当代法律制度以社会为本位或以个人和社会为双重本位的潮流。此处批评者犯了一个混淆概念的错误。众所周知,"权利本位"是相对于"义务本位"而言的,"个人本位"是相对于"社会本位"而言的。它们是内涵和外延都不同的两对范畴。在法学中,个人本位假定社会是由彼此独立自主、处境平等的个人所组成的共同体,就像原子所构成的物质一样,因而强调,法应当以维护个人的利益为基点;社会本位假定人并不是互相独立的,而是作为社会成员彼此联系(连带)的,并以社会的存在为前提,因而强调,法应当以维护社会的利益为基点。个人本位和社会本位问题突出地反映在民法领域。近代民法曾经是以个人为本位的,集中表现为私有财产神圣不可侵犯、契约自由和无过错不负损害赔偿责任三大原则。个人本位立法有效地保障了私人财产权利和商品交换,强烈地刺激了人们有效利用资源、不断扩大再生产的动机,使资本主义社会创造了高于以往社会千万倍的财富。但是,极端个人本位也加剧了资本主义社会各种利益的冲突和对抗,带来了严重的社会问题。所以,进入 20 世纪以后,资产阶级国家开始对个人与社会的关系进行调整,并在民法及相关的法律部门推行所谓"个人—社会本位"原则,即在保护私有财产权、保障契约自由、立足过错责任原则的同时,根据资产阶级的普遍利益和长远利益的需要,对这些原则加以适当限制(不是取消)。这些调整和限制只是缓和资本主义社会矛盾,维护资产阶级统治的改良措施。实际上,资产阶级国家并没有也不可能实行完全彻底的"社会本位"或"个人—社会本位"。所谓资产阶级法已由"个人本位"转变为"社会本位"或"个人—社会本位",纯属炫耀和欺骗。

我们认为,权利本位和义务本位与个人本位和社会本位是并行的两对概念,

---

① 参见张文显:《关于权利和义务的思考》,载《当代法学》1988 年第 3 期,第 15 页。

以个人为本位的法可以是权利本位法,以社会为本位的法亦可以是权利本位法,因为,权利本位涉及的主要是权利和义务的关系,而不是权利主体本身。

对权利本位说的批评之五是:在权利和义务之间没有必要区分出"本位",不提"本位"并不会危及对法的研究。这一批评提示我们思考和回答:法的本位问题究竟是主观上的偏好,还是客观的存在。我们的回答自然是:正如法律上的权利和义务是客观存在一样,法以何者为本位也是一个客观存在。马克思主义的辩证唯物论认为,任何事物都是矛盾的(对立的)两个方面的统一。在这个对立统一体中,存在着矛盾的主导方面和非主导方面,其中矛盾的主导方面处于支配地位,起着主导作用,矛盾的双方在一定条件下可以互相转化,由非主导方面上升为主导方面,或者由主导方面下降到非主导方面。事物的性质主要是由矛盾的主导方面所决定的。因此,在分析任何一个事物时,都一定要区分和分清矛盾的主导方面和非主导方面,并认识双方互相转化的规律和条件。抓住矛盾的主导方面,才能真正认识事物的性质,把握矛盾的两个方面的转化,才能理解事物的发展。这一原理完全适用于法律现象和法学研究,对法学具有法律观和方法论的意义。把这一原理与对法的历史的实证考察结合起来,谁都会看到(至少不会否认),自从原始社会解体,出现权利和义务的对立(区别)以来,始终存在着法以权利为本位或以义务为本位的问题。这是不依人的主观偏好为转移的客观现实。在权利和义务之间区分出"本位"(矛盾的主导方面),不仅符合权利和义务联系的本来逻辑,而且为深入认识法律现象所必需。如果仅承认权利和义务的对立统一关系,而否认它们之间存在着主导与非主导之分以及在一定条件下的互相转化,就是没有把唯物辩证法贯彻到底。诚然,不提"本位"并不会危及对法的研究,但如果提出"本位"这一法的现实和逻辑问题并加以科学探索,无疑会进一步丰富法学研究的内容,并使法学理论有新的升华。

值得指出的是,一些不同意在权利和义务之间区分出本位的学者,在他们自己的权利和义务定义中就蕴含着权利本位的观念。他们说,所谓权利,是国家以法规定人们追求自己利益的可行性;所谓义务,则是国家以法规定人们适应权利要求而必须做出或抑制个人行为所承担的责任。这个义务定义中,"适应权利要求而……"不就表明了权利的主导地位吗?

(摘自张文显:《"权利本位"之语义和意义分析——兼论社会主义法是新型的权利本位法》第一部分,原载《中国法学》1990 年第 4 期。)

试论权利与权力的对立统一

郭道晖

三、权利与权力的冲突

权利与权力既有上述区别,也就会有矛盾,乃至对立与冲突。

权利与权力产生互相排斥的对立(对抗),有以下几种情形。

(一)权力否定权利

这有几种情形。在专制权力统治下,人民权利受压制,被抹杀或匮乏,权力与权利处于对抗状态。这种对人民权利的否定,是为了肯定、巩固其专制统治权力。另一种情形是政府或其人员滥用权力,侵犯、压制公民的权利。还有一种情形是,公民或组织滥用权利,损害了国家、集体或他人的合法利益,或阻挠、破坏国家权力的行使,国家得行使权力剥夺他的某些权利。这种对权利的个别否定,则是为了肯定和保障整体的权利与权力。

(二)权利否定权力

这也有几种情形。一是在专制压迫下,人民通过革命斗争(行使革命权),推翻旧的反动统治的权力,争取人民的权力和权利。二是在人民掌握权力的条件下,对滥用权力或怠用权力(失职)的机关与人员,行使检举、控告、罢免等权利,以制止权力的侵害,直至撤销对他们的授权。这种对权力的否定,则是为了保障人民权利和国家权力的正当和充分的行使。这些权利的设置,是为了抵抗权力的侵犯的,可称为抵抗权或救济权,它们与权力的滥用经常处于对峙或对抗状态。

(三)权力限制权利

社会主义权利观要求权利的个体性与权利的社会群体性相结合。在必要时允许国家权力从社会群体利益出发,对个人权利作适当的限制、干预或控制。如实行计划生育,以限制人口(从而限制了生育权);不规定迁徙自由,以限制城市人口;在遭遇特大天灾、战争或内乱的条件下,为保护人民、保卫国家,可宣布紧急状态,实行戒严,暂停公民的某些宪法权利与自由。此外,有的权利如超过一定时效,也不受公权力的保护。如超过时效的请求权,为无胜诉权的权利,不能借国家公权力对程序法的执行而得到保护,等等。

这里还需说明,权力对权利的限制,也是有限制的。不是任何权力都可对公民权利加以限制。如属于公民的宪法基本权利,只能由最高权力机关所制定的法律来规限,而不能由法规、规章来规限。限制或剥夺人身自由权利的权力,只能由司法机关来行使。

(四)权利制约权力

这是有必要着重讨论的重要问题,详见下节。

四、以权利制衡权力

由于权力有侵犯性与腐蚀性的一面,如何制约权力、保护人民的权利,历来的先进思想家费尽脑汁力图找出一条最佳途径。这个问题在古典自然法学派的思想发展史上经历了三个阶段,提出了三种方略。[①]

第一阶段以格劳秀斯、霍布斯、斯宾诺莎等为代表,主张自然权利的最终保证应当主要从统治者的智慧、自制中去发现,即求助于开明专制,寄望于统治者的贤明与自律。第二阶段以洛克和孟德斯鸠为代表,提出用分权的方法来保护个人的自然权利。第三阶段以卢梭为代表,强烈主张人民主权和民主。现在大家谈论较多的是孟德斯鸠的"以权制权",即以权力制约权力。这当然是很有道理的。论者很多,笔者不必赘言。这里我要着重提出讨论的是以权利制衡权力的问题。

人民的权利是约束与平衡权力的一种社会力量,在一定条件下还是决定性的

---

① 参见[美]博登海默:《法理学——法哲学及其方法》,邓正来、姬敬武译,华夏出版社1987年版,第373页。

基本力量。古典自然法学家如洛克,虽主张权力分立,但同时也承认自然权利的另一个最终保护者是全体人民,人民可运用其权利罢免和更换立法机关,当行政权或立法权试图变更其统治为专制,奴役或毁灭人民时,人民的最后手段就是行使抵抗或革命的权利,以反抗压迫,成立新政府,维护自然权利。卢梭强调人民主权论,政府只是人民的办事员,至高无上的人民可以按其意志而废除、限制或变更它。这些都是更看重人民的权利(或人民的权力)对政府权力的制约作用。但实际状况是,资本主义国家的分权制衡,只限于统治机器内部各个权力部件之间的制衡,形成一个权力封闭的回路系统,而人民则处在这台密封的权力机器之外,没有权力,也不能运用权利对它进行制约。

在我们社会主义国家,权力也需要制衡,而且更有条件运用人民的权利来制约,以防范人民自己的国家侵犯人民自己,防范公仆变成主人。当然,这里主要还是指对政府权力的制衡;人民行使权力的机关——人民代表大会的权力,虽也受人民权利的制约,但由于目前实际状况是它还不能说已如实地提到了"最高国家权力机关"的地位,现在主要是要支持它充分行使国家权力(特别是对政府权力的监督),而不是削弱它。另外,这里笔者是讲权利"制衡"权力,而不单是制约,是想表明在我国,权力与权利应平衡发展,而不是只通过制约去削弱一方,"淡化"一方。制约也只是制约权力的扩张性、侵犯性。合法的正当的权力则应与权利同步加强。

如何以权利制衡权力,试提出如下几项原则与途径。

(一)广泛分配权利——扩大权利的广度,以抗衡权力的强度

民主的一个要义是广泛分配权利。剥削阶级社会由于是以少数人统治多数人,因此,总是把权利限制在本阶级的狭小范围。公民即使名义上享有某些权利,也大都受法律上和物质力量上的种种限制,因而很难影响、制约统治者的权力。社会主义国家是人民的国家,人人普遍享有广泛的权利,包括财产权利和政治权利。11亿人民的权利所蕴藏的巨大能量充分释放出来,足以制约人民自己授出的权力。现在的问题是要抓紧有关公民权利的立法,使这些权利真正为全体人民事实上充分享有,并获得有力的法律保障。

(二)集体行使权利——把分散行使的公民权利,集中为人民的权力

公民权利是分散为各人享有的。就单个人的权利来说,其力量是很微弱的(选举权每人只有一票,言论自由权每人只有一张口、一支笔),但集合起来,就可

转化为集体权利与权力，就有巨大的力量。如通过集体行使选举权，选出代表人民的具有最高权力的人民代表大会，以制约政府权力。公民的言论自由，通过传播媒介形成正确的社会舆论，就可成为所谓"第四种权力"，来监督政府。当公民感到单个人行使某些政治权利还不能引起政府的关注，影响其决策或纠正其滥用权力的行为时，就可以依法通过组织集体行使这些权利（如集会结社游行示威等），共同表达人民的意志与要求。集合起来的权利对政府权力的影响力要大大强于个人分散行使权利。它往往是对付严重官僚主义的有效手段，是受法律保护的。当然，这类集体行动应当严格在法制范围内进行，并以维护国家和人民的利益和社会的安定为前提，特别是从全局着眼。因为当政治、经济社会的稳定是人民的最大利益时，这种行使权利的方式必须慎之又慎，绝不能因此而引起社会动乱。

集体行使权利还包括切实保障和充分发挥人民政协、各民主党派和工会、共青团、妇联等人民团体的参政议政的权利。这种由中国共产党领导的、有组织的行使集体权利，是对政府权力更为有效的监督。

(三)优化权利结构——建立与健全同权力结构相平衡的权利体系

国家机器是一个庞大的复杂的权力结构。除了它内部各组成部分的权力之间要有相互分工与制约，它作为一个整体对社会施加影响力、强制力时，如果没有一个相对应的优质优构的权利体系，就不足以抵抗权力滥用时所造成的侵害。因此，人民的权力机关应当注意在授出权力的同时，就考虑到设置相应的权利与之平衡。在优化权力结构体系时，一方面，要着眼于权力的配置能有效地、强有力地保障人民权利不受侵犯和协调的正当的行使，有助于它们圆满的实现；另一方面，则要不断优化、强化权利结构体系。如果说前述的广泛分配权利和集体行使权利是以权利之量来平衡权力的话，优化权利结构则是以权利品种的配置所形成的最佳结构质量，来制衡权力。具体可采以下几种措施。

1.优化立法体系。把公民和社会组织的权利特别是民主权利的立法，摆在优先的和主导的地位。公民和社会组织的宪法权利的立法，是社会主义法律体系的灵魂和支柱。它不只是关系公民个人利益，也是增强人民政治活力与经济活力的激素，可以激励人民的主人翁参政意识和监督意识，是制衡政府权力的重要力量。现在我国立法体系结构上权力立法与权利立法不均衡。据有关人士统计，1979—1989 年，经济立法占全部法律、行政法规总数的 60% 以上，而公民民主权利方面的立法只占 4%。属行政管理的行政法规(含部分规范性文件)占行政法规总数的 80%,而属管理行政(包括监督)的只占 0.87%。这种立法体系结构显然是不均衡的,值得引起重视。

2.增植权利新品种。根据经济结构的需要和政治文化的发展,及时确立公民和社会群体的新的权利。如党的十三大报告提出建立社会协商对话制度,"重大情况让人民知道,重大问题经人民讨论",实质上是要确认人民的了解权和参与决策权。党的十三届六中全会的决定又提出要"建立健全民主的、科学的决策和决策执行程序",要"切实保障民主党派成员和无党派人士参政议政和进行民主监督的权利"。这些都提出了在法律上确认和保障这些权利的要求,应当在立法上设置相应的权利,作出一些新的规定。又如 1988 年的宪法修正案,及时确认了私营企业在法律规定的范围内存在和发展的权利,以及土地使用权的转让权利,从而使我国经济领域权利结构上有了新的发展,有利于防范行政权力的非法干涉,促进经济的繁荣。

(四)强化权利救济——发挥抵抗权与监督权的作用

"没有救济就没有权利。"设置各种权利救济手段,不仅是给受损害的权利以补偿,而且是对权力的一种抑制与监督。救济权也是一种申诉权、监督权,它在权利结构体系中应当起安全通道和反馈调节作用。如行政救济(请愿、行政复议、行政赔偿)或司法救济(公民的控诉权、辩护权、上诉权、申诉权)既是救济权,又是监督和抵制司法权的误用或滥用的手段,行政诉讼法更是直接对行政权进行监督,直至宪法救济(宪法诉讼,公民向国家权力机关控告,引起对法律、法规、规章的审查,这也可说是公民权利对立法权的制约。在外国还有公民的立法创制权和复决权,作为立法救济手段,以抵制立法的专横)等。

(五)提高全民权利意识——释放权利的"动能",以抗衡权力的"势能"

这就是说,发挥广大人民群众的主人翁的自觉的权利能动性,使之变成制衡权力的物质力量。权力处于高位,其"势能"是很大的,但人民权利的"动能"被充分调动起来,足以与之平衡。

(六)掌握制衡的度——以不妨碍合法权力正当行使为度

我们在讲权利制约权力的时候,主要是制约其损害国家和人民权益的倾向。但不要忘记,权利既是权力的界限,也是权力的目的。人民赋予政府权力,旨在要求它为人民服务,保护和增进人民的利益。因此,在正常情况下,二者不但要取平衡,而且还应运用人民的权利与权力,去支持和促进政府权力的正当行使。譬如公民的政治权利,就不只是一种消极的请求救济权,也是支持政府的积极权利,通过参政议政,促进政府的工作,增强对政府的向心力、凝聚力。

权力以不侵犯权利为限;权利制约权力也应以不妨碍合法权力正当行使为度,否则有失人民授权政府的初衷。权力的滥用固然可怕,怠用权力、玩忽职守或权力没有权威不能充分有效行使,则更为可虑。因为这会造成无政府状态,使公民权利失去国家权力的保护,使国家利益蒙受灾难。因此,权利也不可滥用来妨碍政府行使权力(譬如不能滥用游行示威权利来破坏社会秩序,阻挠公务的正常运行)。否则就要受到法律(公权力)的制裁。这就是我们必须强调的"权利制衡权力"的"度"。

(摘自郭道晖:《试论权利与权力的对立统一》第三部分和第四部分,原载《法学研究》1990 年第 4 期。)

论权利

徐显明

三、权利的界限

  如果能够对法律上的权利、义务给予道德上的评价的话,我们可以这样认为:权利是利己的、义务是利他的。正因为二者属性不同,所以人们对权利和义务有着截然相反的两种态度。利他的东西总是受到鼓励,利己的东西处境却是相反。立法者总想把权利限定在一定范围内,非分的权利欲求哪怕只是意思表示,马上会引起道德的和法律的谴责。

  在"义"和"利"的问题上,中国所形成的重义轻利的传统比世界任何其他国家都要悠久。孔丘的语录中"罕言利"成了中国法律两千年不规定平民权利的根据。然而,细读《论语》,我们却看到有这样的话:"富与贵,是人之所欲也,不以其道得之,不处也;贫与贱,是人之所恶也,不以其道得之,不去也。"原来他也想脱贫贱从富贵。然而这个过程却不可离经叛道,说到底,在他脑子里有一个权利分配方案,这就是他力主的礼制。孔子的思想贯通后世,每一朝代都有人出来为权利划线,汉时的董仲舒以其"度制"对前人的思想作了概括。他在《春秋繁露》中说:"使富者足以示贵而不至于骄,贫者足以养生而不至于忧,以此为度,而均调之,是以财不匮而上下相安,故易治也。"至此,中国古代法律上的权利界限被勾勒清楚了。

  西方法学家在权利的边缘上最早做文章的是 19 世纪英国人约翰·密尔。他的《论自由》在引论中开宗明义表示要"探讨社会所能合法施用于个人的权力的性质和限度"。该书所提出的问题,为西方学者迄今仍探研不止。

  马克思主义经典作家在谈及权利的范围时并不去指责权利自身如何不安分

守己,而是像跳远裁判那样把两眼放在起跳者是否把脚踏在起跳线上。马克思最早使用了法定权利与习惯权利的概念,并认为当权者在不满足法定权利而呼吁习惯权利时,则他们要求的不是法的人类内容而是法的动物形式,可见,法科出身的马克思早就树起了权利的路标。

权利界限问题是人们没有理由不关心的问题。其实,上述人们所关心的权利界限还只是立法时的界限,它不过是指哪些权利应当有,哪些权利不应有,哪些权利能够有,哪些权利不能有。

既然君主们无论什么时候都不能向经济基础发号施令,那么权利在任何情况下都不会超越社会经济结构以及由它决定的其他制度所产生的制约。在财产实行公有和生产有计划进行的制度下,人的迁徙自由和职业选择自由就难以纳入权利体系之中。南非奇拉萨格尔王国男子有多妻的权利,这与现代文明是多么地不协调,但并没有人去说三道四,因为特殊的地理环境导致男女两性比例失调成了被人理解的该国男子享有特殊权利的根据。在温饱问题还没有解决的国家,无法划出"贫困线"是不言而喻的,"免于匮乏的权利"只是这样国家公民的企望。权利界限的决定因素毫无疑问是经济因素,其他如政治的、历史的、宗教的等因素只是权利范围大小的影响因素。

明确立法上权利界限的原理可以使我们对权利的要求变得实际起来。不具备条件的权利即使规定在法律中,也只是画出来的饼,看则好看却不能充饥。诚如马克思所言:"当自由这个名字还备受尊重,而只是对它的真正实现设下——当然是根据合法的理由——种种障碍时,不管这种自由在日常的现实中的存在怎样被彻底消灭,它在宪法上的存在仍然是完整无损、不可侵犯的。"①

权利界限的问题还有另外一种情况,即权利被法概括出来之后在现实生活中运行的界限,它是指权利在什么时间、在什么范围内对什么人能够实现的界限,即法律上的保护力在多大程度上与人的价值相统一的界限。

首先,权利具有时间性。一些权利可供人终生享用,如姓名权,即使被判处死刑,姓名权仍不被剥夺。而有些权利却只是一时的,法定行使时间一过,权利性便悄然逝去。选举权不能天天行使,专利权在经过一段时间后其利益性将转化为社会共有价值。民法上的时效制度和诉讼法上的期间规定都表明了权利的时间界

---

① [德]马克思:《路易·波拿巴的雾月十八日》,载《马克思恩格斯全集》(第八卷),中共中央马克思恩格斯列宁斯大林著作编译局译,人民出版社 1972 年版,第 135 页。

限,所谓一时权和永久权就是对权利时间范围的划分。

其次,权利具有空间性。相邻权只对发生相邻关系的对方才具有约束力;诉权只有服从管辖权才能有效行使;集会、游行的请求权总是有着行政区的制约。空间的划定,有些权利是固定的或绝对的,而有些权利的空间是不固定或相对的。不动产的所有权空间是不动产所在地,它属于绝对空间,而人身自由的空间则随人所在位置的变化而变化,此类空间是相对的。由相对空间承担的权利一旦被置于绝对空间中,权利预示着被强制和限制。人的被拘禁,失去的不是人身,而是人身自由选择的空间。

最后,权利具有对人性。权利对人的范围一般应分为普通对人范围和特殊对人范围两种界限。普通范围又称一般范围,它是指指向所有人的范围,即权利的效力表现在所有的人都承担着义务上,这个范围是无限的,具有对世性。此类广泛界限内的权利叫作对世权或绝对权,如所有权。特殊范围是指指向特定人的范围,即权利的效力表现在只有特定的人才承担义务上,这个范围是极其有限的。此类有限范围内的权利叫作对人权或相对权,如债权。权利的对人界限主要指的是相对权的界限,相对权在实现的时候如果要求对世的范围,相对权会随之变为零。

权利实现过程中的界限是根据权利义务相统一的原则确定的。马克思指出:"没有无义务的权利,也没有无权利的义务。"[1]这说明权利在运行时要遵循利益平衡规律。社会中权利的总量总是等于义务的总量,如果既不享有权利也不履行义务可以表示为零的话,则权利和义务就要形成以零为起点向正负两个方向延伸的数轴,义务表示为负数,权利表示为正数,正数的长度即是负数的长度,权利的绝对值与义务的绝对值总是相等。权利的公平原则就是这样确立的,显失公平也是据此判断的。

四、权利的滥用

如果静态地分析权利而把法律规范中规定的权利叫作客观权利的话,需要指出,这里所说的客观仅是表示权利存在于那儿,那么,从动态上认识权利就应把权

---

[1]　[德]马克思:《协会临时章程》,载《马克思恩格斯全集》(第十六卷),中共中央马克思恩格斯列宁斯大林著作编译局译,人民出版社 1972 年版,第 16 页。

利人意识到并经努力争取到手的权利叫作主观权利,也需要指出,这里所说的主观仅是表示权利中注入了人的意志。权利既然是由静入动的,自然,客观权利必须向主观权利转化,这就像树上的果子要被人摘下吃掉一样,把果子留在树上不是种树的目的。假如权利是果子,人们对权利就形成了挂在树上和摘入手中两种状态,前者是权利人对权利的不自觉的被动状态,后者是权利人对权利的自觉的主动状态。被动状态中的权利以享有的方式归属权利人,主动状态中的权利以行使的方式归属权利人。不能表达自己意志的人所以还必须承认他为权利主体,就是因为他仍享有权利。

被享有的权利,由于人的主观意志尚未发挥作用,因之总是循规蹈矩。被行使的权利情况则有所不同。由于权利人的意志有着对权利的识别和能动作用,所以运动过程中有着突破权利界限的可能性,这就易产生权利滥用问题,能够被滥用的权利一定是那些为权利人意识到并主动行使状态中的权利。

权利滥用的规定始自古代罗马法,定制于法国的人权宣言,后来随着拿破仑法典吸收了这个制度而演变为举世公认的权利行使原则,我国《宪法》也于1982年采用了这一原则,规定:"中华人民共和国公民在行使自由和权利的时候,不得损害国家的、社会的、集体的利益和其他公民的合法的自由和权利。"这条规定既为我国公民明确了所有能够被行使——不是被享有——的权利的共有界限,也向我们提供了判断权利滥用的法律根据。

根据我们对《宪法》第五十一条的理解,权利滥用的概念应当明确为:权利人在权利行使过程中故意超越权利界限损害他人的行为。这个定义说明权利滥用的构成有四方面要素。

第一,权利滥用的主体是正在行使权利的权利人。对主体作出如此限定,可以把单纯的违法行为和权利滥用区分开来。说到底,权利滥用是一种违法行为,但它与一般违法行为有着阶段性区别。权利滥用的第一阶段是权利行使阶段,属于合法阶段,只是行使行为超过了极限才进入违法阶段,所以权利滥用的主体具有两重性,他首先是以合法的面目出现的,其次才成为违法人。第二,权利滥用的客体是国家的、社会的、集体的利益和其他公民的合法的自由与权利。权利关系是统治阶级所处物质生活条件决定的利益关系的法律表现,损害任何法定权利都将打破符合立法者要求的法的平衡,权利滥用的违法性正是从客体上去认定的。第三,权利滥用的主观方面是权利人损人利己的故意。在权利滥用中不存在过失问题。权利的界限既然是已知的,就无法辩解为过失行使权利。西方法理学著作中,有人把权利滥用定义为:"主观上追求一种损害的发生而行使权利的行为。"也有人认为:"权利滥用是为了自我利益而以不正当方式行使权利的行为。"不管是"追求"还是"为了",都说明权利滥用中有着损人利己的故意。第四,权利滥用的客观方面是有危害他人权利和利益后果发生的行为。常见的滥用行为以权利人故意的不同可分为四类,一类是追求权利超过法定量的行为,一类是以不正当方式维护自己利益的行为,一类是行使权利时牺牲他人权利的行为,一类是把行使权利作为损害他人手段的行为。

把上述权利滥用的四个要件统一起来,是我们判断权利行使当与不当的法律上的标准,除此之外,由于权利利己的属性,也还应当再设道德上的标准来认识权利行使的意义。任何权利行使都不允许歪曲它的目的、使命和社会职能,法律上能够支持的只是基于社会主义公德的权利利用,权利人对人对己都不能推卸所应承担的法律上和道德上的双重义务,任何以不道德为目的利用法的形式损害他人的行为都是对权利的亵渎。在有合法性要求的标准中以道德标准作为补充,权利滥用可从两个方面得到透视。

在全部权利滥用行为中有三种情况需要另加说明,这就是自由权的滥用、不作为权的滥用和权利的消极使用。

在法律上得到肯定和保护的自由被称为积极自由,法律所未予明文禁止而人们可为的自由称为消极自由。由于消极自由的界限只能推导,法律上所能说明的只是抽象界限,因此判断消极自由是否被滥用,主要的应强调道德的标准和自由的后果,无害性是自由权不被滥用的唯一的法的形式。然而,害的客观定在,不只在法律关系中,损人利己也并非都能达到违法程度,道德标准在这种场合就有着法律界限无法替代的作用。损人的不道德行为离开消极自由是无法实现的,法律对于不道德行为有时完全无能为力,法律所不管的损人行为未必就是违法行为,因之,道德标准就变成了消极自由滥用与否的主要判别尺度。

不作为行为在被当作权利的时候,专指人的行为在法定义务之外不受强制。不作为权是从法律上推演出来的权利,它同样能够构成滥用。对明确的已知的道德义务不履行成为他人权利灭损原因的时候可视为不作为权滥用。如面对濒临死亡或危险的人的不救助行为即属此类。不作为权必须与消极自由联系起来考察,两种滥用的主要区别在于不作为权滥用是指该为而不为的行为,自由权滥用则指不该为而为的行为。在法不禁止即允许的原则中,不救助的场合谁也找不出"禁止不救助"的法律根据,不救助行为由此被推导为不受强制的权利。然而,对他人利益的绝对不关心是集体主义的道德所不允许的。满足了两个条件,道德的评价标准即可为法律标准所吸收。其一为应当救助,特指遇险人把获救希望寄托于不作为权人的时候;其二为有能力救助,哪怕只有缓解危险的能力。能力在不作为权滥用中是必须强调的客观方面。正当防卫和紧急避险中"为了他人的利益"的假定,除了可以解释为对不作为权积极行使的鼓励,还可以解释为对不作为权滥用的否定。

行使权利而达到权利目的是立法者所希望的,相反,如果权利的价值在权利人手中得不到体现,这便是权利的消极行使,这种情况也是权利滥用的特殊形式。如住宅的价值在于供人居住,获得了他人房屋使用权的权利人若长期闲置该房或不作居住使用,房屋的效益无法得到发挥,该使用权构成滥用,房屋所有人(在中国应是房管机关)根据这种滥用理论收回该房转租他人会得到法律支持。

无论一般权利滥用或是特殊权利滥用,其实质是相同的破坏权利秩序的行为。权利滥用一经认定,必然伴随两种法律后果,首先是被滥用的权利归于消灭。当把物当作犯罪工具使用时,对物的所有权因犯罪工具被没收归于消灭便是例证。其次由于权利滥用而给社会和他人所造成的损害将依性质和程度而引起刑事的、民事的等法律责任。

总结权利界限和权利滥用的理论可以使行使权利的人获得两点启示。一是不受限制的权利是不存在的,这个结论应验了英国人洛克的预言:哪里没有法律,哪里就没有自由。二是权利在行使之前必须设想三方面利益:自己的、与自己对应的义务人的、权利人义务人之外第三者即社会利益。只有这三种利益互不冲突和谐一致,权利才能真正得到实现,否则,就将走上滥用的歧途。

(摘自徐显明:《论权利》第三部分和第四部分,原载《文史哲》1990 年第 6 期。)

"权利本位说"的基点、方法与理念

兼评"法本位"论战三方观点与方法

孙笑侠

一、"权利本位说"与另两说有着不同的基点与方法

在"法本位"论战中,"权利本位说""义务重心说""权利义务一致说"三方观点从整体上看都是正确的。因为三者都从各自的基点出发,并运用了三种互不相同的理论方法(如下表)。

"法本位"论战中的三方观点

观　　点	基　　点	方　　法
权利本位说	应然法	价值分析
义务重心说	实在法(法律规范)	实证(规范)分析
权利义务一致说	社会的法	社会分析

通过比较,我们将对三方观点,尤其是"权利本位说"有一个全面的认识。

"义务重心说"①这个看似与民主精神相悖的观点,却是一个十分有理论深度的独到见解。该说从法律的实效入手,即从实在法的基点出发,分析并论证了法的重心是义务。该说成立的理由是:第一,法律上完全可以不规定权利,而以义务规范来取代权利确认。因为任何权利规范都可以改换成义务规范,而义务规范则不一定都可以改换成权利规范。第二,义务规范在法律上含有的信息价值比权利

---

① 其代表作为张恒山:《论法以义务为重心——兼评"权利本位说"》,载《中国法学》1990年第5期。

规范大,其表现形式是禁止某种行为以及强制从事某种行为。事实上这两种形式的义务规范占法律规范的大多数。第三,之所以需要用某种强制力来保证法律实施,主要不在于人们不会自觉行使权利("法律不必为此操心"),而是因为义务往往会被人们拒绝。第四,法律要实现自己的实效,主要依靠义务规范的设定与执行。

可见,"义务重心说"的基点是实在法,或者说是法律规范,其方法是实证分析加规范分析。因而该说只能得出"义务重心"的结论。

"权利义务一致说"这是主张在社会主义国家权利和义务是一致的,两者之间无主次之分的观点。它也是法学教材中长期居统治地位的一种观点。笔者以为,该说是将法放进"社会"这一领域中进行动态研究的。从这个意义上看,该说是完全正确,无懈可击的。因为它至少有以下理由:从"社会"中的法来看,第一,有权利必有相应的义务,有义务必有相应的权利;第二,义务是实现权利的条件,权利是履行义务的前提;第三,权利的行使促进义务履行的自觉性,义务的履行促使权利的实现。可见,"权利义务一致说"的基点是"社会的法",其方法是社会分析,或可称为动态的分析。因而,"权利与义务是一致的"这一观点成为该说的结论。

"权利本位说"的显著特征在于,"它是一种价值陈述,它所回答的是'应当是什么',而不是或主要不是回答'是什么'的问题"①。该说的基点是"应然法",其方法是价值分析。我们暂以"人的生存权"与"禁止杀人"为例,来比较分析"权利本位说"与另两说在基点与方法上的区别。

"权利本位说"认为,"禁止杀人"的义务来源于何处(着眼点是义务的来源)?回答——人的生存权利。因而论证推出:义务来源于权利;义务设定的合理性及其必要性标准也是权利;义务服务于权利。"义务重心说"认为,法要想使人的生存权不受侵犯,只能通过"禁止杀人"的义务规范来实现(着眼点是义务的功效)。因而论证推出:法是以义务为重心的。"权利义务一致说"认为,在社会领域中有生存权就有"禁止杀人"的义务,有"禁止杀人"义务也就有生存权;同时两者是相辅相成的(着眼点是权利与义务的实际关系)。因而该说论证推出:权利与义务是一致的。

就当代法学研究方法而言,价值分析、实证分析与社会分析是并驾齐驱、缺一不可的三大方法。然而,三者之中价值分析这一方法却易被人们忽视、误解或曲

---

① 郑成良:《权利本位论——兼与封曰贤同志商榷》,载《中国法学》1991年第1期。

解,甚至受到指责。"权利本位说"被曲解就是一例。因此有必要充分认识和准确理解"权利本位说"。

二、"权利本位说"中的"基点"是"应然法"——研究方法上的假设

"权利本位"是一种价值陈述,"权利本位说"是从价值分析角度进行立论的。它研究的是"法应当怎样""法的价值标准是什么""法上的义务应当怎样设定"等方面的问题。因此,"权利本位说"中的"法"是一种"应然"状态,而不是"实然"状态。这样,就清楚地表明,该说在方法上作了这样的假设,即假设了"应然法"(与实在法相对称)的存在,并进而以此为其研究基点。至于是否有必要仿效自然法学派那样去构想出所谓"自然法",那是次要的。但不可否认,从方法上讲,我们离不开"假设"这一科学研究方法,况且任何一种进行价值分析的课题都将自觉或不自觉地运用这一方法。

实在法上的权利与义务可被称为"法定权利"与"法定义务",而应然法上的权利与义务则可被称为"应然权利"与"应然义务"。细心思考这个问题就会发现,人类生活中的确存在着应然权利,它不因法律的确认或剥夺而生灭。比如说我国1982年宪法确认了公民人格尊严不受侵犯,公民从此享有了"人格尊严权"。这显然是把"人格尊严权"作为实在法上的法定权利来理解。显然,应然权利是法定权利规定的依据,换言之,法律之所以确认权利,是因为这些权利是人们应当享有的。

从应然来看,义务是来源于权利的。正如"不得杀人"是源于人们有生存的权利,而不是因为有"不得杀人"的义务,我们才有理由活下去。可见,在权利与义务的矛盾统一体中,权利是主要方面,义务是从属于权利的。"权利本位说"正是通过这样的应然法上的价值分析来立论的。

三方观点之所以谈不到一块儿去,而各自结论又都有说服力,原因就在于三方都各有自己的基点与方法。"义务重心说"从实在法的基点上做实证、规范分析,是对法的本体进行考察的。"权利义务一致说"从社会的法的基点上作社会分析,是对法的动态、法的实际运作过程进行考察的。而"权利本位说"则是从应然法的基点上作价值分析,是一种对法的本质进行研究的学说。如果不认识到这一点,三方围绕某些概念纠缠不休,那就会使"法本位"论战成为毫无意义的空气震动。

"权利本位说"在这样的基点上所作的价值分析,超越于实在法之上。而"义务重心说"的基点与方法只能研究"实然"的法,至于"法应当怎样"的问题,它是无能为力的,因为义务重心说是一种"较浅层次的本体认识",而不是"关于法的深层本质问题"①的认识。"权利义务一致说"的社会分析虽然将法放进社会作动态分析,并得出十分正确的结论,但它同样不涉及"法应当怎样"的问题。有人问道,既然"权利本位"是从应然意义上研究问题的,那么它的实际作用是什么呢?既然"权利义务一致"是正确的,那"权利本位说"还何必去标新立异呢?甚至有人因此认为"权利本位说"是虚幻、空洞的理论。这些疑问引起了笔者对价值分析方法必要性及意义的思考。

应该看到,法学上进行价值分析的必要性与意义在于:它给法律以及法律实施确立价值目标或价值标准,从而努力使整体的法律制度成为合理的制度。这一点对于一个初创法制的国家来说尤为重要和迫切。"权利本位说"采取价值分析方法不但有同样的必要与意义,而且它正是研究法的价值这一重大的法哲学课题的一个契机。

三、"权利本位说"的理念——民主精神,是另两说所未能涵盖的

"权利本位说"的理论意义就在于,它有一个与时代息息相关的理念——崇尚与弘扬法的民主精神。其价值分析方法以及它产生的时代背景告诉我们,该说不仅有着深远的理论价值,而且还有较强的时代性与实践性。

探讨法的价值是一个十分必要而又复杂的课题。古今中外法学史上,关于法的价值分析的论著汗牛充栋。在"自由""秩序""公平""平等""效益"等等价值目标与价值标准中,人们从各自的立场与观念出发选择其中的某一方面或某几个方面来论证法的价值,并试图将这种价值观渗透进法学与法制的各领域、各层面。而当某种顺应时代的法的价值观或学说出现时,必然会渗透到法学与法制的各领域与各层面。"人权天赋"这种价值观念与学说就是一个十分典型的例证。谁都不否认,该观念与学说在 17—19 世纪反封建、反专制斗争中具有巨大震撼力。随着该观念与学说的确立,出现了罪刑法定、未经法定程序不受逮捕、辩护制、公开

---

① 参见张恒山:《论法以义务为重心——兼评"权利本位说"》,载《中国法学》1990 年第 5 期。

审理制、无罪推定等等相应的原则与制度。因此,对法的价值的研究,或称对法的"应然"的探索是有明确针对性的,也是颇具影响力的。法学进行价值分析的必要性就在于通过它能确立某种有影响力的理念。

那么,"权利本位说"是不是一种顺应时代的观念与学说呢？这就要看它是否能反映时代脉搏,是否有实践针对性。从某种意义上讲,"权利本位"并非学者的创造发明,而是社会改革、社会变迁、社会进步的时代产物。从我们今天的经济与政治这两条线索来看,传统的"义务本位"观念束缚着人们的思想与行动。这种源于封建制度的观念仍然存在于我们社会的各个角落。人们意识到应当在法律上更多地强调主体意识、权利意识,应当培养并弘扬与社会主义商品经济、民主政治相适应的崭新的公民意识,塑造社会主义社会应有的公民人格。因此,正是针对传统的"义务本位"观念,在中国大地上才萌发出带有社会主义民主精神的"权利本位"观念,继而出现了"权利本位说"。可以说,"权利本位"深刻地体现了发展社会主义商品经济和民主政治的客观要求。

"权利本位说"中的带有民主精神的理念主要体现在:权利应当成为法的价值取向;立法者应当从权利的角度出发来进行义务的设定与分配;执法者应当从权利保障的角度出发来实施法律;权利主体应当正确处理权利与义务的关系,应当把义务看成是实现权利的必要手段,形成良好的权利观、义务观。

尽管"义务重心说"是深刻而独到的见解,并且也代表了一种颇有意义的研究方法,但是就"法是以义务为重心"的命题本身而言,它在今天的社会主义制度下的实际作用却值得研究。不能不看到当今中国社会远未消除来自封建专制传统的"义务本位"的遗毒。所以"义务重心说"容易产生"只讲义务,不讲权利"的偏颇,它不能直接体现"权利本位说"中的那种民主精神。而"权利义务一致说"同样难以体现"权利本位说"中的民主精神。因为它是把权利与义务这一对范畴放到社会的动态情形中去分析的,它虽然也在研究法律、权利和义务,但只研究社会实践中的法律、权利与义务。它是假定了"实在法是良法"的前提或根本就忽略了这个前提去研究问题的。它只能论证"权利与义务是一致的"这一简朴而正确的命题,而无法把握"权利本位说"所体现的理念。甚至有的学者对"权利义务一致"这一命题不加深入思考,或最多只是将两者等量齐观地简单注释,在客观上抑制了"权利义务一致"命题的深化。

四、让"权利本位说"中的理念焕发出实践的光芒

理念的价值是潜在的,理念的作用不是立竿见影的,它超越于人和制度之上。只有在功利主义者看来,它才是没有实际意义的。"权利本位"作为一种法的价值观,它是对立法者、执法者以及守法者提出的一种"应当怎样"的要求。如前所述,对于立法者来说,制定法律应当以权利为出发点和目标,从权利的本位来设定义务,即合理地分配义务;对于执法者来说,执行法律应当以保障权利为目的,督促义务履行则是为此目的服务;对于守法者来说,要求每个守法主体珍重权利,充分合理地运用权利,并不得滥用权利,同时又正确对待义务,因为义务服务于权利。

真正的"权利本位说"并没有也不应当企图用它来解决中国法学与中国法制的一切问题。它只期望能对人的观念深处以及某些制度内部的不合理的东西加以清除。"权利本位"中的民主的理念是有现实性的,因为它的针对性与时代性客观存在。比如,刑事诉讼中,打击犯罪与保障被告人的合法权利这一对矛盾,在实践中并不因为有了辩护制度而没有问题了,其中"重控诉轻辩护"就来自传统的刑诉精神——"宁左勿右"思想,即"打击犯罪优于保障被告人的合法权利"观念。而"权利本位"要求我们重新考虑这些问题,既不偏重"打击",也不偏重"保障",而应当是两者并重。因为在"权利本位说"看来,打击最终是为了保障权利,即被害人权利以及其他权利主体的利益。再如,行政执法中,有些行政程序非常繁杂且不合理,未能充分实行便民原则,而是让公民为本该很快能解决的问题去费力破财。这本身也是偏重义务和忽视权利的表现。

那么,怎样使"权利本位说"中的民主的理念升华并焕发出实践的光芒呢?这就涉及如何将理论深化,并服务于法制实践的问题。笔者认为有这样几方面是应当重视并加以研究的。

第一,将"权利本位"溶进社会主义民主与法制的理论中去。权利与义务的关系是民主与法制关系的缩影与写照,也是民主与法制的具体实现途径与形式。民主作为国家制度和国家管理形式,它主要通过权利主体依法行使权利来实现。所以,要深化"权利本位说"就很有必要把"权利本位"溶进社会主义民主与法制的理论中去,使两方面从理论上理顺关系,而不能让它们相互分离,甚至相互排斥。

第二,在立法实践中,应当树立"权利本位"的观念。也就是说把社会主义民主与权利作为立法工作的出发点。从已有的实践中不难发现,许多体现民主精神

的法律制度在执行时往往体现不了民主的精神。这在一定程度上与立法指导思想有关。立法者是否真正从民主与权利的角度出发来进行立法、确立制度直接决定了人们是否能够真正去行使权利并实现法律制度。比如选举制度与公民选举权的实现，辩护制度与辩护权的实现中就出现了一些不尽如人意的现象。因此，立法者应当以民主与权利为出发点，同时各级立法机关与有权制定规范性法律文件的机关，也都应当遵循"义务合理设定、合理分配"的"权利本位"的原则。

第三，在执法环节上，应当把保障民主与权利作为首要目的。这主要是要求执法者具备"权利本位"意识，讲究办事民主、公正、效率（或称便民），如此才能是够格的社会主义国家机关，才能是够格的人民公仆。

第四，在守法环节上，应当让所有的守法主体，尤其是公民，真正地体会权利与义务的一致性关系。义务来自权利，又为权利服务。正因为如此，法律才要求人们履行法定义务。此外，还应当培养公民意识，塑造公民人格，让每个公民明确认识到自己是公民，而不是臣民，是权利主体，自己的人格在法律上是独立的，平等的。

第五，既然"权利本位说"不能独立地构筑中国法学与中国法制的体系，那么它应当怎样处理好与实证、规范分析以及社会分析两方面的关系呢？这对于我国法学研究来说是十分重大而艰巨的问题，值得作进一步的探讨。但笔者相信，三种方法是缺一不可的，权利与义务问题的研究本身也离不开这三种方法。

（摘自孙笑侠：《"权利本位说"的基点、方法与理念——兼评"法本位"论战三方观点与方法》，原载《中国法学》1991 年第 4 期。）

权利的法哲学思考

舒国滢

二、"权利"的语义分析

在汉语中,"权利"二字,最初是分开使用的。两者各有其不同的含义。据《广雅·释器》释义:"锤谓之权。"可见,所谓"权",本意乃指秤锤。《汉书·律历志上》称:"权者,铢、两、斤、钧、石也,所以称物平施,知轻重也。"基此,汉语又衍生"权衡""权宜""权变"诸词。《公羊传·桓公十一年》:"权者何?权者反于经然后有善者也。"这里的"权",指衡量是非轻重,以因事制宜,与"经"(至当不移的道理)相对称。因"权"与物之重量相关联,喻政治势力时,乃有"权势""权柄""权贵"之称谓。

利,则指"利益",与"弊""害"相对称。《论语·宪问》:"见利思义。"此谓利益、功用,后衍生成"有利""利润""利害"诸义。

权利二字通用,见于典籍,指权势和货利。《史记·魏其武安侯列传》:"农累数千万,食客日数百人,陂池田园,宗族宾客,为权利,横于颍川。"《盐铁论·禁耕》:"夫权利之处,必在深山穷泽之中,非豪民不能通其利。"足见,此种意义上的"权利"与近代的权利概念大有差异。在中国旧立法中,"权利"也不是一个法律用语。

汉字"分"乃隐含权利之意。《淮南子·本经训》:"各守其分,不得相侵。"此处"分"即名分、职分,指人们应当行为的界限。战国时期的慎到曾提出"定分止争"思想,可以看作是较早的权利学说。但总体上看,这一思想与人文主义的权利论还有相当的区别。不能从人性本身思考权利存在的基础,这是中国古代权利论不甚发达的原因之一。中国人一向重德操、义务,且构成中国传统法律文化的精神内蕴。

有人考证,汉语中近代意义的"权利"一词传自日本。日语则译自法语 droit,法语 droit 衍行于拉丁语 drectum,而 drectum 则是古典拉丁语 rectum 及 Jus 的通俗用语。rectum 本意指"真实""正当""正确"等,它是英语 right、德语 Recht 等词的语源。Jus 一词自 justitia 变化而来,构成法语和英语 justice 的词根。由此可见,在西方,"权利"一词的起源,是与人们自我独立意识的觉醒及对正义、良善、平等、自由等道德理想的追求密切相关的。哲人们在正义与善的思辨中,找到了个体存在的道德基础,即个体人格的独立性、人格尊严的平等性、个人选择的自由性、行为的自主性以及个人完善发展的可能性等等。重视有生命的个人存在和个体生命的充分发展,这就使人们模糊地认识到个人权利的重要性,并将"权利"与"法""正义"等混为一谈。拉丁语 Jus,是法与权利的二元概念,它是"把正义性注入实在法,给予伦理内容的所有内在道德原则的复合体"。[1] 英国法学家梅因认为,罗马法中的权利是所谓"概括的权利",即各种权利和义务的集合,它好比是"某一个特定的个人的法律外衣"。但这种外衣并不是把"任何"权利和"任何"义务凑合在一起而形成的。它只能是由属于一个特定人的一切权利和一切义务所组成的。也就是说,我们每一个人对世界上其余人的全部法律关系,可以用一个概念来加以概括。不论这些法律关系的性质和构成是怎样的,这些法律关系在集合起来之后,就成为一个概括的权利。[2] 罗斯科·庞德(Roscoe Pound)考释,Jus 一词在罗马法教科书中有 10 种以上的定义,其中有四种接近我们所谓的"权利":(1)法律上被支持的习惯的或道德的权威,例如家长的权威;(2)权力,即一种法律上被支持的习惯的或道德的权力,例如所有人出卖他所有物的权力;(3)自由权,即一种法律上被承认的正当自由;(4)法律地位,即法律秩序中的地位,例如 Jus Latti,一个不是公民但具有合格公民身份地位的人的法律地位。[3]

不过,在罗马法时代,私法的发达,事实上已促成物权及所有权观念的具化。罗马法中的物权是指个人拥有、取得、占有和管领物的权利,主要包括"对物之诉"(actio in rem)和"对人之诉"(actio in Personam)两类。中世纪注释法学派以"对

---

[1] Henry Campbell Black, *Black's Law Dictionary*. Saint Paul: West Publishing Company,1979:1189.

[2] [英]梅因:《古代法》,沈景一译,商务印书馆 1984 年版,第 102 页。

[3] [美]罗斯科·庞德:《通过法律的社会控制》,载北京大学法律系编:《(现代西方法哲学)选译资料》(二),第 45-46 页。

物之诉"为基础,提出"物权"概念。1900 年的《德国民法典》第一次将此概念接受为正式的法律术语。所有权(dominium)是物权的一种,意指"统治""支配""控制""管领"。而占有、使用、收益、处分、要求返还则构成所有权之基本权能。所有权的确立,使人的权利真正建立在坚实的基础之上。它能够保证社会的个体率先突破"团体(家族)本位"的制约,以独立的法律主体参与法律关系。所以,卢梭指出:"最初占有者的权利,虽然要比最强者的权利更真实些,但也唯有在财产权确立之后,才能成为一种真正的权利。……财产是政治社会的真正基础,是公民订约的真正保障。"①

迨至 17 世纪,权利观念演化史上的一个显著变化,就是人们开始认真地从个体生命的角度提出法律上的权利要求。古典自然法学派的所有学者均主张人定法应承认个人的"天赋人权"。他们指出,权利是作为理性动物的人所固有的道德品质,是人们正当地做出一定行为的合理期望,具有不可剥夺或转让的性质。至此,自然权利观取代权利正义观,使权利走出抽象的道德律令体系,而与财产、人格、尊严、思想的个人独占联系起来,涂抹上浓厚的个人主义色彩。从范围看,权利主张已远远超出私法领域,渗入政治、经济、文化诸方面,明显带有反封建约束的进步性质。19 世纪的"法典化"运动以法律文件的形式将权利予以确立,从此,权利不仅是人的合理期望或主张,而且是人们自由选择行为的现实可能性。权利不仅可以是个人(自然人)的,而且可以是团体(法人)的。权利主体的种类日渐增多,权利的内容亦日趋复杂。与此相适应,权利一词的内涵、外延在不断地演变和发展。于是,诸如"权力""职权""权限""特权""自由""豁免"之类的名词,也以专门的法律术语存在,它们在不同的层面展示"权利"的内涵。

从"权利"的语义考察,我们看到:权利概念蕴含着深层的社会文化根基,反映出中西法律文化的差异。权利产生于商品经济发达的民主社会,与社会的进步价值(民主、自由、平等、公正等)相一致。没有自由、平等,即没有真正的民主;而没有真正的民主,就没有真正的权利。反过来,没有广泛的法律权利规定并使之实现,也影响民主政治的形成和发展。仅有纸权(Paper right)而无"活权"(Living right)的社会,不是真正崇尚权利的社会。在此意义上,中国漫长的封建史上没有"权利"这一法律用语,是不足为奇的。在欧洲国家,权利一词的法律确认,也经历过长期的历史演进,由"概括的权利"(法律地位)到"自然权利",再到"个人的权

---

① ［法］卢梭:《社会契约论》,何兆武译,商务印书馆 1982 年版,第 31 页。

利",反映出个人主义法律文化发展的轨迹。

三、权利的本质

什么是权利？权利存在的价值基础是什么？如何看待权利的本质？对以上问题,世界各国学者曾有过不同的观点。归结起来,具代表性的学说有五种。

(1)自由说。由英国霍布斯(Hobbes)、荷兰斯宾诺莎(Spinoza)等首倡,认为权利是一种免受干扰的条件。其后,德国康德(Kant)、黑格尔(Hegel),美国霍姆斯(Holmes)又作进一步发展。康德称权利为"意志的自由行使";黑格尔则直接把权利、意志、法、自由相提并论。霍姆斯从法学角度将权利界定为"对行使一定自然条件权力的一种允许"。

(2)意志说。又包括两说,即"意志之力"(Willensmacht)和"意志支配"。德国 19 世纪法学家温德雪德(Windscheid)提出,权利就是法律赋予的意志力,即个人意志所能自由活动或个人意志所能任意支配的范围。意志是权利的唯一基础,没有个人主张的意志力或意志支配,则无所谓权利。

(3)利益说。德国耶林(Jhering)、登伯格(Dernberg)受功利主义学说影响,注意权利背后的利益因素,指出:权利的实质在于法律所保护的利益。权利主体乃享受利益之主体。利益是权利的价值准则,没有利益,也就无所谓权利。

(4)意志利益折衷说。德国伯克尔(Bekker)、耶利内克(Jeuinek)认为,意志说与利益说以意志或利益作为权利之唯一基础,均有缺失。应综合意志与利益两者来说明权利概念。在此意义上,权利是"依意志力而保护的利益"或"为保护利益而赋予的意志力";利益是权利之目的,意志是权利之手段。

(5)法力说。德国默克尔(Merkel)、雷格斯伯格(Regelsberger)等论证说,权利由内容和外形两要素构成:其内容指一种特定利益;其外形则指法律上之力。特定利益即法律上的利益(简称法益);法律上之力,即法律赋予或认可的对抗他人的力量。

以上各说在一定程度上抓住了权利的局部特征,但它们又都有所缺失。自由说看到了权利的不受干扰性和权利主体的自主地位,但将权利与自由混谈,忽略了两概念在不同意义上的含义和用法。意志说虽然注意到权利构成之主观状态,但片面强调主体意志,又不能合理解释"无行为能力者权利"之特性。利益说揭示了权利存在的目的,但将权利等同于利益,混淆了权利与权利所及对象的差别。

意志利益折衷说在一定程度上避免了利益说和意志说的偏颇,但将利益保护根据归结为"意志力",又陷入新的矛盾。法力说将权利与利益、法力相联系,比其他学说趋近全面,但它同样未阐明法力的来源及法力的范围,也未能找到权利背后的动因。

在苏联和我国法学界,权利本质论的讨论也始终未达成一致的结论。主要观点概述如下:(1)权利是法律规范确认和保护的法律关系主体享有的某种权能;(2)权利是法律赋予人们享有的某种权益;(3)权利是依据法律规范规定的能做行为,或法律关系主体所享有的做出某种行为的可能性;(4)权利是指法律关系主体具有这样行为或要求他人这样行为或不这样行为的能力或资格;(5)权利是法律关系参加者依据法律规范对待他人或他人对待而存在的行为的界限;(6)权利是国家通过法律规定,对人们作出某种行为的许可和保障。此六点,与西方学说或有关联,但有自己的特点,均从法律主体的行为角度考察权利的实质。

笔者认为,从行为角度认识权利,是较为科学的。行为,是任何社会主体参与社会生活的客观条件;在法律上它是衡量法律主体资格或能力有无的标志。人与人之间的法律关系,归结到底就是人与人之间的法律行为联系。如果没有实际的行为,就没有法律关系。法律规范调整人们的社会关系,也正是要调整人们的行为本身。其调整方式就是首先在法律上规定人们的权利和义务。法律的实施,目的也是要实现法律上的权利义务规定。权利的实现,像法的实现一样,也是由"应然秩序"趋近"实然秩序"的过程。在此意义上,权利包括"应然权利"与"实然权利"两者。前者指"行为的可能性",后者指"行使权利的行为"本身。只有将两者有机结合起来,才能揭示权利的实质。

传统的理论大都在"应然秩序"中描述和阐释权利。的确,撇开其实效性不谈,权利仅存在于可能性空间,表现为权利人自己做出一定行为的可能性,要求他人做出或不做出一定行为的可能性,以及诉诸国家强制力保护的可能性。"应然"的权利具有下列特征:(1)权利所规定的行为是权利人未来的行为或将要实施的行为,先是表现为法律规范的行为模式(能为模式),次则具化为当事人契约的有关条款,最后呈现为权利主体的实际行为。(2)权利必须有一定的限度,符合法律的规定。权利是由国家法律赋予认可的:一方面反映个人具有独立的主体地位;另一方面反映国家、社会集团对个人权利的制约。权利的内在扩张与外在的规制之间的对立统一,是法律权利的本质所在。(3)权利的基础是权利人的合法利益。任何权利都是一定的个人利益或社会利益在法律上的反映。利益是人的活动的内在驱力,也是确立人的主体地位的直接原因。权利因其反射的利益之存在而存在。利益的合理分配是确立权利范围的内在标准。尽管如此,权利与利益尚不可完全等同。并非所有的利益都是权利的基础,法律所保护的仅仅是形成权利客体的利益,即合法利益。

"实然权利"是权利的实现状态,是权利由可能性空间向现实性空间的转换。实然权利是法的实现的主要方面,是法律关系的主要内容。与应然权利相比,实然权利的特征表现在:首先,实然权利的行使者不仅具有权利能力,而且必须有相适应的行为能力。应然权利人具有完全行为能力,当然可以成为实然权利人,也可委托他人代行其应然权利;应然权利人不具有行为能力或仅具限制行为能力,则应由法定代理人作为实然权利人来行使权利。其次,在"权利—利益"一体的场合,实然权利人行使权利,可能是为了个人的利益,也可能是为了他人、社会乃至国家的利益。应然权利所指向的利益一般是很确定的,但由于委托、代理的存在,应然权利人与实然权利人分离。在此,利益的归属呈现不同的情况:当事人同时是应然权利人和实然权利人,其行使权利的目的自然是获取自己的合法利益;否则,权利的行使,则归属于另一个法律主体(应然权利人)。最后,实然权利是权利人依法行使应然权利的法律行为,本身具有不受阻制的性质。所谓不受阻制,并不是指滥用权利时不能予以制裁,而是指权利人在法律规定的范围内可以自主行使权利,不受他人干涉。权利行使一旦被阻制,权利人即应诉求国家的保护,以实现权利。在某种情况下,权利人行使权利可能并不是出于善意的动机,但只要尚未超出"应然权利"范围,还不能当然视为滥用权利而予阻制。

总结上述分析,我们应当从行为、利益、国家法律认可与保障三方面来认识权利概念。自主行为是权利的内容;利益是权利存在的目的和根据;国家法律的认可与保障,则是权利的实质。基于此,我们应当说,权利是国家法律认可并予保障的,体现自我利益、集体利益或国家利益的自主行为。

(摘自舒国滢:《权利的法哲学思考》第二部分和第三部分,原载《政法论坛》1995 年第 3 期。)

权利值得珍重吗？

夏　勇

　　权利是一个受人尊重的词，但理解权利的重要性，这不是一个简单的问题。通常，我们用"保障和促进人民大众的利益""维护社会秩序""增进安定团结"或者"保证人民当家作主"之类的目标来解释保障权利的重要性。其实，这样的解释，不仅不能较好地解决不同的权利发生冲突时何种权利应该优先考虑的问题，而且在理论上和实践中都不能排除通过践踏权利来解释和达到上述目标。

　　有一个耳熟能详的观念：权利源于人的自然本性，与生俱来，天有天赋，政治道德和社会选择应该全部或部分地基于对人类个体权利的考虑。这个观念在约翰·洛克和托马斯·潘恩的自由主义理论里讲得明白酣畅，在伊曼纽尔·康德的道德与政治哲学里含蓄深沉。我们还可以在让·雅克·卢梭和斯图亚特·密尔的著作里发现这个观念，尽管带有些许的困惑。在实践层次上，我们在美国和法国革命的口号里，在其宪法创制里，都可以见到这种观念。问题是，倘若人类历史真的像 1789 年法兰西《人权与公民权利宣言》第二条所说的那样——"任何政治结合的目的都在于保存人的自然的和不可剥夺的权利"，那么，为了权贵们的私人利益或为了其他的社会目标和愿望而摒弃个人权利，这样的事就不会发生了。

　　其实，这样的权利观念只是一个理想原则，且一直经受激烈的批评和挑战。即便在自由主义传统里，一些哲学家也坚持认为，权利只有在功利主义那样的社会和政治道德权衡计算中找到立足点，才能被认真看待。把人权作为政治道德的起点，或者把一种关于人类本性的理论当作起点，被杰里米·边沁等功利主义者斥为粗率的、站在高跷上的胡言。在自由主义传统之外，对天赋权利的批评更为激烈。保守主义、社会主义思想者们总是对张扬这样的东西存有疑惧：个人通过反对养育他的社会共同体的利益，通过反对他无可避免地作为其中一部分并且他真正的个人实现要完成其中的宏大人类共同体，来主张他自己的排他的利益，来代表他自己提出要求。

眼花缭乱的辩说，往往令我们游离或淡忘权利作为现代文明基石的根本价值。理解权利的重要性，最好还是从康德说起。

现代思想受康德著作的影响颇深。如果说"权利话语"（rights-talk）代表了现代法理学的基本方面，那么，康德理论可以说是众多"权利话语"的基础，它为德沃金、哈特、诺齐克和罗尔斯等一些不同的理论家所拥护和坚持。

作为自由主义核心的康德理念可作如下表述：每个人都有能力就生活里什么是好的做出他或她自己的决定。每一个人都应该被允许去形成他们自己的关于何者为好的概念，去做出他们自己的选择、计划和决定。社会必须对每个人做出决定的能力以及他们对那些决定所承担的义务表示尊敬。社会不应该把个人当作达到目的的手段。它应该在价值上把每个人看作他们自身的目的，而不是取得某些目标的工具。换言之，每个人应该被以尊严相待；这种尊严就是：他们应该被看作其自身的目的，而非之于目的的手段。康德理论的价值在于提示我们思考这类问题：究竟什么是人之作为人的尊贵尊严？每个人为什么需要用权利义务来界定自己、捍卫自己？对人的尊敬尊重为什么落在对人的权利的尊敬尊重？

那么，怎样才能在社会政治生活里恪守和实现康德的原则？在西方自由主义理论看来，权利是实现康德理想所需的结构的一个重要部分。尽管存有许多的分歧，但所有的自由主义论者都基本上赞同：社会应该提供一个让每个个人可以运用他或她的道德能力（moral capacity）的结构或框架。在这个框架里，权利是不可缺少的一部分，因为权利能够保护个人的计划和决定免受社会里其他个人和组织的践踏。例如，按照费因伯格的权利理论，权利的重要性在于确保每个个人得到符合康德理想的对待。他说：存有要求权（claim-rights）的世界是这样一个世界，在其中，所有的个人，作为实际的或潜在的要求者，都是高贵的受尊敬的对象……即使爱或怜悯、对较高权威的服从或者尊荣煊赫，皆不能替代这样的价值。[①]诺齐克把权利看作是头等重要的。在他看来，权利的功能在于确保一个围绕着每个个人的自由场域。在这个场域里，人身、财产和价值免受其他公民和政府的侵犯。[②] 如果我们把握了康德思想的要义，就能看到权利作为现代政治制度的法律

① Joel Feinberg, Jan Narveson, The nature and value of rights, *The Journal of Value Inquiry*, 1970(4):243-260.

② See Robert Nozick, *Anarchy, State, and Utopia*. Oxford: Basil Blackwell, 1974: 28-51.

表达的根本重要性。一言以蔽之,权利之所以在当代思想里如此重要,乃是因为权利被说成是确保把人当人看待,从而实现康德原则的不二法门。

不过,这种关于权利具有根本重要性的观点并非没有受到挑战或批评。在权利对于维护人之作为人的尊严和价值,或者对于实现康德理想的重要性这一点上,自由主义本身也存有分歧。我们知道,罗尔斯有一个著名论断:正义是首要价值。我们往往忽略了这个判断里所包含的关于权利的预设。罗尔斯认同权利作为确保康德理想的法律方法的重要性,他认为:权利所保护的利益相对于别的利益具有语词上的优先(lexical priority)①,但是,如果在公民中不能先有一种资源的平等分配,权利将会是无意义的(pointless)。为了确保康德理想的实现,必须要在可能存在的有效权利之前,先有分配的正义。可见,权利之于罗尔斯是次等重要的,正义才是首要价值。罗尔斯还因此拥护克制权利,只要克制权利会使社会里生存窘迫者的状况得以好转。在这里,罗尔斯的看法提出了这样一个问题:在估价权利的重要性的时候,如何评价其他的价值和机制的重要性及其与权利的关系。

另一种责难来自功利主义。功利主义主张,承认人们的欲望,乃是以平等的尊严待人并尊重人们对价值和目标的不同选择的最有效的方式。功利主义相信,所有的人都希望将他们的快乐最大化。基于这一信念,功利主义主张:应当给每个人将功利最大化的选择以平等的尊重。而个人权利却构成了实现这种平等尊重并将快乐最大化的一个潜在障碍,因为权利往往以牺牲一部分人的快乐为代价来赋予另一部分人的快乐以特权,从而违背了康德伦理。在这里,功利主义是从通过快乐最大化来实现自由主义理想的角度提出对权利的责难的。我们可以通过审视以下假设的情形来理解功利主义对人权的敌意:假若某甲怀孕并想流产,让我们设想做人工流产会增进她的功利,如保住名誉、继续做有利可图的工作。如果真是这样的话,通过主张胎儿的生命权来阻止某甲做人工流产,就会削减她的功利。换言之,在这里,生命权实际上妨碍了增进她的功利。从人权的角度看,生命权具有压倒她的选择的功能,它赋予那些反对流产的人们的选择以特权,而不是去仔细考量究竟哪一种政策会将社会和个人的功利增至最大限度。

法律的经济分析运动的那些追随者们对权利之于康德原则的重要性提出了相似的批评。像功利主义那样,这种理论也认为,它自己最能实现康德关于平等

---

① John Rawls, *A Theory of Justice*. Cambridge:Harvard University Press,1971:28.

对待和尊重选择的原则。在其首要代表人物波斯纳看来：法律经济分析学派所尊重的选择，是那些将价值最大化的选择。唯有那些由付给报酬的意愿和能力来作支持的选择才可能得到尊重。波斯纳宣称，对某一选择物估价最高者，必愿为之付最高价。但是，权利或许会被给予那些并不看重它或至少不像其他人那样高地估价它的人们。这些权利的享有者将因此能够压倒那些估价最高者的优先选择权。波斯纳所主张的另一种利益（benefit）是避免在个人之间不得不就赋予谁优先选择权作比较。财富最大化原则设定了一个可以作出选择的所谓中立标准。依此，每个人都在一个被看作市场的社会里得到平等的对待，从而避免根据道德信仰来作出判断。

值得注意的是，权利的根本重要性，通过反驳和批评功利主义者和经济分析者的观点而得到捍卫和进一步的强调。对功利主义的批评认为，功利主义不可能防止不道德的和残酷的行为发生，因为功利的最大化并不总是在道德上是好的，它可以凭借不道德的途径来获得。例如：一个色情暴力狂可以对受害人实施色情暴力行为而获得很大的快乐。按照功利主义，如果色情暴力狂的额外功利对一个社会里全体人口的功利总量的增加要比受害人的无功利从人口功利总量中的扣除要多，那么，就应该容忍实施暴力色情行为。至于法律的经济分析，德沃金也是从不能防止残酷和剥削的角度来批评波斯纳。他举了这样一个例子：某甲拥有一本书，但他只把该书估价为 1 镑，某乙想要这本书，而且他对该书估价高至 3 镑。在此情形下，波斯纳认为，通过某甲以 2 镑的价格把书卖给某乙，价值就会被最大化。于是，某甲和某乙都会因此致富，因为某甲比他所估的书价多收了 1 镑，而某乙以比他所估的书价低 1 镑的价格得到了该书。然而，德沃金认为，假若某甲拒绝卖书，波斯纳的理论将会拥护一种授权某乙强制性地从某甲那里拿走书的法律规则，因为这样做将会使社会的财富总量最大化。①

在上文所设定的暴力色情狂行为和书的估价与出让这两种情形里，功利主义和法律的经济分析所持的观点是结果主义（consequentialism）的。它们允许把人当作达致他人目的的手段，而不是当作其自身的目的，因而从根本上背离了康德的原则。恰恰相反，正是在上述两种情形下，只有关于每个人与生俱来地享有某些不可剥夺的权利的主张，才最符合康德理想，并且是实现康德理想的最可靠的

---

① See Sydney William Templeman, *Jurisprudence: The Philosophy of Law*. Oxford: Oxford University Press, 1997.

保证。不过,在关于权利根本重要性的诠释里,符合和实现康德理想是关键的但非唯一的进路。还有其他一些值得注意的理论。如,密尔认为:权利是界定人的社会地位的一种设计,享有一项权利,就是拥有一种为社会所必须保护的为我所占有的东西。社会之所以要承担这样的义务,是因为要增进一般的功利。

在权利重要性的评估方面,还有很多的分歧。有的认为,权利是一种起妨碍作用的东西。还有的认为,权利并不像其他的机制(如正义)那样重要。的确,对权利重要性的过分强调,有时候反而可能导致阻止某些人行使其自身权利。当我们高度估价权利重要性时,必须承认权利的局限,承认其他重要的,或许更实质性的概念的存在。

马克思讲过要区分两类权利:一类是公民权利,它是与其他人共同行使的政治权利,并因此涉及对社群(community)的参与;另一类是人权(the rights of man),这类权利是与其他人分开行使的权利,并因此允许超脱社群。马克思在其早年的论述里曾指出:所谓人权无非是市民社会的成员的权利,即脱离了人的本质和共同体的利己主义的人的权利。① 任何一种所谓的人权都没有超出利己主义的人,没有超出作为市民社会的成员的人,即作为封闭于自身、私人利益、私人任性,同时脱离社会整体的个人的人。②

新左派也拒绝这类权利,因为在无阶级的社会里是不要求这类权利的。Campbell(坎贝尔)在《左派与权利》里把拒绝这类权利的理由识别为法条主义、高压、个人主义和道德主义。在他看来,通过法条主义,这类权利使人类的行为服从于规则的统治;通过高压,这类权利保护资本的利益;通过个人主义,这类权利保护自利的、原子化的个人;通过道德主义,这类权利在本质上是空想并因此与现实无关。

不管怎样争辩,在社会主义社会,也存在对规设相互行为的规则的要求。在规设行为的过程中,必须宣示某些权利。哪些权利应该保护、哪些权利可以正当地被压倒,在很大程度上取决于先在的政治选择(political preferences)。比如,按照社会主义的初始原理,工作权利比劳动自由更重要。每个人都有权利去做某种工作,因为只有通过工作,个人才能充分实现他作为一个人的潜能。按照劳动自

---

① 参见[德]马克思:《论犹太人问题》,载《马克思恩格斯全集》(第一卷),中共中央马克思恩格斯列宁斯大林著作编译局译,人民出版社1956年版,第437页。

② 参见[德]马克思:《论犹太人问题》,载《马克思恩格斯全集》(第一卷),中共中央马克思恩格斯列宁斯大林著作编译局译,人民出版社1956年版,第439页。

由这种自由资本主义之下的流行哲学,个人则享有选择职业并决定是否工作的自由。

德沃金认为,权利是立于一般福利(general welfare)之上的王牌,是"个人握在手里的政治王牌"。① 他认为,除非面临《欧洲人权与基本自由公约》第 15 条和第 17 条所设定的那类情况,权利必须是不受干扰的。问题在于,不管德沃金在这类事情中怎样谈到国家的政治中立,这样的看法并非没有政治的考虑。任何关于权利的讨论都无可避免地要作出政治假定(political assumption)。在德沃金眼里,这个假定是权利先于法律而存在,而非相反。

(摘自夏勇:《权利哲学的基本问题》第三部分第一小节,本文标题系作者修订,原载《法学研究》2004 年第 3 期。文章选入后有删改。)

---

① Ronald Dworkin, *Taking Rights Seriously*. Cambridge:Harvard University Press, 1978:ix.

新兴权利论纲

姚建宗

在当代中国,"新兴"权利之所以以如此迅猛的速度和高质量的制度化水平增加着,其实是有着多方面的动因单独地或者综合地起着推动作用的。从大的类别来讲,这些动因大体上可以被类型化为如下五个方面。

第一,在任何一个社会,法律权利在数量上的任何增加或者减少,以及法律权利在内涵上的任何变化,实际上都是因应社会本身的发展而在法律制度层面的一种"自然"反映,这从宏观上确实印证了马克思主义理论的经典性论断,即经济基础决定上层建筑,同时也直接地表明了马克思在《哥达纲领批判》中所提出的一个观点的正确,即"权利决不能超出社会的经济结构以及由经济结构制约的社会的文化发展"①。从更深层的意义上看,这种法律权利跟随着社会的发展而变化发展,实际上是由于社会发展导致社会利益的分化与多样化,而利益关系的变化必然要在相应的法律制度中以法律权利和法律义务的制度设计来表达和体现出来。这种由社会发展导致社会利益关系的变化,从而相应地带来法律权利的发展变化,当然也必然会有一些"新兴"权利产生,这可能也是所有"新兴"权利产生的根本性的动因。

第二,在现代社会,特别需要注意的是,由于现代社会科学技术的高度发展所带来的社会关系的现实的重大变化,从而相应地带来了一些此前所未曾想见的权利形式,比如,由于现代科学技术的发展所带来的基于冷冻精子、卵子、受精卵、胚胎以及基因所产生的各种相应的权利,以及基于克隆技术所可能产生的相关的权利。

---

① [德]马克思:《哥达纲领批判》,载《马克思恩格斯选集》(第三卷),中共中央马克思恩格斯列宁斯大林著作编译局译,人民出版社 1995 年版,第 305 页。

　　第三,前面已经谈到,从最直接的动因来看,任何社会的任何性质和类型的"新兴"权利,都必然是因为社会的发展同时带来社会利益关系的多元化的事实,而同时这也将使社会主体本身多元化。这种社会主体及其利益与利益诉求多元化的事实所逻辑地引导出来的结果便是,主体对于自身利益的敏感与关注也就是主体利益的觉醒,同时这也必然会引导和促进主体的权利意识的觉醒与权利意识的不断增强,而在此基础上,多元主体的多元利益及其权利诉求,在整个社会首先所引起的将是各种权利诉求的竞争与斗争。也只有社会中客观地存在着基于主体为获得、保有或者处置一定的利益而进行的权利竞争和权利斗争,才有可能在法律制度的意义上将相应的权利诉求转化为真实的法律权利。这种转化也就形成了所谓的"新兴"权利。比如,在我国现行《合同法》中相关规定有关合同违约受损人的违约精神损害赔偿请求权,因为骨灰丢失、照相底片丢失损坏等而产生的精神损害赔偿请求权,都属于这种动因促成之下所产生的"新兴"权利。

　　第四,在当代中国,"新兴"权利的产生还由一种特别的动因促成,那就是我国自1978年党的十一届三中全会以来实行的改革开放政策所带来的我国整个社会的全面开放。如果说我国国内的全方位的社会改革,必然引致整个社会的发展,从而带来法律权利的发展,也就是上面我们所谈到的两个动因,那么,这里所说的对外开放所带来的影响,主要就是我国既有和现存的法律权利体系中并不存在,但世界其他国家尤其是社会经济政治和法律制度比较发达的国家中已经存在并具有良好的社会、经济、政治、文化等效果的法律权利,对于我国社会所产生的个别的和整体的积极的社会示范效应,促使我国在对社会各个方面和领域的制度改革与制度建设中,认真严肃地去考虑这样的一些有效的权利制度设计事例,并根据自身的历史文化与现实国情,进行权衡取舍,对于那些我们认为体现了整个人类法律文明和政治文明成果、凝聚着其他社会中的人民的智慧并与当代中国的历史传统与现实国情不相矛盾的那些法律权利,我们给予必要的引进移植,使其成为我国法律权利体系中的一分子。这样的法律权利对于当代中国而言就是"新兴"权利。

　　第五,基于利益诉求的权利诉求如果要获得其社会性的和正式的制度化的身份,要成为真正的法律权利,实际上还有一个作为包括"新兴"权利在内的任何法律权利的必要条件的非常重要甚至是关键的动因,那就是主体的这种权利诉求必须首先要获得社会认同或者说要具有足够的社会容忍度,其次这种权利诉求还必须具有政治无害性。权利诉求始终是从个别主体的自觉意识而到群体性同类主体的自觉意识再到整个社会绝大多数主体的自觉意识,这样的自觉意识在整个社会层面的体现就是不同群体属性的社会主体类别最大限度地进行意见的沟通、协调并彼此求得基本共识,这种共识表明社会在整体上对于这种权利诉求给予了认同或者说对于这种权利诉求的消极社会后果给予了足够程度的理性容忍。但必须注意的是,这种共识的达成并非基于利益而是基于价值和原则,因为从根本上来说,尽管权利与利益相关,但它们绝对是不同层面的问题,惟有权利涉及价值和原则,而单纯的利益则否。

德沃金讲:"权利理论只是预先假设了三个东西:(1)一个符合规则的社会具有政治道德的某些观念,也就是说,它承认对于政府行为的道德限制;(2)该社会对于政治道德的特定观点——以及源于这种观点的法律判断——是'理性的',即对于相同的情况给予相同的处理,而且不允许矛盾的判断;(3)该社会相信它的所有成员生而平等,他们有权利受到平等的关心和尊重。"①从另一个方面来看,基于利益诉求的任何权利诉求,其实也就是某个社会侧面的一种政治诉求的表达,同时,任何利益诉求的社会效果也总是会从不同的时间和侧面显现出其政治的意义来,而政治无疑是社会利益的最高、最重要、最关键的表达形式,它所涉及的乃是一个社会最全面的社会利益即整体的社会利益,权利诉求如果片面地追求狭隘的个别的私人利益、社会局部利益、部门本位利益等,就很有可能不仅在全局上破坏社会整体利益以及使各种社会利益失去微妙的平衡,而且也很有可能因错误或者发出不适当的社会利益调整信号而使社会秩序出现混乱。弗里德曼曾引述其他学者的观点指出:"威廉·奥贝尔在一篇有趣的文章中区别两种要求,即利益和权利要求。当两人都想要同样的宝贵东西时,两人就发生利益冲突,如两名男子爱上一名女子;两名政客竞选一个职务;两个城市争办一个会议。利益冲突因稀少而产生。在上面的例子中,双方都有合法的要求,价值观念或原则并没有冲突。确实,冲突以某种意见一致为基础而产生。两名求婚者都爱这女子,两名候选人都想要参议员的议席。而权利的要求采用非措辞来表达。诉讼中,双方当事人都要求同一块土地的所有权。各方在辩护中都坚持他的要求是正确的,对方的要求是错误的,对方对事实或规则有错误看法。辩论以权利,不是以利益的措辞来表

---

① [美]罗纳德·德沃金:《认真对待权利》,信春鹰、吴玉章译,中国大百科全书出版社1998年版,第16页。

达,对事实、准则和'法律'进行辩论。"①从法律实践的角度来看,弗里德曼认为:"权利要求同利益冲突的区别有后果。对利益冲突,当事人容易达成妥协,对价值观念或事实的冲突则较难。在某种意义上,契约是利益冲突的解决。一个人要以低价买一匹马,另一个人愿意卖,但价格很高。双方讨价还价,认为已得到可能得到的一切时就达成协议。通常,双方都没有'从道德上卷进去'。法院不解决利益冲突。一方必须把他的要求转变成价值观念或事实的冲突才能进行诉讼。在一个有关土地的案件中,原告如果说他需要该块土地是为了要办企业或盖住房或因为他喜欢那块地将是浪费时间。这种有关利益的声明是无关的,他必须提到某种价值观念、规则或准则来证实他的要求是有道理的。"②

张恒山教授也认为,尽管权利确实在事实上有时是与相关的利益相连的,但权利和法律权利的本质属性乃是其所指代的行为的正当性,而这种正当性体现为社会成员对这种行为的赞同和认可的态度以及对于阻碍和侵害这种行为的反对态度。不妨详细地引用一下他的意见,他说:"权利(法律外的权利)就是指正当性,就是指得到社会普遍确认的、一定的主体对一种行为的三种状态作自由选择并付诸实行时他人的不可阻碍、不可侵犯性。……对法律外的权利,应从以下几个方面来理解其含义。第一,这里的正当性,是指社会成员们对此行为的态度。第二,社会其他成员们称一种行为是权利时,其态度包括两方面的内容,一方面是指社会成员们的普遍性赞同、同意的评价态度;另一方面是社会成员们对阻碍、侵害此行为者的反对态度。……第三,权利所指的正当性,不是行为本身,而是指在社会其他成员们的心目中这种行为的性质。……第四,一种行为被称为权利,并不是因为它能够给权利人带来利益,而是因为这种行为不会给社会、给他人造成损害。"③在此基础上,他进一步指出:"法律权利就是法律承认的主体行为的正当性。完整地说,法律权利是法律规则预设的条件实现的情况下,由代表着社会和国家的预约性意见的法律规则所承认的、一定的主体对某种行为的三种状态——做、暂时不做或永久放弃——作自由选择并付诸行动时,他人的不可阻碍、不可侵犯性。上述关于法律权利的定义包括如下要点:第一,法律权利属于观念形态的

---

① [美]弗里德曼:《法律制度》,李琼英、林欣译,中国政法大学出版社 1994 年版,第 263-264 页。

② [美]弗里德曼:《法律制度》,李琼英、林欣译,中国政法大学出版社 1994 年版,第 264 页。

③ 张恒山:《法理要论》,北京大学出版社 2002 年版,第 374-377 页。

现象,是指一种行为的正当性。如上所述,所谓'正当性'不是指行为本身这种客观事实的存在,而是指在社会成员们的心目中这种行为的性质。也可以说,所谓'正当性'是指社会成员们对此行为的态度。这种态度包括两方面的内容,一方面是指社会成员们的普遍性赞同、同意的评价态度;另一方面是社会成员们对阻碍、侵害此行为者的反对态度……第二,法律权利作为关于一种行为的肯定性评价和认可表面上是由法律规则所规定的……第三,法律权利所表示的行为正当性——不可侵犯、不可阻碍性——来自社会成员们的确认和国家的确认……第四,社会成员们对一种行为作'正当'评判的依据就是'不得损害他人'这种无害性标准……第五,法律权利所指称的行为包括行为和意思表示两类;它们既可以被主体人做,也可以暂时不做,甚至可以永远不做……第六,尽管法律权利所指称的行为在被做的情况下,通常都和某种利益有着某种形态的联系,但是,法律权利不是利益,或者说,法律权利不等于利益……第七,法律权利的真正作用、真正目的指向是对权利主体以外的他人的行为的禁止、约束。"①

总之,基于利益诉求的任何权利诉求如果要获得法律意义上的认可并被制度化从而成为法律权利,必须在社会意义上保持其政治无害性,即不破坏各种社会利益之间的平衡和不因此而导致社会秩序的混乱,尤其是不能导致社会秩序背后的价值和原则的混乱,这一点相当关键。比如,我国《劳动合同法》规定的职工所享有的提前一个月通知雇主解除劳动合同的职工劳动合同的任意解除权,就属于在充分满足这个条件情况下所产生的"新兴"权利。

(摘自姚建宗:《新兴权利论纲》第四部分,原载《法制与社会发展》2010年第2期。)

---

① 张恒山:《法理要论》,北京大学出版社2002年版,第378-385页。

权利与个人意志之区别

张恒山

在西方学者对权利概念的阐释中,另一种颇为流行的做法是将其视为个人意志或个人意志的运用。这通常被称为"权利意志说",更准确地说,这是权利之"个人意志说"。

在哲理法学、历史法学、规范分析法学和新分析法学的学者中都可以看到企图以"个人意志"作"权利"本体之解说的努力。但是,由于这些学者对法及其相关的基本问题持有不同的研究方法、认知思路、基本观点,所以,在"权利"这一基本概念的解释上虽然具有某种共性,但实际上有很大的区别。黑格尔(Georg Wilhelm Friedrich Hegel)、温德海得(Bernhard Windscheid)、凯尔森(Hans Kelsen)、哈特(Herbert Hart)是上述不同法学派别的代表性人物。所以,我们要分析的权利之"个人意志说"实际上可以分为四种:一种是黑格尔的权利意志说,一种是温德海得的权利意志说,还有凯尔森的权利意志说和哈特的权利意志说。

一、黑格尔的"权利意志说"分析

黑格尔的权利意志说强调的是个人的自由意志,这突出地表现在他对所有权的解说中。

黑格尔认为,人有自由意志,而物没有自由意志,人通过对物的占有,把他的意志体现在物中,从而使该物具有人所赋予的规定和灵魂,成为"为我的东西",个人的自由意志由此得到外化和实现,就构成了所有权。① 简单地说,黑格尔认为,个人的自由意志就是个人获得权利——所有权——的依据。

首先,黑格尔的自由意志说存在着偏向于个人主义的弊病。

黑格尔关于人的自由意志的观点,最先受到英国霍布豪斯(Leonard Trelawney Hobhouse)的批判。霍布豪斯指出:"黑格尔研究这个题目时所用的类推法是不大适当的。说意志是自由的和说物体是有重量的意思完全一样。……但不管怎样,引力并不是物体,而是物体的一个属性,或者可以说是物体起作用的一种方式。同样,如果说意志确实是自由的,那当然不会是说自由等于意志或者意志等于自由,而是说自由是意志的一个特性或者意志起作用的方式的一种表现。但是在黑格尔看来,意志不仅等于自由,而且等于思想。"②如果黑格尔的自由意志说不能成立的话,他的权利意志说当然也不能成立。

其次,黑格尔的依据自由意志说提出的权利学说也不能令人信服。说人将自己的意志体现在物中、将物据为己有是绝对权利时,这是一种非常武断的说法。一项财产所有权,不可能因某人主观意志将该物视为己有就宣告成立。如果一个人仅仅声称,我有对某物加以占有、支配的愿望,其他人不得阻碍我对该物的占有、支配,其他人是否因此就对他负有不阻碍的义务?如果另外一个人同样地声称对该物的占有、支配的愿望,对这两个愿望如何评判?自由意志论对这样的问题似乎束手无策。

再次,人对物谈不上是什么权利。人对物的控制只是一种事实上的强制,是人的力量优于物的表现,即物被人的暴力所控制。如此,权利就变成了拥有武力、暴力或其他物理力量者的意志的代名词,或者说权利就成为武力、暴力、力量的代名词。这样的话,权利这一概念就因不存在道德含义而失去意义了。"权利"是人类所使用的语言,是人对人而用的概念。"权利"的要义在于表达社会群体对权利

---

① "人有权把他的意志体现在任何物中,因而使该物成为为我的东西;人具有这种权利作为他的实体性的目的,因为物在其自身中不具有这种目的,而是从我意志中获得它的规定和灵魂。这就是人对一切物据为己有的绝对权利。""我把某物置于我自己外部力量的支配之下,这样就构成占有;同样,我由于自然需要、冲动和任性而把某物变为我的东西,这一特殊方面就是占有的特殊利益。但是,我作为自由意志在占有中成为我自己的对象,从而我初次成为现实的意志,这一方面则构成占有的正式而合法的因素,即构成所有权的规定。"[德]黑格尔:《法哲学原理》,范扬、张企泰译,商务印书馆1961年版,第10页、第54页。

② [英]L.T.霍布豪斯:《形而上学的国家论》,汪淑钧译,商务印书馆1997年版,第135页。

主体所从事的行为的态度——赞同,这种赞同态度的依据是权利主体所从事的行为对他人无害,而不是因为权利主体使用了暴力对物加以控制、支配。

最后,占有本身不是"权利"。黑格尔自己也觉得仅由个人自由意志就拥有财产权这种解释方式不太靠谱,所以,他又增加了一个关于财产权获得的新的要素条件——实际占有。"为了取得私有权即达到人格的定在,单是某物应属于我的这种我的内部表象或意志是不够的,此外还须取得对物的占有……我所能占有的东西是无主物,这是不言而喻的消极条件,或者毋宁说,它涉及早已预想到的跟别人的关系。"①但是,从自由意志论的角度来看,对于形成所有权而言,先占并不是不证自明的规定。仅仅个人自己的意志,不足以阻止他人对物的占有要求,因为他人也有着将物置于自己控制下的自由意志。由于两个人的自由意志是平等的,对物的先占者并不能证明他的占有意志优于后来者的对同样的物的占有意志,所以,先占者不能证明他因先占而对该物拥有所有权。

黑格尔的所有权依据的自由意志说有价值上的进步意义,它使人们认识到财产权是个人的独立、自由不可缺少的条件,从而有利于弘扬主体的自由。但人们因财产权而具有独立、自由的地位,这毕竟是财产权产生后的社会结果,它不是人们获得财产权的先行依据。我们不能倒因为果地将个人自由事实作为所有权的依据。

黑格尔的权利意志说的真正问题在于把权利主体的个人意志作为权利(所有权)的依据和本体——外化了的个人意志。实际上,"权利"的本体不是权利主体的个人意志,而是与权利主体同在的社会群体的共同意志。"权利"作为"正当",作为社会群体的观念、意见之表现,是游离于权利主体的个人意志之外的现象,以至权利主体的个人意志并不能决定其行为是否具有"权利"之性质。

二、温德海得的"权利意志说"分析

在 19 世纪的历史法学派的形成过程中,德国的萨维尼(Friedrich Carl von Savigny)与温德海得分别以个人的主观意志为本体对主观法意义上的"权利"进行阐释。其中温德海得的阐释被认为更为系统、完整。

温德海得将所有权概念定义为:所有权本身是使人的意志对全部物的关系具

---

① ［德］黑格尔:《法哲学原理》,范扬、张企泰译,商务印书馆 1961 年版,第 59 页。

有决定性的权利。① 这充分表现了温德海得对"权利"中的个人意志要素的高度重视。温德海得更进一步将一般性的"权利"(主观法意义上的权利)定义为意志的力量,或者准确地说,是客观法认可的意志力量。② 在温德海得看来,如果一个人为了自己的利益决定向他人实施强制,同时得到法律规范的允许,这就使该主体拥有一项主观权利。

温德海得阐释的"主观权利"实际上包含三大要素:1. 主体的意志自由,这一自由表现就是自主决定是否行使法律赋予的特权;2. 主体可以对权利加以处置,包括转让、变更或取消;3. 主体的选择和决定都得到法律规范的允许和支持,并对他人造成强制。③

温德海得的权利解释遭到猛烈批评。"权力"是一种力量,其更偏重于表示物理意义上的强力。用"权力"来定义"主观权利"就把"权利"自身隐隐约约内含着的道义上的"正当性"完全遮蔽了。

反对者还指出,把"权利"定义为主体的自由意志,意味着只有具备自由意志能力者才能有权利,于是幼童等无法表达自己意愿的人就不可能享有权利了。

另外,权利存在也并不完全取决于主体的自由意志。有时会出现这样的情况,主体获得权利却并不知情,以至无法表现和行使自由意志。

所以,反对者认为,温德海得实际上是未能把"权利"与"权利的行使"加以区别,以致造成理解的混乱。一个人的自由意志只是其自我内心的一种想法,它可以驱动自我行为,在这个意义上我们可以说它是一种"力"、一种意志力,但它绝不是一种外在的物理力量,它如何能够对他人实施强制? 温德海得在这里求救于客观法规范。他的解释是,这种意志的自由行使获得法律规范的允许和支持。但是,这样引申出一个更麻烦的问题:法律规范的允许、支持同这种自由意志相比,哪一个才是"权利"之本体? 由于温德海得强调的是因为得到法律规范的允许所以使某主体获得一项主观权利,所以,合乎逻辑地说,温德海得所解释的"权利"之本体应当是国家意志或者社会群体意志,而不可能是个人主观意志。这可能是温

---

① 参见[奥]尤根·埃利希:《欧陆普通法法律科学的历史化趋势》,马贺译,载《华东政法学院学报》2003年第5期。

② 参见[法]雅克·盖斯旦、吉勒·古博、缪黑埃·法布赫-马南:《法国民法总论》,陈鹏、张丽娟、石佳友、杨燕妮、谢汉琪译,法律出版社2004年版,第133页。

③ 参见[法]雅克·盖斯旦、吉勒·古博、缪黑埃·法布赫-马南:《法国民法总论》,陈鹏、张丽娟、石佳友、杨燕妮、谢汉琪译,法律出版社2004年版,第133-134页。

德海得的"权利意志说"的根本性缺憾。

三、凯尔森的"权利意志说"分析

规范分析法学的创始人凯尔森的"权利意志说"有着鲜明的特色。他是在批判功利主义法学的"权利利益说"的基础上阐释他所理解的"权利意志说"。

凯尔森指出,在以英国、德国、法国为代表的法学理论中都存在着把"法律"和"权利"二元化的倾向。凯尔森认为,这种二元化倾向是不对的,①所以,他试图对两者作统一解释。凯尔森认为,同样用"Recht""droit"来表示"法律"和"权利",这意味着两者一定存在某种联系。但是,将客观意义上的法律、调整人的行为的规范体系或这一体系的一个规范,在某种情况下,当作是一个国民的权利、一种主观意义上的法律,其理由是什么?②

凯尔森分析,权利作为主体的一种意志,同时又是主观意义上的法,只能在如下意义上理解:在民事法律领域,一方根据法律规范的规定,对另一方的违法(违约)行为提出诉讼,这是要求法院对违法人加以制裁的个人意志表示,进而推动了法院作出制裁不法行为人的判决,这就是个人主观意志使规定制裁的法律规范得到适用、实现,从而使个人主观意志表现为法律,这种主观意志就是"权利"。③

也就是说,凯尔森坚持分析实证主义法学的一个重要的基本观点:法的要点

---

① 参见[奥]凯尔森:《法与国家的一般理论》,沈宗灵译,中国大百科全书出版社1996年版,第88页。

② [奥]凯尔森:《法与国家的一般理论》,沈宗灵译,中国大百科全书出版社1996年版,第91页。

③ "一个契约当事人之所以有对另一方的法律权利是因为:法律秩序使制裁的执行不仅要依据一个契约已缔结以及一方没有履行契约的事实,而且还要依靠另一方表示了应对不法行为人执行制裁的意志。一个当事人通过在法院里向另一方当事人提起诉讼来表示这样一种意志。在这样做时,原告就推动了法律的强制机器。只有通过这样一个诉讼,法院用以确定不法行为,即违约和下令制裁的程序才得以开始。这是民法的特种技术的一部分。作出制裁的条件之一就是要依靠一方已提出诉讼,这意味着一方宣布了他认为上述程序应开始的意志。当事人有使使用规定制裁的有关法律规范得以实现的法律可能性。因此,在这一意义上,这一规范就成了'他的'法律,意思就是他的'权利'。只有在法律规范具有这样一种关系时,只有在法律规范的适用、制裁的执行,要依靠指向这一目标的个人意志表示时,只有在法律供个人处理时,才能认为这是'他的'法律、一个主观意义的法律,这就是指'权利'。只有这样,权利概念中所意味着的法律的主观化、客观意义的法律规范作为个人的主观意义的权利的体现,才是有根据的。"参见[奥]凯尔森:《法与国家的一般理论》,沈宗灵译,中国大百科全书出版社1996年版,第92-93页。

是对违法的制裁。凯尔森认为,规定制裁的是一般的法,只是在特定情况下由权利人的意志推动了法律制裁的实施,导致具体的制裁施加于某个个人,这种引发制裁的个人意志就是法——主观意义的法。

最简单地概括凯尔森的意思,对不法行为提出制裁要求并推动法院作出制裁行为的个人的意志就是"权利"。这样,在凯尔森这里,个人意志—权利—主观的法,这三个概念的统一的问题似乎得到解决。

但是,凯尔森的解释之缺憾在于以下几点。

第一,他的解释可以适用于民法,但不能适用于刑事法律。显然,在刑事诉讼领域,启动诉讼、提出判决要求都不是个体权利人意志作用的结果。

第二,凯尔森的权利解释注重于其可以引发诉讼、制裁的法律后果,但是,在实践中,有许多情况并不需要启动制裁程序,它只是涉及一个主体行为做或不做的选择,人们同样把它视为"权利"。这是凯尔森的"权利"解释所不可能包含的内涵。凯尔森把启动制裁机制引入"权利"概念的解释,实际上大大压缩了"权利"概念内涵的广泛性。

第三,凯尔森的权利概念的缺憾还在于,他首先强调的是法律的存在,有了既定的法律对违法的制裁的规定,然后个人意志能够启动这种制裁程序,就是"权利"。这种以实证法的存在为前提的"权利",最令人生疑的是:这种"权利"的依据是什么? 这个问题更进一步的延伸是:"权利"是立法人创设的,还是先于立法而存在,只是由立法人通过立法的方式加以承认的? 这些疑问在凯尔森的理论框架中几乎是无解的。

如果接受凯尔森的"权利"解说,就不可能有"人权"概念。因为当代大多数主张"人权"的学者都认为人权是先于国家法律而存在的东西,国家的实证法只是对既有的人权现象加以承认和保护,法律并不能创设人权。凯尔森的"权利"概念既然不能用于对"人权"的理解和阐释,其适用的范围就大受限制。

实际上,"权利"在一些国家与"法"同源同词,被认为是"主观意义上的法",乃是由于人们在各自的主观意志支配下可以就"权利"名义下的行为作不同的选择,并且伴随着不同的行为选择都会产生对他人的不同的、具有法律效力的约束力,所以,对被约束人来说,"权利"似乎就是取决于"权利人"主观意志的改变而产生不同的约束义务的"法"。而作为法律规范体系的法,对于每一个受此规范体系约束的人来说,则是有着确定的规则的定在物,其中关于在什么情况或条件下一个人应当做什么或不应当做什么的规定是不以任何个人意志而改变的,所以它是外在于每一个个人的客观定在,是一种"客观意义上的法"。循此解释,简单明了,完全不需要凯尔森为解释作为"主观意义上的法"的"权利"而引入的启动制裁的要素。

四、哈特的"权利意志说"分析

新分析法学的创始人哈特另辟蹊径,以个人意志为主题对"权利"加以解释。

和凯尔森相似,哈特也不赞同发端于功利主义法学的权利利益论——尽管他高度赞赏边沁的法学贡献。哈特一方面限定自己的权利概念是在与另一人的义务相关意义上而言的,另一方面提出要以一种类似"主权""主权者"的观念来看待"权利""权利拥有者"。"……这一观念是这样:当一个人根据法律在或大或小的范围内排他性地控制另一人的义务时,在该义务所涉及的行为范围内,拥有权利的人相对于义务承担者而言就是一个小范围意义上的主权者。这种控制下的全部处置措施包括三种各不相同的方式:(1)权利拥有者可以放弃或取消该义务,或者对其不闻不问;(2)一旦出现违反义务或即将违反义务的情势时,权利拥有者可以置若罔闻,也可以通过诉讼请求赔偿或在某些案件中为制止进一步违反义务而请求法院发布禁令或强制执行令来强制义务履行;(3)权利拥有者也可以放弃或取消因义务人违反义务而导致的赔偿责任。"①权利拥有者在上述三种情况下作任何一种对他人义务的处置选择都会得到法律的尊重。

简要地概括哈特的权利概念,权利就是得到法律尊重的、权利者对与该权利相关的他人的三个层次的义务的任意处置选择。

哈特的权利解释包含几个关键要素:1. 排他性地控制另一人的义务;2. 在三个不同层次分别选择决定是否要求履行义务;3. 上述任何一种对义务的处置都得到法律尊重。

哈特的权利解说之所以被归入权利意志论范列,就是因为这种对他人义务的处置选择取决于个人意志,是个人意志的表现。

哈特的权利解释的不足表现在以下两个方面。

第一,这一权利解释的适用范围有着很大的局限。哈特自己也意识到这一点。

---

① H. L. A. Hart, *Essays on Bentham: Studies in Jurisprudence and Political Theories*. Oxford: Clarendon Press, 1982:183-184.

所以,哈特主动声明上述权利概念的解释不适用于刑事法律中的权利现象……①

哈特的权利解释最适合于民法中的债权、契约中的当事人的权利,它不仅不适用于哈特自己所说的刑法领域,即使对民法领域的人格权、所有权之类的权利也难以适用。

……

第二,如同前述批评者对温德海得的主观权利解说的批评一样,哈特围绕着对他人义务处置所做的权利解释,更准确地说是对权利的行使、权利的作用的解释,而不是对"权利"自身的解释。一个人依据"权利"可以对他人的义务做排他性、独断性的控制,可以自主地对他人不同层次的义务作选择性处置,这都是因为"权利"先行存在引出的作用、结果。你不能在没有解说"权利"自身究竟是什么之前,用"权利"行使所引出的结果去说明"权利"。……哈特用对义务的控制、处置来解释"权利",显然还是没有抓住"权利"之要领。

五、对权利个人意志说的小结

温德海得、凯尔森、哈特,在以个人意志解说"权利"时,都没有讨论一个最重要的问题:为什么一个个人的意志能够得到法律的承认,以致可以强制另一人服从或启动法院的制裁程序?

这里最关键的是,法律为什么要支持这个人的意志? 这才是权利的本源问题。

……"一个人的意志为什么被承认"这个问题不解决,权利之本源就是不清晰的,尤其是,依据分析实证主义法学的思维,法是主权者的命令,于是,权利作为法所承认的东西,当然也是主权者的命令的结果,"权利取决于主权者的意志"这一解释让当今世界沉湎于人权解说的法学家们怎么也不能接受。

一个人的个人意志不可能对他人的意志造成约束、强制,因为他人的意志和该人的意志是平等的。……但是,如果我生活于中的社会群体以其群体意志为根据,在某种情况下要求我做什么、命令我做什么,我不能不理睬——我必须服从这种意志要求、命令作出相应的被要求、被命令的行为。

为什么我要服从群体的意志? 这是一个需要另文加以详细辨析的复杂问题。

---

① H. L. A. Hart, *Essays on Bentham*: *Studies in Jurisprudence and Political Theories*. Oxford: Clarendon Press, 1982: 184.

在这里,笔者只能简单地解释:如果在某种情况下,社会群体对其他某人提出某种要求、命令,而我作为旁观者认为这种要求、命令是正确的、合理的,是被要求者所应当遵从、服从的,那么,社会群体在同样的情况下对我提出同样的要求、命令时,我就应当遵从、服从。

更进一步,如果社会群体并不直接向我提出要求、命令,而是委托某人向我提出要求、命令,那么,我就要遵从、服从该人向我提出的要求、命令,作出相应的行为。在这里,我服从的表面上是那个特定的个人意志,实际上,我服从的是社会群体的意志——社会群体的意志通过那个特定的个人意志间接地得到表现。所以,在这里,我服从的并不是那个个人的意志——作为平等的个人我不需要服从他的意志,而是群体的意志。

群体意志的"可恶"之处在于,它不仅委托某人向我提出要求、命令,还委托该人自主决定:不向我提出要求、命令,以致在笔者看来,实际上也包括温德海得、凯尔森、哈特等看来,我的行为完全听命于该个人。……那个具体向我提出要求、命令或者不提出要求、命令的个人,都不过是代表群体作出决定。可以认为,社会群体比较懒惰,不愿意事事作出决定,而是把一些在自己看来并不特别重要的事务委托给个人去作决定,但是,无论该个人作出什么决定——做或不做,要求、命令,或不要求、不命令——群体都把这个决定视为自己作出的决定,即群体意志的体现。

……所以,权利的本质、本体是社会群体意志,而不是什么个人意志。凡是以个人意志为原点、出发点去解释"权利"的,都注定要落进迷惘、困惑的陷阱。

另外,我们从社会群体与权利主体的关系来看,社会群体是委托者,权利主体是被委托者,社会群体委托权利主体作决定:就某种行为做或不做;对相对的行为人要求、命令,或不要求、不命令,权利主体作出任何决定、选择,社会群体都对之加以赞同——如同是自己作出的决定、选择。

所以,"权利"不过是社会群体对"权利主体"作出行为决定、选择的委托承诺——社会群体承诺:你(权利主体)作出任何行为决定、选择我们都加以赞同、认可,并协助乃至保证你所决定、选择的行为得到实行。……简单地说,"权利"就是社会群体对个人(权利主体)作出某项行为决定以及相关的要求的承诺性赞同。……不过,社会群体的这种赞同性意志不是通过群体大会向每一个体宣布决定的方式来表达的,而是通过将群体意志归纳为法律规则的方式来表达的。

社会群体通过建立国家立法机构把自己的意志概括、归纳为法律规则,并将法律规则明文公之于众。法律规则规定:"在某种情况下,一个主体有作某行为的权利。"这就意味着,社会群体通过法律规则的方式向全社会宣布,在出现所规定的情况时,我们(社会群体)对该主体所作出的关于该项行为的决定(做或不做该行为)以及与该项决定相关的对他人的要求都将表示赞同、支持。在这里,法律规则表达的是社会群体将会赞同未来的"权利主体"作出行为决定、选择的承诺。这时,只是规则,只是承诺。

当在社会实践中,法律规则所规定的情况发生了,现实中的某个主体就实际上获得了、拥有了社会群体所预先承诺的赞同:该主体无论就该行为作出什么样的决定、选择都处于社会群体坚定不移地赞同、支持中,换句话说,该主体无论就该行为作出什么样的决定、选择都笼罩在社会群体赞同意见的光环中。

……

在这里需要进一步强调的是,千万不要把"权利"视为一个人行为的原因或根据。许多法学著作解释"权利"时都使用这样的表达方式:"权利使人可以做(某行为)。"给人产生的误解是:因为有了权利,人们才能够做某种行为。实际上,人们做某种行为或者不做某种行为,通常和有没有权利没有什么关系。一个原始人没有什么权利意识,与他同在的氏族成员们也没有什么权利认知,他自己决定沿着风景优美的小路散步,根本不需要考虑这是不是权利。欲望启动意志,意志启动行为——这与"权利"没有丝毫关系。同时,现代人和原始人一样,使他双腿沿着小路迈动、双眼左右扫视沿途风景的是他健康的肢体产生的物理力量,这与"权利"同样没有丝毫关系——权利并不能给他双腿迈动、双眼扫视的能力。即使法律上从来没有规定他有散步的权利,也并不会影响或阻止他在兴之所至且体力尚可时前去散步。"权利"并不会增加他的散步兴趣,也不会提升他的散步能力。

"权利"名义下的某项行为的做或不做,表现为、取决于个人自我意志,但"权利"本身、本体只能是社会意志,是社会群体的赞同性意见。

所以,"权利"表现的是社会群体与"权利主体"之间的关系、联系,而不是——至少首先不是——权利主体与义务主体之间的关系、联系。凡是用"权利人"与"义务人"为关系背景去解释"权利"的,也都注定要落进迷惘、困惑的陷阱。

(摘自张恒山:《论权利本体》第五部分,本文标题为原文第五部分小标题,原载《中国法学》2018年第6期。)

第五章

法律与权力

人民民主是社会主义法制的基础

吴大英、刘瀚

民主是上层建筑,属于政治范畴,是由经济基础决定的,又对经济基础起着重大的反作用。在奴隶制社会和封建制社会不可能有近代意义的民主,近代意义的民主是建立在资本主义社会的经济基础之上的,是资产阶级民主革命的成果。资产阶级和广大劳动人民一道,进行了反对封建阶级专政、争取民主权利的斗争,在取得胜利、窃取成果后,不能不在资产阶级内部实行民主并给劳动人民以一定限度内的某些民主权利,否则不能团结内部,欺骗劳动人民,不能巩固他们的统治。社会主义民主,则是建立在社会主义经济基础之上的民主,是对广大人民实行最广泛的民主。

加强社会主义法制,是同发扬社会主义民主紧密相连,不可分开的。在法律的制定、执行和遵守三个方面,都必须以社会主义民主作为基础。列宁曾经说过:"民主组织原则(其高级形式,就是由苏维埃建议和要求群众不仅积极参加一般规章、决议和法律的讨论,不仅监督它们的执行,而且还要直接执行这些规章、决议和法律),意味着使每一个群众代表、每一个公民都能参加国家法律的讨论,都能选举自己的代表和执行国家的法律。"①列宁这段话表明了,在民主基础上制定的法律和在民主基础上对法律的执行,是社会主义法制的基本原则。

首先,从法律的制定来说,在立法的程序上,应该充分发扬社会主义民主,法律应由人民选举产生的代表组成的最高国家权力机关制定。最高国家行政机关规定的行政措施、发布的决议和命令,民族自治地方的自治机关制定的自治条例和单行条例等,也具有法律效力,但这些都是根据宪法和法律的规定而制定的,并

---

① ［苏联］列宁:《苏维埃政权的当前任务》,载《列宁全集》(第二十七卷),中共中央马克思恩格斯列宁斯大林著作编译局译,人民出版社1958年版,第194页。

且不能同宪法和法律相抵触,否则就是无效的。民族自治地方的自治机关所制定的自治条例和单行条例,要报请全国人民代表大会常务委员会批准,才能生效。省、自治区、直辖市的人民代表大会根据本行政区域的具体情况和实际需要,在和国家的宪法、法律、政策、法令、政令不抵触的前提下,可以制定和颁布地方性法规,并报全国人民代表大会常务委员会和国务院备案。只有这样,才能在法律和一切法规中充分体现全国人民的统一意志和根本利益,体现人民当家作主的地位。同时,民主也是社会主义法律的力量源泉。因此,在立法过程中,必须大走群众路线,倾听群众意见。这样才能做到从实际出发,根据客观形势的发展,及时对法律进行制定、修改或废除,而不至于脱离实际,无视广大群众的要求和普遍呼声,在实际迫切需要而又时机成熟的情况下,对一些法律迟迟不予制定,或者只凭主观想象闭门造车,依靠"本本主义"生搬硬套,制定一些不切实际的法律。要使立法工作充分适应实际的需要,就一定要集中群众的经验和智慧,充分发扬民主。从立法的动议到着手调查研究、收集材料,从拟定草案到反复讨论修改,从通过法律到公布施行,每一个环节,都不能同发扬民主脱节。

制定法律是加强社会主义法制的首要任务和基本环节。有了比较完备的法律和其他法规,才能充分地保障人民的民主权利,有效地打击敌人,并教育人民,指导人民,使人民知道什么是合法的,什么是非法的,什么是需要认真执行的,什么是需要加以禁止的,从而提高思想觉悟,自觉地维护社会秩序,保护社会主义经济基础,促进生产力的发展,加速四个现代化的实现。如果没有比较完备的法律,就不能做到有法可依,有法必依,执法必严,违法必究。这样,加强社会主义法制就会落空。

社会主义法制的进一步完备和加强,有利于充分保障人民民主,调动广大干部和群众的社会主义积极性,提高各级领导机关的工作效率,促进社会主义现代化建设的发展。当然,我们讲社会主义法制的完备,不是为了追求形式上的"完备",即别的国家有的法律,我们都要有,别的国家法律中有的条文,我们也都要有,而是为了解决实际存在的、需要而且可能解决的问题,或者预防可能发生的问题,而制定必需的、有效的一切法律。完备不完备的标准,看是否符合实际需要,实际需要的法律、条文都有了,那就是完备。如果追求形式上的"完备",制定一些实际不需要的法律,列入一些实际不需要的条文,那不仅是形式主义的,而且可能是有害的。

马克思认为,应当"使法律成为人民意志的自觉表现",就是说,"它应该同人民的意志一起产生并由人民的意志所创立"。① 毛泽东同志也说:"我们的法律,是劳动人民自己制定的。"②劳动人民直接参与立法,在立法中起决定性作用,把他们认为应该怎样管理国家各项事业的想法和意见集中起来,上升为国家意志,通过国家立法机关制定成为法律,并亲自参加和监督其执行,这是劳动人民管理国家各项事业的一个重要途径,也是劳动人民作为国家主人,享有国家权利的一个主要的表现。

其次,从法律的执行来说,社会主义国家的法律在制定和颁布以后,必须进行广泛的宣传,使广大群众充分地明了其意义,能够自觉地遵守。但是,极少数阶级敌人还会用各种手段进行破坏和捣乱,人民内部的一些思想觉悟不高的人,也会发生违法犯罪行为,同时也会产生各种争端。因此,社会主义的法律还必须通过国家政权用强制力来保证其执行,否则就不能起到应有的作用。正如列宁所说:"如果没有政权,无论什么法律,无论什么选出的机关都等于零。"③国家用强制力来保证法律的执行,这同发扬社会主义民主,不是对立的,而是完全一致的。当然,这种强制力量是应该由宪法和法律规定的,是在宪法和法律内实施的,而绝不允许滥用。

社会主义国家的政法机关,是为人民服务的机关,政法干部是人民的勤务员。只有充分地贯彻社会主义民主原则,忠实于法律的制度,忠实于人民利益,忠实于事实真相,才能保证法律的正确执行。政法机关既担负着解决敌我矛盾的任务,也担负着解决人民内部矛盾的任务。而且在一般情况下,人民内部矛盾占多数。因而在政法工作中贯彻社会主义民主原则,是一个十分重要的问题。专政的方法只适用于敌人,而不适用于人民,即使对待应受刑罚的人民内部的犯罪分子,也应同对待阶级敌人有原则的区别。毛泽东同志指出:"人民中间的犯法分子也要受到法律的制裁,但是,这和压迫人民的敌人的专政是有原则区别的。"④在处理两类不同性质矛盾的犯罪中,刑罚的作用是不同的。在处理敌我矛盾性质的犯罪

---

① ［德］马克思:《论离婚法草案》,载《马克思恩格斯全集》(第一卷),中共中央马克思恩格斯列宁斯大林著作编译局译,人民出版社 1956 年版,第 184 页。

② 毛泽东:《在省市自治区党委书记会议上的讲话》,载《马列著作毛泽东著作选读》(科学社会主义部分),人民出版社 1978 年版,第 546 页。

③ ［苏联］列宁:《杜马的解散和无产阶级的任务》,载《列宁全集》(第十一卷),中共中央马克思恩格斯列宁斯大林著作编译局译,人民出版社 1959 年版,第 98 页。

④ 毛泽东:《关于正确处理人民内部矛盾的问题》,载《马列著作毛泽东著作选读》(哲学部分),人民出版社 1978 年版,第 469 页。

中,刑罚的作用表现为对敌人的专政,首先必须对他们进行惩办,迫使他们低头认罪,当然也要对他们进行教育。至于人民内部的少数犯罪分子,刑罚的作用表现为说服教育的辅助手段,这同对敌人的专政,是有原则的区别的。为了保证在法律的执行中充分地贯彻社会主义民主的原则,政法机关需要有一套民主的制度和程序。

最后,从法律的遵守来说,加强社会主义法制,要求每一个公民都要严格地遵守法律,国家机关工作人员更必须模范地遵守法律。毛泽东同志在谈到我国的第一部宪法时曾说过,"全国人民每一个人都要实行,特别是国家机关工作人员要带头实行"①。法律得到广泛的、自觉的遵守,这是加强社会主义法制的极为重要的一个方面。有法不守,法再好、再完善,也不会发生任何作用。社会主义法制对于违法犯法的人是压力和束缚,对于破坏社会主义革命和建设的敌人是无情的铁腕,对于广大人民群众则是自觉遵守的行为规则。社会主义法制充分体现了国家、集体和人民群众个人利益的一致性,人民群众自觉地遵守法制,从根本上说,就是自己维护自己的利益。

由于林彪、"四人帮"的干扰和破坏,过去一段时间,我国的社会秩序陷于混乱状态。现在,全国工作的着重点已经转移到社会主义现代化建设上来,为了保证四个现代化建设的顺利进行,必须有一个安定团结的政治局面,必须建立正常的社会秩序、生产秩序和工作秩序。在人民内部,既要有民主,也要有集中,既要有自由,也要有纪律,既要有个人心情舒畅,也要有统一意志。加强社会主义法制,就是要使这两个方面都有保证。不能只保证民主,不保证集中,只保证自由,不保证纪律,只保证个人心情舒畅,不保证统一意志。如果只要民主、自由、个人心情舒畅,不要集中、纪律、统一意志,甚至借机闹事,搞无政府主义,不遵守法律,破坏法律秩序,这是绝不允许的。

各级领导干部,无论职位高低,都是人民的勤务员,都应当奉公守法,发扬民主,积极工作,联系群众,全心全意地为人民服务。正如列宁在谈到苏维埃政权的公务人员时所说的:"按照我们工农共和国的法律,他们应该是由苏维埃选出的,诚实工作和严格遵守法律的模范。"②只有干部以身作则,带头守法,才能给广大

---

① 《学习新宪法 宣传新宪法 遵守新宪法》,载《人民日报》1978 年 5 月 3 日,第 1 版。
② 〔苏联〕列宁:《对一个农民的要求的答复》,载《列宁全集》(第三十六卷),中共中央马克思恩格斯列宁斯大林著作编译局译,人民出版社 1959 年版,第 525 页。

人民群众树立良好的榜样。如果干部违法,不仅危害国家和人民的利益,而且势必破坏党和国家在群众中的威信。因此,必须坚持人民在法律面前人人平等,不允许任何人有超于法律之上的特权。任何特权,都是同社会主义民主和社会主义法制不相容的。公民对于任何违法失职的干部,有权向国家机关提出申诉,对于这种申诉,任何人不得压制和打击报复。只有这样,才能保证国家机关的干部严格遵守法律,避免官僚主义,全心全意地为人民服务。对于破坏社会主义法制、危害国家和人民利益、侵犯人民权利的案件,都必须严肃处理。对于发生各种违法犯罪行为的干部,不论其职位高低,都必须依法制裁。

在我们社会主义国家,制定法律的权力属于人民,贯彻执行法律也要依靠人民。人民有监督法律实施和维护法制尊严的权利和责任,也有遵守法律的义务。守法必先知法。为此,必须广泛地深入地进行民主和法律的学习和宣传,进一步明确社会主义民主和社会主义法制的关系,明确社会主义法制对实现四个现代化的重大作用,弄清七项法律的基本精神和主要内容,真正做到家喻户晓,人人皆知。今后,要使民主和法制的学习和宣传经常化,普及法律知识,使社会主义法制的观念深入人心,形成干部守法,群众守法,人人守法的良好的社会风尚,巩固和发展安定团结的政治局面,向着实现四个现代化的宏伟目标前进。

〔摘自吴大英、刘瀚:《人民民主是社会主义法制的基础》,原载《西北大学学报（哲学社会科学版)》1980 年第 1 期。〕

权力运行的底线道德与责任制度

齐延平

二

　　如果说职业道德是确保权力清正廉洁、健康高效的自治性内控装置,法律责任则是强制性的外控系统。这里的法律责任是指执法者作为公权力主体在行使权力时应完成的法定职责以及超越职权或疏于履行职权或违反程序所应承担的法律后果。可见,广义的法律责任包括功能性责任和救济性责任,前者泛指公权力主体行使权力时的一般性法定义务,后者则指未依法履行职权所应承担的法律后果。权力责任是权力的构成要素之一。在以拘束公权力、保障人权为首义的法治社会中,一项合格的权力构成要素有四:一是权力主体,即具备哪些资格的法律主体可享有并执掌此项权力;二是权力内容,即权力的范围、界限及程序;三是权力客体,即此项权力的受体;四是权力责任。一项权力必须同时具备上述四要素才是一项合格的权力。其中,权力主体必须是具体的,权力内容必须是明确的,权力客体必须是特定的,权力责任必须是完备的。权力受其本性使然,一旦脱离了责任的规制,就注定会恣意妄为,践踏人间正义。

　　应该说,自古至今,我们对为官当政者行使权力的责任要求及对权力滥用的责任追究不能不说严苛,但"当一天和尚撞一天钟"者仍大有人在,"朝杀而暮犯"的情形仍时有发生。传统的对公权力主体的责任追究方式虽多种多样但仍是弊端重重。一是责任追究的人治特征浓厚,在封建社会,皇帝"口含天宪",一手执掌对百官的生杀予夺之权,皇帝的喜怒哀乐成为追究责任的依据;今天,虽说责任已入宪,责任已入律,但由于执政惯性的作用,领导批示仍是责任追究与否的首要依据及如何追究的必经工作规程。二是责任追究的随意性太大,对公权力主体的责任追究应遵循责权相称的原则依法进行。但由于我国现行法律对法律责任规定得非常笼统、抽象,可操作性极差,为责任追究的随意性留下了广阔的空间。三是责任追究的不公开性,公开作为执法公正的前提已成为当今社会的普遍共识。不仅对普通公民法律责任的追究要公开,对公权力主体法律责任的追究亦应公开进行,以接受必要的监督。我们现行的对执法主体责任的追究不仅过程是秘密的,有时结果也不为人知。责任追究的暗箱操作为新的权力腐败的产生提供了可能,比如已经在一地受到法律责任追究的人却能异地做官。四是责任转移,就是主要责任者将其责任转嫁到他人或下属身上以逃避罪责,有时下属自觉为其领导承担责任,其中缘由明眼人心知肚明。上述各种情况极大地减损了法律责任对权力控约的应有功效,而究其原因,概由责任未制度化、法制化所致。

确保权力清正廉洁健康高效既是法治实现的关键环节,也是法治追求的重要目标。而要实现权力的清正廉洁,就必须建立起科学、完备的责任制度。如果权力是烈马,责任制度就是不可缺少的笼头。而符合法治社会理念运作要求的责任制度应遵循如下原则。

第一,责任法定原则。责任法定是现代法治区别于传统法制的显著特征。其含义是责任主体所承担的责任必须是法律明示的责任,类推适用不仅不应适用于对私权利主体的惩罚,而且也不适用于对公权力主体的责任追究。

第二,权责一致原则。其含义一是有权即有责,权责可以说是对同一事物不同角度的描述。在法治社会中,不允许无责任的权力主体存在。二是指责任设计要与权力性质大小相适应。权大责小、权小责大两种情形都应尽量避免。

第三,责任自负原则。责任株连及责任转移是专制社会的显著特征。责任自负是法治社会的起码要求。其含义一是绝对不能追究非责任人的责任;二是确保责任人受到法律追究。

第四,责任平等原则。责任的设计与追究所应考量的因素只能是责任的性质、危害程度及行为发生时的客观环境等因素,而不应因人而异、因事而异。

第五,责任明示与公开原则。这是执法主体接受社会及法律监督的前提,这一原则要求每一项将与社会发生接触产生影响的权力相对应的责任都应向全社会公开。根据知情权原理,向相对人告知自己的责任应成为公权力主体的法定义务。

第六,责任必究原则。责任的追究一方面是针对责任主体的惩罚,另一方面是对受害者的补偿,但更重要的是对社会正义的维护与救济。对公权力主体责任的每一次放纵都是对公权力合法性的沉重打击,哪怕放纵的是轻微的责任者。

第七,程序原则。这一原则既是对社会监督权的维护,也是对责任主体权利的保障。这一原则要求有权追究权力主体责任的机关在行使权力时,同样应依法定职权、循法定程序进行。

行为—责任模式是现代立法的首要原则和技术。法律每设定一项权力,就必须对应设定履行此项权力的责任,否则即为立法的不法。在立法中的每一项责任都应由责任主体、责任根据、责任方式三个基本要素构成。责任主体即承担责任的特定公权力执行机关或个人;责任根据即引起某项法律责任产生的法定事由;责任方式是一项责任设计的核心内容,即责任主体通过何种方法承担法律责任,如功利补偿、法律强制、法律制裁等。

责任制度的建立与完善并不能一劳永逸地解决这一制度所应对的所有问题。特别是囿于法律法规的抽象性、泛指性等特征,在制度与实践之间存有一个技术连结与联动问题,简言之,就是如何将法律责任细化分解为实践中可操作的执法步骤与环节。执法责任的细化分解是奠基于当代的权力现实基础之上的。随着民族国家的兴起和近现代工业的发展,权力出现了大规模集中化趋势。著名经济学家加尔布雷思曾指出:现代权力集中的主要表现形式是现代国家中垄断机构的形成和现代军事权力的扩张。而与权力集中相对应的却是权力行使与运行过程中的大规模的权力分散。权力所有的集中与权力行使的分散构成了现代社会基本的权力事实。建立于计划经济体制基础上的社会是一个权力所有与权力行使高度统一的集权社会;建立于市场经济体制基础上的社会则是一个将权力所有与权力行使分离的法治社会。法治社会通过对权力的层层分解,使其紧随每一个权力因子流向社会的角角落落,直达权力系统的末梢。我们常讲的影响执法效率、执法水平的"责任不明""责任混乱""责任多头""责任推诿"等就是这一环节的缺乏所致。如果具体的执法步骤与环节无章可循,法律上的责任规定也就会因缺乏导入执法实践的管道与路径而丧失生命力。衡量责任制度效能的标准首先并不在于我们责任制度网络如何完备、如何细密,而在于真正导入执法实践、导至执法每一环节的制度效能的多少。

三

公权力主体的职业道德与法律责任是被涵括于道德与法律的一般关系之中

的,只不过是其中的一对特殊关系。其特殊性表现在主体是特殊的——公权力执行者;内容是特殊的——是公权力主体的职业道德(而非其作为一般公民的常人道德)与其执法责任(而非其作为一般公民的违法犯罪责任)之间的关系。两者的关系可通过图例予以说明。

公权力主体的职业道德与其执法责任之间的关系

在上图例中,A 为圣人道德,是应在公权力主体中提倡的区域,是公权力主体有选择权的区域;C 为常人道德,是公权力主体成其为公权力主体之前首先成其为人的起码条件;B 为职业道德区域,这是公权力主体承担道德责任的区域,是公权力主体无选择权的区域。在对公权力主体进行道德评价时,既不能依圣人道德否定其合格性,也不能依常人道德降低其应负的高于常人道德、不同于常人道德的道德责任。职业道德的上限是圣人道德的下限,达到此点就是一名完全合格的、应受到充分肯定的执法者;职业道德的下限是常人道德的上限,当一名执法者的道德水准临近常人道德时,其执掌公权力的资格就处于危险境地了。比如面对一抢劫案,一名普通市民袖手旁观,应受到常人道德的谴责,而现行法律却无能为力;但若是一位警察袖手旁观,不仅应受到常人道德的谴责,更重要的是要受到职业道德的谴责,并且会因其突破了职业道德的最低极限而受到法律责任的追究。

在当前的法治理论建构过程中,有一种要么道德至上,要么法律至上的方法论趋势,我们称之为"非此即彼式"方法论。在这种方法论驱使下,人们忽略了一个前提:"道德与法律中何者至上"这一问题的提问方式本身是不是正确的? 如果提问方式存在问题,那么任何解说都注定是无说服力的。每一事物都有多个面,观察者从不同的角度与层面观察之,自应获得不同的结论,每一结论的真理性高低均是特定理论预设下的相对值。不同理论预设下的结论之间可比性较差甚至没有可比性。在法治社会的权力合法性重建过程中,不管是认为职业道德建设是关键的观点,还是认为执法责任制的建立是关键的观点,都是失之偏颇的。两者之间的关系可以用相涵、共存、互融、并进来表述。

　　相涵关系指向内容构成。职业道德的内容与责任制度的内容是互相包涵的,也就是说内涵于两者之中的对公权力主体进行评判的标准体系是基本一致的。就职业道德与法律责任的外延来看,前者要比后者宽阔得多,后者则被包含于前者之中;在职业道德的标准设定中,其上限要比法律责任的标线高得多,后者与前者的下限相重合,可以说法律责任是职业道德的底线。换言之,并非所有的职业道德问题都是法律责任问题,但所有的法律责任问题都同时有一个职业道德的应对问题。属职业道德范畴的行为规范一旦被纳入了法律规制的领域,它就升变成了具有法律意义的规范,但这一行为规范并不因此而不再接受职业道德的评价。任何一个法律行为都要经受法律与道德的双重评判。一个具有法律意义的行为规范当被执法机关用以评价特定执法主体的行为时,产生的是法律责任;当被特定的执法主体用以自我评价或相互评价时,产生的则是道德责任。可以说,职业道德与法律责任是对同一事物在不同语境中的不同称谓。

　　共存关系指向两者发挥作用的技术支持。世界是一个相互联系的共同体。一物之所以能够存在并实现其功能离不开共存体网络的技术支持。职业道德作为一种规范的存在,首先是相对于公权力主体的法律责任而言的,缺少后者,前者就无概念独立的必要。反之,当我们强调公权力主体的法律责任时,也是相对于职业道德而言的。职业道德与法律责任共同支撑着公权力主体的职业信仰,共同为公权力主体提供职业动力。如果其中一方功能失效,必然会导致另一方功能失效,从而导致公权力脱轨。由此观之,用自律和他律这一对范畴概括职业道德与法律责任的区别并不恰当。在现代法治社会,既不能将法律视为他律性行为规范被动地对待,也不能将职业道德视为自律性规范而忽视道德主体间的他律性制约功能。

　　互融关系指向两者的最佳磨合状态。职业道德与法律责任互融的前提是两者的价值体系不存在根本性的冲突或较大的差异,甚至可以说两者拥有大致相同的价值基础。在法治社会中,作为公权力的执掌者和执行者,主要的行为规范有:(1)模范地遵守宪法、法律与法规。遵守宪法、法律与法规是法治社会中一个合格公民应尽的义务,而作为国家公权力的执掌者和执行者,更应以高于一般公民的守法标准要求自己,自觉维护宪法与法律的权威和尊严。(2)忠于职守,勤政为民。它要求每一个公权力主体务必耐心细致、诚实准确、经济高效地履行法定职责。(3)公正无私、廉洁奉公。它要求遏制一切徇私枉法和权力寻租行为。(4)保守职业秘密。执法者的工作往往涉及国家的安全和利益,因此负有保守国家秘密的特别责任。上述所及既属基本职业道德的范畴,也属法定职责的范畴。可见,职业道德与责任制度建设并无根本性的冲突。职业道德为责任制度建设提供伦理内控机制,职业道德建设应融入责任制度的建设之中;责任制度为职业道德建设提供外部控约标准,责任制度建设应融入职业道德的建设之中。

　　并进关系指向两者的提升与发展方式。职业道德并非一个由固定的行为模式组成的标准体系。随着社会的发展,时代的进步,职业道德体系也在不断发展与完善。其发展趋势是职业道德的底线标准不断向上提升。这既是社会整体道德水准提升对公权力主体的必然要求,也是公权力主体自身日益理性使然。责任制度也不是一个经过一次性行为模式的格式化就可以一劳永逸的行为标准体系,随着整个社会法治理念水平的提升,法律制度人权化日益凸显,责任制度亦应随之不断调整、不断完善。其趋势则是责任领域日益扩大,追究责任的标准日益下位(即原来因责任轻微或依惯例不追究责任的行为今天要受到法律责任的追究)。职业道德的提升与责任制度的发展并不是孤立进行的,而是在共存关系中并进的,是相生相长的。职业道德底线的提升,必然会下拉责任追究的标准,而责任制度的完善必然会上拉作为职业道德的行为标准。两者就是在相互包涵、相互支撑、相互融合关系中,不断强化着对权力兽性的抑制与改造功能。

　　现代法治社会是一个以法律统摄全社会的崇尚技术理性的社会。但是,法律只是通过制度化的理性力量从外部最大限度地遏制由人性所决定的权力异变,再完备的责任制度也难以把权力病变基因从权力链环中彻底清除出去,因为它不可能从根本上消除作为人本性的恶。职业道德建设是从内部最大限度地将外在的行为规则内化为人的灵魂结构,以从根本上预防权力细胞的病变可能,但是仅靠职业道德对抗人之本性恶在很多时候又是苍白乏力的。责任制度建设离不开职业道德的伦理支持;职业道德建设离不开责任制度的刚性规制。如果说职业道德建设是在公权力主体的灵魂世界为其划定良心底线,那么,责任制度建设就是在世俗世界为其行为设定正当与否的界碑。公权力主体只能在两者规制的道轨中运作权力。如是,便可实现公权力正向价值的最大化,即最大限度地保障公民权利,最大限度地促进全社会的福祉。

　　(摘自齐延平:《权力运行的底线道德与责任制度》第二部分和第三部分,原载《法商研究》2000 年第 6 期。)

当代中国语境下的民主与法治

李 林

一般认为,法治(Rule of Law)是指法律的统治。① 但法治有广义和狭义之分。从广义上说,法治意味着一切人都应当服从法律,接受法律的统治。从狭义上理解,法治是指政府应受法律的统治,遵从法律。② 本文对社会主义法治的使用和解释,超出了拉兹的"广义法治"的范畴,基本上把"社会主义法治"与依法治国基本方略相等同,它主要包括六个基本原则:人民主权原则,宪法法律至上原则,尊重保障人权原则,依法行政原则,公正司法原则,监督制约公权力原则。

法治与民主是一种什么样的关系:冲突关系、互动关系、主从关系,抑或两者没有什么必然联系? 在西方学者中,有些人认为法治(宪法)与民主是冲突关系,也有人认为并非如此。美国宪法学者孙斯坦提出:"跟那些认为宪法与民主之间一直存在冲突的人不同,我坚持认为两者之间并不一定存在冲突。一部宪法是否跟民主相冲突,主要取决于我们拥有的宪法以及追求的民主的性质。"③夏辛也认为,"法治是支撑民主国家的原理之一","法律思想是设计民主政治体制的原则之一","民主需要社会市场经济、社会公正以及法治"。④ 美国学者达尔在《论民主》

---

① 西方对法治的理解多是自由主义政治哲学视角的。"在西方,法治理想至少有下列含义:法律拥有至高无上的权威,从而防止滥用政治权力;通过保护个人权利的要求确保个人优先;通过实行'法律面前人人平等'确保普遍性原则优先于特殊性"。〔美〕艾伦・S. 科恩、苏珊・O. 怀特:《法制社会化对民主化的效应》,载中国社会科学杂志社编:《民主的再思考》,社会科学文献出版社 2000 年版,第 196 页。

② Joseph Raz, *The Authority of Law*, Oxford:Clarendon Press, 1983:211-213.

③ 〔美〕凯斯・R. 孙斯坦:《设计民主:论宪法的作用》,金朝武等译,法律出版社 2006 年版,第 9 页。

④ 〔德〕约瑟夫・夏辛、容敏德编著:《法治》,阿登纳基金会译,法律出版社 2005 年版,第 6 页。

中,更强调基础性条件对于民主的决定作用。他指出,一些国家,如果它拥有有利的基础性条件,那么,似乎无论采用什么宪法,都可能实现民主的稳定;而如果它拥有的是极为不利的基础性条件,则任何宪法都救不了民主。① 从人民主权原则来看,人民之所以需要民主,是因为"人们必须参与法治之下的政府决策"。② "对'教条主义民主派'来说……多数的意志不仅决定什么是法律,而且决定什么是好法律。这种对民主的'迷信'导致了这样错误的观念:'只要相信权力是通过民主程序授予的,它就不可能是专横的。'"③事实上,民主必须受制于法治。因为,"政治生活和经济生活一样,是一个个人自由和积极性的问题,因而多数统治必须由法治加以限制。只有在这种条件下,多数原则才能明智地、公正地发挥作用"④。

在马克思主义民主理论看来,资产阶级的民主与法治包含若干深层次的内在矛盾:理论上标榜代表社会普遍利益与实践上保护资本特殊利益的矛盾,政治法律形式上的平等与社会经济事实上的不平等的矛盾,国家政权形式上的权力分立与实际上国家政权仍然凌驾于社会之上的矛盾,⑤因此,资产阶级法治与其民主之间,存在着不可调和的内在矛盾和冲突。社会主义法治与民主已从国体和政体、国家权力和公民权利、国家制度和社会制度上消除了两者矛盾冲突的根源,社会主义法治与民主之间,虽然需要不断调适、不断磨合,但两者在本质上没有根本的利害冲突。

一、社会主义法治与民主的基本关系分析

以民主的制度、权力和权利形态为主线,从不同层次和角度来理解社会主义

---

① [美]罗伯特·达尔:《论民主》,李柏光等译,商务印书馆 1999 年版,第 137 页。
② [美]理查德·威廉姆逊:《为什么要民主》,载刘军宁编:《民主与民主化》,商务印书馆 1999 年版,第 41 页。
③ [英]弗里德里希·奥古斯特·哈耶克:《通往奴役之路》,王明毅等译,中国社会科学出版社 1997 年版,第 72 页。
④ [英]戴维·赫尔德:《民主的模式》,燕继荣等译,中央编译出版社 1998 年版,第 329 页。
⑤ 李铁映:《论民主》,人民出版社 2001 年版,第 54 页。

民主与法治的关系,可以进一步深化对两者关系的认识。① 从社会主义政治文明的层次和角度看,社会主义民主与法治是一个不可分割的统一体,即民主法治的整体。在这个统一体中,法治是民主的程序化、规范化、法律化形态,民主是法治的制度化、权力化、权利化形态,两者合并起来成为"国家形态""社会主义政治文明形态"或"社会主义宪制形态",成为一个有机整体。从这个意义上讲,民主概念中已经包含了法治,法治概念中也已蕴含了民主。我们在使用"社会主义民主""社会主义法治""社会主义民主法治"这些概念时,所表达的实质内容是一样的,只是表达的侧重点有所不同而已。

从社会主义政治文明下位概念的层次和角度看,我们可以把社会主义民主法治拆分成两个概念,可以从政治学的范畴把民主表达为主要由国家制度、国家权力和公民权利构成的政治哲学概念,从法学的范畴把法治表达为主要由法律制度(规范)、法定权力和法律权利构成的法哲学概念。政治与法律的区别,政治学与法学的分野,决定了民主与法治概念的区分,也决定了两者的关系:民主与法治彼此分工、相互依存、相互作用、紧密联系。

从民主政治制度体系与法律(制度)体系的位阶关系来看,民主与法治有三种主要关系:一是上下位阶中的决定关系,二是并列位阶中的互动关系,三是下上位阶中的从属关系。

民主政治制度体系与法律(制度)体系彼此间的位阶关系,首先是构成一种"之"字形的上下位阶中的决定关系。在民主与法治的关系链中,上位者产生并决定下位者,下位者产生于并从属于上位者。例如,它们的上下关系是:国体和政体产生(决定)宪法——宪法产生(决定)立法(权)制度、行政(权)制度、司法(权)制度、法律监督(权)制度等国家政治(权力)制度——立法(权)制度产生(决定)法律,行政(权)制度产生(决定)法规和政府规章,司法(权)制度、法律监督(权)制度产生(决定)司法解释——法律、法规、政府规章、司法解释产生(决定)各种具体制度。从我国新民主主义革命的过程来看,人民民主革命是法治的基础和前提,因

① 2007年7月14日,在中国社会科学院法学研究所主办的"纪念依法治国基本方略实施十周年理论研讨会"上,谢鹏程、齐延平等学者认为,在一般意义上,民主与法治之间没有必然的联系。从西方法治史来看,自由、人权等与法治有密切的关联性,民主则不一定与法治有内在的相关性。但在社会主义国家,民主与法治密切相关,但民主并非法治的基础和前提,而是相反。在我看来,在社会主义民主与社会主义法制问题的讨论已经过去了近30年的今天,联系当下中国的实际重新认识和思考两者的关系,还是很有意义和必要性的。

为"民主运动推翻了专制君主；建立了宪法；建立了选举体制；通过了限制国家权力、保证人民权力的法律……通过改革土地所有权、改变继承法、对富人征税、建立福利体制而力图重新分配财产，要给出所有相应的制度"①。但是，在宪法制定以后，我们似乎不宜笼统地简单地说"社会主义民主是社会主义法治的基础和前提，社会主义法治是社会主义民主的保障"，因为宪法确认并产生了包括人民代表大会制度在内的一系列民主政治制度，确立了一系列宪法原则，宪法成了社会主义民主与法治的基石，民主与法治的关系走上了社会主义宪制轨道，成为"宪法决定民主"的模式。

其次是构成一种并列位阶中的互动关系。"民主与法治是不可分割的整体。"②在国家走上社会主义宪制轨道、实行法治和依法治国的条件下，民主与法治的"之"字形关系发生了转变，变为以宪法为基础和中心的民主政治体系和法治体系，法治与民主并驾齐驱，与民主形成一种并列互动的位阶关系。例如，宪法规定了国家的国体、政体、基本政治制度、经济制度和社会制度等内容，具有最高的法律效力和法律地位，是治国安邦的总章程，宪法确认了人民代表大会制度，一方面，人民代表大会制度从宪法上获得了合宪性的直接依据；另一方面，全国人民代表大会有权修改宪法，全国人大常委会有权解释宪法，监督宪法的实施，这就在社会主义宪制框架下构成了国家政体民主与法治宪制的互动关系。

最后是构成一种倒"之"字形的下上位阶中的从属关系。在这种位阶关系链中，下位者由上位者产生，受上位者支配，从属于上位者，与"之"字形的上下位阶关系相比，这里形成的是一种倒"之"字形的下上位阶关系。在民主与法治的下上位阶关系中，"社会主义民主是社会主义法治的基础和前提，社会主义法治是社会主义民主的保障"的说法依然难以成立。例如，在选举法、选举制度和选举行为的具体下上位阶关系中，选举制度源自选举法，选举法是选举制度产生的前提和依据，选举行为则依据选举法规定的选举制度做出。选举法是选举制度的保障，选举法和选举制度则是选举行为的依据和保障。

由上可见，社会主义民主与法治是存在位阶关系的，在某个具体特定的上下位阶关系中，社会主义民主可以决定和保障法治，而在另一个具体特定的上下位

---

① ［美］道格拉斯·拉米斯：《激进民主》，刘元琪译，中国人民大学出版社 2002 年版，第159 页。

② ［德］约瑟夫·夏辛、容敏德编著：《法治》，阿登纳基金会译，法律出版社 2005 年版，第 50 页。

阶关系中,社会主义法治也可以决定和保障民主。在两者的并列位阶关系中,两者相互决定,相辅相成,相互作用。

二、中国共产党作为革命党和作为执政党与民主法治的关系

党的十六届四中全会报告指出,中国共产党已经从领导人民为夺取全国政权奋斗的党,成为领导人民掌握全国政权并长期执政的党;已经从受到外部封锁和实行计划经济条件下领导国家建设的党,成为对外开放和发展社会主义市场经济条件下领导国家建设的党。从总体上来看,在新民主主义革命时期,作为革命党的中国共产党,一方面,被国民党反动政权的法制所否定,被其法律宣布为非法政党,要从政治上、军事上甚至共产党人的肉体上予以铲除剿灭,因此在国民党法西斯专政的体制下,绝没有共产党的民主、权力和权利可言;另一方面,中国共产党为了领导全国各族人民推翻“三座大山”、建立中华人民共和国,实现争得人民民主的革命目标,必须用军事和政治等革命专政力量,彻底打垮国民党武装力量,砸烂其国家机器,废除其“伪法统”。在列宁看来,专政是“直接凭借暴力而不受任何法律约束的政权”,而无产阶级的革命专政则是“由无产阶级对资产阶级采用暴力手段来获得和维持的政权,是不受任何法律约束的政权”。① 对于革命的中国共产党来说,国民党反动派掌握的国家法制及其所谓的“民主”,实质上是要消灭中国共产党及其领导的革命力量,因此革命的中国共产党与国民党反动派政权的法制、“民主”是你死我活的关系,革命党必须摧毁国民党反动派的法制和“民主”,才能真正建立共产党领导和执政的合法性基础,才能创建人民民主政权的新法治,才能建立人民当家作主的新国家。

中华人民共和国成立以后,共产党由革命党转变为执政党。执政党的地位和任务,要求并决定了,在政治领域,共产党要领导和支持人民建立人民当家作主的国家政权、民主制度和法律制度,保障人民依法管理国家事务,从国体和政体上实

---

① ［苏联］列宁:《无产阶级革命和叛徒考茨基》,载《列宁全集》(第三十五卷),中共中央马克思恩格斯列宁斯大林著作编译局译,人民出版社 1985 年版,第 237 页。列宁还在其他多处提及这一理论。比如,列宁指出,专政就是“不受限制的、依靠强力而不是依靠法律的政权”;“专政的科学概念无非是不受任何限制的、绝对不受任何法律或规章约束而直接依靠暴力的政权”。参见［苏联］列宁:《关于专政问题的历史》,载《列宁全集》(第三十九卷),中共中央马克思恩格斯列宁斯大林著作编译局译,人民出版社 1986 年版,第 374 页、第 380 页。

现人民的统治,在宪法和法律上集中体现执政党的主张和人民意志的统一,体现国家权力和人民权利的统一,体现社会主义法治与社会主义民主的统一;在经济领域,共产党要领导和支持人民掌握生产资料,依法管理经济事业,不断解放和发展生产力,为人民享有共同富裕的幸福生活和充分行使民主权利,创造尽可能丰富的物质基础和经济条件;在社会领域,共产党要领导和支持人民真正成为社会的主人,依法管理社会事务,享有社会权利,承担社会义务,实现人民的社会自治。作为执政党的中国共产党,它的领导与人民民主和社会主义法治是三者有机统一的整体,它在宪法和法律范围内活动,民主执政、科学执政、依法执政,带头执行和遵守法律,通过法治等多种途径和形式来完善和发展人民民主,领导、支持和保证人民当家作主,并从人民民主的实践和发展中源源不断地获得执政的力量之基、权力之源、合法性之本。[①]

（摘自李林:《当代中国语境下的民主与法治》第三部分,原载《法学研究》2007年第 5 期。）

[①] 党的十六届四中全会通过的《中共中央关于加强党的执政能力建设的决定》指出,"党的执政地位不是与生俱来的,也不是一劳永逸的",就是要求执政党要加强执政能力建设,加强执政的民主基础及合法性建设,使执政党始终代表全体人民的利益并得到人民的拥护和支持。

论中国的法治方式

社会多元化与权威体系的重构

季卫东

无论多么大胆的司法改革，只要是在既定的制度框架内进行，总是有利于法律秩序的统一和稳定，所以制度失败的风险性是比较小的，在全国范围内自上而下进行应该没有什么障碍。但对政府的问责审计需要与人民代表大会的预算审议联动并借助决算认定程序而产生实效，财税民主则应该从公民有兴趣也有能力参与的乡镇、县、市层面开始。托克维尔早就注意到乡镇自治、地方自治对社会发育的重要性，并把这样的社区规模的自由作为健全的民主政治的前提。因此，加强人民代表大会的"预算审议"功能以及对政府的"问责审计"功能，应该从基层开始逐级倒逼高层。不言而喻，涉及立法权和行政权的改革是触动体制根本的，影响制度设计的变数非常多也非常复杂，采取自下而上推动的方式和步骤，就可以增大试错、创新的空间以及各种政策选项，降低失误的风险，还有利于群众参与。

一、以人民代表大会为舞台的地方法治竞争

在行政权过强、司法权过弱的现阶段中国，能够有力撬动政治体制改革并迅速推进的杠杆是立法权，更准确地说是在人民代表大会制度中开展的中央和地方权力关系的重构，并围绕"预算审议""问责审计"以及"司法审查"等法治化举措促进地方政府之间的改革竞争。为了提供适当的诱因，可以把新一轮税制改革（税源重新分配）和分权化与地方政府的法治进度挂钩，允许已经具备制度条件的地方享有一定程度的自主征税权及其他种类的政府自治权和居民自治权。在这里，非常关键的举措是让地方行政首长也接受当地居民选举的洗礼，使群众的声音直接反映到地方政治过程中，降低中央政府监管的成本。当地方人民代表和地方行政首长都由直接选举产生时，只要把立法权与行政权严格区分开，首长的决定可以直接以民意为后盾，

那么因权力制衡而产生的"扯皮"现象会减少,政府的效率以及正当性、合法性会提高。所以,地方立法一定要杜绝行政主导方式,坚决采取所有议案、法案都只能由人民代表提出的制度安排。这样的状况势必导致地方人民代表大会的议决权越来越重要,从而形成一个自下而上改变中国政治生态的机会结构。

当前的形势很有利于地方民主的推进。在房地产政策调整导致持续了 20 年左右的"土地财政"发生巨变之后,地方政府债务危机正在迫近。新一届中央领导人势必像 20 世纪 90 年代大刀阔斧清理国营企业"三角债""连环债"那样,集中精力解决地方政府的债务问题。可以说,处理地方债务就是推动地方民主的最佳切入点。通过"预算审议"和"问责审计"彻底梳理地方政府的事权与财权之间的关系,把公共事务优先分配到离公民更近的地方;可以加强预算制约、推行"精兵简政"的政策,进而实施全面的、根本性的地方行政改革。严格的财政预算审议、审计以及问责还是防止地方官员腐败的重要手段,并且可以顺理成章地把治标的惩罚举措与治本的信息公开、官员财产申报等一系列制度建设结合起来。实际上,官员渎职的蔓延与权力和财源过分集中于中央政府的格局也有着非常强的因果关系,在地方的政府自治和居民自治加强之后,"跑部钱进"的利益驱动型政治的余地就会大幅度缩小,群众监督的机制就会有效运作,结构性腐败就有可能得到有效遏制。

从 20 世纪 80 年代开始,政府的权力向地方下放以及加强居民自治成为世界的普遍趋势,即便以中央集权和官僚机构著称的法国也从 1982 年起开始采取地方分权的举措。于 1985 年 7 月 27 日通过并于 1988 年 9 月 1 日生效的国际公约《欧洲地方自治宪章》是西欧和北欧地方化运动的一个标志性成果。以此为背景,国际地方自治体联盟(IULA)在 1985 年 9 月也通过了《世界地方自治宣言》,修改后在 1993 年 6 月又重新公布。从 1987 年开始,联合国社会经济理事会开始审议《世界地方自治宪章》草案。这些国际文件认为,迄今为止的各种类型尚未得到全面表述的地方自治原则是当代民主政治不可或缺的组成部分,包括如下基本内容:(1)地方政府的法定权限原则上是排他性、不受限制的;(2)除了地方政府自治,还应强调当地居民的自治;(3)有必要在公共事务分配上采取乡、镇、市优先的原则;(4)确保地方政府有足够的财源行使权限,对贫困地区的财政要通过中央政府调整功能进行扶助;(5)要承认地方政府的自主征税权;(6)要保障地方政府之间就共同事务建立联合组织的权力;(7)除了明文规定除外的事项,地方政府应该享有全权;(8)地方政府为确保自治有权寻求司法救济。上述不同于联邦制的地方自治制度的基本设计所提示的政治改革方向,对中国也有相当程度的借鉴意义。

在地方分权的思路中考虑地方政府之间的法治竞争机制的形成和发展,首先需要重视浙江、江苏、上海等地的"法治指数""法治白皮书"等富有创新意识的实践活动。这些地方政府在追求善治的过程中围绕地方法治的理论和实践进行探索,一方面是根据当地的特殊条件和需求,在与选举、地方人大立法、行政审批事项、行政复议、行政诉讼、民事侵权诉讼、刑事诉讼、廉政举措、法律职业、院外解纷机制、社会保障、环境保护、消费者保护等相关制度的安排上表现出差异;另一方面又反过来通过"法治政府"的各种举措改变了当地的条件和需求,形成了在国内的制度竞争优势,使得不同地方之间在经济和社会发展上的差异性更进一步显露出来。由此可见,通过改革释放红利的命题,应该也完全可能通过地方法治竞争来落实和验证。如果把地方自治和税源再分配的政策与法治政府建设的绩效挂钩,将会有力促进自下而上的制度创新,并能把分权与整合有机地结合起来,实现政治体制改革软着陆。在这个推动地方法治竞争的过程中,学者和律师可以发挥重要的功能,当事人的维权诉讼活动以及社会舆论(尤其是网络舆论)的促进作用也不可忽视。

二、个人依法维权的诉讼

我国是人民当家作主的国家,主权在民,但人民怎么主张其权利,公民个人怎样享有当家作主的权利,都不是很清楚。一般而言,个人能够切实主张的只是诉权。因此,合理的诉权体系就是现代法治秩序的核心。对于大多数普通公民而言,法律是抽象难懂的,也是遥远的,他们往往通过看得见摸得着的具体案件的审判来感受法律。对法律体系或者法律秩序的评价,也往往基于个案感受。审理是不是公平,判决是不是符合他对正义的理解、他的公正感,这样的感性认识决定了他对法律制度的理性认识。所以诉讼案件具有很高的社会关注度,会成为舆论热点。中国法律文化传统里有去讼、厌讼的元素,但在现代法治国家,诉讼的正面意义得到更高的评价。例如德国的著名法学家耶林在提出"为权利而斗争"这个命题的时候,意在鼓励维权诉讼,并且特别强调这样的诉讼不仅是公民的权利,更是公民的义务。把维权诉讼理解为公民的义务,这是公序良俗的视角,的确意味深长。诉讼不仅仅是为了维护自己的个人权利,还为了维护法律秩序与社会正义,所以碰到侵权行为就一定要不平而鸣,就一定要诉诸法庭,否则就没有尽到一个公民应尽的义务。这样的思路,与"乡愿,德之贼也"的论述其实也是相通的。这说明个人诉讼本身就是有公益性的,更何况公益诉讼。

这也说明个人应该而且有可能在法律实施中发挥积极的作用。没有诉讼,法律体系就根本运作不起来。可见通过诉讼来强化公民个人的权利主张是具有重要的积极意义的。虽然健讼并非为我们所鼓励,但在既得利益集团太强大、阶层几乎固化的现在,压抑维权诉讼就会使弱势群体求告无门,绝非明智之举。相反,要为老百姓的维权诉讼提供适当的诱因,提供方便的条件。例如要使现有制度中规定的依法维权的各种要素都能配置得更加合理,包括提供充分的法律信息、降低诉讼的社会成本、明确法律行为可预期的利益和损失究竟在什么地方等等。所以,我们在考察一个社会的法治程度时,要看制度设计是不是方便公民诉讼,有没有足够的律师为公民维权提供专业服务。

三、律师"技术死磕派"的辩护活动

2007 年 10 月 28 日修订后的《律师法》,在第二条第一款里对律师的定位进行了一项重要的调整,给出了"为当事人提供法律服务的执业人员"的正式表述。从"国家的法律工作者"(1980 年《律师暂行条例》),到"为社会提供法律服务的执业人员"(1996 年《律师法》),再到现在的"为当事人提供法律服务",逐次展现了律师业的不同层面。当然,要完全固持其中某一特定属性的立场都是困难的,也存在片面性,因而我们需要某种多维的理解。因此,现行《律师法》第二条第二款紧接着要求律师发挥三种职能,即维护当事人合法权益(客户代表)、维护法律的正确实施(司法角色——相当于美国律师协会职业行为准则里所说的作为 an officer of the legal system 的那一部分责任)以及维护社会公平和正义(公益载体)。

但无论如何,在这里,律师工作的重点已经转移了,适当转移到律师与当事人之间的关系上来了,颇有那么一点客户本位的意思。虽然现在还只是话语上的变化,作为法律职业的规范其影响却是非常深远的。当然,律师加强与当事人之间的关系,也有赖于一些基本条件。其中最关键的是司法的技术合理化、对抗制因素的增殖以及程序公正观念的树立。从某种意义上说,把律师界定为客户代表,也等于基本承认了两者有权缔结攻守同盟,以共同抵制权力者或社会强势群体对公民自由以及合法权益的恣意侵犯。律师的客户本位尽管不必像布鲁厄姆勋爵主张的那么绝对,要求"律师在履行职责时只应该知道一个人,即自己的客户;要把不惜任何代价、甘冒任何危险并采取一切手段和办法解救客户作为首要的甚至唯一的义务"。但毫无疑问,就职守属性而言,律师还是应该忠于客户的,应该成为真正值得当事人信任和委托的"权利卫士",尤其是在刑事辩护案件中,更需要有那么一点为客户上刀山、下火海也在所不辞的胆识。

但也要意识到,在律师与客户合体化程度提高后,或多或少会存在两种潜在的危险,绝不容等闲视之。一种是在客户解除戒备之后,或多或少具备权力契机(起源于司法角色的职能)和营利性(作为在法务市场中竞争并自负盈亏的执业人员)的律师假如心术不正,其实很容易上下其手侵犯当事人的利益。换个说法,也就是律师对客户既可以保护,也有机会加害;尤其当两者之间的关系带有明显的竞争色彩时,很可能产生现实威胁。还有一种危险,就是律师出于私益的考虑与客户勾结起来玩弄法律条款,以违背职业伦理的方式损害国家秩序或社会的公共利益。假如这两种危险变成现实,结果大都相同:所谓"圣职"的光环势必消失殆尽,部分律师将堕落成浑身散发着铜臭气的奸商或者趋炎附势的政治掮客。为了防止这样的事态发生,除了必须加强法务市场竞争的自由度和公平性、打破身份关系壁垒之类的对策,还必须进一步加强职业伦理教育、整顿纲纪、陶冶高尚品格、提倡自律和公益活动。

对律师而言,职业伦理的精髓在于通过为客户服务的方式来实现和维护社会公益以及正义。在执业过程中,除了对当事人的"党派性"忠诚,还要向业内同仁、法院、检察院以及整个社会负责,始终采取光明正大、坦率执着的态度做事为人。在营利和取酬方面,要始终坚持诚信原则,不掩盖真假,不颠倒黑白,不采取违法手段为客户谋私。总之,"君子营利,取之有道"是律师道德的最基本要求。除此之外,《律师法》第四十二条还规定了法律援助义务,促使律师超出执业的范围去积极参与法律援助以及其他各种公益性活动。换句话来说,"君子奉公,损益不计"构成了律师道德的另一个重要方面,与前述的作为司法干部和公益载体的职能相对应。

在这里特别要强调的是,帮助公民个人诉讼的、精通法律专业知识和技能的律师很重要。律师的规模越大,就越有可能实现专业分化和分工,维权的服务就越有保障。律师的社会地位越高、作用越大,就越有可能把维权的事情做好,也就越有可能把法律落到实处。更重要的是,律师的态度越认真,在程序、证据以及适用规则上反复挑剔的活动越到位,冤假错案发生的概率就会更低,判决以及法院的权威性也就更高。因此可以说,爱在法律技术上不断挑毛病的律师"死磕派"构成落实法治方式的另一种最重要的操作杠杆。所谓"死磕"就是较真,律师必须较真才有可能把客户的合法权益保住，才有可能切实推动法律实施，才有可能避免冤假错案、提高办案质量。

四、新媒体的舆论监督

新媒体时代使我们的传播环境发生了非常大的变化。传统的公众传媒是一个专业化的等级结构，而新媒体是大众参与的平面结构。每个人都可以自由地发布信息和接受信息，话语权下放了，自我中心主义的倾向增大了，这样的平面互动会造成社会的涟漪效应。在这样的背景下，对司法的舆论监督无处不在，带来了一系列的变化。在司法与公共舆论之间关系演变的过程中，首先可以看到一个很好的动机。由于我国司法制度还不完备，社会信誉度还不高，有关当局试图通过对审判的舆论监督来确保司法公正。随着公民权利意识和法律意识的增强，对诉讼案件的社会关注也在不断增强，而新媒体为公民观察、参与以及监督审判提供了非常便捷的手段。结果是围绕审判的网络舆论越来越活泼化，俨然形成了一个虚拟法庭、影子法庭。

这样的司法舆论带来两方面的结果：一方面，办案法官以及整个司法系统被置于聚光灯下，接受公众的审视和品头论足，法律问题成为社会热点，审判权似乎从边缘转移到中心；但另一方面，法院的一举一动都在舆论的监督之下，舆论左右审判结果的事态时有发生，甚至出现了舆论审判的现象，这是需要预防和矫正的。因为舆论本身一旦成为权力或规范，就会使严格依法审判和独立审判的原则发生动摇。而在这样的舆论场里，人们都从传统的社会结构、正式的国家制度以及实证的法律规范的重负中解放出来，可以自由集散，但也可能被某种权力策略所吸引和操纵。因为这里不存在哈贝马斯特别强调的"理想的发言状况"，信息是不对称的，事实是不透明的，结论是未经过质疑的。正如美国著名媒体人士李普曼早就在《公众舆论》一书中尖锐指出的那样，"在所有错综复杂的问题上都诉诸公众的做法，其实在很多情况下都是想借助并无机会知情的多数的介入，来逃避那些知情人的批评"。

（摘自季卫东：《论中国的法治方式——社会多元化与权威体系的重构》第四部分，原载《交大法学》2013年第4期。）

当下中国的公共领域重建与治理法治化变革

马长山

无疑,公共领域兴起中所高涨涌动的公共舆论及其法治诉求对当下中国的民主法治进程具有重要的推动和支撑作用,然而,受体制框架、文化传统、社会转型、国民素养等诸多因素的影响,其也遭遇了一定的中国问题与困境,在功能发挥上受到了一定的制约或限制。

一、"两个舆论场"的结构性张力

按照哈贝马斯的观点,封建时代只有"公共性",但没有近代意义上的公共领域。直到市场经济形成和代议政府的确立,才真正出现了国家与社会、公共管理和私人自主的二元结构,对公权力进行合理性审视与批判并为民主法治提供合法性源泉的公共领域也才得以兴起。[①] 然而,垄断资本主义时代的到来导致了国家与社会、公域与私域相互渗透的"混合"倾向增大,发生了公共领域的"重新封建化"和结构转型,从而使公共领域丧失了其批判精神和证明统治合法性的功能。因此,公共领域重建成为西方民主法治建设的时代任务。

由于诸多的历史与现实因素和新政权的理想蓝图,中华人民共和国成立后一直由官媒引导舆论,以确保公共领域的国家性质和正确的政治方向,进而在"阶级斗争"的政治运动中承担高举"革命"旗帜、传播"革命"真理、实施对敌"专政"的意识形态建设使命,因此,其造就的是一种单元的、政治正确的、不可争辩的公共舆论场。改革开放后,随着国家简政放权、市场经济发展和民主法治化进程的不断

---

① 参见[德]哈贝马斯:《公共领域的结构转型》,曹卫东等译,学林出版社 1999 年版,第 23 页。

深入,社会舆论和公共领域才出现了重大结构分化。一方面,体制内的官媒仍然是公共领域的主导力量,控制着公共舆论的话语权、重大信息发布和主流价值观的建设方向;但另一方面,在当今全球化、信息化、网络化时代,市场化媒体和自媒体迅速崛起并呈上升趋势,呈现出一定的私人化、平民化、普泛化、自主化的时代症候,从而形成了体制外的公共空间和舆论话语权。于是,这就形成了"两个舆论场"——即由党报、国家通讯社和国家电视台所组成的官方舆论场,以及都市报等,特别是互联网构成的民间舆论场。事实上,互联网已成为"思想文化信息的集散地和社会舆论的放大器",从而改写了"舆论引导新格局"。①

应当说,大多数国家的公权力都因其治国理政的政策纲领、外交内政、变革举措、应急处理、司法裁断、问题回应等等而处于公共领域关注的轴心,但它最多是公共舆论的议题设置者、方向导引者和公共论辩者。这是因为,它们虽然时刻影响着媒体,但并不直接掌控媒体,甚至还不断承受着作为"第四权力"的媒体舆论给其制造的"麻烦"。这样,在这些国家的多元交互的公共舆论场上,就存在着公权力话语与民间话语的二元结构,它们常常会达成重叠性共识,但也会不断产生背离、分歧,甚至对抗,展现民间舆论对公权力话语的民主监督与制约。相比之下,在当下的转型中国,情况却明显不同。随着改革进入"深水区"和转型关键期,某些特殊利益集团盘踞国民经济,并出现了借"维稳"打压民众基本公正诉求的情况,官方话语与民间话语、体制内与体制外开始渐行渐远。② 然而,与大多数西方国家的一个重要不同是:我们并不仅仅是官方话语权与民间话语权发生了分离与隔阂,而是形成了特征明显、构成清晰、力量庞大的"两个舆论场"——"以党报、国家电视台、国家通讯社为代表的主流媒体舆论场,和以互联网'自媒体'为代表的民间舆论场"③。由于西方国家很少有官媒或体制内媒体,因此,它们的公共领域主要依托于市场化媒体和互联网空间,并构成了公权力及其运行的重要平衡力量和监督平台。这样看来,他们的官方话语与民间话语之间的分离甚至对抗,并不能算严格意义上的"两个舆论场",而是更多地表现为公共舆论场上的两种话语

①　参见邓瑜:《解析 2012 年新媒体热词:两个舆论场》,http://www. gmw. cn/media/2013-02/05/content_ 6630186. htm,2015 年 1 月 28 日。
②　参见祝新华:《"两个舆论场"的由来和融通之道》,载南方传媒学院主编:《南方传媒研究》(第 38 辑),南方日报出版社 2012 年版。
③　石岩:《2014 年的中国网络舆情:"拉一拉就是朋友,推一推就是敌人"》,《南方周末》2015 年 1 月 22 日,第 21 版。

权,尽管官方话语权有时候还很强势;但中国情况就大不相同了,我们拥有国家直接掌控的数量庞大的体制内媒体及其运营团队,以此形成了以体制为平台与核心的媒体阵营和官方舆论场域,并与民间舆论场发生分离、交集与隔阂。"两个舆论场各说各话,撕裂严重。"①这种公共领域的结构性张力与逆向运行,不仅反映出我们社会管理体制的僵滞,特别是文宣制度缺少自我反省和纠错能力,也是中国社会出现治理危机的一个信号。但自 2013 年始,特别是党的十八大后,"两个舆论场"开始发生重大变化,"相互渗透、彼此占领、犬牙交错"成为"中国传媒界引人注目的一道风景,也是一道待解的方程式"。② 如果这个问题长期得不到解决,不仅会严重消解公权力权威及其合法性基础,也不利于形成共识价值观、社会认同和公民性品格,甚至还可能会造成某些地方政府大棒"维稳"与民间诉求反弹之间的恶性循环,释放"暴力—暴戾"的极端情绪和加剧社会撕裂,从而严重违背当下全面推进依法治国的战略部署,对法治秩序建构造成严重冲击,因此,必须认真对待。

二、宏大政治指向与"体制性连带"诉求

在大多数国家,公共舆论关注的问题都是异常多元的,既有国家大政方针,也有民权民生、文化娱乐、名人逸事,还包括大量很无聊的日常琐事。但当下中国正处于改革"深水区"和转型关键期,各种问题困境、利益博弈和民众诉求均呈集中凸显、交互作用的态势,这反映或投射到刚刚崛起的公共领域中,就难免使公共舆论常常聚焦于行政和司法领域,具有比其他国家更为浓重的宏大叙事、政治指向和体制性连带等取向,由此带来了复杂的社会影响。

其一,与政治系统的互动博弈。如前所述,自垄断资本主义兴起以来,西方国家的公共领域就出现了"重新封建化"的趋势,即其批判反思、对话商谈、民主监督和政治合法性供给功能开始式微,甚至出现崩溃的迹象。③ 直到大众传播时代到

---

① 参见石岩:《2014 年的中国网络舆情:"拉一拉就是朋友,推一推就是敌人"》,《南方周末》2015 年 1 月 22 日,第 21 版。

② 参见祝新华:《"两个舆论场"的由来和融通之道》,载南方传媒学院主编:《南方传媒研究》(第 38 辑),南方日报出版社 2012 年版。

③ 参见[德]哈贝马斯:《公共领域的结构转型》,曹卫东等译,学林出版社 1999 年版,第 202 页。

来,公共领域才得以被拯救和复兴,呈现出"电子民主"的空间与可能,并伴有与政治系统互渗与共振的趋向。然而,这更多的是公共领域与政治经济系统之间的关系调整,以及公共领域结构与功能的转型。而中国情况则不同,公共领域的发育成长较晚且不很成熟,而且当下正处于改革"深水区",因而,公共领域与政治系统之间的相互影响与作用较大。我们透过"医改"合法性供给机制变革、网络反腐的体制外运行以及司法过程中的法外"政治合法性"等等就可看到,①中国的公共领域承载着远比其他国家更浓重的政治指向与变革期待,这种指向和期待被输入体制并形成全面深化改革的巨大压力,从而促进体制做出回应,最终转化为推进民主法治建设的时代动力;但公共领域的空间、平台、机制以及它所承载的法治诉求输入体制的途径、方式、效果,都要受到政治系统的某种界定、引导与规制,特别是政治系统的民主开放度、对公共领域诉求的吸纳度、公共领域与政治系统对接循环的渠道与机制等等,都直接影响乃至框定着公共领域的运行生态与发展方向。这就是说,当下中国的公共领域兴起,是在与政治系统的互动博弈中前行的,是在与政治系统相互塑造、变革、适应、磨合的进程中展现其对民主法治建设的动力功能的。

其二,司法为民定位下的政治指向与群众期待。改革开放以来,我国一直在坚持走中国特色社会主义道路,因而,司法为民与公正司法也就成为对司法机关、司法体制和司法工作的属性定位与方向指引。这就意味着,政法工作"直接关系广大人民群众切身利益",而司法机关和广大干警也要"从让人民群众满意的事情做起,从人民群众不满意的问题改起,为人民群众安居乐业提供有力法律保障"。② 应当说,这是社会主义本质属性所决定的,也是我们不能丢弃的群众路线传统,但在新的历史条件下,它也容易受到地方政府和官员的某种过度政治化、平民化、庸俗化的误读,特别是可能会受到"父母官"情结、运动化司法甚至公器私用的御用意识等因素的影响,因而,也就会在司法过程中确立起超越法律、干预司法的宏大政治性指向(如张金柱案、李国和案);与此同时,广大社会成员也常常会以

---

① 在很多"舆情公案"中,其实公共舆论并未直接影响司法,而是带给了政治决策层一定的压力,然后通过"领导批示"等法外"政治合法性"的方式来干预司法,最终导致司法结果的改变,因而,呈现一种"政治性策略"的路径。参见马长山:《法外"政治合法性"对司法过程的影响及其消除——以"李国和案"为例》,《法商研究》2013 年第 5 期。

② 参见周强:《坚持司法为民公正司法 努力维护社会公平正义——学习贯彻习近平总书记在中央政法工作会议上重要讲话精神》,《求是》2014 年第 5 期。

"人民群众"来进行自我角色认知和利益主张,并基于此放大对司法机关和司法案件的关注与质疑,进而形成超出法律边界的政治性诉求与"为民"期待。这一方面很容易把具体的个案公平放大为抽象的社会正义(如"天价过路费"案、许霆案等),另一方面也很容易把单一问题转变为类型化问题(如吴英案、唐慧案等)。这样会加剧司法过程中本不该有的政治化互动和法外干预,其不仅会妨碍司法权的独立行使与运行,还会助长公权腐败、司法不公和法治乌托邦情绪。因此,正确理解司法为民并构建公共舆论与司法过程之间的法治化互动关系,任务十分重要而紧迫。

其三,直指制度变革的"体制性连带"诉求。当下中国已经进入了变革与发展的攻坚期,一方面各种陈旧的制度痼疾日益暴露,另一方面新兴的利益关系、权利主张和社会机制亟待合法化确认和保护,这使得滞后的制度变革与高涨的民众呼声之间形成了很大落差与张力。正是基于这样一种时代背景,公共领域兴起中所涌动和承载的法治诉求自然带有很多对制度变革的激情和热盼。这不仅表现为公共舆论对一些司法案件寄予了超出中国司法机关承载能力与范围的制度变革愿望(如高价过路费案、吴英案、唐慧案),也往往把一些错综复杂的问题统统归结为体制和制度问题,进而将个案放大为制度变革的典型、契机甚至支点。这样,公共舆论就已不再是"就事论事"的微观向度,而变成了宏观的、深层的、直指制度变革的"体制性连带"诉求。它不仅对司法过程产生了超负荷影响,也对国家的制度变革进程产生了一定压力。因而,这需要通过深度的政治体制、行政体制和司法体制改革,建立正常的制度变革和司法监督机制来予以解决。

三、理性公民精神的明显阙如

事实上,公共领域是现代社会运行机制的心脏。"公共舆论不仅包含着现实界的真正需要和正确趋向;而且包含着永恒的实体性的正义原则,以及整个国家制度、立法和国家普遍情况的真实内容和结果。这一切都采取常识的形式,这种常识是以成见形态而贯穿在一切人思想中的伦理基础。"①然而,在当下中国,由于公共领域才刚刚兴起,公共舆论也不成熟,加之我们正处于改革"深水区",各种矛盾和问题较为集中,因此,激进、保守、温和派等各种思潮涌动跌宕,其中难免有

---

① ［德］黑格尔:《法哲学原理》,范扬等译,商务印书馆 1996 年版,第 332 页。

一些非理性的因素存在。

　　一方面,其常常赋有情绪化的激进情怀。当中国进入改革"深水区"后,制度变革滞后于社会转型要求的情况越来越突出,社会问题也不断淤积加重,这导致了很多上访甚至群体性事件的出现。针对这一态势,由于种种原因,一些地方政府和官员采取了压制摆平式的"大棒"维稳策略。这不仅导致了矛盾升级,还使得不满情绪和怨恨心理在大众传播的时代环境中被不断放大和快速传播。为此,近年来中国公共领域所承载的法治诉求在观照世界民主法治进程的主流精神的同时,也常常伴有群情激昂的情绪化言辞和激进情怀,其中夹杂着非理性的直观判断,甚至还有"民粹"主义倾向,其缺少应有的理性公民精神。这就难免使公共领域的兴起与发展,以及它对中国民主法治进程的动力和支撑功能受到某种程度的影响。

　　另一方面,其也常常承载着道德化的理想诉求。改革开放 30 多年来,中国的法制建设步伐不断加快。2011 年初,时任全国人大常委会委员长吴邦国宣布"中国特色社会主义法律体系已经形成",这无疑是一项重大成就,也对中国的法治进程具有重大意义。然而,我们也要看到,由于改革发展的速度与节奏很快,很容易导致法律稳定性与社会变革之间产生矛盾或者冲突,甚至使得某些刚刚出台不久的法律规范就已显得"不合时宜"了。更重要的是,由于时代的局限,我国法治建设中的"法条主义"和"工具主义"倾向明显,对法律价值和法治精神的体现与弘扬还不够充分,治国理政中的法治思维和法治方式也难以有效确立。对此,党的十八届四中全会《决定》明确指出,"必须清醒看到,同党和国家事业发展要求相比,同人民群众期待相比,同推进国家治理体系和治理能力现代化目标相比,法治建设还存在许多不适应、不符合的问题",特别是"有的法律法规未能全面反映客观规律和人民意愿","有法不依、执法不严、违法不究现象比较严重","群众对执法司法不公和腐败问题反映强烈","知法犯法、以言代法、以权压法、徇私枉法现象依然存在"。这样,就难免导致法律体系的运行与不断发展变革的利益关系及民众诉求之间,产生某种程度与范围的游离或阻隔,其也难以充分适应和满足"深水区"改革的时代需要。法治建设进程中存在着某种"价值不足"的状况,而传统文化中的道德理想主义和阶级情感则趁机重新泛起。于是,公共领域所涌动出来的法治诉求便承载着太多的"价值判断性"的道德理想和改革期盼,这在许霆案、邓玉娇案、药家鑫案的公共舆论中表现得十分明显。无疑,这种道德化的理想诉求固然是对当下中国的贫富差距、社会不公、强权暴力、民权微弱等问题的自然回应与反思,是推进法律体系完善和法治建设的重要动力,但在司法个案中浸染过多的道德化理想,也暴露出理性公民精神不足的问题。这不仅不利于个案的司法处理,也不利于法治观念、法治思维和法治方式在全社会的普遍确立。对此,需要下大力气予以克服和解决。

（摘自马长山:《当下中国的公共领域重建与治理法治化变革》第二部分,原载《法制与社会发展》2015 年第 3 期。）

以法律为主导的多元规范共存

刘作翔

要理解以法律为主导的多元规范共存,首先要从两个方面入手:第一个方面,对当代中国的规范体系做一个全方位的梳理和扫描,必须了解在当代中国到底有多少种规范类型,这些规范类型是什么样的一个结构体系;第二个方面,在这样一个前提的基础上,要进一步研究,这样一个多种规范类型同在的情况下,它们之间的相互关系是怎样的,进而导出以法律为主导的结论。

一、当代中国的规范体系及其结构

现代国家和社会的治理首先表现为规范体系的治理。现代国家是一个依靠规则进行治理的国家形态。法治国家首先是指一个国家的治理是一种规则性治理,即是一种规范体系的治理。规范体系概念的提出,是为了因应国家治理体系和治理能力现代化的需求。规范体系为国家机关、政党、社会组织、公民个人等各类主体的行为创设规则,并使其遵循之。[①] 当代中国的规范体系基本上可以划分为以下四大体系。

第一大体系是法律规范体系及其结构。在当代中国的规范体系中,法律规范体系是首位的,而且是最重要的。它的重要性在于法律规范体系会成为其他规范体系的一个判断标准。把法律规范体系作为第一大体系,其法理根据是:在法治国家和法治社会,包括宪法在内的法律规范体系为国家和社会确立基本政治结构、政权结构、经济体制、社会体制、司法体制、文化体制等,为各类国家机构授予权力以及行使权力的原则和程序等,为公民确立权利和义务以及行使权利和履行

---

① 刘作翔:《当代中国的规范体系:理论与制度结构》,载《中国社会科学》2019 年第 7 期。

义务的条件和保障,因此,包括宪法在内的法律规范体系,应该是最高的行为依据和规范准绳。按照中国的《立法法》,法律规范体系可以分为国家立法和地方立法。国家立法可分为:(1)宪法;(2)法律;(3)行政法规;(4)国务院部门规章。地方立法可分为:(1)地方性法规;(2)地方政府规章;(3)自治条例;(4)单行条例。由此,法律规范体系有两大层次、八大结构。这是当代中国法律规范体系的基本状况。①

法律规范体系除了以上八种结构,现在要增加一种新的结构形式,即"监察法规"。"监察法规"在我们国家法律形式里面是一种新的形式,现有的《立法法》没有这种形式。如何给它归类呢? 不可能把它归到行政法规中去,因为行政法规是国务院制定的,而监察法规是由全国人大常委会授权国家监察委员会制定,由国家监察委员会发布的。按照我国《立法法》的规定,行政法规由国务院总理签署,而监察法规是以国家监察委员会的名义发布,很明显,监察法规不可能归属到行政法规中,更不可能归到下位阶的国务院部门规章中,因此,会产生一个新的法律形式,即"监察法规"。按照我国《立法法》的规定,法律规范类型是八种,现在要增加一种,即监察法规,变成九种。当然,这个问题需要在《立法法》中做出修改和补充。

第二大体系是党内法规体系和党的政策体系。党内法规的制定依据是《中国共产党党内法规制定条例》(以下简称《党内法规制定条例》)。2019 年修订后的《党内法规制定条例》第六条规定:"党内法规一般使用条款形式表述,根据内容需要可以分为编、章、节、条、款、项、目。"即凡是以条款形式表述的就是党内法规。除了以条款形式表述的党内法规,还有党组织发布的决定、决议、通知等不是以条款形式表述的,怎么给它归类呢? 这就出现了一个新的形式,即党的规范性文件。《中国共产党党内法规和规范性文件备案审查规定》第二条规定:"本规定所称规范性文件,指党组织在履行职责过程中形成的具有普遍约束力、在一定时期内可以反复适用的文件。"党的规范性文件可以概括为党的政策,比如党的十九届四中全会的决议不是以条款的形式表述的,它属于党的政策,党的十八大报告、十八届四中全会决议、十九大报告等等这样一些以文件形式呈现的党的决策、决议,都属于党的政策范畴。这样一来,在党的规范类型里面就出现了两种形式:一种就是党内法规体系,即以条款形式表述和发布的;另外一种不是以条款形式发布的党

---

① 刘作翔:《当代中国的规范体系:理论与制度结构》,载《中国社会科学》2019 年第 7 期。

的规范性文件,即党的政策体系。学界在研究党的规范问题时经常容易将两者混为一体,其实是两种规范形式。

关于党内法规的最新发展,修订后的《党内法规制定条例》第十三条第二款规定:"制定党内法规涉及政府职权范围事项的,可以由党政机关联合制定。"这个规定有个大的背景,就是党政机构合并、合署办公后带来的新问题。这个规定有两个指向:一是今后的党内法规,可能同政府职权相关联;二是党政机关联合制定的这个规范属性如何确定? 是仍然属于党内法规,还是属于别的规范类型? 有的学者将它称为党政联合立法,这种说法是否准确? 能不能说它是联合立法? 恐怕还不能,因为它毕竟还是在《党内法规制定条例》里面规定的。那么党政机关联合制定的这个规范叫什么? 它仍然叫作党内法规,属于党内法规范畴,是党内法规的一种新的类型,即由党政机关联合制定的党内法规。

第三大体系是国家政策体系。关于国家政策能不能作为一个规范,有一些理论争论。有些专家质疑政策能否成为一种规范,这个问题涉及我们如何理解规范。从规范的概念来讲,家规也是规范,中国传统社会中的族规家法是典型的社会规范。国家政策也可以看作是一种规范,国家政策有明确的约束作用、指导作用和规制作用。虽然《民法总则》第十条取消了国家政策,但是在我国法律体系的270多部法律中,大约有100多部法律、200多个法律条款直接指向国家政策,法律条款中的国家政策种类大约有20多种,几乎我们能够想象到的国家政策类型在法律体系中都存在。很多的学者在研究法律和政策关系的时候忘记了这一点,在我们的法律体系里,有许多的国家政策是直接进入法律条款的,即当我们依照法律处理一个事情的时候,法律条文将直接指向一个国家政策,最后还要看国家政策是如何规定的。

国家政策体系可以分为国家总政策和国家具体政策。国家总政策就是国家在一个时期内宏观性的、阶段性的、战略性的决策和部署,例如"十三五"规划、"国家人权行动纲领"等等。国家具体政策可以分为三大类:第一个是立法政策,最典型的是立法规划,全国人大每五年换届,每一次换届提出一个五年立法规划,立法规划就是立法政策最典型的表现;第二个是司法政策,司法政策的表现方式多种多样,其中司法解释就典型地表达了司法政策的内容;第三个是行政政策,即国务院及其下属单位发布的在行政工作中要贯彻落实的行政政策。

第四大体系是社会规范体系。社会规范体系是指由社会自身产生的以及社会组织等制定的规范类型。社会自身产生的规范如习惯和道德规范。比如习惯,不是由哪个主体、哪个组织制定的,它是一种历史的、文化的、传统的积淀,被人们所约定俗成遵守的一种规范类型;而道德规范则是人们的一种道德认知和内心体验,是一种观念形态,这种观念形态指导着人们的行为和行动。除了社会自身产生的习惯和道德规范,社会规范的很多类型是由社会组织制定的,社会组织作为主体所制定的规范样式很多,表现形式也很多。

从社会规范的表现形式来看,社会规范体系可以分为以下几种:第一种是习惯,习惯是社会规范体系中最典型的一种形式;第二种是道德规范;第三种是宗教规范;第四种是自制规范。在自制规范中,有的是自治型的,有的是非自治型的。在第四种自制规范中,还可以细分为以下四大类:第一大类是社团章程和规则;第二大类是大学章程;第三大类是村规民约、乡规民约、居民公约等;第四大类是从中央国家机关到基层企事业单位的自制规章。

以上四大体系有不同的特点。前三大体系,即法律规范体系、党内法规和党的政策体系、国家政策体系,皆是由立法机关、执政党组织、政权机关制定的,和政治权威密切相关。而社会规范不是建立在政治权威基础上的,是由社会自身产生或者由社会组织制定的。以企业事业单位为例,其法律性质仍然是一个私法主体,它们制定的规章也不是以政治权威为基础和后盾的。至于从中央国家机关到基层企事业单位自己制定的大量的自制规章,也不具有法律属性。所以,四大规范体系的前三大体系和后面的社会规范体系应该有所区别。

二、当代中国规范体系及其结构之间的相互关系

当代中国规范体系及其结构之间的相互关系是一个非常重要的问题。在研究当代中国规范体系问题时,笔者认为,在当代中国各种规范体系中,每一种规范都有它自己独立的价值和作用,在各自不同的领域和场域中发挥着自身的作用。由于各种规范体系的制定主体、制定程序、适用对象、适用范围都不同,它们之间的相互关系呈现为复杂的关系。

首先,党的十九大报告提出了"坚持党对一切工作的领导"。党领导一切工作就需要通过一定的规范形式去领导,这种规范形式一个是党内法规;另一个是党的政策,即党的路线方针政策,以及那些不用条款形式呈现的党的决议、决策、意见、通知等规范性文件。因此,党的政策对于整个规范体系的其他制度结构都有一种领导和指导的作用,这是必须明确的总原则。

其次,在坚持前一原则的前提下,总体上讲,所有的规范体系和类型都不能违反宪法和法律,因而,宪法和法律在当代中国规范体系中具有最高的和最权威的地位,包括党内法规在内,也不能违反宪法和法律,其制度依据就是《党内法规制定条例》。《党内法规制定条例》中有两条明确的规定,其中第七条"党内法规制定工作应当遵循下列原则"的第五项规定:"坚持党必须在宪法和法律的范围内活动,注重党内法规同国家法律衔接和协调";第二十七条规定"审议批准机关收到党内法规草案后,交由所属法规工作机构进行前置审核",前置审核主要审核内容的第三项为"是否同宪法和法律不一致"。这两个条款明确规定了党内法规的制定要"坚持党必须在宪法和法律的范围内活动"的原则,并"注重党内法规同国家法律衔接和协调",就是在起草党内法规草案的时候,不能违反宪法和法律;审议批准机关在审查党内法规草案的时候,应把"是否违反宪法和法律"作为审议批准的一个重要的审查内容。所以,党内法规的制定要遵循党在宪法和法律范围内活动的原则。

党的政策对于规范体系的其他制度结构具有领导和指导作用。党的政策的制定不能违反宪法和法律,其制度根据除了上述的"党必须在宪法和法律范围内活动"的党章原则和宪法原则,还有《中国共产党党内法规和规范性文件备案审查规定》第十一条"审查机关对符合审查要求的报备党内法规和规范性文件,应当予以登记,从下列方面进行审查"的第二项规定:"合法合规性审查。包括是否同宪法和法律相一致";第十九条规定"党内法规和规范性文件存在下列情形之一,审查机关应当不予备案通过,并要求报备机关进行纠正",其中第二项规定不予通过的情形就是"违反宪法和法律的"。

还有一个需要强调的问题:中国现在处在改革的转型期,改革是中国转型社会的主旋律。从改革的需要出发,会出现一些改革的方案、决策与宪法和法律不一致的情况,如何处理这种情况? 其实,党的十八届四中全会的《决定》已经给出了答案,即"重大改革要于法有据",这是处理改革与法治关系的重大原则和制度安排。① 凡是需要进行改革的,如果与现行法律不一致,通过先行先试,经过法律授权以后,在先行先试的领域、地区、事项,现行法律中止效力,这样就解决了改革的合法性问题。所以,"重大改革要于法有据"这一重大原则的确定,解决了改革

① 参见刘作翔:《论重大改革于法有据:改革与法治的良性互动——以相关数据和案例为切入点》,载《东方法学》2018 年第 1 期。

的合法性问题，即改革不能在违法的状态下进行，这就避免了我们以前的改革有时在违法的情况下进行的风险。

再次，由于各种规范类型的制定主体、制定程序、适用范围、适用对象的不同，在当代中国规范体系的四大体系之间，很难说存在着一种效力位阶关系。虽然各种规范类型的制定及其内容都不能违背宪法和法律，这是法治原则和法治要求，但不好说其他规范类型的制定一定要依据宪法和法律，这是两个既相互联系又有所不同的问题。

最后，法律规范体系、党内法规和党的政策体系、国家政策体系的内部，各自存在着比较复杂的效力关系。如，法律规范体系之间，应该遵循《立法法》所确定的效力原则，即上位法高于下位法、新法优于旧法、特别法优于一般法等；党内法规体系中，根据《党内法规制定条例》第三十一条的规定，其效力位阶规定是很清楚的；党的政策体系中，党所确定的路线、方针、政策对于具体的党的规范性文件有指导作用；在国家政策体系中，国家总政策高于国家具体政策；在国家具体政策中，立法政策、司法政策、行政政策三者相互独立，又相互产生影响，其中，立法政策对于司法政策和行政政策有指导作用。社会规范体系各规范类型之间相互独立，没有效力关系和隶属关系。①

三、法律的人民意志属性决定了以法律为主导的多元规范共存格局的形成

当代中国的规范体系应该形成以法律为主导的多元规范共存的格局。首先，多元规范体系的存在是一个不容否认的现实状态。在这个基础上，通过对它们之间相互关系的分析，可以得出"以法律为主导的多元规范共存"这样一个结论和命题。之所以要以法律为主导，是因为法律具备了正当性要素和合法性要素。从原本含义讲，法律规范也是社会规范的一种。德国的法社会学家托马斯·莱塞尔（Thomas Raiser）认为："事实上，法律是社会规范的特殊形式。"②在早期，规范合一，混沌不分，后来逐渐分出道德、法律、宗教、禁忌等，早期的规范都是社会规范

---

① 参见刘作翔：《当代中国的规范体系：理论与制度结构》，载《中国社会科学》2019 年第 7 期。

② ［德］托马斯·莱塞尔：《法社会学导论》，高旭军等译，上海人民出版社 2008 年版，第 162 页。

的组成部分。但是由于社会的发展,法律规范逐渐在社会规范中占据主导地位,由于法律规范的特殊性和重要性,"法律规范"从社会规范的概念中剥离了出来。① 在现代社会中,法律的制定都要经过一个复杂的立法论证的科学化、民主化和程序化过程,这个科学化、民主化和程序化过程保证了一个社会大多数成员意志的体现,也保证了制定出来的法律具备正当性和合法性基础。当然,其他的一些规范的制定也遵循程序化原则,但法律代表的是一个国家人民的意志。诚如王岐山同志所讲:"党是政治组织,党规党纪保证着党的理想信念宗旨,是执政的中国共产党党员的底线;法律体现国家意志,是全体中华人民共和国公民的底线。"②它们的规范性质、制定程序、适用对象、适用范围等都有所不同。尤其同目前还尚未规范化、程序化的诸多社会规范的制定比较而言,法律就更加体现出了它是人民意志的集中表达,它的正当性源自于此,而这种正当性赋予了它权威性。正因为如此,包括宪法在内的法律规范体系是最高的和最权威的,其他规范体系的制定和内容都不能违反宪法和法律。

　　但为什么又要强调多元规范共存? 因为宪法和法律虽然是最高的和最权威的,但也不能包打天下,一家独大,法律规范不可能成为一个国家和社会中唯一的、单一的或"一维"的规范类型和规范体系,不可能把其他的规范类型和规范体系都磨灭掉,即使在所谓法治发达的国家也是如此。多元规范类型和规范体系的存在是一个客观的社会事实。如前所述,每一种规范类型都有它独自的、独特的价值和作用,我们不能把各种规范类型的独自的、独特的价值和作用忽略掉。这些年在一些学者的研究中,反映出对法律之外的多元规范的不自信,总是想把法律之外的其他规范类型往法律上套,甚至有些专家认为,民间法也是法,党内法规也是法律体系的组成部分,和国家法律也有同等的价值和作用,忽略了国家法律是由国家强制力、国家机器、国家暴力作为后盾的这样一个法的主要特征。对此,费孝通非常明确地指出:法律是"国家权力维持的规则","法律是靠国家的权力来推行的。'国家'是指政治的权力,在现代国家没有形成前,部落也是政治权力。而礼却不需要这有形的权力机构来维持。维持礼这种规范的是传统"。③ 党内法

---

　　① 参见刘作翔:《当代中国的规范体系:理论与制度结构》,载《中国社会科学》2019 年第 7 期。

　　② 王岐山:《唤醒党章党规意识　推进制度创新》,载 http://www.xinhuanet.com/politics/2015-05/10/c_1115235340.htm.

　　③ 费孝通:《乡土中国》,人民出版社 2008 年版,第 60-61 页。

规在更重要的领域和场域中发挥作用。党内法规对于一个党员最大的处分就是把他开除出党,但不能对他的人身、财产、自由作出剥夺和限制;社会规范也同样不能对他人的人身、财产、自由作出任何的剥夺和限制(经法律授权的除外),如果社会规范对他人的人身、财产、自由作出任何的剥夺和限制,要受到法律的惩处;但是法律可以剥夺一个人的财产,剥夺一个人的自由,甚至剥夺一个人的生命。

(摘自刘作翔:《构建法治主导下的中国社会秩序结构:多元规范和多元秩序的共存共治》第二部分,本文标题为原文第二部分小标题,原载《学术月刊》2020年第 5 期。)

第六章

法的创制

>>>>>>>

我国社会主义法制的立法原则

张友渔

一、从实际出发的立法原则

从实际出发,是马列主义、毛泽东思想的原则,是指导一切工作的根本原则。法律是解决实际问题的,更需要实事求是,从实际出发。

我国的法律也是从我国的实际出发,适应我国革命和建设的需要,并在总结我国实践经验的基础上制定的。所谓从实际出发,当然不是把所有实际情况都作为立法依据,而是要依据实际生活中那些最本质的东西。中华人民共和国成立30年来,我国社会的各个领域都发生了根本性变化,现在立法所考虑的实际已不同于20世纪50年代。那么,这些实际是什么呢?第一,经济关系和阶级关系的变化。随着社会主义改造的胜利完成和大规模经济建设的进行,我国工农业都有了很大的发展,社会主义制度已经巩固了稳定的统治地位,并且具备了向社会主义现代化强国迈进的物质基础。经过土地改革特别是生产资料的社会主义改造,加上多年的教育改造工作,作为阶级的地主阶级、富农阶级、资本家阶级已不再存在。作为领导阶级的工人阶级及其同盟者农民,在政治素质等方面也有了新的提高。由于这些变化,当前我国的主要矛盾已不是阶级斗争,我们工作的压倒一切的中心是建设社会主义现代化强国。因此,对阶级斗争的处理应采用适合新情况的新形式,做到既不人为地扩大,也不人为地缩小,而应根据法律,在什么范围发生,就在什么范围处理,再不需要像过去那样靠大规模的政治运动来解决。这些最基本的事实,是立法中首先要考虑的问题。第二,林彪、"四人帮"的长期破坏,造成政治、经济等各方面的混乱,全国各族人民迫切需要一个长期的巩固的安定团结的政治局面,需要有良好的社会秩序、生产秩序和工作秩序,以便加快四个现代化建设的步伐。这种情况也要反映到我国立法工作中来。第三,中华人民共和国成立以来,我国已经制定了一千多种法规(包括法律、法令、条例等),有了一个立法的基础。但其中,有的已经过时,有些则没有坚持执行,需要认真进行清理。五届人大常委会第十二次会议通过决议,规定中华人民共和国成立以来制定的法律、法令除同目前的宪法、法律和法令相抵触的外,继续有效。这就保证了我国社会主义法的连续性。

那么,立法怎样从实际出发? 从理论到实践又应解决一些什么问题呢?

首先,立法不能脱离开我国的现实。如上所述,必须适应经济关系和阶级结构的变化,根据我国政治、经济各方面需要解决的问题,按照轻重缓急制定相应的法律。一是新制定的法律或新的条文,都是客观实际迫切需要解决,根据多年经验又能够解决的问题。二是实践证明是正确的而又遭到林彪、"四人帮"破坏的条文,在法律中重申或进行特别强调。三是根据新情况、新经验,对原有条文进行了修改或补充。四是对一些不成熟、没有把握、不能保证执行的问题,暂不制定法律或不写入法律条文中。所有这些表明,我们国家的立法是非常尊重客观事实的,因而它最能反映人民群众的要求,法律一公布就受到人民群众的热烈拥护。

其次,必须正确认识法制完备不完备的问题。应当承认我国的法制还不够完备,有些基本法律,如刑法、刑事诉讼法,直到五届人大二次会议才制定出来。这是因为客观上没有成熟的经验,但也有主观上抓得不紧的问题。"四人帮"被粉碎后,我们为了加强社会主义法制,又积极进行着立法工作。五届人大二次会议已通过了七部重要法律,接着人大常委会又通过了环境保护法等,今后还将制定一系列必要的法律,使我们的法制逐渐完备起来。但是,对于法制完备不完备的问题必须有个正确的认识,法制不完备的状况,在新建国家里是不可避免地要存在一个时期的,不能够也不应该设想,一个国家刚刚建立就一下子制定出完备的法律,这种想法是不切合实际的。当然,随着国家的发展,比较完备的法律是应该也一定能制定出来的。所谓完备是指适应客观需要应该制定并可能制定的法律都制定并实行了。也就是说制定完备的法律是为了解决实际存在、需要解决而且可能解决的问题,或者预防可能发生的问题,而不是追求形式上的所谓"完备",制定一些实际并不需要或者不可能做到的法律,或者在应当制定的法律中,列入了一些实际并不需要或者不可能做到的条文。那样做,不仅是形式主义的,而且可能是有害的,因为它不是解决问题,而是制造问题。由于林彪、"四人帮"的长期破坏,我国立法中断了十几年,现在迫切需要制定比较完备的法律,特别是经济立法,以满足实现四个现代化的需要。但绝不是说,为了完备可以不顾实际情况,而去空想、臆造,或按图索骥,生搬硬套。对于别国的法律(包括一些社会主义国家的法律)应该采取分析的态度,适合我国现代化需要的,就在立法中加以吸收;不适合我国需要的,则不应照抄或模仿。不能认为,外国有的法律,我们都要有,才是完备。另外,外国没有的东西只要是需要的,我们也要有。并且,任何国家都不可能一劳永逸地制定出永恒不变的完备的法律。所谓完备也是相对的,它随着社会的发展变化而发展变化。现在认为完备的东西,过些时候可能就成为不完备,或者不需要的东西了。因此,我们要从实际出发,总结经验,根据客观发展规律,积极而逐步地制定法律,这才是完备我国法制的正确道路。

二、坚持社会主义的立法原则

我国法律必须坚持社会主义原则,这是无产阶级专政的社会主义国家的本质,也是工人阶级意志和全国人民根本利益的体现。

……社会主义代替资本主义,这是不可改变的社会发展规律。前些年,林彪、"四人帮"的严重破坏,曾把我国经济搞得濒于崩溃,一些人错以为"四人帮"的假社会主义就是社会主义,从而对社会主义丧失了信心;也有的人从外国电影中看到一些资本主义国家生产发展,生活水平高,就以为社会主义不如资本主义。应该看到,社会主义国家开始有一段时期,由于生产力的发展还赶不上生产力早已发达的资本主义国家,因而在生产和生活方面,表现落后于他们,这是暂时的现象。社会主义有着强大的生命力,它在和资本主义国家的竞赛中,一定会表现出无比的优越性。我国现在的情况是还没有搞好社会主义的问题,不是社会主义制度本身的问题。为了防止任何可能发生的对社会主义制度的破坏,我们必须把社会主义的原则作为立法中坚定不移的原则。

坚持社会主义的立法原则,就是坚持法律对社会主义政治制度和经济制度的保护。我国是无产阶级专政的国家,在我国的宪法和其他重要立法中必须坚持无产阶级专政的原则。法律必须服从政治,为政治服务,这是人所共知的自明之理,否则法律就没有存在的必要。

我国法律对社会主义经济制度的保护也是非常明确的。法律产生于经济基础,又反过来为经济基础服务,这也是人所共知的自明之理。我国是社会主义国家,法律当然要保护社会主义经济制度。

当前,我国法律在体现社会主义原则方面,还特别表现在保卫社会主义的四个现代化上。社会主义取代资本主义,就是要解放生产力,不断提高劳动生产率,满足人民物质和文化生活的需要,这是社会主义革命的根本目的。无产阶级取得全国政权之后,特别是建立社会主义经济之后,必须坚定不移地把工作重点放在经济建设上,大力发展生产力,逐步改善人民生活。因此,在立法上保护"四化"建设,从根本上说也就是巩固和发展社会主义经济基础,巩固和发展社会主义制度。

三、社会主义民主的立法原则

社会主义民主是社会主义法制的基础,社会主义法制是保卫社会主义民主的武器。

我们的国家是人民当家作主的国家,人民享有管理国家的最高权利,这是立法中所肯定的国家制度的不可动摇的原则。社会主义民主不只是说人民有言论的自由,更重要的是以各种有效方式创造条件,让人民真正参加国家管理工作。我国的民主和西方资本主义国家相比有着无可比拟的优越性。首先,我国人民的民主权利完全没有资产阶级那样的附带条件和限制,所有的公民都有平等的民主权利,而不受民族、种族、性别、居住期限、职务、财产状况、受教育程度等方面的限制;其次,我们的民主不限于公民的形式上的权利,而把重点放在保障这些权利的实现上,即通过立法程序确立行使民主权利的设施,使公民真正能行使民主权利。我国的宪法和其他法律不仅规定了公民应该享有的民主权利,而且规定了保障措施。如民主集中制的规定,保证集中绝大多数人民的意志,不致使人民的民主被少数人践踏;直接选举扩大到县一级,可以使选民更好地表达自己的意愿;关于监督代表和罢免失职代表的规定,可保证使代表永远代表人民的意志。

坚持民主的立法原则,不仅体现在我国法律条文中,还体现在立法程序上。我国的法律是人民的法律,它不是靠少数专家制定的,而是人民自己制定的。人民群众或者他们的代表直接参加法律的讨论、制定和修改工作。群众的经验是最丰富的、最实际的,群众的智慧是无穷无尽的。我国的法正是经过调查研究,总结人民群众的实践经验制定的。有的重要法律还经过广泛的群众讨论。例如1954年制定的宪法,曾经过了全国人民两个多月的讨论,共有一亿五千多万人参加。有些专业性较强的法律,如环境保护法,还拿到专业人员中广泛征求意见。实践证明,坚持民主的立法程序,立法本身就是生动的法制教育,因而法律的实施也就比较顺利。今后,要继续运用民主的立法程序,进一步加强立法工作,以完善我国的法律体系。

四、立法不苛,重在教育的原则

立法不苛,重在教育,是社会主义法制特有的原则。坚持这一立法原则,在中华人民共和国成立 30 年后的今天,尤为重要。我们之所以要坚持它,是有客观依据的。其重要依据就是我国阶级关系的重大变化。目前,我国已经消灭了封建剥削制度和资本主义剥削制度,作为阶级的地主阶级、富农阶级、资产阶级在我国已不再存在。当然,我们不是阶级斗争熄灭论者,我们必须看到,我国仍有反革命分子、敌特分子,还有各种严重破坏社会主义秩序的犯罪分子和蜕化变质分子,还有贪污盗窃、投机倒把的新剥削分子,以及"四人帮"的某些残余,没有改造好的极少数地主富农分子和其他旧剥削阶级的某些残余。并且国内阶级斗争又同国际阶级斗争密切联系着。所以,各种阶级敌人还将长期存在,必须对他们实行无产阶级专政。但是,从阶级和阶级斗争的现实出发,不难看到,由于阶级关系的变化,敌人的范围比解放初期大大缩小了,而人民的范围较以前大大扩大了。因此,我国的立法必须适应这种变化了的形势。不能够也不应该制定过苛的法律,不能够也不应该在法律中规定过苛的条文。

有的人把法等同于刑,这显然是错误见解。刑是法的一部分,不是法的全部。在任何阶级统治的国家,法都不可能完全等同于刑。在奴隶制国家、封建国家,虽刑是法的主要部分,但也不是法的全部。到了资产阶级统治的资本主义国家,法的内容就更不等同于刑了。我们社会主义国家的法,同一切剥削阶级统治的国家的法具有着不同的本质,由于专政对象只是极少数人,人民内部的犯罪行为逐渐减少,刑在法中就更不占主要地位了。本来,法是调整社会关系的,而社会关系是多方面的,需要刑法调整的只是社会关系的一部分。因此,不能设想,一讲到法就是制裁人或惩罚人。

"立法不苛",包括两方面不可缺少的内容。首先,社会主义国家的立法并不依靠规定重刑治理国家。这一点特别体现在我国新制定的刑法和刑事诉讼法中。我国的刑法担负着包括作为对敌斗争工具、处罚人民内部犯罪和指导人民行为方向等三个方面的任务。就对敌斗争而言,我们是不施仁政的,只许他们规规矩矩,不许他们乱说乱动,对他们不能宽大无边。但是,我们历来主张消灭阶级、改造人,不是要肉体消灭敌对阶级中的每一个人,而是对他们采用劳动改造与教育相结合、给出路的政策。

其次,在我国目前情况下,法律处理的问题,大量是人民内部问题,对人民群众应以教育为主,刑罚为辅。即使为了维持正常秩序,发布一些必要的行政命令,不辅之以说服教育,在许多情况下也是行不通的。换句话说,根据社会保卫主义的理论,对于人民内部的犯罪,不能单靠严刑峻法,而应重在预防,这是我国社会主义制度优越性的体现。目前,我国存在着青少年犯罪的严重现象,对此应有认真的具体分析。为什么"文化大革命"前青少年犯罪很少,而这些年青少年犯罪率迅速上升呢?原因固然很多,但从根本上说是林彪、"四人帮"横行所造成的恶果。其中极少数是罪行严重者,对他们应该依法惩处。而大多数是受害者,应重在教育,不宜采用重刑重罚。

古人云:"务举大纲,简略苛细。"立法不苛,还表现在立法的简要上,即立法不搞烦琐条文。资产阶级的法往往故弄玄虚,规定得很多很细,使劳动人民看不懂其真实内容,以便束缚和欺骗群众。我们是社会主义国家,国家和人民的利益,根本上是一致的,不需要使用资产阶级的办法,而需要简明扼要,让群众一看便知,使人民易于遵守,便于推行。

(摘自张友渔:《我国社会主义法制的立法原则》,原载《东岳论丛》1980 年第 1 期。)

论我国的立法体制

刘升平

在我国政治体制改革中,立法体制的改革是一个十分重要的问题。立法体制,是有关国家立法权限的划分和国家立法机构设置的制度。它是上层建筑中一项重要的政治法律制度。立法体制必须适应国家政治和经济发展的需要,为经济基础服务,为改革服务。因此,建设一个符合中国国情,适应社会主义现代化建设需要的立法体制,直接关系到社会主义民主和法制的建设,关系到我国社会主义经济的发展。

我国新《宪法》总结了中华人民共和国成立以来的政权建设和法制建设的经验,明确规定了我国现阶段的国家机构体系和职权划分的原则,这就为我国现行的立法体制的发展和完善,提供了法律依据。

根据这一原则,我国《宪法》规定,(1)全国人民代表大会和全国人民代表大会常务委员会行使国家立法权:全国人大制定和修改刑事、民事、国家机构的和其他的基本法律;全国人大常委会制定和修改除应当由全国人大制定的法律以外的其他法律;在全国人大闭会期间,对全国人大制定的法律进行部分补充和修改,但是不得同该法律的基本原则相抵触。(2)国务院根据宪法和法律制定行政法规:国务院各部、各委员会可以在本部门的权限内制定规章。(3)省、直辖市的人民代表大会和它们的常委会,在不同宪法、法律、行政法规相抵触的前提下,可以制定地方性法规,报全国人大常委会备案。民族自治地方的人民代表大会有权依照当地民族的政治、经济和文化的特点,制定自治条例和单行条例。自治区的自治条例和单行条例,报全国人大常委会批准后生效;自治州、自治县的自治条例和单行条例,报省或者自治区的人大常委会批准后生效,并报全国人大常委会备案。

这样就以根本大法的形式确定了我国中央和地方、国家权力机关和行政机关在制定法律、法规和规章方面的不同的职权。这是我国长期立法实践经验的科学总结,是适应社会主义现代化建设,具有中国特色的立法体制。

一

我国实行中央和地方相结合的立法体制,是历史经验的总结,客观实践的需要,体现了中国的特色,它的主要优点和特点,集中表现在以下几点。

第一,充分地体现了发挥中央和地方两个积极性的原则,它既能保证中央的统一领导,又加强了地方的职权,能较好地调节中央和地方的关系。世界各国的经验都表明,中央和地方的关系是否协调,是一个全局性问题。我国 30 多年来的政权和法制建设的经验和教训,也说明实行高度集权原则,是利少弊多,只有必要的集权和恰当的分权相结合,才是最适宜的原则。

第二,它能从实际出发,因地因时因事制宜,使法律更好地适应经济建设的需要,促进经济的发展。我国是十亿人口的大国,又是一个多民族的单一制国家,各地的情况不同,特别是随着经济体制的改革和国民经济的发展,国家进一步实行对外开放、对内搞活经济的方针,大量的立法工作亟待进行,如果单靠中央一级的立法,而没有地方立法,那是很难适应客观形势发展的。法律和一切法律制度作为上层建筑,是必须适应经济基础发展的需要,必须为国家的经济建设这个中心服务的,这有利于促进和推动生产力的发展,因此,立法体制的改革和完善,也是势在必行的。

第三,它能较好地克服和防止权力过分集中,避免产生主观主义和官僚主义。立法的直接目的,是解决国家和社会生活中的实际问题,它不仅必须根据实际的需要,而且还要考虑实现的可能,这就要求每项立法都能够符合实际,如果我们把立法权限完全集中在中央,搞一刀切,而忽视地方的特殊情况和条件,地方没有立法的权限,那就很难适应千差万别的情况,容易使立法工作脱离实际,助长官僚主义和形式主义,因此,实行中央和地方相结合的立法体制,就能防止立法集权的种种弊端,有利于社会主义民主和法制的建设,有利于国家经济发展。

第四,中央立法和地方立法相结合能更好地建设和发展具有中国特色的立法体制。

中国的立法体制,既不同于联邦制,也不同于一般的单一制国家的立法体制。一般说来,在联邦制国家是实行立法分权的原则,在一般单一制国家是实行立法集权的原则,我国则是多民族的、单一制国家结构形式下的中央和地方相结合的两级立法体制。它的突出特点,是既坚持了中央的统一领导,保证了国家法制的统一,又加强了地方的职权,给予地方以发挥自己优势的自主权力。特别是各民族自治地方比一般地方权力机关享有较大的立法权限,民族自治地方依照当地民族的政治、经济和文化的特点可以制定自治条例和单行条例,就是说允许在一些具体问题上,"有权"作出不违背宪法、法律一般规定的特殊规定,这个权,不仅自治区有,自治州、自治县也有。这就能从我国这样一个多民族的、单一制的大国出发,更好地照顾各个民族的特殊利益和特殊需要,有利于巩固国家的统一和加强民族的团结。

尤其是《宪法》第三十一条关于特别行政区的规定。特别行政区享有立法权,这种立法权较之一般地方政权和民族自治地方,享有更大的立法权力。特别行政区的立法机关制定的法律可以同国家适用于其他地区的法律不一致,只要符合特别行政区的基本法和法定程序者,均属有效。这是"一国两制"的理论在立法权方面的具体体现。它极大地显示了我国两级立法体制的优越性。

二

纵观我国 30 多年来立法体制的发展全过程,要建设具有中国特色的社会主义立法体制,必须注意遵循以下的一些基本原则。

第一,要有利于全体人民更好地行使国家权力。国家的一切权力属于人民,这是我国国家制度的核心内容和根本准则,也是建立我国立法体制的出发点。

第二,要有利于协调中央和地方的关系。要将我们这样的大国建设成一个高度文明高度民主的社会主义强国,必须有中央的强有力的统一领导,同时又必须充分发挥地方的积极性,二者缺一不可,在立法体制上必须体现这种协调和统一。

第三,要有利于克服和防止权力过分集中的弊端。正确处理集权与分权的关系,是国家管理体制中的一个大问题,也是立法体制中需要妥善解决的问题。实践证明,过分强调权力集中,忽视必要的分权和自主权,都是不利于国家的发展的。当然,也不能片面强调分权而忽视必要的集中。

第四,要有利于法制建设。法制建设包括立法、执法、司法、守法等方面的建设,首先是立法建设。立法体制,作为一种系统结构,不仅要建立和健全中央的法制,同时还必须建立和完备地方的法制。如果没有完备的地方法制,中央的法制也很难健全。地方的立法,不仅可以保证中央立法的具体实施,还可以为中央立法提供经验和依据。正如邓小平同志指出的："现在立法的工作量很大,人力很不够,因此法律条文开始可以粗一点,逐步完善。有的法规地方可以先试搞,然后经过总结提高,制定全国通行的法律。"①

第五,立法体制是否合适,检验的标准就是看能否适应经济建设的需要,是否促进生产力的发展。历史唯物主义的基本原理认为,社会主义的根本任务就是发展生产力,在社会主义社会,政治是手段,发展生产力是目的。显然,这也是检验我国立法体制是否正确、是否完善的最主要依据。作为社会主义上层建筑的立法体制,必须为自己的经济基础服务,积极促进生产力的发展。

三

目前,我国法学界对实行中央与地方相结合的立法体制有着不同的认识。

有的同志认为,在单一制国家,立法权只能由国家最高权力机关来行使,地方国家权力机关不享有立法权力。

这里首先牵涉到怎样理解立法的含义。通常人们对立法有狭义和广义的理解。全国人大和全国人大常委会行使国家立法权,指的是狭义的立法。而国务院制定行政法规、省级地方人大及其常委会制定的地方性法规、国务院各部门和省级政府制定的规章,讲的都是广义的立法。对立法之所以有广、狭两种理解,这同法律的含义有狭义和广义两种理解是分不开的。狭义的法律,即由全国人大和全国人大常委会制定的规范性文件;从广义上说,不仅指宪法、法律,也包括行政法规、地方性法规和政府规章。这种广义的理解,不仅在法理上是通用的,而且在法制实践中也是广泛适用的。如《宪法》第三十三条规定"中华人民共和国公民在法律面前一律平等",这里"法律"的含义,就应该是广义的。《宪法》第三十二条规定:"中华人民共和国保护在中国境内的外国人的合法权利和利益,在中国境内的外国人必须遵守中华人民共和国的法律。"不能设想,外国人在中国只要求他们遵守全国人大及其常委会制定的法律,而不要求他们遵守地方性法规和政府的规章。例如有些地区发布地方性的《关于外国人办理居留、住宿登记和各项签证、证件的暂行规定》,如果没有法律强制性和普遍约束力,怎么能适用于外国人呢? 对

---

① 邓小平:《解放思想,实事求是,团结一致向前看》,载《邓小平文选》(一九七五——一九八二年),人民出版社 1983 年版,第 137 页。

立法、法律的含义只局限于狭义的理解，那不利于加强法制，也是不符合实际的。

其次，从法律根据上说，《宪法》第二条规定："中华人民共和国的一切权力属于人民。人民行使国家权力的机关是全国人民代表大会和地方各级人民代表大会。"这就是说，全国人大和地方人大都是国家权力机关，全国人大是最高国家权力机关，地方人大是地方国家权力机关，都要依法行使国家权力机关的职能。立法权是国家权力的核心内容，全国人大当然要代表全国人民的意志行使整个国家的立法权，同时地方人大也必须代表该地区人民的意志依法行使地方的立法权。全国人大虽是国家最高的权力机关，但它同地方人大不是领导关系，它不能代替地方权力机关来决定地方的具体事务，不能代替也不能干预地方权力机关依法行使其立法职能。所以，《宪法》除在"总纲"中规定行使国家权力的总的原则外，还在"国家机构"中的有关部分作了具体规定。这就从制度上保证了全体人民能够更好地行使国家权力。有的同志把地方人大常委会的职权概括为四个方面，即决定权、立法权、任免权、监督权，认为"这四个方面的职权，就是人民权力的综合表现"，这是有道理的。它充分地反映了地方人大已真正成为人民当家作主的国家权力机关。所以，承认地方有立法权力是完全符合中国国情的。

有的同志还认为，把立法体制划分为"中央"和"地方"两级，不够确切，并且混淆了权力机关和行政机关的界限。这种认识也是不全面的。中央和地方，这是世界各国通用的划分。凡统管全国的机关，包括权力机关、司法机关、行政机关都统称为"中央国家机关"，凡是管理国家一部分行政区域的权力机关、司法机关、行政机关都统称为"地方国家机关"。在我国，从共同纲领到现行宪法也都是如此划分的，当然，无论中央一级还是地方一级里面的国家机关，都不是并列的组合体，而是有着"源"和"流"的关系。"源"就是国家权力机关——人民代表大会，一切权力都来自人民代表大会，其他国家机关则是"流"，都是由权力机关所产生并对权力机关负责的。这种"一元论"的国家体制，是由社会主义的国体和政体所决定的。所以，国务院虽然属于中央一级，但它是"流"，是由国家最高权力机关——全国人大派生的国家最高行政机关；地方各级人民政府是由地方权力机关——地方人大派生的地方行政机关。它们的性质和地位都不相同，这是难以混淆的。

有的同志还担心，在我国实行中央和地方两级立法体制，会不会产生分散主义，会不会影响国家法制的统一？这种顾虑也是不必要的。我们进行国家体制的调整和改革，目的是合理分工和有效行使国家权力，是集权与分权的正确结合，能更好地为经济建设服务。立法体制改革的出发点，不是削弱国家法制的统一性，而是要健全法制、加强法制,更好地发挥法制在社会主义建设中的作用。我国宪法和法律规定地方权力机关在自己的职权范围内可以制定和颁布地方性法规,并不是没有条件和限制的。地方立法的条件,就是要根据当地的具体情况和实际需要,不能脱离实际地主观主义地去立法;地方立法的限制,就是在总体上必须以同宪法、法律和行政法规不相抵触为前提。《宪法》第五条还规定:"一切法律、行政法规和地方性法规都不得同宪法相抵触。"宪法是国家最高的行为准则,这就从根本上保证了国家法制的统一。

为了保证地方权力机关正确行使地方立法的权限,法律还规定了严格的地方立法的审批程序和监督制度:凡是地方性法规都必须报全国人大常委会备案。全国人大常委会有权撤销国务院制定的同宪法、法律相抵触的行政法规,有权撤销省、自治区、直辖市的国家权力机关制定的同宪法、法律和行政法规相抵触的地方性法规,国务院有权改变或者撤销各部、委发布的不适当的命令、指示和规章,有权改变或者撤销地方各级国家行政机关的不适当的决定和命令。所以,宪法赋予地方权力机关依法享有部分立法权,不仅不会损害国家法制的统一原则,而是更好地实现这一原则,是进一步完备国家法制所必需的。如果说,在中华人民共和国成立初期法制极不完备的情况下,实行中央和地方相结合的立法体制,尚且没有影响法制的统一,而是加强了国家的法制,那么,在今天国家法制已在逐步完备的情况下,更有理由确信在我国确立中央与地方相结合的两级立法体制,是符合中国国情,是现阶段较为合理、较为完善的立法制度。当然,立法体制也如同上层建筑的其他因素一样,不是一成不变的,随着社会主义事业的发展,也会愈趋发展完备。

(摘自刘升平:《论我国的立法体制》,原载《政治与法律》1985 年第 5 期。)

论创建中国立法学

周旺生

一

中国人民正在着力建设的社会主义事业是包括建设社会主义法制和法治在内的。今日世界各国都有法制,许多国家早已实行法治。而无论建设法制还是实行法治,首先都要立法。我们已经生活在这样的时代:立法几乎成为与国家生活、社会生活和公民生活关联尤为紧密的事项。由此也使立法问题愈益成为当代法学研究的重大主题。可以说,整个法制和法治主要是由立法和用法所构成,整个法学主要是由立法学说、法的应用学说、法的解释学说所构成。要真切地、透彻地了解当代法制和法治,不能不了解当代立法和立法研究。要研究立法问题,探索符合中国国情的立法道路,不能不创建和发展中国立法学。

现代国家应当是法治国家。中国要丢弃人治、实行法治,这是历史规律所决定的。但今日中国所要实行的法治,不能是商鞅、韩非的为专制集权服务的旧法治,而应当是旨在使中国富强、民主、文明的现代法治。这种现代法治的主要标志是:一要有法;二要有良法;三要法得到有效实施。进而言之:第一,国家生活、社会生活和公民生活的各基本环节都依法运行;国家一切权力的存在和行使都有法的根据;社会生活众多方面都受法的调整;社会成员以公民身份进行活动都以法为规范,享有法定权利,履行法定义务。第二,这种法有利于社会进步和安宁,有利于保障人类的生存权、自由权、平等权、财产权和追求幸福的权利;只要不侵害国家、社会和公民的利益,凡是法未禁止的,任何个人和组织都可以按自己的意愿活动;没有法的根据,一切个人和组织不接受任何方面超出法的范围所追加的义务,其合法权益不受任何方面剥夺。第三,法获得普遍遵守,任何个人和组织都不得凌驾于法之上,任何违法行为都受到应有追究。现代法治的三个标志中,前两者属于立法范畴,后者亦与立法直接相联。要实行现代法治,就要实现立法的现代化,就不能由不懂立法和缺乏立法知识的人员从事立法。为此,必须创建和发展中国立法学。

在以马克思主义为指导思想的国家,要求人们承认立法理论对立法实践的指导作用,不见得困难。但承认是一回事,能不能真实地、自觉地、普遍地重视运用立法理论指导立法实践,则是另一回事。多年的经验表明:当立法实践甚至是重大立法实践需要有立法理论加以说明和指导时,人们往往并没有去钻研和提出立法理论。长期以来的实际状况便是这样:一方面立法实践经验没有得到认真、及时总结,立法实践中出现的问题得不到理论的、科学的说明,发展着的立法实践没有系统的、科学的理论予以指导,于是责备理论脱离和落后于实践的言论不绝于耳;另一方面,大批人力、物力往往被投放到离实践甚远的研究领域,对立法实践提出的问题少有人问津,很少有物力作为从事这种研究的物质保证,极少有人能从战略高度聚集人力、投以物力来推动立法研究的开展。而由于理论脱离或落后于实践,对实践不起作用,又助长实际部门一些人轻视理论指导的心理和认识。立法理论和实践严重脱节的状况,成为发展当代中国法治实践和法学理论的障碍。要克服这一障碍,必须高度重视立法研究,积极创建中国立法学。

中国虽曾以中华法系闻名于世,过去两千年,差不多每个封建王朝都有体系庞大的法典,立法文化绵延不绝。但遗憾的是,这些法典首先和主要是为支撑封建大厦而产生和存在的,是封建集权统治者手中治民的器具。中华人民共和国诞生以来,在相当长的时间里,立法处于严重落后状况。近年来立法有快速发展,有引人瞩目的可喜成就,积聚了丰富的珍贵经验。但整个说来,迄今所立之法的不科学、不完善、有弊病之处,仍普遍存在;立法主要是服务于一定工作目标的手段;人大和政府的立法人才远远不敷应用;许多法律、法规、规章是由不谙立法的人员边干边学地起草、制定的;这样产生的法律、法规、规章往往质量低劣,司法、执法、守法中存在的许多问题便是由立法上的先天不足特别是质量低劣而引起的。总结经验和扭转落后局面,都呼唤着科学的立法学出现。

回应立法实践对立法理论的迫切需要也急切需要立法学的问世。比如:国务院、中央军委、最高人民法院、最高人民检察院都有权向全国人大及其常委会提出立法议案,法律由国家主席公布,这是否意味着国务院等国家机构和国家主席享有一部分国家立法权？这种立法提案权和法律公布权是否属于国家立法权的组成部分？全国人大及其常委会授权国务院和有关地方制定有关条例、规定，是否意味着国务院和有关地方享有一部分国家立法权？根据授权制定的条例、规定是法律还是法规？如果不是法律而只是法规，国务院和有关地方根据宪法本来就分别享有制定行政法规和地方性法规的权力，何必还要授权？法、法律、法规这些基本概念各自的外延究竟有多大？如果像有人所说法的外延最大，为什么全国人大制定的刑法、刑事诉讼法这些"法"都属于"基本法律"的范围？如果像有人所说"法规"的外延最小、国务院行政法规不是法律，为什么全国人大的法律和国务院行政法规都可以编入《中华人民共和国法规汇编》？立法应当具备什么条件？没有经验是不是一定不能立法？如果是，还有没有必要搞立法规划、立法预测？立法违宪怎么办？为什么1978年《宪法》仅规定全国人大常委会有权制定法令，但在1982年《宪法》规定全国人大常委会也有权制定法律之前，全国人大常委会制定了《环境保护法》《商标法》《文物保护法》等一系列法律？什么是公布法律？如果像有人所说，法律只有在立法机关的公报上公布后才有效力，那么在法律通过和生效后，立法机关的公报一时来不及出版，这个法律究竟从何时生效？立法要不要讲技术？为什么现行《宪法》在第六十二条专门集中规定"全国人民代表大会行使下列职权……"后，又在第六十三条规定"全国人民代表大会有权罢免下列人员……"？罢免权是否属于全国人大职权之一，如果是，为什么不在第六十二条列举？如此等等，所有这些问题都需要研究和解决，但这样的研究从法学领域现有各学科都寻找不到，或只能找到一些零碎议论。要系统研究和解决这些问题，唯有创建中国立法学。

创建中国立法学也是发展和完善整个法学体系所必需。法学的产生和发展以立法的发展和对立法的研究为前提，没有立法学的发展，不可能有法学体系的完善。立法学同法学体系的各方面都有密切联系，对它们的发展有重要作用。第一，立法学与法理学关系密切。法理学所阐述的基本原理对立法学有指导意义。而立法学可以为法理学提供丰富的资料，进一步映证法理学并推动其发展。立法学重视研究法的外延、内部结构和表现形式。把立法学成果与法理学关于法的概念、原理和一般规律的观点结合起来，就会全面地、科学地理解和阐述法理学。第二，立法学与法史学的关系也很密切。研究法制史有助于弄清历史上不同的立法制度及其规律。而研究立法的基本原理、基本制度、基本技术，有助于对历史上复杂的立法现象作出科学的解释，在纷繁杂乱、浩如烟海的立法史料面前就不至于手足无措或走偏方向。法律思想中有许多内容本身就是立法思想,研究法律思想史无疑有助于研究立法学。而研究立法学,考察立法原理、立法制度和立法技术的发展、演变,对更深入、更全面地理解历史上的法律思想也大有裨益。第三,直接地、具体地研究法学领域各个专门问题的部门法学,与立法学的密切关系更是显而易见。一方面研究立法学要使用各部门法学提供的研究成果和资料;另一方面立法学的研究成果,如关于法的体系、法的结构、法的协调、法的汇编、法的编纂、立法预测、立法规划的研究成果,可以直接用来指导各部门法和部门法学的发展和完善。近年来,一系列新兴学科在法学领域开辟了阵地,而立法学至今尚未作为一门独立学科自立于中国法学体系中。只是在近几年才依稀可以读到十数篇涉及立法学的文章、一两本涉及立法学的小册子和一两本论及立法问题的专著。对外国立法学研究状况和研究成果,极少有人知晓,没有翻译出版过一本外国立法学著作。我们应当了解却不了解外国人的立法学领域是个什么样子,我们当然更谈不上像外国例如像苏联那样在 20 世纪 60 年代初就建立了全国性的立法科学研究机构。如果说立法学目前在世界范围还是薄弱的学科,那么立法学目前在中国连薄弱的学科还远远算不上。如要改变我们的法学体系这种落后状况,无疑需要尽快地创建和发展中国立法学。

以上数端便是我们必须创建中国立法学的主要原因之所在。

二

创建中国立法学,就要研究立法学是门什么样的学问,研究它的对象、范围和体系,研究我们将在怎样的基础上创建中国立法学。

科学研究的分工是随人类文明的发展而逐步细致起来的。一门学科的形成和独立往往要经历由萌生、形成、发展、成熟到进一步发展的悠长的历史过程。立法学也受这一规律支配。

在漫长的历史时期中,法学曾和哲学、文学、神学特别是政治学结合在一起。中国先秦典籍《尚书》《论语》《商君书》《韩非子》,西方名著《政治学》《利维坦》《政府论》《社会契约论》,都是既论政又论法,论政和论法合二而一。虽然从希腊人开始到资产阶级革命发生,这期间也曾出现诸如柏拉图的《法律篇》、西塞罗的《法律篇》、盖尤斯的《法学阶梯》、普芬道夫的《法学要论》、孟德斯鸠的《论法的精神》、布莱克斯东的《英国法释义》等法学名著,出现罗马职业法学家集团,出现法律学校,出现注释法学派、人文主义法学派、自然法学派,一直到出现一个新的世界观——资产阶级法学世界观;但这期间法学没有形成今天意义上的、由许多分支学科组成的体系。在这种情况下,当然谈不上有体系健全的、独立的立法学学科。

但没有独立的立法学学科并不意味着没有立法思想和立法学说。这期间思想家们所论述的立法思想和立法学说是丰富的。西方思想家论述过立法的作用、目的和本质;论述过立法权及其归属;论述过立法与政体、政治体制、自由、气候、土壤、民族精神、风俗习惯、贸易、货币、人口、宗教等国情因素的关联;论述过立法要由贤明者承担法的起草责任,法要依据一定程序制定,立法议会的辩论要公开进行,法要经全国人民讨论、批准,应当公之于众;论述过法的体系由若干法的部门组成,法的体裁要质朴、平易,条文含义要确切,表达要言简意赅;还论述过立法要有全局观点,要坚持稳定性与适时修改相结合,立法要有严肃、慎重、科学的态度,等等。中国思想家论述过立法的指导思想、目的、作用和产生;论述过立法权要绝对由君主掌握,一切形式的法都要由君主发布或批准;论述过要因时立法、因人之情立法,要保持立法的稳定性,要考虑客观可能性,等等。中外思想家的这些论述可以作为我们认识什么是立法学和创建中国立法学的思想资料。

到了 19 世纪,法学完成了同其他学科分离的过程,形成完全独立的、近代意义上的法学学科后,立法学作为法学领域的一门独立的分支学科,也开始萌芽。这一时期,在西方出现了萨维尼的《论立法和法理学的现代使命》、边沁的《道德与立法原理》和其他一些论述立法问题的重要著作;在中国出现了改革派和洋务派的立法思想、改良派和革命派的立法思想、农民革命领袖的立法思想,出现了洪仁玕的《立法制喧谕》、康有为的《请定立宪开国会折》、梁启超的《箴立法家》和《论立法权》等。但这一时期的立法学还只是同法理学、法史学和正在形成过程中的比较法学融合在一起,还未形成独立的法学分支学科。

进入 20 世纪后,法学进入全面发展的时代,立法研究也获得较大发展,有了许多研究立法的著述。仅北京大学图书馆收藏的 1979—1981 年美国、英国、苏联、日本学者出版的研究立法的著述即有近 20 部。20 世纪的立法著述,特别是 20 世纪 70 年代以来的立法著述,同此前的立法著述相比显示了新特点:第一,研究的对象和范围更广泛,注意到立法的众多侧面,研究了立法的概念,立法的产生、发展、本质、作用,立法条件,立法机关,立法过程,立法技术,立法趋势,立法预测和规划,立法实例,部门法的制定,立法的专门史,立法制度的比较等一系列问题。第二,注意综合地、系统地研究立法问题。先前的立法著述或是与一些非法学学科融合在一起,或是与法学的其他学科融合在一起,专门研究立法问题的著述很少,并且是研究立法中的局部问题。现在的立法学虽然也存在与有关学科融为一体的情况,但这种情况逐渐减少;不仅专门研究立法问题的著述增多,还出现综合地、系统地研究立法问题的著述。第三,在研究各种立法问题时,更多地研究立法机关、立法过程、立法实例和部门法制定,重视面向实际。由于具备这些特点,今天的立法研究逐渐推动着立法学成为法学领域一门独立的新的分支学科,并使这一新的学科日益彰显出它的重大实际价值。

应当指出,今天立法学作为一门独立的分支学科,尚未结束它的形成过程,还远非成熟。第一,各国关于立法学的研究很不平衡,许多国家的法学领域尚无立法学应有的地位。第二,在立法学研究相对先进的国家,立法学同法学的其他学科相比,处于次要地位。以英国为例,其大百科全书和近年出版的一些有影响的法律辞典,都还没有立法学的词条。第三,在立法学研究中注重研究具体的、实际的问题是必要的,但对立法问题作相应的、有一定深度的理论研究也是必要的,这后一方面在今天的立法学研究中很薄弱。第四,关于如何把现代科学技术引进、运用于立法实践的研究,也甚为少见。

考察迄今为止的关于立法问题的研究,可以认为:第一,在古代,在法学尚未充分发展的情况下,只有关于立法的思想、理论、观点和学说,没有独立的立法学学科,因而关于立法问题的研究没有较固定的对象和范围。第二,今天在立法和法学得以充分发展的情形之下,关于立法问题的研究逐步形成体系,有了较固定的研究对象和范围,在法学领域具备了形成一门重要的分支学科的条件。在一些国家,立法学已成为重要的法学分支学科,在许多国家,立法学正在成为重要的法学分支学科。第三,古代思想家关于立法问题的论述和今天学者关于立法问题的研究,在对象和范围上有很大差别,后人研究的问题远远超出前人所及范围,但前人论述的问题后人一般也回避不了,因而也都作了论述,只是观点、结论、深度等存在差别。因此,创建中国立法学,确立我们的立法学研究对象、范围和体系,有必要厘清古今中外的立法研究涉及了哪些问题、积累了哪些成果。第四,迄今关于立法问题的研究所涉及的基本内容包括:(1)关于立法的概念、产生、发展、本质、作用、特点等立法基本范畴;(2)关于立法指导思想和基本原则;(3)关于立法与其他事物的关系;(4)关于对前人立法思想、观点、理论和学说的研究;(5)关于立法权限划分的体制;(6)关于立法机关的类型、权限和运作;(7)关于立法提案、审议、表决、公布等立法程序;(8)关于法的起草、法的构造、法的形式选择、法的体系建构、法的语言、法的系统化等立法技术问题；(9)关于立法实例；(10)关于各部门法的制定。这些基本内容形成了现今立法学的研究对象和基本体系。这便是我们创建中国立法学、确立中国立法学研究对象的出发点，便是我们形塑包括立法原理、立法制度、立法技术三要素的中国立法学体系的学养基础。

　　（摘自周旺生：《论创建中国社会主义立法学》第一部分和第二部分，本文标题系作者修订，原载《法学评论》1988 年第 6 期。文章选入后作者有删改。）

中国立法变通权探讨

宋方青

 检视我国有关民族自治地方与经济特区立法变通权的法律规定上的缺陷，我们会对我国民族自治地方与经济特区享有立法变通权的主体在行使立法变通权时所产生的种种困惑表示理解，并进而对立法变通权运行中存在的种种问题进行理论与实践上的思考，并进而探讨立法变通权的规制问题。

 第一，法律规定上的缺陷及完善。

 在《立法法》公布实施前，我国立法变通权的法律规定主要散见于《民法通则》《刑法》《婚姻法》等规范性法律文件的授权性法条之中，且只有关于民族自治地方立法变通权的规定。如我国《民法通则》第一百五十一条规定："民族自治地方的人民代表大会可以根据本法规定的原则，结合当地民族的特点，制定变通的或者补充的单行条例或者规定。"我国《宪法》《民族区域自治法》以及有关授予经济特区授权立法权的授权法对于民族自治地方和经济特区的立法变通权并未作出明示的规定，也就是说，在我国《宪法》《民族区域自治法》以及有关授予经济特区授权立法权的授权法中有关民族自治地方立法权的规定和经济特区立法权的规定中，都未明确规定民族自治地方和经济特区授权立法主体可以对其上位法作出变通规定。人们仅是从这些法律的规定中推定民族自治地方立法主体和经济特区授权立法主体享有立法变通权。正是因为如此，理论界与实际部门对于经济特区授权立法主体是否享有立法变通权曾有一番争议。可以说，在我国《立法法》公布实施前，我国有关立法变通权的规定最明显的缺陷是，有关立法变通权及其权限范围的规定相当的不明确。

 《立法法》是我国第一部规范立法活动的基本法，其首次对民族自治地方与经济特区的立法变通权分别作出了规定，使民族自治地方和经济特区授权立法主体行使立法变通权有了明确的法的依据。至于对立法变通权的权限范围的规定，

《立法法》对民族自治地方立法变通权的权限范围作出较为明确的规定,这主要体现在《立法法》在明确自治条例和单行条例可以对法律、行政法规的规定进行变通的同时,对不能变通的范围作了明确规定。但它对于经济特区立法变通权的权限范围仍未作明确的规定,这不能不影响到经济特区立法主体行使立法变通权的合法性与合理性。《立法法》公布实施前,正是因为我国有关授权法中对经济特区立法主体的立法变通权及其权限范围未作明确的规定,所以我国经济特区授权立法中法规冲突现象才得以存在和蔓延。① 笔者一直以来都很关注这一问题的解决,但遗憾的是,《立法法》对这一问题并未加以解决。

要改变我国经济特区授权立法主体行使立法变通权权限不清的问题,笔者认为,宜采用《立法法》规定民族自治地方立法变通权权限范围的方法,来规定经济特区授权立法主体行使立法变通权的权限范围,即在明确规定经济特区法规可以对法律、行政法规作出变通规定的同时,对不能变通的范围作出具体的规定。这样才能使经济特区授权立法主体在行使立法变通权时有一个明确的范围,并进而合法有效地行使立法变通权。

在此还需要提到的是,我国《民法通则》《刑法》等规范性法律文件中的授权性法条有关民族自治地方立法变通权规定不统一的问题。例如《民法通则》第一百五十一条规定:"民族自治地方的人民代表大会可以根据本法规定的原则,结合当地民族的特点,制定变通的或者补充的单行条例或者规定。自治区人民代表大会制定的,依照法律规定报全国人民代表大会常务委员会批准或者备案;自治州、自治县人民代表大会制定的,报省、自治区人民代表大会常务委员会批准。"《刑法》第九十条规定:"民族自治地方不能全部适用本法规定的,可以由自治区或者省的人民代表大会根据当地民族的政治、经济、文化的特点和本法规定的基本原则,制定变通或者补充的规定,报请全国人民代表大会常务委员会批准施行。"《收养法》第三十六条规定:"民族自治地方的人民代表大会及其常务委员会可以根据本法的原则,结合当地情况,制定变通的或者补充的规定。自治区的规定,报全国人民代表大会常务委员会备案。自治州、自治县的规定,报省或者自治区的人民代表大会常务委员会批准后生效,并报全国人民代表大会常务委员会备案。"比较这三个条文的规定,我们可以看出,它们关于制定变通规定的机关、批准机关和备案机关等规定是很不

---

① 参见宋方青:《中国经济特区授权立法中法规冲突现象之评析》,载《法学》2000 年第 1 期。

统一的。我们并不否认授权机关有权决定授权的内容,但同为民族自治地方立法变通权,其授权规定就应当有一个统一的规定,否则极易产生歧义。

第二,立法变通权行使过程中存在的问题及问题的克服。

我国民族自治地方立法主体和经济特区授权立法主体自有立法变通权以来,还是以相当慎重的态度行使该项权力,也取得了一些成就,但由于种种原因,也存在一些需要解决的问题。这些问题主要有:一是对上位法的突破超过了法律的限度。这里所说的法律的限度是指法律所规定的禁止突破的规定。如我国《立法法》所规定的民族自治地方权力机关制定的自治条例和单行条例不得违背法律或者行政法规的基本原则,不得对宪法和民族区域自治法的规定以及其他有关法律、行政法规专门就民族自治地方所作的规定作出变通规定;我国有关授予经济特区授权立法权的授权法中所规定的"不相违背原则"的规定。二是重复立法的现象较为严重。民族自治地方立法主体和经济特区授权立法主体在行使立法变通权时,由于追求形式上的完美,对上位法照搬和照抄,进行不必要的重复,结果虽然达到形式上的相对完美,但使其立法失去了意义。三是对立法程序重视不够。这主要表现为征求意见的程度有限。在行使立法变通权过程中,为使法案能充分地反映民意和民情,立法主体可以采取多种方式,广泛征求意见。但有些地方往往对此不太重视,征求意见的程度还是有限。

造成以上问题的原因,除了我们前面所说的法律规定上的缺陷,主要还有如下几点。

一是地方保护主义和本位主义思想的影响。立法变通权属于地方立法权,立法变通权的行使应反映本地的具体情况和实际需要,否则立法变通权也就失去了它存在的价值。但这并不意味着为了反映本地的具体情况和实际需要,行使立法变通权就可以突破我国法律对立法变通权所规定的限度。然而在实践中,民族自治地方和经济特区立法主体在行使立法变通权时,出于对本民族利益的保护和本特区经济发展的需要,往往会突破我国法律所规定的限度。

二是立法监督的不力。我国对民族自治地方与经济特区立法变通权行使的监督,主要是通过批准和备案程序来实现的。但由于我国批准制度与备案制度仍不完善,常常出现批准与备案的形式主义,以致民族自治地方与经济特区立法主体在行使立法变通权中出现的一些不合法与不合理的现象得不到及时有效的解决。

三是立法队伍不健全。这个问题在民族自治地方表现得较为突出。"目前,许多民族自治地方的立法机关,民族干部所占比例过小,工作力量严重不足,同时受过法律中等和高等教育的比例很少,素质普遍偏低,不能不影响法律变通权行使的效率和质量。"①

对于民族自治地方与经济特区授权立法主体在行使立法变通权过程中存在的上述问题,立法主体自身实际上对此早已有认识。但要改变与克服这些现象并非易事,因为它涉及许多方面的问题,有些可以通过自身努力加以改变,有些则需要其他因素的配合才有可能改观(如需要国家明确立法的权限范围),以致有些地方或不行使立法变通权或尽量不使用立法变通权。如现在有些经济特区正在试图将经济特区的授权立法转为较大市的立法。笔者以为因噎废食并不是解决问题的办法。立法变通权有它存在和发展的价值。对于国家来说,立法变通权的设置可以使国家的法律在特定的区域内得到有效的实施,同时也为国家制定更成熟、更稳定的法律积累经验、准备条件。对于民族自治地方来说,行使立法变通权可以使本民族的特殊利益和需要得到满足和照顾;对于经济特区来说,立法变通权的行使可以使经济特区经济发展的需要得到优先满足。因此,无论是国家立法主体还是民族自治地方、经济特区授权立法主体,都应以一种积极的态度来对待这个问题,尽量解决和克服立法变通权行使过程中存在的问题,使立法变通权的效用得以实现。就目前的情形,国家加强立法变通权的规制更显重要,因为民族自治地方和经济特区授权立法主体在行使立法变通权时出现种种问题,其中最重要的原因或者说许多问题的出现,都源自国家所制定的有关立法变通权的法律规定存在缺陷以及立法监督的不力。也正是因此,国家对立法变通权的规制应重点做两项工作:一是修正法律规定上存在的缺陷,如应进一步明确立法变通权的权限范围,使享有立法变通权的主体能够准确地行使立法变通权;二是加强立法监督,特别是应完善批准制度和备案制度,改变批准与备案的形式主义,进行实质性的事前与事后监督,以控制和纠正立法变通权行使的偏差或失误,进而保证立法变通权行使的合法性和有效性。

　　(摘自宋方青:《突破与规制:中国立法变通权探讨》第三部分,原载《厦门大学学报》2004 年第 1 期。)

---

① 胡启忠:《论民族地区的法律变通》,载《西南民族学院学报(哲学社会科学版)》2002 年第 7 期。

中央与地方立法事权划分的理念、标准与中国实践

兼析我国央地立法事权法治化的基本思路

封丽霞

一、实现央地事权划分从行政化向法治化、从政策主导向法律主导的转变

　　央地立法事权法治化的目的与意义在于通过法律制度形式将中央和地方各级立法主体的事权范围、责任义务明确起来,在央地之间建立稳定的立法关系格局与立法行为预期,从而为形成一种权责明晰、权威高效、稳定有序的国家治理秩序奠定基础。我国近 40 年来的改革开放与国家治理的实践证明,在一个经济社会发展极不平衡的超大型国家,在当下中国社会日新月异、变革频繁的历史转型期,实现央地事权划分从行政化向法治化、从政策主导向法律主导的转变,是构建科学合理的央地关系的基本前提,也是国家治理走向现代化之必然趋势。

　　经过中华人民共和国成立以来近 70 年的不断探索,尤其是 1994 年实行分税制改革以来,我国在中央地方权力配置方面积累了大量经验和教训,在宪法确立的"两个积极性"原则基础上,以我国《立法法》《地方各级人民代表大会和地方各级人民政府组织法》《香港特别行政区基本法》《澳门特别行政区基本法》为骨架初步建立了我国的央地立法事权划分法律制度体系。2014 年,党的十八届四中全会通过的《中共中央关于全面推进依法治国若干重大问题的决定》就推进央地事权划分法治化提出新要求:"推进各级政府事权规范化、法律化,完善不同层级政府特别是中央和地方政府事权法律制度,强化中央政府宏观管理、制度设定职责和必要的执法权。"2016 年,针对我国央地关系出现的新特点和新问题,国务院发

布《关于推进中央与地方财政事权和支出责任划分改革的指导意见》，着重指出当前我国央地事权划分中的不合理、不规范以及法治化、规范化程度不高的问题："一些本应由中央直接负责的事务交给地方承担，一些宜由地方负责的事务，中央承担过多，地方没有担负起相应的支出责任；不少中央和地方提供基本公共服务的职责交叉重叠，共同承担的事项较多；省以下财政事权和支出责任划分不尽规范；有的财政事权和支出责任划分缺乏法律依据，法治化、规范化程度不高。"针对上述问题，该意见明确提出央地事权划分法治化的总体要求："将中央与地方财政事权和支出责任划分基本规范以法律和行政法规的形式规定，将地方各级政府间的财政事权和支出责任划分相关制度以地方性法规、政府规章的形式规定，逐步实现政府间财政事权和支出责任划分法治化、规范化。"

实现央地事权划分从行政化向法治化、从政策主导向法律主导的转变，首先，必须破除实践中将央地立法事权划分与单一制国家结构形式简单对立起来的片面思维。质言之，不管是行政分工型还是法治分权型事权划分，其目的不在于分工或分权本身，而只是构建良性央地关系和实现国家善治的不同方式与手段。这正如苏力所言："许多学者往往忽略了无论是单一制还是联邦制其实都是解决国家治理问题的工具，这两种制度本身都不具有独立的意义，其意义在于且仅仅在于能否实现政治家以及其代表的社会群体所追求的目的。"[①]其次，需要进一步以国家立法形式规范和明确中央地方职责职权划分的标准、原则以及程序和方法，需要将央地关系调整的基本原则在法律制度层面加以细化使之具有可操作性，将经实践检验行之有效的可行性方案上升为法律法规，对不符合实际需要的相关法律法规内容进行及时清理和去除。除此之外，还需要尽快建立关于央地立法事权纠纷的解决主体、方式与程序方面的法律机制。

二、以立法调整事务的"影响范围"或"外部性程度"作为央地立法事权划分的基本标准

关于央地立法事权划分，有学者将其描述为"当代中国宪制体制中最难进行

---

① 苏力：《当代中国的中央与地方分权——重读毛泽东〈论十大关系〉第五节》，载《中国社会科学》2004 年第 2 期。

规范性概括的方面之一"①。这种困难主要源自立法事权划分标准的设定与运用。如前所述,我国《立法法》主要是依据立法事项的"重要程度"来对央地立法事权进行界定和划分的。这种以"重要性"或"次要性"作为划分央地事权基本标准的科学性与合理性如何,已经在立法实践中遭受诸多困惑与怀疑。② 从立法的民主性和科学性要求出发,借鉴各国央地立法事权划分的主要经验,应当把立法所调整事务的"影响范围"或"外部性程度"确定为央地立法事权划分的基本标准。

立法的"影响范围",也可以说是立法的"受益范围",具体是指立法所调整事务的影响是涉及全国范围、多个区域还是某个特定区域,以及因该立法而实际获益的民众是全国人民、多个区域的居民还是某个特定区域的居民。立法的"外部性程度",主要是指该项立法活动对民众和社会所产生影响的范围的强度和广度。外部性程度越高,说明该项立法的影响范围越广、强度越大、涉及的利益主体越多,立法的可能收益也就越高。由此,影响范围波及全国、外部性程度高、不用太多考虑地方独特性和差异性的立法事项,当然应由中央立法加以规制。对于影响范围仅限于特定区域、外部性程度低、中央不可能或难以掌握相关地方性信息的立法事项,当然就由地方立法来规制比较科学和合理。根据立法的"影响范围"和"外部性程度"标准来对央地立法事权进行划分,将有效增强我国央地立法事权范围设定的科学性与合理性。这既有利于维护中央立法权益、防止地方僭越中央立法事权,又有利于保障地方立法的积极性、主动性,从而在此基础之上大大推进我国立法的民主性科学性进程。

三、建立央地立法事权划分的适时变动与动态调整机制

关于央地立法事权划分,并不能想当然地根据几个简单标准与原则就把各种具体立法事项相应划分给中央或地方。而且,也不能天真地假想这种划分会一劳永逸地解决问题。现实中,央地立法事权划分是极其复杂和困难的。对此,麦迪逊曾感叹:"在全国政府和州政府的权力之间划出一条适当界限,必然是一项艰巨的工作。任何人,只要他习惯于思考和辨别那些性质广泛而复杂的事物,都能体

① 参见胡伟:《政府过程》,浙江人民出版社 1998 年版,第 55-73 页。

② 张千帆:《流浪乞讨与管制——从贫困救助看中央与地方权限的界定》,载《法学研究》2004 年第 3 期。

会到这件事情的困难程度……经验教导我们,在政治学中还没有什么技巧能充分肯定地辨别和解释其三大领域——立法、行政和司法,甚至不同立法部门的特权与权力。在实践中每天发生一些问题,这就证明在这些问题上还存在着含糊之处,并且使最伟大的政治学家深感为难。"因此,在这个问题上,"必须进一步节制我们对人的智慧的力量的期望和信赖"。①

显然,尽管人们可以在法律上对央地立法事权作一些比较明晰的划分,但是法律不可能事无巨细、毫无遗漏地解决问题,也不可能对未来的各种情况进行准确预测。随着经济社会的发展,央地立法事权划分并非停滞不前、一成不变,而是会顺应时代发展的要求作出及时调整。事实上,即使是同样的事权划分标准与原则,在不同时代伴随不同的实践要求,在央地立法事权范围的界定上也会产生完全不同的结果。譬如,在美国建国早期,"规定工人最低工资和最高工作时间"等劳动权益保护方面的立法事权属于各州所有。到了 20 世纪的"进步年代",尤其是经过 20 世纪 30 年代经济大萧条和罗斯福新政之后,这类立法事项通过司法判决形式逐步被纳入联邦的立法事权范围之内。为此,笔者得出的结论是,对中央与地方的立法事权作一个坚硬稳固的划分是完全不值得讨论的,也是完全不可能的。必须找到的是程序性的解决办法。要获得的不是具体的权力界限,而是划分界限的方法。②

这就要求人们不仅要关注央地立法事权划分的制度化结果,还要关注应以何种标准、程序和方法来获得这种结果。③ 从某种意义上说,央地立法事权划分应遵循什么样的标准、原则、规则和过程,甚至比纠结于哪个事项应该归属于中央还是地方更为重要。还需要借助相关法律法规的及时修改与变动,强化立法解释、司法解释的功能发挥,使得法律制度层面的文字规定与不断变化的社会生活现实相契合,使得央地立法事权划分的具体结果能够随着社会生活的发展而与时俱进。中央与地方立法权既然有不同的利益属性和事权范围,当然在各自运行过程中就会有矛盾和冲突,随着外部环境的变化,这些矛盾和冲突亦会有不同的内容和样态,化解这些矛盾与冲突的过程,其实就是对央地立法事权划分进行适时跟

---

① [美]汉密尔顿、杰伊、麦迪逊:《联邦党人文集》,程逢如、在汉、舒逊译,商务印书馆 1995 年版,第 181 页。

② George W. Carey, *The Federalist*:*Design for a Constitutional Republic*. Chicago:University of Illinois Press,1989:109.

③ 宣晓伟:《推进中央和地方事权划分的法治化》,载《中国党政干部论坛》2015 年第 10 期。

进、动态调整的过程。因此,需要建立一套规范性、可操作的央地权力冲突解决程序,将央地关系调整纳入公开、稳定、常态、可预期的法律制度轨道。

四、发挥司法在央地立法事权变动过程中的间接微调功能

从各国立法实践来看,央地立法事权划分的修正、完善以及立法冲突化解的主要任务被交给了国家的司法体系。也就是说,由普通法院特别是国家最高法院通过个案形式对各种中央和地方立法进行司法审查并对其中的冲突加以裁决,从而实现对中央与地方立法事权范围的精细化调整。关于司法在调整中央与地方关系中的作用,托克维尔曾经精辟地指出,在联邦与各州之间,不可避免地将发生冲突。为了解决冲突,只能采取危险最小的处理办法。如果让联邦立法与各州立法直接对抗,"抽象"地说你侵犯我,或者我侵犯你,将有可能导致一个国家的危机。这种危机如果用政治方式解决,就会比较麻烦和困难。通过国会,联邦与各州也会打得不可开交。而通过将这种冲突提交联邦最高法院加以解决,则是危险最小的。他还强调,美国联邦最高法院大法官的重要作用之一就是"联邦依靠他们使各州服从,而各州则依靠他们抵制联邦的过分要求"。①

从美国联邦与州事权划分的历史发展来看,1787 年美国宪法主要是对联邦立法事项进行了肯定式、授权式明确列举,对各州立法事项进行了否定式、禁止式列举。而对于联邦与州的共同立法事项、剩余立法事项却没有涉及。联邦与州的共有立法事项范围是通过后来的联邦最高法院判决以及由此作出的宪法解释加以界定的。② 显然,美国是由联邦最高法院通过个案审理而不断进行宪法解释,来对联邦与州的共同立法事项进行界定,从而解决了宪法关于联邦与州共同立法事项规定不明确的问题。就此,米歇尔·格瑞夫评价说:"联邦制内在地会在各个政府之间——全国性政府与地方性政府、地方性政府与地方性政府之间——产生什么是各自的正确的权力范围的争吵,因此一个独立的司法体系和某种形式的司法审查就是必须的。换句话说,维护联邦主义结构的任务绝不能托付给州⋯⋯绝

---

① [法]托克维尔:《论美国的民主》(上卷),董果良译,商务印书馆 1989 年版,第 169 页。

② 参见李道揆:《美国政府机构与人事制度》,人民出版社 1985 年版,第 45 页;[美]施密特、谢利、巴迪斯:《美国政府与政治》,梅然译,北京大学出版社 2005 年版,第 54 页。

不能托付给国会,而是要在司法审查的程序中托付给法院。"①

现实中,中央与地方、地方与地方之间的立法事权变化以及立法权限冲突,绝大多数情况下不是以中央与地方或地方与地方之间的直接权力对抗形式表现出来的,而通常是以私人利益纠纷的形式展现出来的。司法对央地立法关系的调整,主要就是通过个案的审理来判决哪些中央立法或地方立法因超越其事权范围而无效,从而对央地立法事权划分进行一种及时的间接调整。从我国央地立法事权划分的现行调整机制来看,司法调节不会对现行体制形成直接的正面冲击,还可以对当前以行政调节为主的直接调整方式进行必要的补充。除此之外,司法权的行使可以对央地立法关系形成一种常规化、稳定性的调节。这是因为,相对于立法机关的自身调节和行政机关的行政调节来说,司法调节可以在更大程度上实现对各种立法事权关系的连续性、灵活性的调适与审查。

(摘自封丽霞:《中央与地方立法事权划分的理念、标准与中国实践——兼析我国央地立法事权法治化的基本思路》第四部分,原载《政治与法律》2017 年第 6 期。)

---

① Michael S. Greve, *Real Federalism*:*Why It Matters*,*How It Could Happen*. Washington D. C.:The AEI Press,1999:14.

第七章

法的实施

论我国法律实施的保证

刘　瀚

　　根据我国多年的实践经验和当前的实际情况,我认为,我国社会主义法律实施的保证,主要有六个方面。

一、指导思想的保证

　　我们的指导思想是马克思列宁主义、毛泽东思想,这是《宪法》序言明确肯定的。马克思主义作为科学体系,是极其彻底而严整的。如何正确理解、掌握和运用这个指导思想,对我国社会主义法律的实施,具有全局性的意义。我国社会主义法律的实施情况,乃至整个法制建设所走过的曲折道路,充分说明了这一点。

　　中华人民共和国成立前夕召开的党的七届二中全会,作出了把工作重心转移到生产建设上来的决议。由于党的指导思想和路线、方针、政策、方法是正确的,因而,在基本完成生产资料私有制的社会主义改造的七年中(1949—1956年),从根本上保证了当时所制定的《共同纲领》、1954年《宪法》和其他一系列法律的实施。尽管当时我国的法律还不完善,但由于能够切实实施,就使法律在各项繁重的社会改革、社会主义改造和建设中,充分发挥了作用。

　　20世纪50年代后期,由于在指导思想上“左”的东西逐渐抬头,错误地批判了社会主义法制的一些重要原则,轻视和放松了立法工作,削弱和撤销了一些政法机关,法律的实施也受到了影响。不过,这一时期(1957—1966年)指导思想上的“左”的错误,还没有形成全局性的、占统治地位的思想,因而情况基本上还是好的。到了“文化大革命”时期,情况就完全不同了。这时的指导思想是在社会主义条件下还要进行“一个阶级推翻一个阶级的政治大革命”,在这种错误的指导思想下,宪法和法律的实施就无从谈起了。直到粉碎“四人帮”后,特别是党的十一届三中全会以来,我国社会主义法制建设又走上了健康发展的道路,根本的一个原因,是在党中央的正确领导下,全党和全国人民进行了指导思想上的拨乱反正。

过去,我们研究法律实施保证的问题,往往忽略了指导思想的保证,现在看来这一条恰恰是最重要、最根本的保证。为了使我国社会主义法律得到切实实施,首先就要坚定不移地坚持党的十一届三中全会以来所确定的正确的指导思想,坚持按这个指导思想制定和执行的路线、方针、政策和方法办事。

二、制度保证

制度的内容很丰富、很具体。社会主义法制本身就包括若干重要制度在内。在许多制度中,关键是党和国家的领导制度以及与之密切联系的党的生活和国家政治生活中的民主制度。邓小平同志在《党和国家领导制度的改革》一文中指出:"斯大林严重破坏社会主义法制,毛泽东同志就说过,这样的事件在英、法、美这样的西方国家不可能发生。他虽然认识到这一点,但是由于没有在实际上解决领导制度问题以及其他一些原因,仍然导致了'文化大革命'的十年浩劫。这个教训是极其深刻的。不是说个人没有责任,而是说领导制度、组织制度问题更带有根本性、全局性、稳定性和长期性。"①在我们的党和国家领导制度中,曾经存在过权力过于集中的现象。有一个时期,在加强党的一元化领导的口号下,不适当地把一切权力集中于党委,党的一元化领导,变成了个人领导。其结果是集体领导、民主集中制、个人分工负责制等流于形式,家长制、干部领导职务终身制等有所发展,破坏了党内和干部队伍中的正常的平等的关系。突出个人,势必使形形色色的特权膨胀,就会有人凌驾于党和国家之上,超越于宪法和法律之外,上行下效,使法律的实施遇到种种阻力和障碍,甚至使法律以个人的意志为转移,"把领导人说的话当做'法',不赞成领导人说的话就叫做'违法',领导人的话改变了,'法'也就跟着改变"②。一旦出现这种现象,人们所实施的就只有个人的指示,而不是集中了工人阶级和广大人民意志的宪法和法律了。

在党和国家领导制度中的另一个主要弊端是官僚主义。从某种意义上说,所

---

① 邓小平:《党和国家领导制度的改革》,载《邓小平文选》(一九七五——一九八二年),人民出版社 1983 年版,第 293 页。

② 邓小平:《解放思想,实事求是,团结一致向前看》,载《邓小平文选》(一九七五——一九八二年),人民出版社 1983 年版,第 136 页。

有的官僚主义,都是对法律的一种亵渎,其中有些危害特别严重的就不只是一般的不实施法律的问题,而是已经构成犯罪了。有些官僚主义给国家造成的经济损失,远比中饱个人的犯罪行为要严重得多。

由此可见,党和国家的领导制度不改革,我国社会主义法律的真正实施就很难。当然,这还只是问题的一个方面,更重要的是,它牵涉到我们的领导制度能否适应社会主义现代化建设事业的需要,牵涉到党和政府在国内和国际上的威信,牵涉到社会主义制度优越性的发挥。正因如此,自党的十一届三中全会以来,我们才下决心实行领导体制的改革,并已取得了初步的成效。

三、法律保证

实施法律需要有法律保证,这是由法律的特性决定的。法律是以国家强制力为后盾保证其执行的人们的行为规范,就是说,它自身就具有实施保证的要素。法律自身对其实施作出周详而完备的规定,是法律实施保证的一个重要方面,也是法律体系完整的一个重要标志。下面以宪法的实施为例说明这个问题。

我国 1982 年新《宪法》对其实施保证作了比过去《宪法》都详细而明确的规定。第一,对《宪法》在法律体系中的地位和作用作了明确规定。《宪法》序言肯定:"本宪法以法律的形式确认了中国各族人民奋斗的成果,规定了国家的根本制度和根本任务,是国家的根本法,具有最高的法律效力。全国各族人民、一切国家机关和武装力量、各政党和各社会团体、各企业事业组织,都必须以宪法为根本的活动准则,并且负有维护宪法尊严、保证宪法实施的职责。"这一段是宪法总纲和其他各章条文规定的一个原则精神。第二,把维护社会主义法制的统一和尊严作为宪法原则加以明确规定。总纲第五条规定:"国家维护社会主义法制的统一和尊严。一切法律、行政法规和地方性法规都不得同宪法相抵触。……一切违反宪法和法律的行为,必须予以追究。任何组织或者个人都不得有超越宪法和法律的特权。"

这一规定,包含了两个主要内容。一方面,宪法是日常立法的法律基础;另一方面,宪法是任何组织和个人的根本活动准则。一切合法行为都受到宪法的保护,从而也受到根据宪法制定的法律的保护,一切违法行为,都分别是违反有关法律的行为,而其总的根据则是宪法的有关条文。宪法具有最高的法律效力的这两个方面的主要内容,是法律自身维护社会主义法制的统一和尊严的关键,也是宪法和法律自身保护其切实实施的关键。第三,把公民的权利与义务不可分离作为宪法原则规定下来。《宪法》第二章第三十三条规定:"任何公民享有宪法和法律规定的权利,同时必须履行宪法和法律规定的义务。"第五十一条规定:"中华人民共和国公民在行使自由和权利的时候,不得损害国家的、社会的、集体的利益和其他公民的合法的自由和权利。"这些规定对保证法律的实施具有非常现实而广泛的意义。第四,对宪法实施的监督机构和制度作了明确规定。《宪法》第六十二条第二项和第六十七条第一项规定:全国人民代表大会和它的常务委员会都有"监督宪法的实施"的职权。这一规定是监督宪法实施的机构和制度上的一项重要改进。全国人大常委会有权根据《宪法》第六十七条第七项、第八项的规定撤销国务院和省、自治区、直辖市国家权力机关制定的同宪法、法律相抵触的法规、决议、决定和命令。全国人大每年举行会议时,对它的常务委员会制定和修改的法律,对宪法和法律所作的解释,对有关监督宪法实施的决议等,如果认为不适当有权予以改变或撤销。第五,赋予全国人大代表协助宪法和法律的实施的职责。《宪法》第七十六条规定:"全国人民代表大会代表必须模范地遵守宪法和法律,保守国家秘密,并且在自己参加的生产、工作和社会活动中,协助宪法和法律的实施。"我国的全国人大代表近三千名,分布全国各地,是人民群众信赖的各条战线上的骨干力量。

当然,宪法的具体实施仅靠宪法本身的这些保证还是远远不够的,宪法的许多条文,都要求制定一项、几项法律,甚至一个部门法来把它的原则的、概括的规定具体化,以保证其切实实施。如第二十八条,就需要有一个部门法——刑法来保证其实施。在宪法条文中,有"依照法律规定"的提法达30多处,还有"保障合法权益和利益""在法律规定的范围内""遵守有关法律的前提下"等,诸如此类,每一处都要求制定一项或几项法律。这样,以宪法为总章程,形成一个内容和谐一致、形式完整统一的法律体系,其自身的保证才能切实可靠地落到实处。

四、国家机构的保证

全国人大和它的常务委员会,是国家机构的重要组成部分,它们本身的组织和活动,都是依照宪法和法律进行的,因而也是在实施宪法和法律,同时,它们又负有监督宪法和法律实施的职权。但是,宪法和法律的实施与监督,仅靠最高国家权力机关,是远远不够的,还必须依靠从中央到地方的全部国家机构。这里,除了国家最高权力机关，还包括国家各级行政机关、地方各级国家权力机关、审判机关和检察机关。

宪法关于国务院职权的规定，几乎每一项都是保证宪法和法律的执行的内容。地方各级人民代表大会的各项活动、地方各级人民政府的行政工作，也都是依照宪法和法律规定的权限进行的，都是执法活动。没有这些国家机构，宪法和法律的实施有很大一部分就会落空；如果这些国家机构的活动不是严格按照宪法和法律进行，那么，宪法和法律就不可能得到正确的实施。在国家机构的活动中，还包括纠正和处理违宪行为和违法行为。如国务院有权改变或撤销各部委和省级国家行政机关不适当的命令、指示、决定和规章。地方各级人民代表大会及其常务委员会有权撤销本级人民政府和下一级人民代表大会不适当的决定、命令和决议。地方各级人民政府有权改变或撤销所属工作部门和下级人民政府不适当的决定。上述不适当的文件，当然包括不符合宪法和法律的文件。国家各级行政机关及其有关部门执行行政处罚和行政处分，其对象都是一般违法行为，这是保证宪法和法律贯彻执行的行政强制措施。

除此以外，作为国家审判机关的人民法院和作为国家法律监督机关的人民检察院，也都负有保证宪法和法律的实施的职责。前者通过审判活动，运用法律以制裁违法行为，惩办各种犯罪行为，同时通过处理民事案件和经济案件，维护国家、集体和公民的合法权益来保证宪法和法律的实施；后者通过批准逮捕、检察（包括侦查）、提起公诉、出庭支持公诉等活动，同反革命和其他犯罪活动进行斗争，并对公安机关的侦查活动、人民法院的审判活动是否合法实行监督；对于刑事案件的判决、裁定的执行和监狱、看守所、劳动改造机关的活动是否合法实行监督；同时，保障公民对于违法的国家工作人员提出控告的权利，追究侵犯公民人身权利、民主权利和其他权利的人的法律责任。

总之，所有的国家机构（包括最高国家权力机关），都对保证法律的实施负有责任，它们的组织状况、人员配备、工作制度和工作效率等，对法律的实施有着直接的作用和影响，因此，必须在实行精简的前提下，大力健全国家机构，实行工作责任制，提高工作人员的素质。只有这样，才能使我国社会主义法律的实施得到机构和人员方面的切实保证。

五、人民的保证

在我国，宪法和法律的实施，归根到底是为了人民，服务于人民，而宪法和法律的实施也离不开人民。这是因为，宪法和法律是工人阶级和广大人民集体意志和根本利益的体现，人民制定宪法和法律，目的就是要按照自己的意志去治理国家、建设国家，而宪法和法律的实施又无不直接或间接牵涉到人民的切身利益。我国社会主义法律实施的状况之所以较剥削阶级国家法律实施的状况要好，一个根本的原因，就在于广大人民认识到了这一点，因而能够自觉遵守法律，严格依法办事。这是法律实施最基本、最有力的一个保证。

遵守法律是实施法律的一个重要方面，再好的法律，假如得不到遵守，它的实施就是一句空话。遵守法律，当然首先是一切国家机关和武装力量、各政党和各社会团体、各企业事业组织和所有的国家工作人员。但是，仅此还不够，还必须广大人民都来遵守。从遵守法律的广泛性来说，后者就显得更为突出。

遵守宪法和法律，是宪法规定的公民的一项基本义务，如果全体公民都能认真履行这项义务，就能给宪法和法律的实施，提供良好的群众基础和社会条件。人民作为国家的主人，一方面要遵守宪法和法律，另一方面要监督宪法和法律的实施。《宪法》总纲第二条规定："中华人民共和国的一切权力属于人民。"第三条规定："全国人民代表大会和地方各级人民代表大会都由民主选举产生，对人民负责，受人民监督。"人民对法律实施的监督，是人民意志的有机组成部分。在我国逐步建设起高度民主的社会主义政治制度、在人民的直接民主的范围和程度不断扩大与提高、在广大人民真正学会了管理国家各项事业的条件下，人民对法律的遵守与监督，就会成为法律实施的一个有力保证。

六、物质保证

实施法律，需要一定的物质条件作保证。在我国，实行生产资料的公有制为法律的实施提供了必要的物质保证。我国法律实施的物质保证，是由人民创造的，为人民所有的，为人民使用的。而在资本主义国家，尽管生产力高度发达，物质条件很充裕，但是作为法律实施的一个保证，其物质条件仅仅是为有产者服务的。在那里，被选举权实际上是由资本家或他们的代言人垄断的。例如，美国

1972 年竞选总统的费用达四亿美元,1980 年超过八亿美元。在美国州议会中竞选一个议席,要花 20 万美元,而中等工资的美国人年收入只有两万美元。还有,在一些资本主义国家,候选人要交纳保证金。在资本主义国家参加诉讼活动,如果不聘请律师,往往很难胜诉,而且聘请律师,特别是聘请著名的律师,更是非重金莫办。可见,只要私有制是神圣不可侵犯的,金钱就可以而且必然侵犯神圣的法律的全面实施。

我国是一个发展中的社会主义国家,在法律上不存在公开的或隐蔽的财产资格限制,也没有昂贵的诉讼费用,等等。因而,法律实施的物质条件基本上是有保证的。但是,由于生产力的发展水平还不高,人民的物质和文化生活水平还比较低,所以,目前从物质上保证法律的实施,不能不受到一定的限制。例如,国家拨给政法部门的费用有限,工作条件差,基本上还没有各种先进的设备和必要的技术手段,这对于法律的实施当然是不利的。但是,随着社会主义现代化建设事业的胜利发展,这种情况当能逐步改善,从而为法律的实施提供更多更好的物质保证。

（摘自刘瀚:《论我国法律实施的保证》,原载《政法论坛》1985 年第 4 期。）

法律程序的意义

对中国法制建设的另一种思考

季卫东

中国上古之世,程序已经颇为可观。例如诉讼,据《王制》记载,已有管辖等级、审理手续、裁量标准的规定。[①] 到近代,关于重案的报告与复审、民事案件与轻微刑事案件的州县自理、上诉与京控、证据与纠问、堂谕与判牍等,都有一套自成体系的制度。[②] 然而,程序法一直没有独立于实体法之外,其内部分化也很不充分,根本不存在几种诉讼程序并立的现象。尽管人们常喜欢引用"讼谓以财货相告者""狱谓相告以罪名者"[③]的说法来证明中国古代已有民刑诉讼程序之别,但实际上无论是讼还是狱都不是针对制度而言,只不过是表述个别案件的用语而已。[④] 从总体上看,中国传统法律中形式主义的要素十分稀薄。[⑤]

传统中国州县管理制度的实质,与其说是行政官兼理诉讼,不如说是司法官兼理行政。基层官僚的主要任务是审判案件。因此,通过诉讼程序来把握一般程序的基本特点当不致产生问题。

---

① 所谓"成狱辞,史以狱成告于正,正听之。正以狱成告于大司寇,大司寇听之棘木之下。大司寇以狱成告于王,王命三公参听之。三公以狱之成告于王,王三又,然后制刑"。听讼之法"必三刺。有旨无简,不听。附从轻,赦从重。凡制五刑,必即天论。邮罚丽于事。凡听五刑之讼,必原父子之亲,立君臣之义以权之,意论轻重之序,慎测浅深之量以别之。悉其聪明,致其忠爱以尽之。疑狱,泛与众共之。众疑,赦之。必察小大之比以成之"。转引自吕思勉:《中国制度史》,上海教育出版社 1985 年版,第 812-813 页。

② 详见那思陆:《清代州县衙门审判制度》,文史哲出版社 1982 年版;[日]滋贺秀三:《清代中国的法与裁判》,创文社 1984 年版。

③ 《周礼·秋官·大司寇》郑注。

④ 参见[日]滋贺秀三:《清代中国的法与裁判》,创文社 1984 年版,第 9 页。

⑤ Max Weber, *The Religion of China: Confucianism and Taoism*. Glencoe: The Free Press, 1964: Chapter 4&6.

程序的实质是管理和决定的非人情化,其一切布置都是为了限制恣意、专断和裁量。限制恣意的方式主要有两种:一为审级制,一为分权制。传统中国更侧重于前一种方式,即通过位阶关系来监督和矫正下级的决定。中国人自古缺乏分权思想。荀子的话就很有代表性,他说:"权出一者强,权出二者弱。"①不过这并不意味着人们完全没有认识到分权的作用。唐代中央政府设置中书、门下、尚书三省,中书出令,门下审驳,尚书奉行,以图互相制衡。宋代则采用政军财分掌之制,即政务归中书,军事归枢密院,财务归三司使,以图明确责守、提高效率。然而这些措施只不过是分割治权、区别职能而已,最终还是为了维持君权一统。但是无论如何,上述两种限制恣意的方式也同样适用于中国,这一点是没有疑义的。那么,东西方程序上的根本差异发生在什么地方呢? 答曰,在对具体案件依法进行决定的场合,在解释法律和认定事实的方式上。

概而论之,西方审判制度的原理是通过援引法律,对法律的文字含义和立法精神进行严密的解释说明,提出证据,通过对证据的信凭性、取证方式和因果关系进行仔细的审查考虑,来防止专断、保证审判的客观性与公正性。为了有效地达到这一目标,主要采取在公开法庭进行对抗性辩论的方式、方法。因为当事人双方的胜诉动机会促使他们仔细寻找和考虑一切有利于自己的证据、法律规定及其解释方式,并竭力发现相反观点的漏洞和问题,从而可以使处理某一案件的各种选择都得到充分展现和权衡。当然,由于当事人对法律含义和证据价值缺乏足够的知识,他们的议论未必能切中要害,这就需要律师帮助他们,而这又使法律家再产生分化,带上了党派性。

传统中国审判制度的原理与此不同。司法与行政合一的体制造就了视审判为行政的一个环节的观念,审判程序是按行政原理设计的。"就是说,审判的程序性限制也是以官僚机构内部纪律的形式出现,程序的遵守不是由于当事人能够对违法的过程提出效力瑕疵的异议,而是通过上司对违法官僚的惩戒处分来保障,人民仅仅止于接受其反射性的利益。"②当事人在诉讼中的活动主要是形成供状(陈述情节)和招状(表示认罪)。但招供的过程实际上并不是事实认定的过程,只是通过结论必须由被告自己承认这一制度设定来防止专断。证据是在促使被告认罪这一意义上使用的。因此,司法官不必受复杂的证据法的限制,当事人对法

---

① 《荀子·议兵》。
② [日]滋贺秀三:《清代中国的法与裁判》,创文社 1984 年版,第 78-79 页。

律的援引和解释也没有发言权，法律适用完全系于司法官的一念之间，不必经过法庭争辩，也没有设置律师的必要。

既然司法官在审判中完全处于支配地位，那么怎样才能防止恣意呢？除了判决必须以获得被告认罪书为前提这一限制措施，传统中国主要采取了以下几种方式。

(1)量刑的机械化。从中国古代刑律可以发现，立法者尽量在罪行与刑罚及其赎换刑之间确定一一对应的数量关系。例如，《隋书·刑法志》记载，《梁律》定为二十篇："其制刑为十五等之差……刑二岁以上为耐罪，言各随伎能而任使之也。有髡钳五岁刑，笞二百，受赎绢，男子六十匹。又有四岁刑，男子四十八匹。又有三岁刑，男子三十六匹。又有二岁刑，男子二十四匹。赎髡钳刑五岁刑笞二百者，金一斤十二两，男子十四匹。赎四岁刑者，金一斤八两，男子十二匹。赎三岁刑者，金一斤四两，男子十匹。赎二岁刑者，金一斤，男子八匹。罚金十二两者，男子六匹。罚金八两者，男子四匹。罚金四两者，男子二匹。罚金二两者，男子一匹。罚金一两者，男子二丈。女子各半之……"唐律中关于盗窃罪的刑罚也是如法炮制，被盗物价值折合成绢的幅长来计算，从无赃笞五十、一尺杖六十开始一直规定到四十匹流三千里，五十匹加役流。[①] 各代刑律的定刑方式皆如出一辙，几乎排除了量刑的余地。可惜当时尚未发明电子计算机，否则自动量刑的专家系统软件早已设计出来了。

(2)法律的细则化。量刑的机械化实际上标志着绝对的法定刑主义，这种原则当然会影响法律的构成，促进实体法规定的特殊化、细则化。其结果，产生了极其复杂的"副法"。例如清代有近两千条例附着于主律之上。[②] 明太祖曾经论及主律和附例的关系，说"律者，常经也；条例，一时之权宜也"[③]。但是，条例实际上具有成文法的性质，是一种因事立法的成例；至清代，每隔三年、五年进行"修例"更成为制度。滋贺秀三根据这种事实提出一个假说，即中国传统法在运用上不重视解释学而重视成例，与案件具体特性相对应的副法在法律变更中起了实质性的

---

① 参见吕思勉：《中国制度史》，上海教育出版社1985年版，第821页。见《唐律疏议》第19卷，光绪庚寅年北京刻本，第12页"窃盗"。

② ［日］滋贺秀三：《清代中国的法与裁判》，创文社1984年版，第75页。

③ 见孙承泽：《春明梦余录》(第44卷)，龙门书局1965年版，第696页。

作用。① 这一见解是很中肯的。立法层次上的细则化倾向意味着不断限制司法裁量的努力。因此,中国传统实体法的完备不是通过一环扣一环的诉讼行为去进行,而是靠一段又一段的修例活动去实现。然而,"有定者律例,无穷者情伪"②。细则化并不能解决法律疏简而又僵硬的问题,于是在运用之际只好采取重其所重、轻其所轻、小事化了的态度。

（3）当事人的翻案权。古代审判凭招状定案,又承认肉刑的使用,于是经常发生"捶楚之下,何求而不得"的弊端。为资补救,只有给予当事人充分的悔供上控的机会,以当事人的翻案权来与司法官的支配权作平衡。因此,判决总是缺乏既判力和确定性,其具体表现是:上诉没有时效和审级限制;判决作出之后并不绝对排除重审的可能性;判决可以"有错必纠",随时变更。于是,"屡断屡翻"的现象就时有发生。③ 由此可见,传统中国的程序不仅未能吸收不满,相反却给当事人以充分的机会来从不同的角度、由不同的诱因而不断地使不满死灰复燃。法律关系的安定性也因而受到损伤。

（4）上级机关的复审权。为了从制度上保证绝对法定刑主义的实施,防止司法官在法律疏简的情况下专断,审判变成了一个由多级官员参与的复杂过程,程序要件充足性的问题在很大程度上被置换为人事行政上的监察问题。例如清代,重案有自动复审制,犯人的翻供也能导致上级机关的提审,刑部和按察司采取的是下属起案、上官决裁的工作方式,等等。④ 这就使审判权的自治性和相克关系被软化和淡化了。审判者始终处于被审判的状态,除了皇帝,任何机关的决定都可能受到来自上级机关的追究或来自下级机关的反追究,而追究和反追究又都可能带来严重的后果。刑律中设有"官司出入人罪"的罚则,原审法官一旦被认定为"草率定案",就要受到惩戒,影响及于仕途。这里的逻辑关系是:司法官的任务是获得口供,因此对他的要求不是忠实于程序,而是所谓"以五声听狱讼、求民情"、明察秋毫的手腕。他既然不受程序的约束,当然也就不受程序保护,而必须对决定负全部责任。责任负荷如此之重,而又不存在审判权的相克问题,他的行为方

---

① 参见［日］滋贺秀三:《清朝的法制》,载［日］坂野正高等编:《近代中国研究入门》,东京大学出版会 1974 年版,第 285 页、第 292 页、第 298 页。
② 〔清〕沈如焞:《例案续增全集》自序。
③ 详见［日］滋贺秀三:《清代中国的法与裁判》,创文社 1984 年版,第 145 页。
④ 详见［日］滋贺秀三:《清代中国的法与裁判》,创文社 1984 年版,第 22 页。关于民事案件的复审、直诉,参见杨雪峰:《明代的审判制度》,黎明文化事业公司 1988 年版,第 276-278 页。

式自然就会倾向于早请示、晚汇报,以转嫁或减轻翻案的责任风险。

综上所述,为了防止和限制恣意,传统中国采取了比西方更严厉的措施。其动机或可同情,但其效果很糟糕。因为它在缩减恣意的同时也压抑了选择,而选择恰恰是程序的价值所在。结果,中国传统法律森严而不能活用,选择的要求只能以非程序的方式去满足。换言之,在传统中国,选择与程序脱节了。由此又进一步出现了一种事与愿违的情形,当事人可以出尔反尔,任意翻悔;案件可以一判再判,随时回炉;司法官可以先报后判,多方周旋;上级机关可以复查提审,主动干预。一言以蔽之,在程序限制恣意的同时,另一种形态的恣意却因这种程序而产生。这实在是传统中国法律中一种极具讽刺意味的辩证现象。

现代中国还存在类似问题吗?回答是肯定的。尽管合理的现代程序目前已经粗具规模,但传统的残余和影响仍然随处可见。例如,法律的细则化以及存在副法体系的特点不仅得以保留,而且还有扩大的趋势。表1显示的是关于国内经济合同的主法副法构成。

表 1　国内经济合同法规群一览

类型	法规名称
法律	经济合同法(1981 年 12 月 13 日公布) 技术合同法(1987 年 6 月 23 日公布)
法规	经济合同仲裁条例(1983 年 8 月 22 日发布) 财产保险合同条例(1983 年 9 月 1 日发布) 建设工程勘察设计合同条例(1983 年 8 月 8 日发布) 建筑安装工程承包合同条例(1983 年 8 月 8 日发布) 工矿产品购销合同条例(1984 年 1 月 23 日发布) 农副产品购销合同条例(1984 年 1 月 23 日发布) 加工承揽合同条例(1984 年 12 月 20 日发布) 借款合同条例(1985 年 2 月 28 日发布) 技术合同法实施条例(1989 年 3 月 15 日发布)
规章	仓储保管合同实施细则(1985 年 10 月 15 日发布) 公路货物运输合同实施细则(1986 年 12 月 1 日发布) 水路货物运输合同实施细则(1986 年 12 月 1 日发布) 航空货物运输合同实施细则(1986 年 12 月 1 日发布) 铁路货物运输合同实施细则(1986 年 12 月 20 日发布) 技术合同管理暂行规定(1988 年 3 月 21 日发布)

续表

类型	法规名称
司法规范	最高人民法院关于贯彻执行《经济合同法》若干问题的意见（1984 年 9 月 17 日下达） 最高人民法院关于审理农村承包合同纠纷案件若干问题的意见（1986 年 4 月 14 日下达） 最高人民法院关于在审理经济合同纠纷案件中具体适用《经济合同法》的若干问题的解答（1987 年 7 月 21 日下达）

其他法律领域也是如此，只不过程度不同而已。法律规定趋于严密周详是好事，但是如果这种细则化不是着眼于完备适用要件，而是着眼于否定适用裁量，那么就有可能导致法律僵化。一谈周详规定就变得条文烦苛，一谈灵活运用就变得比附失当，这是中国法制建设中的一个怪圈。这样的法律形态难以很好地适应现代商品经济的需要。

又如，现行审判制度规定了两审终审，颇有一事不再理的意味。但审判监督程序的种种规定表明，中国的判决仍然缺乏既判力和自缚性，审判权之间的相克关系仍然很薄弱。不加限制的申诉，提起再审程序在实际上的无条件状态固然可以有纠正错案误判的好处，但也增加了法院业务的负担和审判的困扰。据统计，1989 年一年之内，各级法院审查处理对已经生效的判决和裁定的申诉案件多达 107.5 万件。一般案件经再审后改判率为 22.5％，而检察院依审判监督程序提起抗诉的案件经再审后改判率为 39.3％。① 这充分说明程序吸收不满的能力很低。当然，改判率反映出审判质量不高，因此，法律细则化和再审制也的确有其存在的现实条件。

然而，面对上述问题，为什么不着手建立完整的司法考试和法律家资格认定制度呢？为什么不在审判程序中确立职业主义的原则呢？为什么不让辩论进行得更充分呢？为什么不让律师对法律解释有更多的发言权呢？更根本地说，为什么不加强在法律的解释和修改中学理的作用呢？问题归于一点，还是程序设计的合理性问题。如果程序原理没有根本性变化，即使革新政治体制和实体规范也不会有明显的效果；如果对程序不进行大的改革，加强法律实效的许多措施就无从落实。

还应该特别指出的是，由于程序意识、法学研究和立法技术诸方面的原因，中国的具体立法往往缺乏关于程序性要件的规定，以致很难解释适用。比如，契约解除与契约的转让和变更不同，它是当事人一方解除契约法律约束力的重大行

---

① 据 1990 年 4 月 11 日《法制日报》刊登的法院工作报告。

动,因此必须规定严格的程序要件以限制之,同时,契约解除对于契约的法律效力产生何种影响也必须给予明确的交代。从中国《涉外经济合同法》的规定看,对于单方解除条件的规定是明确的(第二十九条),对于解约后合同中约定的解决争议条款和结算清理条款继续有效也作了肯定,但是,对于解约是否导致该合同溯及既往这样一个极其重要的问题没有明文规定,其至连《民法通则》中也没有涉及这一内容。这说明立法者对于法律如何具体适用的程序感觉是粗糙的。为进一步说明这一点,我们可以将《涉外经济合同法》①与它的主要继受对象国际统一销售法(即《联合国国际货物销售合同公约》)的规定要点作一对比(见表2)。

表 2　国际统一销售法与《涉外经济合同法》要点对照

项目内容	国际统一销售法	《涉外经济合同法》
A.总则		
1.适用要件、范围		
(1)涉外性	第 1 条、第 10 条	第二条
(2)法律适用的排除可能性	第 6 条	第五条、第六条
(3)限于动产销售	第 2 条、第 3 条	除国际运送契约外几乎适用于一切契约(第二条)
(4)缺陷与适用例外	第 4 条、第 7 条	第五条第三款
2.契约的原则	第 7—13 条	第三条
B.契约的成立		
1.意思表示的到达主义	第 24—27 条	要式性(第三条)
2.要约	第 14 条、第 16 条、第 55 条	没有规定
3.承诺	第 8 条、第 18 条、第 9 条、第 21 条	没有规定
4.契约的必须条款	没有规定	第十二条

---

① 该法被认为是大幅度导入能够适用于国际市场的法律原则和规范、与欧美工业先进国家的契约法十分接近的立法。

续表

项目内容	国际统一销售法	中国涉外经济合同法
C.当事人的义务与法律救济		
1.卖方的义务		
(1)交付场所	第 311 条、第 32 条	没有专条规定(仅见诸第十二条第五项)
(2)交付日期	第 33 条	没有专条规定(仅见诸第十二条第五项)
(3)文书交付	第 34 条	没有规定
(4)适合性的缺陷	第 35—44 条	没有规定
2.对卖方违反义务的救济	第 45—52 条	没有规定
3.买方的义务	第 53—60 条	没有规定
4.对买方违反义务的救济	第 61—65 条	没有规定
5.风险的转移	第 66—70 条	第十三条
6.关于当事人义务的共同规定		
(1)履行停止权	第 71 条	第十七条
(2)契约解除权	第 72 条、第 73 条	第 29 条、第 30 条、第 32—36 条
(3)损害赔偿请求权	第 74—77 条	第 11 条、第 18—22 条、第 24 条

　　(摘自季卫东:《法律程序的意义——对中国法制建设的另一种思考》第四部分,原载《中国社会科学》1993 年第 1 期。)

司法权的本质是判断权
司法权与行政权的十大区别

孙笑侠

在国家权力结构中,行政权与司法权虽然同属执行权,但两者大有区别。它们之间最本质的区别在于:司法权以判断为本质内容,是判断权,而行政权以管理为本质内容,是管理权。

何谓"判断"? 判断是一种"认识"。何谓"管理"? 管理是一种"行动"。判断的前提是关于真假、是非、曲直所引发的争端的存在。司法判断是针对真与假、是与非、曲与直等问题,根据特定的证据(事实)与既定的规则(法律),通过一定的程序进行认识。行政管理发生在社会生活的全过程,它不一定以争端的存在为前提,其职责内容可以包括组织、管制、警示、命令、劝阻、服务、准许、协调等行动。正因为司法权是判断权,才导致司法权与行政权的一系列区别,它们包括以下几点。

(1)行政权在运行时具有主动性,而司法权则具有被动性。行政权的运行总是积极主动地干预人们的社会活动和个人生活。而司法权消极处事,超然待物,以"不告不理"为原则,非因诉方、控方请求不作主动干预。在没有人要求你作出判断的时候,显然是没有判断权的。否则其判断结论在法律上属于无效行为。要求法院"积极为市场经济服务"的提法是不科学的,法院"送法下乡",法官"提供法律咨询""提前介入经济事务以防纠纷",给重点企业挂"重点保护单位"铜牌,如此等等,实际上已超越"判断"的职能,而是在履行行政管理职责。另外,让法官从事判决的执行活动,为当事人四处奔波,忙于讨债,也有悖司法的判断性,是对司法权性质——被动进行判断的歪曲。

(2)行政权在它面临的各种社会矛盾面前,其态度具有鲜明的倾向性,而司法权则具有中立性。"司法中立"原本是就司法者态度而言的,"司法判决是依法作出的,行政决定是依行政政策作出的。法院尽力从法律规则和原则中找出正确的答案。行政官尽力根据公共利益找出最有利、最理想的答案"①。有人会说,法院有时也根据公共利益去寻找答案,法律根据与政策根据之间的确存在交叉,但是韦德解释说"法官与行政官的思想方式是完全不同的:法官的方法是客观的,遵守着他的法律观念;行政官的方法是经验式的,是权宜之计"②。司法中立是指法院以及法官的态度不受其他因素,包括政府、政党、媒体等影响,至少在个案的判断过程中不应当受这些非法律因素左右。行政权鲜明的倾向性往往源自这样的事实:政府总是更关心自己的行政目标和效率。因为行政权代表国家,具有官方性。而"司法权则是权利的庇护者","同一官署忽而忙于维护国家利益,忽而又将国家利益弃置一边,忙于维护正义,显然极不协调"。③ 只有判断者的态度是中立的,才可能产生公正、准确的判断。

(3)行政权更注重权力结果的实质性,但司法权更注重权力过程的形式性。相对于国家权力的目标,诸如政治局势稳定、经济效益增长、道德秩序健康、民众生活安宁等等,行政权结果的实质性是指行政主体企望和追求百分之百地符合这些目标(尽管这是无法实现的)。而司法权并不直接以这些实质目标为自己的目的,它是以制定法既定规则为标准,以现有诉讼中的证据(法律家所谓的"事实")为条件,以相对间隔于社会具体生活的程序为方式,作出相对合理的判断,以接近上述那些目标。如果无法达到这种"接近",甚至背离这些目标的话,只要是在这些特定的标准、条件和方式中,也只能承认这种判断结果的合法性。这与法律"一刀切"的规范性特征一脉相承。实际发生的事实不被等同于法庭上的"事实",法庭上的"事实"只是法庭上证据证明了的情况。法庭上的形式合理性是最高理性。司法活动不应该过分强调"具体问题具体分析",把司法当作行政,搞"平衡""协调"甚至"和稀泥",即使争端双方都满意了(事实上是难以做到的),可它是以放弃判断、扭曲法律为代价的。

(4)行政权在发展与变化的社会情势中具有应变性,司法权则具有稳定性。行政权必须及时适应各个时期的社会变迁情势,一国政府或某区域、某部门的行政主体总是不断调整行政政策,增减政府机构,任免行政官员,以达到与社会需要

---

① [英]韦德:《行政法》,徐炳等译,中国大百科全书出版社 1997 年版,第 50 页。

② [英]韦德:《行政法》,徐炳等译,中国大百科全书出版社 1997 年版,第 51 页。

③ [德]拉德布鲁赫:《法学导论》,米健译,中国大百科全书出版社 1997 年版,第 101 页。

相适应的目的,从而增强管理实效。但是司法权的本质决定它必须保持相对稳定的司法政策、司法态度、司法标准、司法体制、司法人员(甚至有终身任命制度)等等。法官是法律的化身,所以法律的稳定性势必延伸到司法活动之中。判断的机构、人员、态度、标准如果经常被各种不正当或正当的理由加以改变,那么无异于一场正在进行的球赛不断地被更换裁判,变更规则。

(5)行政权具有可转授性,司法权具有专属性。行政权在行使主体方面,可以根据行政事务的重要程度、复杂程度指派行政人员或授权给非政府人员处理,比如委托给民间组织、自治组织处理原本属于政府的事务。承担判断职能的主体只能是特定的少数人,而不应当是其他任何人,其职权是专属的。因此,司法权不可转授,除非诉方或控方将需要判断的事项交给其他组织,如仲裁机构。因此其他任何非司法主体未经职业训练的人员不得行使判断权,让公安局局长兼任政法委书记进而判断一个案件的真假、是非和曲直也是不符合司法权的判断性质的。

(6)行政权主体职业具有行政性,司法权主体职业具有法律性。最初意义上的行政权主体不具有法律职业性特征,近现代以来由于倡导法治风气,才出现“依法行政”之说,故此出现了行政人员学法、懂法、执法的要求。但这绝不意味着对行政人员作职业法律家的要求。司法人员的职业化要求远比行政人员职业化要求高,未经职业训练的人员不得充任法官。判断必须依标准和规程进行,司法判断必须依法律和程序进行,不懂法律规则和法律程序的人怎能司法?职业法律家不仅谙熟法律而且通晓法理。当法律不完备或存在漏洞之时,还要由法官进行法律解释。职业法律家特点还反映在他们的思维方法上,比如“无罪推定”“法无明文不为罪”“法无禁止即自由”“无授权则无行政”等等,这些都是职业法律家特有的思维逻辑。因此我们要求法官学法,其实并不仅仅要求他们学习法律,还要求他们学习法理,掌握更高明的判断技术,使法官成为真正的法律家。

(7)行政权效力具有先定性,司法权效力具有终极性。行政的“先定性”是指行政行为一经作出,为了行政的权威和效率就需要预设其效力,使之具有相对稳定性,即使有不同意见,相对人和行政主体也首先服从该行政行为,非依法不得变更和撤销,即所谓“公定力”“确定力”“执行力”。行政权虽然具有强大的管理能力,但是,它是否合法、合理,不能由行政权主体自己进行判断,因此需要由行使判断权的司法机关进行判断,司法审查权由此应运而生。行政行为一旦被司法审查,予以撤销,那么其效力随之丧失。行政权只有在少数场合才具有终极性,如我国专利权终局认定权属国家专利局。司法权的终极性意味着它是最终判断权,最权威的判断权。司法判断的范围不仅针对行政权,还针对立法权,司法权对行政与立法行为进行判断的效力是终局的,法治原理假设了这个判断机构的权威性,尽管该机构不可能完全、一贯正确。但是司法机关有另一种可操作的方式来保证其判断的"正确率"一定比其他被判断机关自行判断来得更高,这种方式就是司法程序。

(8)行政权运行方式具有主导性,司法权运行方式具有交涉性。行政权运行方式总是以行政主体为中心,行政程序中不具有角色分工,行政主体仍然是行政主体,相对人仍然是相对人,其原先社会角色不变,行政程序中一般不实行意见交涉,而是行政单向命令,强制主导。现代行政法要求体现交涉性,出现了听证程序制度,其实也都是为体现行政民主化而从司法程序中借鉴而来的程序制度。"法院的实际组织和程序提供了比行政机关的组织和程序更强的合法性保证。这无疑是人们认为有必要将那些与行政职能联系的司法职能交付法院的理由。"[1]司法权的运行方式总是对各方进行明确的角色分工,在程序中,控、辩、审三方是基本的角色,"审"者内部又存在分工,陪审者从事事实审查和判断,法官负责法律审查和判断。在这些角色中,控辩双方展开交涉、抗辩,令判断者兼听则明,作出理性选择和判断。所谓诉讼,就是两造对话和抗辩,如果不是这样的话,那么司法过程的诉讼与审判两项内容就被改成审判单项内容了,《诉讼法》就应当改称为《审判法》了。

(9)行政权的机构系统内存在官僚层级性,司法权的机构系统内则是审级分工性。行政权可以接受领导者的命令,哪怕是错误的命令,通常也以服从为天职,从而保证政令畅通。而司法权不存在官僚层级上的服从关系,它不服从命令。司法系统只存在案件的审级制度,而不应该存在法官的官衔等级制度,更不应该存在依官衔高低来检验"判断"结果的准确程度。因此那种要求法官服从任何上级指示都是妨碍判断的。在信奉先例原则的国家,上级司法判例也需要经过"区别"技术方能作为审判依据。司法权的判断性要求按照既定的规则标准,那么"唯法律是从"是司法的本质体现。"为使法官绝对服从法律,法律将法官从所有国家权力影响中解脱出来。"[2]

---

① [奥]凯尔森:《法与国家的一般理论》,沈宗灵译,中国大百科全书出版社1996年版,第308页。

② [德]拉德布鲁赫:《法学导论》,米健译,中国大百科全书出版社1997年版,第100页。

(10)行政权的价值取向具有效率优先性,司法权的价值取向具有公平优先性。效率与公平是一对矛盾,无论在行政过程中还是司法过程中均如此,但是行政注重投入与产出的关系,而司法不以投入和产出的关系为忌。管理贵在神速和有效,判断贵在公正和准确。从某种意义上说,政府的目标与企业的目标具有共性,行政的任务是促进和保证产出更大的馅饼,而法院的使命则是在既定规则和程序过程中判断馅饼分配的合理性。因此要求司法活动去积极促进经济发展已超出司法职能了。

司法权的所有上述特性都要求司法在体制上的独立性,同时,要使上述特性还原给司法权的话,又都取决于司法权在体制上的独立性。行政权是一种受立法机关监督、对立法机关负责的国家权力。由于司法权是判断性的权力,所以应当保证它不受不必要的其他力量的影响,排除非法律性力量的干涉。要实现判断的公正和准确,只能通过机构设置及其法律地位的独立性才能确保。司法机关依法独立行使职权与司法中立不同,前者是机构、权力的地位问题,后者是态度倾向问题。但是没有"独立"的地位,也就没有"中立"态度。所以司法应当在人事、财政等方面独立于政府,这是最基础的、最现实的,也是最深刻的。立法机关对司法机关的监督只能是事后的,而不是事中的,司法机关向立法机关只负责报告执行法律的情况,而不负责报告具体案件的"判断"问题。作为"认识"的司法活动,"不容许在是非真假上用命令插手干预。'学术自由'被用于实际的法律科学时,即成为'法官的独立性'"。①

我国司法制度并没有建立在与行政制度相区分的原理基础上,把司法权与行政权在执行法律、实行专政、综合治理等方面的共同性加以盲目扩大,因而看到的是两者简单意义上的分工关系,而没有从根本上区分它们的职能特性,导致司法权至今仍然严重的行政化。"如果司法权不同立法权和行政权分立,自由也就不存在了。……如果司法权同行政权合而为一,法官便将握有压迫者的力量。"②法治国家需要司法机关依法独立行使职权和公正的司法制度。如果司法职能与行政职能的性质界限不明确,那就直接影响司法公正。司法公正要求司法机关依法独立行使职权,关键是独立于行政。对司法机关进行局部的整改,设置几个监督机构,建立几项督察制度,抓一下司法队伍作风建设,是不能从体制的根本上解决

---

① [德]拉德布鲁赫:《法学导论》,米健译,中国大百科全书出版社1997年版,第101页。
② [法]孟德斯鸠:《论法的精神》,张雁深译,商务印书馆1961年版,第156页。

司法公正问题的。这些新措施没有脱离中国式传统而陈旧的为政风格。改革中国司法行政化是一个体制问题,事实证明,将司法判断权与管理者或决策者分享,并没有带来遏制司法腐败的良好结局,相反使司法腐败愈演愈烈。时下有人担心判断权让法院独享会不会导致权力集中、滥权更严重,其实这是司法内部的具体制度健全和完善问题。为什么在司法机关依法独立行使职权的国家,判断权让法院独立享有,却不乏司法公正呢? 体制与制度还不是一个层面上的问题,没有良好的体制,即便有良好的制度也会因缺乏切实有效的基础保障而名存实亡。

（摘自孙笑侠:《司法权的本质是判断权——司法权与行政权的十大区别》,原载《法学》1998 年第 8 期。）

执法中的地方保护主义探因

沈国明

执法中的地方保护主义问题当然可以归因为各级干部法制观念淡薄,但这样的分析并不具有特异性。因为目前影响执法的往往是政府的行为,因此,必须探究其深层的原因。

一、地方政府用执法系统来增强当地非自然竞争力

自1979年以来,中央一直以放权让利作为改革主线,但实际上,在持续的行政放权中,市场机制并没有真正地建立,经济管理权力只是由中央政府下放到地方政府。过去由中央集权,现在则转换为地方"诸侯"各自为政。由于地方政府在放权让利后成为直接组织国民经济的实体,大大增强了动员资源的能力,提高了处理经济事务的效率,各地出现了生动活泼的局面,经济快速增长。改革后中央对地方的控制方式由单纯的指令变为指令加上各种暗示和"商量"。地方与地方之间则因失去了以往计划下的紧密联系,同时又没有建立全国性统一市场机制而缺乏相互协调,整体经济的合理布局及平衡尚无法保障。

政府部门内部"条块分割"的基本格局,极易使本应对宏观利益的追求演化为对局部利益的追求,各利益集团将注意力都放在那些看起来最能够增加自己收入的项目上,相互间还有明显的攀比倾向。由于执法系统并不是垂直设置的,所以它很容易成为地方政府增强当地非自然竞争力的基本工具。原本应维护宏观整体利益的司法机关变为只维护局部利益。所谓"部门所有制"和"诸侯经济",已具有了相当可观的或明或暗与宏观导向相抗衡的力量,对执法的损害也是十分明显的。错置的表现最为明显的是,行政执法部门和司法部门内,竟引进了"创收"机制,它们不再以社会最大利益为追求目标,而卷入同社会各利益集团间利益的再

分配,形成一己私利,从而具有了以损害别人利益来使自己获利的可能性。这严重影响了执法的公正性,也为形成权钱交易的腐败提供了温床。

二、在渐进式改革进入临界态时,地方政府有以突破法律换得有利地位的机会

改革 16 年,成就与困境都逐渐堆积了起来。改革已难以像过去那样连续获得单项突进,又面临改革模式的抉择。

回顾以往的改革,地方政府不难发现,一切卓有成效的改革都同时包含着冒险与突破。许多不规范的做法冲击了严格执法和依法办事,可是,收益很大,因而受到了普遍的赞誉。在历次宏观调控中,谁不执行中央的政策,谁就得利。这些都诱使地方政府突破法律。因此,我们如果期望这个阶段各地在执法上有明显改观是不现实的。

中央政府和地方政府对国民经济宏观环境存在不同认识。从中央政府的角度来看,发展是指整个国民经济的协调发展。因此,必须要有稳定的宏观经济环境和国民经济的整体效益。地方的同志较容易从本地区的角度来考虑发展,国民经济的宏观环境对他们来说是外部的。他们只要适应这个环境,而不必对环境本身负责。相反,从本地区的利益出发,他们往往还要求放松对他们的约束,希望中央进一步放权或给予优惠政策。对改革的负面效果,地方政府则很少问津。这种历史阶段性变化促使中央政府在完成改革攻坚的同时,由改革的直接推动者转变成改革及其后果的整合者。只有经济高速增长后的负面效应普及化,地方政府才可能演变成改革及其后果的整合者。

三、地方官员的政绩意识和实际利益同法治原则冲突

随着地方政府在经济方面决策权的增加,地方性经济活动的发展,地方性的立法活动也大大增加。此外,司法活动也主要在各个地方进行,地方政府对司法工作产生重要影响。

于是,对同一个问题,中央和地方的认识不尽相同,甚至地方政府有能力采取相应的对策来改变中央宏观政策的管理目标,即所谓“上有政策,下有对策”。结果导致地方政府为追求自己的发展速度,甚至养亏损企业。

　　地方政府养亏损企业的原因在于,这里有一个复杂的利益主体结构。地方官员们一直认为企业破产是一件坏事,是往自己的政绩上抹黑。何况亏损负债企业仍然可能给地方官员带来利益,不妨碍它继续充任地方官员的"报销银行",不妨碍其产值和其上缴流转税的增加。亏损企业上缴的流转税最后可能再以亏损补贴的形式流向企业,但地方政府的财政收入增长的统计结果是确凿的。另外,地方专业银行作为地方国有企业的债权人,出于担心呆账变死账的原因也反对债务人破产。银行的业务量考核将银行贷给亏损企业的钱始终算进银行的贷款余额中,如果债务企业破了产,"贷款余额"就要减少。所以,现在许多亏损企业对银行实行"还息不还本"的办法,甚至,当某些亏损企业连利息也还不上时,银行会贷给它款,让它以本还息。这样,在统计上反映的是贷款余额和利息收入都在增长。此外,由于中央政府把失业保障问题以及与之相联系的安定团结问题看得很重,这就给地方政府将《企业破产法》搁在一边提供了便利。

　　这些问题提醒人们,中国法制建设深层的价值目标和浅层的价值目标并不完全一致。法律应促进和保护国民经济健康、协调发展,但为了现实的需要,有的法律特别是地方立法和政府规章会与正常的市场秩序产生一定的摩擦。对执法中的地方保护主义简单地用缺乏法制观念来解释往往并不成功。如果把执法中的地方保护主义放到经济改革的过程这个背景下进行考察,可以看出,要克服地方保护主义,必须按照社会主义市场经济的要求,建立全国统一的市场,建立和健全国民经济的宏观调控体系。在实行宏观调控时,地方政府具有代理落实中央宏观调控政策的责任,不能自搞一套。

（摘自沈国明:《执法中的地方保护主义探因》,原载《法学》1995 年第 7 期。）

党政体制如何塑造基层执法

陈柏峰

一、中国的党政体制

　　党政体制萌芽于新民主主义革命时期,形成于共产党的革命年代和社会主义建设时期,改革开放后不断发展成熟。1924 年,国民党在苏俄和中共的帮助下改组,并在"北伐"成功后建立了"党国体制"。其后,共产党在抗日战争和国共内战中形成更强大的政治权威,摧毁了国民党的"党国体制",建立起共产党领导下的党政体制。在抗日战争最危急关头,中共中央提出"一元化领导"思想,实行高度集中统一的指挥;在国共内战期间,发展出"总前委"的机构设置;中华人民共和国成立之后,"总前委"经验被运用到制度建设中。① 改革开放后,中央一度讨论过"党政不分"问题,②但很快又强调党的全面领导。③ 至今,党政体制仍然延续传统,并日趋成熟。

　　党政体制中的党—政关系与西方国家有着巨大不同。在西方国家,政党是"国家和社会之间的核心中介组织"④,其出现和存续基于代议民主的政治制度,目的在于以选票动员的方式获取政权。政党处于国家和法律之下,其权力是宪法

---

　　① 参见刘忠:《"党管政法"思想的组织史生成(1949—1958)》,载《法学家》2013 年第 2 期。

　　② 参见邓小平:《党和国家领导制度的改革》,载《邓小平文选》(第二卷),人民出版社 1994 年版,第 321 页。

　　③ 参见江泽民:《为把党建设成更加坚强的工人阶级先锋队而斗争》,载《江泽民文选》(第一卷),人民出版社 2006 年版,第 92 页。

　　④ 〔意〕萨托利:《政党与政党体制》,王明进译,商务印书馆 2006 年版,第 2 页。

公民权利的组织化延伸。而在中国历史上，国民党和共产党最初并不是国家体制内的合法组织，它们经过革命取得政权，成为新政权的支配性力量。在当代，共产党作为人民的历史选择和利益代表，通过坚持党的领导，"可以把党的组织、制度和价值输入国家，从而决定国家的命脉、形构、方向、进程和特征"①。

党政体制的轴心是党的领导，而党的领导主要是政治、思想和组织的领导。政治领导，就是政治原则、政治方向、重大决策的领导，以及向国家政权机关推荐重要干部，集中体现在制定和执行正确的路线、方针、政策上。思想领导，就是理论观点、思想方法以至精神状态的领导，要求坚持马克思列宁主义、毛泽东思想、中国特色社会主义理论的指导地位，教育和武装广大党员和人民群众，把党的主张变成干部群众的自觉行动。组织领导，就是通过党的各级组织和党员干部，组织和带领人民群众贯彻落实党的路线、方针和政策，集中体现在发挥各级党委的领导核心作用、基层党组织的战斗堡垒作用、党的干部的骨干作用、广大党员的先锋模范作用上。

党的领导不是直接用党的命令来指挥政府，也不是用党组织替代行政和执法机构，而是在宪法、法律和党内法规范围内，通过一系列政治、思想和组织的制度和机制，运用意识形态、组织、纪律、工作管理等多种工具来实现。其中，党的组织领导有着基础性地位，政治领导、思想领导都以组织领导为保障，各种工具的运用也以具体组织形态为载体。在基层事务中，党的政治领导往往不具有独立性，而是内含于组织领导。因此，基层执法中党的领导主要体现为组织领导和思想领导。

二、党的组织领导与条块结构

在组织领导层面，对基层执法影响最大的可能是"党委（党组）领导，归口管理"制度。"党委（党组）领导"是指党在各级国家机关、人民团体、企事业单位内部建立党组织，发挥核心领导作用，即所谓"总揽全局，协调各方"。在具体工作中，党委实行"归口管理"，即按照国家和社会事务的性质划分特定领域（"口"），由党委职能部门或特定领导主管或联系负责。党政体制内的"口"，有的由党委直接领

---

① 陈明明：《作为一种政治形态的政党—国家及其对中国国家建设的意义》，载《江苏社会科学》2015 年第 2 期。

导（如党群口、统战口），有的属于政府工作（如文教口、农业口），还有跨不同性质的部门（如政法口）。通过"党委领导，归口管理"制度，党的组织网络渗透到各级政府及其部门和机构中。国家制度和组织体系的功能发挥，很大程度上取决于党的组织网络的运行绩效。

在党政体制内，党的组织领导并非独立起作用，而与行政系统的制度安排耦合在一起。党政体制有着复杂的组织网络，有所谓"条条"和"块块"之分，前者指具有相同工作性质的机构和部门，后者指中央和地方各级党委政府。条块关系在中国地方治理中非常重要，它是不同于西方学术典范的解释中国现象的叙事框架。① 从世界范围来看，在人口和疆域上可以与中国相比的国家屈指可数，仅有美国、俄罗斯、印度等国。这些国家都实行联邦制，条块关系相对简单。例如，美国的联邦和州分别通过各自的机构履行法定职权，两者在各自的权力范围内平行存在，互不隶属。中国是个超大型国家，各地情况千差万别，却实行单一制。如何在执法中照顾各地特殊性而又大体上保证法制统一，这是巨大的挑战。因此，条块关系复杂而又重要。

在党政体制的条块结构中，执法部门往往接受双重领导。从党的组织领导角度，作为块块的地方党政，一般是具体执法部门的"领导"，并在实践中进行归口管理。与此同时，条条中的上级对下级对口职能部门有法定的指导或领导权，下级要服从上级的指挥，下级党委政府也负有配合上级政府部门工作的义务。② 不过，不同的上级政府部门所推动的工作任务，到下级党委政府都要纳入块块的统筹。不同条条的执法目标、功能和利益有所分化甚至冲突，党委政府需要从中分出轻重缓急，这是行政资源约束下不得不的选择。那些最重要和最紧迫的事务，就成了"中心工作"，它体现了块块的重大决策和方针政策。块块中的所有条条都需要围绕中心工作安排自己的工作重心，这是"政治任务"，体现了地方场域中党的政治领导，它内含于组织领导之中。

在党政体制中，基层执法机构处于条块关系的夹缝，既面临条条上的部门性问题，即作为政府部门的执法机构如何接受上级部门的专业指导和管理，处理同

---

① 参见刘忠：《条条与块块关系下的法院院长产生》，载《环球法律评论》2012 年第 1 期；侯猛：《当代中国政法体制的形成及意义》，载《法学研究》2016 年第 6 期；周尚君：《党管政法：党与政法关系的演进》，载《法学研究》2017 年第 1 期。

② 基层执法部门，无论是实行垂直管理的条条，还是接受双重领导的条条，绝大多数如此。参见周振超：《当代中国政府"条块关系"研究》，天津人民出版社 2009 年版，第 32 页。

上级部门的关系;也面临块块上的地方领导问题,即被部门化分割的执法机构如何接受地方党政的领导,处理同地方党政系统的关系。因此,执法受到来自条条和块块两个维度的塑造,其核心在于执法工作如何在条条中推进,以及在出现难办问题时块块如何回应。

三、党的思想领导与政治伦理

党的思想领导,目前主要通过政治学习来实现,学习内容包括马克思主义基本原理、党的方针政策,以及日常工作中各级领导人讲话。政治学习"以加强中国特色社会主义理论体系学习为首要任务",目的是"使广大干部理想信念更加坚定、理论素养不断提高、党性修养切实增强、工作作风明显改进、德才素质和履职能力显著提升"。① 党的思想领导,实质是要保持官方意识形态的指导地位。

意识形态是"具有符号意义的信仰和观点的表达形式,它以表现、解释和评价现实世界的方法来形成、动员、指导、组织和证明一定的行为模式和方式,并否定其他的一些行为模式和方式"。② 它包括三个互相关联、互相支撑的部分:认知—解释部分、价值—信仰部分、实践—行动部分。③ 意识形态为政治系统提供运行的目标和原则,"帮助系统成员解释历史,说明现实,并设想未来"④;它还可以动员和指导一定的社会行动和社会实践。因此,党的思想领导必然会通过思想来影响行动。党在干部教育中强调"理论武装"和"党性修养",本质也是着眼于执政行为,在实践中就落实为党员干部需要遵循的政治伦理。政治伦理的实践极为重要,它甚至可以决定意识形态的接受度和党的思想领导的有效度,因为群众不仅要看党政体制如何宣称,更看重其如何行动。如果意识形态的实践—行动部分不能落实为政治伦理的恪守,意识形态领导权的实现就有限度,党的思想领导也就不可能完全实现。

---

① 《2013—2017 年全国干部教育培训规划》印发,http://www.gov.cn/jrzg/2013－09/28/content_2497241.htm,2017 年 7 月 18 日访问。
② [英]戴维·米勒、韦农·波格丹诺:《布莱克维尔政治学百科全书》,邓正来译,中国政法大学出版社 2002 年版,第 368 页。
③ 林尚立等:《政治建设与国家成长》,中国大百科全书出版社 2008 年版,第 242 页。
④ [美]戴维·伊斯顿:《政治生活的系统分析》,王浦劬主译,人民出版社 2012 年版,第277 页。

　　在党政体制下,执法机构接受党的思想领导,执法人员作为党的干部,既是"组织结构的行动者",也是"意识形态的担当者"。① 意识形态中关于实践—行动的部分,会被执法人员承担,并落实为制约日常工作的政治伦理。执法乃至所有公共行政因此具有意识形态性,在行政目标、政策制定和执行诸环节中都表现出明显的意识形态导向。② 执法人员遵循"执法为民"的政治伦理,"权为民所用,情为民所系,利为民所谋",就是实践共产党执政为民的意识形态承诺。与此同时,群众也可以使用意识形态话语对干部进行批评和监督,国家赋予群众使用意识形态话语的权利,认为群众有学习和掌握意识形态话语的责任和能力。③ 其逻辑前提是,在党的思想领导下,经过政治思想教育的普通群众也可以掌握正确的理论武器,拥有正确的立场、观点和方法。由此,政治伦理深深嵌入执法机构和执法实践中,成为条条、块块之外塑造基层执法的第三个维度,其核心在于政治伦理如何制约执法行为。

　　总之,在党政体制中,基层执法在制度构架上既面临条条上的专业指导问题,又面临块块上的地方领导问题,在实践中还面临政治伦理的落实问题。可以说,党政体制通过条条、块块和政治伦理三个维度塑造了基层执法,从而呈现出"条条推进执法、块块协同治理、政治伦理嵌入"的三维机制,形成了不同于西方的中国特色基层执法模式。

　　(摘自陈柏峰:《党政体制如何塑造基层执法》第二部分,原载《法学研究》2017年第 4 期。)

---

　　① 参见王海峰:《干部国家——一种支撑和维系中国党建国家权力结构及其运行的制度》,复旦大学出版社 2012 年版,第 71 页。

　　② 参见刘圣中:《当代中国公共行政的组织基础——组织社会学视野的分析》,复旦大学出版社 2013 年版,第 152 页。

　　③ 参见戴长征:《意识形态话语结构:当代中国基层政治运作的符号空间》,载《中国人民大学学报》2010 年第 4 期。

法律职业与法律人才培养

霍宪丹

三、法律人才宏观培养模式的构成

　　法律职业的基本要求在何种程度上能够得到满足,与一个国家的法治进程和法律人才培养体制的完善、成熟程度相关联。法律职业作为一种高度专业化的职业,在长期的发展过程中,形成了一整套包括法学理论、法律概念、法律规则、法律思想、学术流派、价值标准和各种制度规定在内的学科知识体系,以及从事法律职业必须具备的高度专业化的法律思维、法律意识、法律语言、法律解释、法律推理、法律信仰和法律伦理等等法律职业的基本素养。与这种基于职业的特定内涵和特定要求相适应的是法律人才宏观培养模式,即一整套与法律职业特点和职业要求相适应的由不同阶段的教育、考试和培训制度相互衔接的一体化的法律人才培养体制。具体来说主要包括以下五方面。

　　第一,法律学科教育。其主要任务是系统传授法学知识体系。中国高等法律院校的本科教育,就是一种典型的学科教育,是一种法律专业教育和人文教育的结合,即一种通识教育。它是法律人才宏观培养模式的重要组成部分和法律职业形成的重要基础。

　　第二,法律职业教育。其主要任务是培育养成法律职业的基本素养。美国大学法学院是一种典型的法律职业教育,其内容主要是法律专业知识传授和法律职业素养培育的统一。

　　第三,一元化的法律职业资格制度和法律职业资格考试制度(统一司法考试制度)。它是法律人才宏观培养模式中的关键环节,居于承前启后的重要地位。

其任务是统一法律职业的准入条件和基本标准,其目的是建设和保障高素质的法律职业共同体。

第四,法律职业培训(司法研修)。其主要任务是对通过司法考试准备进入法律职业的"准法律人"开展上岗前的实务训练,实现"同考同训"的要求,使他们初步掌握从事法律职业的基本技能。这类培训一般是由法律职业部门承担的,在这个阶段,"法官教法官""律师教律师""检察官教检察官"是各国通行的做法。

第五,终身化的法律继续教育。其主要任务是更新、补充法律知识和业务技能,一般由法律职业部门和普通高校及科研机构共同承担。在知识社会里,终身学习不仅将伴随法律人的职业生涯,而且在研究性学习模式与学习型机构、学习型团队的交替作用下,终身教育将成为法律职业者的一种工作方式和生活方式。

法律人才的培养是一项系统工程,它应当是上述五个阶段的教育培训和考试制度的相互衔接、贯通和统一,应当是法律职业制度与教育培训制度的统一,同时也如部分学者呼吁的那样:法律人才的培养应该是人文精神和科学精神结合下的素质教育,是法律思维和法律精神相结合的法律职业教育,是法律品格和公正道义等崇高精神的培养。

由于法律渊源、教育体制和教育传统等方面的差异,大陆法系和普通法系法律人才宏观培养体制的内部结构具有不同的组合方式及特点。在大陆法系国家,大学法学教育主要是本科教育。这个阶段的教育是一种学科教育,即通识教育,主要教授法学各学科的知识体系,学生在接触法学教育时,往往是将法律当作科学知识来学习,就如同学习历史、哲学和文学一样,强调的是基本理论、基本概念、基本知识和学习方法的掌握。为弥补法学教育脱离司法实践的缺陷和知识能力结构的不足,大陆法系国家往往把从事法律职业所必须具备的职业素养和技能,放到司法考试之后,由另一个独立的司法机关负责统一组织开展法律职业教育和法律实务训练。普通法系国家则强调人文教育与法律职业教育分开,在大学法学院就开展法律专业知识学习、法律职业教育和法律实务的训练。同时,鉴于法律是一门实践性的科学,往往采用"判例教学法"以代替传统的演绎法。如美国,由于实行法律职业一元化,大学法学教育实际上是一种律师的职业教育。尽管如此,美国并不是不要求学生具备人文素质,而是规定在申请进入法学院之前必须拥有一个学士学位,具备必要的人文素质。但是,如果从法律人才宏观培养模式的整体来看,现代法治国家对法律职业和法律职业共同体的要求是共通的,主要都包括人文教育和法学教育背景、法律职业资格考试、法律职业教育和职业技能培训等。两大法系国家法律人才培养体制都具有相同的二元结构,即都是由大学法学教育和法律职业教育两大部分组成,而连接着这两大部分的就是司法考试制度。法律人才培养模式的差别,只是由于各国司法制度尤其是司法考试制度和司法官遴选任用制度的不同,二者有的分开,有的合一,有的则既分开又相互衔接,呈现出不同的结构模式和特点。目前,在经济全球化的发展和广泛影响下,法律执业的全球化进程加快和法律信息网络化的发展,对各国教育体制的改革、发展提出了新的要求和挑战。法学教育的国际化和通识教育与职业教育一体化的发展要求已成为当今各国法学教育的共同选择和努力方向。

在建立国家统一司法考试制度之前,我国的大学本科法学教育并非从事法律职业的必要条件,更非唯一途径,其结果导致法律职业与法学教育之间缺乏制度联系,长期以来存在一条鸿沟。这一状况,又必然造成法学教育与法律实践的长期分离和办学上的混乱,使中国的法学教育缺乏实践性和开放性,过于注重学科知识体系的建构和法学教育自身的完善,过于强调对基本知识的传授以及对基本概念和基本原理的解释和分类。美国法学家庞德在 21 世纪初曾写道:"法学教育不是教授法学知识,而是涵养法律思维。无论教授了多少实定法的知识,也无法追赶上法律的制定、修改和废除的速度。"法学教育必须着眼于法律思维方法的训练和运用。当然,现代法学教育还必须是法学各学科的综合教育,还必须吸取法学以外各个学科的成果以丰富和培养法律思维,即不仅要从传统的规则角度学习法律,而且要从社会其他制度的角度来学习法律;法学教育不但要将法律当作规范体系进行传授,更要研究法律背后的社会结构与社会发展,并通过这种学习来完善法律的职能,实现社会正义。

四、司法考试制度的创立与法律人才宏观培养模式的重构

长期以来,统一的法律职业资格制度的缺乏,不仅造成了法律职业与法学教育的脱节,法律学科教育与法律职业教育的分离,而且直接妨碍了法律职业体系的形成和完善,其突出表现为法律职业的泛政治化、行政化、大众化和地方化。[①]司法考试制度的创立,为改革完善法律职业体系,重新建构中国法律人才宏观培

---

① 有关分析可参见霍宪丹、刘亚:《法律职业与法学教育》,载《中国律师》2000 年第 12 期,2001 年第 1 期、第 3 期。

养模式提供了新的机遇和内在的动力。

（一）统一司法考试制度的建立将对法律职业结构的改革和完善发挥积极的促进作用。首先，统一司法考试制度的建立有利于法律职业结构、法律职业分工进一步科学化、合理化。例如，最高人民法院已经提出要建立一个比较科学的法官管理制度，按照分类管理的原则，理顺法官、法官助理、书记员的工作关系，建立书记员单独序列，明确法官员额比例，并配备法官助理；严格按照《法官法》的规定选任法官；试行法官逐级选任制度；建立法官管理新体制，逐步实现法官队伍的职业化、精英化。[①]　其次，统一司法考试制度还将进一步推动和引发法律职业制度方面一系列的变革和创新，如法律职业交换制度、司法人员的职业化和精英化、司法人员身份保障制度、司法官的遴选制度、司法官的统一任用制度、司法官的考核制度、司法官的惩戒制度和法律职业管理制度等等。

（二）统一司法考试制度的建立有利于高等法学教育制度的重构。不论在英美法系国家还是大陆法系国家，作为一个完整的法律人才培养体制，都既包括通识教育，又包括职业教育。正确处理二者的关系，是法学教育健康发展的重要前提。我国的法学本科教育，长期将二者分割开来，对立起来，过多强调通识教育和综合素质的培养，在法学本科教育制度内外都缺乏必要的法律职业教育和法律实务训练（几个月的专业实习，并不能替代系统的职业教育和专业技能的训练），使得接受过大学法学本科教育的学生不会起草合同，不会办案。当然，也有少数法律院系把岗位培训阶段的任务挤进本科教育阶段，但这种错位同样影响法学本科学生系统学习和掌握法律职业所必需的法律学科知识体系，影响法律人才的培养质量。面对这样的状况，国家统一司法考试制度的建立和实施，使我们有条件从根本上解决这一问题。具体来说，就是在法学本科教育阶段，实现法律学科教育与法律职业教育的统一。从制度设计看，有两个主要的模式。第一种模式是将法律本科教育调整为两种类型：一种为现有法学本科专业，属学科教育或通识教育，4 年学制，授法学学士学位；另一种为法律本科专业，属专业学位教育（学科教育与职业教育的统一，如中南财经政法大学办的司法考试实验班），5 年学制，授法律学士专业学位（与法律硕士专业学位相对应）。法律专业学位本科教育，实行"4＋1 模式"，即 4 年本科加 1 年的法律职业教育，或将专业教育与职业教育揉成一体，相互融通（或为"3＋2 模式"）。这种设计可以与司法考试的要求和时间平

稳衔接。第二种模式是 JM(法律硕士专业学位)教育模式。①

（三)统一司法考试制度的建立有利于法律职业培训制度和法律继续教育制度的重构。司法考试与法律学科教育、法律职业培训和法律继续教育的根本目的和宗旨,都是培养造就一支专业化、职业化和同质化的法律家队伍,而国家司法考试制度在法律人才培养体制中居于承前启后的关键地位,因此统一司法考试制度的建立和实施,对于完善法律人才培养体制具有重要意义:一方面,它对法律学科教育将发挥积极的桥梁作用(如建立沟通交流的制度和渠道)、导向作用(引导高等法学教育走上通识教育与职业教育一体化发展的轨道,并与法律职业形成良性互动)、规范作用(法律职业的准入标准和规格的确立,将积极促进法学教育资源的优化配置和布局结构调整,有利于从根本上消除法学教育的混乱状况,统一法律人才培养的基本规格和标准,提高培养质量)、检验作用(由用人部门最终鉴别和评估培养单位的教育质量,提出有效的反馈意见,不仅有助于形成优胜劣汰的正常的竞争秩序,而且也有利于相互促进、相互适应,走上良性循环的健康发展轨道)和选择作用(面对不同的司法考试的通过率,考生会作出合理的选择,最后形成市场的选择和"马太效应");另一方面,它将有力地推动法律部门(最好是由最高人民法院、最高人民检察院和司法部三家联合行文,或通过国家司法考试协调委员会)尽快按照大陆法系国家普遍采用的"同考同训"的原则,建立与统一司法考试制度相适应、相配套和相衔接的统一的法律职业培训制度,开展法律实务训练,提高职业能力。法律职业培训制度应明确规定,凡通过国家司法考试的人员必须都在法官培训机构、检察官培训机构和律师培训机构内先后接受统一的法律职业培训,合格后方能进入法官职业、检察官职业和律师职业,即把法律职业培训制度与法官、检察官和律师二次准入制度,有机结合起来。可以说,如果不能抓住机遇及时建立与国家司法考试制度相适应、相衔接和相配套的法律职业培训制度,那么,国家建立统一司法考试制度的初衷和预期将大打折扣,事倍功半。另外,对于非法律本科毕业的人员,如在参加国家司法考试前缺乏法律本科主干课系统学习的人员,还应按其职业走向,分别由法官、检察官和律师培训机构在进行统一的法律职业培训前,首先完成法律本科主干课的系统培训,并取得相应的法律专业证书。具体说,应由全国人大常委会法工委对《法官法》《检察官法》《律师

---

① 具体可参见霍宪丹:《JM 教育:依法治国的人才库——中国法律硕士专业学位(JM)教育的探索与改革》,载《中国律师》2002 年第 7 期。

法》中关于"高等院校非法律专业本科毕业具有法律专业知识,从事法律工作满二年"中的"具有法律专业知识"作出法定解释,只有在经过授权的高等法律院校中接受过法学专业本科10门以上主干课培训的,才能被视为"具有法律专业知识",才能被授予相应的专业证书。

与此相配套,法律职业部门要尽快建立起法律从业人员终身化的继续教育制度,依托社会资源,通过制度规范学习形式,保证学习时间,定期开展继续教育,以制度来保障建设高素质的政法队伍目标的实现。

(四)统一司法考试制度的建立有利于法律职业教育培训资源的整合和法律职业教育共同体的重构。首先,在建立和完善统一司法考试制度、统一法律职业教育制度、统一法律职业培训制度、终身化的法律继续教育制度之后,当务之急就是通过跨部门、跨地区的布局结构调整,在现有体制下,整合目前分散在不同部门内的法学教育培训资源,进而形成由普通高等法律院校与法律部门的培训机构之间优势互补、资源共享、相互协调、良性互动的法律职业教育培训的共同体。高等院校难以独担开展法律职业教育的任务,它必须与法律职业部门建立共同体,统一开展法律职业教育。如,在中央一级建立由中国政法大学与国家法官学院、国家检察官学院、司法部律师学院(或司法行政学院)共同构建的法律职业教育培训共同体,并由此组建国家司法学院,与中央党校、国家行政学院共同构成中央一级干部教育培训基地,共同开展法律职业教育,共同组织法律职业培训。在此基础上,逐步形成中央和省(区、市)两级教育培训基地网络,最终实现法律职业共同体与法律人才培训共同体之间的良性互动。其次,要进一步改革和完善与法律人才宏观培养模式相适应的证书结构,即形成统一的由法律学科教育学历文凭、法律职业资格证书和法律职业培训合格证书、法律继续教育注册证书所构成的法律职业共同体的证书制度。

(五)统一司法考试制度的建立有利于法学教育宏观管理体制的重构。法律职业的基本特点决定了法学教育既具有教育属性,又具有法律属性,法律人才的培养不仅仅是教育工作而且是一项重要的政法工作。法律人才培养体制不仅是我国高等教育制度的组成部分,也是我国司法制度的重要组成部分。法律人才培养体制在为法律职业培养后备人才和提供各种法学教育培训服务方面具有不可替代的重要作用,因而其本身已成为律师、法官和检察官培养、遴选制度不可或缺的重要组成部分。法律人才的培养工作不仅要贯彻党和国家的教育方针、政策和法律、法规,并遵循高等教育规律,而且还必须贯彻执行党和国家依法治国的方略和关于民主法治建设以及政法工作的方针、政策和法律、法规,主动适应法律职业的需要,培养出符合《法官法》《检察官法》《律师法》等法律规定的合格的法律人才。与法学教育的双重属性相适应,法学教育的宏观管理体制也具有双重性:一方面,作为国民教育的一部分,法学教育中的通识教育(即普通高等院校中法律学科教育)主要由教育行政部门实施宏观的综合管理,对高等教育的共性部分提出普遍适用的规范要求(今后学校应该按《高教法》的规定,自主办学);另一方面,法律人才培养制度作为司法制度的组成部分,法律职业部门有责任对其进行业务指导。同时,法律职业部门还负有管理指导、组织协调和统一开展法律职业教育和法律职业培训的职责。这种行业指导是一种典型的司法行政工作。根据我国《宪法》第八十九条和第一百零七条的规定精神以及国务院"三定方案",根据党的十六大提出的司法审判和检察与司法行政事务分离的改革要求,司法行政机关作为国务院的司法行政职能部门,肩负着指导法学教育和法学研究,组织实施国家司法考试的重要职能。这样,在由教育行政部门的行政管理与司法行政部门的行业指导构成我国法学教育的宏观管理指导体制的基础上,加上法学院自身成立的行业协会即中国法学会法学教育研究会的自律性管理,三者的有机结合,共同形成有中国特色的法学教育宏观管理体制,其中任何一方的缺位、错位和越位,都将影响法学教育走上健康发展的轨道。从目前的发展趋势看,随着通识教育与职业教育的一体化发展和法学教育国际化办学进程,尤其是国家司法考试制度的实施,法律职业部门在法学教育的改革发展中将更加发挥出不可替代的重要作用,这在世界法治发达国家中均是如此。

(摘自霍宪丹:《法律职业与法律人才培养》第三部分和四部分,原载《法学研究》2003 年第 4 期。)

法律职业主义

李学尧

　　与国家的总体进程一样,我国法律职业共同体的构建面临着极其复杂的局面。尽管中国律师的活动表现出追逐最大利润的机会主义倾向,这是商业主义渗透到世界每一个角落后一个全球化的普遍现象,但中国的问题也具有相当的特殊性。在这种背景下,西方社会谴责的往往是等价交换的经济伦理给人们生活带来的非人性化和不平等。我们的问题则是:一方面,本应遵守英雄伦理①的部分律师,在日常执业中连道德伦理底线都无法遵守;另一方面,我国法律职业的技术伦理与大众道德的激烈冲突局面又提前地到来了。一方面,缺乏源出宗教、经济、政治与文化,以及经过长期酝酿和传承的视服务公众为己任的"职业主义"传统;另一方面,直白承认"自私自利"的"商业主义"又过早降临,律师阶层似乎在未成功塑造品位之前即已"堕落"。

　　在这种背景下,我国律师执业中市场规律与职业伦理的两律背反所引发的冲击波将比西方类似问题对社会的伤害力更大。我们在寻求律师职业在当今中国最佳的社会定位时,尽管具有"后发的优势",但因为中国的发展不再,也不可能遵循"近代—现代—后现代"的线性模式,而变得更加繁重、困难。所以,我们在尝试对中国律师业发展所产生的社会紧张关系作正确判断时,应在一种社会实证的、历史的和比较的学术视野下小心求证,绝不可不加反思地阐释、宣扬和套用一些来自西方语境的"大词"。

　　由此,在当今这样复杂的全球化的现代社会,价值观日益多元化,维持伦理秩序的方式也不一而足,加上我们要处理的是近代化课题、现代化课题甚至后现代

---

　　①　[法]亨利·柏格森:《道德与宗教的两个来源》,王作虹、成穷译,贵州人民出版社2000年版。

课题复合的难题,在这种背景下,未来理想的职业伦理和管制基础应该是超越职业主义、国家主义和商业主义这三种范式,并能兼具这三种理念基本优势的一种新模式——在这种模式下,三种主体或者伦理观各得其所,即它是市场(等价交换的道德性)、国家(公共管理的道德性)以及共同体(互惠和利他主义的道德性)这三种基本模式的组合和协调。

那么,如何才能找到这三种或者四种职业定位之间的最佳分割点,如何寻求到超越诸般冲突的"中庸之道"呢?此时,问题的研讨实质上也就回到了如何寻找到容纳多元伦理观、多元文化观的途径的课题——它的关键是寻找到一个自由的、多样化的伦理性议论的场所和程序——而这也正是当今西方制度化发展的一般趋势。因为,在这样不同性质的要素并存的多元体制下,价值相对主义必然不断弥漫,于是伦理的问题也就越来越成为理由论证的问题,因而日常生活中的对话和伦理性议论本身的重要性就不断得到加强。在考虑通过寻找最适当的行为方向的最适当理由的语言沟通活动来达到理想的职业定位范式时,季卫东先生认为,哈贝马斯提出的"市民公共领域"的概念是一个对我们非常有启发的路径。[①]

众所周知,哈贝马斯所定义的"市民公共领域"原型是欧洲18世纪资产阶级的文化活动,如法国的沙龙、英国的新闻报纸、德国的读书会等。在这些新兴的空间中,参与者能够暂时脱离私人的生活圈,每个人都有平等的发言权,形成了理想的批评和讨论状态。在此基础上,公共领域发挥着"监督国家权力的执行、避免统治者将个人偏好暗中转化为公共政策"的功能,将历史上非公共性的政治过程(例如宫廷王公大臣的私人决定)逐渐公共化,形成"国家"和"社会"之间的沟通机制。在这个机制的主导下,原本"国家支配—民众服从"的政治结构被打破,某种理性的原则得到彰显,即理性要求政治权力合理使用,并且要具有正当性,而非统治者的恣意专断。[②]

这样一种理论,对于我们律师职业定位的探讨,确实可能是一个可依赖的探索路径。首先,哈贝马斯的"公共领域"并非用来解释整个社会的普遍理论,而是针对某些特定领域的——尤其是民主政治领域。这恰恰是社会转型的关键所在,而其中所蕴含的精英化因素,对于无法回避"公共性"问题的律师职业群体也有特

---

① 季卫东:《法治秩序的建构》,中国政法大学出版社1999年版,第256页。
② 何明修:《沟通行动理论与市民社会》,载阮新邦、林端主编:《解读〈沟通行动论〉》,上海人民出版社2003年版,第203页。

殊的意义。其次,在哈贝马斯的公共领域理论中,作为职业群体的律师既是公共领域中的积极参与者,同时也是公共领域所讨论的重要对象:一方面,正如前述,无论是公共领域的理论原型还是政治实践,典型的公共领域很大程度上是围绕各种精英群体展开的,而律师职业则是(或将要是)一个重要而又独特的精英群体——与其他许多精英群体(如医师、工程师、经理人等)相比,他们在公共领域的讨论和沟通中显得更为活跃和直接;另一方面,律师职业所独有的职业伦理和职业定位,本身也是公共领域的组成部分,本身也需要由公共领域中的讨论和沟通形成各种正式或非正式制度。律师职业在公共领域中的处境,使得我们需要更加注重公共领域中的讨论规则和程序,以避免律师职业在公共领域的讨论中陷入自说自话的窘境。总之,在这样的话语民主途径中,通过社会的伦理性议论,通过沟通行为,或许会发现和确认一种合乎社会正义和合乎市民(当事人)正义观的职业伦理观,缓和公共利益与私己利益的冲突,弥合普遍正义与个体正义的裂痕。①

不过,值得注意的是,尽管公共领域理论有能够容纳多元伦理观、得出某种理性结果的优点,但是,这种理论构架本身隐含了某种精英化的因素,依然无法从根本上解决精英主义和民粹主义的矛盾。更重要的则是,正如某位学者所指出的,哈贝马斯在《公共领域的结构转变》一书中所阐述的公共领域理论"仍是延续了早期批判理论的悲观历史观点……认为理性的辩证发展结果否定了理性本身……公共领域在成熟的现代社会中是萎缩的,随着资本主义的发展,这个历史性的范畴日渐被限制"②——公共领域的发展,使其自身越来越容易被控制和操纵,从而使得原本应有助于公共性的种种制度走到了相反的方向(例如新闻媒体的发展有助于社会对公共事务的关注和讨论,然而新闻媒体比从前的街谈巷议更容易被控制,从而令"社会对公共事务的关注和讨论"徒有其表)。在这一过程中,律师职业既有可能推波助澜,也有可能深受其害——这是我们在运用公共领域的理论来分析律师在社会转型期的定位时,需要高度警惕的。

(摘自李学尧:《法律职业主义》第四部分,原载《法学研究》2005 年第 6 期。)

---

① 参见[德]哈贝马斯:《在事实与规范之间——关于法律和民主法治国的商谈理论》,童世骏译,生活·读书·新知三联书店 2003 年版。

② 阮新邦、林端主编:《解读〈沟通行动论〉》,上海人民出版社 2003 年版,第 204 页。

第八章

法律体系、(规范)规则与原则

法律体系的概念与意义

信春鹰

二、中国特色社会主义法律体系部门划分的内在规律

我国在较短的时间内形成中国特色社会主义法律体系,立法任务之重世所罕见,克服困难之多前所未有,成绩来之不易,经验弥足珍贵。坚持党的领导,坚持以中国特色社会主义理论体系为指导,坚持从中国国情和实际出发,坚持以人为本、立法为民,坚持社会主义法制统一是最重要的政治经验。在形成法律体系的过程中,我们不断探索法律体系自身发展的内在规律,也积累了丰富的经验,值得认真总结。

法律是治国的科学。法律体系是社会法律关系的表现形式,有着自身特殊的规律。一部法律发展史,也是人们不断探讨法律科学、探讨法律制度与社会秩序之间逻辑关系的历史。古罗马时代就开始把法律分为私法和公法。罗马法有一条重要的原则,即"公法规范不得由个人之间的协议而变更",因为公法是国家意志,而在私法领域,"当事人的协议就是法律"。随着商品经济的发展和民族国家的形成,区分公法和私法的观念得到了进一步的强化。私法对应横向的社会关系,公法对应纵向的社会关系。横向的关系,即平等法律主体之间的关系。纵向的关系,就是政府、管理者和公民、法人或者其他社会组织之间的关系。不同的法律规范和方法调整不同的社会关系,以实现社会统治所需要的法律秩序。到了现代,公法和私法划分的标准在不同理论和学派之间达成了基本共识,即公法调整国家机关之间权力和责任关系、国家与公民之间权利义务关系,私法调整公民、法人或者其他组织之间相互的权利义务关系。自由资本主义晚期,为了调和尖锐的社会矛盾,有些西方国家开始制

定社会法,通过国家干预解决市场失灵和贫富差距问题。社会法的调整对象和方法既不同于公法,也不同于私法,它通过政府对市场的有限干预和对社会财富的二次分配保护社会弱势群体的利益,维护社会实质公平。

我国社会主义法律体系的七大部门,按照公法、私法和社会法的划分,宪法、宪法相关法、行政法、刑法是公法,民商法是私法,经济法是公法和私法的结合,社会法既是一个独立的部门,也是一个大的分类。不同的法律部门对应社会不同领域的法律秩序,有自己独特的理念和原则。在形成中国特色社会主义法律体系的过程中,全国人大及其常委会坚持党的领导、人民当家作主和依法治国的有机统一,运用法的原理,把握法律体系自身发展的规律,为法律体系的不断完善奠定了科学基础。

宪法是法律体系的统帅和核心。我国宪法确立了中国共产党的领导地位,规定了国家政治制度、基本经济制度、公民的基本权利和义务等国家政治结构的基本问题,确保我们国家的社会主义性质和人民主权。宪法还体现着我国社会主义国家的政治价值观,如人民民主、社会主义法治、人权保障等等。在我国的法律体系中,不管是调整经济、政治、文化、社会哪一方面社会关系的法律,都要以宪法为依据,都必须符合宪法的原则和精神。宪法规范,既有倡导性,也有规范性。关于国家权力的来源及其产生的方式、人民行使权力的机关、国家机关的相互关系及其工作原则、中央和地方的关系、各民族之间的关系、中央和特别行政区的关系、公民的基本权利和义务等等,既是宪法原则,具有明确的规范性,又是立法必须遵循的政治原则。

宪法相关法调整国家政治关系。像选举法、代表法、立法法、国家机构组织法、监督法、民族区域自治法、特别行政区基本法、反分裂国家法以及保障公民政治权利的立法,通过具体立法把宪法关于国家政治结构的规定具体化。这一类法律在任何国家的法律体系中都居于重要地位,因为它集中体现国家的政治制度。有的国家称之为"宪法性法律",有的国家称之为"国家机构法",也有的国家称之为"国家法"。我国的宪法相关法包括国家机关的产生、组织、职权和基本工作制度方面的法律,民族区域自治制度、特别行政区制度、基层群众自治制度方面的法律,维护国家主权、领土完整和国家安全方面的法律,保障公民政治权利方面的法律,用"宪法相关法"更能够准确表达所包含法律的内容。宪法相关法的制定和完善,必须准确反映我国政治制度的本质。例如,选举法的修改,进一步落实了宪法关于国家一切权力属于人民的规定。代表法的修改,完善了人民代表代表人民的意志和利益的规定。

行政法调整政府管理和公民权利保护的关系,是调整纵向法律关系的法律。行政法在 19 世纪末 20 世纪初开始逐步成为一个独立的学科,与传统政府职能的扩大有关系。从国际视角看,行政法基本理论主要有三种:第一种称为"控权论",又称"红灯理论",认为行政法的主要目的是控制行政权。第二种称为"管理论",又称"绿灯理论",主张行政法的目的是赋予行政机关管理的权力以实现政府目标,给政府行为放行。第三种称为"平衡论",主张通过行政立法,既赋予行政机关管理权,又赋予社会和公民对政府行为的约束机制,从而实现行政权与公民权利的平衡。我国行政立法在实践上更多地体现既保障行政机关依法行使职权,又保障公民、法人或者其他社会组织的权利的双重目标。

法即是理。法理就是法律的道理。现代国家都面临一个理论上的矛盾,即各国宪法都规定人民主权,而现实中行政管理相对人恰恰是政治主权者"人民"。怎么处理这个关系是政治学和法学的一道难题,行政法的法理就是要回答行政权行使的合法性问题,是这道难题的解。人民通过由选举产生的代议机关把自己的意志上升为法律,行政机关依法对社会进行管理。这就是我国《宪法》第二条所规定的:"人民依照法律规定,通过各种途径和形式,管理国家事务,管理经济和文化事业,管理社会事务。"

我国行政法包括一般行政法和部门行政法,行政处罚、行政监察、行政复议、行政许可等法律属于一般行政法,这些法律确定的规则所有行政机关都必须遵守。部门行政法是行政管理某一方面的法律,如食品安全法、义务教育法等等。我国行政立法遵循的基本原则,一是行政权力必须由法律设定,不得自己给自己授权;二是行政权的行使必须依法;三是行政机关及其工作人员违法必须承担法律责任。现在我国法律体系中行政法部门有 78 部法律。这些法律从不同角度明确规定了政府与市场、政府与企业、政府与社会之间的关系,明确规定了政府的职责权限和管理方式,确保政府全面履行职能;通过系统地规范和约束行政权力,保障和监督政府正确行使职权;通过确立市场主体的法律地位,建立市场运行规则和监管体系,激发市场的活力和竞争力,促进经济的发展和繁荣。改革开放以来,我国行政管理体制改革和行政职能的转变随着行政立法的发展而不断取得突破。例如,行政处罚法规范了政府的处罚行为,赋予公民对于行政处罚的听证、复议和诉讼的权利。行政许可法规范了政府的许可事项和行为,明确规定在可以设定行政许可的事项中,公民、法人或者其他组织能够自主决定的、市场竞争机制能够有效调节的、行业组织或者中介机构能够自律管理的、行政机关采用事后监督等其他行政管理方式能够解决的，都可以不设行政许可。这些立法为法治政府建设提供了法治保障。

刑法是有关犯罪与刑罚的法律规范。在所有的法律规范中，刑法规范最严厉。刑法的基本理念包括两个方面，一是通过惩罚犯罪恢复社会正义，二是规范国家刑罚权。一方面，犯罪本质上是一种反社会行为，国家运用刑罚手段惩罚犯罪，是履行国家基本职能。另一方面，刑罚是最严厉的惩罚手段，运用刑罚惩治犯罪，不仅将犯罪人置于国家暴力的镇压之下，还会波及其家庭和亲属，因此必须审慎。刑法传统的"谦抑性"理论就是基于这种考虑。所谓"谦抑"，即是指国家在规定犯罪行为时要"谦和""抑制"，以"必要"为原则。19 世纪德国刑法学家耶林在这个问题上有一句名言："刑罚如两刃之剑，用之不得其当，则国家与个人两受其害。"改革开放以来，我国始终坚持"宽严相济"的刑事政策。宽严相济，即对犯罪有宽有严，宽严之间有一定的平衡，互相衔接，以避免宽严皆误。我国《刑法》1979年制定，1997 年修改。1998 年制定了一个决定，并根据需要相继通过了八个修正案，大约规定了 400 余种犯罪行为，已经法典化。我国刑法确立的主要原则有：一是罪刑法定，法无明文规定不为罪。二是罪刑相适应。对犯罪行为和刑罚的设定要以犯罪人的主观动机、社会危害性大小为基本依据。三是正当程序。刑事程序涉及当事人的生命、自由，必须严格。

民商法调整平等主体之间的财产关系和人身关系。民法调整一般的民事关系，商法适用民法的一般精神，但具体的商事法律确定商事活动的行为规范。从法制史的角度看，民法是最早出现的法律部门，它是随着商品交换的产生而产生的。民法的基本理念：一是主体平等。包括主体人格平等、在民事活动中地位平等。二是意思自治。法律承认并保护民事行为主体依自己的意志从事民事活动的自由，公权力非依法律规定不得介入 。三是公平。法律支持民事活动的主体秉持公平观念从事民事活动，以维护当事人的权利和利益平衡。四是诚实信用和权利不得滥用。民事活动的主体进行民事活动必须诚实、善意，权利的行使不得侵犯社会或者其他人的权益。五是维护公序良俗。民事活动的主体应当遵守社会的善良风俗和公共秩序。商法除了遵循民法的一些基本原则，还有自己独特的原则，那就是调整商事行为的法律的制度设计，要保障交易自由、便捷、安全、公平。

1986 年我国制定了《民法通则》。当时正处在改革开放的初期，民法通则在当时社会认识很不统一的环境下坚持法律的科学性，明确规定了民事法律的基本原则。这部法律从制度上把社会民事活动从国家行政活动中区分出来,以法律形式承认并保障平等主体之间的民事行为,改变了计划经济体制下由政府包揽经济生活中的生产、交换、分配的局面,是计划经济向市场经济转型所依据的重要法律。1999年制定的《合同法》,明确规定合同是平等主体的自然人、法人、其他组织之间设立、变更、终止民事权利义务关系的协议,并且重申了平等、公平、诚实信用、契约自由等原则,对于促进市场经济的发展起了重要的作用。《合同法》打破社会成员之间的身份限制,明确公民、法人或者其他组织以经济活动主体的身份参与经济活动,明确经济活动的主体在遵守法律原则的前提下公平竞争,极大地解放了生产力。2007年通过的《物权法》,是我国民事立法中的又一个里程碑,它适应了我国全面进入小康社会的需要,平等保护国家财产、集体财产和公民的财产权、土地承包经营权、宅基地使用权等各种物权,有力地增强了人们创造财富的活力,促进了社会的稳定和繁荣。改革开放以来我国经济长期快速发展,成功的重要原因之一是民商法律的规范和促进。现在民商法部门中有33部法律,这些法律是我国社会主义市场经济的法律基础。

经济法是国家对经济活动进行管理、调控的法律规范。经济法的理念,一是国家适度干预,二是维护社会公平。所谓国家适度干预,是指经济法对市场经济的干预是在尊重市场经济主体自主权的前提下,为了克服市场经济的盲目性和局限性而进行的适度干预。干预行为必须合法,程序必须完备,经济活动主体必须享有法律明确规定的救济权。维护社会公平是指实体权利和资源配置必须公正,政府对经济活动的干预必须有法可依,政府调控权和经济主体之间的权利必须平衡,排除政府行为的任意性和选择性。经济法所确立的反不正当竞争、反垄断、市场监管、消费者权益保护等原则和规范,目的都是纠正市场经济的弊端。经济法规范为经济的健康发展提供了良好的法律环境。市场经济是"看不见的手",经济法就是"看得见的手",是政府调控经济的重要手段。

社会法是调整劳动关系、社会保障和社会福利关系以及保护弱势群体的法律规范。社会法作为一个独立的法律部门,它表现为对民法"意思自治"原则的修正,所以学术界称其为公法和私法之外的"第三领域"。私法原理和规则鼓励市场竞争,忽略人们之间经济条件、个人能力、资源占有、社会地位的差异,而社会法体现国家积极参与社会分配,通过政府的有限介入维护社会实质公平,通过国家积极履行责任达成社会公正,进而促进社会和谐。社会法理念和私法、公法都有不同。私法的前提假设是人们的平等人格,社会法关注平等人格的背后人们在能力、条件、资源占有等方面的不平等。私法追求分配公平,即每个人根据自己的能力和财富在市场经济中获得相应的份额,社会法追求救济正义,通过法律确定的分配结构保障社会弱势群体的权利,实现实质平等。私法排除公权力的介入,社会法以国家作为第三人身份干预经济生活,监督经济活动中占有优势的一方履行社会义务。例如,在市场经济条件下,由于劳动关系双方事实上的不平等,劳动者的权利无法通过契约自由得到保障,因此必须由国家确定劳动基准和劳动合同的法定限度,保护劳动者权利。社会法与公法的不同主要表现在公法是强制性规范,社会法是强制性规范与任意性规范的结合,如劳动合同法确定了劳动基准,在法定基准的前提下当事人享有选择的自由。公法强调权利义务对称,社会法规范可能表现为当事人权利义务的不对称,例如,公民享受社会保障的权利可能与其义务脱离,称为"倾斜保护"。

诉讼与非诉讼程序法规范诉讼活动与非诉讼活动,通过程序规范保障当事人的实体权利。一般认为,程序法的发展是现代法治的标志之一,因为它赋予公民保护自己权益的资格和能力。程序法立法的基本理念,一是程序中双方当事人的地位平等,程序制度要公正。二是程序公开。程序运行的依据、当事人双方的权利义务、程序运行的过程和结果必须公开。三是程序效率。程序的设置、运行、结果的执行,应该以最小社会成本为出发点。这里的成本,既包括经济成本,也包括其他社会成本。我国 1979 年制定了《刑事诉讼法》,1991 年制定了《民事诉讼法》、1989 年制定了《行政诉讼法》,这三大诉讼法构成了我国诉讼制度的有机整体。非诉讼程序法包括 1994 年制定的《仲裁法》、2007 年制定的《劳动争议调解仲裁法》、2009 年制定的《农村土地承包经营纠纷调解仲裁法》、2010 年制定的《人民调解法》等等。这些法律,秉持了程序法的基本理念,为保证实体法规定的权利义务的最终实现提供了程序保障。

三、在新的起点上努力做好立法工作

中国特色社会主义法律体系的形成,是国家各项制度逐步走向成熟的标志,也是立法工作的新起点。在这个新的起点之上,立法工作的指导思想、工作的重点、立法技术标准,都应该有更高的要求。

法律体系的形成,需要我们在确定新的立法项目时更加审慎,但不等于不再制定新的法律。相反,适应新形势新任务的需要制定新的法律,是完善法律体系的应有之义。我国正处在深刻变革的历史进程中,社会变革为社会发展进步提供了空间,也必然带来这样或者那样的新情况和新问题,通过法律制度维护改革发展稳定的任务十分艰巨。2011 年,中共中央转发了《中共全国人大常委会党组关于形成中国特色社会主义法律体系有关情况的报告》的通知。通知指出:"当前,我国正处于全面建设小康社会的关键时期。新形势、新实践、新任务对社会主义民主法制建设提出了新的更高要求。在新的起点上继续加强立法工作、提高立法质量,是仍然需要下大气力抓好的一项重要任务。"

在新的起点上作好立法工作,要正确认识立法工作面临的新形势。首先,我国已经进入改革发展的关键时期,也是深化改革开放、加快转变经济发展方式的攻坚时期。国内外形势的新情况新变化,广大人民群众的新要求新期待,改革发展稳定面临的新课题新矛盾,迫切需要法律制度建设予以回应和调整。当前我们国家正在推动经济发展方式的转变,推动依法行政和公正司法,推动以保障和改善民生为重点的社会建设,推动社会主义文化的发展和繁荣,推动绿色经济和环境友好型社会建设。很多新的社会实践代表了社会进步的方向和趋势,我们要及时把这些新的实践上升为法律,以法律制度保障现代化建设的发展。

其次,改革深化必然带来社会结构的深刻变动和利益格局的深刻调整。旧的利益格局被打破了,新的利益平衡需要通过法律制度来引导和规范。当前我国城乡之间、地区之间发展不平衡的矛盾更加突出,缩小发展差距和促进协调发展任务艰巨;人民群众的物质文化需要不断提高而且更加多样化、多层化,社会利益关系更趋复杂,统筹兼顾各方面利益的难度加大;劳动就业、社会保障、收入分配、教育、医疗、住房、食品安全、社会治安、资源环境等关系群众切身利益的问题比较突出;体制改革和创新进入攻坚阶段,解决深层次问题、调整既得利益格局比较困难。人民内部矛盾多发,群众利益诉求表达呈复杂化趋势。发展进程中的新问题,有些可以预料,有些难以预料。立法工作要着眼于建立有利于稳定发展的制度和机制,平衡利益关系,为深化改革提供和谐稳定的社会环境。

最后,经济、文化和技术的发展是社会进步的表现,同时也会给立法提出新课题。例如,经济的快速发展带来环境和资源保护的问题,工业化、信息化、国际化带来新的社会管理问题。仅以互联网为例,到 2010 年底,我国的网民已经达到了 4.75 亿人,互联网已经成为社会生活的另外一个空间。通过互联网的民意表达、电子商务等为公民提供了方便和机会,但是网络犯罪、网络侵权等问题也非常突出,在有些情况下甚至威胁国家和社会安全。法律调整主体的社会行为,这是人类社会有法律以来的一个基本定位。而互联网上的行为、时空概念经常与现行的制度规则不相吻合。我们必须不断研究新问题，以法律制度回应社会发展的新需求。

在新的起点上努力做好立法工作，要把提高立法质量放在更加重要的位置。立法质量是法律的生命，提高立法质量是完善中国特色社会主义法律体系的永恒主题。立法质量是一个指标体系，它包括立法的理念，法律所要达到的目标，法律主体之间权利义务的平衡、法律规范之间的衔接，法律功能的设计和可操作性，等等。提高立法质量的重要途径是民主立法和科学立法。民主立法近年来已经有了一些很好的实践基础，听证会、论证会、向社会公开法律草案征求意见，广集民意，确认法律所要解决的问题并尽量在法律中回应这些意见和需求，都是民主立法的有效形式。要进一步加强立法调研工作。一部法律草案，要解决什么问题，怎样解决这些问题，权利义务如何配置，实践中的难点在哪里，不进行深入的调研就没有发言权。在调研中要尽量听取基层群众的意见，特别是社会弱势群体的意见，了解他们的需求，使法律真正成为党的领导、人民当家作主和依法治国的有机统一。科学立法一是要使立法符合社会发展规律，准确反映法律所调整的社会关系的本质和内在规律。二是要使立法符合法律自身发展的规律，处理好法律的稳定性和变动性、前瞻性和现实性、原则性和可操作性的关系。

立法技术是立法活动中所遵循的方法和技巧，它是保障立法质量的技术手段。为了提高立法质量，我们要更加重视立法技术的研究和应用。一般说来，立法技术包括法律的结构设计，法律之间的衔接和协调，法律规范的构造，法律效力的表达，法律责任的适当，法律语言的准确和精炼，等等。法律的结构设计，要恰当处理宣誓性条款和规范性条款的关系。在法律体系建设的初期，立法缺乏实践经验，"宜粗不宜细"，有的法律文本长，但规范性条款过少，宣示性内容多，可操作性不强。法律之间的衔接和协调，核心是法律规范的逻辑关系。从技术上讲，逻辑是法律的灵魂。缺乏逻辑的法律规范在实践中必然无法实施，甚至造成混乱。法律语言的准确和精炼对于提高立法质量也很重要。法律语言是一个符号系统，它是对法律行为和法律事实的高度概括，有些法律语言具有不可替代性。中国特色社会主义法律体系形成使我们积累了丰富的立法工作经验，对法律技术规范的研究也逐步深化，应该把成熟的立法技术固定化，以保证制定的法律严谨周密，切实可行。

（本文来源为作者提供的专稿。）

中国特色社会主义法律体系
结构、特色和趋势

朱景文

中国特色社会主义法律体系在不同法律部门的变化，公法与私法、实体法与程序法、国内法与国际法之间的相互渗透和相互影响，不是中国所独有的，世界许多国家法律体系都发生了这些变化，并形成了不同的理论，如"从身份到契约""科层制""福利国家""正当程序""去国家化"等。这些法律体系变化的特点是什么？是否能用这些西方理论解释中国的法律变革？在什么程度上能，在什么程度上不能？如果不能，什么是中国的理论？

中国特色社会主义法律体系形成和发展的原因不能从体系自身理解，法律体系自身固然有是否完备和协调的问题，但是为什么法律体系会向着这个方向而不是其他方向发展，从法律体系自身找不到答案。法律体系的协调和完善毕竟是第二位的，中国立法的实践表明，不能为体系而体系，它必须服从于中国社会本身的变化。[①] 法律领域的这些变化不是在封闭的领域中进行的，不是法学家在书斋中的创造，而是发生在改革开放这样一个特殊的历史阶段，市场经济、民主政治、和谐社会、生态文明、法制建设和全球化等一系列变革是出现公法与私法、实体法与程序法、国际法与国内法之间相互渗透和相互影响的社会基础。

在公法与私法的关系上，中国法律变革明显受到市场经济和民主政治的双重

---

① 比如，20 世纪 70 年代末 80 年代初，在制定了《刑法》《刑事诉讼法》之后，曾有制定民法典的计划，组织了起草民法典的小组，并形成了四个民法草案。但是，实践证明，由于当时中国社会正处在从计划经济向市场经济的转轨初期，许多经济关系还没有摆脱计划经济的束缚，因此制定民法典的计划并不现实，后来决定"改批发为零售"，先制定民法所包含的各个法律，包括《民法通则》《经济合同法》《技术合同法》《涉外经济合同法》，后来三个合同法合一，制定统一的《合同法》；《婚姻法》《继承法》《物权法》《侵权责任法》《涉外民事关系法律适用法》。参见王利明：《中国民法典制定的回顾与展望》，载《法学论坛》2008 年第 5 期；江平：《沉浮与枯荣：八十自述》，法律出版社 2010 年版，第 276-311 页。

影响。中国的私法公法化的发生既有与西方国家相似的原因,也有自己的特殊性。西方是在资本主义由自由竞争发展到垄断,特别是在国家垄断的背景下发生的,原有私法高度发达、私权自治的原则具有普遍性,因此需要用国家干预改变市场造成的社会不公。而中国私法公法化包括两种情况:一种是在从计划经济向市场经济过渡的情况下,私法性质的规范刚刚产生,还很不发达,调整市场关系、商品关系还带有许多国家干预的色彩,私权主体平等的原则还经常受到挑战,所谓私法公法化只不过表明向市场化的过渡不彻底,还带有许多计划经济的痕迹,公私不分;另一种情况是中国市场化的改革在一些领域确实出现了类似当代资本主义国家所出现的那种"市场失灵",再加上腐败、寻租,"看不见的手"需要用"看得见的手"加以辅佐,需要通过国家干预加以纠正。值得注意的是,中国社会主义市场经济的改革不是单向度的,而是一方面建立市场经济,另一方面加强宏观调控。对这两种情况需要用不同的手段治理:对前者需要进一步推进市场化的改革,国家减少行政干预;对后一种情况则需要通过国家干预,防止私权自治带来的危害国家、社会和他人利益的后果。这两种情况都是事实,否定哪一种都是片面的。曾经有一个时期,人们热衷于用梅因所说的"从身份到契约"来解释中国改革开放以来的法律变革,特别是民商法变革。其实这是不恰当的,与"从身份到契约"相适应的最多只是前一种情况。中国法律制度的变革不可能是18、19世纪西方法律制度的翻版。作为后发国家,中国立法所走过的道路相当于西方几百年的历程,我们不可能在西方的后面亦步亦趋。更何况中国1949年以来走上社会主义道路,坚持公有制的主体地位和社会主义方向对民商法的影响是极其深远的,对国家利益、社会利益和弱势群体的保护以及国家的宏观调控更是"从身份到契约"根本不能概括的。中国民商法的改革今后仍然会在这两个维度上推进,最终目标应该是建立把市场经济与宏观调控有机结合起来的社会主义市场经济的新秩序。

中国的公法私法化发生的背景也不同于西方,西方的公法私法化发生在"行政国家""科层制"建立以后,需要通过公民的积极参与、民主化克服职业垄断、精英政治,需要通过"软"的办法、私法的手段,体现政府除了刚性的手段,还有柔性、人性的一面,增加行政亲和力,也需要通过行政机构包括监狱、劳动教养机构的民营化减轻庞大的财政负担。韦伯认为,作为理想类型的科层制具有专门化、等级制、规则化、非人格化、职业化、技术化的特点,因而能高效率地协调成员的活动、达到其特殊目标，这也是资本主义产生于欧洲的主要原因之一。① 虽然最终的决策操纵在某些统治集团手中，但是大多数日常的政府活动基本上成为各个科学技术领域(包括社会科学和公共管理科学)的专家从事的事务。然而，西方科层制的实践表明，科层制带来的不仅仅是效率，而且带来职业垄断，排斥公众参与，职业团体不是没有自身利益的技术官僚、不食人间烟火的社会精英，为了赢得自身利益的最大化，他们往往背离良知，依托于社会的强势集团。② 而中国的公法私法化的背景却很不同，改革开放前中国虽然已经建立了庞大的行政管理系统，但是专业化、职业化、技术化水平并不高，专业化的进程是在改革开放后加快的。在这种意义上，所谓公法私法化可能表明公与私之间还处在相互交融的状态，在职业化、专业化的过程中社会与政治国家的分离还不发达，职业化的进程还不完全，由于政治运动的影响，始终有"脱离群众"的担心。但是，也不可否认随着职业化的进程，中国也确实出现了脱离群众、干部以权谋私等问题。正是在这种意义上，党中央近年来一再强调"立党为公、执政为民""执法为民"。针对这两种情况所采取的策略也不同：针对前者，需要进一步加快职业化进程，提高行政管理的科学化水平，提高行政效率；针对后者，则需要促进行政管理的民主化、亲民化、防止官僚化和精英政治的弊端。中国行政体制改革的目标也不是单一的。中国公法改革应该朝着既提高行政效率，提高行政的专业化、科学化水平，又增强行政民主化的方向发展。因此在中国实行公法变革，特别是在增强行政科学化、专业化时，千万不要忽视行政的民主化，不要忘记中国共产党的立党之根、执政之本。

以经济法、社会法和环境资源法为代表的混合法的变革动力是和谐社会、生态文明建设。在某种程度上它们都是要解决经济高速发展带来的不同经济部门之间、经济发展与社会发展之间、经济发展与环境之间的不平衡问题。在西方它们被看作"后工业社会"所面临的问题。而中国的工业化和后工业化几乎是同时出现的，不实现工业化中国就不可能摆脱贫穷，而实现工业化会使"后工业社会"所带来的问题更加突出，尤其是在全球范围的产业转移、中国成为"世界工厂"的情况下。当西方人提出福利国家的理论，企图医治西方后工业社会的社会病，用"从契约到身份"描述市场条件下人们身份的不平等，强调不能无视弱势群体的权

---

① Max Weber, *Economy and Society：An Outline of Interpretative Sociology*. New York：Bedminster Press，1968：Chapter 9，Section 2.

② Martine Shapiro，The globalization of law，*Indiana Journal of Global Legal Studies*，1993(1)：37-64.

益时,中国人发掘中国文化的传统智慧,提出和谐社会理论。这两种理论虽然有异曲同工之处,但它们的立足点显然是不同的。前者是为了挽救资本主义,后者是为了发展社会主义。由于中国是社会主义国家,人民当家作主,工人阶级是领导阶级,这就决定了中国经济法、社会法和环境资源法与西方在本质上的差别,国家不应该有与人民利益不同的自己的利益,必须以人民的根本利益为出发点和归宿。但是,随着中国从计划经济向市场经济的转轨,在用工制度方面铁饭碗的打破,"单位办社会"所产生的"大而全""小而全"的福利体制的解体,全球化带来的企业外部竞争的压力,片面助长了以经济发展,特别是以国内生产总值的发展为中心的风气,以致经济发展以牺牲劳工的权益为代价,以环境污染为代价。在这种条件下,中国经济法、社会法和环境资源法的发展就成为迫在眉睫的事,必须通过国家的强力干预使劳动者的权益得到保护,使弱势群体的基本生活条件得到保障,使广大人民群众的经济、社会、文化权利得以实现,为经济和社会的可持续发展奠定法治基础。

在实体法与程序法的关系上,中国法律变革明显受到法制建设,特别是司法改革的影响。中国在法治化的进程中强调程序法的作用是完全必要的,因为强调法治就意味着强调程序,无论是立法、司法还是执法,无论是取得财产、接受处罚还是打击犯罪,尤其是在发生法律争端的情况下,程序对于实体都是必不可少的前提。程序对于行使国家权力的立法机关、司法机关和行政机关来说,更具有特殊意义。没有程序,运用国家权力的行为就变得没有约束。英美曾经用"正当程序"的理论来说明程序对法治的重要意义,在某种意义上,所谓"正当程序"就是法治的同义语。在实体法已经规定了实体权利的分配,谁应该有什么权利、义务和责任时,要取得和实现这些权利,程序的意义就显得尤为重要。按照这一原理,从某种意义上,如果说中国实体法是把经济、政治、社会、文化领域的改革成果法律化,那么程序法则是实体权利的确认和保证形式,是法治本身的改革成果。讲法治,就必须讲程序。此外,也必须看到严格程序可能带来的弊端,例如,程序的时间限制,可能加快或延缓审理案件的速度,从而影响实体权利的实现;不熟悉程序的当事人在"法言法语"和陌生的程序面前可能不知所措,从而使自己的利益受到损害。而且,是否应该赋予执法者更大的自由裁量权从而避免规则的僵化,还是应该赋予较少的自由裁量权以避免执法者的个人偏好的影响,这在法治改革的导向上一直存在着较大的争论。因此,近年来人们又重新反思程序法与实体法的关系,认为不能舍本逐末,片面强调程序而忽视实体公正,片面强调"只要程序公正,实体则必然公正"。程序不是可以脱离实体、与价值无涉的操作流程,程序本身也有是否正当的问题,有什么样的实体法就会有什么样的程序法。对程序法与实体法关系的这些认识的反复,反映了中国司法改革实践的曲折过程,也反映了我们对法治认识的深化。中国司法改革不是在真空中进行的,也不是单纯按照职业法律人的逻辑,它必然受到中国固有的法律传统、群众的法律意识的影响,必然受到司法为民的理念的指导。因此它的导向也是双向度的:一方面强调法治,强调程序公正;另一方面强调公平正义,强调实体公正。强调程序公正是实体公正的外部形式,是实体公正得以实现的重要途径和保证;实体公正是程序公正的内在目标,也是程序公正的价值和意义所在。

在国内法与国际法的关系方面,中国法律变革明显受到全球化的影响。中国越来越多地参加国际组织、加入国际条约。无论采取直接采纳还是间接转化,中国加入的国际条约都已经变成自己国内法的一部分。那种把国际法与国内法割裂开来,认为它们是两个不相干的独立体系的理论在全球化的时代显然过时了。中国立法过程中借鉴国外法律反映了世界各国立法的普遍潮流,在政治、经济、文化、社会等领域的一些问题具有共同性,因此可以借鉴其他国家处理同类问题的经验。但是否因此能够认为,国际法高于国内法,甚至认为国家主权已经成为全球化的障碍呢? 在西方的理论中,全球化曾经被认为是"非国家化""去国家化",一种常见的说法是"全球化和去国家化是一个硬币的两面",实际上这是一种对全球化的片面理解,一种被全球化的实践不断纠正的误读。国家在全球治理中扮演着任何组织或个人都不可替代的角色。尽管随着全球化的进程,国际组织的作用在日益加强,在某些领域甚至对国家主权起到限制的作用,但是,全球治理的任何一个问题,离开国家的作用是根本不可想象的。全球治理之所以要发挥国际组织的作用,只是为了弥补单纯依靠国家治理的不足,而不是取代国家治理。[①] 中国制定有关立法并不是由于国外的规定,或什么普世性的国际潮流,而是中国自己的客观需要,如果不是中国改革开放本身社会关系的新变化,仅仅是国外存在有关立法,根本不可能产生中国的立法动机。如果不借鉴国外立法,中国通过自己的实践摸索,最终也可能制定出类似的法律规定,但可能需要更长的时间,借鉴外国相关法律大大缩短了中国摸索的过程。中国借鉴其他国家立法不是照搬照抄,

---

① 参见[英]戴维·赫尔德等:《全球大变革——全球化时代的政治、经济与文化》,杨雪东等译,社会科学文献出版社 2001 年版,第 574-613 页。

而是结合自己的国情,作出适合中国国情的解释。以法治入宪为例,法治确实不是中国的创造,英国早在 1215 年的《大宪章》中就确定了王权的有限性原则和社会的法治精神,1789 年法国《人权与公民权利宣言》和美国联邦宪法正当程序条款也确定了法治原则,但西方法治是与多党制和三权分立的政治体制相联系的。1999 年中国宪法修正案法治入宪,不是简单照搬西方国家的法治原则,而是作出符合中国国情、中国基本社会制度的自己的解释。中国赋予法治社会主义的内涵,是与中国共产党的领导、人民当家作主有机联系的整体。因此,在全球化的条件下,如何处理全球性的普遍潮流与中国国情之间的关系将会始终伴随着中国的法律变革。

(摘自朱景文:《中国特色社会主义法律体系:结构、特色和趋势》第六部分,原载《中国社会科学》2011 年第 3 期。)

法律体系概念的反思和重构

王夏昊

法律体系与法律秩序的区分

法律体系与法律秩序的区分正如前述,特定国家的法律体系是通过法教义学对该国家现行有效的实在法的重新阐释而形成的一个统一体。但是,特定国家的现行有效的实在法在体系化之前也是一个统一体,只不过是一个未被体系化或前体系化(pre-systemised)的统一体,即法律秩序(legal order)。[①] 特定国家的那些具有杂多性的现行有效实在法是通过该国家的有权国家机关依据法定程序而制定并公布的。不同国家机关的权力等级是不相同的,因此,不同国家机关依照其拥有的法定权力和程序所制定并公布的实在法的效力大小或等级不同。但是,与其他组织或机构不同,国家是拥有主权的公共组织或机构,而主权是对内对外的最高权力,一个国家只有一个主权者或最高统治者。这就意味着,一个国家只能有一个法律秩序,在一个法律秩序之内只有一个命令和允许意志,因此,特定国家的不同国家机关依照法定权力和程序所制定并公布的那些具有不同效力等级的实在法之间是统一的。[②]

由此可见,特定国家的法律秩序是依据特定实在法本身所具有的效力大小对该国家一切现行有效实在法区分为不同层级而形成的一个统一体;而特定实在法

---

① Aulis Aarnio,*Essays on the Doctrinal Study of Law*. Drodrecht:Springer,2011:177.

② Georg Henrik Von Wright,*Norm and Action:A Logical Enquiry*. London:Routledge and Kegan Paul,1963:206.

本身的效力大小依赖于制定该实在法的特定国家机关的权力等级。因此,只要特定的一切现行有效实在法是该国家享有不同等级权力的不同国家机关依据各自的权力和程序而制定的,那么,由于国家是拥有主权的机构或组织,特定国家的一切现行有效实在法作为一个整体自身必然就是一个统一体。特定国家的法律秩序作为统一体是社会权力运作的结果,是一个权力秩序,①它只是一个纯然事实,只具有实在维度;但是,特定国家的法律体系是通过法教义学对该国家的一切现行有效实在法予以重新阐释而形成的一个统一体,因此,它既具有实在维度也具有理想维度。只具有实在维度的特定国家的法律秩序,不仅给该国家的公民提供行为模式,而且给国家机构解决公民之间以及公民与公共权力之间的冲突提供根据。②

正如前述,法律秩序是一个不同层级组成的统一体,而且每个国家只有一个主权者;因此,就现代国家而言,一个国家在其主权范围之内只能有一个具有最高效力的实在法(即具有最高效力的规范性法律文件)。特定国家现行有效的宪法典在该国家的法律秩序中处于第一层级或最高层级。紧接着是第二层级的实在法,在当今的中国,它是全国人民代表大会及其常务委员会依据其法定权力和程序制定并公布的规范性文件,即通常所谓的狭义上的"法律"。紧接着是第三层级的实在法,在当今的中国,它是国务院依据其法定权力和程序制定并公布的规范性文件,即通常所谓的"行政法规"。依次,在特定国家的法律秩序之中还可能有第四层级、第五层级的实在法。那么,特定国家的法律秩序之中到底有多少层级的实在法呢? 这取决于特定国家现行的政治体制和法律历史文化传统,即使同一国家的法律秩序的层级数量在不同时期也是不相同的。职是之故,特定国家的法律秩序之中的层级数量问题是一个不能脱离特定时间与空间的经验问题。相反,构成特定国家法律体系的那些要素即部门法的种类数量是一个超越特定时间和空间的问题,不同国家的法律体系之中部门法的种类数量是相同的,因为它们都是先验的概念。

法律秩序的层级呈现出一个金字塔型的格局。特定国家的法律秩序中处于第一层级或最高层级的实在法的数量一般来说只有一个,第二层级的实在法的效

---

① Aulis Aarnio, *Reason and Authority: A Treatise on the Dynamic Paradigm of Legal Dogmatics*. Brookfield: Dartmouth, 1997: 237.

② Aulis Aarnio, *Essays on the Doctrinal Study of Law*. Drodrecht: Springer, 2011: 177.

力来自第一层级的实在法的效力,因此,它不能与第一层级的实在法冲突;而且一般而言,处于第二层级的实在法的数量比第一层级的实在法的数量要多得多;后面各层级可依此类推。相反,特定国家的法律体系中的部门法之间的关系不是效力层级关系,这就意味着部门法与部门法之间就它们各自的效力而言是平行关系。具体来说,在特定国家的法律体系之中,我们不仅不能主张作为部门法的宪法的效力高于行政法,更不能主张公法的效力高于私法的效力。其原因在于,部门法之间的区分根源于其背后的不同法观念或法理念。例如,我们可以说私法关注私人自治的观念,而公法特别关注国家行为在实现公共利益上的作用。因为它们各自针对的社会关系不同:私法针对的社会关系是当事人彼此平等的关系,国家只是公断者;公法针对的社会关系是国家作为一方当事人的社会关系,而国家在这种关系中是公共利益的代表,因此,具有高于其他任何人的权威。①

我们现在可以对本文开头所提出的问题予以回答了。中国法理学话语中作为法的渊源的"宪法"就是指当今中国的主权范围内具有最高效力的规范性文件,即由 1982 年宪法及其修正案所组成的规范性文件。因此,就本文的语境而言,所谓作为法的渊源的"宪法"就是当今中国法律秩序中处于第一层级或最高层级的那个实在法。这个意义上的"宪法"与法律体系中作为一个部门法的"宪法"的意义是不相同的。在中国的法律秩序之中,具有最高效力的实在法或规范性文件有且只能有一个。但是,作为法律体系构成要素的部门法的"宪法"所包括的宪法规范涉及 1982 年宪法及其修正案组成的规范性文件,以及其他规范性文件,例如选举法、人民代表大会组织法等。根据前述的法律秩序与法律体系之间的区分原理:我们既不能主张,诸如选举法这些规范性文件中所规定的法律规范不属于作为部门法的宪法的组成部分;同时,我们也不能主张,诸如选举法这些规范性文件在中国的法律秩序中具有最高效力或处于第一层级。

同样,我们现在也可以厘清作为法的渊源的行政法规与作为部门法的行政法的不同。前者是中国法律秩序中第三层级的实在法,后者是中国法律体系的一个构成要素。一方面,在中国,作为部门法的行政法包括全部的行政法律规范,不仅仅是"行政法规"这个层级的规范性文件所规定的法律规范,而且包括了法律秩序中的其他层级的规范性文件所规定的法律规范;后者的一个例子是《中华人民共

---

① 〔美〕约翰·亨利·梅利曼:《大陆法系》(第二版),顾培东、禄正平译,法律出版社 2004年版,第 97-98 页。

和国行政处罚法》，它所规定的法律规范是构成行政法这个部门法的一部分，但是，就效力等级来说，它属于中国法律秩序之中第二层级的"法律"。另一方面，在中国，行政法规所规定的法律规范有可能属于行政法这个部门法，也可能属于其他部门法。举例来说，《中华人民共和国土地管理法实施条例》所规定的法律规范并不都是行政法中的法律规范，也有一部分属于民法或者其他部门法。

此外，我们还可以进一步厘清中国法学中有关"宪法"与"部门法"之间的关系，如关于宪法的具体化、合宪性解释和合宪性审查等问题的争议。一般来说，中国宪法学界肯定了这三种关系，但是，有人只肯定了这三种关系之中的合宪性审查。[①] 为了叙述的方便，我们将前一种观点简称为"肯定说"，将后一种观点简称为"否定说"。无论肯定说还是否定说都没有对"宪法"和"部门法"进行界定。即使是持否定说的学者也引用了拉兹关于"宪法"的不同意义：宪法的概念命题、宪法的实在法命题与宪法的价值命题，[②]但是，该学者并没有说明这三种意义的"宪法"分别对应中国法学语境中哪种意义的"宪法"。为了点明这一点，我们可以将拉兹关于宪法的三种意义转换为英美宪法学界关于宪法的三种概念：元宪法、作为符号的宪法与作为规范的宪法。元宪法是指特定政治共同体中人们关于何谓善的共同体的生活的观念，包括正义原则、政治道德的其他方面、明智政府的原则，以及为了最大限度实现这些原则的制度安排的观念。作为符号宪法是指表达这些观念或原则的文件或文本。作为规范的宪法是指符号宪法中的一个个宪法条文所表达的意义即宪法规范的组成。[③] 拉兹关于宪法的概念命题相当于作为规范的宪法，宪法的实在法命题相当于作为符号的宪法，宪法的价值命题相当于元宪法。在本文的语境中，作为符号的宪法是指特定国家法律秩序中处于第一层级或最高效力层级的那个宪法，作为规范的宪法是指特定国家法律体系之中作为一个部门法的宪法。

如果中国法学界所谓的"宪法"和"部门法"之间的三种关系中的"宪法"是指部门法，那么，宪法的具体化和合宪性审查这两点就不成立；因为，根据本文关于

---

① 陈景辉：《宪法的性质：法律总则还是法律环境？从宪法与部门法的关系出发》，载《中外法学》2021年第2期。

② 陈景辉：《宪法的性质：法律总则还是法律环境？从宪法与部门法的关系出发》，载《中外法学》2021年第2期。

③ Larry Alexander, *Constitutionalism*：*Philosophical Foundations*. New York：Cambridge University Press,1998：1-4.

法律秩序与法律体系之间的区分,作为部门法的宪法和其他部门法之间的关系是一种平行关系。如果中国法学界所谓的"宪法"和"部门法"之间的三种关系中的"宪法"是指特定国家法律秩序中的"宪法"和其他层级的实在法,那么,宪法的具体化和合宪性审查就成立;因为,特定国家的法律秩序是一个统一体,宪法是处于第一层级或最高层级的实在法,因此,其他层级的实在法——例如我国的法律、行政法规等——必须以宪法为根据,不能跟宪法相矛盾和冲突。在厘清了这两种关系之后,我们可以进一步分析合宪性解释在哪种意义上可以成立。如果中国法学界所谓的合宪性解释中的"宪法"是指元宪法,那么,特定国家的法教义学在对该国家的实在法进行解释时必须按照元宪法进行,即合宪性解释是成立的。因为,正如前述,法教义学作为一门独立的科学和实在法的理论,总是建立在一定思想形态或观念形态的背景预设的基础之上,这些背景预设当然包括了特定共同体的人们关于善的共同体生活的观念。这就意味着,合宪性解释的关系不是指特定国家法秩序之中的宪法与其他层级的实在法之间的关系,因为,正如前述,特定国家的一切现行有效实在法作为一个整体自身必然就是一个统一体,即特定国家的法律秩序作为一个统一体是一个纯然事实,它根本不需要解释。

所以,中国法学界之所以对"宪法"与"部门法"之间的关系争议不断,其症结在于,他们既没有区分法律秩序和法律体系的概念,也没有区分"宪法"概念的不同意义。

结　语

相对于传统社会,现代社会的社会关系越来越复杂而且变化的速度越来越快,因此,现代社会的法律不仅越来越抽象,而且法律实施过程中也更频繁地遭遇疑难案件。所以,现代社会中特定国家的一切现行有效实在法必须通过法教义学的重新阐释而形成一个融贯的统一体,即法律体系。为了特定国家的实在法的体系化,法教义学必须根据法律概念和法律理念将法律区分为各个部门法,而每一个部门法都有其自己的观念和原则。这样,作为法律体系的构成要素的部门法本身是一系列先验概念和认识论范畴。在这个意义上,特定国家的法律体系是认识活动的一个产品,这个认识活动将该国家的法律秩序的内容组织成为观念关系的统一体。① 中国法学界没有从这样一个角度理解和认识法律体系的概念,因此,不仅导致了根据不同标准划分出的部门法之间的重叠和混淆——这跟法律体系概念本身是矛盾的,而且导致法律体系概念与法律秩序概念之间的混淆;后一种混淆不仅进一步导致中国法学界不能对法律中一些概念予以清楚且适当的区分,而且进一步模糊了相关讨论的背景。法教义学作为专门的知识领域跟任何其他知识领域一样,其合理性的前提条件就在于其所必然使用的那些概念之间具有清晰性、一致性和融贯性。②

（摘自王夏昊:《法律体系概念的反思和重构》第四部分及结语,原载《江海学刊》2023 年第 6 期。）

①　Aulis Aarnio,*Reason and Authority：A Treatise on the Dynamic Paradigm of Legal Dogmatics*. Brookfield：Dartmouth,1997：237.

②　Robert Alexy,*A Theory of Constitutional Rights*,translated by Julian Rivers. New York：Oxford University Press,2002：10.

论裁判规则的规范性

张　骐

三、裁判规则规范性的特点

裁判规则虽然作为一种法律解决方案,具有规范性,但是裁判规则的规范性具有不同于制定法规则及普通法国家的判例法规则的特点。案例裁判规则规范性具有三个特点,即蕴含普遍性的个案性、事实性、司法性。

案例裁判规则规范性的第一个特点是,案例裁判规则是蕴含普遍性的针对个案争议问题所提出的法律解决方案,它常常以个案判决的判决摘要或判决理由的形式表现出来,包含彼此依存的两个方面,即个案性与普遍性。

有学者认为,指导性的裁判规则"因不带有立法性质且包含过多的个案特性,使其对类似案件的影响力较小,更多地体现为'参照'的意义"不妥;①还有学者反对以诉讼制度为基础通过最高人民法院及其巡回审判庭亲自审理案件来形成案例或指导性案例的建议,认为这些建议模糊了指导性案例与个案裁判的界限。②这两位学者观点的共同点是,都把指导性案例的个案裁判特点与其指导性对立起来。笔者认为,案例裁判规则不是立法,虽带有"创制性",但它形成于、存在于个案判决中,个案性正是其安身立命之所在。裁判规则在我国的"参照性"是与生俱来的。在中国,最高司法机关形成裁判规则的方式有两种,一种是通过制定系统

---

① 杨力:《基于利益衡量的裁判规则之形成》,载《法商研究》2012 年第 1 期,第 91-93 页。

② 这位学者认为:"民商事个案裁判的判决书的质量'高或低'、适用法律'对或错'的问题,可以通过其他途径,比如'批复'等司法解释、提审或者再审案件的方式解决。"参见邹海林:《指导性案例的规范性研究——以涉商事指导性案例为例》,载《清华法学》2017 年第 6 期,第 124 页。

化的司法解释形成裁判规则,另一种是在解决个案中形成裁判规则。郑智航教授认为,最高人民法院在发挥裁判规则的形成功能时具有高度抽象的特点。① 但是,如果最高司法机关以高度抽象的方式形成裁判规则,就容易混淆司法机关形成规则与立法机关制定法律的区别,且无法发挥案例裁判规则的独特优势。② 所以,最高人民法院近十年来一直着力建设案例指导制度,以便通过个案实现对各级人民法院在适用法律方面的指导。当然,系统性的司法解释有其必要性和历史必然性,还会在一定的历史时期内同时存在。

案例裁判规则第一个特点的第二个方面,是它的普遍性,即脱胎于个案判决的裁判规则对后来的类似案件具有指导作用,可以作为审理同类案件的裁判理由或者裁判依据。③ 这与有的学者所说的裁判规范适用的可预测性和可重复性大体上是一致的。④

有学者不认为裁判规则具有普遍性。这位学者在讲到生效裁决的特点时认为:"尽管存在着见微知著的可能,但绝不可能通过一个具体事例抽象出普遍遵循、反复适用的法律规则,这在形式逻辑上属于不完全归纳的错误。即使能够抽象出这样一个抽象规则,这个规则也只能是指导性的,而不是规范性的。指导性就意味着开放性和可问性,也意味着法官在理性控制下的自由裁量。"⑤ 他认为:"每一次生动的个案诉讼实践,都是对制定法作为抽象规则的贯彻和丰富。"⑥ 这位学者的思考路径是可以商榷的。

首先,这位学者似乎是以演绎推理和自然科学的思维来讨论生效裁决的特

① 郑智航指出:"最高人民法院形成的裁判规则分为针对具体案件而作出和针对法律规范本身而作出这两种基本类型。"他认为,最高人民法院在发挥裁判规则的形成功能时具有高度抽象的特点。郑智航:《论最高人民法院裁判规则的形成功能——以最高院民事司法解释为分析对象》,载《法学》2013 年第 3 期,第 50 页。

② 参见张骐:《论中国案例指导制度向司法判例制度转型的必要性与正当性》,载《比较法研究》2017 年第 5 期,第 134 页。

③ 胡云腾:《打造指导性案例的参照系》,载《法律适用》2018 年第 14 期,第 5 页;张骐:《论实现案例指导制度向判例制度转型的五个问题》,载《钱塘法律评论》2019 年第 1 期,第 1-18 页。

④ 宋旭光:《裁判规范的概念及用语辨析》,载《法律方法》2013 年第 1 期,第 342 页。但是宋博士认为裁判规则具有"效力的非普遍性"的特点。

⑤ 冯文生:《个案比对技术的运用研究——以房抵债流押禁止规则适用实例解析》,载《法律适用》2018 年第 6 期,第 51 页。如果是讨论冯文生法官在其文章的这一节开头所用的"裁判结果",则我们的推理过程和结论可能会有所不同。

⑥ 冯文生:《个案比对技术的运用研究——以房抵债流押禁止规则适用实例解析》,载《法律适用》2018 年第 6 期,第 51 页。

点,认为要么抽象出一个可以作演绎推理大前提的具有"普遍性"的规则,如果做不到这样,就什么都没有。但是,在法律实践中,人们常常通过类比推理得出具有普遍性的规则,指导、规范法官对同类案件的裁判。① 如此得出的裁判规则并不妨碍法官在理性控制下的自由裁量,它们往往是相辅相成的。

其次,生效裁决的指导性与裁判规则的普遍性、规范性是兼容的,并不矛盾。在人文学科、社会科学以及社会实践中,人们从一个事例中发现具有普遍性、抽象性、一般性的认识,用以指导自己的实践并不断修正、不断前进,是很正常的。指导性侧重揭示裁判规则的作用,普遍性、规范性侧重揭示裁判规则的性质。正是由于裁判规则具有普遍性,其才能具有指导性。并且,开放性与普遍性也不是水火不容的,普遍性可以有程度的不同,人们可以随着认识的不断深入而使自己认识的普遍性不断扩展。所以普遍性也可以是开放的。

个案性与普遍性是案例裁判规则第一个特点的一体两面,即:案例裁判规则的个案性中蕴含有普遍性,是普遍性得以存在的必要条件;普遍性恰恰源于其个案性,普遍性存在于个案裁判之中。所以,个案裁判与案例裁判规则的普遍性是统一的,二者相辅相成、相得益彰。

在有些情况下,裁判规则越具有一般性、抽象性程度越高,就越具有较强的涵盖能力和较大的辐射度。② 这往往取决于后来裁判规则的适用者对内含于个案裁判中的裁判规则的揭示。③

裁判规则规范性的第二个特点是,裁判规则存在于具体案件之中,以案件事实为基础,我们可以称之为裁判规则规范性的一定程度的事实性。这个特点与第一个特点相联系,并且是案例裁判规则与一般的制定法规范相比的一个优点。在判例制度中,裁判规则形成于诉讼中、存在于判例中,它与案例事实有着内在的、

---

① 考夫曼指出:类推是以一个证明为重要的观点为标准,而将不同的事物相同处理的思想。"法律思维,本质上是类推的思维,是从'事物的本质'产生的思维,是类型的思维。"考夫曼所说的"事物的本质"是一种特殊中的普遍,是事实中的价值现象。参见[德]考夫曼:《类推与"事物本质"》,吴从周译,学林文化事业有限公司1999年版,第61页、第129页、第107页。

② 有学者认为:"指导性案例要创设更具有一般性和更高抽象程度的裁判规范,这样才能容纳今后发生的类似案件。"参见雷磊:《指导性案例法源地位再反思》,载《中国法学》2015年第1期,第280页。

③ 有中国教授批评德国埃塞尔教授和菲肯切尔教授的观点,认为他们"都未将法官针对当前个案的解决方案看成是可以适用于所有具有相同法律意义的案件类型"。参见张其山:《裁判规范的创立原则》,载《政治与法律》2009年第10期,第107页。其实,这两位德国教授并没有错,因为他们是站在当初审案法官的立场上讨论问题,而不是后来适用判例的法官的立场上。

必然的关联。就从具体案例中形成的裁判规则来说,如果以高度抽象的方式示人,就会破坏个案判决的优点,并与法律规范相混淆。

在我国,目前许多作为案例裁判规则表现形式的案例裁判要点或"裁判要旨"片面追求像法律规则那样简洁,因而过于抽象,呈现一种条文化的特点,完全脱离了与原案例的关联。没有了原案例的依托,失去了案例裁判规则的特点,也使得案例与广大法官相脱离。① 这其实也是导致我们当前虽有海量裁判要点,但是,法律实务界仍然感到案例不敷实用的一个重要原因。② 只有重视案例裁判规则规范性的事实性特点,才能充分发挥案例裁判规则的作用。

案例裁判规则规范性的第三个特点是司法性,即裁判规则是在司法过程中由司法机关创制、确认的。③ 目前,裁判规则的生产机关主要是上级司法机关,特别是最高司法机关。虽然在中国目前的案例指导制度中,指导性案例的裁判规则具有很强的行政性,④但是,从它脱胎于司法判决、由最高司法机关决定来讲,它还是以司法性为底色。与裁判规则的创制、确认机关直接关联,除指导性案例裁判规则之外的多数裁判规则只具有说服力,而不是约束力。⑤ 或者说,裁判规则具有理性意义上而非强制力意义上的权威性。所以,在我国,裁判规则在通常情况下不是法律。如果把案例裁判规则直接界定为法律规范,会使人误以为论者主张司法机关行使立法职能。这不符合事实。

一般来说,裁判规则与制定法规范具有一种对应的关系。有学者指出:"裁判

---

① 一位资深法官曾经告诉笔者:"目前的指导性案例脱离审判实际。它们做得太粗了。我要看它的判决书全貌,要进行全部事实比对;目前编选的案例太简单了。我要用,就得读判决书原文。"2017 年 4 月 28 日笔者到陕西省高级人民法院法官学院调研所了解。

② 刘树德博士从司法规则供给模式的角度分析了我国指导性案例的裁判要点缺乏案件事实的原因。他所说的司法规则,就是我们这里所说的裁判规范。刘树德博士认为:我国目前的指导性案例实质上是一种"权力输出型"的、以判例要旨为形式的司法解释。这种规则性指向的司法解释与案件事实没有关联。刘树德:《最高人民法院司法规则的供给模式——兼论案例指导制度的完善》,载《清华法学》2015 年第 4 期,第 82 页、第 84 页。

③ 在中国,裁判规则是由最高司法机关或人民法院作出或确认的。此处的最高司法机关包括最高检察机关,不排除其他省级检察机关,在创制主体上,笔者持有限开放的态度。

④ 参见张骐:《论中国案例指导制度向司法判例制度转型的必要性与正当性》,载《比较法研究》2017 年第 5 期,第 135 页、第 137 页。

⑤ 根据《人民法院组织法》和《人民检察院组织法》,指导性案例中的裁判规则具有某种约束性。中国未来的判例制度,即判例中的裁判规则主要形成于诉讼过程中,经过诉讼过程的辩论、论证而完成。

规范是对被解释之制定法规范(法条)的具体化。"①笔者同意这一观点,但需要补充一点。由于制定法规范包括制定法规则和制定法原则,所以裁判规则有时是与制定法规则对应,有时则是与制定法原则对应。有时,裁判规则是对制定法规则的解释。在有些情况下,形成和需要裁判规则的原因,恰恰是缺乏制定法条文的明确规定,在这种情况下,裁判规则是对制定法规则的延展,还有的情况是,会形成新的填补漏洞型的裁判规则。② 正如德国哲学家伽达默尔所说:"我们关于法律和道德的知识总是从个别情况得到补充,也就是创造性地被规定的。法官不仅应用法律于具体事件中,而且通过他的裁决对法律('法官的法律')的发展作出贡献。"③这也是奥地利法学家凯尔森在《法与国家的一般理论》中表达的观点。④

总之,案例裁判规则规范性的上述三个特点使裁判规则成为虽然与法律有密切关系,但又不同于法律的规范性力量。

四、裁判规则的规范性来源

为什么裁判规则具有规范性?⑤ 笔者认为,裁判规则的规范性源自两个方面:其一,裁判规则的规范性源自其内容的合理性;其二,裁判规则的规范性源自其与正义的内在关联。

(一)裁判规则的规范性源自其内容的合理性

裁判规则的规范性首先源自其内含的、建立在司法规律基础上的合理性。这

---

① 雷磊:《指导性案例法源地位再反思》,载《中国法学》2015 年第 1 期,第 281 页。还有教授也持同样的观点:"在成文法体制下,判例所创制的是裁判规则。这种裁判规则是成文法的细则化,具有独立存在的价值。"参见陈兴良主编:《中国案例指导制度研究》,北京大学出版社 2014 年版,第 34 页。

② 石磊:《指导性案例的选编标准与裁判要点类型分析》,载《法律适用》2019 年第 18 期,第 7-8 页。

③ [德]伽达默尔:《真理与方法》(诠释学Ⅰ),洪汉鼎译,商务印书馆 2016 年版,第 61 页。

④ [奥]凯尔森:《法与国家的一般理论》,沈宗灵译,中国大百科全书出版社 1996 年版,第 152 页。

⑤ 李剑先生在谈到德国判例的判决主旨时说:"判决主旨的实质—价值功能并不是来自它被称为'判决主旨'的这一名称,而是来自'判决主旨'自身的'制作'水准。"他所说的德国判例的判决主旨是德国判例裁判规则的一种表现形式,其实质—价值功能的发挥是案例裁判规则规范性的表现。决定判决主旨实质—价值功能发挥的因素,就是笔者此处要探讨的裁判规则规范性的来源。参见李剑:《判例的形式构成及其"成分"分析——以德国法教义学为视角》,载《交大法学》2018 年第 3 期,第 19 页。

里所说的司法规律,是指最高司法机关根据社会对司法的客观需要完成审判的终局性。裁判规则是由最高司法机关基于司法规律作出的,其内容具有合理性。这种内容的合理性包含两层意思。第一层意思是说裁判规则的形成是建立在司法机关依照司法规律活动的基础上的;第二层意思是说裁判规则的内容体现为具有合理性、普遍性,适用于类似案件审判的理性判断。

首先,裁判规则是司法机关作为社会要以专职的专业机关,以提供司法判决的方式回应社会需要的合理选择。

法国社会学家布迪厄在对法律进行社会学研究时,选择了一个独特的视角,即考虑"司法工作在最具体的场所中、在形式化的活动中、在从事形式化工作的行动者在司法场域中的竞争所决定的利益当中、在司法场域与更大的权力场域的关系中所体现出来的深层的逻辑"。① 从这个逻辑看,司法机关以司法判决的方式回应社会需要,参与、分享社会需要的法律对社会生活与社会秩序的影响。用布迪厄的话讲,这是"命名"的一种方式。他说:"法律通过判决将不同数量的不同资本分配给社会中的不同行动者(或机构)。判决中止了或者至少限制了涉及下述情况的斗争、交流或交涉:涉及个体或群体的品质,涉及个体在群体中的成员资格,涉及名称和头衔的归属,涉及联合或分离,总之,涉及构筑社会单位的所有'创造世界'的实践活动。"②

社会创造法律,法律创造社会。裁判规则是司法机关向社会供给的司法规范。当然,"可供采用的司法规范至少在形式上看上去是普遍的,而社会需求是多种多样的,甚至是冲突矛盾的,这二者一直处于紧张之中"。③ 正是这种紧张关系导致了裁判规则的出现,并且决定了裁判规则在形式上的统一性及内容上的丰富多样性、动态性和不断发展,即司法机关,主要是最高司法机关代表社会对纷繁复

① [法]布迪厄:《法律的力量:迈向司法场域的社会学》,强世功译,载《北大法律评论》1999 年第 2 期,第 531-532 页。布迪厄认为:"遵循先例这个规则宣布以前的法律判决对任何目前的诉讼都具有权威效力。它与法律思想的关系就像涂尔干的格言所说的那样,'用社会来说明社会',而与社会思想的关系则是,它以另外一种方式主张法律推理和法律判决的自主性和特殊性。"参见[法]布迪厄:《法律的力量:迈向司法场域的社会学》,强世功译,载《北大法律评论》1999 年第 2 期,第 520 页。

② [法]布迪厄:《法律的力量:迈向司法场域的社会学》,强世功译,载《北大法律评论》1999 年第 2 期,第 528 页。

③ [法]布迪厄:《法律的力量:迈向司法场域的社会学》,强世功译,载《北大法律评论》1999 年第 2 期,第 528 页。

杂的社会需要不断作出司法决定。当然,由于国情和政治法律体制的不同,不同国家的司法机关在资源分配和司法规范供给方面所扮演的角色的具体方式和程度会有所不同,但是,在基本的职业分工方面是相似的。

其次,裁判规则的规范性来自其内容的合理性。① 案例裁判规则体现了法律共同体成员在冲突解决过程中以及围绕着冲突解决过程所形成的认识与反思,这些认识体现了他们对一种生活世界规范逻辑的认识。布迪厄认为,法律不断地被评述,并被置于各种评述与现实之间,正是在这个过程中,人们所说的"法理"才能被揭示。布迪厄说:"这种'法理'是一种特殊形式的来自学者的知识,它拥有自己的规范和逻辑,它能够生产出所有的理性一致性所表现出来的外在符号,这种理性的一致性就是韦伯已经细致地区分于'实质'理性的'形式'理性,而'实质'理性毋宁说关心由此形式理性化了的实践操作的具体目标。"②

布迪厄此处所讲的"法理"的内涵与我们今天中国学者所讲的法理的内涵虽然不尽相同,但还是多有通融的。③ 他所讲的"法理"与理性的相互关系及其产生逻辑,对我们思考裁判规则的内容合理性非常富有启发意义。

就判例或指导性案例能够解决现实生活中的问题,为后来的法官所认可并仿

---

① 黄茂荣教授认为:"在大陆法系中,即使法院的裁判仅是为个案之审判而适用法律,但'最高法院'在个案之审判中所表示的'法律见解',基于法的平等性、信赖保护及'法的安定性'仍有其事实上的拘束力。此固与英美法中判决先例之'形式上的拘束力'有所不同,但法院仍非得不具理由,而不依判决先例中所持见解从事裁判。"黄茂荣:《法学方法与现代民法》(第五版),法律出版社 2007 年版,第 7 页。笔者虽然不太同意黄茂荣教授所说的"最高法院"在个案裁判中所表示的"法律见解"具有"事实上的拘束力"的说法,但是,非常赞同他将理由作为是否依从"最高法院"判决先例的观点。此处的理由关涉到案例裁判规则规范性的来源。

② 布迪厄认为:"司法劳动具有各种各样的效果。形式化和系统化的工作在一个旨在为后来的判决树立典范的形式中,确立了一个范例性质的判决(例如上诉案件的判决),那么就会使得规范摆脱了特定情形下的偶然性。这种形式同时也培育了特定的司法思想和司法行动建立在其上的先例的逻辑,并使这种逻辑获得了权威性。它不断地将现在与过去联系起来。"[法]布迪厄:《法律的力量:迈向司法场域的社会学》,强世功译,载《北大法律评论》1999 年第 2 期,第 535-536 页。

③ 参见张文显:《法理:法理学的中心主题和法学的共同关注》,载《清华法学》2017 年第 4 期,第 5-40 页。

效来说,案例裁判规则反映了埃利希的"社会基础",①或马默的"社会惯习",②它们就是法理或包含了法理。这种法理或对法理的包含,成为裁判规则的规范性来源。就裁判规则有可能被修正甚至否定来说,它们只是对"社会基础"或"社会惯习"的片段的、动态的反映,而不必然是"社会基础"或"社会惯习"本身。

或者,在有的情况下,裁判规则是法理的一种载体,只承载了部分法理,就只构成有限的规范性来源。裁判规则内容的合理性能够成为案例裁判规则规范性来源的程度,在于裁判规则对于埃利希所说的裁判规范的社会基础的正确反映程度;或者,在于裁判规则对于美国法学家马默所说的社会惯习的正确反映程度。

所以,笔者不认为我们可以在判例与法理之间简单地画等号。有时,案例裁判规则作为对争议问题的法律解决方案,在一定意义上可以约等于有的学者所说的判例中的法理,③有时,裁判规则只是判例中的法理的载体,是通过案例阐发的法理的规则表现形式,人们需要从判例中发现法理、挖掘出法理。

也有极个别情况,由于某种原因,案例并不包含法理,它只是由于某种原因被人们作为案例。所以,判例与法理似乎至少有三种关系:等同于法理、法理的载体、与法理无关。

(二)裁判规则的规范性源自其与正义的内在关联

裁判规则的规范性源自其对正义召唤的响应。裁判规则体现了对正义的响应,是正义使得裁判规则具有规范性,这包括两个方面:裁判规则的出现是为了实现正义,裁判规则的作用机制以正义为基础。我们可以在此具体说明。

---

① 埃利希指出:"任何裁判规范最先以团体中的内部秩序为基础,也就是以由此创造这种秩序的法的事实为基础,以给每个人分配团体中的地位和职责的习惯为基础,以支配—占有关系、契约、章程和遗嘱的处分为基础。"参见[奥]埃利希:《法社会学原理》,舒国滢译,中国大百科全书出版社 2009 年版,第 128 页。还可参见[德]莱塞尔:《法社会学导论》(第 5 版),高旭军等译,上海人民出版社 2011 年版,第 71 页。

② 马默认为:"社会惯习是人们所遵循的规范。"在马默的理论中,惯习分为深层惯习和表层惯习,建构性惯习和协调性惯习。马默表明,哈特有关使得法体系得以成立的承认规则的观点是成立的;但是,支持承认规则的惯习是建构性惯习,而非人们以前认为的协调性惯习。马默指出:"法律的惯习性基础包含两个方面。存在深层惯习,它们决定着法律秩序的构成方式和主要建筑材料。那些深层惯习通过特定法律体系的特定表层确认惯习具体体现出来。法律概念由这两层惯习构成。"参见[美]马默:《社会惯习——从语言到法律》,程朝阳译,中国政法大学出版社 2013 年版,第 23 页、第 36 页、第 77 页、第 183 页、第 200-204 页。

③ 参见孙光宁:《法理在指导性案例中的实践运用及其效果提升》,载《法制与社会发展》2019 年第 1 期,第 23-24 页。不过,笔者不认为 jurisprudence 在同一个国家同时具有那七个含义;并且,jurisprudence 的有些含义是与判例没有关系的。

1. 裁判规则的出现是为了实现正义

在法律史的早期，案例既是法律，也是正义。英国著名法律史学家梅因指出，在古代，荷马诗篇中提到的"地美士"（Themis）和"地美士第"（Themistes）是一些最早期的概念。[①] 按照它在早期人们意识中的先后意思，它曾经先后是：个别的单独判决，即审判本身；宙斯的陪审官；司法女神或正义女神。

现在的人们理解它们的顺序与它们实际"出场"的顺序是相反的。从法律史的研究可以看出，在人类社会的早期，案例就是法。这些案例先是成为纠纷裁决者解决同类案件的依据，后来也成为众人的行为标准，成为法律。同时，这种建立在类似案件类似审判原则基础上的行为标准，被人们认为是正义的，是符合神意的，并进而成为神的化身。正义使规范性得以存在；规范性因正义而成立。正义与法的规范性的关系是一种骨肉关系。

在现代社会，虽然有充分发达的制定法作为实现正义的规则体系，但是案例仍然具有其不可替代的作用，而裁判规则就是案例发挥实现正义作用的基础。原因包括以下两点。

第一，正义是法律规范性、有效性的一个必要支柱。德国思想家哈贝马斯指出："一旦法律有效性失去与正义之诸方面的联系——这种联系是超越立法者决定的道德联系——法律的认同也就必然会分散瓦解。"[②]哈贝马斯所说的法律的有效性，其实就是法律的规范性。可以说，正义是法之所以为法的一个内在条件，虽然不是全部条件，也不是唯一条件。

第二，正义分为实质正义和形式正义。实质正义通常是指结果正义。在利益多元的情况下，实质正义的实现，以及对实质正义的判断常常很难。形式正义就是相同的情况应受相同的对待，由于相对"简单"，所以常常被人们作为实现正义的首要选择。美国哲学家罗尔斯指出：不管社会结构是否正义，它都可以在一定意义上是正义的，即制度由法官和其他官员不偏不倚地、一致地执行。类似情况

---

① "地美士第"（Themistes）是"地美士"（Themis）的复数形式。参见［英］梅因：《古代法》，沈景一译，商务印书馆1996年版，第2页。

② ［德］哈贝马斯：《在事实与规范之间——关于法律和民主法治国的商谈理论》，童世骏译，生活·读书·新知三联书店2011年版，第602页。

得到类似处理,相关的类似性和区别根据既有规范来判定,就是正义。① 他认为,"规则正义"是一个比形式正义更恰当的表述。他指出:"平等基本上是作为规则的正义。它意味着不偏不倚地适用并以一致的方式解释规则,(根据制定法和先例的界定)类似案件类似处理。"②

可以说,类似案件类似处理是符合人们正义直觉的,是实现正义的重要途径。

第三,一定的标准、准则是在审判过程与结果两方面实现类似案件类似审判的必要条件。而裁判规则就是这种在审判过程与结果两方面帮助人们实现类似案件类似审判的准则。裁判规则是类似案件类似处理原则存在和发挥作用的基础,这个基础既是程序公正的原则,又为实体公正提供了可能;当然,它也为"法律面前人人平等"的实现创造了条件,因而对实现法治同样具有重要意义。

2.裁判规则的作用机制以正义为基础

裁判规则的生成、表达及其作用的发挥,都是以类似案件类似审判,即规则正义为基础的。规则正义或形式正义,是裁判规则的生命基础和力量源泉。

基于上述两个方面,正义是裁判规则规范性的重要来源。

综上所述,这种建立在个案判决基础上并蕴含一定普遍性的对特定争议问题的法律解决方案,为人们解决类似问题提供了规范性指引,因此成为具有规范性的裁判规则。裁判规则的规范性来自其符合司法规律的合理性及与正义的内在关联。它们构成一种具有普遍意义和深厚潜力的、社会的纠纷解决和行为安排的独特的规范资源,值得我们重视并进行更为广泛和系统的研究。

(摘自张骐:《论裁判规则的规范性》第三部分和第四部分,原载《比较法研究》2020年第4期。)

---

① 罗尔斯认为,可以把这种对法律和制度的不偏不倚且一致的执行,不管它们的实质原则是什么,称为"形式的正义"。John Rawls, *A Theory of Justice*. Cambridge: Harvard University Press, 1999:50-51, 207. [美]罗尔斯:《正义论》(修订版),何怀宏、何包钢、廖申白译,中国社会科学出版社2009年版,第45页。

② John Rawls, *A Theory of Justice*. Cambridge: Harvard University Press, 1999:441-442. [美]罗尔斯:《正义论》(修订版),何怀宏、何包钢、廖申白译,中国社会科学出版社2009年版,第398-399页。

基于法律原则的裁判

陈林林

由于原则并未清楚界定事实要件,所以对特定个案来说,并不存在一条确定的、排他适用的原则。一条原则只是支持这般判决的一个理由,而同时却可能存在另一个更优越、更适切的原则,要求裁判者作出不同的判决。因此在适用原则之际,裁判者对原则所做的权衡——比较每条相关原则在当下个案中的分量或权重,并择优予以适用——既是裁判之际的操作关键,也是原则裁判的理论难点所在。因为一旦权衡不能获得"更强理由",那么据此胜出的原则以及据此所做的裁判,就不免被批评为裁判者的个人见解和主观臆断,而判决结论也就遑论法律上的"唯一正解"了。但问题是,如何获得"更强理由"并加以权衡?

原则裁判的怀疑论者哈特(H. L. A. Hart)认为:在任何一个疑难案件中,不同的原则会导致不同的类推适用方式,在法律能够提供一套特殊的高阶原则——这些原则能规范在疑难案件中彼此竞争的低阶原则之相对分量或优先顺序——以前,裁判者只能像一位尽责的立法者那样,按照他所认为什么是最好的,来就这些不同的方式作出选择,而非依照任何现存法律所规定的优先顺序来作出选择。所以,原则裁判无法清除、限制法官的自由裁量和造法行为。①

德沃金(Ronald Dworkin)对哈特描绘的困境有过回应,不过其间他就原则裁判所做的个案分析,却差强人意。在《法律帝国》中,他分析了英美侵权法上的一个疑难案件,即对于未在事故现场的家庭成员的精神损害,法律是否要予以赔偿。下面是德沃金笔下的海格力斯法官所撰的司法意见,该司法意见权衡了两种相互对抗的原则,通过检测它们与先前判决的一致性,法官发现每一种原则都相当符合先前的判决,但并不完全一致。最后他宣称:"根据我的分析,当无限责任可能

---

① H. L. A. Hart, *The Concept of Law*. Oxford: Clarendon Press, 1997: 275.

带来危害时,整体性要求解决这两种一般性规范对事故案件所造成的相互对抗的影响,我们的实践尚未就此作出选择(作为一种后来的诠释性判断)。但这种选择必将涌现。整体性之所以这样要求,是因为它要求我们续写整个故事,在其中两种原则都有一个确定的地位,而所有的问题都以最好的方式得以考虑。在我看来,最好的做法是使第二个原则(根据过错,对所有可以合理预见的损害都要承担责任)优先于第一个原则(国家应该使人们免于因意外事故而蒙受经济上的损害,即使事故是人们自己的过错造成的),这种做法至少在机动车事故——以明智的条款规定了个人责任保险——中已经得到了实施。我之所以作出这种选择,是因为我相信,尽管每一条原则背后的推动力都值得关注,但在这些情形中,第二个原则更为有力。"①

就如批评者所言,这一司法意见给人的第一印象是:对于解决我们先前遇到的困境来说,它不能提供任何帮助。德沃金在法官应该做什么这一问题上或许正确,而在法官应当如何阐述自己正在做什么这一问题上,却显然错了。② 单凭"我相信"这一信念作出原则权衡,只能让人怀疑法官轻率地把他个人的理想和信念,移花接木当作了一个社会的法律理念。是故在此之际,他所谈的不再是规范评价、更强理由和权衡,而是在宣扬个人主张。就此而言,佩岑尼克(Aleksander Peczenik)的下列说法仍须认真对待——"虽然许多法律人身体力行地从事着不同裁判依据间的'称重'和'衡量'工作,但他们并不拥有关于如何'权衡'的精确理论"。③

一、权衡的可能方法

鉴于原则裁判事实上预置了一个法律原则的识别和发现过程,因此权衡之

① Ronald Dworkin, *Law's Empire*. Cambridge: Belknap Press of Harvard University Press, 1986: 270-271.

② See Charles Yablon, Are judges liars? A Wittgensteinian critique of *Law's Empire*, in Dennis M. Patterson(ed.), *Wittgenstein and Legal Theory*. Boulder: Westview Press, 1992: 261.

③ Aleksander Peczenik, The passion for reason, in Luc J. Wintgens(ed.), *The Law in Philosophical Perspectives: My Philosophy of Law*. Dordrecht: Kluwer Academic Publishers, 1999: 179.

际,裁判者必须通盘考虑与具体个案之评价直接关联的所有道德评价和规范评价。① 换言之,权衡是一种具体语境下的思维方法,裁判者对当下语境中的所有法律原则和价值观念,负有"周全考虑"(all-things-considered)之义务。

裁判者在具体案件中的权衡进路,可分为两阶段:第一阶段,设定并论证每一个具体个案,在价值评判上的取向皆是有分殊的,即当下案件至少要求一种特殊的价值取向和规范评价——一条具有优先性的法律原则,而这一价值取向在其他事件中不存在。进而言之,在具体个案 S1 中,价值判断 V1 要求在 E1 的程度上得到满足,价值判断 V2 则要求在 E2 的程度上得到满足,但前者比后者具有优先性。具体个案 S2 的情况则与之相反,即 V2 比 V1 具有优先性。第二阶段,将 Sl、S2……Sn 归为不同的评价类型,设定并论证不同的个案情况,皆可划分并归入上述类型之中。而同一类型中所有个案的价值优先性顺序,皆可视各种类型中 V1、V2……Vn 的优先性情况,分别作出裁断。②

上述进路的实质,是借助于类型理论,构筑一个柔性的法价值体系。此种方法固然能在一定程度上顾及价值判断在不同语境中的权重性,以避免某条法律原则在一切事例上压倒其他原则,并最终导致出现施密特(C. Schmitt)所言的"价值专制"(tyranny of values)的局面。③ 但是就总体而言,仍只是一种简单化的描述,而非规范意义上的指示。因为在原则领域建构不同价值取向的类型(姑且不论类型化工作的难度),并找出一条相关的优先性原则,本身尚需要裁判者另行展开分析和权衡。

在裁判理论上,"借助于具体个案中的法益衡量",被公认为一种可能的权衡方法。这一方法的机巧,是在尊重现行法律体系(尤其是宪法性法律)之价值秩序的前提下,将抽象的原则/价值冲突,处理为具体案件中现实的法益冲突。在此基础上,裁判者通过考量不同法益受到保护及遭受损害的可能情况,决定相关原则的优先性。于此,权衡的要领就是作一系列考量:(1)考量应受保护的法益的实现

---

① See Aleksander Peczenik, *On Law and Reason*. Dordrecht: Kluwer Academic Publishers, 1989: 76; Aleksander Peczenik, The passion for reason, in Luc J. Wintgens(ed.), *The Law in Philosophical Perspectives*; *My Philosophy of Law*. Dordrecht: Kluwer Academic Publishers, 1999: 179.

② See Aleksander Peczenik, *On Law and Reason*. Dordrecht: Kluwer Academic Publishers, 1989: 77-78.

③ Cited in Robert Alexy, *A Theory of Constitutional Rights*, translated by Julian Rivers. New York: Oxford University Press, 2002: 98.

程度;(2)假使某条原则或某种利益必须作出让步,那么考量其受损害的程度如何;(3)考量损害如何最小化,以贯彻权衡之际的比例原则——为保护某种较为优越的法价值须侵及一种法益时,不得逾越达此目的所必要的程度。[①]

法益衡量旨在利用一种更强的理由,在具体案件中的冲突原则之间,建立起一种有条件的优先关系。德国宪法法院所做的"受审能力案"判决,即为借由法益衡量进行原则权衡的一则范例。[②] 此案的问题是,对于一个业已受到起诉的刑事被告人来说,如果受审的压力可能导致其中风及心脏病发作,那么他是否有权要求停止受审程序。法院认为,本案的争点源于两条相关法律原则之间的紧张关系:基本法所要求的"保护被告人之生命和身心健全"的原则(P1)以及"维护刑事审判体系正常运作"的原则(P2)。

P1 和 P2 分别指向了相互抵触的判决结果。P1 要求禁止当下的审判行为,P2 则要求审判继续进行,所以双方都限制了对方在裁判上的准用性。这一冲突无法通过宣告一方无效来化解,也无法借由设定某一原则的例外条款来解决,但可以通过确定一种绝对的或者有条件的优先关系来得以解决。因此,P1 和 P2 在不同"优先性条件"(C)下的"优先性状况"(>,指"优先于")在具体案件中存在如下四种情况,这同时也指示了解决原则冲突的四条路径:

①P1>P2

②P2>P1

③(P1>P2)C

④(P2>P1)C

情况①、②代表了无条件的绝对优先关系(即所谓的"价值专制"),法院对此不予认可,因为在本案中,并不存在一条原则绝对优先于另一条的理由。因此可能的选择,只存在于情况③、④之中。情况③、④代表了两种实质性的、相对的优先性关系,至于选择何者,关键在于如何确定优先性条件 C。用法院的话来讲,就是取决于"在具体案件中,被告人的利益是否明显并实质性地胜过继续国家追诉行为的要求"。

为了辨明其中的优先性情况,法院认为:"如果继续审判,将导致被告人面临

---

① 参见[德]卡尔·拉伦茨:《法学方法论》,陈爱娥译,商务印书馆 2003 年版,第 279 页、第 285 页、第 286 页。

② Robert Alexy, *A Theory of Constitutional Rights*, translated by Julian Rivers. New York:Oxford University Press,2002:50.

失去生命或健康严重受损的即刻而具体的危险,那么继续法律程序,就侵害了被告人受基本法第二条第二项所保护的宪法性权利。"这一句话实际上决定了本案中两条法律原则的优先性关系,即"(被告人的)宪法性权利是否已受到了侵犯"。某一事实侵害了宪法性权利,则意味着在法律上是被禁止的,因此阿列克西指出,法院的立场亦可表述为规则⑤:"倘若某种行为 H 满足条件 C,那么它是被基本法所禁止的(法律效果 Q)。"①

因此在情况③、④以及规则⑤中,C 扮演了双重角色:于前者,它是一种优先性条件;于后者,它是规则之构成要件。在有规则⑤可以参照的情况下,裁判者只需辨明个案事实是否具备规则之事实要件,即可确定冲突原则之优先性,并赋予相应的法效果。就本案来讲,鉴于中风、心脏病之引发,皆可能危害、重损被告人的生命和身心健康,因此借由优先性条件 C,裁判者可以推断原则 P1 在本案中具有优先性,即情况③:(P1>P2)C。综合情况③和规则⑤,亦可得出一条"原则间的竞争法则"(Law of Competing Principles):当 Pl 在 C 的条件下优于 P2,并且,如果 P1 在 C 的条件下具有法效果 Q,那么一条新规则 R 生效,该规则以 C 为构成要件,以 Q 为法律效果,C>Q。②

阿列克西认为,借由法益衡量展开的竞争法则,展示了原则作为"最佳化诫命"的性格:原则之间不存在绝对的优先关系,并且原则所涉之行为与事态亦无法被量化。同时也为克服价值理论,包括原则理论的各种缺陷,建构了一个操作性平台。不过,上述说法也不免过于乐观:一方面,在法学方法论上,法益衡量本身是一种颇有疑问的裁判方法;③另一方面,原则适用的优先性条件,虽然能初步化解不同原则之间能否通约、权衡的问题,但仍面临一个发生学上的追问。以前述受审能力案判决为例,宪法法院实际上是借助于这一判断——"如果继续审判,将导致被告人面临失去生命或健康严重受损的即刻而具体的危险,那么继续法律程序,就侵害了被告人受基本法第二条第二项所保护的宪法性权利"——来确定优先性条件的,而这一判断是否成立,亦须补充另外一个论证或权衡。

① Robert Alexy,*A Theory of Constitutional Rights*,translated by Julian Rivers. New York:Oxford University Press,2002:53.

② Robert Alexy,*A Theory of Constitutional Rights*,translated by Julian Rivers. New York:Oxford University Press,2002:54.

③ 参见陈林林:《方法论上之盲目飞行——利益法学方法通盘置评》,载《浙江社会科学》2004 年第 5 期。

是故在原则裁判的领域,当德沃金自信满满地论断"每一个法律问题皆有一个正确的答案"①之际,佩岑尼克却悲观评价性权衡"留有一堆尚未解决的重要问题"②。因此,笔者拟对德沃金"唯一正解"之论断再行一番简要的检测,以呈现原则裁判论的其他问题,并进一步展示原则裁判之限度或曰有效性。

二、原则与"唯一正解"

当德沃金声言依据法律原则,法律是无漏洞的,并总能借此在疑难案件中找到一个唯一正确的答案时,他立即成为裁判理论的众矢之的。批评者危言"法律领域来了个野蛮人,一个疯子,他根本不懂法律漏洞和自由裁量。他认为疑难案件存在正确答案"③。虽然德沃金也明白,他的"唯一正解"是不为大多数法学家所接受的,并承认"就整体而言,英美法律人对于在真正的疑难案件中是否可能存有唯一正解,是感到怀疑的⋯⋯一般看法是,对于法律问题只存有不同的答案,而并不存在唯一正确的或最好的答案"。④ 但他仍然主张基于"原则立论",裁判者仍能得出"唯一正解"。

从裁判方法观之,"唯一正解"却存在一种"可谬性困境":(1)倘若裁判者能得出个案的唯一正解,那么意味着他该知道如何去获得这一答案;(2)倘若他知道唯一正解的获取方法,那么意味着他能确定司法三段论中的大前提和小前提。如果这两个假设无从证实,那么所谓的"唯一正解",就是没有根据且毫无意义的。⑤ 然而,法学家们检讨德沃金所指示的裁判方法后,认为不管依据"基于政治道德并能融通既有法制"的准则,还是经由"慎思的判断"及"反思的平衡"所进行的"建构

---

① Ronald Dworkin, No right answer? in P. Hacker, J. Raz(eds.), *Law, Morality, and Society: Essays in Honour of H. L. A. Hart.* Oxford: Clarendon Press, 1997:58-59.

② Aleksander Peczenik, The passion for reason, in Luc J. Wintgens(ed.), *The Law in Philosophical Perspectives: My Philosophy of Law.* Dordrecht: Kluwer Academic Publishers,1977:179.

③ Cited from Ronald Dworkin, On gaps in the law, in Paul Amselek, Neil MacCormick (eds.), *Controversies about Law's Ontology.* Edingburgh: Edingburgh University Press,1991:84.

④ See Ronald Dworkin, *A Matter of Principle.* Oxford: Clarendon Press,1986:3.

⑤ Aulis Aarnio, Reason and Authority: A Treatise on the Dynamic Paradigm of Legal Dogmatics. Aldershot: Ashgate Publishing Ltd. ,1997:218.

性阐释",都无法获得唯一意义上的"正解",以及消除萦绕于"正解"之上的主观性。① 尽管德沃金不得不在某种程度上承认,"每一个法官的解释理论皆是本于其自身的信念","不同的法官对每个问题的看法将会不一致,同样地,对这个体制的法律,在以最正确的方式加以理解之下应是指什么的看法,也是有分歧的",② 但迫于维护自身理论体系的有效性,他仍不断努力从共识真理观、法的安定性、司法的合法性角度为"唯一正解"寻找正当理由。③

不过从评价法学的立场看来,德沃金的"唯一正解"论显然忽视了价值领域的一个重要问题,即"不可通约性命题"(the incommensurability thesis) 就价值之比较和权衡而言,不同的价值判断之间是否存在着"可通约性"?④ 按德沃金的原则理论,唯一正解是裁判者借由原则的权衡,在法律选项之间进行比较选择的结果,但如果相关的原则和选择不具有可比性和通约性,那么由此得来的答案之正确性,也就难逃质疑了。

价值具有多样性、不可相容性和不可通约性。伯林(Isail Berlin)曾以价值多元难题的形式,指出人类无法逃避在善与善之间作出选择,但善与善之间并不存在可相容性和可通约性,因而如何选择,是一个无解的难题。⑤ 对此,拉兹曾举了一个著名的例子:假设对于如何消磨一个下午的时间有三种选择,一是到公园散步,二是去喝一杯苏格兰威士忌,三是去喝一杯波尔多红葡萄酒,那么,就可能面临无法比较选项予以选择的困境。因为,即使能够确定喝一杯苏格兰威士忌要比喝一杯波尔多红葡萄酒要好,也难以判断无论是来一杯苏格兰威士忌还是波尔多

---

① 对德沃金的"唯一正解"论,波斯纳即从三个角度(事实问题的不确定性、正确答案的夺值性以及"唯一正解"之不可获取性)——进行了批驳,德沃金则以"信心刻度表"和"共识真理观"的角度对后面两个问题作了回应。Richard A. Posner, *The Problems of Jurisprudence*. Cambridge: Harvard University Press, 1990: 197. 相关的介绍和评析,参见林来梵、王晖:《法律上的"唯一正解"——从德沃金的学说谈起》,载《学术月刊》2004 年第 10 期。

② Ronald Dworkin, *Law's Empire*. Cambridge: Belknap Press of Harvard University Press, 1986: 87, 256.

③ 参见林立:《法学方法论与德沃金》,学林文化事业有限公司 2002 年版,第 133 页。

④ See Aleksander Peczenik, *On Law and Reason*. Dordrecht: Kluwer Academic Publishers, 1989: 307. incommensurability 的原意是"相互间不可用同一标准进行比较或衡量的",林来梵先生将其译为"不可公度性",这种译法自有其传神之处。不过鉴于"可通约性"也是一个常见的译法,并且也能够表达对象之间的沟通和化约关系,因而此处姑且用之。

⑤ [英]以赛亚·伯林:《自由论》,胡传胜译,译林出版社 2003 年版;参见张国清:《在善与善之间:伯林的价值多元论难题及其批判》,载《哲学研究》2004 年第 7 期。

红葡萄酒,都没有比去公园散步更好或者更坏。①

拉兹所举的这个事例,也可以图的形式予以呈现。

异值选项之间的比较

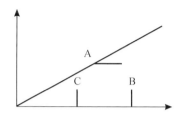

A:去公园散步　B:喝一杯苏格兰威士忌　C:喝一杯波尔多红葡萄酒

图片来源:转引自林来梵、王晖:《法律上的"唯一正解"——从德沃金的学说谈起》,载《学术月刊》2004 年第 10 期。

如图所示,由于 B 和 C 处于同一坐标向度上,因此相对容易对其作出比较或选择,而 A 则不同,其所体现的价值和意义,和 B、C 显然不在同一坐标向度上,因此无法找出一个共通的标准,对 A 与 B 或 C 进行比较、选择。

不过图中所示仍是一种极简约的情况。在裁判之际,相关的价值判断及选择问题,无疑会更加繁复。倘若裁判者拟在冲突的价值判断或可能的选择之间进行取舍,那么他必须事先找出一个能够通约于不同对象之间的取舍标准,或者建立一套绝对的价值等级序列,而这在理论上是不可行或不可能的。因此,从方法论角度观之,德沃金所谓的"唯一正解",的确存在盲目乐观的一面。

当然,不可获取并不意味着不值追求。事实上,德沃金的"唯一正解",被公认为具有一种道德上的吸引力。布里美尔(Lea Brilmayer)即言:"正如德沃金所主张的,如果现有法律素材对每一个问题都含藏有一个独一无二的正确解答,那么,法院在判案时,将其思虑限定在既有法律素材中的这种做法,便是一件可欲求的事;因为基于既有法律素材之外的因素来做司法考量,将会危害先然既有的法定权利。"②在依据法律原则从事超法律的法律续造之际,"唯一正解"之信念,无疑能够提醒裁判者以批评家的眼光反思并约束自己的价值评价,并以艺术家的手艺

---

① See Joseph Raz,*The Morality of Freedom*. Oxford:Clarendon Press,1986:328.

② Lea Brilmayer,The institutional and empirical basis of the rights thesis,*Georgia Law Review*,1977(11):1173-1199.

编织判决的论点以及"论证之链"。①

　　（摘自陈林林:《基于法律原则的裁判》第四部分,原载《法学研究》2006 年第 3 期。）

---

　　① A judge is both critic and artist; he must observe, but he must also perform. See W. Brennan, The constitution of the United States: Contemporary ratification, in Sanford Levinson, Steven Mailloux (eds.), *Interpreting Law and Literature: A Hermeneutic Reader*. Evanston: Northwestern University Press, 1988: 14. Cited from Paul Gaffney, *Ronald Dworkin on Law as Integrity: Rights as Principles of Adjudication*. Lewiston: Mellen University Press, 1996: 161.

原则、自由裁量与依法裁判

陈景辉

一、原则适用的基本类型

在规则和原则具有冲突可能性的情形中，存在三个基本要素：规则 R、（赋予 R 正当性的）原则 Pr 与原则 P。如果将上述三个要素进行组合，就会出现如下六种情形。

a：既有规则 R，又有原则 Pr，适用规则 R 或原则 Pr

b：既有规则 R，又有原则 P，且两者矛盾，基于某种理由适用规则 R

c：既有规则 R，又有原则 P，且两者矛盾，基于某种理由适用原则 P

d：有相关规则 R 但未规定某种情形，适用规则正当性基础的原则 Pr

e：有相关规则 R 但未规定某种情形，存在两个原则 Pr 与 P，适用原则 Pr

f：有相关规则 R 但未规定某种情形，存在两个原则 Pr 与 P，适用原则 P

在情形 a 中，规则 R 与原则 Pr 是被授予正当性的关系，两者并不存在矛盾的可能，基于禁止"向一般条款逃逸"的标准，此时只能适用规则 R。在情形 d 中，有相关规则 R 但未规定某种情形，适用规则 R 之正当性基础——原则 Pr，此时符合"穷尽规则"的限制条件。

由于赋予正当性关系的存在，有规则 R 必有原则 Pr，因此 e 是 b 的修正形式，f 是 c 的修正形式。它们都可以总结为以下类型：就某种形式而言，存在相关的规则 R 与原则 Pr，并存在对立的原则 P 时，如何适用的问题。有的论者会认为，规则与原则的冲突，其实不过是原则 Pr 与原则 P 之间的冲突，所以所有的冲突其实都源自原则之间的矛盾。但是，由于原则和规则在初步性特征上的差异，使得 Pr 与 P 的冲突明显不同于 P1 与 P2 的冲突,因为后两者并非赋予其他规则以正当性的基础。阿列克西的研究表明,即使在某种情形之下,原则 P 有足够的理由优先于原则 Pr,也不能无条件地推出 P 优先于 R 的结论,因为原则 P 除了与 Pr 相权衡,还需要同 R 背后的形式原则(Pf)相权衡,并需要实现相应的论证责任。因为,法律适用者离法律(规则)越远,就越有义务对他的背离说明理由。①

然而,什么样的理由可能保障原则 P 在既优先于原则 Pr 又优先于原则 Pf 时,能够取代规则 R 成为判决的基础?本文认为,要使原则获得替代规则成为裁判基础的地位,必须同时满足以下三个条件。(1)普遍性条件:在情形 c 中,原则 P 必须普遍性地优先于原则 Pr;(2)必须符合比例原则的三项子原则之要求:适切性原则、必要性原则和狭义上的比例原则;②(3)在情形 c 中,原则 P 的优先不得对抗法律之体系性的要求。其中,前两个条件是用来保障原则 P 能够优先于原则 Pr,第三个条件是为了实现原则 P 优先于形式原则 Pf。

二、限制条件 I :普遍性条件

此处的普遍性是一定范围内的普遍性,而非不加限制的一般性,即只要在情况 c 中,原则 P 都是优先于原则 Pr 的,而非任何情形中 P 都优先于 Pr。在其他情形中,由于原则的初步性特征,Pr 存在优先于 P 的可能性。换言之,要想获得"规则 R 让位于原则 P"的应用效果,必须在某种类型化的情境中,始终能够证明"P 普遍性地优先于原则 Pr"。只有在这样的条件下,原则取代规则成为判决基础的理由才充分。例如,有关警察执法行为的法律规则(R)基本上是建立在"依法行政"原则(Pr)基础上,同时其行为又必须符合"为生命、财产安全提供保护"的原则(P),然而在某些时候,这两个原则可能发生矛盾:某人在家中煤气中毒以致生命垂危,警察能否违反法定程序及时破门而入? 如果在"警察因未违反程序要求以致此人中毒身亡"的案件中,法官应当判决警察承担法律责任,因为此时原则 P 相对于原则 Pr 的优先地位已经昭然若揭,由于原则之间的优先关系并非固定不变的,而是相对的,即原则之间是同等位阶的,并无稳固的先后顺序,两个原则之间的矛盾并非如规则之间存在矛盾时的解决方式那样:一个被确定为另一个的例

---

① [德]伯恩·魏德士:《法理学》,丁小春、吴越译,法律出版社 2003 年版,第 361 页。

② Robert Alexy,On the structures of legal principles,*Ratio Juris*,2000(3):294-304.

外,而是条件式的优先关系,①即相对于对立原则而言,某一原则在特定情形中的优先。并且,这种优先关系必须是普遍性的而非个案化的,也就是说,后一原则对于情形中的每种具体情况一律保持优先。

之所以强调特定情形下的普遍优先,是基于以下考虑:只有这种优先关系是普遍的,才能对法官的行为进行必要的限制,因为普遍性的优先关系将会使得法官不仅仅考虑个别案件的特点,而是针对个案所在的特定情形进行类型化处理,以便使之对于个案所作的裁判,能够以符合这个类型为正当性条件。也就是说,法官在个案中认为某一原则优于其他原则支持的规则时,必须同时提供如下理由:在同类案件中前一原则始终保持优先地位,否则原则就不得适用。这就要求法官在基于原则推翻规则的约束时,必须首先证明在此种类型的情境中,前一原则的重要性始终超越于另一原则,进而抑止了后一原则支持的规则。其实,普遍性要求不过是"同等情况同样对待"之平等原则的某种展现。

不难发现,普遍性条件显然是一个非常强的条件,以致很多的原则可能因为难以获得普遍性的优势地位,最终无法成为决定案件裁判结果的基础。之所以提出如此强的限制条件,原因在于这是加重裁判者论证负担的需要。具体而言:(1)这个条件可以有效地约束原则之强自由裁量属性。只有这样做,才能避免法官以个案的特殊性为借口,借助偶尔的优先关系掩盖恣意决定的行为实质。寻求某一原则在个案中的优先性是相对容易的,因为个案中的任何特殊因素都可以放大到肯定该原则优先地位的程度。例如,在警察的例子中,如果被害人被犯罪嫌疑人绑架并生命垂危时,警察对犯罪嫌疑人采取刑讯逼供的手段。当面对如上案件时,"为生命、财产安全提供保护"原则(P)相对于"依法行政"原则(Pr)的优先地位将很容易被证明,那么法官就可能会肯定警察的做法,对于犯罪嫌疑人的权利保护置之不理。(2)这个要求可以斩断原则的应用与裁判者个人价值判断之间的关联,并将涉及优先关系的讨论放置在公共领域进行,使得法官以外的主体有能力认识到这种关系。普遍性条件适用的不是原则P1与原则P2对立的情形,而是针对原则P与赋予规则R正当性的原则Pr的对立,它是用来证明在这种情形下取消规则R之约束力的理由。一旦涉及规则R,问题就会立刻变得不同,因为规则的确定性可以更好地实现对于纠纷的公共处理。有学者认为,法律本来就是一套公共选择的机制,即法律不是从个人的观点出发,寻求与私人道德信念相契合

---

① Robert Alexy, On the structures of legal principles, *Ratio Juris*, 2000(3):294-304.

的正确选择,而是从社会的观点出发,找到多数人在理智上可接受的共同解决方案。最能体现这个特点的莫过于法律规则。因此,原则 P 要想借助相对于原则 Pr 的优势地位,进而否定规则 R 在特定领域的适用,同样必须以"共同解决方案"的方式出现,普遍性条件正是这个方案的化身。这其实从另外的方面展现了罗尔斯的"公共理性"在司法中的具体运用。①

三、限制条件Ⅱ:比例原则

与普遍性原则不同,比例原则及其三项子原则——适切性原则、必要性原则和狭义的比例原则,是阿列克西用以解决纯粹的原则冲突(而非规则与原则冲突)的标准。由于 P 与 Pr 之间的冲突同样是原则碰撞的特殊类型,因此上述原则应当也适用于规则与原则之间冲突的领域。在阿列克西看来,比例原则极为重要,不但因为它是解决原则冲突时的重要准则,而且比例原则与原则理论本来就是相互蕴涵的关系。②

所谓适切性原则,是指在原则 P1 与 P2 冲突时,假设某一举措 M 试图以干预原则 P1 的方式,达到实现原则 P2 的目的,但实际上 M 无法达到所欲实现的目的。如此一来,如果不采取 M 也不会造成对 P2 的损害,但若采取 M 不但无法实现对 P2 的保护,而且还会侵犯 P1,因此就不应当采取 M 举措。例如,"撞了负全责"的举措试图以干预"责任自负"原则(P1)的方式,实现对于行人"人身安全"(P2)的保护。然而,这个举措并未促成行人安全有所好转,因为交通肇事逃逸普遍发生且对死者的赔偿远少于对伤者的赔偿,因此对于肇事者而言,撞死受害者反而可能是最为有利的选择。与此同时,M 举措还极大地干预了原则 P1。因此基于适切性原则,M 举措应当放弃。如果某一举措的选择并非直接与选择目的维持必然关联,那么这个举措的必要性将会被质疑。

所谓必要性原则,是指在原则 P1 与 P2 冲突时,假设有两个举措 M1 与 M2 可以以同样高的程度实现原则 P2,但对于原则 P1 而言,M2 比起 M1 是比较轻微的干涉,即 M2 能够更好地实现 P1,那么就不应当采取 M1 这个举措。③ 因此,必

---

① John Rawls, The idea of public reason revisited, *The University of Chicago Law Review*,1997(3):765-807.

② Robert Alexy, On the structures of legal principles, *Ratio Juris*, 2000(3):294-304.

③ Robert Alexy, On the structures of legal principles, *Ratio Juris*, 2000(3):294-304.

要性原则要求如果要实现相同目的,应当选择侵害最少的举措。例如,"撞了白撞"(M1)与"增加警力和交通协管员数量"(M2)的举措都有利于改善"交通秩序"(P1),但"增加人员数量"的举措相较于"撞了白撞"的举措而言,基本上未对行人的"人身安全"(P2)带来损害,因此应当采取举措 M2。

所谓狭义的比例原则,是指在原则 P1 与 P2 冲突时,由于一个原则的完全实现必然导致另一个原则的不完全实现,因此该原则的现实是以另一个原则的消耗为基础的。为此,阿列克西提出如下的比例公式:对某一原则干涉得越严重,另一原则实现的重要性就应当越大。① 换言之,必须比较 P1 受侵害程度的高低与 P2 重要性程度的高低,若 P1 受侵害程度越高,则 P2 的重要性程度就应当越高。如果 P1 受侵害程度已经提高,但是 P2 的重要性并未因此得到提高,那么对 P1 的限制就是缺乏理由的。例如,在警察的例子中,"依法行政"原则受侵害程度越高,就意味着"为生命、财产安全提供保护"原则实现的重要性程度越高,以致能够在某人生命面临死亡威胁的时候,超过"依法行政"这个原则。然而,如果对于"依法行政"原则的严重侵害,并未提高"为生命、财产安全提供保护"之原则的重要性,例如刑讯逼供、违法程序调查取证等,那么"依法行政"原则就缺乏受进一步限制的理由。

四、限制条件Ⅲ:不得违反法律的体系性要求

即使在与规则 R 冲突时,法官运用原则 P 的举动符合普遍性条件与比例原则,这仍然不能为原则的适用提供充分的正当性说明。在阿列克西看来,裁判者还必须出示如下理由:为何在此条件下,实现 P 的重要性是如此之高,以致可以偏离权威机关透过规则所做出的决定。② 这就要求,如果原则 P 的适用阻却了规则 R 的适用,那么原则 P 的适用必须同时优先于规则 R 背后的形式原则 Pf。对于什么是形式原则 Pf,阿列克西并未做出清晰的交代,只是列举了"由合法权威制定的规则必须遵守"与"无特别理由不得偏离历来的实务见解"这两个形式原则。如果不能明确原则 Pf 的内容,那么裁判者对于原则 P 优先地位的认定同样容易

① Robert Alexy, On the structures of legal principles, *Ratio Juris*, 2000(3):294-304.

② Robert Alexy, *A Theory of Constitutional Rights*, translated by Julian Rivers. New York: Oxford University Press, 2002:47-48.

滑入恣意的领域,因为论证在特定情形中"原则 P 优先于以上两个形式原则"的结果并不困难。这要求,必须进一步明确形式原则 Pf 的内容。以上两个形式原则不过是"法律之体系性要求"的具体展现而已,因此只有当 P 相对于 Pf 的优先关系符合"未违反法律的体系性要求"这个条件,并同时符合普遍性条件和比例原则的要求时,才能获得推翻规则约束力的结果。

　　所谓法律的体系性要求,其实就是在承认任何单个的法律规范都具有体系性的特点。① 也就是说,虽然单个法律规范显现为法律的个体化结构(individuation of laws),但是并不意味着相关的法律陈述都描述了某一完整的法律,因此有些法律陈述其实还包括许多并未明确表示出来的内容。② 换言之,只有借助体系性特征,才能完全明了个别法律规范的要求。因此只有将其置于所在体系中,才能最终理解单个法律规范。无论这个法律规范是规则还是原则,以上特点都是不可动摇的。所以,如果依据原则禁止某一规则的适用并未违反体系性特点,那么这种禁止就会具有当然的正当性。必须注意,说"依据原则禁止某一规则"并不意味着该规则必然违反体系性要求。除此之外,还可能存在如下的类型:该规则符合特定法域的体系性要求,但是在特定情形中,限制该规则的原则可能符合整个法域的体系性要求。例如,"闯红灯罚款 200 元"的规则,当然符合交通法规的体系性要求:对于违反交通规则行为的禁止。然而,在"为抢救他人生命闯红灯"的情形中,即使某人闯红灯也不会引发制裁,因为"保障生命安全"的原则已经赋予其充足的正当性。而且,该原则符合整个法域的体系性要求。这表明,法律的体系性要求可能是分层的,因此:(1)在多数情形中,特定法域的体系性要求与整个法律的体系性要求是一致的;(2)但是在特定情形中,可能存在体系性要求上的错位,即对于特定法律体系性要求的符合表现为对于整个法域的体系性要求的违反。显然,只有在后一种情形中,适用原则 P 但抑制规则 R 的做法是符合法律的体系性要求的。对特定法域体系性的违反,应当以获得对整个法律之体系性要求的符合为条件。否则,裁判者适用原则的选择就是有问题的。此外,在前一种情形中,可能存在法律体系性要求的多重性,并且这些要求之间处于相互竞争的状态。

　　之所以提出"未违反法律的体系性要求"的限制条件,原因在于法律推理相较于

---

　　① 　Joseph Raz, *The Concept of a Legal System*: *An Introduction to the Theory of Legal System*. Oxford:Clarendon Press,1980:70-92.

　　② 　Joseph Raz, *The Concept of a Legal System*: *An Introduction to the Theory of Legal System*. Oxford:Clarendon Press,1980:74.

普遍推理而言,其特殊性在于前者的性质始终受制于先定的有效的法律的约束。①
受到有效法的约束,不但是指受到有效法律规范的约束,而且也是强调必须符合法
律的体系性要求。同时,将法官在同规则矛盾时运用原则的行动置于体系性要求之
下,也是对于"强"自由裁量的约束,因为体系性要求同样会限制法官的选择空间,不
致倒向任意裁判。这意味着,法官在推翻规则约束时,必须提供"推翻规则的举动符
合法律体系性要求"这个理由。最后,需要说明的是,这个限制条件不过是对阿列克
西"原则 P 的适用必须同时优先于规则 R 背后的形式原则 Pf"的反向说明;证明"原
则 P 优先于形式原则 Pf"其实就是证明"原则 P 在特定情形中符合体系性要求",只
有这样,原则 P 才能获得优先于形式原则 Pf 的地位。②

本文所欲回答的核心问题在于:如果原则的适用会引发法官的强自由裁量,
并且当其与规则冲突时,限制了规则的适用,那么将会给以规则为主的法律体系
以及相关实践带来极大的困难。这将不但使得法律的运用过程最终演变为法官
的任意决定,而且以规则为主之法律体系的可违反性将会引发整个法律秩序的危
机。如何面对这样的情形?为恰当回答这个问题,本文通过分析原则的特性以及
所属的自由裁量的类型,并在坚持依法裁判基本准则的基础上,试图提出普遍性
条件、比例原则与体系性要求的形式条件,实现约束法官强自由裁量的目的。然
而,对于法官的限制,并非回到概念法学仅需依凭规则的机械司法时代,反而是在
认可弱自由裁量的基础上,肯定法官掌控受约束之下的选择空间。当然,原则的
适用还有另外的类型,即在不涉及规则的原则冲突时,如何适用某一原则。由于
这种情形不存在取消规则既定效力的问题,此时原则的适用引发的法秩序危机显
然较小,因此其约束条件应当更为宽松。阿列克西的"比例原则"就是试图解决这
个问题。这表明,普遍性与法律之体系性要求两个条件,仅仅适用于规则与原则
之间发生冲突的情形。

(摘自陈景辉:《原则、自由裁量与依法裁判》第四部分,原载《法学研究》2006
年第 5 期。)

---

① Robert Alexy, *A Theory of Constitutional Rights*, translated by Julian Rivers. New York: Oxford University Press, 2002:212.

② 此外,体系性条件还是判断"规则 R 未规定某种情形"到底是法律漏洞还是法律无涉的
基准。如果在未有规则规定时适用原则 Pr 符合体系性要求,那么这就是法律漏洞,可以运用 Pr
进行漏洞填补;相反,这种情况就是法律不加规制的领地。

原则、规则与法律推理

范立波

　　无论是法律原则还是法律规则，都是要为人们提供行为理由。法律是通过影响行为人的实践推理的方式实现这一目的的。但是，不同性质的理由影响实践推理的方式是不一样的。因此，对原则和规则的探讨，首先必须阐明它们作为行为理由的不同性质。

一、原则作为行为理由

　　原则通常是价值性的表达。价值意味着一种规范性要求，即只要事实上和规范上可能，它就应该得到最大限度的实现。因此，原则本身就是一种行为理由。原则实现的程度通常取决于它所表达的价值内容，因而它是内容依赖的一阶行为理由。

　　原则作为一阶理由具有三个一般性的特点：第一，当不存在冲突理由且原则本身是一个完全理由时，原则可以直接作为实施其所指引的行为的理由。第二，原则具有高度的一般性，在很多时候不能直接作为完全的行为理由，而是需要借助辅助性理由才能将其具体化和特定化。[①] 如朋友互助是一个重要的道德原则。但该原则只是告诉我应该帮助朋友，没有告诉我如何帮助朋友，因此它只是一个执行理由，而不是完全理由。假设张某是我的朋友，他因病需要做手术，却凑不够一万元手术费。我决定帮他支付这笔手术费。我这样做的行为理由，是朋友互助这一道德原则。他需要一万元手术费是一个辅助性的理由。借助这一辅助理由，

[①]　Joseph Raz，*Practical Reason and Norms*．Princeton：Princeton University Press，1990：34-35．

我获得了一个完全的行为理由。第三,不同的原则适用于某一特定情形,且这两个原则指向不同的方向和结果时,就会产生原则冲突,此时必须较量冲突原则之间的分量从而决定哪一种原则胜出。

在第一种情形下,原则是以全有或全无的方式适用的,而在后两种情形下,原则只能以权衡的方式适用。由此可见,以全有或全无的方式适用,并非规则所独占的,而是所有的完全行为理由都可以分享的适用方式之一。只要不存在冲突理由且该理由本身是完全理由时,这些理由就能以全有或全无的方式适用。阿列克西正确地看到原则能以这种方式适用,但他未能认识到这种适用方式是所有完全行为理由共同分享的,因此才令人费解地提出一种规范既可作为规则也可作为原则的奇怪解说。我在下文中将要说明,承认原则与规则都能以同一种方式适用,并不会消除它们间的逻辑差异。因为原则和规则属于不同的理由类型。原则是一阶理由,只能在不存在冲突理由且自身是完全理由的情形下适用。而规则是排他性的二阶理由,即使存在冲突理由且冲突理由的分量比规则重要,它也能够以全有的方式适用。由此,我们获得了原则适用的两个原则:

(1)当原则是完全理由且不存在冲突理由时,原则可以全有或全无的方式适用。

(2)当原则不是完全理由或存在冲突理由时,原则只能通过权衡的方式适用。

二、原则权衡或原则的规则化

在(2)中,原则的适用需要结合辅助性理由和冲突原则进行权衡。在法律语境中,原则的权衡一般是指在某一特定案型中,对应优先适用何种原则、赋予何种法律效果等问题做出评价,并依据该评价确定规则。因此,从某种意义上看,规则的必要性产生于原则作为行为理由的不完全性。它的价值在于将一个不完全的原则具体化,或者确定冲突原则的特定解决方案。

一般来说,原则的规则化可以分解为四个步骤或四个要素。第一,立法者欲通过法律保护原则 P。第二,立法者对在条件 C 下 P 是否适用,如果适用,应在多大程度上实现 P 等问题做出评价。我用 Pr 表示立法者的评价结果。Pr 既是立法者希望 P 在条件 C 下发生的结果,也是制定规则的规范目的。第三,立法者认为在条件 C 下,命令、禁止或许可某一行为 A,有助于实现其规范目的 Pr,因此将行为 A 规定为规则的内容,作为具体的行为指引。第四,立法者用规范语句 S 表述该规则并予以公布。[①]

以无因管理制度为例。该制度涉及两个原则之间的权衡,P1:社会互助原则;P2:个人事务自己管理原则,[②]其所涉及的条件 C 是:X 没有约定的或法定的义务而为他人管理事务。首先,P1 和 P2 都是法律欲保护的原则。其次,立法者认为P1 和 P2 都适用于条件 C,并对它们在条件 C 下的分量做出权衡。为简便起见,我假定其评价结果是:在条件 C 下,应优先保护 P1。[③] 再次,立法者认为,允许 X要求该受益人支付必要费用,可以最大限度地在条件 C 下实现 Pr。最后,制作规范语句表达该规则,如《民法通则》第九十三条。

P、Pr、R 与 S 之间的关系因此可以表述如下:Pr 是 P 在条件 C 下的评价结果,也是 R 的规范目的。R 是为实现 Pr 而选择的行为模式,是实现 Pr 的工具,两者之间是目的与手段的关系。S 是 R 的表述形式,R 是 S 所表达的意义。其逻辑顺序是 P→Pr→R→S。而原则实现的顺序则相反:人们首先透过 S 了解 R,并通过实施 R 指示的行为,实现其规范目的 Pr。由于 Pr 是 P 在条件 C 下所欲产生的结果,实现了 Pr 也就实现了 P。其顺序是 S→R→Pr→P。

需要注意的是,Pr 虽然是 P 在条件 C 下所欲发生的结果,但 Pr 不能从 P 中逻辑地推导出来。因为立法者对 P 在条件 C 的适用进行评价时,总是可能存在多个可选择的评价。比如,在无因管理的例子中,立法者既可以优先保护 P1,也可以优先保护 P2,还可以优先保护 P1 但赋予 P2 更大的分量。R 的情形也是一样。要实现规范目的 Pr,同样存在多个可供选择的行为模式。如立法者要优先保护 P1,至少有三种行为方案:一是要求受益人支付必要费用;二是要求受益人支付全部费用;三是不但要求受益人支付全部费用,还可要求受益人支付一定数额的金钱,作为对社会互助行为的奖励等。立法者必须对这些可能的选择做出评

[①]　冯赖特对于规范要素之间的逻辑关系进行了细致而富有启发性的论述。参见 Georg Henrik von Wright, *Norm and Action: A Logical Inquiry*. Singapore: The Humanities Press, 1963.

[②]　王泽鉴:《民法学说与判例研究》(第二卷),中国政法大学出版社 2005 年版。

[③]　优先保护 P1,并不等于说不保护 P2。P2 是以限定条件的形式得到保护的。如《民法通则》第九十三条规定,无因管理者有权要求受益者支付必要费用。"受益"和"必要费用"就是对他人事务自主原则的保护。因此,P1 和 P2 都是支持该规则的原则。

价和选择。只有立法者最后选择的评价结果和行为模式,才具有法律上的约束力。①

三、两种规则概念

但是,对 Pr 和 R 做出判断和选择并非易事。根据认识论上是否透明,我们可以区分出两种判断模式。②

第一,在认识论透明(epistemically transparent)的情形下,不同的人能够独立地做出同样正确的权衡。但是,由于评价需要确定事实、搜集资料和对不同的行为理由进行权衡,这会耗费巨大的时间、资源与精力。每次遇到具体情形都进行权衡,也会产生不必要的成本。这就有必要针对某些反复出现的原则适用情形事先制定规则,遇到该类情形时,可以直接遵照规则的指示而行动。由于不存在认识论上的障碍,依照规则行事与重新进行权衡的结果是一致的,但遵照规则而行动可以降低权衡成本。因此这一意义上的规则是一种节省劳动和时间的装置。③ 我把这种规则称为规则的概要性概念(the summary conception of rules)或概要性规则(the summary rules)。④

概要性规则虽然可以节省原则权衡所耗费的时间和劳务,但它的效力依赖它正确反映了原则平衡。当它与原则的正当权衡不一致时,这种工具性价值的重要性显然不足以胜过根据正当理由行动的价值,人们就应该根据新的原则权衡而行动。因此,概要性规则是高度依赖于作为其基础的原则的,本身并无独立的价值。当概要性规则与原则发生冲突,其冲突解决原则是:

---

① S同样存在多种可能的表述形式。立法者选择的表述,应该推定已准确表达了规则的内容,一般而言应予以充分的尊重。这是文义解释的合法性基础。但该问题与本文的主题关系不大,在此不做详述。

② 我区分认识论是否透明的两种情形以及两种规则的概念,主要受到佩里的启发。参见 Stephen R. Perry, Two models of legal principles, *Iowa Law Review*, 1997(82):787-819,一个稍微间接但富有价值的论述见 John Rawls, Two concepts of rules, *The Philosophical Review*, 1955(1):3-32。我在具体论述时结合拉兹的观点做了一些具体化的说明和补充。

③ Joseph Raz, *Practical Reason and Norms*. Princeton: Princeton University Press, 1990:59.

④ Stephen R. Perry, Two models of legal principles, *Iowa Law Review*, 1997(82):787-819.

（3）当概要性规则与原则权衡产生冲突，应用原则权衡修改、推翻或创设新的规则。

概要性规则的效力依赖其背后原则的效力。如果情况发生变化，原则 P2 在条件 C 下获得了比支持概要性规则的原则 P1 更大的分量，或 P1 不再适用条件 C，使概要性规则也要随之做出调整乃至被废除。由此产生了概要性规则的适用原则：

（4）当支持概要性规则的原则权衡发生改变时，概要性规则也要随之做出调整。

第二，在认识论上不透明（epistemically nontransparent）的社会中，原则权衡所获得的规则具有自治性（autonomy）。这里所说的认识论上不透明，就个人而言，是指各种导致个人不能做出正确判断的因素，如缺乏相关的知识、情绪不稳定或人格障碍等。就社会而言，则是指各种可能会影响人们对共同行为标准做出正确而一致判断的因素。由于个人对正当理由的判断不一致，如果每个人都根据自己的判断而行动，必然会产生许多社会合作难题。人类社会解决合作问题的最重要的方式之一，就是把做出正当理由的判断的权力交给权威性的个人或机构。①

根据拉兹的权威理论，正当性权威必须符合以下三个命题的要求。第一个命题是依赖性命题（the dependence thesis）。该命题要求权威在制定规则与指令时，应考虑并反映独立地适用于行为者的各种理由以及与其所指示行动相关的各种理由。第二个命令是一般正当化命题（the nomal justification thesis）。根据该命题，权威做出的权衡应该比行为人自己所做的权衡更好，因而根据权威指令行动能够更好地实现他们的目标。这两个命题构成了正当权威的道德基础。当且仅当权威制定的规则已经考虑并反映了依赖性理由，并且做出了比社会成员个人更好的权衡结果，权威才有正当理由要求行为者服从它的指令。但是需要注意的是，权威所主张的服从与道德原则所要求的服从不同，权威要求行为人赋予权威性指令一种特殊的地位。这就是权威的第三个命题即优位性命题（the preemptive thesis）所表述的内容：行为人应该把权威指令当作排他性的二阶理由，而不仅仅是把权威指令当作一个强大的一阶理由加以考虑。② 因为在一个认

① Joseph Raz, *The Morality of Freedom*. Oxford：Clarendon Press, 1986：46-58.
② Joseph Raz, *The Morality of Freedom*. Oxford：Clarendon Press, 1986.

识论不透明的社会中,不仅社会成员的个人判断之间存在冲突,个人判断与权威判断经常也是不一致的,如果允许个人对权威判断再进行权衡,就又回到了个人自主判断的决策模式中,从而导致通过权威促进社会合作这一目标的彻底失败。权威要实现其解决社会合作功能,就必须要求社会成员用权威指令排除个人判断。即使社会成员认为其个人判断是正当的,也应该服从权威的判断。因此,通过权威解决因认识论不透明所带来的问题,至少具有三个重要优点。①

一是可以有效解决合作难题。合作难题产生是因为认识论不透明、个人对正当理由的判断存在广泛的分歧与不确定性,而权威可以通过排他性的方式,确保它的指令成为社会成员的共同行为标准,从而可以避免个人权衡不一致所产生的风险,提高行为的可预测性。二是借助专家意见降低行为选择的可错性。根据权威的两个道德命题,权威有道德义务反映各种依赖性理由并对正当理由做出更好的权衡。权威通常借助专家和专业性手段来实现这一目标,从而可以避免个人因能力、状态等因素无法对正当理由做出判断,降低行为的可错性。三是当权威指令与个人判断发生冲突,权威指令可以直接排除行为人的个人理由,可以节省个人对权威理由进行再平衡的成本。

法律权威最重要的工作之一,就是在制定法律时,决定如何将原则规则化,具体地说,就是确定原则 P 在条件 C 下所欲追求的结果 Pr 及实现该结果的行为模式 R。权威在做出判断时应考虑竞争原则的分量、待调整的案型特点等依赖性理由并做出正确的判断,同样,权威对 Pr 和 R 的判断,也必须被赋予优位性,也就是说,用它们排除并取代个人对原则 P 的重新权衡以及其他行为理由。概括而言,这一规则具有三个重要特征。

一是它的效力是基于来源的(source-based),换言之,它的效力来自其由权威发布这一事实,不需要诉诸对规则内容的评价。②

在这个意义上,它是一种独立于内容的理由(content-independent reason)。③

---

① Larry Alexander, Emily Sherwin, *The Rule of Rules: Morality, Rules, and the Dilemmas of Law*. Durham: Duke University Press, 2001: 14-15.

② Joseph Raz, *The Authority of Law: Essays on Law and Morality*. Oxford: Clarendon Press, 1983: 45-52.

③ H. L. A. Hart, *Commands and authoritative reason*, in H. L. A. Hart, *Essays on Bentham: Studies in Jurisprudence and Political Theory*. Oxford: Clarendon Press, 1982: 253-255.

对规则内容的重新权衡不会对它的效力产生影响。

二是它既是实施其所规定的行为的一阶理由，也是排除并取代冲突理由的二阶理由。排他性是二阶理由影响实践推理的特殊方式，也是原则等一阶理由所不具有的功能。一阶理由只能通过内容分量的较量决定何种理由胜出。二阶理由战胜冲突理由，不是根据内容的分量，而是根据其理由的性质。比如，一个内容分量较轻的规则可以根据其作为二阶理由的性质排除一个内容分量更重的原则。

效力独立于内容和排他性两个特征，将规则的效力与内容、服从规则与对规则内容的评价隔断开来，使规则免于原则的重新权衡可能产生的危险，从而保证了法律作为行为理由的恒定性。在这个意义上，规则是一种被保护之理由（protected reason）。因此，这类规则虽然是为实现原则而确定，但它一旦被权威性地确定，就具有独立于原则的优越地位，或者说，拥有了某种程度的自治性。我用规则的自治概念（the autonomous conception of rules）或自治性规则（the autonomous rules）的概念来表达它与原则之间的这一关系。①

三是该种规则是决定性的理由，但不是绝对理由。当规则的适用条件得到满足时，它可以决定案件的结果。但它并不能排除所有的理由，其效力受到它所能够排除的理由范围的限制。如果存在某些它不能排除的理由时，它就不再是二阶规则，只能作为一阶理由，与冲突行为理由进行权衡。比如，Pr 与 R 都是权威性的理由，任何一方都无法排除另一方。因此它们就同时转变为一阶理由，通过权衡它们的分量决定何种优先保护。

根据自治性规则的效力、性质及其限度。我们可以获得以下推理原则：

（5）当自治性规则与原则发生冲突时，规则应排除并取代原则。

（6）当自治性规则不能排除某一原则时，应当进行权衡，分量重者胜出。

---

① 我对规则的自治性的理解与拉兹和佩里略有不同。他们所谓的自治只是指规则的效力是基于来源的，不需要诉诸对规则内容的评价，而我则同时强调排他性对于自治的重要性。参见 Joseph Raz, *The Authority of Law: Essays on Law and Morality*. Oxford: Clarendon Press, 1983: 45-52; Stephen R. Perry, Two models of legal principles, *Iowa Law Review*, 1997 (82): 787-819.

四、对权威理论的修正

上述对两种规则概念的分析,是基于认识论上的逻辑区分。在现实中这两种认识论上的情形是并存的。即使在一个高度多元化的社会,人们也可能对某些道德问题达成高度一致的共识,比如,在现代社会,人性尊严应得到尊重、婚姻自由等原则即属社会共识。将这些原则规则化并非总是存在争议。这自然会产生一个问题:权威发布的规则,有些是认识论上透明的。这类规则究竟是自治性规则,还是概要性规则? 这是一个有趣而重要的问题。我不能在此展开。但基于以下理由,我认为这类规则应当被看作概要性的规则。

首先,根据合法权威的两个道德命题,权威判断并宣布什么是应该做的行为标准时,应充分尊重并反映依赖性理由并做出最佳判断。这就赋予权威一项道德义务,即权威必须尊重和反映认识论上透明的规则。这样做也有助于人们承认和接受它的权威性。因此,构成一个有效的法律体系基础的,必然是一些不存在认识论堑壕的原则和规则,它们在权威判断中处于基础性的地位。权威对认识论上不透明的规则所做出的判断,亦应尽量与这些认识论上透明的原则和规则相一致。假如权威的判断违反了认识论上透明的原则和规则,它就没有遵守依赖性命题所要求的尊重并反映认识论上透明的规则和原则的义务,也偏离了最佳判断,因而没有理由要求人们承认并服从它的权威。

其次,此类规则无需借助权威的判断。即使权威没有发布这些规则,它们依然是有效的规则。它的效力不是源自权威发布这一事实,而是因为它的内容和社会成员广泛实践。这是它与自治性规则的本质区别所在。

如果这一主张可以成立,我们就应该对拉兹和哈特把法律都看作权威性理由的理论做出适度的修正,即权威所发布的规则,既有自治性规则,也有概要性规则。只有前者才是权威性理由。任何一个主张拥有正当权威的法律体系,都在一定程度上尊重并在法律体系中反映了作为广泛社会共识的道德原则。这为法官在法律体系内解决规范冲突和正当化裁判提供了可能。而当法律体系整体上或在一些重要的基本原则上与作为社会共识的政治道德原则存在严重冲突时,它就失去了正当的权威,因而可以将该规则体系视为概要性的规则,并以作为普遍道德共识的原则限制、修正乃至否定支持该规则体系的原则 Ps 及由此所产生的规则。如当立法违背了民主原则时,考虑到民主制度的重要性及人民对其重要性之共识,法官应拒绝适用此类立法。①

　　(摘自范立波:《原则、规则与法律推理》第三部分,原载《法制与社会发展》2008 年第 4 期。)

---

　　①　Cass R. Sunstein, *Legal Reasoning and Political Conflict*. New York：Oxford University Press,1996:35-44.

第九章

法律方法与法律思维

论法治理念与法律思维

郑成良

法治原则是现代国家普遍采用的治国方略,它规定了制定和实施公共政策所应采取的基本形式,对于这一点,人们已经取得了一致的认识。然而,要想从根本上搞清楚法治是什么、法治意味着什么,还必须从文化公理的层面上,而不能仅仅从制度性操作的层面上来理解法治原则。

从人类文明的发展史上看,现代文明区别于以往文明形态的一个重要标志,就在于法治原则在社会成员中获得了普遍的认同,并成为一条维系社会合作、规范社会关系、评判社会纠纷、表达社会理想的基本文化公理。

法治原则作为一条基本的文化公理,反映了人类文明的现代形态对公共生活规范和秩序的特殊理解。任何社会都需要一套规范人们行为的普遍规则,都需要建立起公共权力去负责确认、制定和执行这些规则,也都需要一定的保护和救济手段去为个人追求自己的正当利益提供必要的机会。在这些方面,人类文明的各种形态都是相同的。现代文明的独特之处在于它对作为普遍规则的法律以及公共权力和个人权利给出了新的定义,从而使法律与权力、法律与权利、权力与权利(在本文中,权力指公共权力,权利指非官方主体的权利)三种基本关系呈现出与以往文明全然不同的状态,由此形成的三种信念——法律至上、权利平等、社会自治——便构成了法治理念的核心之点。

1.法律至上。在现代文明中,法律不再是政府的命令,而是一种具有社会公约性质的、表达社会共同理想和信念的共同规则。与其相对应,权力也不再表现为旧式政府所具有的那种支配一切的能力,而成为依赖法律并被法律所支配的力量。因此,在法治社会中,最高的和最终的支配力量不是政府的权力而是法律,法律从政府的工具转而成为政府的主宰和存在的依据,其具体表现是:

其一,一切行使公共权力的机构都必须站在法律之下去思考和行动,在公共领域中,合法性成为制定和实施任何行动方案都必须考虑的前提性问题。其二,国家的治理者与受治者均须受到法律平等的支配和约束。在法律面前,权力并不是一项责任豁免的当然理由,而是一项必须做些什么的作为义务或不得做什么的不作为义务。其三,政府的权力来自法律的批准,法律成为权力的依据和标准,各类公共权力的范围及行使权力的方式和限度均取决于法律。与法律标准相抵触的行为不仅是无效的,还会产生法律责任。其四,法律成为公共权力赖以存在的理由。法律作为社会的公约,需要有人去守护和执行,公共机构和公共权力之所以必要,之所以是一种合理的存在,概因它们是守护和执行这种社会公约的必要工具。如果权力以违反法律的方式去行事,就失去其自身赖以存在的理由。

因此,在社会主义法治国家中,法律将成为评判一切涉法性社会问题的最高权威,成为公共权力对任何人施与保护和制裁的恒定标准,同时,一切治国之权都必须依法设立、依法取得、依法行使并被依法评价和监督。这样一来,在公共生活领域,人与人之间尽管还会有支配—服从关系这种现象,但它在实质上已经是一种法律对人们的支配和人们对法律的服从,而不再是一些人对另一些人的统治:这意味着"人终于成为自己的社会结合的主人"①,由于每一个人都仅仅是法律的仆人,因此,每一个人就都成为自己的主人,一个自由人。

2.权利平等。在以往的文明形态中,权利能否被国家的治理者认真对待,往往取决于某些非制度因素,如决事者的个人品德、价值观念、同情心及社会情势等等。在现代文明中,权利成为一种恒定的制度性存在,因而,在制定和实施公共政策时,权利不再是一个可以被忽略的因素,相反,对权利的平等保护成为法律的宗旨和公共权力的法定使命。这样一来,法律的神圣性和不可侵犯性,就具体表现为法律所确认的权利也是神圣的和不可侵犯的,在现代文明的文化公理中,两者被理解成为只是同一观念的不同表达方式。因为,如果法律所许诺的权利不是神圣的和不可侵犯的,那就意味着法律并不具有最高的权威,它所批准的事情并不产生普遍的效力,相反,权利的命运如何,尚需取决于更有权威的其他标准。

此外,现代文明对权利的定义还有一个十分重要的方面,即权利意味着法律上的平等对待,等级特权不是权利。因而,应当按照无差别对待的原则向每个公民分配同等的基本权利,从而使他们能够以平等的基本法律地位参与社会的合作

---

① ［德］恩格斯:《社会主义从空想到科学的发展》,载《马克思恩格斯选集》(第三卷),中共中央马克思恩格斯列宁斯大林著作编译局译,人民出版社1995年版,第760页。

与竞争。在法治原则看来,法律作为一个统一的标准,应当对一切人相同的利益、行为、主张和期待做出相同的反应,这乃是一个不证自明的公理。

其实,法治的理论与权利本位(law base rights)的观念有着内在的联系。以权利为本位是现代法制区别于封建法制的根本标志,它要求把对平等权利的确认和保障作为建立和实施法律制度的基本宗旨和出发点,因此,只是为了使人们的平等权利有同等的实现机会,才有必要向每个人施加平等的义务约束,才有必要建立公共机构和公共权力引导、监督和强制人们履行自己的法律义务。就此而论,在现代文明的逻辑中,法律不是源自对权利的限制和否定,而是源自对权利的确认和肯定。马克思曾说,法律不是压制自由的手段,正如重力定律不是阻止运动的手段一样。① 因此,可以说,在法治社会中,法律的本质不在于压制和束缚,而在于建立使平等权利得以共存的条件;法律与权利的关系,是流与源的关系和形式与内容的关系;义务不过是权利的对象化(文正邦先生语),公共权力则是义务的对象化。

3.社会自治。如果有谁认为,实行法治就是用尽可能多的法律调控社会生活,就是借助法律尽可能广泛地实施统一的强制性标准,那么,他就从根本上曲解了法治的理念。尽管法治意味着法律至上,但并不意味着一味地用法律上的强制性标准来排斥当事人的自主决定和约定。相反,法治需以适度的社会自治为基础,而且,从根本上说,法治不过是社会自治的特定实现方式。

所谓社会自治,就是组成了社会的那些自然人、法人及其他主体在处理私人事务时,可以按照自己的或按照彼此的共同意愿自主地行事,不受外在因素的干预。在私法理论中,社会自治又称私人自治。法治理念的思想前提是把社会事务区分为公共领域和私人领域两个范畴,只是在公共领域中,法律的标准才较多地具有强制性特征,至于私人领域中的法律标准,常常是以指导性规则为主导的,它允许当事人根据自己的意思或通过平等协商来加以变更。通常所言的"约定优于法定",即此之谓。如果试图使法律无限制地介入社会生活的各个领域,并且无限制地制定和执行强制性法律标准,就等于赋予执行法律的公共机构一种无孔不入的权力,一种可以干预一切的权力。这样一来,公共领域与私人领域之间的界限将不复存在,公共权力就成为一种无所不在的支配力量,由此产生的后果,便是在

---

① [德]马克思:《第六届莱茵省议会的辩论(第一篇论文)》,载《马克思恩格斯全集》(第一卷),中共中央马克思恩格斯列宁斯大林著作编译局译,人民出版社 1956 年版,第 71 页。

公共机构与社会主体之间,在公共权力和私人权利之间,形成强弱悬殊的力量对比关系,作为私人主体之总和的社会完全处于公共机构和公共权力的控制之下。

无论是在经验上,还是在逻辑上,都可以说没有自治便没有法治。从政治学的角度来观察,可以发现在社会交往中存在着这样一个事实:共同性的或中立性的"游戏规则"只存在于力量的均势之中。在绝对的强势者和绝对的弱势者之间,所谓的规则都难免带有私人规则的性质,它们不过是支配者单方面意志的表达,而另一方则完全处于"他治"的被动地位。由于在任何社会中公共权力都扮演着社会的直接治理者的角色,因此,为了达成某种均势,法治原则就必然对以公民自治为基础的社会自治给予精心的保护。其主要表现就是用权利本位、权力有限和正当程序原则来严格限定公共权力的范围和行使方式,使公民、法人和其他非官方团体有足够的自由生存空间,自主地管理自己的事务,并独立地对自己的行为承担责任。

自治不仅是法治理念的重要内容,也构成了法治的基础。没有法律保护的自治,便不能排除以往文明形态中专制性的"他治"和人治。我们知道,现代文明的支点是人的主体地位的确立。而这种主体地位在法律层面上的集中表现便是社会自治——组成社会的一切个人或个体单位都可以在法律所保护的广阔领域内自由地生活,自主地决定自己的事务。

在上文所述的三个观念中,法律至上,反映了现代文明对法律的尊崇;权利平等和社会自治则规定了法律的性质——什么样的法律才可以被奉为最高的权威。如果具有至上地位的法律是充满差别对待精神的法律,或是排斥人的自主性的法律,那么,就只能是"用法律来统治",即一些人利用法律来统治另一些人,而不是法律本身的统治(rule of law)。

从事物的外在表象上看,法治首先是一种社会治理方式。采纳法治这种社会治理方式或治国方略,就是要遵循法律至上、权利平等和社会自治等法治理念去制定和执行法律,去管理社会事务,去建立和维护社会秩序。

不过,从文明的内在机理上看,法治这种社会治理方式如何才是可能的?这取决于是否存在一种特定的社会生活方式,即在社会交往的过程中,法律至上、权利平等和社会自治成为一种普遍的行为方式。只有当法治成为一种普遍的社会生活方式时,它才可能同时也被作为一种相应的社会治理方式而得到采纳。很难合理地想象,在一个以人治和他治为基本生活方式的社会中,会真正地实行法治这种社会治理方式并取得成功。

作为一种社会生活方式的法治如何才是可能的？这固然取决于一系列复杂的条件，然而，就其最为直接的条件而言，必须存在一种与之相适应的社会思想方式，即只有当人们能够自觉地而不是被动地、经常地而不是偶尔地按照法治的理念来思考问题时，才会有与法治理念相一致的普遍行为方式。就此而论，如果一个社会的私人决策者和公共决策者都不能认同并习惯于按照法律所允许或要求的方式去观察、分析和判断问题，就谈不上作为社会生活方式的法治，更谈不上作为社会治理方式的法治。

在一个社会中，法治能否取得成功，直接依赖于该社会的公共决策者和私人决策者是否普遍接受了与法治理念相适应的思维方式，是否能够按照这种思维方式去形成预期、采取行动、评价是非，是否肯于承认并尊重按照这种思维方式思考问题所形成的结论，尤其是在此种结论与自己的意愿、计划和利益相抵触的时候。无论是对一个个人而言，还是对一个社会而言，如果在这些问题上不能自觉地给予肯定的回答，就只能说明法治的理念并没有真正被这个人或这个社会所接纳。

所谓法律思维方式，也就是按照法律的逻辑（包括法律的规范、原则和精神）来观察、分析和解决社会问题的思维方式。在法治国家中，其关键就是要用法律至上、权利平等和社会自治的核心理念去思考和评判一切涉法性社会争议问题。

社会问题通常是一个复合性问题，它往往包含着政治的、经济的、道德的和法律的等多种因素。例如，某种利益是否应予确认？某种行为是否应予禁止？某种理性预期是否应予制度上的支持？等等类似的问题，也都可能被作为一个政治的、经济的或道德的问题提出来，并被用政治思维、经济思维和道德思维的方式来思考和处理。如果说，政治思维方式的重心在于利与弊的权衡，经济思维方式的重心在于成本和收益的比较，道德思维方式的重心在于善与恶的评价，那么，法律思维方式的重心则在于合法性的分析，即围绕合法与非法来思考和判断一切有争议的行为、主张、利益和关系。

实行依法治国的方针和贯彻法治原则，意味着包括治国者在内的一切人都必须按照法律的指引来行动和思考。因此，对利与弊的权衡，对成本与收益的比较以及对善与恶的评价，都不能替代法律的标准和结论，而且，对于公共政策的制定和实施而言，法律思维方式应当具有优先的位次，离开了合法与非法这个前提去单纯考虑利与弊、成本与收益、善与恶，是法治原则所不能允许的。在处理社会公共事务的过程中,采用不同的思维方式得出的结论也可能是不同的,不过,一项行动方案,即使它被认为在政治上是有利的、在经济上是有收益的、在道德上是善的,只要它不具备合法性基础,也必须将其排除在选择范围之外。可以说,法律思维优先和合法性优先,是法治原则所必然要求的一种思维方式。只有当这种思维方式真正被法律职业工作者所普遍认同,被治国者和社会公众所普遍认同时,建设社会主义法治国家的伟大目标才有可能实现。

(摘自郑良成:《论法治理念与法律思维》前半部分,原载《吉林大学社会科学学报》2000 年第 4 期。)

法律方法的概念及其意义

陈金钊

在法律解释学理论中,有一个"法律解释的目标"的问题,主要叙说法律解释的目标到底是主观说还是客观说,以及第三种主观与客观之间的折中说。法律解释虽然是法律方法的主要成分,但法律方法的范围比法律解释要宽泛一些。因而我们也需追问:法律方法论的研究,究竟要达到什么样的目标?

一、探寻法律与事实之间的关系,追求判断的正当性或者可接受性

德国法学家恩吉施说:"法律逻辑和方法论是对不易看清的、实质主义的法律认知程序的反思。它追求的目标为,发现(在人的认识允许的限度内的)真'理',作出妥善说明理由的判断。"[①]严格起来说,法律方法不是探寻真理的理论,说发现真理也只是在比喻意义上运用的。法律的运用并不是对真理的判定。法律方法论主要是探讨规则与案件之间的关系,找出恰当的判断。这当然不是说法学研究中不需要对真善美的追求。各种法律方法的运用,既要关注一般规则的实现,也要关心个案中的具体情况;要把一般正义与个别正义有机地结合起来。在这个过程中,既要遵守规范和技术的要求,也要综合适用各种法律方法。司法过程不完全是规范与技术的直接运用。正义公平等法律价值始终缠绕着法律人的思绪。尽管社会上经常发生有违正义公平的判断,但良心的谴责会使很多人心灵受挫或不安。这就意味着,法律方法论除了规范、程序和技术这一部分,还有姿态(立场)、技巧、个人能力以及智慧的运用等。对这些价值与经验等方面的问题,法律方法论都要研究,而不仅是研究规则的技术运用。法律方法论的天地,比法律规

---

① [德]卡尔·恩吉施:《法律思维导论》,郑永流译,法律出版社 2004 年版,第 2 页。

则与技术的天地更宽阔,法律方法论的天地就是法律的空间。

抽象原则与规则的具体化方法是传统的法律方法。问题可能在于这种具体化的方法是如何运作的。机械地依法判案已经受到种种责难。单一地追求法律效果,已经为既要重视法律效果也要重视社会效果所取代。三段论已受到了法律论证理论的冲击,或者说形式逻辑的绝对性已受到了挑战。从论题学(法律论证的理论基础)的角度看,"法律具体化的方法首先是寻求裁判的视角,然后是权衡的方法部分与合比例性原则重合"①。具体化的方法可能很多,推理、发现都属于涵盖模式下的具体化;而论证、创造性解释、价值衡量等属于论题学的范畴。在涵盖模式下,一般性的法律优于特殊性案情,应该按一般性法律覆盖事实的意义。在论题学模式下,一般性法律的权威在一定程度上被质疑,案件中的个性得到张扬,个别正义与一般正义的冲突得到缓解。除了这两种模式,还有追求主体间性的商谈理论。这种理论奠基于法律具体化中的民主理论,追求人民普遍认为正确或道德上推崇的东西。"方法论在这里指明了,如何取向于民主原则而解释和续造法秩序。"②从解释学的角度看,一般法律与个案遭遇肯定会产生相互的影响,即一般法律赋予事实以法律意义,而事实又会影响一般法律的具体含义。在片面依法办事的理念下,我们过分地强调了一般性法律对个案的决定作用,因而就会出现个别正义被忽视的情形。如何协调一般法律与个别正义之间的关系,就成了法律方法论必须关注的内容。商谈理论突出了司法中的"民主"作用,但它与法治要求之间的关系该如何协调要通过法律论证方法解决。但这并不意味着要舍弃传统的法律方法。

二、为达致理解,寻找法律的正确使用方法

"各种方法着力于法律应用,法律应用是一种判断活动,方法与判断的关系是:在逻辑上,方法必须独立于根据普适性规范作出的判断,而判断当通过方法获

---

① 〔德〕托马斯·维滕贝格尔:《法律方法论之晚近发展》,张青波译,载《法哲学与法社会学论丛》2005年辑,第23页。

② 〔德〕托马斯·维滕贝格尔:《法律方法论之晚近发展》,张青波译,载《法哲学与法社会学论丛》2005年辑,第28页。

得,无方法的判断不能免于任意。判断活动的过程是把事实与规范进行等置。"①
这就是说,在案件的处理过程中,法律人要把规范具体化,把事实一般化,然后进
行等置换算。这个换算的过程也是法律方法的运用过程,是在事实与规范之间寻
求理解的途径。"视事实与规范之间的不同关系便生成不同的应用方法。"②各种
方法虽然各有自己的侧重点,但并不拒绝综合使用各种方法。只有综合运用才能
出现多种理解,只有在多种理解中不断探寻,才能找到最好的判断。

　　我们看到,所有的案件都要运用法律发现;明确的法律运用三段论的推理;模
糊的法律运用法律解释;有不同结论的案件要运用法律论证;涉及价值冲突的要
用利益或价值衡量;等等。上述结论意味着,"法律方法论是制定法所有解释和适
用的基础"③。但实际上人们对解释的理解有很大的区别。追求客观意义的解释
与追求创造的解释可能有着"质"的区别。法律方法究竟是为司法活动寻找指南,
还是建立理解的前见? 法律方法论究竟是发展法律还是解释法律? 法律方法论
究竟是为法官决策服务,还是为法科学生的专业训练服务? 法律方法论究竟是以
达致理解(法律与事实关系)为核心的艺术,还是作为理解前见的知识? 这是需要
我们认真探讨的问题。"20 世纪 70 年代以来,在德国,人们讨论一个新的方法
论,对于解释制定法和裁决案件是如何造法的,它给出方法上的启示。"④关于法
律方法论依此为标准有两个阵营:解释法律就要"造法"是事实,但必须限制;法律
解释就是法律原则与法律规范的具体化。通过演习法律方法论,我们希望为司法
找到正确适用的途径,但我们最后不得不承认,它仅仅给我们提供了理解法律问
题的前见性知识。它最大的作用不仅在于为法官提供方法与技巧,而且为法律人
提供了理解的前见。我们种下的是"龙种",收获的是"跳蚤"。

　　法理学总的来说是一门实践学科,但我们看到,无论是西方的学者还是中国
的学者,"都比较热心接待来自相邻学科——比如哲学和社会科学——的论据,而

---

①　戚渊,郑永流,舒国滢,朱庆育:《法律论证与法学方法》,山东人民出版社 2005 年版,
第 32 页。

②　戚渊,郑永流,舒国滢,朱庆育:《法律论证与法学方法》,山东人民出版社 2005 年版,
第 32 页。

③　[德]托马斯·维滕贝格尔:《法律方法论之晚近发展》,张青波译,载《法哲学与法社会
学论丛》2005 年辑,第 16 页。

④　[德]托马斯·维滕贝格尔:《法律方法论之晚近发展》,张青波译,载《法哲学与法社会
学论丛》2005 年辑,第 22 页。

不怎么关心其实践效用的面相"①。循着这一思路,德国的邦格探讨了法学方法论的根本问题。他认为,正确使用法律是法学方法论的基本问题。② 对此问题的展开,是从批判德国法学家 R. 克里斯特宣布的"在案件之前没有法律"开始的。在案件之前没有法律,如果换成德国哲学家伽达默尔的表述即"理解始终就是适用"。这种观点对法律方法来说是解构性的,因为它放弃了理解的标准和法律的客观性,这无助于推进法律方法论的研究,反而是反对方法论的。"但是伽达默尔的公理给了这个问题一个线索,只是我们将如何推进对法学方法基本问题的追踪。"③邦格提议我们把注意力集中到法律的一个片段上,比如法律规范——在正确使用之前我们必须有一定程度的掌控,这种掌控必定是一种理解。我们在确定适用法律规范之前,要理解这个规范意味着什么。"在理解和适用之间存在着一个空间,这个空间使得法学方法论的基本问题成为一个有意义的真问题。如果适用是理解的单一标准,正确适用的问题就变得荒谬无稽。"④你不应该杀人,初看起来这个判断既不是真的也不是假的。但是"一种规范性意义的证实主义理论之不可能性并不影响真值条件方案"⑤。邦格认为,我们理解一个规范时,没有人能阻止我们主张在什么样的条件下该规范是真的。我们需要用这种理论来给法学方法论的根本问题——法律的正确使用——以合理性。一旦我们设计出自治规范的概念,我们就可以把法律与正确适用的问题联系起来。适用的正确与错误还需要一个标准,而这个标准是无法最终确认的,这就可能导致一个无标准的正确怪现象。如果规范的适用依赖所参照的标准,那将是不可能的。但我们确实在适用着规范。"所以,某种类型'无标准的正确'必须是存在的。"⑥"法律的正确适用是一个主体间的过程。当我遵循一种我不能向任何人解释的标准,我就没有从错

---

① [德]约亨·邦格:《法学方法论的新路径》,牧文译,载《清华法学》2006 年第 3 期,第 42 页。

② 参见[德]约亨·邦格:《法学方法论的新路径》,牧文译,载《清华法学》2006 年第 3 期。

③ [德]约亨·邦格:《法学方法论的新路径》,牧文译,载《清华法学》2006 年第 3 期,第 43 页。

④ [德]约亨·邦格:《法学方法论的新路径》,牧文译,载《清华法学》2006 年第 3 期,第 43 页。

⑤ [德]约亨·邦格:《法学方法论的新路径》,牧文译,载《清华法学》2006 年第 3 期,第 45 页。

⑥ [德]约亨·邦格:《法学方法论的新路径》,牧文译,载《清华法学》2006 年第 3 期,第 46 页。

误的正确适用中把真正正确的适用区别出来。"①我们是理性的存在物,合理性的法律适用者。对法律适用者来说,我们只要能达到对任意的限制,哪怕得出的判断不是"真理"性的,没有哲学家所讲的终极标准,法治也算是方法的实现了。

三、发现法律或立法者的意图,探寻客观意义避免误解

在早期的时候,萨维尼认为,法律解释学的任务是发现或重构立法者在制定法中所宣布的意图。为了获得立法者的意图,在解释时必须考虑历史的、逻辑的、体系的和语法的因素。然而,立法者的意图确实难以探寻。这当然不意味着没有立法者的意图。只是这种意图难以在理论上证立。大部分法律条文的立法意图并没有理论家说的那样神秘。但由于 19 世纪的学者几乎高估了法律的体系性因素,立法者的意图也因为"立法者是谁"难以确定而被放弃。后来的概念法学又转而认为,解释的目标不是立法者的意图而是法律的意图,即体现在法律文本字里行间的法律"意志"。

葛洪义提出,只有当讲法说理的时候,法律方法才是一个值得讨论的问题。如果我们所说的法律没有意图,那么人们的判断就是纯粹探究性的结论。这就会使得法律解释的独断性没有了任何意义。其实,法律解释的独断性是法治对解释与适用的最基本要求。尽管法律解释的独断性要求在理论上也是难以证立的。但它是法治论者的基本姿态。林来梵说:"法律学方法论要解决的最终问题之一,就是为法律上的价值判断提供一种'客观'的标准。为达到或接近这一标准,各种方法理论精彩纷呈,共识逐现,这一轮又一轮的理论过程或更替源自法官判案过程方法的贫乏;然而,迄今为止,谁都未能终止此项探索,法律学方法论也在此过程中走向成熟,接近客观化标准。"②这个客观标准就是法律的客观意义。这种"客观"意义其实也并不绝对地客观,但我们可以通过一个被称为"法律意图"的理论设计,要求每一个解释法律的人都有一种姿态——应该客观地解释法律,而不是任意地解释法律。法律中确实也含有一定程度的"客观"意义——那种最低意义上的共识或法律用语的最基本含义。

---

① ［德］约亨·邦格:《法学方法论的新路径》,牧文译,载《清华法学》2006 年第 3 期,第 48 页。

② 林来梵,郑磊:《法律学方法论辩说》,载《法学》2004 年第 4 期,第 10 页。

　　"问题解决与方法紧密相关,方法是获得知识财富的工具,方法是知识中最有活力的部分。"①方法贵在运用,在运用中调整、发展、完善,并通过运用转化为能力。法律方法论的核心是法律解释学。而解释学在很大程度上是一种避免误解的艺术。这样定位法律解释学,不一定符合哲学解释学的说法。因为,关于误解的概念实际上假定了正确答案的存在。这一点是哲学解释学所反对的。但关于误解的概念却符合法律解释学的一般特征。因为,在法律解释学者看来,法律解释最主要的特征是独断性。独断性要求法官等法律人所作出的解释必须是法律的已有意义,而不能是解释者个人的意志。只有这样才能实现法治。法律解释学总体上是为法治服务的。尽管许多法律人的解释并不符合法治的要求,在解释过程中进行了意义添加,但这在法治论看来是不能容忍的,因而避免误解成了法律解释学研究的根本目标。"理解方法这个词来自解释学传统,其理论基础是这样一种基本观点:理解人的文本和社会实践,需要不同于研究自然科学的那种知识类型……这一传统的一个分支将人文(社会)科学中的这种理解视为一种'来自内部'的理解,视为实践的参与者或者文本的参与的作者能够理解(或者已经明白)这些存有疑问的实践或者文本。人们应根据那些行为的意义和意图来看待社会实践。在法哲学中,这一传统的重要意义在于它在法律解释方面——这是这些理论一种非常自然的应用——以及也许有点令人意想不到的是,在法的本质上对近期学者的影响。在后者上面,哈特模式的法律实证主义其强有力的基础就是规则和法的'内在方面',这又是以温奇发展起来的理解观为基础的;而且麦考米克、魏因贝格尔等提出的法律制度理论,也都表现出这一进路的影响。"②

　　(摘自陈金钊:《法律方法的概念及其意义》第三部分,原载《求是学刊》2008年第5期。)

---

　　①　张掌然:《问题的哲学研究》,人民出版社 2005 年版,第 331 页。
　　②　[美]布莱恩·H. 比克斯:《牛津法律理论词典》,邱昭继、马得华、刘叶深等译,法律出版社 2007 年版,第 238 页。

法律方法与几个相关概念的比较

葛洪义

我国的法律方法与法学方法论、法律方法论实际上是非常不同的。目前,法律方法、法学方法论、法律方法论的研究人员经常共同举办学术活动,相互交流,对法律方法等领域的研究,发挥了积极的推动作用。但是,严格地说,它们之间存在很大的差别,明确它们之间的不同,对深化法律方法与法学方法论的研究,应该说,都具有重要意义。

我国的法学方法论研究明显受到欧洲大陆国家,特别是德国的法学方法论的影响,具有浓厚的思辨色彩。尽管它们之间依然存在很大的差别。"方法论"这个词本身就具有高度抽象的哲学意蕴,通常是指针对某个学科领域(如经济学、政治学、法学等)的方法问题的一般性研究,所以,如同方法的方法。有点类似于语言和语言学之间的关系。德国的法学方法论一般在两种意义上使用:第一,把它作为一个与法哲学、法律理论、法教义学等并列的一个学科,进行了相当哲理化的处理。这个意义上的法学方法论更关心的是法律适用中的正确结论的唯一性问题,探讨主观价值判断与结论正确性之间的关系及其形成过程。第二,把它作为一个与法律解释等同的概念,进而探讨法律适用中的各种法律解释的方法,如萨维尼。由于法律解释的方法问题与对作为法律解释主体的人、作为法律解释客体的法律的哲学理解密切相关,因此,后一种对法学方法论的理解目前实际上也已经高度哲理化,研究者的思想资源多来自施德尔马赫、伽达默尔等的解释学文献。可见,德国的法学方法论虽然也是以案件的正确解决为目标,但是,通常都会归结到哲学问题之上。

20 世纪 90 年代以来,随着德国学者拉伦茨的《法学方法论》进入我国图书市场,在推动我国法学学者关注法律方法问题的同时,也使部分学者开始使用"法学方法论"一词指称法律方法。① 有的名为"法律方法"的工作和活动,实际上,命名为"法学方法论"或许更为合适。其实,在不是很严格的意义上,法律方法与法学方法论之间也经常互换使用。我国有些学者正是由此出发,根据现代解释学的理论和学说,从哲学的视角进入到法学方法论或者法律方法的领域。实际上,我们不使用法学方法论这一词汇,很大程度上就是为了避免产生这个误解。"法学方法论"一词,在我国很早就被用来专指法学研究方法的总体:"法学方法论就是由多种法学研究方法所组成的方法体系以及对这一方法体系的理论说明。"②所以,继续这样使用,容易产生混乱,不利于推动法律方法作为一个独立的学术领域的发展。实际上,近年的法学方法论研究的主体,也是院校中的学者和青年学生。这个群体虽然在学术方面具有很深的造诣,但是,对法律实务的了解和熟悉程度明显不足,有关法学方法论的研究活动,参加者中,具有丰富的法律实践经验的学者和实务部门的专家相对比较少,也未能吸引更多的法律实务界同行参与。这也说明,在我国,法律方法研究与法学方法论研究实际上是有所不同的,也应该有所不同。

法律方法研究的目的,是希望借此推动中国的法律实践,使法律工作者能够在体制的框架范围内,依据法律,寻求解决各种法律问题的路径。从这个意义上说,我国的法律方法研究一直都在进行。所有有关以现实法律争议的解决为目标的对法律制定与规则适用问题的研究,都是有关法律方法问题的研究。大到如政府依法行政的制度建设,小到如各种具体的诉讼,其实各种有关争议解决的诉讼制度建设,围绕诉讼法展开的讨论,围绕合同签订而进行的谈判,最高人民法院有关的司法解释等,都是法律方法的运用。现在的问题仅仅是,当法律方法这一概念形成以后,对该领域的研究所具有的意义。

法律方法并非仅仅在概念上统合了相关研究,更重要的是试图将体制化的解决问题的方式推进到社会各个领域,所以,其包含着一个重要前提,即对法律与制度的尊重。如同"恶法亦法"的表述之于现代法治一样,法律方法意味着在体制内化解矛盾的努力,同样是法治的重要条件。法治取决于一个法律机制的建立与完善,也取决于一个真正能够尊重法律的法律人共同体的形成,而这些都需要依赖

---

① 例如由中国政法大学法学院、华南理工大学法学院、浙江大学法学院、山东大学法学院等单位 2006 年发起的年度性的法律方法学术论坛,名称就确定为全国"法学方法论论坛"。

② 张文显:《法哲学范畴研究》,中国政法大学出版社 2001 年版,第 15 页。

法律方法。没有共同的制度条件和思想方法,就没有法律人群体。法律人并不是对法律所存在的不足与缺陷无动于衷的群体,他们深知,分工决定了他们的角色,他们需要做自己的分内之事,把不属于自己的问题留给其他群体,例如政治家,除非在自己的职责范围内,可以运用技术手段解决问题,例如法律解释。在这个方面,法学方法论与法律方法的差异很大,前者比较强调法律人,特别是法律人中法官的创造性作用。2009 年法学方法论论坛选择"能动司法"作为主题,尽管原因很多,但与法学方法论研究固有的倾向性是分不开的。

　　法律方法是"法律人为解决特定法律问题、纠纷和矛盾而采取的法律上正确的途径、路径、步骤、措施、手段等"。[①] 重点是强化法律人对体制与制度的依赖,强调法律作为一个实证的知识领域的专业性,重在提高法律学习者、职业者运用法律、运用体制的力量解决实际问题的能力。所以,尊重法律是前提。如果不是因为这个需要,我们直接使用法学方法论即可,没有必要把相同的内容用不同的名称来表述,造成一定程度的混乱。对现行法律、制度、体制的尊重,是法治形成的前提和基础。当然,这并不是说,法律方法就是机械地运用法律的方法,法律方法在于强调法律人不会主动、公开地声称自己不服从法律或者声称自己基于法律的不公正而主动创造法律。实际情况可能恰恰相反,有关法官造法或者"司法能动主义"的帽子,通常是学者给法官戴上的。法官自己不会这么说,他们只是低调地根据自己对法律的理解解释法律,在制度的框架内作出自己的判断。他们是守法的,是法律的守护者。正是基于这个认识,法律方法研究才成为必要。可见,尽管法学方法论为法律解释、法律论证、法律修辞等提供了诸多宝贵的学术资源,但是,法律方法研究要避免使自己成为哲学的一个分支,也要尽力避免涉及更多复杂的哲学问题。如前所言,法治是一个世俗的事业,是由一些平凡的、至多是受过系统的法律专业训练的人来操作的,我们希望法律人都能够同时成为伟大的法律思想家,但我们不能把法治的希望寄托在法律人都能够成为法律思想家上。从我国的实际出发,我们希望努力使法律方法成为一个在法律实践中具有比较强的可操作性的语词而不至于把法官、律师们吓着。而关于法律人工作方法中更深层次的问题,可以在法学研究方法或者法学方法论的研究领域继续进行。这同样是必要的。因为学者永远都需要保持对现实的批判能力,其中的一个方面,就是对法律的批判。

---

① 　葛洪义:《法律方法讲义》,中国人民大学出版社 2009 年版,第 13 页。

相同的原因,法律方法不是法律方法论。这个区分主要是针对我国的研究现状而言的。实际上,在国外,法律方法论的使用似乎并不是很严格。例如在《牛津法律大辞典》中,对法律方法论做了这样的解释:"可用以发现特定法律制度或法的体系内,与具体问题或争议的解决有关的原则和规则的方法知识的总和。"①这个解释与我们所说的法律方法其实很接近。不过,在我国,方法论始终是一个很体系化的东西。所以,法律方法论也侧重于一个完整的、体系化的法律方法。而我们期待通过法律方法的概念,把围绕法律人的实际工作而形成的由一些零散、缺乏内在关联而实际有益的知识构成的集合体称为法律方法,其中贯穿始终的就是有关法律人工作方式方法的经验、原理和理论。

任何知识的背后都有自己的哲学,法律方法也不例外,但是,我们主张的"法律方法",不是由某一种哲学思想主导的知识与思想领域,而是由多种哲学支撑的,或者说,是由一些有共同或相似倾向的哲学思想或者其他学科思想在背后默默支撑着的开放而非封闭的学术与工作领域,在这个领域中,所有有关法律人工作方法的思考,都是与这种方法所要解决的实际问题联系在一起的,诸如合同是否有效、遗嘱成立与否、律师伪证罪成立与否等。解决这些问题的方法背后,显示着人类思想的光辉。实际上,法律方法研究在我国的兴起,与实践哲学在全球的复兴也存在密切的关系。也正是因为近年来,法学界将理性、实践理性等概念工具运用于法学研究之中,②人们才能更进一步地真切感受到法律实践中法律方法的现实意义与价值。法律方法研究是在自己的理论基础上展开的,有自己的思想资源。但是,一般来说,法律人只是在适用法律,而不是在传播思想或者哲学。我们目前所关注的,就是这个意义上的法律方法。

综上,概括起来说,目前情况下,与其说我国的法律方法是一个思想体系、学科体系,不如说它是一个将法律作为实践理性而在实践的法哲学思想基础上形成的工作、职业的指引和引导。法律方法研究期待为逐渐体制化的中国社会提供一个普通人可能达到的职业与专业思维的维度,以进一步强化作为法治核心要素的民主体制的力量。在这个方面,它与其他知识形态一样,可以为我国的法治建设

---

① [英]戴维·M.沃克:《牛津法律大辞典》,李双元等译,法律出版社 2003 年版,第761 页。

② 参见葛洪义:《法理与理性——法的现代性问题解读》,法律出版社 2001 年版;葛洪义:《法与实践理性》,中国政法大学出版社 2002 年版。

发挥推动作用。①

（摘自葛洪义：《法律方法与几个相关概念的比较》第三部分，原载《法制与社会发展》2010 年第 3 期。）

① 　本文作者虽然比较早地开始关注法律方法问题，也刻意小心地阐述法律方法与法学方法论的关系。在所主持举办的第五届全国法律方法与法律思维专题学术研讨会上，也努力推动法学界与法律实务界在这个领域的交流。但是，有关法律方法的认识，还一直处于比较模糊的状态。在撰写《法律方法讲义》的过程中，方才认真梳理自己的想法，最终提出本文的观点。有兴趣的朋友可参见葛洪义：《法律方法讲义》，中国人民大学出版社 2009 年版。

当代中国法律解释体制的理念和特色

张志铭

二、内含的基本观念

分析当代中国法律解释体制的条文规定和实际做法,可以认为其中包含了关于法律解释和法律解释权的下述基本观念。

1. 事实上没有对制定法的迷信,法律解释为法律实施和法律发展所必需

在人们的心目中,法制建设的一个首要目标是"有法可依",因此,要持续不断地进行立法,以图最终建立一个部类齐全、上下层次分明、前后左右关系和谐的完备的法律体系。所谓完备,就是指在社会生活需要法律调整的各个领域、各个方面都制定有相应的法律。但是,这种建立完备的法律体系的观念,在社会现实生活中,迄今还是一种理想层面的评价性观念,而且,顺着法律与社会生活需要对应的思路考虑问题,也许我们永远也不可能通过立法达到人们心目中的完备标准。(由此说来,又有哪个国家能自称立法完备呢?)事实上,自 1804 年《法国民法典》颁行以来,伴随着以法国和德国为首的大陆法系国家的法典化进程,那种确信制定法完美无缺和逻辑自足因而彻底否定法官的自由裁量权[①]的观念,虽曾在整个 19 世纪盛极一时,但随后不仅在理论上受到批判[②],而且也没有为实际生活所印证。

[①] 立法和司法严格分权,主张裁判的合法性原则,严格限制法官的自由裁量权,是近代或现代法治的一种基本观念和实践,作为对前近代或现代司法专制的反动,它曾表现出矫枉过正的态势,下文提到的《法国民法典》的明确规定和盛行于 19 世纪的概念法学的观念,可谓明证。

[②] 参见梁慧星:《民法解释学》,中国政法大学出版社 1995 年版,第五章"20 世纪民法解释学的新发展"。

从实践的层面分析,真正主导人们法律实践的观念,恰恰不是充分自足的制定法观念,而是不断演进完善的制定法观念。这一点在对法律解释必要性的认识上表现得极为明显。由前述可知,当代中国的法律实践对法律解释的必要性一贯持肯定态度,立法上对法律解释的规定则是全方位的,不仅在法律"具体应用"的层面上,而且还在法律本身"进一步明确界限或作补充规定"的意义上肯定法律解释。联系学理上和实践中人们对法律解释意义的阐述,这种对法律解释必要性的全方位规定①可以具体表述如下:任何法律规范都是抽象、概括的规定,要适用到现实生活中具体的人和事,需要法律解释的媒介作用;任何法律规范都应该具有稳定性,要适应现实生活和人们认识的不断发展变化,需要法律解释;法律适用不得不面对和克服法律规范自身存在的模糊和歧义,从而需要法律解释;由于各种原因,法律规范本身存在缺漏,也需要把法律解释作为拾遗补阙的重要手段之一。就中国而言,由于国土辽阔,人口、民族众多,地区发展不平衡,在法律的普遍规定与特殊调整和具体适用之间,矛盾就尤为突出,法律解释在中国法治实践中的意义也就特别重大。因此,法律解释是法律实施的一个基本前提,也是法律发展的一种重要方式。

2.把法律解释单列为一种权力,相对独立于法律制定权和法律实施权或决定权

从法律解释权与法律制定权的关系分析,人们并不把法律解释权归于法律制定权。具体说来,这包含三个命题:一是有权制定法律,就有权解释该法律;二是有权解释法律,不一定有权制定该法律;三是有权制定法律,不一定要亲自解释该法律。例如,全国人大有权制定刑事、民事、国家结构的和其他的基本法律,因而被当然地认为也有权解释这些法律,但是,按照《宪法》规定,解释基本法律的权力不是由全国人大行使,而是由全国人大常委会行使;同时,全国人大常委会虽有权解释这些法律,却无权制定和从根本上修改它们。法律、行政法规和地方性法规的情况也相类似。这里要指出的是,"有权制定法律,就有权解释该法律"这一命题虽非出自法律条文,却为人们确信不疑,因为人们普遍认为,法律解释要符合立法原意,要符合法律规范的立法意图,而就立法原意或立法意图而言,没有谁比立法者自身更清楚。

---

①　但是,法律解释(包括立法解释)与立法是不同性质的活动,在这种对法律解释必要性的"全方位规定"中,存在混淆法律解释与立法界限的现象。对此,本文将在后面论及。

　　从法律解释权与法律实施权或决定权（主要是司法权和执法权）的关系看，由于现今立法把有关法律解释权分别授予全国人大常委会、最高人民法院、最高人民检察院、国务院及国务院主管部门、省级和较大市的人大常委会、政府或政府主管部门，因而从总体上说，人们也不认为法律解释权完全从属于法律实施权或决定权。具体地说，有权实施法律或者在法律上拥有决定权的机关，并不一定对所涉法律拥有解释权，甚至绝大多数对所涉法律不具有解释权；而有权解释法律的各实施机关，尽管在名义上其解释涉及的是法律的"具体应用"，却基本上脱离具体个案或问题的法律实施或决定过程。因此，法律解释权在一般意义上被认为是可以与法律实施权或决定权分离的。

　　3. 按照国家机关的职能划分，将法律解释权分别划归相关的职能部门实际行使

　　虽然宪法只是规定全国人大常委会有权解释宪法和法律，但是，人们并不因此认为法律解释权的实际行使应该和可能由全国人大常委会完全承担。因为在人们看来，法律解释是一种普遍存在的需要，这种需要不仅出自法律条文本身，而且还出自法律条文的具体应用过程，也就是说，法律解释的问题交叉存在于立法领域和法律实施领域，它们涉及不同的国家职能，如立法职能、审判职能、检察职能和各种行政职能等。由于这些职能在整体上由不同的国家职能机关分别承担，如同各自的"势力范围"，因而法律解释权作为一项单列的权力，自然也就遵循了国家职能的既定划分，分别由相关的职能主管部门负责行使。

　　具体地说，与前述法律解释权限划分的思路相对应，法律解释权的实际行使体现了以下三个观念：其一，中央归中央，地方归地方——全国人大和全国人大常委会制定的法律，归中央解释，地方性法规归地方解释；其二，立法归立法，实施归实施——属于立法本身或"条文本身"的问题（即"进一步明确界限或作补充规定"），由立法部门解释，属于法律实施或法律"具体应用"的问题，由实施部门解释①；其三，审判归审判，检察归检察，行政归行政——属于法律实施的问题，由法律实施所涉及的主管职能部门解释。同时，人们认为全国人大常委会在法律解释体制中应该处于主导地位。这不仅因为在制度设置上，它在国家法律体制中处于优越地位，宪法只是规定了它解释宪法和法律的权力，由它制定通过的决议具体

---

　　① 请注意，尽管在中国的宪法和法律中，法律解释属于法律被制定通过并进入实施阶段后的一项活动，但人们并不认为它所涉及的只是与立法相对的法律实施问题。

构建了中国的法律解释体制,最高人民法院和最高人民检察院的解释争议要由它解决;而且还因为,在法律解释的原理上,人们认为,既然法律解释要探寻和依照立法原意或立法意图,全国人大常委会作为全国人大的常设机关和本身拥有立法权的机关,比其他机关更有发言权。

4.由少数高层立法机关和法律实施机关垄断法律解释权,最大限度地使法律实施成为机械地适用法律的过程

如上所述,人们对法律解释必要性的肯定是全方位的,撇开法律规范由于存在缺漏和滞后性等情况而需要通过法律解释加以弥补不论,单就把抽象、概括的法律规范适用到具体的人和事以及克服法律规范自身存在的模糊和歧义而言,法律解释也不可缺少。因此,法律实施与法律解释是密不可分的,没有谁会否认法律实施需要法律解释。尽管人们对法律解释的必要性以及法律解释作为法律实施的一个基本构件已有认识,这种认识却没有体现在有关的制度设计上。更进一步说,在实践中起主导作用的还是严格区分立法职能和法律实施职能的观念,也就是要求绝对严格地"依法裁判"或"依法办事"的观念[①]。这表现在:第一,作为立法和法律实施的区分的延伸,在法律解释(处于法律实施阶段)上区分"条文本身"的问题和"具体应用"的问题,并规定前者由立法部门解决;第二,规定由法律实施的有关主管职能部门解决法律"具体应用"的问题,但试图通过排除法律条文本身"进一步明确界限或作补充规定"的含义来严格限定"具体应用"一词,使之不带有立法意味[②];第三,把法律解释权集中于最高人民法院、最高人民检察院和政府各主管职能部门,意图最大限度地使法律实施成为机械而单纯的法律适用过程[③]。此外,现实生活中存在的否定抽象司法解释的态度,以及针对下级司法机关从事

---

①　这种观念在 1804 年的《法国民法典》之后,伴随着以法国和德国为首的大陆法系国家的法典化进程,曾盛行于整个 19 世纪。《法国民法典》在其"总则"的第四条和第五条分别规定:"审判员借口没有法律或法律不完备而拒绝受理者,得依拒绝审判罪追诉之";"审判员对于其审理的案件,不得用确立一般规则的方式进行判决"。(《法国民法典》,李浩培、吴传颐、孙鸣岗译,商务印书馆 1979 年版。)这就是说,制定法是完美无缺和逻辑自足的,它不可能"没有",也不可能"不明确",因此法官在判决中"确立一般规则"根本没有必要,同时也有违立法和司法分权的法治原则。

②　但是,至少从司法解释的实践看,把司法解释权集中于最高司法机关,就使司法解释难免带有抽象性质,从而使"具体应用"也不可能不带有立法的意味,并因此招致批评。

③　这在实践中并没有做到,因为从理论上讲,要把法律解释行为从法律实施中剥离出来,是不可能的。对此,本文在后面还将论及。

司法解释的现象而不断重申最高司法机关的司法解释专有权的做法,也从相反的角度提供了同样效果的证明。

三、基本特点

以上从规范、事实和观念的层面,对当代中国的法律解释体制进行了描述和分析。据此,笔者认为,当代中国的法律解释体制是极具本土特色的。因为,如果按照学理上的一种基本理解(也是现代法治实践中一种比较普遍的理解),把法律解释视为与法院裁判过程中的法律适用密切相关的一项活动,视为裁判者适用法律的一个基本前提,那么我们首先会发现,这样一种意义的法律解释与中国的情况并不相同。在中国,法律解释与具体案件的裁判者普遍脱离,它被单列为一种权力,在审判领域,只有最高人民法院拥有法律解释权。同时,从总体上说,法律解释权的主体也远不只是甚至主要不是最高人民法院。

如果我们把法律实践区分为立法和法律实施两大领域,那么我们还会发现,尽管在中国的宪法和法律中,法律解释属于法律被制定通过并进入实施阶段后的一项活动(如果说把法律解释单列为一种权力、使之相对独立于法律制定权和法律实施权,是中国法律解释体制产生的基本前提的话①,那么法律实施则是其存在的基本背景),但是,人们认为它既涉及法律实施问题,也涉及立法自身的问题,因而法律解释权的主体也不限于法律实施部门(司法部门和行政部门),还包括立法部门,甚至立法部门(全国人大常委会)在法律解释中还处于主导地位。由此我们可以说,法律解释是国家各职能部门"齐抓共管"的领域。

因此,中国法律解释体制的基本特点(也是其基本构架),从总体上可以概括为三。

第一,部门领域内的集中垄断。即由不同领域的职能主管部门统一行使本领域的法律解释权,如审判领域由最高人民法院统一行使,检察领域由最高人民检察院统一行使,行政领域由国务院或者分别由各行政主管部门统一行使。

---

① 从这个意义上说,交叉于现行的立法体制和法律实施体制之间,相对独立地存在一种法律解释体制,本身就是一种"特色"现象。因为如果不是把法律解释作为一种"单列"的权力,而是把法律解释作为一种法律技术,作为法院行使裁判权的一种从属活动或"应有之义",或者在更大的范围里把它分别作为立法者行使法律制定权和法律实施者行使法律实施权的一种从属活动或"应有之义",就不可能有法律解释体制。

第二,部门领域间的分工负责。包括中央部门和地方部门之间的分工,立法部门、司法部门和行政部门之间的分工,以及司法部门相互间和行政部门相互间的分工。

第三,立法部门(全国人大常委会)主导。即在法律解释体制中,立法部门处于支配地位,尽管从数量上说,解释的任务实际上主要不是由它所承担。

那么,这样一种富有特色的解释体制,在设计上是否具有合理性呢①? 迄今为止,人们基于这一体制的实际运行状况,已经提出许多问题,其中比较突出的有:立法解释超越法律解释范围变成了对宪法和法律的修改②,全国人大常委会的法律解释权长期虚置或实际旁落(旁落于其办事机构,旁落于其他部门),抽象司法解释或司法解释越权,以及各种违反法律解释权专属性(如立法解释权的专属性、司法解释权的专属性等)的做法。尽管这些问题基本上是在肯定现行法律解释体制的前提下、从其实现的意义上来提出,但是,笔者认为,这些问题并非一些局部的枝节性的问题,它们的出现和长期存在已足以使我们怀疑体制自身在整体上是否具有合理性;而思考和分析这些问题产生和存在的原因,则可以说,它们在根本上出自现行解释体制本身,因而是难以避免的。

(摘自张志铭:《关于中国法律解释体制的思考》第二部分和第三部分,本文标题系作者修订,原载《中国社会科学》1997 年第 2 期。)

---

① 也许有人会说,与任何特色性的事物一样,中国法律解释体制的形成,可能更多的不是一种预先设计的结果,而是一种经验性事实,因此,其存在的合理性并不在于逻辑而在于事实,在于它在事实上是不是切实有效。这无疑是正确的。因为我们之所以提出中国的法律解释体制在设计上的合理性问题,主要原因恰恰在于,它在实际运行中出现的各种问题,使得它的合理性已经难以从实际有效的意义上加以证明。

② 例如,有的文章指出,通常把 1983 年第六届全国人大常委会第二次会议通过的《关于国家安全机关行使公安机关的侦查、拘留、预审和执行逮捕的职权的决定》作为对《宪法》第三十七条和第四十条规定的解释,但实际上这并非宪法解释,而是全国人大常委会越权决定了该由全国人大决定的事项,是对《宪法》的修改。参见袁吉亮:《论立法解释制度之非》,载《中国法学》1994 年第 4 期。由于全国人大常委会对基本法律有权作解释,也有权作部分补充和修改,人们并不在意它们之间在实践中的混淆。

解释的难题
对几种法律文本解释方法的追问

苏　力

　　以司法实践和人们的日常经验为根据，通过对法学家通常相信的多种法律解释方法进行检验，本文的结论是，所有这些人们寄予厚望的所谓解释理论和方法都不像人们想象的那样可以信赖，人类发现的一个又一个似乎日益完善的解释法律的方法并没有取得多大的进展。不仅其中任何一个都不可能充分有效，而且其加总也无法构成一套方法。

　　这些法律解释理论和方法之所以无法为我们提供可靠的、众口称是的发现法律"真理"的方法，除了法律文本的含义是解释者赋予的、解释者的理解必定有分歧，在我看来主要原因是，司法中的所谓"解释"，就其根本来看不是一个解释的问题，而是一个判断问题。司法的根本目的并不在于搞清楚文字的含义是什么，而在于判定什么样的决定是比较好的，是社会可以接受的。因此，法官无法像韦伯时代和他之前的人们所设想的那样，像一个自动售货机，投入法条和事实，而产出司法判决。① 法官不能也不可能没有社会关切，尽管他可以压制这种关切，可以表现出中立，比如在那些无伤大雅的案件中；这不仅因为社会关切是他存在的条件，是他理解的条件，而且因为他的活动是一种社会赋予的为了社会的活动。由于这一限制，尽管依法办事成为一种司法的信条，但是许多著名法官都悄悄甚至公开承认，如果文本含义是解释 A，而解释 B 更为合理可行，那么法官通常就会选

---

　　① 　Max Weber, *On Law in Economy and Society*. Cambridge: Harvard University Press, 1954.

择 B 而不是 A。① 正是司法活动的这一特点决定了对法律文本的理解、解释与对其他文本的理解、解释不同：法律解释的问题不在于发现对文本的正确理解，而在于为某种具体的司法做法提出有根据的且有说服力的法律理由。

我们可以设想一下，命令一个人去摘一朵花，她摘了，她对我的言语作出了成功的解释；但这里的前提条件是，她摘花时不考虑或无须考虑行为的后果；而一旦摘花会涉及自己或他人的重大利益时，即使理解了这一命令，她也会作出不同的反应。法官就处于这样一个境地：即使他理解了法律，他也必须考虑按照这种理解行动会有什么样的后果，他不可能放弃自己"存在"。因为法官的"解释"决定着他人的生死利害，他是在运用着权力。这种法律解释与其他类型的解释显然有重大的区别。

法律解释所要求的语言文字表述是法律解释难以逾越的另一个障碍。我们之所以追求一种作为方法的解释理论，在很大程度上是出于我们的这样一个确信：一切能做成功的，也就一定能完全成功地加以描述、论证、解说，甚至可以将之提炼为一些语言文字表述的原则加以传授。换言之，我们过分相信语言的表现力。而这一点恰恰是前面已经批判过的语言的图像理论。我们千万不能因为语言文字解说了一些东西，就以为它可以解说一切，因为它传达过某些东西，就以为可以传达一切。世界上有许多东西是无法言说和论证的，往往是"没有人问我，我倒清楚；有人问我，我想说明，便茫然不解了"②；往往是——如庄子所言——"得之于手，而应于心，口不能言，有数存焉于其间"③；往往是——如常人所言所

① ［美］波斯纳：《法理学问题》，苏力译，中国政法大学出版社 1994 年版，第 185 页；法国著名法学家萨勒利斯（Saleilles）声称：法官"一开始就有了结果，然后他找到法律原则，所有法律解释都是如此"。转引自 Benjamin N. Cardozo, *The Nature of the Judicial Process*. New Haven：Yale University Press，1960：170；又请参见［法］达维德：《当代主要法律体系》，漆竹生译，上海译文出版社 1984 年版，第 117 页。

② ［古罗马］奥古斯丁：《忏悔录》，周士良译，商务印书馆 1963 年版，第 242 页。维特根斯坦也曾强调这一点，"有些东西别人不问时我们明白，一旦要我们描述它时，我们又不知道了。这正是我们需要提醒自己注意的东西（显然，这也是出于某种原因，我们难以提醒自己注意的东西）"。见［奥］维特根斯坦：《哲学研究》，汤潮、范光棣译，生活·读书·新知三联书店 1992 年版，第 89 节。

③ 《庄子·天道》。

感——"我不知道该怎么表达"。法官也同样会如此。① 如果一定要人们对那些无法或难以名状的说出个究竟，实际上是强人所难，是要人做人无法做到的事。维特根斯坦说过，"凡是不可以说的，对它就必须沉默"②。这是真正的智者的洞见。当然，这一结论必须是研究之后的结论，而不是也不可能是人生的出发点。正如冯友兰先生所言："人必须先说许多话，然后才能保持静默。"③

正是这些特点注定了法律解释的命运。因此，多少个世纪以来，人们尽管作出了种种努力，以求发现一种理解、解释法律的方法，然而我看不出在通过法律解释而获得更确定的法律这个问题上人类有多少进步；如果有进步，那也只是人们描述自己理解、解释法律的过程上的进步（而这只是一种运用文字上的进步），以及人们对这些过程的在某种程度上的自觉。

无论就人类的长期努力还是就本文来说，得出这一结论是令人失望的，因为它似乎没有什么实在的发现。然而，如果我们换一个角度来看这一努力，也许我们不至于如此消极。因为人类的努力并不是以一定能获得一个你所希望的结果为前提才开始的，任何一种学术努力都不能也不应因为得到了获胜之保证才进行。事实上，当我们开始努力之际，没有任何人向我们保证，我们一定会功成名就，就如同当我们降生到这个世界时，没有人允诺我们长生不老一样。在一种必定成功的信念刺激下所进行的努力，也许对努力者是幸福的，但是不可能持久。从另一个角度来看，发现此路不通，其实也是一个重要的发现。

当然，这并不是说所有的努力都白费了。尽管本文给读者甚至作者自己的都似乎是一个自由落体的感觉，一种无所依附的感觉，似乎没有任何正面的结论，没有什么可以当作灵丹妙药用在其他论文中和司法实践中的"经验"，但是至少就我来说，分析到此，我的学思已经有一个重大的蜕变，我已经不再像在本文初稿时那样相信，这一理论的梳理可能获得对作为方法的解释学的某种正面的推进。就在这一论文的思考、研究和写作过程中，我的思想和洞察力都深化了。

---

① "好的法官往往把类推、技巧、政治智慧和自己的职责感融合在一起，作出直觉判断；他'领会'法律，更甚于它能解释法律；所以，无论怎样仔细思索推敲，也总是不能将自己领会到的东西充分地形诸文字。"[美]德沃金：《法律帝国》，李常青译，中国大百科全书出版社 1996 年版，第 9-10 页。

② [奥]维特根斯坦：《逻辑哲学论》，载洪谦主编：《西方现代资产阶级哲学论著选辑》，商务印书馆 1964 年版，第 252 页。

③ 冯友兰：《中国哲学简史》，涂又光译，北京大学出版社 1985 年版，第 382 页。译文根据英文版作了修改。

　　还必须指出,仔细琢磨起来,本文的结论其实并不那么消极和悲观。本文并没有否定作为一种思维活动的法律解释(或法律推理或法律适用或其他任何名字)的可能性、意义和作用,而只是表明了我们无法在逻辑层面或分析层面上提出一种完美的法律文本的解释方法,无法用一种没有内在矛盾和冲突的语言文字表述出来。

　　大量的事实都表明,无论是话语交流还是文本阅读,理解、解释都是可能的,并且是成功的。发工资时,我不会将 400 元人民币当作 4000 元而窃喜"涨工资了",或者把 400 元理解、解释成 40 元因而进一步主张我的报酬;你也不会在你苦恋多年的恋人接受你的爱情时,把她或他的接受误解为一种断然拒绝而痛不欲生。在大量的现实案件中,法官参考法律,在考虑到诸多因素的情况下,已经正确地解决了许多案件,作出了很好的判决;尽管有些判决中,法律解释的文字表述和论证在当时可能有很大争议,甚至长期有争议,但从长远来看其判决结果仍然得到了认可,成为法律实践确立的原则。① 这些事实都表明作为一种认知活动和社会实践的法律解释实际上是起了作用的,因此,失败的并不是作为理解和思维活动的解释,而是对作为一种可以言传身教、重复验证的解释方法的追求,是对解释和解释方法的完整描述和系统分析。正如德沃金所说的,我们是否有理由认为作为答案的某种法律解释是正确的,与这种答案是否可能被证明为正确,这完全是两个问题。② 也正如奥古斯丁所言,作为理解的解释是不困难的,困难发生在向他人作出解释之际。③

　　没有一套能够表述出来的作为方法的解释理论,不能对解释作出完整的描述和论证,无法将之形成规则,也许并不一定要紧。我告诉一个人去摘一朵小红花,

<hr />

　　①　例如美国著名的布朗案件。这一案件关于种族隔离造成不平等的论证是基于一个后来被证明是错误的心理学实验,因此一些学者至今认为这一判决的论证是错误的,但如今几乎没有学者认为这一案件的判决结果应因此而推翻。又如著名的马伯利诉麦迪逊一案所确立的司法审查原则,至今仍有大量学者认为该案首席大法官马歇尔关于司法审查的判决理由的论证是一种"伟大的篡权"的行为,宪法的根据不足,论证上违背了常理(先讨论了实体法问题,然后再讨论程序法问题,这有违于正常的司法实践),但没有人认为应当因此而废除司法审查。关于布朗案件的争论,可参见[美]波斯纳:《法理学问题》,苏力译,中国政法大学出版社 1994 年版,第 380 页。关于司法审查制度的讨论,可参见 Charles A. Beard, The Supreme Court: Usurper or grantee? *Political Science Quarterly*, 1912(1):1-35.

　　②　[美]德沃金:《法律帝国》,李常青译,中国大百科全书出版社 1996 年版,第 11 页。

　　③　[古罗马]奥古斯丁:《忏悔录》,周士良译,商务印书馆 1963 年版,第 70 页。

他摘来了,他作出了正确的解释。① 一般说来,难道我们还要他说出或描述出他是如何解释我的言语的吗？难道还需要他提供一套他理解和解释的规则吗？学者钱锺书在回绝一位求见的访问者时回答说,如果你吃了一个鸡蛋觉得不错,何必认识那下蛋的母鸡呢?② 钱锺书先生的回答固然幽默,但在我看来,更是一种机智:访问者不免要求作者解说作品是如何写出来的,然而世界上有许多事可以做得很好,却是无法解释或描述清楚的。许多作家的创作经验都表明了这一点。这就是亚里士多德早就说过的"实践理性",③而当代许多思想家也都一再强调我们的某些最复杂的思想是无言的、无自觉意识的、隐秘的、个人化的,是一种无言之知,一种人们接受了并实践但无法证明其自身合理性的、一种不可交流或交流起来不经济的知识,一种与特定社会情境有关的知识。④ 而在更重要的意义上,做在任何时候都比解说如何做更为重要。⑤

当然,我已经作出了限定,"一般来说"不需要作出言说性的解释,而作为这个一般之例外的是某些司法决定,那些疑难的司法决定;并且,其中有些案件恰恰是因为需要给予法律解释而变得"疑难"起来。然而,问题是为什么对这类案件常常

---

① 这个例子来自[奥]维特根斯坦:《蓝皮书》,载洪谦主编:《现代西方哲学论著选辑》,商务印书馆 1993 年版,第 725 页。

② 杨绛:《记钱锺书与〈围城〉》,载《杨绛作品集》,中国社会科学出版社 1993 年版,第 128 页。感谢贺卫方先生提供了这一例子的出处。

③ 参见[古希腊]亚里士多德:《前分析篇》《后分析篇》,载苗田力主编:《亚里士多德全集》(第一卷),中国人民大学出版社 1990 年版。

④ 个体认识论上的论述,最典型的是波兰尼,See Michael Polanyi, *Knowing and Being*. Chicago: University of Chicago Press, 1969: 138; Michael Polanyi, *Personal Knowledge: Toward a Post-Critical Philosophy*. Chicago: University of Chicago Press, 1958. 知识社会学上的论述,可参见库恩的范式理论,See Thomas S. Kuhn, *The Structure of Scientific Revolution*. Chicago: University Chicago Press, 1970; 而提出"范式"概念的库恩本人从来无法对之界定并论证清楚。在知识政治社会学的论述上,最典型的是福柯和布丢尔,布丢尔提出了"惯习"的概念,在某种程度上福柯则将其一生的学术努力几乎全置于——用他自己的话来说——对"成为一个社会中的全部知识体系日常看法、制度、商业实践、政治活动和社会风气之参照的,特定于该社会的某些无言的知识型"的考察。此外,据汪丁丁,20 世纪末经济学家亨利已经将知识划分为可交流的和不可交流的两种,根据知识交流需要成本的理论,汪丁丁进一步将知识划分为"不可交流的知识"、"可交流但交流不经济的知识"和"可交流且交流起来经济的知识",参见汪丁丁:《知识社会与知识分子》,载汪丁丁:《永远的徘徊》,四川文艺出版社 1996 年版,第 258 页。

⑤ [奥]维特根斯坦:《蓝皮书》,载洪谦主编:《现代西方哲学论著选辑》,商务印书馆 1993 年版;[奥]维特根斯坦:《哲学研究》,汤潮、范光棣译,生活·读书·新知三联书店 1992 年版。另参见[英]吉尔伯特·赖尔:《心的概念》,徐大建译,商务印书馆 1992 年版,第 22 页。

需要言说的或文字性的法律解释？在此，我不能也不打算展开讨论。但这个问题的提出的确迫使我们不得不从其他角度，在更广阔的社会背景下，对司法中长期存在的法律解释的言说和论证加以考察，考察它之所以长期存在的制度性功能和政治性功能，以及因此而来的正当性。这就为关于法律解释的研究指出了一个新的方向，那就是——用维特根斯坦的话来说——"请记住：我们有时要求解释并不是为了它们的内容，而是为了它们的形式"①。

　　（摘自苏力：《解释的难题：对几种法律文本解释方法的追问》第六部分，原载《中国社会科学》1997 年第 4 期。）

---

　　①　参见［奥］维特根斯坦：《哲学研究》，汤潮、范光棣译，生活・读书・新知三联书店 1992 年版，第 115 页。

法律解释的困境

桑本谦

五、形式合理性与实质合理性

解释方法的排序不是固定不变的。所谓解释方法的"优先性",只是意味着前位的解释方法比后位的解释方法具有更高的被采用的概率。当我想象一只特定的乌鸦是什么颜色的时候——如果我没有见过这只乌鸦——我会首先把这只乌鸦想象成黑色的。但如果这只特定的乌鸦恰好不是黑色,我也没有理由指责它"长错了颜色"。黑色在我的想象中所具有的"优先性"就是一种概率上的"优先",其依据仅仅在于,黑色的乌鸦比其他颜色的乌鸦更加常见。对各种解释方法排序的依据也是一种概率性事实,[①]正因为如此,对解释方法的排序并不形成一个真正的程序性指令,它不是规范性的,而是描述性的,只具有统计学意义。对于解决疑难案件而言,它的功能仅仅是告诫性的。但当某个案件被确认为疑难案件的时候,就意味着这个案件已经很特殊了,已经成为统计学上的特例,排序的统计学意义也消失了。在帕尔默案的判决过程之中以及在格雷法官和厄尔法官的争论之中,我们可以发现解释方法排序的影子,但根本看不到排序被期待具有的那种方法论意义。按照德沃金的说法,帕尔默案是一个典型的疑难案件,在我看来,这个

---

① 在麦考密克和萨莫斯主编的《制定法解释比较研究》一书中,编者提出关于解释方法的一般性排序的依据就是一种概率性事实,即阿根廷、芬兰、法国、意大利、波兰、瑞典、英国和美国等九个国家的学者提交的关于本国高等法院在裁判过程中解释制定法实践的报告。参见 Neil MacCormick, Robert S. Summers, *Interpreting Statutes: A Comparative Study*. London: Routledge, 1991.

案件的疑难之处就在于,在选择法律解释方法或者说在以什么标准来确定法律意义的问题上,该案件成为统计学上的特例。

为了表述的方便,同时也为了把我们的讨论引入一个更加宽泛的知识背景,在下文中,我根据解释所需信息的来源和范围把所有的解释方法分为两类。一类包括文义解释、上下文解释和体系解释,这几种解释方法的信息来源都不超出法律文本的范围,或者说,都是仅仅依靠法律文本所传递的符号信息来确定法律意义的解释方法,这一类解释方法都明显是形式主义的。另一类解释方法是反形式主义的,包括意图解释、目的解释、比较法解释和社会学解释等等,这几种解释方法并不仅仅关注法律文本,解释所需信息的来源和范围十分广泛也十分复杂,通常要考虑立法者意图、公共政策、主流公众意见和常识意义上的公平正义观念。我把前一类解释方法称为"简单解释",而把后一类解释方法称为"复杂解释"。① 根据法律解释学对解释方法的一般性排序,"简单解释"优先于"复杂解释",而厄尔法官对格雷法官的胜利可以看作是这种一般性排序的反例。由于"简单解释"具有恪守规则的形式主义特征,所以它最容易满足司法对形式合理性的要求;而"复杂解释"则要考虑法律文本之外的方方面面的因素,所以它与法律现实主义以及司法对实质合理性的追求是非常契合的。

实质合理性和形式合理性的冲突是法理学的轴心问题。在法理学思想史上,法律形式主义和法律现实主义就在这个轴心问题上各持一端。两种对立的司法理念之所以能够长期对峙,就是因为两种司法理念各有千秋、难分优劣,这与司法追求形式合理性和追求实质合理性各有利弊是分不开的。

追求形式合理性是司法区别于其他行业的一个重要特征,没有哪个行业像司法这样循规蹈矩——尊重历史和权威、注重规则和先例、强调稳定性和可预测性。恪守规则使司法看上去很呆板,因为它对各种灵活应变的措施保持戒备;遵循先例则使司法看上去很固执,因为它的隐含之义就是拒绝纠正错误。② 尽管这些在外行人看来很奇怪,但司法的形式合理性的确具有许多重要的社会价值。墨守成规可以节省一笔创新的费用,一视同仁可以省却区别对待的麻烦。法律如果朝令夕改,就会给司法者、执法者以及各行各业的人们带来高昂的信息费用,频繁变更

---

① 也有学者把前一类解释方法称为"根据法律的解释",把后一类解释方法称为"关于法律的解释",但这种指称既不简练也不准确。

② 参见[美]波斯纳:《法理学问题》,苏力译,中国政法大学出版社 1994 年版,第 105 页。

的法律很难进入人们的心灵和记忆之中,也因此很难获得人们普遍遵守和惯常服从。如果司法过程被掺杂进太多法律之外的因素,法官的判决乃至法律自身就会变得相当不确定。如果法律的不确定使得人们很难根据法律去安排自己的生活,法律的社会控制功能就要大打折扣。此外,判决结果的难以预测还会引起诉讼数量的增加并因此导致整个社会诉讼资源的大量支出。[①] 与此同时,伴随着法律不确定而导致的法官自由裁量权的泛滥,恣意擅断和徇私舞弊也极有可能乘虚而入。如果法律外的因素挤占了法律的地盘,法官就会僭越立法者的位置,法治社会的权力格局以及法律自身的权威和尊严都将面临严重威胁。如果司法与各种政治势力和各种政策因素纠缠不清,司法就难以保持相对独立和相对超然的形象,也难以抵御各种外部力量的侵蚀。正因为如此,司法是珍视形式合理性的,为此它经常牺牲实质正义。

但这也并不意味着,为了满足形式合理性的要求,司法在任何时候都要死守上一个时代的教条不放。稳定性和确定性毕竟不足以为我们提供一个行之有效、富有生命力的法律制度,法律还必须满足社会发展和变革提出的正当要求。如果把法律的内容固定为永恒,那么它在一个变动不居的社会中将会很难发挥作用。法律应当保持稳定,但也不能与频繁变迁的社会现实彻底错位。不仅如此,为了保持法律与社会现实之间最大限度的亲和力,司法还必须对法律之外的各种因素给予适当的关注,公共政策、大众观念、利益集团的对峙以及整体社会利益和社会目标的轻重权衡不能在任何情况下完全封闭在法官的视野之外。在法律弹性限度允许的范围内,灵活应变、具体问题具体分析、政治性的判断、功利性的权衡等一系列手段在必要的时候还会派上用场。总之,为了满足实质合理性的要求,法官也有很好的理由去牺牲一些形式合理性。

无论追求形式合理性还是追求实质合理性,对于司法而言都是有利有弊的。形式合理性与实质合理性之间存在着一种此消彼长的矛盾关系。因此,司法必须在形式合理性和实质合理性之间谋求最大的交换值,必须在稳定与变动、保守与创新、原则与具体、整体与部分这些彼此矛盾的因素之间寻找一个恰当的均衡点。这就是司法的终极智慧。理论上有这么个均衡点,但在实践中如何捕获它,这大

---

① 参见[美]波斯纳:《法律理论的前沿》,武欣、凌斌译,中国政法大学出版社 2003 年版,第 250 页;Richard A. Posner, *Economic Analysis of Law*. Boston:Little,Brown and Company,1992:554—560.

概是个永远也说不清楚、道不明白的问题。最有可能贴近它的,或许是经验,而不是哪种理论或方法,这是一种无法交流或至少交流不经济的知识。司法最精微的智慧也许是无言的。①

六、"解释"的假象与"解释"的智慧

在一定程度上,法律解释体现了司法的智慧,各种备用的解释方法使司法在形式合理性和实质合理性之间获得了一个闪转腾挪的空间。但是,各种解释方法的选择不是智识性的,而是策略性的。司法中的法律解释,从其根本来看不是一种解释,而是一种策略。德沃金认为,厄尔法官是在"解释"法律,但是厄尔法官的"解释结果"在"解释"之前就已经大致确定下来了,"结果"不是"解释"出来的,是"结果"决定了如何"解释"。诚如法国法学家萨勒利斯所说:"一开始就有了结果,然后它找到法律原则,所有的法律解释都是如此。"②拉德布鲁赫也指出,是解释追随着解释结果,而不是相反。③ 各种法律解释方法往往是彼此冲突的,选择哪种解释方法取决于解释的结果,而不是解释对象。"在通盘考虑之后,后果比较好的解释因为其后果比较好这一点也许就是'正确的'解释。"④

显然,法律解释的最终结果,既不是一个来自法律内部的逻辑命令,也不在解释方法或解释元规则的指示范围之内。法律解释的最终目的,既不是发现对法律文本的正确理解,也不是探求对法律意旨的准确把握,而是为某种判决方案提出有根据的且有说服力的法律理由。⑤ 它是以"解释"为装饰的一种言说技术,通过这种技术,已经选择出来的判决方案在法律上被正当化了。

"解释"这一概念营造了一种假象,法官用以确定某种判决方案的功利性权衡被装扮为探寻法律真实含义的智识性追求。法官需要这种假象,因为他们乐意扮演解释者的角色,而不愿意充任创造者的角色。法官创造法律或修改法律是与司

---

① 参见[美]波斯纳:《法理学问题》,苏力译,中国政法大学出版社 1994 年版,第 139 页。

② Cited in Benjamin N. Cardozo, *The Nature of the Judicial Process*. New Haven: Yale University Press,1960:170.

③ 参见[德]拉德布鲁赫:《法学导论》,米健译,中国大百科全书出版社 1997 年版,第 107 页。

④ 参见[美]波斯纳:《法理学问题》,苏力译,中国政法大学出版社 1994 年版,第 134 页。

⑤ 参见苏力:《解释的难题:对几种法律文本解释方法的追问》,载梁治平编:《法律解释问题》,法律出版社 1998 年版,第 32 页。

法的意识形态——要求法官以一种谦卑、审慎、忠诚的态度对待法律——格格不入的,但特定的社会现实——尤其是规则的有限性和社会生活的无限性之间的永恒紧张——要求法官在某些时候必须这么做,此时,"解释"的概念就可以用来掩盖法官的创造性活动,这也是意识形态与社会现实之间的一种精致的妥协。可以设想,如果社会普遍承认法官在必要时对法律做些手脚是合情合理的,那么法官就可以考虑放弃使用"解释"的概念。反过来说,当条件尚不具备(可能永远也不具备)的时候,沿用"解释"的概念就仍然是一种明智的选择,毕竟,"解释"的欺骗性是法官司法的一种装饰性资源。由此看来,"法律解释"的概念本身就隐含了一种策略,并因此巧妙回应了一个深刻的社会麻烦。但法律解释在这里所体现出来的"智慧"不是方法论意义上的,而是社会学意义上的。法律解释,从其根源上看,不是一个解释学问题,而是一个社会学问题。

"解释"的假象的确迷惑了许多法学家,许多法律解释学的研究都是在假定"解释"为一种纯粹智识性追求的基础上进行的。这种学术最具雄心的设想是,企图开发出一种程序化的元规则或方法体系并期望借此拯救法律的自主性。但是,在何种情况下使用何种解释方法?当使用不同的解释方法产生不同的结果时,又以何种标准作为取舍的依据?这些问题使方法论意义上的法律解释学陷入了困境。可以断言,如果将视野封闭在方法论的范围之内而不关心判决的社会效果,这些问题根本就没有答案。表面看来,这些问题仅仅是一些方法论意义上的操作性障碍,但其背后无一不隐藏着让人头疼的社会难题,而解决这些社会难题就远远不是一个解释学的问题了。

尽管是一种假象,但"解释"的概念确有其真实性的一面,否则它也不至于这么迷惑人。对某种司法方案的功利性权衡最终要受到当下所有法律材料的限制,被法官看好的某一司法方案如果找不到法律上的理由(哪怕是牵强的理由)予以支持,法官也只好忍痛割爱。尽管法律材料不可能决定疑难案件的判决结果,但有能力否决一个和法律"不沾边儿"的判决。从这种意义上说,疑难案件的判决的确不能无视法律。必须能够用法律的理由加以解释是法律对判决最低限度的要求,法律自身也由此表现出一种最低限度的自主性,只不过法律的界限已经扩展到难以辨识的地步了。也正是出于这个原因,法律解释营造的假象——疑难案件的判决是经由智识性法律解释获得的——才更容易迷惑人,因为这一假象几乎可以得到所有经验性资料的支持,法官不会在判决书里大胆宣称他改变了或以其他非正式规则取代了法律。关于解决疑难案件的两种对立的论点——说判决结果来自法律内部,抑或说判决结果来自法律外部——之所以能够长期共存,除了法律的范围会被任意界定,另有一个重要原因就是,无论哪一方都很难为驳斥对方的论点找到一个经验性例证。

（摘自桑本谦:《法律解释的困境》第五部分和第六部分,原载《法学研究》2004年第5期。）

法的发现与证立

焦宝乾

三、法律中发现与证立之二分的根据和意义

法律领域中发现与证立之二分存在一定的解释学上的依据。近年来,随着本体论转向后的解释学理论和语言哲学大规模地进入传统的法律解释理论,法学研究的基本范式和话语被深刻地改变了。如果说原本被掩盖的那种司法中的主观因素在20世纪上半期的现实主义法学和自由法运动过程中被人从心理学和社会学层面上揭示出来,那么当今的解释学从哲学的高度深刻地揭示了这一主观因素存在的正当化与合法性。问题已经不再是对司法活动中存在的主观活动一味地予以揭示和抱怨,而是对此现实存在的价值判断进行正当化。假使有人怀疑其主张的正确性,则其必须就其主张说明理由,仅诉诸法感是不够的。如拉伦茨所论:"因为这是他个人的感觉,别人可能有相同的感受,也可能没有。没有人可以主张他的感觉比别人的确实可靠。仅以法感为基础的判断,只有对感觉者而言是显然可靠的,对与之并无同感之人,否则。因此,法感并非法的认识根源,它至多只是使认识程序开始的因素,它促使我们去探究,起初'凭感觉'发现的结论,其所以看来'正当'的原因何在。"①在此背景下,学者主张"在敞开的体系中论证"。法律适用的整个过程开始普遍被区分为法律发现的过程与法律证立的过程。前者关涉到发现并作出判决的过程,后者涉及对判决及其评价标准的确证。一如科学哲学上区分所谓科学发现和科学证明。

---

① ［德］卡尔·拉伦茨:《法学方法论》,陈爱娥译,商务印书馆2003年版,第5页。

另外更重要的是,法律领域中发现与证立之二分乃是以哲学上相关区分为依据的。直觉、偏见和价值这些因素很可能影响法官就法律问题作出判决的过程,但所有这些均属于发现的过程,而绝不有损司法裁判的客观性。因为跟现实主义法学家相反的是,司法过程的客观性存在于证立的过程中。[①] 换言之,存在于法官支持其结论所给出的"合理化"当中。关键之处在于,所给出的理由是否足以确立这种结论,而非这种结论是不是直觉、偏见或者价值立场的产物。

发现的过程与证立的过程之区分这一几乎是科学哲学上的正统学说,究竟是否适用于司法判决制作的"客观性"的问题? 美国法学家戈尔丁认为,发现的过程与证立的过程之区分,在法律领域应当如在科学领域一样进行区分。这样就预设了法律领域和科学领域的决策具有可比性。科学的客观性隐含于证立的过程当中,因为真理或可接受性的标准独立于科学家本人的个人偏好和价值。同样地,法学家回应弗兰克的观点乃是将司法判决的客观性置于司法证立的过程当中,即法官支持其判决结论的合理化过程当中。在弗兰克看来,司法价值评断,不管明示与否,均为个人价值的表现。然而,这种观点是自相矛盾的,某种价值是个人的并不意味着它也不被其他人广泛接受。主张价值评断构成司法意见的组成部分,这一点很重要,因为司法证立也是社会证立的一种形式。[②] 戈尔丁认为:"科学的客观性存在于证立的过程,因为真理或可接受性的标准(实践检验、一致性、丰富性、简单性以及范围等)是不依赖科学家的个人偏好和价值的。类似地,对弗兰克祛神秘化(demythologization)所作的回应是将司法决定的客观性置于司法证立的过程,即法官支持自己的结论时所给出的'合理化'。关键的问题在于所给出的理由对于确立结论是否合适,而不在它们是不是预感、偏见或个人价值前提的产物。"[③] 可见,即使某种价值判断介入到司法决定当中,它也并非作为法官的个人偏好而介入。重要的是,支持这一结论的理由能够使该法官所处的法律共同体将

---

① Martin P. Golding, Discovery and justification in science and law, in Aleksander Peczenik, Lars Lindahl, Bert Van Roermund (eds.), *Theory of Legal Science*. Dordrecht: D. Reidel Publishing Company, 1984: 295-305.

② Martin P. Golding, A note on discovery and justification in science and law, in Aulis Aarnio, Neil MacCormick(eds.), *Legal Reasoning*. New York: New York University Press, 1992: 113, 122.

③ Martin P. Golding, A note on discovery and justification in science and law, in Aulis Aarnio, Neil MacCormick(eds.), *Legal Reasoning*. New York: New York University Press, 1992: 113.

其当作合法的前提予以接受，或者说，这种价值判断对于其所适用的共同体具有某种意义。"一项司法判决的检验标准甚至不在于它达到的效果，而在于为证明其正当性而提出的论据的质量。"①戈尔丁也指出："科学的发现和法律的说理两者在结构上的差异，指出了法律说理不能适用科学发现之逻辑；法律说理不是在抽象中作说理，它是一种法官尝试使其判决正当化，并对败诉的一造和受其判决影响的社会大众说理的过程，因此法律说理应是社会说理的一种形式，其强度由社会上所能接受的法律论点和法律命题所决定。"②

当今不少法学家如 Wasserstrom、Bankowski 均在科学与法律之间进行过类比，由此来阐明和支持其在法律领域发现和证立二分的观点。比较而言，麦考密克提出了一个更具说服力和明晰的关于科学与法律的类比，并用在分析发现和证立的区分。麦考密克运用科学上对发现与证立的理解，来阐明与支持法律领域中发现的过程与证立的过程之间的区分。在法律中，律师向法官提出的各种主张类似于科学家的"洞见闪念"（flashes of insight）。然而，这些"洞见闪念"必须予以证立。因为它们可能正确，也可能错误。或许因为当时波普的理论很走红，麦考密克采用了波普对科学发展的说明，来更深入地发展这种类比。麦考密克在波普式的科学与法律之间的对比涉及两个方面的类比：一是发现与证立之一般区分可在科学与法律上找到；二是科学检验是用于法律证立的一种模式。③ 麦考密克在波普式的"科学证立"和"次级法律证立"之间进行类比，以说明和支持其对"次级证立"中"检验"的分析。"正如科学证立涉及检验某一假设针对另一假设，并且排除检验无效的，法律中的次级证立则涉及检验几个彼此竞争的可能的裁判，并且排除那些不符合相关检验的部分。"④通过科学与法律的这种类比，科学在学术共同体中的声望有助于增进和提高麦考密克对发现与证立论述的说服力，并且将证

① ［美］简·维特尔：《战后关于制作司法判决的美国法学》，刘慈忠译，载《法学译丛》1984 年第 5 期。

② 廖义铭：《佩雷尔曼之新修辞学》，唐山出版社 1997 年版，第 315 页。

③ Bruce Anderson, "Discovery" in Legal Decision-Making. Boston：Kluwer Academic Publishers，1996：37. 然而，Anderson 认为，麦考密克主要关注第二种类比，即在科学检验和法律证立之间的。他并没有详细检验发现的过程。

④ Bruce Anderson, "Discovery" in Legal Decision-Making. Boston：Kluwer Academic Publishers，1996：17.

立确定为法律推理过程中的重要一环。①

其实,在西方法学史上,关于"法律发现"之观念和用语也是由来已久。在此尚需就此予以辨析。西方法理学上法的"创造说"相对意义上的法的"发现说"这种理论认为,法官的职责乃是宣告和解释法律,而不是制定法律。其代表人如科克、霍尔、培根及布莱克斯东等。② 哈耶克的"未阐明的法律",即隐含在整个规则系统以及该系统与事实性行动秩序的关系之中,而并没有得到明确的规定。③ 这种规则即得由法官去"发现"而非"创造"的。科学哲学上所讲的"发现"跟法学上的"法律发现"之概念当然有性质上的根本不同。显然,法学知识的性质不具有像基于科学发现的知识那般的确定性。波斯纳认为:"认识论基础更不稳固的领域诸如法律所产生的一般知识在可靠性上可以与科学知识相比,那就是一个错误。在很大程度上,法律得不到,至少还没有得到科学的方法,科学知识是通过这些科学方法创造出来的……"④从此意义上,川岛武宜所提倡的科学的法律学,尤其是他终生所探究的法律解释的科学性,力图把法律的正当性建立在关于客观法则的科学真理上,也许仅仅是一种理想化的追求。

"法律发现"乃是法律方法论上的一个常见概念。不过,人们对这个概念在理解上不尽一致:一是法律产生的方式;二是法律获取,即法官到哪里去寻找适合个案的法源及法律规范的活动;三是与法律适用有本质区别的一种法律应用活动;四是与法律适用无本质区别的一种法律应用活动。⑤ 传统的并且迄今依然可能处于支配地位的观点是将"法律适用"与"法律发现"视为具有本质上的不同。所谓"法律适用",是当拟判断的案件已经被规定在可适用于绝大多数案件的法律时,这时所进行的只是一种"单纯的包摄"。而发现则是少数的例外,"当对拟判断的案件找不到法律规定,而这个法律规定是依照'法律秩序的计划'必须被期待时",所进行的才是法律发现。考夫曼认为,通说所称的"法律适用"只是法律发现的一种情形;后者是上位概念。郑永流将此二概念作为一种平行关系,并将其分

① Bruce Anderson,"*Discovery*"*in Legal Decision-Making*. Boston:Kluwer Academic Publishers,1996:17.

② [美]E.博登海默:《法理学——法律哲学与法律方法》,邓正来译,中国政法大学出版社 1999 年版,第 554 页。

③ [英]弗里德利希·冯·哈耶克:《法律、立法与自由》(第二、三卷),邓正来等译,中国大百科全书出版社 2000 年版,第 77 页。

④ [美]波斯纳:《法理学问题》,苏力译,中国政法大学出版社 1994 年版,第 86 页。

⑤ 郑永流:《法律判断形成的模式》,载《法学研究》2004 年第 1 期。

别对应于法律判断形成的推论模式和等置模式。

如果说上述概念在法学中长期以来即已存在，人们早已耳熟能详的话，那么"发现的过程"和"证立的过程"之二分观点在法学中的出现无论如何只是后来的事情。尽管这种二分观念的确立也经历了一个发展过程，甚至至今还存在一些不同的看法，但是哲学上发现与证立二分的观点的确在法学领域中得到了认可和运用。

这一区分对于理解司法裁判过程中法律论证的作用十分关键。因为它提出了评价法律论证规格的标准。判决作出的过程固然是一个心理过程，但也正因如此，在现代社会它也成为另一种研究的对象。无论判决是如何作出的，为使其判决能被人接受，法官必得对其法律解释予以充分阐明，由此确证其裁判的正当性。而法律论证即关系到这种确证的标准。在法律论证理论中，法的发现和证立之二分也正是把握法律论证含义的核心，没有这种二分，法律论证的概念就难以成立。这被认为是法律论证理论从分析哲学那里拿来的法宝。有些学者称此区分为创造—评价（invention—appraisal）。这一划分的意义就在于：首先一个假设（hypothesis）被给出，然后有一个从这个假设（H）推出的观察报告（observation）被判断为真，那么这个假设（H）将成立，从而就可以说，这个 H 就可以解释支持它成立的观察报告（O），这是科学理论上的划分，与波普的试错过程有些相像。司法过程中，也大致有这样的划分，只是在支持 H（在法学中它是结论 R）的观察报告中，问题可能比较复杂，它不仅仅是一个法律 L 和事实 F 的问题，在里面还有一个价值 V 的问题，这被戈尔丁称为 R—L 模式。①

上述两个阶段的区分，对于确立那种评判法律论证性质的各种标准十分重要。出于对那些基本因素的考量，法官有义务使其判决正当化。这并不意味着，他们有义务去对发现正确判决结果的过程及其在此过程中起一定作用的（个人）灵感予以洞察。因此，研究法律论证的合理性涉及那些跟证立的过程中提出的各种观点相关的要求，而非那些跟（发现的过程中）作出判决的过程相关的要求。②判决的过程是一个心理的过程，而这是另一门学科研究的主题。无论这些判决是如何作出的，法律论证只研究涉及法官使其判决正当化所考虑的各种标准。总

---

① 夏贞鹏：《法律论证引论》，载陈金钊、谢晖主编：《法律方法》（第三卷），山东人民出版社 2004 年版，第 303-346 页。

② Eveline T. Feteris, *Fundamentals of Legal Argumentation: A Survey of Theories on the Justification of Judicial Decisions*. Boston: Kluwer Academic Publishers, 1999: 10.

之,通过上述法的发现与证立之二分,法律论证的范围和目标等基本理论要素大体上就确定下来了。一如当年奥斯丁的"法理学范围之界定",法律论证理论亦经由此二分确立了自身的研究范围。

（摘自焦宝乾:《法的发现与证立》第三部分,原载《法学研究》2005 年第 5 期。文章选入后作者有删改。）

第十章

法治与人的尊严

>>>>>>>

论以法治国

李步云、王德祥、陈春龙

中华人民共和国成立以来,法制建设正反两方面的经验告诉我们,要实现以法治国,就必须在思想理论方面纠正各种错误认识。当前,还有哪些重大理论是非需要澄清呢?

要实现以法治国,就必须彻底改变那种把以法治国同党的领导对立起来的错误观念。

以法治国同党的领导是密切相关的。以法治国要有党的领导,党的领导也必须通过以法治国才能更好地实现。社会主义法律是党领导制定的;是党的路线、方针、政策的定型化、规范化、条文化。党通过领导国家的立法机关、司法机关和行政机关,制定、贯彻和执行法律,把阶级的意志上升为国家的意志,并且运用国家强制力保证其实施,这正是巩固与加强党的领导,而绝不是降低或削弱党的领导。我们的党是执政党,这种领导地位得到了宪法的认可与保障。任何人反对党的领导,都是违反宪法的。但是,党对国家的领导如果没有法律来作出明确的、具体的、详细的规定,党就领导不好国家。以法治国严格要求党的任何组织与个人,从党中央主席到每个党员,都要依法办事,是为了使法律得到统一而严格的执行,这不是否定和削弱党的领导,而正是为了维护党的领导。可是在一个相当长的时期里,不少同志却蔑视和轻视法制,以为党的组织和领导人严格依法办事是限制和削弱了党的领导,以为不运用法律和制度去治理国家,而是以党代政,以言代法,事无巨细一律都凭党的各级组织和领导人直接发号施令,那才是体现了党的"绝对"领导,这不能不说是我们党还缺乏统治经验的一种表现。

党要以马列主义、毛泽东思想武装全国人民,要运用它指导各条战线的工作。但是,马克思主义不是法律,也不能代替社会主义法制。马克思主义是一种科学真理,是属于思想领域的东西。我们只能通过宣传教育,让人们接受马克思主义,而不能用强制的方法,让人们信仰马克思主义。我国公民有思想和言论自由,他们可以信仰马克思主义,也可以不信仰马克思主义。而法律则不同,法是统治阶级意志上升为国家意志的、以国家强制力保证其实施的、人人必须遵守的行为规范。任何人违法犯罪都要受到制裁。因此,马克思主义与社会主义法制是两个范畴的东西,不能混为一谈;也绝不可以用马克思主义代替社会主义法律。我国宪法和各项具体法律的制定,都是以马列主义作为指导思想。因此,以法治国,绝不会削弱或贬低马克思主义的地位和作用,而是能够更好地发挥它在革命与建设中的作用,从而巩固和加强党的领导。

多年以来,不少同志把党的政策和国家的法律等同起来,或者对立起来,认为有政策就行了,何必还要法律;强调法的作用会贬低政策的作用,因而会削弱党的领导。这种观点是很错误的,法律与政策是密切地联系在一起的两种不同的社会现象。党的政策是制定法律的重要依据,但同时又绝不可以把党的政策和国家的法律看成是一个东西,不能以政策代替法律。既然法律是政策的定型化、条文化和具体体现,既然党的政策通过法律的形式成了全体公民都要严格遵守的行为准则,那么,执行法律就是执行党的政策,就是服从党的领导;实行以法治国不仅不会削弱政策的作用,而且能够使党的政策得到更好的贯彻,使党的领导得到强有力的巩固。

有的同志认为,在国家的政治生活中,政策的效力应该高于法律的效力。这种观点也是不正确的。完善社会主义法制需要一个过程。当某一方面的法律尚未制定出来的时候,在一定程度上讲,政策也可以起法律的作用。但是当法律已经制定出来,就必须按照法律办事,而不是按照党的政策办事。在适用法律时,要正确理解贯彻在其中的党的政策精神,但是绝不允许借口对政策的原则精神各有不同理解而自行其是,破坏对于明确而具体的法律条文的严格执行。在一般情况下,党的政策和国家的法律是完全一致的;如果出现不一致,应及时向上级直至中央反映这种情况,而在执行时,必须先按照法律的规定去做。如果随着客观形势与任务发生变化以及革命与建设经验的不断丰富与积累,某些法律条文需要修改,那也应该以民主的方式,通过严格的立法程序进行,任何一级组织包括党中央在内,都不应发布那种同现行宪法和法律相抵触的决议、命令和指示。如果不是这样做,那就不能维护国家法律的尊严,就会损害党和人民的利益。

要实现以法治国,还必须彻底改变那种"无产阶级要人治,不要法治"的错误观念。

　　我们认为,所谓人治,主要是以掌握权力的统治者个人的意志来治理国家,是一种倾向于专制、独断的治国方法。所谓法治,则是用体现整个统治阶级集体意志的法律作为治理国家的依据和标准,是一种倾向于民主、排斥专制的治国方法。人治的主要特点,是个人具有最高权威;法治的主要特点,则是法律具有最高权威。这种现代意义上的"法治",是资产阶级革命以后才有的。民主和法治是资产阶级反对封建专制主义斗争的两个主要思想武器。针对封建主义的"君权神授",资产阶级提出了"天赋人权"的学说;针对封建主义的"主权在君",资产阶级提出了"主权在民"的思想;针对封建主义的君主专制中央集权,资产阶级提出了立法、行政、司法"三权分立"的主张;针对封建主义的皇帝是最高立法者,资产阶级提出搞普选制、议会制,立法权由议会行使;针对封建主义的法外专横,资产阶级提出了"法无明文不为罪";针对封建主义的法律公开维护以皇权为中心的等级与特权,资产阶级提出了"法律面前人人平等"。虽然资产阶级的法治归根到底是为了维护资本主义私有制和资产阶级的政治统治,但是应该承认,资产阶级法治主义的理论与实践,是对君主专制主义的彻底否定,是对人治的彻底否定,是人类历史的一个巨大进步。在帝国主义时期,资产阶级法治的历史作用虽然已经由原来是进步的事物走向了自身的反面,但它同公开抛弃法治的法西斯主义还是有很大区别。

　　在社会主义制度下,无产阶级和广大人民群众治理自己的国家,也存在着"法治"或者"人治"这样两种根本不同的方法。无产阶级的法治,就是要求制定一部完善的宪法和一整套完备的法律,使各方面的工作都有法可依,有章可循;坚持一切党政机关和社会团体,一切工作人员和公民个人都要严格依法办事;法律和制度必须具有稳定性、连续性和极大的权威,任何领导人都不能随意加以改变。而人治则与此相反,认为法律束缚自己的手脚,有了党的政策可以不要法律,认为法律只能作办事的参考,个人权力应该大于法,领导人的意志高于法,办事可以依人不依法,依言不依法;认为群众的"首创精神"可以高于法律,群众运动一来可以把法律当废纸扔在一边。这种反对"法治"、主张"人治"的理论、意见、思想、看法,不是在很长一个时期里,在我们的很多干部包括不少高级干部中曾经相当流行吗?然而 30 年来的经验教训充分证明,不搞法治搞人治,就会破坏正常的民主生活,导致个人独裁;就会破坏党和国家的集中统一领导,"独立王国"林立,"土法"丛生,无政府主义泛滥;就会出现司法专横,发生种种冤假错案,造成冤狱遍于国中的悲惨局面,就会失去广大群众对各级国家工作人员尤其是对领导人员的监督,为大小野心家篡党夺权、任意改变国家的基本政治、经济制度大开方便之门。

有的同志说,人是决定的因素,法制的威力要由人来发挥,离开人治谈法治,法治是不能实现的,人治同法治的关系,犹如战士同武器的关系,因此必须把两者结合起来。显然,这是把"人治"同"人""人的因素""人的作用"这些完全不同的概念混为一谈了。"人治"是一种否认或轻视法律和制度的重大作用而主张依靠长官意志来治理国家的方法,是同法治这一治国方法相对立的一种理论和实践,它同"人""人的因素""人的作用"完全不是一个意思。人治与法治有着原则的区别,是相对立而存在,相斗争而发展的。否认人治与法治的根本对立,主张既要实行法治,也要实行人治,这在理论上是不正确的,实践上是有害的。在社会主义制度下,法治要求有法可依,有法必依,认为有法才能治国,无法必然乱国,违法一定害国;而人治则认为法律可有可无,有法可以不依,凡事由少数领导者个人说了算。这两种完全不同的主张和做法怎么能够并存呢?认为社会主义国家既要实行法治,也要实行人治,这种观点表面看来似乎很全面,既重视法的作用,也重视人的作用,实际上却搞乱了法治与人治的本来含义,把"法治"与法等同起来,把"人治"和"人"等同起来,混淆了法治与人治的本质区别,其结果必然是从根本上否定法治这一治国方法。

要实现以法治国,还必须在全党和全国人民的心目中牢固地树立起法律具有极大权威的正确观念。

在社会主义制度下,在全党和全国人民中树立起法律具有极大权威的观念,并认真实行这一原则,具有十分重要的意义。社会主义的法律是人民通过自己的代表,通过国家权力机关,以完备的立法程序,慎重而庄严地讨论通过的。它集中体现了工人阶级和广大人民的意志和利益。因此,无产阶级的法律具有极大的权威,就是人民的意志具有极大的权威。坚持社会主义法制具有极大权威,就是坚持只有人民的意志才具有极大权威,不允许任何人以自己的个人意志作为最高权威凌驾于法律之上;坚持社会主义法制神圣不可侵犯,就是坚持人民的利益神圣不可侵犯,不允许任何人任意破坏社会主义法制。我们讲法律具有极大权威,并不是说法律不能修改,而是要强调它的稳定性、连续性,尤其是它的权威性。社会主义的根本政治、经济制度,包括公民的基本民主权利和自由,一旦以宪法和法律的形式确定下来,任何人都不能随意改变。只有这样,才能防止那种依人不依法、依权不依法、依言不依法的现象,才能做到使法律和制度不因领导人的改变而改变,不因领导人的看法和注意力的改变而改变,避免那种"人存政举、人亡政息"的局面。我国是经历了 2000 多年封建专制主义长期统治的国家。专制主义的一个特点,是统治者个人具有绝对权威。在中央,是皇帝决定一切;在地方,是长官决定一切。在我国,这种意识形态的流毒和影响是根深蒂固的。

一个突出的表现,就是我们过去十分重视树立各级领导者个人的极大权威,而十分轻视树立法律和制度的极大权威。结果是,在干部中,权力大于法,一言立法、一言废法的专制主义得以滋长和泛滥;在群众中,则助长了那种把一个国家、一个地区是否兴旺发达的希望完全寄托在个别领导人身上的小生产者心理,而不懂得民主与法制的重要作用,不知道如何运用法制这个武器去行使自己管理国家的最高权力。无数事实证明,今后只有在全党和全国人民的思想中牢固地树立起法律具有极大权威这一观念,并在实践中彻底坚持这一原则,广大人民群众才可能最有效地运用法制这个武器去维护自己的利益,才能防止林彪、"四人帮"一伙坏蛋制造的历史悲剧在我国重演。没有法律具有极大权威的正确观念并在实践中真正贯彻这一原则,就没有以法治国,就没有无产阶级专政的巩固和社会主义建设事业的胜利,这是从我国 30 年来法制建设正反两个方面的经验中得出的一个十分重要的结论。

（摘自李步云、王德祥、陈春龙:《论以法治国》第二部分,原载《法治与人治问题讨论集》群众出版社 1981 年版。）

对人治与法治问题讨论的一点看法

于光远

　　对人治与法治的不同看法,历来是法学领域中争论较多的一个问题。20世纪50年代后期,我国法学界就有人提出过这个问题,当时不但未能展开,反倒成了设置科学"禁区"的一个口实。在"文化大革命"中,连有关人治与法治的提法都是"犯禁"的。近年来,法学界就如何评价我国30年来法制建设的问题发表了许多意见,提出了许多重要的理论问题和实践问题,其中就包括了一个人治和法治的问题。我觉得提出这样的问题来讨论是有好处的。

　　关于当前法律界争论的人治与法治的问题,大致是两种观点:一种认为,人治与法治是统一的,人治是统治阶级的人治,法治是统治阶级的法治,历史上,现实中没有离开人治的法治,也没有不要法治的人治,不同意把我国过去一段时间说成是只有人治,而没有法治。另一种意见认为,人治、法治是对立的,人治是以掌握统治权的个人意志治理国家,法治倾向于民主。主张后一种意见者认为,我国过去的一段时间,实行的是人治,也就是专制独裁。所以要实行法治,要以法治国,甚至提出"法律至上"。我不打算来判断究竟哪个看法正确,哪个看法不正确。不过,既然向我提出了这样的问题,现在我就谈一点看法。

　　在这里我想先对人治和法治这两个概念发表一些看法。我觉得从这张单子介绍的两种观点来看,对人治和法治这两个概念似乎有点混淆不清。我觉得他们把两种不同性质的问题混在一起了。一种就是说,进行法治要不要人来做,另一个概念是认为,有一个与法治相对立的人治。我认为要把这两个问题区别开来,才能把问题讲清楚。徒法不足以自行,这一点应该肯定,事在人为。只有法律条文,没有人去认真执行,再好的法律也肯定是起不了作用的。任何国家,任何时候,确实不存在这种无人去治的法治。古今中外从来没有用不着人在里面起作用,仅靠法律条文本身就可以起作用的事情。人可以遵守法律,也可以违反法律。

执法的人也可以不很好地去执法,甚至执法的人也可以违法。在社会舞台活动的是人,不是条文。而且条文也是人制定出来的。决心实行法治也是一种人治。从这一方面来说,我们不但要制定好法律,而且要进行法律教育,让大家都来守法,要有好的司法工作者来执行这个法律。而且要有各个方面的有关部门、有关组织配合,尊重法律,保障法律的实行。另一种性质的问题是同法治对立的人治。这种"人治"在思想上就是认为,不要法律就可以治理国家,因而,或者根本不主张立法,或者在立法之后认为可以藐视法律,可以不遵守法律。表现在行动上就是"无法无天",能够不制定法律,就不去制定,即使有时自己虽不得不把法律定了出来,但原先就压根儿不打算实行,制定出来之后就根本不去实行。这种性质的人治是我们所要反对的,也是可以反对掉的。这种性质的人治是不是一定是专制独裁?那也不一定。问题在于掌权的是一些什么样的人。在这种情况下,法律本身就不起什么作用,而是人在起作用。所以这个人究竟实行的是专制独裁,还是遇事和周围的人商量,那就要看这个掌权的人是个具有怎样品质的人。如果这个人是"明主""清官",那么政治就比较清明,老百姓的日子还好过;如果遇到昏君和贪官,政治就腐败,老百姓就要遭殃。没有法律,完全靠人,的确是很危险的事。没有法律更不能担保,避免不好的人上台。而且一个人即使有一个时期很好,在另外一个时期也可以变得不那么好。而且,没有法律,实行与法治相对立的人治,总的说来,的确容易走到专制独裁,因此说这种性质的人治倾向于专制独裁,我看这种说法是可以的。

至于法治是不是就倾向于民主呢? 一般说来,也可以说是对的。条件是法律是保障民主的法律。法律如果是针对某些人搞独断专行,甚至搞专制独裁,为了限制这种人损害人民权利而制定的,按照这样的法律实行法治,就倾向于民主。但是如果不是这样的条件,法治也不一定倾向于民主。因为也可以制定保障专制独裁的法律嘛! 如果制定了这样的法律,当权的人就可以依靠这种法律,更加实行专制独裁。我们要的法治,当然是倾向于民主的法治,现在我们的国家正是这么做的。

过去 30 年,的确我们的法治精神是很差的。有法律,而法律教育也很差。干部不重视法律,老百姓不重视法律,确实存在有法不依的情况。如宪法规定了公民的权利,可是"文化大革命"中,谁也不敢说你不能抄我的家。这不是有法不依嘛!

哪个地方干部作风好,为人民服务,这个地方就搞得好;哪个地方没有法治的精神去约束他,人民的权利就没有保障。所以要强调法治,可以通过法治得到比较多的保障。这种保障当然不是绝对的,还要靠人。人,这里面包括执法的人,守法的人,还要有一些为了维护人民利益,为了法律的尊严进行辩护,进行打抱不平而坚决奋斗的人。因为在一个现代国家中制定许多法,与法涉及的问题很广泛,各个社会生活领域都和法发生关系,任何一个机关、学校、企业都跟法律发生关系,需要做的工作很多,各方面都需要法学知识,所以为了实行法治就要有一大批从事法律工作的人,法官、律师、法律顾问、法学专家、从事普及法律知识和培养法律人才的法学教育工作者,以及各式各样和法律打交道的人,要有一支有一定质量和数量的法律工作者的队伍。实行法治的国家,法律工作者的队伍是很庞大的。各种组织(主要是企业)都有自己的法律顾问或者律师,甚至个人也要请法律顾问。我听从美国回来的同志讲,美国的税法多得不得了。他们讲,不仅税目多得不得了,税收的规章也细得不得了,而且关于免税、减税的例外规定,在美国就有厚厚的一本书,这还不是正常的税收条款。而解释这个例外的,就有十本书。美国人如果不请法律顾问,就弄不清楚怎样去缴税。法律工作者的名堂也很多。资本主义国家的情况是这样,有的社会主义国家,如南斯拉夫在司法制度方面,他们想了好多主意。他们专有一种人,叫作社会自治辩护士。我第一次访问南斯拉夫时,陪同我们的是一位党中央的顾问,他的爱人就是塞尔文尼亚共和国这么一个辩护士。这是一种职业,每个共和国的每个区都有这种人员,他们拿国家工资,任务是专打抱不平,不管什么地方,什么人违反了社会主义自治制度的法,侵犯了人民的利益,他就有责任、有权力提出来,要求有关部门处理。这也是实行法治中发挥人的作用的一种情况,一种组织形式。在南斯拉夫还有一种大概叫作"社会诉讼代诉处"的机构。它作为一个团体,其成员可以代表机关、企业单位作为原告或被告出席法庭。这样,原告或被告单位的负责人就可以不出席法庭了。比方说,一个部是被告,每一次派一位部长或副部长去出庭,他们既没有这个时间,也不一定合适。据说,在南斯拉夫,老百姓告政府这样的官司还不少,主要是涉及财产的问题。诉讼的结果,大概是政府败诉占百分之三十,败诉要赔钱。但是对联邦议会主席团等几个单位不能告。其他机关都可以当被告。总的来说,他们在政治上有一些办法,来使人和法发生作用。

还有一个问题,大概也应该属于上述范围。据说,有不少人担心已经生效的法律能否贯彻执行,是否还有"以言代法"的情况出现。出现这种情况该怎么办?我们说,不应该让这种现象再出现了,要努力保障民主与法制,制止这种情况出现。

在这里我想讲一个道理,那就是为了保证法治,第一要靠广大法律工作者本着对法律负责的精神,坚持法治立场,同一切违法或者损害社会主义的行为作斗争。同时也要靠广大人民的力量。为了保证法治,就要依靠人的力量,而在一切人当中,最有力量的应该是广大人民。法治的根本精神,就是人民自己当家作主,起来治理国家。这就是要实行人民民主的制度。实行民主制度,人民就可以同一切违法的、破坏法治的行为作斗争。不过人民如果没有觉悟,还是做不到这一点,这就需要在实行民主的过程中,不断提高自己的觉悟。最好的是在制定法律的时候,人民就有权参加讨论;制定之后,人民有权实行监督。

（摘自于光远:《对人治与法治问题讨论的一点看法》,原载《法治与人治问题讨论集》群众出版社 1981 年版。）

论我国实现法治的基础

沈国明

在以往的讨论中,我们对法治的实现曾停留在这个认识上,即认为我国具有实现法治的充分可能性:(1)我国消灭了剥削和压迫制度,建立了以生产资料公有制为基础的社会主义经济制度,为真正实现公民在法律上一律平等,反对特权、压迫和剥削制度创造了有利的经济条件和物质基础;(2)社会主义建立了崭新的阶级结构,以作为代表工人阶级意志的法治国,是人类历史上最得人心的治国方式;(3)社会主义国家人民真正掌握了国家的最高权力,按照民主集中制原则组织起最有效能的廉价政府,因此法治能得到最广泛的人民群众的支持和监督,能得到国家机关最有效的维护;(4)工人阶级代表着社会发展的方向和全人类最根本的利益,有着辩证唯物主义世界观,没有偏见,大公无私,因而能够制定出日益完备的社会主义法律,又能坚持原则,严于执法,反对特权。

但是,按照上述理论,很难回答为什么社会主义的我国在很长一段时间里实行"人治",为什么会出现像"文化大革命"那样的灾难。我们审视以往的历史就不难发现,法治并不随着社会主义制度、公有制的确立而到来,需要社会、经济、文化的全面发展和进步为它开辟道路。法治的实现需要考虑一些基本条件。

一、我国是否已有了自己成熟的法治思想体系

要实现法治,必须要有法治的理论。力图建立法治,法学理论首先要受到时代的检验。

中华人民共和国成立以后,我国的法学理论建设只是以苏联作为参照。这个参照固然给我们的法学理论带来了好处,但它同时又带来了相当的局限,集中表现在:我们的法学理论大抵用历史唯物主义来代替对法律这个特殊的社会现象的

专门研究,用对社会发展一般规律的研究代替对法律内部规律的研究,用单一的方法取代理应多样化的诸如比较法学等研究方法,用对单个法学家的具体评论取代把法学理论、法学史、个人的法律思想等融为一体的宏观研究。这势必造成了我们法学观念偏狭,研究方法单一,理论陈旧,对马克思主义的研究停留在《联共(布)党史》的水平上,同社会实践严重脱节等弊病。

马克思主义的法学理论不仅应立足现实,而且应面向未来,是根植于社会实践的不断生长和发展着的活的机体。

法学理论在走过漫长的曲折道路之后,面临众多的新问题。我们还只停留在对法治作"有法可依、有法必依、执法必严、违法必究"这样最粗略的勾勒上,而没有将它作为一个历史观念和理想作动态的分析,作全面的阐述,没有认真地考虑在现实条件下如何才能使法治真正实现,使理论与实践相吻合。法治理论要能够说明中国法制建设中的实际问题。

构筑法治思想体系,它至少应该包括以下几项内容:(1)关于法治发展战略的理论;(2)关于法治发展因素分析理论;(3)关于法治发展阶段理论;(4)关于法治发展和社会发展相互关系的理论。不就这些问题展开深入的研究而认为现在就具有实现法治的"充分可能性",像"文革"这样一场有深刻历史原因的浩劫,就会被理解成一种偶然的失误,从而把一场巨大的民族灾难化为个人的恩怨,其结果并不能避免这类灾难的再发生。类似认为现在具有实现法治"充分可能性"的理论著作不少见。这就是中国目前尚无成熟的法治思想体系的写照。

二、我国法律是否已符合法治的要求

根据当时当地的政治、经济、文化状况,遵循一定的法律思想来组建国家、制定法律这是一条规律。由于我国还没有出现成熟的法治思想体系,加上目前正处于新旧体制交替时期,所以,我国的法律尚不能满足经济体制改革的需要,因而影响了法治的实现。

从改革的过程来看,我们是在以生产资料全民所有制为主体的公有制财产关系不变的条件下,发展商品经济,以追求经济过程的优化。然而,现在还不能从法律上解决保证公有制的财产性质和商品经济关系、经济过程优化之间的矛盾。目前我们还不能找到既反映主人身份,又能作为生产要素,可以聘用,也可以解聘的形式。在劳动方面开始推行合同制,这项改革适应了企业对生产要素重新组合的要求,但是劳动者处于被选择的地位,无法实现对生产资料的权利。如果企业被承包或租赁后,劳动者就业就更不是和全民所有的企业直接发生契约关系,而仅和另一个有独立利益的经营人发生联系。在这种场合劳动者往往只作为生产要素,而很难体现出生产资料主人的特点了。这个矛盾,深刻地反映在经济立法的过程中。

我们正处在新旧两种体制交替的时期,一些社会主义商品经济的社会关系还没成形。债券、股票在社会主义经济中的地位和作用都不甚明确,因此,我们还不能制定出理想的《公司法》。正因为类似问题很多,所以影响了我国一批基本法律的制定,从而影响了法治的实现。

立法技术上的问题也造成了实现法治的困难。我国法律的特色之一是规范条文比较简明,要将比较抽象的原则性的规定作为行为规范,中间需有一些环节,而现在,我们缺少这些环节。首先,缺少细则或类似细则的具体规定;其次,缺少对法律执行机关的规定,这种情况在地方性法规中表现更为明显;最后,不少法规缺少罚则。

我们认识到了有法不依、违法不究、执法不严是目前法制建设中的严重问题,但是,对其原因的分析较多地是从法治观念淡这方面来考虑的,对法律本身是否完善、执法机构是否健全考虑得不够。其实,法律的不完善会强化人们轻视法治的观念,影响法治的实现。在法制仍然不甚健全的今天,在执法等问题比较多的方面,把法律法规搞得更细密些是有必要也有可能的。

法律要穷尽一切事例是困难的,它只能在实践中日益完善。法治要求的法律完备只是相对的,而且只能在实践中逐步实现。在这个意义上,法律的完备同法治的实现一样,始终是一个过程。

三、我国的社会是否具有了接受法治的基础

法治通常是以商品经济比较发达、经过了"从身份到契约"这个运动作为充分实现的基础的。因此,在讨论法治的实现时,不能不考虑社会是否具有了接受法治的基础。

人的个体的发展处于较低的阶段,会影响社会接受法治的程度。马克思把人的个体发展划分为三大社会形态。第一个社会形态的社会关系特征是人的依赖关系。新型的社会关系——商品经济关系发展起来后,就过渡到了第二个社会形

态,这个阶段社会关系的特征是以物的依赖性为基础的人的独立性。第三个形态是人的全面发展。我们的社会主义的不成熟性使得人的个体第二阶段发展任务,要在社会主义生产方式中完成。因为在商品交换中,交换的双方在生产和需要上的相互差别及由此产生的相互需要,导致了人们在社会关系上的平等。这种经济人格上的平等,是政治人格上平等的基础。这样的个人,能够对各种问题作出自己的独立判断,同时又具有守法精神。马克思认为:"平等和自由不仅在以交换价值为基础的交换中受到尊重,而且交换价值的交换是一切平等和自由的生产的、现实的基础。作为纯粹观念,平等和自由仅仅是交换价值的交换的一种理想化的表现;作为在法律的、政治的、社会的关系上发展了的东西,平等和自由不过是另一次方的这种基础而已。"[①]马克思的这段话,使我们很容易理解在我们的社会主义实践中为什么也会出现"文革"那样的灾难,会出现个人凌驾于法律之上以言代法的人治现象。因此,如果我们不进行经济体制改革,没有社会主义商品经济的高度发展,就难以使平等、民主和法治的观念在全社会得以普遍确立。在这样的基础上要使法治得以充分实现是不可想象的。

除商品经济不发达这个因素外,传统文化的某些影响也是中国社会缺乏接受法治的基础的重要因素。

中国传统文化的基本特征是"礼"或"礼治"。"礼"是中华文化世代相沿的主要形态,兼有生活方式、伦理风范、社会制度的一体化内容,成为绵延数千年的传统文化模式。实行"礼治",特别注重道德感化。中国的封建统治者主要是以伦理的训条,而不是以法律精神治理国事。每一个国民首先考虑的也不是遵从国家的法治,而是如何在错综复杂的人际关系中行伦理义务。这两者的配合,便构成宗法式社会的"和谐"。"礼"所表现的隶属观念,又增进了人与人之间的相互依赖,对家庭、对国家具有强韧的亲和力。在这基础上不可能产生民主思想,只能产生家长主义,而家长主义是专制主义的最好伴侣。以"礼"为特征的中国传统文化,已经在两千多年中融化在中国人民的思想意识和行为规范里,积淀为一种遗传基因,成为民族心理的一部分。传统文化的影响,使我们社会接受法治的基础很薄弱。与建立一个较完备的法律体系相比,确立人们的法治观念要困难得多。因此,当主张实行法治的人立足于社会之中,他就要正视这沉重的历史包袱,不能看

---

① [德]马克思:《政治经济学批判》,载《马克思恩格斯全集》(第四十六卷上册),中共中央马克思恩格斯列宁斯大林著作编译局译,人民出版社 1979 年版,第 197 页。

不到传统文化的影响而把法治的实现看得过于简单。观念的变革不会一蹴而就，而要经过几代人的努力。就这个意义来说，法治的实现是一个"法以化民"的漫长过程。

大力发展社会主义商品经济是促进人的观念变革的催化剂和法治得以实现的刺激素。它能把人的个体发展推向一个新的阶段，使社会有接受法治的基础。通过商品经济的发展，逐步改变自给自足的经济落后状况，使封建专制主义的意识形态失去立足的根基；商品经济的发展，要求遵循价值规律和等价交换原则，有助于提升人民的平等观念，促进人的个体的充分发展，商品经济的发展，削弱了对经济的行政干预，法律手段的运用得到了加强。所有这些，为社会主义法治的实现创造了良好的社会环境。

要想在中国建立一个接受法治的基础，必须充分重视传统文化对法治实现所起的制约作用。重"礼治"轻法治会延宕法律完备的进程，阻碍法律权威的确立，限制法律在实践中得到切切实实的贯彻执行。公民法律意识、法治观念的确立，需要进行一场观念的革新，需要对传统文化进行批判的继承和改造。从经济体制改革起步的当代中国变革，很快渗透到了社会的政治、科技、教育等各个领域，形成了社会整体变革的局面。法治的实现，需要上述各项改革取得成功，以建立社会接受法治的坚实基础。

（摘自沈国明：《论我国实现法治的基础》，原载《上海社会科学院学术季刊》1987 年第 1 期。）

法治的精神要件

徐显明

　　法治的精神,这一概念内含着:第一,它是安排国家制度、确立法律与权力比值关系的观念力量;第二,它是一种相对稳定的、为保持法的崇高地位而要求人们持有的尚法理念;第三,它反映法律运行的内在规律,对变法具有支配、评价等作用,在遇有权力涉法行为时能传导公众广生排异意识并最终指导人们认同法律的权威。由此三点可以看出,法治的精神既不同于法律原则,也不同于法律精神,更不是法的本质。它的实质是关于法在与国家和权力交互作用时人们对这一关系所选择的价值标准和持有的稳定心态。具有法治精神的社会,即使法制状况不理想,其也会在这种精神的推动下逐步走向改善。如果说运动着的事物都需要一个方向或灵魂的话,那么法治的精神就是展现法治品格和风貌的方向和灵魂。现代法治社会中,构成法治精神的要素至少有四种:善法、恶法价值标准的确立,法律至上地位的认同,法的统治观念的养成,权利文化人文基础的建立。

　　法学理论如果只告诉人们法是什么而不说明法应当是什么,这样的法学便是病态法学。这种法学的价值以其研究对象的价值而定。如果法是善的,法学便是善的,如果法是恶的,法学便助纣为虐。善法,是法治的最低要求。所谓法治,首先是指"善法之治"。其实哲学上所追求的对人的终极价值——真、善、美,在法治上只要有一价值成立其余就会同时展开。倘若在立法上解决了善法之治的问题,那么在法的实施上必然要求"真法之治",而不是有法无治。而善法之治与真法之治的实践结果,便给人以艺术上的价值,即"美法之治"。法治当中的"善",意指益于人的道德准则,在观念形态上它已转化为人人都能接受的正义。法律制度在设计和构建过程中被要求的分配正义、校正正义、实体正义、程序正义等都是它的内容。法律以正义实现为追求,该法便是善法,舍弃了正义的价值标准,法便是恶法。善法、恶法价值标准的确立,使人们在观念上有了"法上之法"与"法下之法"

以及"合法之法"与"不法之法"之分。正义为法上之法,追之近之为合法之法,去之远之则为法下之法或不法之法,即恶法。恶法不为法,人人有权予以抵抗。一个社会中,人们有无抵抗恶法的意识,是衡量其法治观念强弱的标准之一。在现代法业已被认识到的由一组组基本价值范畴组合的价值体系中,为求得善法,人们应在对价值发生矛盾时作出如下选择:正义与利益以正义为先;自由与秩序以自由为先;公平与效率以公平为先;安全与和平以安全为先;生存与发展以生存为先。正义、自由、公平、安全、生存为善法之恒定价值,其余为相对价值。这种价值选择,使法律价值观与经济价值观有所不同。至善之法,即是衡平价值关系而使价值冲突降至最低限度之法。这一价值尺度应成为立法的首选原则。将这一观念推之于社会,公众也就掌握了判别法律正义与否的标准,法制随之也就具有了去恶从善的内在活力。

法律至上地位的认同问题,回答的是法律是否具有最高权威问题。无论何种形态的社会,总有一个具有至高无上的权威存在。如果公众心目中认同的最高权威不是法律,那么这个社会就肯定不是法治社会。我们已知的至上观有:奴隶制时期"一切皆从天子出"的天子至上,封建制时期"天下事无大小皆决于上"的君主至上,西欧中世纪"朕即国家""国王便是法律"的国王至上以及20世纪30年代德国的纳粹党至上、国家至上和希特勒元首至上。凡在权力高于法的地方,法都是随执掌权力人的意志被随意塑造的,这种社会里即使有法,这种法也是呈人格化的,其特点一是没有理性,二是多变。如果法要对社会产生作用的话,其作用的出发点首先是为了通过法律强化权力的权威。生效的法律一旦不利于权威的稳固,其命运就是十分悲惨的。在这样的社会里,法律是极不牢靠的,人们既无法信赖法律也无法依靠法律,实行人身依附或权力依附,其结果比依赖法律要好千百倍。在视法律为畏途与视权力为利益的比较中,人们产生普遍的崇尚权力的观念及以官本位作为对人的价值评判标准就是非法治社会中必有的现象了。该种情况,在我国也未根绝。曾有相当长的一段时间,我们用政策代替法律——政策至上,全民学两报一刊——社论至上,落实最新指示不过夜——最高指示至上(最新指示的效力可能又高于最高指示),法律的权威远不及一人之言,其结果导致了人人自危和无法无天。这一时代虽已离我们远去二十年,但它残留给社会的蔑法意识仍然存在。法大权大之争,即关于法律具有最高权威还是权力具有最高权威的论争也未结束,至今仍少有人敢于理直气壮地喊出法律至上的口号。其实只要在逻辑上作出下列两个判断,推演出我国法律至上的结论就是不难的。其一,我国社会主义法是人民意志的集中体现，主张法律至上即是主张人民意志至上；其二，具有根本规范性质的四项基本原则已变成了我国社会主义法的组成部分，主张法律至上即主张四项基本原则至上。这种推理虽然依据的是非理性的事实判断，但其结论是理性的。它要求全社会所形成的主流法治信念为：只承认法律一种权威。

　　法的统治的观念是法治精神的核心。这种观念不同于政治学上所说的阶级统治。阶级统治的观点不承认统治阶级再接受其他主体的统治，而法的统治的观点，则把法作为主体，而把社会所有人作客体。在这种观念里，最有价值的思想是承认统治阶级也必须严格守法，而不承认法律之外另有主宰法的而不被法制约的主体。中国先秦法家曾主张法治，但其所用原理与儒家之人治是相同的。"垂法而治"①或"缘法而治"②，目的无非如韩非子所言"治民无常，唯法为治"③。人治、法治之争，差别在治之具上，而治者与被治者是相同的。故无论是德治、礼治、心治或人治还是刑治、兵治、力治或法治，名虽有异而实则同矣。诚如清人王夫之所发现，"人治、法治皆治国之道"④，"任法任人皆言治也"⑤。它们共用的公式是：人执一具以治人。由是观之，法家之法治，实质仍是人治。他们所宣扬的"一断于法"是把君主排除在外的。所谓"刑无等级"，只适用于"法于法者民也"，对"生法者君"来说，他在法律之上，法家从未敢明言君主与庶民共同守法。启蒙思想家卢梭曾发现：如果有一个人可以不接受法律的统治，那么，其他人随时都可能受到这个人的统治。⑥ 法家的法治与儒家的人治一样，其追求的价值目标是与法治背道而驰的专制。而法的统治，导致的目标却是民主，这是两种法治质的不同。法家的法治至多算是治国的方法，而法的统治则超越方法论的性质，它指的是国家的原则和社会状态。法律如果是人民制定的，接受法律的统治正是接受人民的统治。在法的统治的主客体公式里，法的主体地位实则代表着人民的主体地位。如果说无产阶级或其政党没有超越人民的私利的话，那么，统治阶级或执政党接受法的统治恰好证明了自己来自人民，服从于人民的性质。所以法的统治的观念，是消除特权而首先要求立法者守法的观念。法的普遍性、平等性等原则都能从这

---

① 《商君书·壹言》。
② 《商君书·君臣》。
③ 《韩非子·心度》。
④ 王夫之：《读通鉴论》卷三。
⑤ 王夫之：《读通鉴论》卷十。
⑥ ［法］卢梭：《论人类不平等的起源和基础》，李常山译，商务印书馆 1962 年版，第 52 页。

种观念中获得说明。

权利文化与人道主义文化、科技文化一起构成了当今世界三大文化主流。人道主义文化联系着人类的道德规范,社会的精神文明由此得以养成。科技文化概括着人类创造财富的先进手段,社会的物质文明由此不断提高。权利文化制约着人类设计制度的原则,社会的制度文明由此得以建立。权利文化是法治社会得以形成的人文条件。在人格不独立、身份不平等、行为不自由的地方,法治便是遥远的梦乡。权利文化所要解决的正是观念上的和制度上的上述问题。权利文化的凝聚形态是权利本位的理论,它有两大内涵。其一,它是解决公民和国家主体关系问题的理论。主仆型文化产生义务本位。在这种本位里,国家具有主宰地位,公民唯有无条件服从之义务。权利本位则相反,它把公民对国家的关系颠倒过来,认为公民有权主宰国家,国家以保证公民主人地位的获得为绝对义务。其二,它是解决权利与权力互动关系的理论。国家权力的行使以为公民创设权利实现的条件为目的,权力行使如果背离了公民权利得到保障的宗旨,权力便会受到改造。国家权力以公民权利为运行界限,而两权界限由法律明定之。权利本位的理论并不直接解决同一主体所享权利与所尽义务间的关系,因为按照权利本位设计的权利制度,允许人们享有无义务的自然权利。权利本位文化的实质,是个人权利的实定化和义务的相对化。在这种文化背景下,人和人之间的关系是平等、自主关系,人对国家的关系具有三种模式,即义务领域里的服从、自由领域里的排拒、权利领域里的依靠和参与,由此而产生社会和谐。国家再不必以赤裸裸的暴力去强制人们无条件服从权力,人们各守权利界限而共生共荣,于是便有法治。权利文化对于法治,正如土壤对于种子,缺少了文化的养料,法治断难育成。

（摘自徐显明:《论"法治"构成要件——兼及法治的某些原则及观念》第一部分,本文标题为原文第一部分小标题,载《法学研究》1996 年第 3 期。）

法律本体的人文主义基础论析

杜宴林

综合起来看,很明显,上述所有这些文明品行无疑是与我们的人性理性观息息相关的,它们不是凭空而来的,而是以理性为根。相应地,它的实现无疑也必须奠基于人性理性的改造与巩固之上。因此弗洛伊德一再强调:文明是指"人类生命将自己提升到其动物状态之上的有别于野兽生命的所有那些方面","生活在这个世界上,要为更高尚的目的服务,无疑,这一目的究竟是什么是不大容易的猜测,但它必然意味着人性的完善"。① 而鲍桑葵也坦言文明"意味着从一个人自己的任性中解放出来并接受一项普遍的义务"。② 具体说来,一方面,就人的自我来说,他必须进行心灵与肉体的斗争,在该过程中,自我应借助灵魂和精神人格的力量克服肉体的自然盲动,使人格高尚起来;另一方面,就人与社会的关系而言,人应通过与社会和群体的联系交往,以及社会的政治、制度、风俗、习惯等形式使自身社会化文明化。③ 这也就是说,文明的金科玉律和自明的结论性原则就在于,文明意味着人性的改造与完善,而其根本目的无疑就是将人从动物式的本能存在方式提升为人性存在方式,即快乐方式为理性方式所取代。因而不必说,文明的基本问题总集中于这样一个事实,抑制人的利己本能,解放人的利他本能,并达致理性的均衡,即埃利亚斯式的自我强制。④

然而,原则总是轻松的,文字也容易理解,而真正实现这一原则的过程却远比文字来得复杂和艰难,因为在这一过程中,总横亘着永不安息而又不易抗拒的本

① [奥]弗洛伊德:《论文明》,徐洋等译,国际文化出版公司2000年版,第2页、第15页。
② [英]鲍桑葵:《关于国家的哲学理论》,汪淑钧译,商务印书馆1995年版,第265页。
③ 万俊人:《现代西方伦理学史》(下卷),北京大学出版社1992年版,第406页、第407页。
④ [德]埃利亚斯:《文明的进程》(第二卷),袁志英译,生活·读书·新知三联书店1999年版,第309页。

能(性)的严峻挑战,这种挑战的历程的艰难,将使我们毫不夸张地说,文明就是一场战斗,纯粹不朽的文明乃是一顶得来不易的胜利冠冕。所以康德就此感叹道,"生命就是一场战斗,纯粹不朽的人道之花乃是一顶得来不易的胜利冠冕"①,它需要一段没有终点的漫长的内心本性的改造和巩固的过程,这样文明才得以真正创生与持存。这是因为,根据我们既有的研究成果,文明必须依赖于人的理性生活方式或生存样式至少是选择、参与理性生活的方式及样式,这也就是说,它必须依靠人的本能尤其是利己本能的节制而向利他本能的向度转变,并取决于这种转变是如何被唤醒和运用的,以过一种文明理性的生活。然而,诚如美国哲学家库利所言:"理智并不能代替本能,正如上尉不能代替普通士兵;这是更高一层的控制系统,是控制和转化本能的力量。"②这也等于说,如何选择一种理性的文明生活方式,这对有着自私自利即利己本性的人而言,不啻是一种考验甚至战斗,因为本性既谓之本性,它代表了一种较为固定甚至固执和保守且不易更改的行为模式和信念逻辑,因而就其经常情形而言,只能引导而不能控制,然而文明——一如我们前文所分析的,恰恰在于对这种本性的征服或控制。两相对照,文明降生和存续的艰难就可想而知了。弗洛伊德就此认为:每个个体实质上都是文明的敌人。③ 这一点也是确定无疑的,让我们把视线再投回到人性事实中,人是一种双面性的存在物——尽管我们曾对此感喟不已:自然人性和社会人性,两种人性总处于道德张力之中,始终与善恶相联系,前者指称着善的向度,后者意味着恶的属性,而且由于两者的不平等分布,使得人性的常态现象总打上浓重的性恶的色彩——在人的本性中,利己的要素即人性恶的趋向及活跃程度总体来说是远较于人性善的要素为强,并进而使得人性在自然现象下更多地打上了恶的立场和印记。简言之,人性常常是显现恶的因素而少有显现善的因素。它常常表现为自私利己的,追求自身的幸福和快乐。因而不言而喻的是,人总是最大限度沦为自爱的奴隶,显现出狰狞的面目,尽管人性是理性的,但这种理性从根本向度上说,总是意味着按照对本身利益的明智见解行事,其中,本身利益是其核心旨归。所以弗洛伊德说:"我们可以一如既往地坚持认为,人的理智与其本能生活相比是虚弱无力的,而且我们在这一点上也许是对的","理智的声音是柔弱的","理智的优势

① [德]康德:《历史理性批判文集》,何兆武译,商务印书馆1990年版,第40页。
② [美]库利:《人类本性与社会秩序》,包凡一、王源译,华夏出版社1999年版,第23页。
③ [奥]弗洛伊德:《论文明》,徐洋等译,国际文化出版公司2000年版,第2页。

存在于遥远的将来"。① "人依其本性就是懒惰、放纵、短视和浪费的;而只有透过环境的压力,人的行为才会被迫变得经济起来,或者说他才会习得如何小心谨慎地运用手段去实现他的目的。"②这样,过一种文明理性的社会生活,就是一个实际问题,而不是现实的价值向度的问题,具有逼人的紧张性,即人是很难能够理性地行事的。因为人的需求总的来说是一个现实问题——通过自身的行为诉求保存和发展自己。在这种情形中,任何人试图根据文明理性的戒律进行成功的劝善的说教,看来都是不可能的,道理很简单,它不能有效地满足人的即时性的本能性的生存欲望和愿望。退一步讲,即使这种理性的劝说成功地影响了人的行为而趋向于所欲求的方向,这也绝不意味着它可以持续、不间断地在文明期望的程度上对所有的人发生效力,我们也依然不能把这种状态视为文明的当然品格,相应地,它依然应被文明视为不可理喻而非视为玮瑜的事情。文明依然没有像可期待的那样得以降生和持存——缺乏文明持存所需的稳定系数,文明很难获得一种应有的状态性意义和形象,因而在这里,只有文明的要素,没有文明的样式,只有表面的文明现象,没有模式化的文明生活——文明依然无从言起。人类为这样的事实伤透了脑筋,这是因为,根据我们一贯的理解,"文明潮流是基于强大的相互密切交织关系的机制而进行的……文明的转变和随之而来的理性化,(它)并不是'观念'或'思想'特殊范围的事物,这里不再仅仅是与'知识'的变化、与'意识形态'的变化,一句话,与意识内涵有关,而是与人类的整体表征的变化有关;在这表征的内部,意识内涵和思维习惯只是一种部分现象,只是构成个别的领域。(文明在)这里所关涉的乃是整体心灵的形态变化,从有意识的自我调控直至变得无意识的本能调控,其所有区域都发生了变化"③。一种文明的基本意义上的文明转化,是一种基于社会结构向度的文明转化与变迁。它意味着人际关系的全部改组和整合,也意味着人的行为从人的本能向理性的整个铸造需要人的行为思维方式的文明化——一个文明向度上最具特色的事实在于本能的惯常抑制和心理自我强制的能力——心理自我强制乃是每一个文明人的最重要的一个特征,进而成就文明并使其生生不息。

　　与此同时,尽管我们一直确认人性的基本特征是理性的,然而,现代实证心理

---

　　① [奥]弗洛伊德:《论文明》,徐洋等译,国际文化出版公司 2000 年版,第 54 页。
　　② [英]哈耶克:《自由秩序原理》(上),邓正来译,生活·读书·新知三联书店 1997 年版,第 70 页。
　　③ [德]埃利亚斯:《文明的进程》(第二卷),袁志英译,生活·读书·新知三联书店 1999 年版,第 309 页。

学和人类学的研究表明,人性的理性观念存在有限的属性,它是一个有限理解力和意志力的载体而非全知全能的神明。这一点我们也可在哈耶克、西蒙等那里找到所需要的答案。哈耶克将之视作为人的适当的理性或必然的无知,他说:"一般而言,人不仅对于自己为什么要使用某种形式之工具而不使用他种形式之工具是无知的,而且对于自己在多大程度上依赖于此一行动方式而不是他种行动方式亦是无知的。人对于其努力的成功在多大程度上决定于他所遵循的连他自己都没有意识到的那种习惯,通常也是无知的。这种情况很可能既适用于未开化者,亦适用于文明者。"① 而西蒙将之称为"过程理性"或"有限理性",他指出,由于知识的不完备性,对困难的预见、可能行为的范围等都决定了理性只能呈现为有限的理性,因而人们在社会生活中追求的不应当是也不可能是既定目标的最佳化,而是以满意为已足,人们应当也必然会根据以往的经验调整他们的期望值。② 这也使得卢梭的这样观点成为经典,他说:"人们总是愿意自己幸福,但并不总是能看清幸福。"③

很明显,这些事实意味着人类天生执信的文明理念如果仅仅寄望于单独的个体是无把握、不可靠的,而其根本的理由却仅仅在于:本能难拒,理性不足。这等于说文明在其创生和持存过程中靠单独的个体是不可欲的、不易的,不易就是难。但又正如我们一贯的思路所表明的:人之为人的至尊轩昂气质与卓尔不群的品格在于,人总是理性——哪怕是有限理性——的存在物,他能不断重新创造自己的东西,是自我创造者。④ 或者说,"人是一种对自己不满,并且有能力超越自己的存在物"⑤。因此,如下的事实就不言自喻了,文明所需要的自我强制必然分解为自我德行强制以及外在社会强制。也只有这样,人类才能摆脱自然状态进入文明状态。就我们的论点而言,承认这一点是非常重要的。这意味着,为了人类执信的文明,人们势必(也愿意)"寻找出一种结合形式,使它能以全部共同的力量来卫护和保障每个结合者的人身和财富,并且由于这一结合而使每一个与全体相联合

---

① [英]哈耶克:《自由秩序原理》(上),邓正来译,生活·读书·新知三联书店1997年版,第26页、第28页。

② 参见[美]西蒙:《现代决策理论的基石》,杨砾、徐立译,北京经济学院出版社1989年版。

③ [法]卢梭:《社会契约论》,何兆武译,商务印书馆1980年版,第39页。

④ 李平晔:《宗教改革与西方近代社会思潮》,今日中国出版社1992年版,第184页。

⑤ [俄]别尔嘉耶夫:《论人的使命》,张百春译,学林出版社2000年版,第63页。

的个人又只不过是在服从自己本人"①,而人类的天赋理性又为这一结合大大提供了可资利用的方便之门:达致协议,规范和引导自己的生活方式和模式,并对那些与这一结合形式不合时宜、非妥当甚至背离的人们给予应有的谴责和惩戒。当然,正如卢梭所认为的,在订立契约之后,我们仍像从前一样是自由的,然而自由或自由权虽然保留着,却经历了一个转换。它不再仅仅是行动的权力,它现在已被权威化、合法化。人通过社会契约而失去的是他的天赋自由权,而得到的是"社会的自由权";"我们必须很好地区别仅仅以个人的力量为界限的自然的自由与被公意所约束的社会的自由"。② 置言之,在"人是靠不住的""人都是有弱点的"情况下要型构文明,聪明的做法应当是,充分体现理性文明人的卢梭式的普遍意志或公意,结成社会共同体或群体。在这群体中,个体也能认同自己为其中的一员,也就是人所具有的归属感或身份认同感,即观念。"观念概念的重要性在于,它通过共同持有的观念,使众多的个人得以相互交流。"③这就使得人们共同持有相同的理解并认识到在交往过程中使用相同的示意动作和象征符号,并进而对每个人持相同的期望,对所有的人承担相同的责任,承认人们拥有相同的权利和负有尊重他人的相同义务,当然,这种承认不仅包括了人们期待对权利的承认,而且期望这种承认被全体人们所共同接受,以及这种权利能被每个需要它而且有能力执行它的个体所执行。有了支配权利的态度就能使人们在执行法规的过程中扮演两个角色:既懂得维护权利,又懂得回应人们提出的权利中所反映的要求——这两种角色共同地由相同的普遍态度所界定。人们必须承认,无论在什么地位或扮演什么角色,这种相同的普遍态度对己对人同样都是适用的。因此,不管是要求权利还是尊重权利,人们都得承认大家一样地拥有权利,而又有义务彼此尊重对权利的要求。④ 总之,在这里,充分体现了一种理性人的认同和回应的态度——米德称之为"泛化的他人态度"也就是共同体的态度,反映了全体共同体成员普遍拥有的一种控制和规范的观念和期望。而且很明显,这种期望还有这样一个重要的特征,就是相互性:任何业已将它内在化的人不仅希望那些想加入这种共同体的

---

① ［法］卢梭:《社会契约论》,何兆武译,商务印书馆1980年版,第23页。

② ［法］卢梭:《社会契约论》,何兆武译,商务印书馆1980年版,第30页。

③ ［美］辛格:《实用主义、权利和民主》,王守昌等译,上海译文出版社2001年版,第169页、第170页。

④ ［美］辛格:《实用主义、权利和民主》,王守昌等译,上海译文出版社2001年版,第149页。

其他人将这些期望作为其行动依据,而且认识到自己也必须依照其行事。不仅如此,正如美国哲学家辛格所言,这种共同作用的期望或意识,必然像所有的欲望一样,要求存在一种实施机制以保证能提供给他们一个实行自己计划的道德空间。并且,这种机制并不是纯粹描述性的,他们是规定性的,指引我们以某种方式去行事。因而,同样很明显的是,在这些期望真正有效的地方,这必将意味着这些期望将会被理性人以社会规范的形式确立或确定下来,用以支配其成员之间的某种关系,并带有共同体的权威性——这些权威是它们规范力量的源泉。所有这些将规范原则内在化的人们都意识到它们被指定的特征,他们理解或感觉到(或意识到他们应当如此做),他们和其他每个人都应该用它们来支配自己的行为,如果不这样做就要犯错误。① 只有这样,卢梭解释道,人类才真正"由自然状态进入社会状态,人类便产生了异常最堪注目的变化,在他们的行为中正义代替了本能,而他们的行动也就被赋予了前所未有的道德性",因为只有在这时,"权利代替了嗜欲",文明才得以昭彰。人们的处境确实比起他们以前的情况更加可取得多,"也就是以一种更美好的、更稳定的生活方式代替了不可靠的、不安全的生活方式,以自由代替了天然的独立,以自身的安全代替了自己侵害别人的权力,以一种由社会的结合保障其不可战胜的权利代替了自己有可能被别人所制胜的强力"。"它剥夺(了)人的绝对生命,赋予他以相对关系的生命,把所谓的'我'移植在共同的单一体中,也就是说移植在社会的'我'之中;这样,他就不再以为自己是一个单一体,而是整体的一部分,只有在共同体之中才感觉到自己的存在。"换句话说,它使得人们认识到自己的每一个行为都应求教于理性,以理性为据,"自由地服从并能够驯顺地承担起公共福祉的羁轭"。② 从而,一言以蔽之,把秩序合作安全的文明品行纳入其中,应对和满足生活的需要,因而它是全部文明社会体系的基础。

(摘自杜宴林:《法律本体的人文主义基础论析》第二部分第二小节,原载《法制与社会发展》2005 年第 4 期。)

---

① 〔美〕辛格:《实用主义、权利和民主》,王守昌等译,上海译文出版社 2001 年版,第 171 页、第 15 页、第 31 页。

② 〔法〕卢梭:《社会契约论》,何兆武译,商务印书馆 1980 年版,第 29 页、第 45 页、第 54 页、第 57 页。

人的尊严的法律属性辨析

胡玉鸿

一、人的尊严是超越实在法的法律的伦理总纲

人的尊严在实在法上的引入,实际上表明了伦理规范在制定法上的指导地位。固然,法律规范不是伦理规范,法律也不能作为推进道德的工具,然而,法律却不能拒斥伦理规范,尤其是对社会生活带有根本指导意义的伦理规范来说就更是如此。党的十八届四中全会决定指出"法律是治国之重器,良法是善治之前提",[①]并明确提出要"增强法治的道德底蕴"。[②] 那么,什么样的法律当得起"良法"这一美名呢?"法律必须满足道德或者正义的一定条件,只有这样的法律才能被称为良法。"[③]可见,"良法"表明了法律的内在道德性,说明法律必须吸纳社会基本的伦理规范或价值准则,用以指导法律的制定与运行。人的尊严作为一种具有根本性的伦理准则,自然应为法律所吸收,因为法治乃良法之治,而"人性尊严毋宁为法治的核心价值,盖不论是着重程序公平的形式法治理论,或者追求实质正义的实质法治理论,最终都可统摄在人性尊严的价值概念底下,致力于建构一

---

① 《中共中央关于全面推进依法治国若干重大问题的决定》,2014 年 10 月 23 日中国共产党第十八届中央委员会第四次全体会议通过。

② 《中共中央关于全面推进依法治国若干重大问题的决定》,2014 年 10 月 23 日中国共产党第十八届中央委员会第四次全体会议通过。

③ 季卫东:《通往法治的道路:社会的多元化与权威体系》,法律出版社 2014 年版,第 44 页。

个完善的现代法治国家,使人人都过着有尊严的美好人生"。① 从这个意义上说,人的尊严可以作为现代法律的伦理总纲。② 当然,人的尊严一方面可以纳入法律之中,直接成为法律的相关条款,但另一方面,人的尊严又不受制于法律,而是超越实在法又指导着实在法的伦理总纲。人的尊严这种相对于实在法的"超越性",在法理上起码包含这样几个意思。

首先,法律只是宣示和保护人的尊严,而不是创造和发明人的尊严。一个国家的制定法可以将人的尊严纳入法律尤其是宪法的框架之中,但这并不是创造了一个新的法律概念,而只是对人类已达致普遍共识的"人人拥有尊严"价值理念的承认与尊重,并将之体现于宪法和法律之上,并通过国家机关使之落实于具体的法律实践中。值得追问的问题是,既然人的尊严本身是一项独立的伦理规范且又为人们所普遍认可,将之纳入实在法是否必需? 我们认为,法律之所以需要吸纳社会基本价值,一方面是因为法律本身就是公意的体现,将被社会主流认为适宜的、值得尊重的价值理念融入法律之中,对于增强法律的权威与效力自然是必需的;另一方面法律虽然不是道德,但法律是最低限度的道德,道德为法律内容的确立提供了一个必要的参照标准,使法律不至于滑向公道的对立面。人的尊严原本就是一项承认人无差别、人有同等价值的根本性伦理准则,将之纳入法律自然也在情理之中。

其次,人的尊严的先在性③,意味着即使国家法律未明文规定人的尊严,人的尊严仍然应当成为法律的基础准则。没有基础准则作为指导思想的法律规则是无目的的法律规则,缺乏基础准则规制的法律体系是散乱无序的法律体系。人的尊严可以担当这种基础准则的作用。在德国《基本法》的制定过程中,制宪委员会主席曼戈尔特指出:"对于我们来说最为重要的是,从一开始就必须强调和重视人的尊严,该条款的任务是,自由权和人权应该以人的尊严为目标和方向在法律关系中进行设置。"这一倡议得到了多数支持,并最终在德国《基本法》中得以落

---

① 庄世同:《法治与人性尊严——从实践到理论的反思》,载《法制与社会发展》2009 年第 1 期。

② 参见胡玉鸿:《人的尊严在现代法律上的意义》,载《学习与探索》2011 年第 4 期。

③ "先在性"在此意指人的尊严这一规范本身就是独立的伦理规范,并不因为法律上有所规定才得以存在,或者说,其重要性与根本性并不取决于法律的已有规定。

实。① 为什么法律一定需要这种基础准则的存在？这可以用凯尔森的"基础规范"理论加以说明。"基础规范"在凯尔森那里，是一种"最后的预定、终极的假设"。② 凯尔森认为，法律秩序是一个规范等级体系，一个规范（较低的那个规范）的创造为另一个规范（较高的那个规范）所决定，后者的创造又为一个更高的规范所决定，最后，以一个最高的规范即基础规范为终点，它作为整个法律秩序的效力的最高理由而构成了整个法律秩序统一体的基础。"这一规范，作为整个法律秩序的效力的最高理由，就构成了这一法律秩序的统一体。"③可见，没有基础规范的存在，就没有法律位阶顺序的确立，也不会有法律体系的统一。凯尔森未必会认同人的尊严就是他心目中的基础规范，但就现代社会的法律来说，人的尊严确定人拥有自由和权利的根据，塑造人与人之间平等的关系尺度，因而可以作为现代法律的基础规范。在谈到凯尔森与罗尔斯理论的融合时，有学者指出："如果我们采取凯尔森的'规范层级理论'，那么罗尔斯的正义理论，似乎就可以缓和凯尔森的疑难，即宪法规范效力的来源，并非来自那'先前被假定的'或历史上的第一部宪法，而是源于法律体系外的思维价值——本于人性尊严的理念。"④因而，人的尊严可以视同为凯尔森所言的基础规范，在法律体系中占有基础地位。

最后，人的尊严不仅是一种相对于法律而言的先在性规范，还是一项具有永久效力的不变性规范，这意味着法律上"人的尊严"的规定不仅限制着现在的立法者，还对未来的立法者施加了法律上的约束与限制。就具体情形而言，人的尊严条款一般在宪法中出现，表面上看，宪法是人民意志的根本体现，适应新的情形来修正宪法似乎也是理所当然。有的国家虽原则上允许对宪法进行修改，却限定了修改的范围，即明文规定哪些条文不得为后来的制宪者所修改。在将人的尊严写入宪法的国家，相关条款往往成为其中特别规定的不得修改的对象。⑤

---

① 参见周云涛：《论宪法人格权与民法人格权——以德国法为中心的考察》，中国人民大学出版社 2010 年版，第 30 页。

② ［奥］凯尔森：《法与国家的一般理论》，沈宗灵译，商务印书馆 2013 年版，第 181 页。

③ ［奥］凯尔森：《法与国家的一般理论》，沈宗灵译，商务印书馆 2013 年版，第 193-194 页。

④ 徐振雄编著：《法治视野下的正义理论》，洪叶文化事业有限公司 2005 年版，第 55-56 页。

⑤ 例如，德国《基本法》第 79 条第 3 项规定："如果对本基本法的修订影响到联邦领土在各州中的划分、各州在立法参与中的原则，或第 1 条和第 20 条所规定的基本原则，则不允许。"《德意志联邦共和国基本法》，载朱福惠、邵自红主编：《世界各国宪法文本汇编》（欧洲卷），厦门大学出版社 2013 年版，第 185 页、第 195 页。

必须注意的是,人的尊严在一国法律体系中具有"先在性"(不取决于法律的相关规定)、"基础性"(是法律体系得以成立的规范基础)、"永久性"(不允许通过修改的方式对之加以变更),但这并不意味着宪法或法律只能被动地承认或接受人的尊严的概念,或者说,各国的宪法与法律只要套上一个人的尊严的标签,就完成了尊严入宪的任务。实质上,无论是对尊严内涵的理解,还是对尊严范围的把握,立法者以及司法者的主观能动性都是极为关键的,他们的选择与判断往往影响着人的尊严这一概念在不同国家的不同理解。

二、法律对人的尊严概念的改造

人的尊严虽然为世人所普遍肯认,但其内涵、功能、范围又是言人人殊,如何将这一抽象的准则整合为宪法的原则,就不能不由各国立法者根据自己的国情加以选择和判断。在此,首先就涉及人的本质上的定位,即人是纯粹的自然人还是关系中的社会人? 启蒙运动时期是人的尊严理论发展史上的重要阶段,但这一时期的思想家们大多将人视为相对孤立的个体,因而未能在"尊严"的保障上体现人们之间相互尊重的义务。换句话说,古典自然法学是从"个体的人"这一角度阐述政治和法律制度的,至于社会关系这一层面,他们很少注意。然而,尊严不仅涉及人与自身的关系(即"自尊"),更涉及人与他人、社会、国家的关系,脱离了人所寄寓的社会,人的尊严无从生根。所以说,保护人的尊严虽然重在保护每个人的自尊、自主、自立,但这些人绝不是孤立于社会的原子,而是在社会共同体中与他人彼此关联的"社会人"。正如马克思所指出的那样:"人的本质不是单个人所固有的抽象物,在其现实性上,它是一切社会关系的总和。"[1]质言之,人并不是生活于孤岛之上,而是生活于社会之中,社会成就和形塑了个人,离开了社会也就无所谓真实的个人。不仅如此,人的社会性也派生出法律的社会性:"法律应该以社会为基础。法律应该是社会共同的、由一定物质生产方式所产生的利益和需要的表现,而不是单个的个人恣意横行。"[2]在法律中落实人的尊严的要求,也就必须以"社会人"为基础。立法者只有依此标准——以独立、自主但又具有社会性的个人

---

[1] [德]马克思:《关于费尔巴哈的提纲》,载《马克思恩格斯选集》(第一卷),中共中央马克思恩格斯列宁斯大林著作编译局译,人民出版社 2012 年版,第 135 页。

[2] [德]马克思:《对民主主义者莱茵区域委员会的审判》,载《马克思恩格斯全集》(第六卷),中共中央马克思恩格斯列宁斯大林著作编译局译,人民出版社 1961 年版,第 292 页。

为前提,才能建构起合理的法律规范体系。

在法律的语境中,必定会被遇到一个更为现实的问题,那就是人的尊严是否以具有法律上的行为能力者为对象。如果是,则人的尊严必定会被限缩在一个较为狭窄的范围,未成年人、精神病患者或者植物人都不能归属于人的尊严的拥有者的范围;如果不是,则社会上一切人均可成为享有尊严的主体。证诸国际人权公约以及各国法律上的规定,所有人都享有法律上的尊严,而无论其是否拥有理性。"任何一个人来到这个世界上,都对这样一个共同体起了作为一个成员的作用,如果把享有尊严的主体仅仅局限于具有道德人格的道德主体,依此标准,就有相当一部分社会成员会被排除在享有尊严的主体范围之外"①,而这与现代法律追求的平等理念明显是不相吻合的。

实际上,如何接纳人的尊严并使之成为法律上的规定,并不存在统一的标准与公式,而多由各国的立法者根据其立法哲学、文化传统予以决定。一方面,这说明各国宪法与法律并非被动地接受人的尊严这一先在的伦理概念,而是结合本国的国情对之加以引入与细化;另一方面,没有统一的通行做法,自然也为各国的立法提供了广泛的立法裁量空间,而这同时也使人的尊严的法律规定与司法实践充满歧义。德国学者默勒斯对此就指出:"今天,人们可以不夸张地说,对所有其他基本权利的解释都不像人的尊严这样充满争议。"②因此,就人的尊严的法律内涵、具体对象、指涉范围、基本功能等这些问题达成法理上的共识,仍需学者们的不懈努力。

三、人的尊严需要法律的宣示、确认和保障

人的尊严既然是现代法律的伦理总纲,具有指导法律制定、实施的崇高地位,那么,为什么还一定要由国家立法对之加以明确的宣示、确认和保障呢?

就立法惯例而言,社会基本价值并不一定都要在成文法中加以明确,然而,现代社会都是制定法居于主导地位的社会,即使在英美法系国家,也较以往更注重通过成文法调控社会关系。因此,将人的尊严等社会基础价值纳入制定法特别是

---

① 龚群:《论人的尊严》,载《天津社会科学》2011 年第 2 期。
② [德]默勒斯:《德国基本法:历史与内容》,赵真译,中国法制出版社 2014 年版,第 49-50 页。

国家的根本大法之中,有利于其在法典化、成文化的氛围中显示维护这些价值并使其得以实现的决心和信念。立法是将人民的意志转化为国家的意志的过程,国家意志性是法律的本质属性,而由此法律的普遍性、权威性也得以形成。所以,通过法律尤其是宪法将人的尊严规定于国家的法律之中,是法治国家必须完成的任务。法律的这种宣示、确认为人的尊严的实现奠定了制度性基础。

同样重要的是,人的尊严虽然是文明社会的基本准则,但是,这并不意味着人的尊严就能自发地实现。人们应有的尊严即使排除国家侵犯的可能,也会因为社会上其他人的强制、侵害而受到影响。同样,缺乏基本的生活、生存条件,人的尊严就可能无法实现。正因如此,在人的尊严的保障问题上,一方面要求国家消极的不作为,对人的尊严予以尊重;另一方面则要求国家必须积极作为,提供人的尊严得以实现的制度环境。国家的积极作为,一是国家必须通过法律实现基本的秩序,从而为人们提供和平、安全的生存环境。秩序是人的尊严得以实现的基本条件。如果社会处于动荡不宁的状态之中,人们生活于惶惶不可终日的环境之下,人的尊严自然也就无从谈起。二是国家必须加强人权保障,为人的尊严的实现提供良好的制度环境。人的尊严是衍生生存权、人格权、隐私权、自主权等各项权利的基础,只有通过这些权利的实施,人的尊严才有了具体的内容。因而,国家应当通过立法、行政、司法手段,合理界定上述各项权利并保证其在社会生活中得以实现。不仅如此,国家还必须提供条件,促成人的自我发展、自我实现的权利,例如财产权、受教育权、沉默权等,都关涉人的尊严的实现程度,必须予以重视。三是人的尊严的实现,还有赖于法律对弱者的特别保护。人的尊严中所包含的"维持具有人性尊严的生活",就直接与弱者的合理保护有关。国家为保障人的尊严的实现,有义务为那些处于贫困线以下的人们提供救助。目前国家实施精准扶贫、精准脱贫相关政策就具有特别重要的意义。从某种意义上说,人如果处于贫穷、困厄的状态之下,衣不蔽体,食不果腹,即无尊严可言。所以,加强对弱者的立法保护,是当代中国确保人的尊严得以实现的重要步骤。

(摘自胡玉鸿:《人的尊严的法律属性辨析》第二部分,原载《中国社会科学》2016 年第 5 期。)

认真地对待地方法治

黄文艺

如果要认真检讨和反思改革开放以来中国法治研究与法治话语的弊病,那么最值得指出的当数地方法治问题的边缘化。

首先,地方法治问题在法治研究中处于边缘化的位置。无论是从学术界召开的法治研讨会来看,还是从学者们发表的法治研究成果来看,地方法治问题可谓是一个"门前冷落鞍马稀"的领域。法治论者更愿意研究那些轰轰烈烈或光鲜亮丽的国家法治建设问题,而很少有兴趣去考虑地方法治建设所面临的各种具体问题。当然,这并不是说法治论者不关心地方上发生的各种案件和事件。相反,很多法治论者经常在论著中讨论地方上发生的各种有代表性意义的案例,如刘涌案、孙志刚案、许霆案、药家鑫案、李昌奎案、小悦悦案等。不过,他们援引和讨论这些个案的目的,并非要研究与解决地方法治建设中的问题,而是要借助这些个案反思与回答国家法治建设中的重大问题,如司法与民意的关系、收容遣送制度的废除、法律与道德的关系等。

其次,地方法治在国家法治建设中的地位被边缘化。目前大多数的观点认为,地方在国家法治建设中的角色是依法治国方略的落实者和国家宪法法律的实施者。虽然地方拥有一定的立法权,但地方立法不过是根据本地情况执行国家法律法规的规定。有论者还提出用法治与法制两个概念来区分中央与地方在法治建设中的不同角色,主张在中央层面使用法治概念,在地方层面使用法制概念。因此,地方法制主要是指地方在国家法治原则的统一指导下实施宪法法律的各种规则和制度的总和。此类观点从逻辑上说似乎很清晰地界定了中央与地方在法治建设中的不同角色,但其代价是抹杀了地方法治对于国家法治建设的诸多重要功能。这种角色定位,不仅事实上贬低了地方法治在国家法治建设中的实际作用,而且极大压缩了地方法治存在和运作的空间,不利于充分发挥地方法治建设的积极性和能动性。

从观念上追根溯源,地方法治问题被边缘化的深层原因就在于法学教科书和论著所反复传颂的"国家整体主义法治观"。这种法治观把现代民族国家视为一个在政治意义上和法律意义上统一的整体,然后把法治理解为在全国范围内确立国家法的普遍统治。这种法治观是以近代以来形成的国家主权观念为理论基础的。按照国家主权观念,国家对其领土范围内的所有居民和事务拥有一种至高无上的、普遍性的、排他性的统治权。由此可以合乎逻辑地推出,国家法也应对国家领土范围内的所有居民和事务具有普遍的约束力,其他社会规范不能推翻或否定国家法的效力。

国家整体主义法治观主要包括两项核心观念,即法律至上观念和法制统一观念。这两项核心观念都以国家主权观念为逻辑前提。其中,法律至上是国家主权至高无上的必然要求。既然法律是主权者意志的体现,那么法律也应当至高无上。法律至上通常被理解为法律在整个社会规范体系中具有最高的权威,其他所有社会规范都不能否定法律的效力或与法律相冲突。因此,法律至上观念确立了国家法在民族国家领土范围内众多规范中的至尊地位,从而为实现国家法在民族国家领土范围内的普遍统治提供了合法性。法制统一是国家主权统一的应有之义。按照法治论者的解释,国家主权的统一不仅表现为国家领土的统一和国家主权的独立,也表现为国家法制的统一。而且,法制意义上的国家统一是实现领土和主权意义上国家统一的重要保障。法制统一通常被理解为地方法要服从中央法,地方法不得与中央法相抵触。如果说法律至上观念确立了国家法相对于其他规范的至尊地位,那么法制统一观念则确立了中央法相对于地方法的至尊地位。

由上可以发现,国家整体主义法治观的背后实际上潜藏着两类密切联系的中心主义观念,即国家法中心主义观念和中央法中心主义观念。对于国家法中心主义观念,民间法/习惯法论者已提出了强有力的批评。在他们看来,民间法/习惯法在中国乡土社会秩序的建立和维护过程中仍然发挥着重要作用,并且深刻地影响着国家法的实际运行及其作用。民间法/习惯法不仅不是落后或愚昧的规则的代名词,相反还表现出相对于国家法的某些功能优势和合理性。但对于中央法中心主义观念,很少有人进行反思和批判。照理说,地方法治论者应当义不容辞地承担起这一学术使命,但很多地方法治论者不仅没想到去批判中央法中心主义观念,反而不断强化这一观念。

在中国这样一个中央集权观念和传统相当深厚的国家,中央法中心主义观念确实很容易成为人们习以为常乃至觉得天经地义的信条。在当下中国，"全国一盘棋""举国体制"等崇尚或支持中央集权的政治话语还很流行。其中，"全国一盘棋"可以说是中央集权主义政治话语最典型的代表。如果把全国比作一盘棋的话，中央政府显然就是下这盘棋的棋手，而各个地方不过是这盘棋上的一个个棋子。各个棋子的命运完全掌控在棋手的手中。值得注意的是，"全国一盘棋"这一政治隐喻已被一些地方法治论者完全接受，并成为他们观察与分析地方法治问题的基本立场。在法律话语体系里，与中央集权主义的政治话语相对应的是中央法中心主义的法律话语，诸如中央法优位于地方法、地方法服从于中央法等。这类法律话语不仅盛行于法学研究领域，也对法律实践产生深刻影响。

然而，国家整体主义法治观所包含的中央法中心主义观念不仅在理论上存在诸多内在缺陷，而且在实践中也产生了不少负面影响。

第一，无法正确地解释和解决地方法与中央法的冲突。按照中央法中心主义观念，地方法绝对不能与中央法相冲突。地方法若同中央法发生冲突，就应予以废除或取消。然而，改革开放新时期的实际情况是，不少宪法或法律变革都起源于地方的某些违宪或违法的制度创新。在地方法与中央法博弈的过程中，结局并非都是中央法战胜了地方法。相反，某些不合时宜的落后的中央法常常被那些顺应时代潮流的先进的地方法所颠覆或取代。一些学者把这类具有制度创新意义的违宪行为称作良性违宪，以区别于普通的违宪行为。中央政府不仅未干涉地方的良性违宪行为，甚至默认或鼓励地方实施具有良性违宪性质的改革实验。正像有学者所指出的，良性违宪的出现是因为宪法和中央法律过多地限制了地方的自主权。显然，中央法中心主义观念无法正确地解释良性违宪问题，也无助于有效地解决良性违宪问题。要合理地解决地方法与中央法的冲突问题，一是要抛弃中央法绝对高于地方法的观念，妥当地界定中央法与地方法的关系。如果地方法确实比中央法更先进、更合理，中央法就应当让位于地方法。二是要建立一种善待地方法的法律冲突解决机制。这一机制在解决地方法与中央法的冲突时，并非不问青红皂白地宣布所有与中央法相抵触的地方法一律无效，而是认真对待那些虽与中央法条文相抵触但有可能更符合中央法精神的地方法，把这样的地方法上升为中央法的内容。

第二，对法治进程中出现的问题的误判。最典型的一种误判是，当地方政府的行为偏离中央法的规定时，就认为出现了地方保护主义问题，应将地方权力国家化。地方权力国家化就是把地方权力收归中央，这是一条中央集权之路。在立法领域,1954年宪法曾彻底实行地方权力国家化的理念,完全剥夺地方的立法权。在行政执法领域,地方权力国家化的思路和传统的钦差情结结合在一起,导致人们把中央政府垂直管理视为解决地方保护主义和地方行政失范的良策,主张对审计、统计、环保等部门实行中央垂直管理。在司法领域,学者们也提出,解决司法地方保护主义问题需要彻底地改造形成"司法权地方化"的体制性因素,以"司法权国家化"作为司法体制改革的思路。实际上,地方权力国家化或中央垂直管理是一张危险的药方。它不仅会导致中央权力的过度集中和膨胀,也与法治所需要的地方自治和社会自治背道而驰。

第三,对法学研究和教育的误导。这种误导主要表现为把法学研究和教育的关注点引向中央法与中央法治建设,而忽略地方法与地方法治建设。当前,无论是法学论著所考察和研究的法,还是法学课堂上所讲授和讨论的法,基本上是中央法,甚至并不属于严格意义上的中央法范畴的"两高""司法解释",也是法学研究、法学教育和司法考试的重要内容。相反,地方法和地方法治建设却很少进入法学研究和教育的视野。这样一种法学研究和教育模式的结果是,全国的法学家都在为中央法治建设献计献策,全国的法学院都在培养精通中央法的人才。于是,中国法学院所培养出来的法律人才最合适的就业岗位是中央国家机关,只可惜中央国家机关根本无法满足如此多法学院毕业生的就业需求。我们也不难理解,为什么法学院毕业生到地方、基层就业会面临那么多的困难和问题,甚至根本就不愿意到地方、基层就业,因为他们学习的那一大套格式化的中央法知识难以应对纷繁复杂的地方工作实践。那些到地方和基层工作的法学院毕业生,不得不继续接受教育,学习地方性知识。

第四,对地方立法自主权的禁锢。中央法中心主义观念对地方法治建设的一个负面影响是,严重禁锢了地方立法的自主权。为了和中央法保持一致,大多数地方立法不得不在中央法后面亦步亦趋,甚至完全照搬照抄中央法的内容,出现了相当突出的"重复立法"现象。这类重复立法除了表明地方立法主体行使了立法权,其实并没有太多实质性的意义。地方立法自主权的禁锢还导致地方红头文件大行其道。红头文件虽不属于法律的范畴,但同样可以对公众设定义务和责任,并对公众具有实际约束力。红头文件的制定程序远不如立法程序严格,所受的制约也远不如立法的制约多,所以地方政府更愿意以红头文件来处理或调整各种地方事务。由于大量地方事务和问题都由红头文件调整,因而红头文件事实上比立法更真实地反映地方政府的意志,更直接地影响地方公众的利益。地方红头文件的泛滥与失控,已成为地方政治乱象的表现形式。如何把红头文件纳入规范化和法治化的轨道,已成为地方法治建设的重要任务。地方红头文件的泛滥与地方立法自主权的禁锢之间无疑有着内在的关联:既然你不允许我在立法上有自主权,那我就在红头文件上实现我的立法自主权。因此,解决红头文件泛滥问题的一条可行的思路是,引导和激励地方政府通过立法来规制那些原本由红头文件调整的地方事务。

与国家整体主义法治观相对的是地方中心主义法治观。在这种法治观看来,地方才是国家法治建设的主战场,地方法治在国家法治格局中处于中心地位。这种中心地位至少可概括为四个方面。

其一,地方是规则制度的主要创新者。在任何一个国家,地方政府和人民都是社会的规则和制度创新的主体力量。这里所说的规则和制度,既包括那些已写入官方政治法律文本,特别是国家宪法法律之中的令人瞩目的重要规则和制度,也包括那些经常不为政治家和法学家所关注却是日常生活不可或缺的数量众多的琐细规则和制度。在过去的 30 多年里,地方在规则制度创新上表现得非常积极和活跃。很多经济学家都观察到,地方政府竞争的重要内容就是规则制度创新。地方政府希望通过规则制度创新来改善投资环境,吸收外来投资,促进经济增长。改革开放过程中涌现的许多重大的制度创新,包括农村土地承包经营制度、国有土地有偿使用制度等,都起源于地方和基层自发的改革创新实践,然后由中央政府总结成功经验加以推广。地方和基层在长期的改革创新实践中所积累起来的不可胜数的新规则、新制度,为国家立法提供了可资利用的丰富资源。实践证明,只有根植于地方和基层的规则制度创新实践,广泛汲取地方和基层涌现出来的行之有效的规则制度,国家立法才能具有生命力和可行性。

其二,地方是宪法法律的主要实施者。虽然中央政府在宪法法律的实施上具有重要作用,而且中央政府带头执行宪法法律会产生良好的示范效应,但一国宪法法律实施的总体状况主要取决于分布在广袤土地上的地方政府和民众。如果地方政府和民众对国家的宪法法律置若罔闻,宪法法律就不过是一纸空文。从这种意义上说,在中国特色社会主义法律体系形成之后,中国法治建设的重心与其说是从立法转向了法律实施,不如说是从中央立法转向了地方实施法律。只有认真研究地方法治建设的规律和特点,完善地方执法和司法的体制机制,建立民众自觉守法的激励机制,切实解决地方有法不依、违法不究等问题,才能真正改善国家宪法法律的实施效果。

其三,地方是矛盾纠纷的主要解决者。解决社会矛盾纠纷,维护社会和谐稳定,是法治建设的重要任务。很显然,每个国家的绝大部分社会矛盾纠纷发生在地方,解决在地方。以诉讼类纠纷为例,2011 年我国地方各级人民法院审(执)结案件 1147.9 万件,而最高人民法院审结案件仅为 10515 件。这意味着,全国所发生的诉讼纠纷只有 1‰是由最高人民法院解决的,999‰的诉讼纠纷都由地方人民法院解决。对于非诉讼纠纷来说,虽然中央和地方各自解决的纠纷数量无法准确统计,但大致可以推断出地方所化解的非诉讼纠纷的比例将比诉讼类纠纷更大,因为各个地方除了存在信访、仲裁、行政调解、行政裁决、人民调解等正式的纠纷解决机制,还存在家族调解、邻里调解、自愿协商等大量非正式的、民间的纠纷解决机制。后一类纠纷解决机制所解决的基层社会纠纷的数量是难以估量的。由此可以说,地方纠纷解决机制解决社会矛盾纠纷的能力和水平,直接决定整个国家社会矛盾纠纷解决的质量和效果,从而最终影响整个国家的政治稳定和社会秩序。

其四,地方是公平正义的主要输送者。虽然中央法在确立全国的公平正义标准上发挥着重要作用,但法律的公平正义能否输送到当事人那里则取决于地方行政机关和司法机关。大部分法律资源的分配和大部分法律纠纷的解决都是由地方行政机关和司法机关负责。只有当地方行政机关公平执法,地方司法机关公正司法时,公平正义的阳光才能普照到全社会和全体民众。

经过 30 多年的持续努力,中央层面的法治建设成就光彩夺目,如依法治国方略的确立,中国特色社会主义法律体系的形成。相比之下,地方法治建设的形势却不容乐观。地方法治建设仍存在诸多乱象,面临不少困难,甚至举步维艰。只有真正重视地方法治,加快推进地方法治建设,法治国家的理想才有可能实现。

(摘自黄文艺:《认真地对待地方法治》,原载《法学研究》2012 年第 6 期。)

作为方法论的"地方法制"

葛洪义

地方法制并非地方性法规及其实施问题,也不存在一个对象化的实体意义上的与中央法治相对应的地方法制。地方法制是指地方实施法律的活动,包括为了实现国家宪法与法律的要求而进行的制度创新。所以,地方法制关注的是法学研究的视角问题,解决的是如何把握和理解中国法治发展的方式与路径问题,即如何才能更为准确和客观地看待中国的法治建设。

与总体化的理论倾向相比,地方法制试图从地方与法制的角度,深入观察中国法治发展。如果说,本质主义思想方法侧重于以总体化方式把握法治建设全局,进而自上而下有领导地、有理论地、有组织地理性推进法治发展,那么,地方法制研究则侧重于以具体化、制度化及地方性为概念工具,立足于法治实践活动本身,构建法治发展研究的理论框架,重点把握法治发展中自下而上的作用力。在总体化的语境中,地方主义、地方保护、地方势力等通常被视为阻碍法治发展的消极因素,是法治建设要突破的难关。而我们认为,情况或许恰恰相反,地方性的知识才是中国法治发展的希望所在。

地方法制研究通过以下六组概念之间关系的重建,试图提供一个新的观察中国法治发展的知识进路。

第1组:统一与分散

统一是本质主义法律观点赖以形成的整体性、总体性思想方法的基础性概念。与中国大一统的历史观、国家观相一致,法治建设有一个不言而喻的前提,就是法制统一。统一一旦被破坏,或者说,一旦有关法治建设举措可能触及国家法制统一的神经,就一定是政治不正确,责任人就可能要承担政治风险。例如现在司法改革中的"去地方化",就被认为是理所当然的,与员额制、责任制和保障体制改革相比较,尽管困难一点也不少,但省级统筹在推进过程中几乎没有什么实质性阻力。在这个背景下,我们可以发现,很少有人认真地去研究什么是法制统一,如何才能推动法制统一,更多的是以法制统一为标签,随意赋予其含义,抵制各地的制度创新。实践中,法制统一往往被归结为听上级的话,按领导意见办事,这恰恰是背离法治基本原则的。实际上,统一与分散的关系问题,在一定意义上,也就是整体与局部、抽象与具体的关系问题,不讨论、研究、分析构成整体的各个部分及它们之间的关系,不研究整体与部分之间的关系,是不可能真正了解整体的。统一的前提是差异,是不同部分之间的统一,如果没有差异,没有多样性,统一又有什么意义呢?就法治建设而言,统一是不同的地方、不同的人,服从同一个规则体系。由于他们之间属于不同的个体,因而必然对规则产生不同的理解,进而形成一个协调不同认识的机制。并不是简单地要求大家都服从某个人进而形成所谓的统一。真正的统一建立在尊重差异的基础上。离开了对多样性、对各个组成部分的深入研究和正确认识,统一就是病态和虚弱的。在强国家、弱社会的格局下,目前中国国家层面,几乎所有的国家机关都具有建章立制的权力,包括执法司法机构,事实上也都享有一定的变通实施法律的权力,客观上,规则的制定与实施在不同地方是相当不一致的。在社会层面,绝大部分批准设立的社会组织都具有准政府性质,决定了其必然带有分散性,因为它是依赖行政权力、国家权力建立的,不是依靠统一的法律;在公众层面,利益多元的现实,也是多样化的现实。所以,对中国法制统一的研究,必须建立在尊重差异化、多样化的法治建设实际的基础上,要立足于对分散的现状的研究,重点放在差异上,尽力阐明各个部分行动的约束机制,揭示其独特性,而不是空谈统一,用统一压制差异,用政治正确代替法律正确。

第2组:权力与权利

在总体性法律思维中,权力居于优先地位。立法体制、司法体制、执法体制都是依托权力体制形成的,即使是对权力进行监督的体制,依然依靠另一个更大的权力。运用强化权力体制的方式推动人们遵守规则,包括严格约束下级官员服从规则,是总体性思想方法的逻辑结果。以加强与巩固权力为出发点与归宿点,并不符合法治思维。法律的核心、中心与重心都是权利,而不是权力。权力是政治的核心,权利才是法律的核心。法学研究应该侧重于分析研究权利义务的配置状况及其实现情况,所以,要把权利主体及其活动作为研究重点,分析权利人在生活实践中如何实现自己的权利以及是否具有实现自己权利的必要的制度条件。权力只有在涉及权利的前提下,才应该纳入法学的视角。衡量国家法治的发展状况,基准指标就是权利实现,要通过权利主体实现自己权利的能力,判断法治发展的水平和现状。目前,为了贯彻落实中央有关全面推进依法治国若干重大问题的决定,各级各类国家机关纷纷行动起来,制定了许多本地本系统推进依法治国决策的政策法律措施。但是,必须认识到,按照权力指挥权力、规定落实规定的方式,只是一些老百姓说的"花架子""样子货",是无法真正推动法治的。法治的根本在于权利主体必须行动起来,必须发动群众,自觉自愿地主动依据法律按照法律思维与法治方式主张自己的利益。其条件是:首先,法律要以授予权利的方式,保障利益主体维护自己合法利益的自由。没有权利以及行使权利的自由,就没有法治。权利根本上是一种法律保护的利益,权利的存在,意味着谋求个体自身利益的行为是合法的、受保护的。这是个人行动的动机所在。其次,权利主体可以在法律范围内自由选择实现自己权利的方式。自由是权利的主要特征之一,拥有权利,意味着可以主张自己的利益,也可以放弃自己的利益;可以用这种方式,也可以用那种方式实现自己的利益。只要不违反法律,权利主体拥有完全的自由,他人不得干预。最后,权利人需要时,国家对权利人维护自己权利的行为和主张必须提供强有力的保护。国家权力不仅不能侵犯权利人的权利,而且,还必须依法帮助、支持权利人维护自己的权利。简要地说,法治建设就是要使权利人成为各类基本社会行为的主体,国家扮演的则是服务者、帮助者、保护者的角色。如果我们把法治建设的主角变成了权力的拥有者,权利能否实现,以什么方式实现,什么时候实现,实现到什么程度,都由国家机关循序渐进地推进,都必须取决于国家机关的许可,那么,就回到了以人治的方式实现法治的邪路上了。所以,观察我国的法治发展,不能看政府发了多少文件,而是要看老百姓权利及其实现状态的变化情况,从中动态地予以把握。

第 3 组:中央与地方

地方服从中央,既是作为单一制国家的结构性特点,也是中国共产党领导地位与体制的体现。但是,地方服从中央的不同方式,决定着我国究竟是走人治还是法治的道路,能否坚持依法治国的重大问题。所以,不能笼统地说地方服从中央。总体性的法律思维口头上往往强调按照中央路线方针政策办事,听中央的话,向中央看齐,由于对权力体制的依赖,实际上很难避免各行其是。党的十八届三中、四中全会提出全面推进依法治国,目的之一就是解决全党全国的统一问题。所以,各个地方全面依法办事,本身就是维护中央权威。地方法制研究不仅关心中央的领导能力和执政水平,关心国家大政方针的贯彻落实,更关心地方层面如何以认真执行法律、服务公众的方式维护中央权威。毋庸讳言,中央与地方的关系问题,在中国具有特别重要的政治经济文化意义。但仅就法治建设具体工作而言,地方的重要性绝不亚于中央。如前所述,法律的核心是权利,法治工作的重心和重点当然也就在基层。基层国家机关直接面向社会,权利人能否依法实现自己的权利,主要依靠基层国家机关维护法律实施的权力与能力,依赖基层国家治理能力与治理体系的完善程度。从地方法制研究的角度看,有效的地方治理依赖三个观测点:其一,地方,特别是基层国家机关是否拥有独立的权力能力,是否能够就工作事项具有一定的合理范围内的决策权。例如基层人民法院的判决是否算数?如果基层国家机关说了不算,那么,它就没有权威,也就不能依靠它解决群众的权利诉求,进而导致信访上访,矛盾上交。如何解决单一制国家中地方国家机关的权力边界问题,这自然是法治建设不可回避的问题。其二,地方,特别是基层国家机关的服务能力。法治国家中,国家与社会的关系是第一问题,即国家与社会的分工,包括国家与社会组织、老百姓各自负责事务的界限。当老百姓依法享有了广泛的行为自主权之后,也就意味着国家角色的变化,从一个主导者变成了被动的服务者。除了法定的必须由自己主动实施的行为,国家的职责主要是辅助、帮助社会成员、社会组织实现自己的法定权利。社会成员有困难,可以找国家,也可以不找国家,去求助于社会组织。国家在群众需要的时候才提供帮助。所以,法治建设的水平,取决于基层国家机关的服务能力。其三,本地群众与社会组织的活跃程度。地方的法治发展水平如何,可以从群众与社会组织的精神状态与行为取向来判断。如果一个地方群众很活跃,市场繁荣,公共事务群众参与度高,社会组织繁忙,那么,就可以初步判断这个地方的群众依法行使权利的条件比较好,法治水平相对比较高。如果一个地方群众言论气氛很沉闷,市场人气不足,销售人员无精打采,公共事务的参与者都是被指派的群众演员,社会组织只是政府的帮手,那么,也可以判定,这个地方的法治发展水平相对滞后。所以,研究中国的法治发展,固然要看中央如何决策,领导说了什么,更要看基层国家机关及其公职人员在做什么,本地群众能做什么。只有如此,才能了解到中国法治发展的实际情况。

第4组:中心与边缘

与一元化的政治实践相一致,我国政治话语长期强调维护一个中心的权威,这也是单一制国家必要的政治纪律。然而,在实践中,如何理解和实践一个中心,一直是一个难题。毕竟,作为一个幅员辽阔的大国,各地具体情况不同,一模一样地执行同一个政策,是做不到的。更何况改革开放以来,已然形成了事实上的多中心,区域中心、中心城市、专业镇、核心产业、龙头企业、一流大学、一流学科等。差异化发展是寻求本地经济社会发展有所突破的重要路径。其中的深刻背景就是市场化所带来的利益多元化。在这一过程中,传统的中心被不断削弱,而过去边缘的地带,则逐渐向中心位置移动。农民子弟可以通过高考、做生意等渠道进入城市中上阶层,并且将父母亲属一并带入城市,而城镇中,原作为主体并在农民面前具有一定优越感的户籍人口如产业工人、市民阶层,则部分流向城市下层社会;优越的官员会突然发现自己不像过去那么优越了;上海、广州等原来流行方言的地方,其市级国家机关开始流行普通话了,说本地话的优越感不再;等等。过去,全国各族人民步调一致、行动一致,在北京的统一指挥下,向前迈进。现在,大家服从统一的法律,法律面前人人平等,每个人都是自己的中心,由自己决定自己应该干什么,包括企业,完全依据市场的需求决定自己方向。所以,推动、判断法治的发展,就不能仅仅从维护传统的一元化政治中心的立场出发,不能仅仅从北京的中心地位、领导的个人权威角度加以判断和衡量,而更应该从边缘群体是否具备了向中心发展的能力方面进行考察。一般说,如果每一个省份、城镇、企业、个人都能够具有同等的法定的发展条件,在制度上获得无差别对待,国家法治水平相应就比较高。所以,研究中国的法治发展问题,要从中国实际上的不平等的状况出发,从被几千年的发展所固化的不平等的阶层关系出发,从解放边缘群体出发,通过解放出来的边缘群体的生产力,推动国家的发展。今天,中国取得了举世瞩目的经济成就,究其原因,深刻之处就在于边缘力量的被解放。例如过去边缘的社会力量:民营企业、农民工、知识分子;边缘的干部:地方与基层官员;边缘的城市:苏州、常州、无锡、宁波、温州、深圳、佛山、东莞、烟台等中小城市。边缘力量的解放及其程度在一定意义上是由法律保障的。一个国家,中心越多,法治化水平就越高。反过来,衡量一个地区的法治发展状况,就需要观察这一地区为边缘力量的解放所能够提供的制度条件。

第 5 组:法治与法制

　　法治一词在中国提出并被写入中国共产党的政治文件,无疑是中国人民政治生活中的一件大事。法治与几千年的中国传统人治政治相对立,它的提出,意味着中国社会面临着一场深刻变革。要法治,不要人治,应该成为当代中国主流社会群体的共识。这一点是毋庸置疑的。但是,应该注意到的是,在我国的语言环境中,法治是以法制为基础和前提的。法制是法律与制度的总和,是法治的基础条件,没有完备的法律和制度,不会有法治。仅仅有法律与制度还是不够的,法治还必须达到良法善治的标准。从地方的角度看,有条件按照规则与制度办事,而不是根据领导人的看法与意见办事,是目前法治建设面临的更为紧迫的任务。就地方层面而言,法治与法制之争,话题过于空泛且难以把控,其意义也是有限的。更为现实的任务则是:首先,要求各级国家机关及其工作人员,必须依照法律办事,按规则办事,要严格遵守法律,认真实施法律。这是一项难度很大的改革,毕竟,我国的国家体制建立在按照上级要求办事的基础之上,因此,上级机关、领导的意见,长期比法律管用。能够做到严肃对待法律,不把法律当成一张废纸,已经相当不容易了。其次,法律的实施要求各级国家机关改革现有的工作体制与机制,制定相关的实施法律的规则与制度。这些规则与制度,或许并不具有法律的效力,但是决定各级国家机关及其工作人员行为方式与行为依据的基础制度,是国家法律能够得到认真对待的基本条件。人民群众是否可以切实享受到法律赋予自己的广泛权利,必要时,是否能够获得国家帮助维护自己的合法权利,都取决于这些规则与制度的有无以及制定水平。相应的,人民群众的法律意识也是在法律实施的过程中通过这些规则与制度确立起来的,一个方便人民群众依法办事的体制,才能让人民群众形成对法律的信赖与尊重。所以,研究中国的法治发展,不仅要研究法律,更要研究法律在地方的实施情况,尤其要研究各地为法律的实施所提供的规则与制度条件。这些具体的法律实施的制度条件建设,就是地方法制研究的重点。这并不是说法治概念不重要,实际上,法治作为与人治相对立的概念,恰恰是一个需要中央宏观把握的重大问题,从地方法制的角度,重点则是对规则与制度的重视与尊重。如果所有地方都能够为人们在日常生产生活中做到认真遵守宪法与法律提供良好的条件,法治中国的目标也就不难实现了。如果大家都不在意身边制度建设的小事,法治也会流于空谈。

第 6 组：自上而下与自下而上

人治社会,治理方式是自上而下的。法治社会则相反,治理方式是自下而上的。所谓自下而上,首先,是指国家法律一经制定,其实施的主要力量和基本力量是在国家基层、社会底部。法律是否有效,要看人民群众是否能够使用这个法律,是否可以依据这个法律主张自己的合法权利;要看这个法律的存在,是否提高了人民群众在社会生产生活过程中自主决定自己行为的能力。法律在社会成员生活中是有效的,才是真的有效。真正的法律的效力,不是由立法机关宣布的,而是在生活中验证的。其次,是指法律的实施是一个自下而上的过程,即由于法律的存在,社会成员能够享有依法自己处理问题的能力,而遇到困难时,可以自己依法选择处理的方式,例如自行和解或是申请仲裁或是诉讼,如果是诉讼,那么一定是由下而上,由基层国家司法机关逐步向上级国家司法机关寻求帮助。因此,下级国家机关,包括司法机关,必须具有一定的独立性和权威性。最后,自下而上的治理方式中,基层需要依法享有一定的自治权利。在法律的框架范围内,基层应具有一定的自治能力和自治组织。自己的事情,群众应该有条件自己努力解决,不应该由国家包办一切;企业的事情,企业内部应该有一定的解决权限;高校的事情,高校也应该有一定的自主权;单个企业解决不了的问题,行业协会应该发挥一定的自治功能;社会无力解决的问题,才可能求助于国家。这样才可以最大限度减少国家的压力,减轻国家不应该承受的负担,也降低国家运行的成本,激励社会承担更多责任。所以,研究中国法治的发展,不仅要研究国家自上而下落实法律的能力,更要注意观察研究社会成员自行自下而上实施法律的能力。

以上六组概念的对比,展现出关于地方法制研究的基本框架,就是要从社会基层、从多元主体出发,以法律在地方层面的动态实施为对象,揭示中国法治发展的独特道路和方式,并据此对法治发展状况开展评价。

（摘自葛洪义：《作为方法论的"地方法制"》第二部分,原载《中国法学》2016年第 4 期。）

地方法治建设及其评估机制探析

付子堂、张善根

基于法治评估对法治建设的意义以及当前我国地方法治建设评估的问题,我们认为,地方法治建设亟需评估,但更需要恰当的评估机制和指标体系。仅仅只是简单地套用评分制,既不能充分显示法治指数的意义和价值,也容易导致地方法治的"高分低能"。法治指数本身并非单纯的数字,而是蕴含了一种社会法治发展理念、一个动态体系的系统性工程。① 因此,应当重新审视当前地方法治评估机制,正确认识地方法治建设和评估的应有功能,对地方法治评估进行恰当的顶层设计,从而建立地方法治建设评估的整体框架。

一、地方法治建设评估的顶层设计

顶层设计的概念内含了整体性理念,从全局视角出发,对项目的各个层次、要素进行统筹考虑。② 自《中华人民共和国国民经济和社会发展第十二个五年规划纲要》提出改革需要顶层设计以来,"顶层设计"这一术语盛行于政治、经济及法律领域。对地方法治建设评估而言,顶层设计既是地方法治建设的蓝图和实施方案,也是设计法治评估指标体系的依凭。对地方而言,顶层设计决定了地方法治发展的基本方向和实现路径;对国家而言,顶层设计是确保在法治一体化的前提下实现法治社会化的基本方略。因此,地方法治建设评估指标体系的设置必须依据顶层设计思路展开,即围绕党的十八届三中全会通过的《中共中央关于全面深化改革若干重大问题的决定》和党的十八届四中全会通过的《中共中央关于全面

---

① 参见钱弘道:《2008 余杭法治指数:数据、分析及建议》,载《中国司法》2010 年第 3 期。
② 参见汪玉凯:《准确理解"顶层设计"》,载《北京日报》2012 年 3 月 26 日,第 17 版。

推进依法治国若干重大问题的决定》有关法治中国建设的战略方案,设计地方法治建设评估指标体系。同时,在地方法治指标设置过程中还应注意做到以下几点。

1. 要有准确的定位和目标,以确保地方法治在推进过程中形成国家的整体法治。在纵向上,地方法治建设要处理好中央与地方、国家法治与地方法治的关系,建构国家与地方的良性互动。在横向上,还要处理好各个地方之间的法治发展关系。即在充分发挥各个地方自主性的同时,还要把握其方向和原则。不管地方自主性有多大,自治程度有多高,都是中央赋予地方的权限,都是在国家法治统一前提下的地方多元治理。地方法治不过是地方自主性的延伸和法治化,是中央与地方关系法治化的表现形式。因此,地方法治评估指标体系的设计必须引导地方法治的发展方向。

西方国家法治指数,主要是对不同国家和地区法治质性的考察,为描述、评估和推进法治提供工具性指引。[①] 而对中国的地方法治建设而言,法治指数一方面能有效监测和引导地方法治建设的方向,有效推进地方法治的完善与发展;另一方面能实现地方法治与国家法治的对接,保证国家与地方的一致性和统一性。法治评估活动既能有效带动整个区域和社会组织的法治转型,也能真正提高公职人员的法治服务意识和能力,从而不断满足人民日益增长的法治监督和社会公正的需求。不仅如此,深度评估地方法治的发展还需进一步从国家建设的角度加以审视,地方法治试验的种种措施是否符合国家建设的根本需求,是否能推动国家建设的步伐,是检验地方法治试验是否偏离正确轨道的基本标准。这就需要特别关注中国现实背景下法治指数设计应认真对待的八个思想维度。[②]

2. 要有恰当的评估主体,以保证地方法治建设评估的客观、准确和科学。恰当的评估主体要解决由谁组织、谁设计评估指标体系、谁负责具体评估等层面的问题。当前,法治评估以地方政府自我评估为主,包括具体组织、指标设计及评估都在体制内运行。当然,一些地方也有非官方化评估的尝试。如浙江余杭的试点,以及中国社会科学院法学研究所建立的法治指数实验室和中国政法大学的法治政府评估指标体系等。

---

① 参见季卫东:《以法治指数为鉴》,载《财经》2007 年第 21 期。

② 这八个思想维度分别是:法治指数的虚与实、中国与世界、普遍性与特殊性、诚信与虚构、理想与现实、定性与定量、法治的建构主义与渐进主义、科学与人文维度。参见姚建宗:《法治指数设计的思想维度》,载《光明日报》2013 年 4 月 9 日,第 11 版。

考虑到我国的现行体制和社会基础,应当把地方法治建设绩效考核与法治评估逐渐分离,并改变由地方政府主导地方法治建设评估的局面。短期来看,地方政府可委托相关科研院所进行评估。从长远看,建议由国家层面的相关部门进行评估,或由国家相关部门委托科研院所进行,在条件成熟的情况下,也可委托相关社会组织运作。地方层面可以考虑通过立法的形式,在区分工作考核评估和绩效评估的基础上,建立评估主体确立机制,以确保法治评估的公信力。

3. 法治指标体系的设计要体现法治的要素。法治指数的差异取决于建立法治指数的法治理论和要素。虽然对"何为法治"一直没有达成共识,但通常都关注对政府权力的限制、形式合法性和依法的统治这三个层面。[①] 而在测量的范围上,应尽量把法治指数纳入中国整体的经济社会系统中,进行法治综合绩效评估。

当前,中国社会科学院法治指数实验室的尝试非常值得借鉴,其对法治指标体系的设计分为九个方面,包括法律环境指数、市场法治指数、平安指数、人权指数、清廉指数、透明指数、政府执法指数、司法指数和立法发展指数。[②] 法治指数既要把法治要素通过指标设计反映在立法中,也要内化在法律实施的过程中。

具体来说,首先,法治建设评估要评估地方法治建设是否符合并贯彻了国家法治的原则和精神。这就要求,法治指数的建立应把法治的价值和精神内化为具体的法治指标,形成具有法治价值内涵的法治指标体系,该指标体系能覆盖整个法律系统。其次,法治建设评估要评估地方法治建设是否符合法治的基本目标。法治的基本目标在于控权与维权,既使国家权力得到制约,又能有效保障公民权利。因此,一方面要评估权力主体是否依法行使权力,权力是否受到法律的控制;另一方面要评估公民的权利是否能够顺利实现,其受到损害后是否能顺利得到国家救济。[③]

4. 法治指标体系的设计要融入地方元素,体现法治的地方性。在我国,法治的地方性具有深厚的社会文化传统和社会基础。首先,法治本质上是一种地方性知识,其既是地方性知识的建构,也建构了地方性知识。尽管当前地方法治建设的主要目的是在地方建构法治的知识,但建构法治的知识先要选择一种地方性的

---

① [美]布雷恩·Z.塔玛纳哈:《论法治——历史、政治和理论》,李桂林译,武汉大学出版社 2010 年版,第 147-156 页。

② 参见中国社会科学院法治指数实验室官网,http://sdccass.cn/web/c0000000400020001/index.htm,2014 年 7 月 30 日访问。

③ 参见黄建武:《对法治地方几个问题的理解》,载《法治论坛》2010 年第 1 期。

接受方式,这种方式主要是法治融入地方文化。其次,地方发展的差异性和不平衡性,可能导致法治建设的内容、方法和进度的差异,法治建设指标的设计也应有所不同,这是地方法治化的社会基础。最后,地方行政区域在法律体系中的地位有所差异,省市两级政府与区县及以下的政府、有立法权的地方与没有立法权的地方,在设计法治指标体系时也应有所差异。设计法治评估指标体系,应融入地方元素,具有地方特点和特色,以助力法治的社会化,推动法治在地方的落实和实现。一方面,通过融入地方性元素,评估国家法治如何通过地方实践逐步下沉社会,实现法治的社会化;另一方面,通过地方化的法治指标体系,测量法治与地方文化社会的融合程度。

5. 法治评估指标体系要体现法治的社会效果。中国地方法治建设的基本目的在于通过地方法治实践实现国家法治的社会化和社会的法治化。这不仅意味着地方要建立法治政府,更要建设法治社会。地方法治的实现程度是评价法治国家实现程度的重要标准,因此,法治评估最终的目的在于体现法治的实施效果和实现程度,法治评估指标体系的核心要体现法治的评估效果。

地方法治建设主要围绕法治政府和法治社会展开,法治的社会效果评估也应围绕这两个层面设计。一方面,通过法治政府的评估观察地方法治政府的实现程度;另一方面,通过法治社会的评估测量地方法治建设的社会效果,即评估社会对法治的接受和认同程度,评估政府和公民是否依法行事。

二、地方法治建设指标体系的基本框架

围绕地方法治评估顶层设计的基本理念,地方法治指标体系的设计主要是把法治建设及其社会效果转化为可以量化的指标系统,用以科学评估地方法治化水平,呈现地方法治发展中的优势、难题、问题,既可为建设法治中国提供参考及决策方案,也可倒逼和推进地方法治的发展。

地方法治指标体系可以在法治的“文本—行动—观念”三个层面和框架内进行具体设置:一方面,推进法治指数从形式法治测量转向实质法治测量;另一方面,既对地方法治进行整体性评估,也可就地方法治建设中的某一事项或某一政府职能部门的工作进行评估。

(一)文本中的法治

法治最重要的体现是有合乎法治的制度文本,因此合乎法的制度建设是西

方国家法治建设和评估的核心内容之一。[①] 中国作为后发型法治国家,法治的制度建设更是如此。法治发展的前期阶段首先需要解决制度建设问题,做到有法可依。地方法治建设的首要问题也是制度建设,建立体现法治精神的规范性文本,发挥立法的引领和推动作用。因此,必须在法治指标体系设置中全面评估地方法律文本。

其一,应当把所有有效的法律文本都纳入评估范围,以确保评估对象全覆盖。不仅包括地方立法,而且包括由地方政府制定的所有规范性文件,即评估地方法治建设中的地方立法纲要、立法规划、立法文本及其他规范性文件是否体现法治的基本要素。在适当的时机可以考虑把地方党委的决策性文件,尤其是涉及社会民生的文件,也纳入法治评估的范畴,在其正式颁布前进行合法性审查,以全面评估其法治化程度。

其二,评估地方制定的法律文本是否符合国家法治文本的精神和程序。我国是一元两级多层次的立法体制,地方法律制度建设应在国家法治的整体主义观下进行,防止地方保护主义法律化。评估应当贯穿立法过程始终,但重点在立法过程评估和立法后评估。前者主要评估地方立法过程是否符合地方立法程序,后者主要评估地方立法成果——法律文本是否符合法治精神。另外,对新制定的规范性文本,应在颁布前进行常态化的合法性评估。

其三,从三个层面评估地方法治的建设程度,即限制地方权力的制度建设、维护公民基本权利的制度建设和接近正义的法律程序建设。评估法律文本的内容,既要看政府控权的思维和方案是否在文本中得到体现,重点要全面评估和清理地方政府权力清单;也要看法律文本是否确认尊重和保障人权,核心在于评估法律文本是否恪守以民为本、立法为民的理念。

(二)行动中的法治

地方法治建设的第二个层面是如何确保地方法治的良性运行,即实现依法而治。其中,法治秩序最重要的表征体现在法律行动之中,法律行动是否合乎法治是测量法治的最基本标准。因此,应当把行动中的法治作为法治指数的基本类型之一。设置行动中的法治指标,应从国家和社会两个层面考虑。

其一,建立法治指数对"行动中的法"进行评估,包含地方执政、行政、司法三

---

① Peter F. Nardulli, Buddy Peyton, Joseph Bajjalieh, Conceptualizing and measuring rule of law constructs, 1850-2010, *Journal of Law and Courts*, 2013(1): 139-192.

个层面。依法治理包括执政、行政和司法三大领域,当前比较强调依法行政。依法行政是很多地方建立法治政府和评估地方法治发展的一个关键环节,甚至把法治政府简化为依法行政。依法行政对法治发展非常重要,法治的基本理念之一就是政府自身首先要守法。因此,要重点评估地方政府依法治理。同时,地方党委执政和地方司法也要遵守依法原则。

其二,社会主体层面的依法行事也应是评估重点,即建立法治指数评估各类社会组织及公众是否守法和依法维权。从操作性而言,行动中的法治指标更复杂,尤其是社会主体的依法行事评估,官方的指标体系很少涉及,但是评估地方法治建设成效最重要的一面。不论是在国家层面还是社会层面,都应评估法治实施是否实现了法律秩序。在建立符合法治品格的法律体系基础上,评价法治社会效果的基本手段就是测量法治能否形成法律秩序或实现法治治理。

(三)观念中的法治

地方法治建设的第三个层面主要在于实现法治的大众化,其核心在于如何让官方和民间共享法治观念,实现理念中的法治转化为观念中的法治。观念中的法治评估点在于评估各种社会主体的法治意识。法治意识存在于社会主体中,在很大程度上支配社会主体的法律行为,也是社会主体行动的内在动因或行动合法化的根据,因而,法治意识是连接法治制度和法治秩序的关键要素。法治不应仅体现在书本中,更应体现在行动中。而法治的行动根据既有外在的强制力,也有社会主体的内在服从。法治治理与法律秩序,既可以表现为因外在强力而形成,也可能因社会主体内心拥护和真诚信仰而形成。而法治最终能否实现,主要取决于能否在全社会形成守法光荣、违法可耻的社会氛围,形成对法治的内心拥护和真诚信仰。因此,观念中的法治作为建构法治指数的基本类型,应从国家与社会层面展开:一方面,建立指标体系评估国家公职人员的法治观念;另一方面,要评估社会公众的法治观念。对法治观念的评估可以从普法成效的角度进行,但这只是法治观念评估的一个方面。

(摘自付子堂、张善根:《地方法治建设及其评估机制探析》第三部分,原载《中国社会科学》2014 年第 11 期。)

第十一章

法律现代化

论中国式法治现代化新道路

张文显

中国式法治现代化新道路,是法治现代化的社会主义道路、法治现代化的中国道路、人类法治文明的新道路,具有深厚的科学底蕴、鲜明的时代特征、宽广的全球视野。

一、中国式法治现代化新道路是法治现代化的社会主义道路

中国式法治现代化道路绝不是西方资本主义法治道路的翻版,而是中国特色社会主义法治道路。习近平总书记指出:"我们要坚持的中国特色社会主义法治道路,本质上是中国特色社会主义道路在法治领域的具体体现;我们要发展的中国特色社会主义法治理论,本质上是中国特色社会主义理论体系在法治问题上的理论成果;我们要建设的中国特色社会主义法治体系,本质上是中国特色社会主义制度的法律表现形式。"[①]"具体讲我国法治建设的成就,大大小小可以列举出十几条、几十条,但归结起来就是开辟了中国特色社会主义法治道路这一条。"[②]中国特色社会主义法治道路是我国法治现代化的唯一正确道路,彰显中国式法治现代化的社会主义性质。

中国共产党领导是中国式法治现代化的根本保证。党的领导是中国特色社会主义最本质的特征,是社会主义法治之魂,是中国式法治现代化与西方式法治现代化的最大区别。我国社会主义法治建设的一条基本经验是把党的领导贯彻

---

① 参见习近平:《坚定不移走中国特色社会主义法治道路　为全面建设社会主义现代化国家提供有力法治保障》,载《求是》2021年第5期,第8页。

② 习近平:《加快建设社会主义法治国家》(二〇一四年十月二十三日),载习近平:《论坚持全面依法治国》,中央文献出版社2020年版,第105页。

到依法治国全过程和各方面。这体现在党中央对法治建设和法治现代化事业的集中统一领导和顶层设计上,体现在党对科学立法、严格执法、公正司法、全民守法的全面领导上,体现在党领导立法、保证执法、支持司法、带头守法上。只有坚持党的领导,国家和社会生活制度化、法治化才能沿着正确道路有序推进。

以人民为中心是中国式法治现代化的根本价值。以人民为中心,是全面依法治国的根本政治立场,也是社会主义法治的逻辑所在。全面依法治国最广泛、最深厚的基础是人民,必须坚持法治建设为了人民、依靠人民、保护人民、造福人民,把体现人民利益、反映人民意愿、维护人民权益、增进人民福祉、促进人的全面发展和人民共同富裕落实到全面依法治国各领域全过程,把尊重和保障人权、促进社会公平正义、满足人民美好生活需要作为良法善治的标尺。社会主义法治现代化必须坚持人民主体地位,把人民作为法治建设的主体,充分调动人民群众的积极性和创造性,大力弘扬人民权益靠法律保障、法律权威靠人民维护的社会主义法治精神,做到法律为人民所掌握、所遵守、所运用,增强全社会尊法学法守法用法护法的思想自觉和行动自主。

中国特色社会主义制度是中国式法治现代化的根本基石。中国特色社会主义制度是人类制度文明史上的伟大创造,具有鲜明中国特色、明显制度优势、强大自我完善能力,为政治稳定、经济发展、文化繁荣、民族团结、社会安宁、国家统一提供了有力保障,为经济快速发展、社会长期稳定两大奇迹的形成创造了良好的制度环境。特别是我国社会主义制度保证了人民当家作主的主体地位,也保证了人民在依法治国中的主体地位。在全面依法治国、推进法治现代化新征程上,我们要坚定不移地坚持和完善支撑中国特色社会主义制度的根本制度、基本制度、重要制度,并努力使制度的显著优势更好地转化为法治现代化的实际效能。

中国特色社会主义法治理论是中国式法治现代化的指导思想。中国特色社会主义法治理论是关于法治,特别是中国特色社会主义法治的科学认知,是对我国社会主义法治实践的经验总结和理论表达,是中国特色社会主义理论体系的重要组成部分。它立足历史唯物主义,深化了对共产党依法执政规律、社会主义法治建设规律、人类社会法治发展规律的认识;全面阐述了法治的本质,法治的普遍规律,现代法治的一般原理,中国特色社会主义法治的本质特征、内在要求、价值功能、基本原则、发展方向、遵循道路等;深刻回答了新时代为什么全面依法治国、怎样全面依法治国等重大问题,是党和人民处理新时代法治问题的根本立场、观点和方法,是中国式法治现代化的灵魂和旗帜。习近平法治思想是中国特色社会主义法治理论的集大成者,是当代中国马克思主义法治理论、21世纪马克思主义法治理论,它指引党和人民在新时代走出了一条中国式法治现代化新道路。在法治现代化的前进道路上,我们将始终保持社会主义政治方向、政治定力,坚定不移走中国特色社会主义民主法治道路,绝不照搬照套西方所谓"宪政"、多党轮流执政、"三权鼎立"、"司法独立"的政治体制和法治模式,绝不全面移植他国的法治体系。

二、中国式法治现代化新道路是法治现代化的中国道路

习近平总书记深刻指出:"走自己的路,是党的全部理论和实践立足点,更是党百年奋斗得出的历史结论。"①党的十九届六中全会《决议》②把"坚持中国道路"作为党百年奋斗的宝贵历史经验之一,指出"人类历史上没有一个民族、一个国家可以通过依赖外部力量、照搬外国模式、跟在他人后面亦步亦趋实现强大和振兴"。这一重要的历史经验和科学论断完全适用于法治领域和法治现代化问题。世界上不存在定于一尊的法治模式,也不存在放之四海而皆准的法治现代化道路。在中国这样一个国土面积广袤、人口规模巨大、地区差异悬殊、历史文化悠久的发展中国家实现法治现代化,其正确的道路书本上抄不来,别人送不来,只能靠自己走出来。"当代中国的伟大社会变革,不是简单延续我国历史文化的母版,不是简单套用马克思主义经典作家设想的模板,不是其他国家社会主义实践的再版,也不是国外现代化发展的翻版,不可能找到现成的教科书。""一切刻舟求剑、照猫画虎、生搬硬套、依样画葫芦的做法都是无济于事的。"③中国式法治现代化不但坚持社会主义,而且符合中国国情和实际,是法治现代化的中国道路。

第一,我国是世界上最大的发展中国家,有14亿多人口,且地域辽阔、民族众多、区域发展和经济社会发展不平衡不充分,仍处于并将长期处于社会主义初级阶段。但是,我们已经进入中国特色社会主义新时代,实现了第一个百年奋斗目

---

① 习近平:《在庆祝中国共产党成立100周年大会上的讲话》(2021年7月1日),人民出版社2021年版,第13页。

② 《中共中央关于党的百年奋斗重大成就和历史经验的决议》,2021年11月11日中国共产党第十九届中央委员会第六次全体会议通过。

③ 习近平:《在哲学社会科学工作座谈会上的讲话》(2016年5月17日),载《人民日报》2016年5月19日,第2版。

标,在中华大地上全面建成了小康社会,正在意气风发地向着全面建成社会主义现代化强国的第二个百年奋斗目标迈进。这是我国现阶段法治建设的历史方位和社会条件。立足于"初级阶段"和"新时代",我们的法治现代化既不能罔顾国情、超越阶段,也不能因循守旧、墨守成规。我们要清醒地认识到,尽管我国社会主要矛盾发生了变化,但社会主义初级阶段基本国情和世界上最大发展中国家的国际地位没有变,我们依然面临着人口规模巨大、老龄化问题较为严重、收入分配差距较大、民生保障存在短板、国家治理还有弱项的实际情况。因此,实现中国式法治现代化,必将是一个长期的历史任务。

第二,我国是世界文明古国、文明大国,法制文明是中华文明的内在构成,而且从历史进程上看从来没有中断过。战国时期,李悝的《法经》创中国古代法典之体制,开成文法典之先河。其后建立的秦朝扩大了成文法的规模,奠定了中国长达两千多年传统法制的基本轮廓,并初步形成了中华法系。汉唐诸代君臣与巨儒主张"德主刑辅",熔礼义刑德于一炉,使中国传统法制成为"天理、国法、人情"的融合体。《唐律疏议》更以其完备的法律规范体系、丰富而深邃的法理内涵成为古代法典的范例。千年朝代更替,并没有中断中华法系的血脉,它无比广泛地影响和传播到周边国家和世界其他国家,也给我们留下无比宝贵的法律文化遗产。中华法系是中华民族法治精神的结晶,有许多超越时空、具有普遍价值的思想和理念值得我们回味、传承和发展。例如,大道之行、天下为公的大同理想;六合同风、四海一家的大一统传统;民惟邦本、本固邦宁的民本理念;奉法强国、变法促进的强国之路;出礼入刑、隆礼重法的治国策略;天下无讼、以和为贵的价值追求;德主刑辅、以德化人的德治主张;法不阿贵、绳不挠曲的正义追求;援法断罪、罚当其罪的平等观念;亲仁善邻、协和万邦的外交之道;以和为贵、好战必亡的和平理念等思想精华。走中国式法治现代化道路,必须对中华优秀传统法律文化进行创造性转化、创新性发展,让中华法治文明在当代世界焕发绚丽光彩。

第三,我们正处在全球化大转型和世界大变局的新世纪,国情与世情相互影响、深度交融。从 20 世纪 70 年代至今,我们生存的这个世界发生了全球化历史性变迁,全球化有力地改变着人类的生产方式、生活样式和生存状态,也在深刻地影响着人类社会的经济、政治、法律制度及其变迁。在这样的全球化时代,无论是观察和处理经济问题、文化教育科技问题,还是观察和处理政治问题、军事问题、外交问题,我们都必须有全球意识、全球视野、全球眼光、全球思维,要有全球化的问题意识,应对全球化的战略能力。作为新兴大国,我国积极主动顺应全球化,实行对外开放战略,赢得了难得的战略机遇期。近年来,逆全球化思潮上升,单边主义、保护主义、霸权主义、强权政治抬头。然而,全球化的历史潮流不可阻挡,全球化的发展趋向不会改变。我们要继续积极推动全球化朝着更加开放、包容、普惠、平衡、共赢的方向发展。全球化加快了我国法治现代化的进程,使我们充满信心地走出了一条面向全球化的法治现代化新道路。

当前世界正经历百年未有之大变局。虽然和平与发展仍然是时代主题,但是这一主题面临许多挑战。"东升西降"是大变局发展的主要方向,新冠疫情是加剧大变局演进的催化剂,世界进入动荡变革期是大变局的基本特征;国际环境日趋复杂、不稳定性和不确定性因素明显增加是大变局之下难以避免的"乱局"。大国博弈的历史轮廓日渐清晰,中国日益走近世界舞台中央,和平崛起势不可挡,但守成大国绝不甘心,必然打压遏制。在法治方面,全球治理体系发生深刻调整,制度竞争成为国家间最核心的竞争,法治成为国家综合实力的重要组成部分,运用法治思维和法治方式更好地维护国家主权、安全、发展利益,更好地促进世界和平与发展,成为我们势在必行的战略抉择。在这种历史条件下,我们必须统筹国内国际两个大局,统筹推进国内法治和涉外法治,主动参与全球法治变革,推进构建国际法治新秩序,为中华民族伟大复兴创造更加良好的外部法治环境。在全球化和大变局的新世纪,推进中国法治现代化,必须保持对外开放、文明互鉴的境界。习近平总书记指出:"坚持从我国实际出发,不等于关起门来搞法治。法治是人类文明的重要成果之一,法治的精髓和要旨对于各国国家治理和社会治理具有普遍意义,我们要学习借鉴世界上优秀的法治文明成果。"[1]文明因多样而交流、因交流而互鉴、因互鉴而发展,通往法治现代化的道路也是如此。"中华民族是一个兼容并蓄、海纳百川的民族,在漫长历史进程中,不断学习他人的好东西,把他人的好东西化成自己的东西,这才形成我们的民族特色。"[2]外国法治文明有许多理念、原则和方法,反映了人类法治文明发展的一般规律。诸如依法而治、权力制约、尊重人权、税收法定、法律面前人人平等、契约自由、罪刑法定、疑罪从无、非法证据排除、正当程序等法治理念。推进中国法治现代化,应当坚持在中国国情和中国需要的前提下,认真鉴别、理性批判、合理吸收外国法治经验,使之与中国本土资

---

[1]　习近平:《加快建设社会主义法治国家》(二〇一四年十月二十三日),载习近平:《论坚持全面依法治国》,中央文献出版社 2020 年版,第 111 页。

[2]　中共中央宣传部编:《习近平总书记系列重要讲话读本》,学习出版社、人民出版社 2016 年版,第 203-204 页。

源相贯通,彰显中国法治现代化的开放性、包容性和科学性。当然,"学习借鉴不等于是简单的拿来主义,必须坚持以我为主、为我所用,认真鉴别、合理吸收,不能搞'全盘西化',不能搞'全面移植',不能照搬照抄"①。

第四,中国是在经历了一场又一场思想解放、排除各种错误倾向干扰下步入法治现代化道路的。一是中国式法治现代化是在彻底肃清封建专制传统中开启的。按照人类社会变迁和国家历史类型更替的一般规律,社会主义是从资本主义发展而来的。然而,由于近代以来特殊的历史原因,我们从半殖民地半封建社会直接跳过了资本主义发展阶段而进入了社会主义发展阶段,加上我国封建社会的历史约有 3000 多年,故"旧中国留给我们的,封建专制传统比较多,民主法制传统很少"②。所以,在推进法治现代化过程中,我们首先面对的就是反封建的历史任务。封建专制主义传统的典型特征是君权神授、君临天下、专制独裁、权大于法、君本位、官本位、义务本位、重刑主义、刑讯逼供等。受这种旧传统的影响,一些领导干部无视宪法法律,以权压法、以言代法、徇私枉法,特别是当个人意志和主张与法律不一致时,不是"人依法"而往往是"法依人"。改革开放以来,我们党以极大的政治勇气领导人民开展反封建斗争,扫除了影响依法治国、阻碍法治现代化的封建主义遗风。

二是中国式法治现代化是在排除"全盘西化""全盘苏化"的斗争中突围的。由于清末统治集团的腐败封闭僵化,中华文明的内在灵魂几乎被掏空,在西方文明的狂风暴雨中摇摇欲坠。中国向何处去? 中华文明向何处去? 政界学界争论不休,莫衷一是。在"有病乱投医"的情况下,不少人试图照搬西方法治模式,"全盘西化论"因此滋长起来。从历史发展来看,现代法治起源于西方,西方资本主义法治较封建专制主义人治具有进步性。推进中国法治现代化,我们当然要面向世界、学习人类法治文明的优秀成果,使中国法治现代化尽可能跨越发展、弯道超车。但是,西方资本主义法治有它生成的社会基础和历史条件,并不具有普适性,更不是人类法治文明的唯一坐标,对西方资本主义法治理念盲目崇拜,甚至直接套用法治模式,很容易造成水土不服、后患无穷。毛泽东同志和邓小平同志反复提醒我们,必须坚持走社会主义民主法治道路,绝不照抄照搬西方资本主义民主

---

① 习近平:《加快建设社会主义法治国家》(二〇一四年十月二十三日),载习近平:《论坚持全面依法治国》,中央文献出版社 2020 年版,第 111 页。

② 邓小平:《党和国家领导制度的改革》,载《邓小平文选》(第二卷),人民出版社 1994 年版,第 332 页。

法治模式,要反对"全盘西化"的错误思潮。在批判"全盘西化"的同时,我们也曾经走过一段"全盘苏化"的弯路。在法的理论上,我们曾照搬以维辛斯基国家和法的理论为代表的苏联法学,过分强调法是阶级矛盾和阶级斗争的产物、法是阶级斗争的工具,以致提出"以阶级斗争为纲"的法学理论。在法律体系建设上,将毛泽东同志"以苏为鉴"的主张泛化,试图照搬与高度集中的计划经济体制相适应的苏联法律体系。在法律运行上,片面强调法律为无产阶级专政服务的一面,而忽视法律保障人权、制约公权、维护公平正义、促进社会和谐的基本面,致使法治现代化进程一度南辕北辙。改革开放以后,经过"实践是检验真理的唯一标准"的大讨论,中国法治和中国法学既否定了"全盘西化",也告别了"全盘苏化",回归马克思主义国家和法的科学真理,开启了与社会主义市场经济、民主政治、先进文化、和谐社会、生态文明相适应的法治现代化道路。

三是中国式法治现代化是在克服极"左"思潮干扰的实践中奋进的。长期以来,中国法治建设深受极"左"思潮的干扰和破坏,其主要表现是:实行"以阶级斗争为纲"的政治路线,混淆敌我矛盾和人民内部矛盾;奉行"法律虚无主义",公然主张要人治、不要法治,把法律仅仅作为办事的参考;热衷于大轰大嗡、无法无天的群众运动,甚至实行群众专政、群众办案,而无视法律程序;把法律的强制和惩罚功能极端化,而忽视其保护人权、维护公正的价值功能。在党和国家政治生活中,要人治、不要法治的极"左"错误危害很大,曾经使我国社会主义法制建设长期处于停滞状态甚至发生颠覆性倒退。鉴于"左"的意识根深蒂固、危害极大,邓小平同志力挽狂澜,向极"左"思潮开炮,强调"现在,有右的东西影响我们,也有'左'的东西影响我们,但根深蒂固的还是'左'的东西。……中国要警惕右,但主要是防止'左'"①。经过反对极"左"思潮的解放思想和拨乱反正的政治斗争,我们党深刻认识到,没有民主和法制就没有社会主义,就没有社会主义现代化,强调"我们要在大幅度提高社会生产力的同时,改革和完善社会主义的经济制度和政治制度,发展高度的社会主义民主和完备的社会主义法制"②。一场又一场学术争鸣和一次又一次的斗争洗礼过后,我们清除了"封遗毒"、克服了"左僵化"、放弃了"洋教条",在党的坚强领导下,高举中国特色社会主义民主法治理论的旗帜,奋力

---

① 邓小平:《在武昌、深圳、珠海、上海等地的谈话要点》,载《邓小平文选》(第三卷),人民出版社1993年版,第375页。

② 邓小平:《在中国文学艺术工作者第四次代表大会上的祝词》,载《邓小平文选》(第二卷),人民出版社1994年版,第208页。

推进社会主义民主制度化法律化,实行依法治国、建设社会主义法治国家、建设法治中国,大踏步迈向了中国式法治现代化的人间正道。这在世界法治史上是十分独特的现象。

三、中国式法治现代化新道路是人类法治文明的康庄大道

中华人民共和国成立以来、改革开放以来,特别是中国特色社会主义进入新时代以来,我国法治建设的实践和成就堪称世界法治发展的典型范例,正在并将继续深刻影响人类法治文明历史进程。在中国这样一个超大规模的发展中国家,中国共产党领导人民经过艰辛探索,成功地走出了一条中国式法治现代化新道路,用 70 余年时间走完了发达国家二三百年走过的法治现代化历程,创造了人类法治文明发展史上的奇迹,标志着中华法治文明的又一次伟大崛起。

中华人民共和国成立以后,在社会主义革命和建设时期,我们党在废除旧法统的同时,积极运用新民主主义革命时期根据地法制建设的成功经验,总结社会主义法治建设的新鲜经验,抓紧建设社会主义法治,初步奠定了社会主义法治的基础。改革开放和社会主义现代化建设新时期,面对法治衰国家乱人民不幸的悲剧,我们党提出了健全社会主义法制、建设社会主义法治国家,确立了依法治国基本方略、依法执政基本方式,实现了党治国理政方式的根本转变。我们用 30 来年的时间构建起一个立足中国国情和实际、适应改革开放和社会主义现代化建设需要、集中体现党和人民意志的,以宪法为统帅的中国特色社会主义法律体系。法律体系的形成,是我国依法治国、建设社会主义法治国家历史进程的重要里程碑,是世界现代法制史上最具标志性的重大事件,其意义重大而深远,其影响广泛而深刻。

同时,我们持续进行全民普法和法治宣传教育。我国的普法和法治宣传教育,既注重普及法律常识、掌握法律知识、树立法律意识,又强调增强法治观念、树立法治理念、弘扬法治精神;既要求公民尊法学法守法用法,又要求国家公职人员特别是各级领导干部牢固树立法治观念,自觉依法办事,依照法定职权和法定程序行使国家权力,并逐步学会运用法治思维和法治方式处理改革、发展、稳定的问题,提高依法执政、依法行政的能力和水平。中国的全民普法和法治宣传既是中国历史上也是人类历史上规模空前和影响深远的法治启蒙运动,是一场先进的思想观念和文明的生活方式的宣传教育运动。经过普法和法治宣传教育,现代法治

所包含的权利义务观念、自由平等观念、民主法治观念、公平正义观念、诚实信用观念等先进的思想观念逐渐深入人心,法律所追求的那种理性地行使权利、履行义务、平等协商谈判、和平理性解决矛盾纠纷等文明的生活方式正在蔚然成风。

中国特色社会主义进入新时代以来,以习近平同志为核心的党中央领导党和人民坚持和拓展中国特色社会主义法治道路,全面推进依法治国、建设法治中国,在创造经济快速发展奇迹和社会长期稳定奇迹的同时,创造了法安天下、德润人心的全面依法治国新奇迹。2013 年,党的十八届三中全会通过《中共中央关于全面深化改革若干重大问题的决定》,以推进法治中国建设为主题主线,对法治领域的重大改革作出重要部署。2014 年,党的十八届四中全会通过《中共中央关于全面推进依法治国若干重大问题的决定》,以建设中国特色社会主义法治体系、建设社会主义法治国家为总目标总抓手,对全面推进依法治国作出了战略决策和总体部署。2017 年,党的十九大把坚持全面依法治国上升为新时代坚持和发展中国特色社会主义的基本方略,对新时代全面依法治国作出新决策新部署。2018 年,十三届全国人大一次会议通过了《中华人民共和国宪法修正案》,充分体现人民对民主、法治、公平、正义、安全、环境等方面日益增长的需要,使现行宪法与时俱进、更加完善。2018 年,中央全面依法治国委员会成立,加强了党中央对法治中国建设的集中统一领导,健全了党领导全面依法治国的制度和工作机制。2019 年,党的十九届四中全会通过《中共中央关于坚持和完善中国特色社会主义制度　推进国家治理体系和治理能力现代化若干重大问题的决定》,提出坚持和完善中国特色社会主义法治体系,提高党依法治国、依法执政能力。2020 年,《中华人民共和国民法典》出台,标志着我国进入了法典化时代,全面依法治国站在了更高的起点上。2020 年,中央全面依法治国工作会议召开,会议强调推进全面依法治国要从把握新发展阶段、贯彻新发展理念、构建新发展格局的实际出发,围绕建设中国特色社会主义法治体系、建设社会主义法治国家的总目标,坚持党的领导、人民当家作主、依法治国有机统一,以解决法治领域突出问题为着力点,坚定不移走中国特色社会主义法治道路,在法治轨道上推进国家治理体系和治理能力现代化,为全面建设社会主义现代化国家、实现中华民族伟大复兴的中国梦提供有力法治保障。这次会议正式提出"习近平法治思想",把习近平法治思想确立为全面依法治国的指导思想和根本遵循。为贯彻落实会议精神,《法治中国建设规划(2020—2025 年)》《法治社会建设实施纲要(2020—2025 年)》《法治政府建设实施纲要(2021—2025 年)》《关于加强社会主义法治文化建设的意见》《中央宣传部、司法部关于开展法治宣传教育的第八个五年规划(2021—2025 年)》等相继出台实施。这些重大事件和重要文件是中国式法治现代化进程中一颗颗耀眼的明珠,为世界各国所瞩目。

在中国式法治现代化新道路上,我们坚持自信自强、守正创新,坚持"变"与"不变"的辩证统一;坚持走既不同于英法德等西方国家内生演进型道路,也不同于日韩新等东亚国家外发推进型道路,而是走自上而下、自下而上双向互动推进法治现代化的新道路;坚持"先试点后推广"的法治改革模式,在先行先试形成集成性制度创新、示范性改革效应后再全面铺开,确保法治领域的改革蹄疾步稳。我们坚持不忘本来、吸收外来、面向未来,坚持古为今用、洋为中用、择善而用,融通各种优质法治资源,不断推进法治理论创新、法治体系创新、法治方法创新;我们既深入推进全面依法治国实践,又积极参与国际法治体系建设;我们高举人类法治文明的旗帜,又力破"西方法治中心主义"的窠臼,走出了一条有别于"西方式法治现代化"的新道路,创造了人类法治文明新形态。而在同一历史时期,一些发展中国家在推进法治现代化的过程中,沿袭殖民主义法治体系而水土不服,或者全面移植、照抄照搬西方法治模式而陷入各种各样的"陷阱"。有些发展中国家照搬西方"宪政"体制和法治模式,不仅没有更自由、更民主、更稳定,而是不同程度地陷入政治动乱、社会混乱,人民流离失所、国家动荡不安。选择的道路不同,命运也完全不同。中国式法治现代化的成功实践为发展中国家走向法治现代化提供了全新选择,为人类探索建设更好的国家和法律制度贡献了中国理论和中国经验。

(摘自张文显:《论中国式法治现代化新道路》第二部分,原载《中国法学》2022年第 1 期。)

中国式法治现代化新道路的理论逻辑

公丕祥

现代化与法治内在联结,相互依存,不可分割。习近平总书记指出:"法治和人治问题是人类政治文明史上的一个基本问题,也是各国在实现现代化过程中必须面对和解决的一个重大问题。综观世界近现代史,凡是顺利实现现代化的国家,没有一个不是较好地解决了法治和人治问题的。"①中国共产党人在探索和推进中国式现代化新道路的过程中,以高度的历史主动性,充分认识法治在国家现代化进程中的重要作用,加强法治发展的战略考量,重视法治建设,推进法治变革,坚定地走出一条具有浓郁中国风格的法治现代化新道路。中国是发展中国家,坚持走正确的法治现代化道路,无疑是一个关系根本、关系全局的重大问题。中国共产党人坚持独立自主,"紧紧抓住合乎自己的实际情况这一条",②把开辟法治现代化的中国道路放在自己力量的基点上,从中国的实际国情出发,自主设计和发展适合自己情况的国家制度与法律制度,既把握已经形成的历史传承,又把握走过的发展道路、积累的法治经验、确立的法治原则,还把握现实的法治需求,着力解决面临的现实法治问题,深刻阐释中国式法治现代化新道路的理论逻辑,进而开辟中国式法治现代化新道路。诚如习近平总书记所精辟断言的:"走自己的路,是党的全部理论和实践立足点,更是党百年奋斗得出的历史结论。"③

---

① 参见习近平:《在中共十八届四中全会第二次全体会议上的讲话》,载中共中央文献研究室编:《习近平关于全面依法治国论述摘编》,中央文献出版社 2015 年版,第 12 页。

② 邓小平:《解放思想,独立思考》,载《邓小平文选》(第三卷),人民出版社 1993 年版,第 261 页。

③ 习近平:《在庆祝中国共产党成立 100 周年大会上的讲话》(2021 年 7 月 1 日),人民出版社 2021 年版,第 13 页。

一、确证中国式法治现代化新道路的根本保证

中国式法治现代化新道路的形成、发展和拓展的历程充分表明,只有中国共产党才能团结带领人民创立中国特色社会主义国家制度与法律制度,开辟中国特色社会主义法治发展的伟大事业,实现中华民族有史以来最为广泛而深刻的社会与法治变革,为全面建成现代化强国、实现民族复兴伟业提供更为完善的法治制度保障。正确认识和处理好党的领导和依法治国之间的关系,这是关乎中国式法治现代化新道路前进方向的一个重大问题。在当代中国,中国共产党领导是中国特色社会主义最本质的特征,是中国特色社会主义国家制度与国家治理体系的最大优势。"中国特色社会主义有很多特点和特征,但最本质的特征是坚持中国共产党领导。""一定要认清,中国最大的国情就是中国共产党的领导。什么是中国特色?这就是中国特色。"①在中国特色社会主义制度中,坚持中国共产党的领导,是国家的根本领导制度,是国家制度和国家治理体系的关键和根本,是中国式法治现代化新道路的根本保证。坚持中国式法治现代化新道路,必须牢牢把握正确的政治方向,保持政治坚定性,有效发挥坚持中国共产党领导这一最大的根本领导制度优势。走中国式法治现代化新道路,绝不是要削弱党的领导,而是要加强和改善党的领导,坚持依法执政,不断提高党领导全面依法治国的能力和水平,从而更好地巩固党的执政地位,改善党的执政方式,增强党的执政能力,实现党的执政使命,确保党和国家长治久安。坚定不移走中国式法治现代化新道路,必然要求健全和改善党领导全面依法治国的体制和工作机制,推进党对全面依法治国领导的制度化、法治化,把党对全面依法治国的领导构筑在坚实的法治基础之上,确保在推进中国式法治现代化的各个领域、各个方面、各个环节更加坚定自觉地坚持中国共产党的领导。

二、创立中国式法治现代化新道路的理论基础

文明社会法律思想的发展史表明,每个时代法律思想的新发展,都会有力推动这个时代的法律发展进程。马克思主义法治理论是马克思主义历史唯物主义

---

① 习近平:《论坚持党对一切工作的领导》,中央文献出版社 2019 年版,第 6 页、第 57 页。

在法治思想领域中的直接继续和运用,是解释文明社会法治现象奥秘的科学法治理论,实现了文明社会法治思想领域的伟大革命,深刻改变了世界法治文明发展的历史进程。20世纪以来,马克思主义法治理论中国化的伟大进程波澜壮阔、与时俱进,形成了马克思主义法治理论中国化的一系列重大理论成果,为开辟中国式法治现代化新道路提供了科学的理论指南。毛泽东思想中的法治思想,深入研究中国的国情条件,运用马克思主义法律观的一般原理来解决中国革命和建设中的法律问题,深刻阐述新民主主义法制的基本理论,创造性论述具有中国特色的社会主义国家制度体系的基本原理,深入分析在加强民主和法治的过程中正确认识和处理两类不同性质矛盾的重要性和基本要求,形成了具有中国特色的刑事策略思想,从而为新民主主义法制和社会主义法治建设确立了重要的理论原则。邓小平理论中的法治思想,站在中国的大地上,面对风云激荡的世界,鲜明提出"走中国式的现代化道路"的崭新而重大的命题,深刻揭示了在中国这样一个东方大国什么是社会主义、怎样建设社会主义的基本规律,精辟阐释社会主义民主制度化、法律化的重大论断,强调"要通过改革,处理好法治和人治的关系",①为开创中国式法治现代化新道路指明了方向。"三个代表"重要思想中的法治思想,明确提出依法治国的基本方略,深刻论述当代中国法治建设的根本任务,深入阐发社会主义市场经济的法治保障,标志着当代中国共产党人对中国式法治现代化新道路的规律性的认识达到了新高度。科学发展观中的法治思想,鲜明提出以人为本的法治发展理念,精辟论述中国共产党坚持依法执政的法治原则,科学揭示构建社会主义和谐社会的法治要求,从而有力推动了中国式法治现代化新道路的发展。习近平法治思想是在中华民族迎来了从站起来、富起来到强起来的伟大飞跃中应运而生的重大理论创新成果,深刻回答了创造中国式法治现代化新道路的一系列重大理论与实践问题,创立了内涵丰富、论述深刻、逻辑严密、博大精深的科学法治理论体系,对马克思主义法治理论在21世纪的全新发展作出了原创性的贡献。习近平法治思想从确保党和国家长治久安、实现中华民族伟大复兴的长远考虑,科学揭示中国式法治现代化进程的基本规律,深刻阐述中国特色社会主义法治发展的战略地位、基本性质、功能作用、总体目标、辩证关系、国情条件、历史基础、全球方位等一系列基本法理问题,提出了坚持走中国式法治现代化新道路

---

① 邓小平:《关于政治体制改革问题》,载《邓小平文选》(第三卷),人民出版社1993年版,第177页。

的主要原则和重大方针,反映了我们党对创造中国式法治现代化新道路客观规律的认识有了重大突破,是坚定不移走中国式法治现代化新道路的指导思想。因此,推进中国式法治现代化,必须始终坚持以马克思主义法治理论及其中国化的重大理论成果为指导,以当代中国正在发展着的马克思主义法治理论为根本遵循,悉心把握中国式法治现代化面临的历史性任务,深化法治领域改革,着力解决影响法治高质量发展的体制性、机制性、保障性问题,为实现中国式法治现代化夯实法治体制、法治制度和法治机制基础。

三、阐明中国式法治现代化新道路的价值取向

社会发展与人的发展内在交融、不可分割,人的发展是社会发展的根本目的。[①] 现代化的本质是人的现代化,人的主体性规律是现代化运动的内在法则,充分体现了主体对客体的价值关系。一部法律文明演进史,在很大程度上是社会主体的自由与权利的逐步制度化、法律化的历史进程。法治现代化不仅表明法律是以形式上正确合理的程序制定出来的,因而成为社会主体行动的一般模式,具有形式的理性化的特征;而且表明法律是对诸如正义、平等、自由、权利、安全、利益等价值准则的阐释、维护和实现,因而具有实质的理性化的特征。因之,法治现代化的价值意义,就在于运用法律形式确认和保障社会主体的自由与权利,维护社会主体的自主性、合法愿望和应有的尊严。中国式法治现代化新道路蕴含着深厚的价值基础,坚持以人民为中心、以维护社会公平正义为主轴的基本价值尺度,充分彰显中国特色社会主义法治发展的价值取向,实现了对先前的和当下的诸种法治现代化模式的历史性超越。早在新民主主义革命时期,毛泽东同志在和民主人士黄炎培的著名"窑洞对"中,讨论中国共产党如何跳出"其兴也勃焉,其亡也忽焉"的"历史周期律"时,精辟答道:"我们已经找到新路,我们能跳出这周期律。这条新路,就是民主。只有让人民来监督政府,政府才不敢松懈。只有人人起来负责,才不会人亡政息。"[②]中华人民共和国成立后,毛泽东同志在谈及"五四宪法"时强调,"用宪法这样一个根本大法的形式,把人民民主和社会主义原则固定下

---

① 参见丰子义:《现代化的理论基础:马克思现代社会发展理论研究》,北京师范大学出版社 2017 年版,第 414 页。

② 黄炎培:《延安归来》,国家行政管理学院出版社 2021 年版,第 60 页。

来,使全国人民有一条清楚的轨道"。① 进入改革开放的历史新时期,中国共产党人将发展社会主义民主政治,推进社会主义民主制度化、法律化,保证人民真正享有管理国家和社会事务的权力,保障人民的自由与权利,纳入开创中国式法治现代化新道路的总体构想中。邓小平同志依据马克思主义唯物史观的基本原理,在对现实的社会主义运动和改革实践进行理论反思的基础上,科学揭示了社会主义的本质,指出:"社会主义的本质,是解放生产力,发展生产力,消灭剥削,消除两极分化,最终达到共同富裕。"②由社会主义的本质所决定,中国式法治现代化新道路的基本价值取向,在于促进生产力的发展,维护社会正义,实现共同富裕。江泽民同志强调,当代中国法治建设的根本出发点,就是要实现好、维护好、发展好最广大人民的根本利益,充分发挥人民群众投身国家现代化建设的积极性、主动性和创造性。③ 胡锦涛同志深刻阐释科学发展观的法治蕴涵,提出科学发展观的本质和核心是以人为本,把公平正义确立为社会主义法治理念的有机构成要素之一,强调"公平正义是社会主义法治的基本目标"。④ 随着中国特色社会主义进入新时代,习近平总书记从坚持和发展中国特色社会主义的战略高度,科学把握马克思主义历史唯物主义关于人的主体性规律基本原理的核心要求,赋予中国式法治现代化新道路崭新的价值内涵,鲜明提出坚持以人民为中心的发展思想,使之成为中国式法治现代化新道路的基本价值准则;深刻论述人民在全面依法治国中的主体地位,创造性地提出"发展全过程人民民主"⑤的重大命题,进而彰显了中国式法治现代化新道路的强大生命力;系统阐述依法保障人民权益这一中国共产党人的一贯主张,明确作出"推进全面依法治国,根本目的是依法保障人民权益"⑥的重大论断,强调"共同富裕是社会主义的本质要求,是人民群众的共同期

---

①　毛泽东:《关于中华人民共和国宪法草案》,载中共中央文献研究室编:《毛泽东文集》(第六卷),人民出版社 1999 年版,第 328 页。

②　邓小平:《在武昌、深圳、珠海、上海等地的谈话要点》,载《邓小平文选》(第三卷),人民出版社 1993 年版,第 373 页。

③　参见江泽民:《在庆祝中国共产党成立八十周年大会上的讲话》,载《江泽民文选》(第三卷),人民出版社 2006 年版,第 279 页。

④　胡锦涛:《坚持社会主义法治理念》,载《胡锦涛文选》(第二卷),人民出版社 2016 年版,第 428 页。

⑤　习近平:《在庆祝中国共产党成立 100 周年大会上的讲话》(2021 年 7 月 1 日),人民出版社 2021 年版,第 12 页。

⑥　习近平:《以科学理论指导全面依法治国各项工作》,载习近平:《论坚持全面依法治国》,中央文献出版社 2020 年版,第 2 页。

盼"，要"把促进全体人民共同富裕摆在更加重要的位置"，①把增进人民福祉、促进共同富裕、维护社会公平正义的要求落实到全面依法治国各领域全过程，从而以良法善治拓展中国式法治现代化新道路。

四、把握中国式法治现代化新道路的推进方式

马克思主义法治理论的深刻之处，就在于运用历史唯物主义法哲学的世界观和方法论准则，深入考察世界历史发展中法律发展现象多样性统一的运动图式，从大量具体的多样化的法律发展现象中探求法律发展的一般规律，揭示法律发展进程的内在统一性法则。与此同时，马克思主义经典作家强调，在不同社会历史条件下，社会基本矛盾运动往往具有不同的历史特点和民族的特性，世界历史进程亦不可能消弭这一矛盾运动的民族品格。② 因此，要从不同的社会历史环境条件出发，考察不同国家法律发展道路的运动机理。综览世界法治现代化进程，以这一进程的动力来源为尺度，将法治现代化类型区分为内生型和外发型这两种模式，前者是指最初动力产生于本社会内部的法治现代化类型，后者则是指最初动力来自社会外部冲击或挑战的法治现代化类型。然而，中国的特殊法治国情特点，决定了中国式法治现代化新道路的动力机制及其推进方式的独特性质。中国是一个人口庞大、地域辽阔、民族众多、国情复杂的社会主义东方大国。中国共产党在这样一个超大型国家实现长期执政，就必须深入分析中国社会内部存在的处于变动状态中的经济的、政治的、社会的、文化的、历史的乃至地理环境的诸方面条件或因素，由此把握中国式法治现代化新道路的特殊的动力机制及其推进方式。习近平总书记十分注重研究中国式法治现代化道路的动力机制及其推进方式问题，在深刻总结世界法治现代化基本规律的基础上，精辟阐述了三种不同的法治化动因类型，指出："从已经实现现代化国家的发展历程看，像英国、美国、法国等西方国家，呈现出来的主要是自下而上社会演进模式，即适应市场经济和现代化发展需要，经过一二百年乃至二三百年内生演化，逐步实现法治化，政府对法治的推动作用相对较小。像新加坡、韩国、日本等，呈现出来的主要是政府自上而下在几十年时间快速推动法治化，政府对法治的推动作

---

① 《中共中央关于制定国民经济和社会发展第十四个五年规划和二〇三五年远景目标的建议》，人民出版社 2020 年版，第 54-55 页。

② 参见杨耕：《东方的崛起：关于中国式现代化的哲学反思》，北京师范大学出版社、北京出版社 2015 年版，第 68-70 页。

用很大。就我国而言,我们要在短短几十年时间内在十三亿多人口的大国实现社会主义现代化,就必须自上而下、自下而上双向互动地推进法治化。"①显然,政府推动与社会演进交互作用、自上而下与自下而上相结合的法治现代化运动样式,构成了中国式法治现代化新道路动力机制及其推进方式的显著特点。一方面,中国式法治现代化新道路的深厚动力,来自社会主体的自主性的创造活动所内生演进生成的法治变革的强大力量。在当代中国,推进法治现代化的最深厚的动因源泉,来自社会主体的积极性、能动性和首创精神,来自人民群众的广泛参与。人民是中国式法治现代化的能动主体和力量源泉。在新的历史条件下,坚持中国式法治现代化新道路的一个基本要求,就是充分调动人民群众投身法治中国建设的积极性和主动性,保证人民通过多种途径、机制和方式参与国家治理和社会治理,参与法治建设和法治改革事业。中国式法治现代化新道路形成、发展和拓展过程的一个鲜明特点,就是不断激发广大人民群众投身法治建设事业的巨大热忱,积极鼓励和充分尊重人民群众在法治改革中的实践探索,确保法治建设为了人民、依靠人民。另一方面,亦是更重要的,开创中国式法治现代化新道路的历史进程充分表明,在当代中国,建设法治中国,推进中国法治现代化,必须有一个在中国共产党领导下充分行使公共管理职能的强大国家的存在,②必须确保党能够有力有效地统筹全面依法治国各领域工作,确保党的意志和主张贯彻到全面依法治国的全过程和各方面。面对实现中国式现代化的战略任务,必须强化推进法治建设的组织保证,加大深入系统全面推进依法治国的工作力度,切实加强中国共产党对法治建设的全面领导,健全党领导全面依法治国的体制、制度和机制。党的十八大以来,推进中国式法治现代化的一个明显特点,就是党对全面依法治国的战略统筹及其组织化程度显著有效提升,成为法治中国建设向纵深展开的强大动力。因之,形成了自上而下与自下而上有机结合、双向互动推进中国法治现代化的崭新样式,遂而使中国式法治现代化新道路充满着生机与活力。

（摘自公丕祥:《中国式法治现代化新道路的内在逻辑》第三部分,本文标题系作者修订,原载《法学》2021 年第 10 期。）

---

① 习近平:《各级领导干部要做尊法学法守法用法的模范》,载习近平:《论坚持全面依法治国》,中央文献出版社 2020 年版,第 135-136 页。

② 参见王绍光:《安邦之道:国家转型的目标与途径》,生活·读书·新知三联书店 2007 年版,第 541 页。

不同国家法律间的相互借鉴与吸收

比较法研究中的一项重要课题

王晨光

二、法律移植问题的理论症结

　　法律是否具有可移植性？要回答这一问题就不能不首先考察一下法律的特征及作用。比较法学的鼻祖孟德斯鸠说："为某一国人民而制定的法律，应该是非常适合于该国的人民的；所以如果一个国家的法律竟能适合于另外一个国家的话，那只是非常凑巧的事。"①如此而言，除偶然巧合外，受到特定自然地理环境、风俗习惯等种种因素制约的具体法律当然也就无所谓移植的问题了。萨维尼在谈论法的"民族精神"时，似乎也排除了法律移植的可能性。然而，他提出民族精神的政治意图恰恰在于对抗当时呈席卷欧洲之势的法典化的浪潮。② 与这种强调法律特殊性的观念相对立，甚至早在它出现之前，西方法理学中主张存在一种高于人为法的自然法的观念就已经广为流传、影响深远。这种观念所倡导的则是法律的共同性。正是这种法律的共同性与特殊性的矛盾构成了法律移植研究中不可回避的理论症结。因此，如果强调共同性，那么承认法律的可移植性则是必然的；反之，认为法律具有不可移植性则是合乎逻辑的。

　　应当说，法律的共同性和特殊性同时存在。但是，共同性和特殊性之间的界限是可变的。其关键在于从什么范围来看待法律。法律是人类社会的产物。如

---

　　①　[法]孟德斯鸠：《论法的精神》，张雁深译，商务印书馆 1982 年版，第 6 页。

　　②　M. H. Hoeflich, Law, society, and reception: The vision of Alan Watson, *Michigan Law Review*, 1987(5):1083-1094.

果在民族国家的范围中看待法律,法律显然具有各自具体国度的特殊环境所赋予的阶级、文化、历史和经济特殊性;若将自己囿于一种封闭的国度之中,这种特殊性就更为突出,甚至突出到可以否认任何共同性的地步。而如变换一下角度,从某一特定的历史阶段(例如现代工业化社会)来观察,各个不同国度的法律则带有许多共同性(例如韦伯所称的"形式合理化法律",以及现代商品社会所需要的"法治")。不能否认,当今世界仍然主要处于民族国家的国际环境之中,法律和国家主权密不可分,法律的特殊性仍然具有突出的地位。因此,寻找法律共同性时,不能忽视其实际存在的特殊性,否则共同性也将无所依托。中国作为社会主义国家和发展中国家,具有不同于其他西方和第三世界国家的独特的社会和经济环境。这些独特之处加上其悠久而深重的历史以及灿烂而又不乏积垢的文化,使得它在落伍之后不能不从其他国家法律制度中寻求成功的经验,同时又使它不能不从其独特的地位出发对其他国家的经验进行有选择的批判性吸收。比如,在中国社会主义公有制占主导的经济环境中,国家的宏观调控作用必然反映在有关法律之中,而对西方国家的公司法、财产法等法律制度也不可能原封不动地照搬过来,尽管可以借用其中的某些条文和制度。

三、实践中的法律移植问题

法律移植问题的提出并非纯粹的理论思维的结果,而是有其历史原因的。在第二次世界大战之后到 20 世纪 60 年代初期,殖民地国家纷纷独立。独立后的这些国家采取何种法律制度,成为一时的热门题目。以美国一批法学家为主而开展起来的关于法律与社会、法律与发展及法律与文化的运动,对这些新兴国家的法律改革和社会经济发展予以关注。他们从法律的作用在于改变社会从而推动社会前进的功能理论出发,认为只要把现代的文明法律输入落后地区,就能实现上述目的。但是,随着对越战的普遍不满和对霸权外交的怀疑,这一运动特别是它的方法论和主导思想很快就遭到了来自内部和外部两方面的夹击。① 弗里德曼

---

① [美]戴维·杜鲁贝克:《论当代美国的法律与发展运动》(上),王力威译,载《比较法研究》1990 年第 2 期,第 46 页。

称之为"法律帝国主义",杜鲁贝克称之为"种族中心论",是一种"失败"。① 塞德曼教授从法律是调整具体行为的模式的观点出发,认为一种在特定的时间和环境中可以引导出特定的行为的法律,在另外一种时间和环境中则不可能引导出同样的行为。特别是在不同社会制度和不同历史及文化传统的国家之间,法律在时间和环境上的特定性,使法律不具有移植性。②

与这种思想动向相对,一些西方学者主张"法律制度从一种文化向另一种文化的迁移是经常的"③;"法律移植是大量发生的"④。这种从法律文化角度或历史论证上得出的结论,有其事实根据和科学性;但同时,它们是否在当代具有可行性或在多大程度上具有可行性,也是值得认真研究的。应当承认,这些学者在不同程度上也提出了社会需求和社会条件的问题。但是从整体上说,他们所说的迁移和移植的经常性和必然性,淡化了这些需求和条件的重要性。同时,他们所举的例证多是西方国家法律制度之间的迁移,或是历史上欧洲国家对罗马法的移植。这就很自然地带来一个进一步的问题(特别是在中国健全社会主义法制的过程中,这一问题更为突出),即他们所说的在社会制度、经济和政治结构、文化和历史传统大体一致或有历史渊源的国家间的法律的迁移和移植,是否能在不属于同类型的国家间进行? 是否可以说,上述两种不同的观点所研究的对象的类别不同,因而它们的结论也就不同?

四、不同社会制度的国家的法律的相互移植

不同社会、经济、文化制度的国家的法律具有可比性。这一点已为大多数比较法学者所承认。但是,基于根本不同基础之上的法律制度间是否能相互移植呢? 它是不是可比性的合乎逻辑的延伸? 这里,可以先看一看移植概念的含义。

---

① Masaji Chiba, Cultural universality and particularity of jurisprudence, in M. L. Marasinghe, William E. Conklin (eds.), *Essays on Third World Perspectives in Jurisprudence*. Malaya: Malayan Law Journal PTE. LTD,1984:304-313.

② [美]安·塞德曼,罗伯特·B.塞德曼:《评深圳移植香港法律建议》,赵庆培译,载《比较法研究》1989 年第 Z1 期。

③ [美]H. W. 埃尔曼:《比较法律文化》,贺卫方、高鸿钧译,生活·读书·新知三联书店1990 年版。

④ Alan Watson, *The Evolution of Law*. Baltimore: Johns Hopkins University Press, 1989:73-74.

至此,本文已未加区分地使用了移植、迁移、影响、引用、吸收等几个不同的词。西方学者在讨论这一问题时也没有使用统一的词,而是交替使用了 transplant,migration、influence、transfer(transferability)、borrowing、acceptance 等不同的词。如果是在将一种法律或制度的一部分或整体引入另一种法律制度这种意义上使用上述词汇,这些词的内涵并没有根本的不同,而只有程度上的不同。就"移植"一词而言,它原来并非法律词汇,而是植物学和医学中的词汇。人们在将其引入法学中时,并未很好地加以区分。从植物学术语的角度看,移植意味着整株植物的移地栽培,因而有整体移入而非部分移入的意思。但是,从医学术语的角度看,器官的移植显然是指部分的移入而非整体的移入。而且器官移植还可使人想到人体的排他性等一系列复杂的生理活动的过程,从而更能准确地反映法律移入后的复杂情况。因此,如果是在植物学的意义上运用这一概念,它所带来的简单化的倾向是明显的;而后者则不会令人产生这种印象和误解。笔者并不反对使用这一概念,但不容忽视的是,在使用它时也确有必要明确其含义,以免产生不必要的误解。如果从约定俗成的角度看,使用已为我们所习惯了的"借鉴"和"吸收"这两个词,则更为便利和准确,也更能体现引进外国法律并使之适应本国环境的复杂过程。

基于不同社会制度之上的法律之间能否全盘地相互接受呢?似乎大多数学者都会给予否定的答复。土壤和气候等自然条件的不同会导致移植的整株树木的死亡。同样,社会环境(并不限于孟德斯鸠所讲的自然环境)特别是社会根本制度的不同,肯定会导致它与全盘移入的法律的整体上的不相容,从而很难给社会带来稳定和繁荣。如果是在这种意义上谈论移植,那么这种移植则是不可取的,同时在实践上也是不可行的。一些否认法律移植性的学者正是在这一意义上主张其观点。① 在历史上,土耳其于 1922 年照抄了法国法典,埃塞俄比亚于 1962 年以瑞士民法典为蓝本制定了它的民法,加纳于 1874 年照抄香港法律。但是,它们的实验并未收到令人满意的结果。②

在对基于不同社会制度之上的法律间进行部分移植或吸收是否可行的问题

---

① 此处"移植性"的英文词为"transferability",其字面意思是可转移性或可传递性。由于不少人已经将其译为移植性,本文也就遵循这一惯例。但本文并无在植物学意义上使用该词的意思。

② [美]安·塞德曼,罗伯特·B. 塞德曼:《评深圳移植香港法律建议》,赵庆培译,载《比较法研究》1989 年第 Z1 期。

作出回答前,先看一看实际例证。有学者认为,社会主义法律源自原属于大陆法系的资本主义法律制度,因此其大陆法的痕迹和成分很多。有些原东欧的社会主义国家在相当一段时间内保留了旧的法律。例如,罗马尼亚一直保留1864年制定的民法典,德意志民主共和国一直将1896年的德国民法典保留到1976年,波兰在1964年才制定出新的民法典。当然,在保留这些法律的同时,各国也制定了一些单行法规以适应社会变革的需要。① 这些吸收毕竟有其特殊的历史条件。但是,它在一定程度上表明了社会主义法律从资本主义法律中吸收有益于其本身的规定和制度的可行性。中国虽然没有像那些国家那样援用旧法,但是从20世纪70年代末开始,在大规模的立法进程中,中国进行了一种新的大胆的尝试——大量地参考和借鉴外国的法律和制度。例如,中国在1982年修订宪法时,系统地研究了35个国家的宪法;在制定合资企业法时,由于缺乏这方面的实践,较多地借鉴了外国的经验。② 从理论上讲,无论是资本主义社会还是社会主义社会都处于同一个"地球村"中,都没有超越商品经济的阶段,都面临着一些同样的社会问题。因此,相互借鉴和吸收对方调整同一种社会关系的法律是可能的。要做到这一点,应当区分"法律条文的政治目的"和"法律条文的功能"。也就是说,在一定程度上,因法律的政治目的的不同而抹杀其具体功能上的一致性是不合适的,更不能以政治体制的不同而否认不同法律制度间的相互影响、借鉴和吸收的事实及其可行性和必要性。从功能的角度出发,借鉴和吸收不仅可行,而且很有必要。从法律是一种人类共同的文化遗产的角度看,不论是处于何种社会的国家,吸收这一遗产中的精华也是题中应有之义。总之,在借和吸收中不能简单地以姓"资"和姓"社"为判断可借鉴和吸收的标准,而应以这种借鉴和吸收能否达到促进我国社会主义的体制改革和经济发展为标准。

五、如何使南橘不成为北枳

但是,借鉴和吸收并非易事,即便在属于同一类社会制度和法系的国家间也是如此。例如,英美两国可谓是极其相像的了。然而,如果想把美国的处理紧急

---

① John Quigley, Socialist law and the civil law tradition, *The American Journal of Comparative Law*, 1989(4):781-808.

② 郭道晖:《中国立法制度》,人民出版社1988年版,第126页。

劳动纠纷的法律规定移植到英国,就必须看到两国在这一领域中仍有巨大的形似而神不似的地方,必须把美国的经验加以修改和发展,使之适应英国的国情。即使如此,这仍然是一项困难、危险和艰巨的任务。① 这种工作确实需要比较法学者进行认真、艰苦、细致的调查和研究。不仅要作出是否移植的判断,而且要从法律的技术和实施上提出移植的具体操作方案和可行性分析,并在整个过程中不断地进行实验和修正。简单地寻找某个国家的法律条文,望文生义的拿来主义,或许可以产生一时的满足和轰动,但它绝无持久的生命力,也不会产生与立法者的初衷相一致的结果。一位英国比较法学者曾批评那种像小女孩搜寻穿着不同民族服装的洋娃娃那样从事比较法研究的轻率态度。② 这的确是比较法学者应引以为戒的忠告。

什么是使借鉴和吸收如此难以获得预期效果的因素呢? 怎样才能使南橘不成为北枳呢? 首先,我们必须真正了解某一外国法律的全部情况。它包括法律词汇的真实含义、法律的结构、法律的解释及其技术、相关的立法精神、法律的原则、法律的地位、法律调整的社会关系的种类、罚则的种类等情况。例如,就法律词汇而言,同一个词在不同的国家可能具有不同的含义;而有时不同的词在不同的国家又具有相同的含义。③ 如果再加上不同语言的差异,确切地了解词汇的真实含义显然并非易事。

以上所举的各种情况仅仅是与法律条文本身有关的因素,可以称之为法律的内在因素。但是,仅仅了解法律的内在因素还远远不够。因此,其次,更复杂的问题就是了解法律的外在因素或非法律因素。而要真正了解外国的法律条文及制度,就不能不考察该法律在特定社会中运行的过程和状况,就不能不了解"那些构成社会环境的诸如经济、政治、文化等非法律的因素","对于模糊不清的复杂情况似乎只有运用法律社会学的研究方法才能予以解决"。

一国法律的内在因素与外在因素可能在该国能得到较好的统一。但是,当移入其他国家时,其法律的内在因素就可能与接受国的法律的外在因素发生冲突。

---

① Christoper J. Whelan, On uses and misuses of comparative labour law: A case study, *The Modern Law Review*, 1982(3):285-300.

② Christoper J. Whelan, On uses and misuses of comparative labour law: A case study, *The Modern Law Review*, 1982(3):285-300.

③ Christoper J. Whelan, On uses and misuses of comparative labour law: A case study, *The Modern Law Review*, 1982(3):285-300.

如果这种冲突无法解决,其接受就不可能成功。在发生冲突的情况下,如何解决呢? 简言之,或是改变法律的内在因素,或是改变法律的外在因素。一般来说,改变法律的外在因素需要较长的时间和较大的气力,牵动的方面也多且复杂,往往不易做到。当然,不易做到并不意味着不能和不应做到。有时,引进法律的目的就在于进行社会改革。在此情况下,改变法律的外在因素则是必要和可能的。应当注意的是,在进行这种变革时切不可采取急功近利的态度。日本的例子就能说明这种变革的困难。如日本虽然受到大陆法系和普通法系的两度洗礼,并使传统观念受到巨大冲击,但日本国民及政府官员避免诉讼的心理依然存在,各级行政官员依然采用各种控制方法力图减少和避免诉讼。①

既然改变法律的外在因素不容易,那么要解决冲突就必须更多地依靠法律内在因素的改变,以使之适应于新的环境。当然,这些仅是就理论而言,实际中的情况远比这种纯粹的模式复杂得多,内在因素和外在因素的交替作用也会复杂得多。法律内在因素的改变主要是以适应接受国的外部条件为目的,以取得类似在原所在国的社会效果为改变的局限。如果为了能在接受国得以适用而改变了该法在原所在国的功能,也就失去了引入该法的意义。

(摘自王晨光:《不同国家法律间的相互借鉴与吸收——比较法研究中的一项重要课题》第二部分至第五部分,原载《中国法学》1992 年第 4 期。)

---

① Frank Upham, *Law and Social Change in Postwar Japan*. Cambridge:Harvard University Press,1987:17.

秋菊的困惑和山杠爷的悲剧

苏 力

法的关系……不能从它们本身来理解，也不能从所谓人类精神的一般发展来理解……它们根源于物质的生活关系，这种物质的生活关系的总和……

——马克思①

一

我从近年两部颇为叫座的、反映当代中国农村法治建设的电影谈起。

第一部电影是《秋菊打官司》，讲的是西北某农村的一个纠纷处置（而不是解决）。为一些并不很紧要的事，一位农民同村长吵起来了，骂村长"断子绝孙"（村长的确只生了四个女儿）。这种话在中国的社会背景（尤其在农村）下是非常伤人的。愤怒的村长因此和这位农民打了起来，向村民的下身踢了几脚。村民受了伤。这位村民的妻子——秋菊为此非常愤怒。她认为，村长可以踢她的丈夫，但不能往那个地方踢。她要讨个"说法"，大致是要上级领导批评村长，村长认个错。由于这种纠纷在中国农村并不少见，而且伤害也不重，因此乡间的司法助理员没有给予这位村长正式的处罚，而是试图调解一下。这种调解不能令秋菊满意，于是她到了县城、省城讨"说法"。经过种种努力，最后在一位律师的帮助下，上级派来了公安人员调查，发现该村民受到了轻伤害（但不是下身受到伤害），村长应当受到治安处罚。村长被抓了起来，判处了15天行政拘留。但是在秋菊被告知这一决定、村长被带走之际，秋菊说，怎么把人给抓了，我只是要个说法。她跑到村

① ［德］马克思：《〈政治经济学批判〉序言、导言》，中共中央马克思恩格斯列宁斯大林著作编译局译，人民出版社1971年版，第2页。

外的公路边,看着远去的警车,满脸的迷惑不解:她不懂得为什么法律是这样运作的。

第二部电影是《被告山杠爷》。简单说来,山杠爷是一个非常偏远的、据说治安秩序很好的山村(县乡的治安人员都从来没有来过)的村党支部书记。他个人品质很好,非常受人尊敬,但他的职责和品性也使他与村里的一些人不时发生冲突,有时他甚至采取一些不合法的手段强迫村民。村里有个年轻媳妇虐待婆婆,甚至打伤了婆婆,受到了全村人的谴责。山杠爷看不过,在该媳妇屡次打骂其婆婆的情况下,命令人把这个媳妇抓了起来,游了村。游村是一种非常严厉的民间惩罚方式。羞愧和愤恨之下,这个青年妇女跳河死了。事情捅到了上级司法机关,公安人员逮捕了山杠爷,指控他非法拘禁、侵犯了公民人身自由权。

这里的介绍当然是大大简略了,电影本身包含了更多的关于当代中国社会和中国农村的信息。对于这两部电影,不少中国法学家和评论家的解释是,它们反映了中国正在走向法治,人民群众已开始越来越多地运用法律维护自己的权利。然而,这两部影片(尤其是《秋菊打官司》)提出的问题很多,底蕴很丰富,显示出"形象大于思想"的特点,因此任何理性的解释在对于形象的直觉感悟面前都往往显得简单、枯燥和拙劣。尽管如此,理智的、较真的追问却可以使那些不明确的也许是一闪即逝的感触得以明确和确定,使那些让我们动情的东西以思辨的形式昭示于人间。

当然,本文不可能也不准备对影片的内涵作全面分析。本文将集中讨论:当我们看到一种据说是更为现代、更加关注公民权利保障的法治开始影响中国农村时,给农民带来了什么?这种"现代的"的法治在他们那儿能否运行,其代价是什么?

二

就本文的实质性问题而言,这两部电影提出的第一个问题是是否存在一种无语境的、客观普遍的权利,并可以毫无疑问地据此建立一个普适的法律制度来保护这种权利。通常的观点以及这两部电影所展现的法律实践中隐含的观点是一种普适的观点。这种观点认为,存在普适的权利界定,特别是西方学者所谓的基本权利:安全、自由和财产权。尽管这种基本和非基本的权利分类在理论上早就有人质疑①,但在实践上仍然很有影响,包括在当代中国。在一定程度上,当代中国的正式法律和法律运作都受到了这种意识形态的重大影响。

但是,就秋菊的案件来看,这种观点有很大缺陷。例如,秋菊说,村长可以踢她丈夫,但不能踢她丈夫的下身,这种关于权利的界定明显不同于法学界的权利界定。② 又如,尽管正式的法律没有规定,但在中国农民和许多城市公民心目中,都会认为说别人断子绝孙(哪怕说的是事实)也是对他人的严重伤害,这种伤害甚至要比某些身体伤害更为严重,是对公民"权利"的一种侵犯。然而,我们的正式法律制度没有考虑这些因素,而是依据那种进口的观点构建起来的,因此,肉体的伤害是伤害,而语言,至少"断子绝孙"这样的语言是不构成伤害的。

当然如果仅仅是伤害的分类不同,或这一分类仅仅停留在语言的层面,那也无所谓。重要的是语言具有构造现实、影响现实的力量。伴随这种定义和分类而来的是一个正式法律的运作逻辑及其带来的社会效果。在秋菊的纠纷中,当司法机关没有发现身体的伤害时,正式法律就将这一纠纷推开;而一旦证实有较为严重的身体伤害时,伴随的是法律上的行政拘留——行政拘留被认为是恰当的、合理的解决纠纷的方式,而没有给予秋菊所要求的说法。甚至这个正式的法律制度无法理解也没有试图理解什么是秋菊要的"说法"。必须注意,我说的是正式的法律制度,而不是这个制度中的运作者;我认为,其实其中的绝大多数人,都知道秋菊的"说法"大致是什么,仅仅是因为这个法律制度的设计和安排上没有这个"说法"的制度空间,所以就无法理解"说法"这一不合所谓的现代法制模式的请求。③换言之,只有符合这一法制模式的请求才构成诉讼请求,才能进入这一程序。在这里,制度的逻辑限制了一种人人知道的知识以及其他的可能性。如果不是将法制理想化甚至乌托邦化的话,应当说,在这里,实际就是法治——规则——在统

---

① 有关罗尔斯《正义论》两类权利的论争,参见 Alan Ryan, John Rowls, in Quentin Skinner(ed.), *The Return of Grand Theory in the Human Sciences*. New York:Cambridge University Press,1985,特别是第 111 页以下;又见 Ronald L. Cohen(ed.), *Justice:Views from the Social Sciences*. New York:Plenum Press,1986,特别是第 1 章。

② 参见《〈走向权利的时代〉讨论会纪要》,载《中国书评》1995 年 11 期,第 42-43 页,赵晓力的发言;又见高鸿钧:《中国公民权利意识的演进》,载夏勇主编:《走向权利的时代》,中国政法大学出版社 1995 年版,第 43 页。

③ 影片多次显现了司法程序的这一问题:首先是乡司法助理员的调解(调解现在是国家正式司法程序的组成部分),秋菊不满意;其次是律师要秋菊对公安局提出行政诉讼(因为乡司法助理员的行政处分不当),秋菊拒绝了,因为公安局长是好人,帮过秋菊的忙;最后对村长的行政拘留,更是让秋菊于心不安和迷惑不解。

治,而不是人们以他的私人知识根据具体的情况作出裁决,即使这样的裁决是合乎情理的。①

必须承认这种法律运作作为制度的合理性。我并不试图根据秋菊这一个案子的得失而主张回到那种由某个圣明智慧、公正廉洁的个人依据个人的洞识恰当处理个案的人治模式;那样的人治可能会产生完美的结果,但——即使裁决者个人品质无可指摘——也完全可能产生暴政。从长远看来,从中国发展趋势和社会条件来说,中国必须建立制度化的法律,建立法治。而且我们也知道,任何制度性法律都不可能完满地处理一切纠纷,都必然会有缺憾之处。从这个角度看,这一法律制度具有总体上的合理性。

的确,对于许多受过正式法律教育的人(包括我自己)来说,可能都会认为,正式的法律制度更为正义,更具合理性。但是,这并不意味着正式的法律制度没有可改进之处。因为正义和合理性并不是大写的。借用麦金泰尔的一本书的书名,问一问:"谁家的正义? 哪一种合理性?"如果按照那种普适的、客观的权利观和法律制度,权利和权利保护都将是以一种外来的观念来界定,而对于人们的"地方性知识"(再借用吉尔兹的一本书的书名)却没有给予多少重视。

必须指出,我并不反对吸取西方的观念和法律制度,我主张对任何观点都保持一种开放的心态。然而我的确对那种大写的普适真理持一种怀疑,因为这种大写的真理有可能变得暴虐,让其他语境化的定义、思想和做法都臣服于它。在近现代历史上这种经验教训并不少见。②

就秋菊的情况来看,秋菊的要求更为合乎情理和可行,而且其社会结果也更好一些。因为在我看来,任何法律制度和司法实践的根本目的都不应当是确立一种威权化的思想,而是解决实际问题,调整社会关系,使人们比较协调,达到一种制度上的正义。从这个角度看,界定权利和建立权利保护机制的权力应当是分散化的,在可能的情况下应更多地考虑当事人的偏好,而不是依据一种令人怀疑的普遍永恒真理而加以中心化。因此至少从秋菊的困惑来看,我们应当说,中国当代正式法律的运作逻辑在某些方面与中国的社会背景脱节了。

---

① 尽管我们习惯赋予法治褒义,但从经验层面上看,法治本身是中性的,法治并不能保证每个案件的具体结果都是合乎情理的。关于法治的经验性分析,在我看来,最经典的仍然是韦伯的分析。参见 Max Weber, *On Law in Economy and Society*. Cambridge: Harvard University Press, 1954。

② 参见 Edward W. Said, *Orientalism*. London: Penguin Books, 1977。

我持这一立场并不必然意味着我完全同意秋菊的权利界定。我可能不同意。但假如我们可以发现我的观点更接近那个大写的真理的话,也许我可以把我的观点强加给他人,但问题是至少目前的研究表明不存在这种符合论意义上的真理①,那么,也许我们应当考虑的就是在特定的文化语境中,哪一种定义和权利保护机制更有利于社会发展和社会和谐,均衡了相关各方的利益。

<h2 style="text-align:center">三</h2>

必须指出,所谓关注结果,并不仅仅是指这个纠纷的解决,而必须考虑长远。如果仅仅是考虑秋菊纠纷的解决,那种正式法律的解决办法在我看来也无可非议。但至少有一些法律纠纷的解决并不只是"一锤子买卖",而是涉及长远的关系和利益。在秋菊的案件中,那种正式的法律干预,尽管似乎更符合那种被认为是普适且客观的权利观和权利保护,似乎是"与国际接轨",但它不仅没有令当事人满意,而且带来了更为严重的后果:损害了社区中原来存在的尽管有纠纷但能互助的社会关系,损害了社区中曾长期有效且在可预见的未来村民们仍将依赖的、看不见的社会关系网络。例如秋菊案中,尽管村长踢了秋菊的丈夫,但在这之后,当秋菊难产有生命危险时,就是这个村长组织村民并亲自抬着秋菊在大雪封山的夜晚,跋山涉水将秋菊送到几十里外的县医院。村长的这种做法并不是因为他是西方文化中"善良的撒马利亚人",而是他作为村长的义务和职责。由此我们可以从另一侧面理解,为什么秋菊认为村长可以踢其丈夫——也许这是一种权利和义务的交换,是一种社会生活的"共识"。②

甚至这种解释也许都不是根本性的。更重要的,在我看来,是因为在农村这样一个人际关系紧密、较少人员流动的社区中,村民只有相互依赖、相互帮助才能克服一些无法预料的事件。在长期的共同生活中,在无数次的小摩擦里,它们陶炼出一种熟悉,建立了这样一种相互的预期。③ 因此,他们并不是如同近代以来西方文化中占统治地位的学说所假定的那样,是分离的、原子化的个体,而是因生

---

① 这类研究很多,可参见[美]戴维森:《真理、意义、行动和事件》,牟博编译,商务印书馆1993年版。

② 参见《〈走向权利的时代〉讨论会纪要》,载《中国书评》1995年第11期,第43页,赵晓力的发言。

③ 参见费孝通:《乡土中国与乡土重建》,风云时代出版社1993年版。

活之需要紧密联系在一起的,在一定意义上是"一损俱损,一荣俱荣"。因此那种基本上是基于个体化的法律制度和法律理论不可能在这样的社会中有效运作。这也就是为什么,尽管有种种不满,秋菊却从不曾试图将村长送进监狱。

至少在这个"案件"中,正式法律制度的干预破坏了这种社会关系和这个社区中人们之间的默契和预期。似乎法律得到了执行,似乎公民权利得到了保障,似乎正义战胜了谬误,但秋菊和村长最终还得在这个村庄中生活。他们从理论上讲,还必须相互依赖,可是进过"局子"的村长和村长一家还能与秋菊一家保持那种关系吗? 秋菊还能同村长保持那种尽管有摩擦、争执甚至打斗但仍能相互帮助的关系吗? 我并不是说这种关系被永远破坏了,时间和另一个偶然的意外事件可能会恢复他们之间的关系,但毕竟要等时间和机会。至少在一段时间内,可能他们的关系将是一种虽无争执但极为冷淡的关系。一个"伊甸园"失去了,能否回来,难以预料。

而且即使从公民"权利"保护来看,效果也未必好。这种正式的法律干预,也使秋菊一家处于一种极其尴尬的地位,使秋菊在其家庭中处于一种极其尴尬的地位。尽管秋菊从来也没有试图将村长送进"局子",但事实是村长因为秋菊的所作所为而进了"局子",在村民看来,在秋菊的家人看来,秋菊"过分"了,她"不近人情"。① 既然她的行为违背了德克海姆所说的那种由"社会连带"(social solidarity)而产生的集体良知,她就会在无形中受到某种非正式的社会制裁②:在一定期间内,她将在一定意义上被"流放"(人们会不愿同她交往,她同其丈夫的关系也可能因之紧张)。因此,我们要问,这种正式法律的干预究竟是对秋菊的权利保护还是对她的更大伤害? 在这以后,在下一次类似的纠纷中,秋菊还会再次诉求正式法律吗?

四

这两部电影还揭示了中国当代法治建设的另外一个问题。由于种种因素,中国农村社会在一定程度上、在一定领域内是超越正式法律控制,因为政府还不能

---

① 这一点电影中已有流露,秋菊的家人、村子里的一些人以及村长在此前就已经对秋菊一级一级地讨"说法"表示讽刺,认为秋菊太"倔","没完没了"。

② Emile Durkheim, *The Division of Labor in Society*, translated by W. D. Halls. New York:Free Press,1984.

提供足够的"法律"服务来维持这些社区的秩序。《被告山杠爷》就是一个例子。这是一个极其偏远的小山村,从来没有司法人员来到。在这个意义上说,它是一个被正式法律制度遗忘的山村。但如果不是过于天真的话,或者仅仅把成文法典作为法律的全部的话,我们应当认识到,只要有人生活的地方,就会发生各种纠纷和冲突,包括像这样偏远的小山村;因此也需要"法律"服务。但在农村,由于种种限制(例如财力、人员),政府往往没有提供或不能提供足够的这类服务。① 那么谁来提供,谁来解决诸如婆媳之间的家庭纠纷? 当社区需要的制度供给不足时,社区内部就必然会产生这样的机制和权力行使者,这就是为什么在中国,特别是在农村,长期以来,除了重大的纠纷,一般问题都是乡间自己解决,并因此产生了许多规则、习惯、风俗,在这个意义上,即使这样的社区中,也存在着地方性的"法律"。这种地方性"法律"也许不符合那种被认为是普适的客观真理,但也绝不是人治的暴政。执行这种"法律"的人尽管可能违反了正式的国家制定法,但他的行为一般说来必须获得村民的欢迎和认可,即具有某种合法性。

但当正式的法律来了之后,这些地方性的"法律"就处于一种极其艰难的局面。一方面,正式的法律制度没有或者没有能力提供村民需要的法律服务,另一方面,它又禁止那些与正式法治相违背的"法律"实践。乡民们就面临着这样一种困境。虐待婆婆要管,可正式的法律又管不到,无法管,同时还不许乡民管。这岂不是要破坏人们社会生活所必需的秩序吗? 我们应当责备山杠爷不懂法吗? 可为什么他要懂那些与他们的日常生活相距遥远的正式法律呢,这些正式法律给予过他们什么利益呢?

秋菊的迷惑从另一个角度说明了制度供给的问题,制度供给的不适用,"产品"的不对路。她仅仅是尝试性地诉求了正式法律,而她不仅没有获得她所希望的"说法",而且无法理解正式法律运作的结果;她无意伤害他人却事实上伤害了他人,原来是她有理的现在却似乎亏了理②,她自己境况甚至可能比以前更加不利。"一次遭蛇咬,十年怕井绳",她和无数个他或她怎么可能很快接受这种令他

---

① "现在许多农村地区几乎没有合格的律师。乡一级虽有法律服务所,但据调查了解,法律服务所基本上徒有虚名。乡司法助理员一个人身兼数职,应付差事,并不能真正为农民提供什么法律服务。"刘广安、李存捧:《民间调解和权利保护》,载夏勇主编:《走向权利的时代》,中国政法大学出版社 1995 年版,第 311 页。

② 显然,我这是从观察者的立场所作的评价性描述,而从秋菊的主观上看,她会认为自己就是亏了理,而不是似乎亏了理。

(她)们尴尬的正式的,据说会保障他(她)们的权利并带来实际利益的现代法律制度呢?

因此,这就有必要重新反省一下一些中国学者对中国传统法律文化的一种概括。他们指出中国司法传统不发展、人们不习惯上法庭诉讼的特点的同时,习惯性地将原因之一归之为中国人有"厌诉"或"耻讼"的传统价值观。① 这种以观念来解释行为模式的文化解说是完全站不住脚的。首先,这种解说也许只是一种变化语词的同义反复,而没有告诉我们任何新的东西,不具有经验上的可证明性。因为,所有能证明中国人有厌讼观点的只是他们的很少进行诉讼的行为,而之所以这样行为据说又在于他们有厌讼的观念。这样的解释只是使人们得到一种似是而非的满足。而从这两部电影,尤其是从《秋菊打官司》来看,厌讼作为一种社会现象不是一种观念的产物,而是在一定的制约条件下形成的趋利避害的行为态势或行为习惯。② 而要改变这种社会法律现象,使人们能够而且愿意诉求于正式的法律制度,重要的也许不是不少法学家主张的提高公民的权利意识,不是所谓的普法宣传、告知公民他们有什么权利,而是要提供一种诉求的途径,更重要的是要提供功能上可以替代原先的纠纷解决方式的法律制度,其中包括正式的诉讼机制和其他非讼机制,来实际获得或享有这种权利。

五

从某种意义上看,这两部电影都揭示出在某种意义上中国当代法律正日益西化,即强调正式法律制度,强调西方式的纠纷处理办法,强调西方的那种权利观念,强调国家对司法权的垄断性控制。

近代以来,许多中国学者都倾向于主张法律移植。他们以西方的法治为标准,认为中国是一个没有法治传统的国家③,并认为这是导致中国经济不发达的一个重要原因。他们将西方的法治理想化,并构建了一个法治与经济发展的因果

① 即使一些比较好的实证性研究,也偶尔流露出这种痕迹,例如,郑永流、马协华、高其才、刘茂林:《农民法律意识与农村法律发展》,武汉出版社1993年版,第17页。
② 关于这些制约条件的实证调查研究,可参看刘广安、李存捧:《民间调解和权利保护》,载夏勇主编:《走向权利的时代》,中国政法大学出版社1995年版,第311页。又见郑永流、马协华、高其才、刘茂林:《农民法律意识与农村法律发展》,武汉出版社1993年版,第17页。
③ 西方许多学者尤其是政客也如此认为。

关系。在这种观点以及法律工具论和法律普适论的指导下，近代以来，许多中国学者都认为中国应当大量复制和移植西方发达国家的法律。尽管事实一次次对这种观点提出挑战①，但近年来这种观点在法律移植和法律同国际接轨的口号下又流行起来了②。在这种思想指导下，中国在过去的近十几年里，开始了一个以大量立法、强调正式法律制度为标志的法制建设。尽管中国法律与西方的法律仍然有许多差异，但无论在理论层面还是在实践层面上，中国当代的正式法制建设都更多受到西方法制模式的影响。

这种努力应当说取得了一定的成就，而且我也承认在今日之世界，不可能有任何国家可能或有必要完全依靠本国的法治，因此法律移植是不可避免的。③ 但我认为，我们首先要问的问题不应是我们是否应当移植西方的法律，而是应当问我们应当在什么基础上才能成功移植西方法律，为了谁，又对谁有利。

当代的许多实证研究都表明不考虑社会背景、不关注人们的物质生活方式，而仅仅从需要或抽象的"正义"出发的法律移植都失败了。历史的经验固然仅仅说明昨天，不能规定今天和明天，但它至少应当使我们重新反省一下我们的理想主义和工具主义的法律观。这种法律观在我看来不仅在于天真——如果仅仅天真倒也问题不大——更重要的是它可能对中国的现代法治发展和建立有害，不是增进了人们的利益，而可能损害人们的利益。没有任何社会是如此可塑，可以随意捏造的。如果仅仅为了"法制现代化"而按照一种所谓的通行的模式立法和司法，我们就会发现，这种通行的法律难以通行。更重要的是，由于这种观点倾向于将法律仅仅理解为国家的正式法典、法律组织机构和司法人员，而必然忽略了对这种制度的有效运作起决定作用的那种非正式的规则。④ 任何法律和政令的贯彻，如果没有习惯的支持，就必然需要使用更大的国家强制力。⑤ 而且即使如此，

---

① 参见费孝通：《江村经济》，江苏人民出版社 1986 年版，第 56-57 页；又见费孝通：《乡土中国与乡土重建》，风云时代出版社 1993 年版，特别是"礼治秩序"和"无讼"两节。

② 例如，钟建华：《论按国际标准完善我国经济立法》，载《中国法学》1993 年第 2 期；张文显：《世纪之交的中国法学发展趋势》，载《中国法学》1994 年第 2 期；范健：《法的国际化与 21 世纪中国法学的历史使命》，载《中国法学》1994 年第 2 期。

③ 甚至历史上许多被认为是具有地方性色彩的法律体系，也都是历史层积和多种文化融合的产物。参见［美］吉尔兹：《地方性知识：事实与法律的比较透视》，载梁治平编：《法律的文化解释》，生活·读书·新知三联书店 1994 年版，第 138-141 页。

④ 参见［美］诺斯：《制度、制度变迁和经济绩效》，刘守英译，上海三联书店 1995 年版。

⑤ 参见［英］哈耶克：《个人主义与经济秩序》，贾湛、文跃然等译，北京经济学院出版社 1989 年版，第 23 页及其注 2。

也未必能够贯彻下去。例如,如果美国人不具有托克维尔在《论美国的民主》中所分析的那种对司法程序的高度尊重的习惯①,辛普森的判决会带来什么样的社会后果?

由此,我们再回来理解中国当代法治建设,就可以理解其复杂性了。中国有久远的、相对独立的发展史,并演化了自己的法律制度,尽管这些法律制度依据西方标准看来未必是"法律的",从今天中国的社会变迁来看,也已经不很完善,甚至过时了,但它毕竟在中国人的生活中起过并在一定程度上仍然在起着作用。它就是人们生活的一部分,保证着他们的预期的确立和实现,使他们的生活获得意义。这不可能仅仅是一套书本上的、外来的理念化的法条所能替代的。除非能得到某种功能上的替代品,中国人也不会放弃这些习惯、惯例,而除了立法或移植的法律能与传统习惯惯例之间有某种兼容,这些法律无法在功能上逐步替代传统的习惯和惯例。无论立法者或法学家如何精心设计,无论理论上一个移植的法律是如何之好,都可能因为其是外生物而不能被接受。真正的法可以说是"道常无为,而无不为","大象无形,道隐无名",②它在每个人的生活中起作用,但被认为理所当然,天经地义。而一旦有人想强加一种外在的秩序时,这无为的法就会"无不为",显示出其强劲的抵抗力。正因此,我认为,在中国的法治追求中,也许最重要的并不是复制西方法律制度,而是重视中国社会中的那些起作用的、也许并不起眼的习惯、惯例,注重经过人们反复博弈而证明有效有用的法律制度。否则的话,正式的法律就会被规避,无效,而且可能会给社会秩序和文化带来灾难性的破坏。

与这种观点相一致,我对中国的法治建设持一种比较"消极的"态度:应当尊重人们的原创性。这并不意味着我力图保持现状,而是因为中国正在变化,市场经济的力量正在重新塑造中国社会的结构,法律规则作为社会生活的一维也必定会经历重大变化。

这也并不意味着我将放弃作为当代中国人的责任。我所采取的立场是一个温和的罗蒂式种族中心论。③ 我将依据我的知识从我的传统来作出判断,但保持

---

① [法]托克维尔:《论美国的民主》(上卷),董果良译,商务印书馆1993年版,第274页。

② 《老子》,章三十七,章四十一。

③ Richard Rorty, On ethnocentrism: A reply to Clifford Geertz, in Richard Rorty, *Objectivity*, *Relativism*, *and Truth*: *Philosophical Papers*. New York: Cambridge University Press, 1990:203-210.

一定的灵活性和自我反思,用孔夫子的话来说,就是"毋必毋固"①,不把自己的观点视为一种永恒的最终的真理,因此总是希望为他人立法。

　　事实上,过去的十几年来,中国的最重要的、最成功的制度和法律变革在很大程度上是由中国人民,特别是农民兴起的。② 而那些比较成功的法律大都不过是对这种创新的承认、概括和总结。相反一些精心策划、设计的立法或复制外国的立法很少获得重大成功,一些曾被某些法学家寄以重大希望的立法甚至还没有得到全面实施就不得不重新修改。这种鲜明的对比难道不应当使我们的法学家警醒?

　　(摘自苏力:《秋菊的困惑和山杠爷的悲剧》,原载苏力:《法治及其本土资源》,中国政法大学出版社1996年版。)

---

　　① 《论语·卫灵公》。
　　② 这主要是农村的土地使用改革和乡镇企业的出现,后者的出现对中国的市场经济的发展具有重要的作用。当然这并不否认中央政府的决策重要性。而在这一变革中,法学家的作用几乎微不足道。近年来,中国公民权利的发展,其中最重要的也许是由择业自由带来的,可这一变化至少主要不是因为法学家的工作或某个立法,也不是某种西方思想的影响,而是因为农村土地制度和市场经济的变革。法学家和法律家直至目前所作的工作也许仅仅是这一变革巨著中的一个小小的注。

重新理解法律移植

从"历史"到"当下"

刘　星

六

如果"法律移植的最终结果就未来而言总是不确定的",而且,历史主义的法律移植研究的主要功能只是在于提供较多的可测信息、发挥"思想节约"的经济原则、增添知识化的信心,就不能解决法律移植的根本问题,与此同时,法律移植是广义"立法"主张的一个组成部分,进而又是"政治"主张的一种表达方式,并且,我们人人都在法律移植的过程中可能遭遇具体利益的获得和丧失,我们人人都有自己的具体需求和主张,那么,"在当下展开社会共识建立的工作"就是一个重要的基本选择,那么,我们就需要在"法律与政治"应然关系的基础上将建立"现在进行时"的社会共识提上议事日程。

在本文中,"法律与政治"的应然关系是指:法律的建设从来都是政治解决方案的基本方式(至少应该是),因此,法律的生产应当在政治的自由交往、平等对话之中获得自己的正当性;同时,如此获得的正当性,又能顺带反向促使法律拥有社会成员尊重的"通行证",进而促成法律的社会流通。在这种应然关系的基础上,我们可以认为,法律移植因其是广义"立法"的一种表达方式,是法律建设的一种"政治"诉求,从而,其实际上也是社会法律生产的一个组成部分,并且,牵涉了社会具体利益的各种冲突。于是,针对法律移植而产生的不同观念,在应然的意义上,去展开政治意义的交往对话,正是法律移植过程中各类主体所能,尤其是所应采取的行动担当。我们甚至可以认为,从而积极宣扬,各类主体在法律移植进程中是有责任的,有责任去推进关于法律移植的共同观念的实现。只有这样,法律移植才能促进其自身在社会中的有效流通,法律移植的结果才能具有正当性,并且,当法律移植的结果不成功的时候,使人人来承担这样的后果也就具有了正当理由。

在这个意义上,当下的关于法律移植的社会共识建立变得十分重要,其中,存在着解决法律移植根本问题的可能途径。所谓"当下建立",是指成功的法律移植所依赖的社会共识,完全可以或者有可能在当下的语境中加以建立;是指在面对法律移植问题的时候,最为重要的是需要从事"现在进行时"的社会观念沟通事业,而不是在历史主义的法律移植研究中去探求某种移植的成功经验或失败教训,去将其作为当下法律移植行动的根据理由,并且,对比以往的成功经验或失败教训,去探求法律移植的条件与可能,这些探求不是完全没有意义的。从这点出发,我们可以指出,当我们意识到当下建立的可能性本身就是存在的时候,尽管存在着种种观念斗争,然而,这种"意识"本身依然能够提醒人们注意应当在具体的语境中,去努力推动主观化的社会共识的当下建立,从而形成具有指导意义的具体行动方案。人们可以运用观念上的"交往流通",以及行动上的积极博弈,以期获得思想上的相互合作。在此,关键是"只要面对法律移植问题之际就需展开当下的正在进行的社会共识建立"。毕竟,这是"法律与政治"应然关系的要求使然,也是法律正当性问题的要求使然。只有注重当下的社会共识建立,就在"当下"展开这一行动,获得的法律移植的行动方案才有可能(尽管并不必然)赢得社会的广泛支持,并且顺利展开,而当这种方案在未来失败之际,社会公众才会自愿接受这样的不幸结果。

在此,我们需要分辨两个看似相同实为不同的问题:其一,作为法律移植条件的社会共识;其二,在当下建构中生发的社会共识。许多探讨法律移植的学术文本,特别是历史化的此类文本,时常是将"社会共识已经形成"作为一个基本前提来思考的。在这些文本看来,没有这个条件,法律移植似乎也就无从谈起,至少是十分困难的①。与此不同,本文讨论的社会共识,以及其和法律移植的关系,并不关心是否已经存在一个作为基本前提的"社会共识",而是关心如何在"法律与政治"的应然思想推动中,行动起来建构一个社会共识,即当法律移植问题出现的时

---

① 作为例子,可以参见黄文艺:《论法律文化传播》,载《现代法学》2002 年第 1 期;谢鹏程:《论法律的工具合理性与价值合理性:以法律移植为例》,载《法律科学》1996 年第 6 期;何勤华:《法的移植与法的本土化》,载《中国法学》2002 年第 3 期。当然,何勤华的讨论比较折衷,区分了几种情况。

候,在法律移植和"社会共识"之间建立一个当下的、即时的互动关系。

本文于此蕴含一个隐含的事实认定:当出现"是否法律移植"问题的时候,就社会整体而言,实际上社会共识通常是不存在的。因为,我们可以设想,任何一个域外的法律制度,进入原有的本土法律语境的时候,其本身就会引起本土社区、社群的不同意见。毕竟,在本土社区、社群之中,已经存在相对持续稳定的一类法律秩序状态,而且就普遍情况而言,这一法律秩序状态已和"域外的法律"观念发生了对峙、冲撞;毕竟,在这个时候,本土社区、社群之中,通常已经出现了观念上的"差异",有人支持法律移植,有人反对。正如前面曾经提到的,法律移植实质上是法律变革或广义"立法"的一种表达方式,而在法律变革或广义"立法"的背景中,人们通常已经出现了或者隐藏了不同甚至对立的"立法式"的具体价值期待。正是在这个意义上,我们实在难以想象,"新的法变"以及以此作为表达形式的法律移植,可以不经引发争论的过程从而一举证明自己的理所当然。所以当"是否法律移植"的问题出现的时候,正如"新的法变"正在出现的时候一样,社会共识本身是缺席的。也是因为如此,社会共识本身可以成为"法律移植的一个条件"也是有疑问的。谈论作为条件的社会共识基本上是没有意义的,因为,我们可能面对了一个假问题。即使作为已分裂的社会观念的一部分,主要是赞同法律移植的,或者,主要是反对法律移植的,我们依然可以这样看待问题。

七

为了在微观上理解"当下社会共识建立"的意义,理解其中的"法律与政治"的不可回避的应然关系,我们可以检视一下法律移植的具体机制。

一个人所共知但未必人所关注的事实状态就是:就法律移植而言,法律精英、政治精英、经济精英以及文化精英,实际上总是处于"前沿"位置。无论是欧洲中世纪的罗马法移植,还是近代亚洲、非洲、拉丁美洲的欧洲法移植,以及近代以来的所谓先进国家之间出现的法律移植,我们大体上都能发现,在初始阶段,各类精英的思想跃动时常发挥了旗帜作用。作为例子,我们可以注意日本学者川岛武宜的一段关于法律精英的论述:"在今天看来,不能不承认那些向外国(主要是德国和法国)学习并如此精密、周到地起草了内容上与旧传统完全断绝的法典的人,是具备了优秀的头脑和知识的伟大的法学家。"①其实在各国各民族各个时期发生的法律移植事件中都可以发现这样的事实状态,这是法律移植的一个具体机制。

我们可以发现,各类精英的话语运作,在其尚未和社会各个阶层集团的利益发生实质勾连的时刻,隐藏着导引未来社会观念发展方向的控制作用,而这样一种控制作用又可影响其他阶层集团对各自利益的重新体验以及重新认识,进而影响这些阶层集团对法律移植可能采取的态度和立场②。毕竟,我们完全可以理解,各类精英,掌握着跨语言的文化优先资源、跨权力的政治优先资源以及跨资本的经济优先资源,而在今天,他们同时掌握着与话语运作方向直接相关的跨技术的媒体优先资源。在这里,一个明显的问题是:各类精英在介绍、描述域外法律制度的时候,时常会在自己的"前见"影响下实施有关"域外法律制度"的一个主观过滤过程。换言之,正像我们通常理解的,也像我们前面第二部分和第四部分提到的(即历史主义法律移植研究的"偏见"问题),当域外法律制度不仅仅是一个单纯的所谓条文制度的时候,当这样的制度和许多周边的相关因素构成了关于制度的复杂图景的时候③,各类精英在"发现"外来制度之际,以及在后来的举荐或贬抑的过程中,时常会"删减"或者"添增"对象制度的周边要素④。从这个角度来看,首先经由各类精英发动的域外法律制度的认识时常不是而且也不可能是事物原本的"精确捕捉",而是伴随一定价值想象的一种"对象生产"⑤。具体来说,各类精英总会在自己的职业活动中,比如例访外国、游学异域、倾听转述(比如域外人士的转述)、阅读文本(比如外文或译文),经过自己的理解,去形成自己有关域外法律制度的知识图景和价值想象。至少,从认识域外法律制度的动机、原因等方

---

①　参见[日]川岛武宜:《现代化与法》,王志安等译,中国政法大学出版社 1994 年版,第132 页。

②　关于这样一种机制的分析,参见[美]乔万尼·萨托利:《民主新论》,冯克利、阎克文译,东方出版社 1998 年版,第 104 页。

③　关于一个制度和周边相关因素的关系,可以参见勒内·罗迪埃的有益分析。参见[法]勒内·罗迪埃:《比较法导论》,徐百康译,上海译文出版社 1989 年版,第 35 页。

④　关于这个问题的分析,参见 Alan Watson, Aspects of reception of law, *The American Journal of Comparative Law*, 1996 (2): 335-351; Vivian Grosswald Curran, Cultural immersion, difference and categories in U. S. comparative law, *The American Journal of Comparative Law*, 1998(1): 43-92.

⑤　德国学者 Bernhard Großfeld 详细分析了不同区域的两种法律制度在遭遇时,知识分子是如何通过"翻译"的方式来建构关于域外法律的想象的。Vgl. Bernhard Großfeld, Kernfragender Rechtsvergleichung, Tübingen: Mohr Siebeck, 1. Aufl., 1996, S. 106 ff, S. 118 ff.

面来说,我们容易推知,各类精英的认识意识总是受控于广义的物质文化和精神文化的征服与反征服、争斗与反争斗的价值意念①,受控于广义"立法"的价值期待。这种价值意念和价值期待,恰恰预示甚至表现了以文化再生产作为方式的外国法律制度产品及其价值想象有时是多向度的,有时甚至是因人而异的,而且,它们之间极易引发相关认识的"领导权"斗争。

正是因为各类精英的认识意识与广义"立法"的价值期待不可分割,所以,他们只有而且应当在"法律与政治"的应然关系中,通过"政治化"的交往对话,去证明自己"领导权"的正当性,去努力推动社会共识的初始建立,从而形成具有全社会指导意义的法律移植方案。

法律移植的另外一个具体机制是:对法律移植的具体关注,主要是一个各类精英(指前述的法律、政治、经济、文化精英)的思想活动,至少,在法律移植话语开始运作的时候是如此;而大多数人,准确来说,大多数一般民众,对法律移植的关注时常是松散的②。这一具体机制包含了这样的引申意思:大多数人,尤其是作为一般民众的大多数人,实际上不是通过直接对法律移植的态度立场来表达自己的不同意见,或者对立意见,而是通过对自身利益的关注来间接地对法律移植作出反应。从另外一种广义、深入的角度来看,类似本文第三部分所分析的,大多数一般民众对法律的态度是广义的"立法式关注",即是从"法律制定与己利益的关系"的角度来看法律的变革。他们在缺乏跨语言的文化优先资源、跨权力的政治有限资源、跨资本的优先经济资源的情况下,在缺乏跨技术的媒体优先资源的情况下,同时,在更为关注自己当下利益的情况下,只能是以这样的态度去看待法律的变革。

正是因为存在着第二个特殊的具体机制,所以,我们可以期待,或者可以寻找这样一种方向:通过话语的潜在"领导"作用,在不断的法律实践中,引发大多数一般民众对法律移植正面话语的不懈支持。当各类精英通过启蒙式的法律移植引导之后,大多数一般民众,尽管可能不会在抽象的法律价值意义上支持法律移植的结果,但是,他们有可能通过自身的理性博弈的行动实践,在巧妙地像"经济人"

---

① 当然,这里不排除"偶然兴趣"的现象。有的精英作为有闲阶层的成员,可能出于好奇从而对域外法律制度进行观察。但是,这种"出于偶然"的观察是可以忽略不计的。

② 英国学者 Alan Watson 对这个问题已有分析。他认为,大多数一般民众对法律以及法律移植是漠不关心的,对法律以及法律移植的研究事实上总是法学家的事情。参见 Alan Watson, *Society and Legal Change*. Edinburgh: Scottish Academic Press, 1977:8,115.

那样利用法律的时候,推进法律移植的正面社会共识在本土语境中的整体释放、全面实现。大多数一般民众,其更为关注自己当下利益的这种态度,决定了他们和各类精英之间的关于法律移植的"教育权力"的相互位置,决定了社会共识所依赖的先导话语运作,其得以发挥作用的可能性,直至现实性。

当然,在他们之间,尽管存在着教育与被教育,或者引导与被引导,或者启蒙与被启蒙的权力位置关系,然而,同时也存在着十分重要的同类"法律与政治"含义的关系①。在法律移植的初始阶段,甚至整个过程中,各类精英固然起着教育、引导或启蒙的作用,但是,其本身也是完全可能遭遇反教育、反引导或反启蒙的。因为,各类精英与大多数一般民众之间,同样存在着利益分配,同样存在着利益期待、愿望、要求的不同甚至斗争。在广义的"立法"意义上,以法律移植作为修辞手段的法律变革,同样将会引发各类利益的重新配置,从而,引发不同甚至对立的利益冲突,进而,引发被教育者、被引导者、被启蒙者的"利益"觉醒,引发我们总会看到的或明或暗的教育与反教育、引导与反引导、启蒙与反启蒙的话语对抗的场景。② 所以,掌握思想观念"领导权"的各类精英,其所引导的"教育式""引导式""启蒙式"的法律移植话语运作这一过程,同时也必定是同类"政治化"的,是在和大多数一般民众的"政治"交往过程中展开的,也必须要在这一过程中证明自己的正当性。

这里"政治化"的过程,意味着各类精英必须回答若干问题,比如,各类精英相互之间的利益是如何配置、对立的? 不同阶层之间的利益是如何配置、对立的? 各类精英作为整体和一般民众之间的利益是如何配置、对立的? 大多数一般民众自我之间的利益是如何配置、对立的? 对这些问题的回答,意味着各种利益的交往和对话,同时,也提示着,各种利益的冲突解决在社会中特别是在现代民主政治社会中,应当并且必须是以交往对话作为基础形式的。在这个意义上,通过法律移植的具体问题凸现,尤其是通过我们对法律移植的"立法"式、法律变革式的具体认识的凸现,我们自然而然地、不可避免地再次步入了法律与政治的相互关系

---

① 这里的"同类",意味着各类精英和大多数一般民众之间的关系,与各类精英内部的关系,在"政治"意义上是类似的,依然面对着"法律与政治"的应然基本原理。

② "或明或暗"是指有时直接表达出来,有时是以含蓄、间接方式表达出来。比如,直接发表意见属于前者。不直接发表意见而是在行动中"我行我素",巧妙规避,则属于后者。关于如何以含蓄、间接方式表达反教育、反引导、反启蒙的分析,可以参见苏力:《法治及其本土资源》,中国政法大学出版社1996年版,第41-73页。

之中,去尝试解决由此产生的各类相关问题。换言之,我们将不得不在法律与政治的相互关联中,特别是整体社会的民主政治框架中,来思考、破解在广义的法律变革内容中隐含的法律移植代码。

（摘自刘星:《重新理解法律移植——从"历史"到"当下"》第六部分和第七部分,原载《中国社会科学》2004 年第 5 期。）

论法律文化

刘作翔

四、我的认识

　　法律文化是一个具有丰富内涵的概念。根据目前法律文化研究的现状以及个人的研究能力,要提出一个令人满意的关于法律文化的定义似乎还不太成熟。但概括地讲,"法律文化"这一概念包括以下几个层次的内容:

　　法律文化是人类文化系统中独特的不可缺少的一个组成部分,是社会精神文明的重要构成;法律文化是人类在漫长的文明进步过程中从事法律活动所创造的智慧结晶和精神财富,是社会法律现象存在与发展的文化基础;法律文化是由社会的物质生活条件所决定的法律上层建筑的总称。即法律文化是法律意识形态以及与法律意识形态相适应的法律制度、组织机构等总和。一国的法律文化,就表明了法律作为社会调整器发展的程度和状态,表明了社会上人们对法律、法律机构以及司法工作者等法律现象和法律活动的认识、价值观念、态度、信仰、知识等水平。

　　根据以上的理解,我们就可以将"社会主义法律文化"这一概念理解为:社会主义法律文化是社会主义法律上层建筑的总称,是社会主义文化整体中不可缺少的重要组成部分。社会主义法律文化主要是以马克思主义为指导的社会主义法律意识形态及其与之相适应的法律制度、组织机构等的总和。它表明了社会主义法调整各种社会关系的功能的程度,表明了社会主义法律意识形态发展的水平。社会主义法律文化是社会主义精神文明的重要内容之一。

　　为了更好地理解"法律文化"这一概念,我们分以下几点加以分析和论证。

　　第一,法律文化是人类文化系统中独特的,不可缺少的一个组成部分。这主要说明了两个问题:一方面,肯定了法律就是一种文化,是文化的一种特殊表现形式;另一方面,说明了法律文化在整个人类文化系统中的地位。法律文化同政治文化、宗教文化、道德伦理文化等一样,是构成人类文化大系统的一个子系统,是受总文化影响的一种亚文化。各个文化子系统的综合,才构成社会的总体文化。法律文化同其他类型的文化一样,虽然有它的文化共性,但同时也有它自身独有的文化特性。由于法律文化具有调整社会关系、社会秩序的功能及对社会政治生活、经济生活直接干预等特点,这就决定了法律文化在整个文化系统中居于很重要的地位。这是其他类型的文化所不能取代的。在一个社会的精神文明结构中,法律文化是极为重要的一个内容构成。

第二,法律文化是人类在漫长的历史发展过程中从事法律活动所创造的智慧结晶和精神财富,是社会法律现象存在与发展的文化基础。在原始社会中,人类为了发展自身,创造了各种各样的文化。在诸多文化中,像习惯、礼仪、风俗、禁忌等文化现象为法律的产生创造了前提。"这种调整文化的逐渐积累,在原始社会解体过程中,就成了产生法律规范的'建筑材料!'"①由习惯调整文化到法律调整文化,是一个漫长的历史过程。在以后的发展中,人类又在从事法律活动的过程中逐步总结经验和教训,使这种法律调整文化不断得到丰富和发展,成为一种文化积累并适用到现实的人类活动中。所以,法律调整文化是社会发展到一定阶段的产物。"法这种社会规范,从主导的方面讲,是统治阶级的意志,但法作为上层建筑,不能不包括文化的内容,凝结着人们调整社会关系的智慧,知识和经验。"②

从法律本身来讲,就是文化的一种特殊表现方式。任何一种法律或法律现象,都是特定社会的文化在法这种现象上的反映。法的产生、存在与发展,既与社会的经济条件、政治环境相联系,也与该法所产生、存在的社会文化密不可分。法的存在,都有其特定的文化土壤和背景。马克思讲:"权利永远不能超出社会的经济结构以及由经济结构所制约的社会的文化发展。"③处于较低级发展阶段的法和处于较高级发展阶段的法,由于两者所处时代的政治、经济、文化发展水平不同,必然呈现出不同的法律文化水准。"法律直接随着文化而变化。文化贫乏时,法律也匮乏;文化发达的地方,法律也就繁荣。"④成文法的一个先决条件必须是

---

① 孙国华主编:《法学基础理论》,中国人民大学出版社 1987 年版,第 16 页。
② 孙国华主编:《法学基础理论》,中国人民大学出版社 1987 年版,第 27 页。
③ [德]马克思:《哥达纲领批判》,载《马克思恩格斯选集》(第三卷),中共中央马克思恩格斯列宁斯大林著作编译局译,人民出版社 1972 年版,第 12 页。
④ [英]罗杰·科特莱尔:《法律社会学构论》,1984 年伦敦英文版。

先有文字,没有文字就不可能有成文法。法的每一个进步,同时也标志着人类文化的一个进步。"文化上的每一个进步,都是迈向自由的一步。"①人类社会由最初的习惯调整,到后来的习惯法调整,再到后来的成文法调整,这每次递进都渗透着人类文化进步的巨大因素和影响。如中国古代的铸刑鼎,古代巴比伦奴隶制时代的汉穆拉比法典,古代罗马的十二铜表法等的出现,不仅是法律史上的一个进步标志,同时也是人类在文化上的一个进步标志。如果没有文字的发明,冶铁工艺、雕刻工艺的进步等,这些标志着法律进步的物也就不会出现。因此,可以说,在这些物上,就凝聚了人类法律文化的智慧、知识、经验等精神财富。

第三,"法律文化"这一概念,包括了人类历史发展过程中所积累起来的有价值的法律智慧、知识、经验等精神文化遗产,但它并不等同于这种文化遗产;法律文化包括了法律传统,但也并不等同于法律传统。"法律文化"是一种集历史与现实、静态与动态、主观与客观、过去与现在在内的人类法律活动的文化状态。"法律文化"这一概念既着眼于历史,更着眼于现实,既是以往人类法律活动的智慧凝结物,也是现实法律实践的一种文化状态和完善程度。苏联法学家 C. C. 阿列克谢耶夫指出的"法律文化定义的重心则转移到了说明法律文化是某种状态",其突破性理论价值在于它说明了法律文化不仅仅是一种纯粹的主观因素,也不仅仅只表现为一种历史文化的遗留。这样两个突破性进展,使我们在研究法律文化的问题时,就不仅仅只局限于法律观念形态的研究,局限于法律制度史、法律思想史等法律发展史的研究,而变成一种既对法律观念形态,又对与法律观念形态密不可分的法律上层建筑的其他内容的研究;既是对历史的,又是对现实的法律现象和法律活动的文化考察。改变过去一讲到"法律文化"便反射出"文化遗产"这一传统思维链索。

第四,从现象学的角度看,法律文化是由社会的物质生活条件所决定的法律上层建筑的总称。法律文化就是法律上层建筑。根据马克思主义的基本原理,社会的上层建筑分为两大部分:(1)社会意识形态;(2)与意识形态相适应的制度、组织机构等。法律文化作为法律上层建筑的代名词,主要由两大部分构成:(1)法律意识形态;(2)与法律意识形态相适应的法律制度、组织机构等。这一点,我认为既符合人们对于文化的一般认同,也符合马克思主义关于上层建筑与经济基础关系的基本原理。在"狭义文化观"基础之上产生的"狭义法律文化观"只承认法律

---

① ［德］恩格斯:《反杜林论》,载《马克思恩格斯选集》(第三卷),中共中央马克思恩格斯列宁斯大林著作编译局译,人民出版社 1972 年版,第 154 页。

意识形态是法律文化,而将与法律意识形态相关的制度及组织机构排除在法律文化之外,是不能够充分表现法律文化这一概念的本质内涵的。法律文化,就其本质讲是一种精神财富。这种精神财富就不只表现为法律心理、法律意识、法律思想体系等内隐性的意识形态,它也表现为人类在漫长的进步过程中所创制的法律、法律制度、法律组织机构等外显的制度化形态。这样,才能构成一个法律文化的整体内容和结构。

第五,衡量一个国家的法律文化,有多种参照系。其中至为重要的是法律作为社会调整器发展的程度和状态,人们对法及法律现象的认识、价值观念、态度和信仰等水平。具体讲,法律调整社会关系的广度和深度如何?法律制度及法律组织机构是否健全?法律是否得到执行?执法是否严格?司法工作者受过何种法律教育和职业训练?他们的法律素质和文化素质如何?法律教育的规模如何?法律社会化的程度如何?公民对法抱有什么态度和认识?公民通过何种途径获取法律知识?公民是否信仰法律、运用法律?公民对司法机关及司法工作者持有什么态度?包括公职人员在内的全体公民守法的自觉程度如何?法律判决是否能够得到执行?所有这一切,既是衡量法律文化水平高低的标准,也是法律文化所应研究的内容。

五、法律文化的基本特征

法律文化作为人类文化的一个重要组成部分,是由社会的经济基础和物质生活条件决定的。法律文化集中地体现了法律上层建筑的一些基本特征。

1. 法律文化具有实践性,实用性

苏联法学家 C. C. 阿列克谢耶夫指出:"法律文化属于具有实践性、实用性的社会精神文明。法律文化的最重要特征在于,法律文化切合实际地表现了法的社会价值和发展着的法律进步。"①法律文化是一种具有实践性、实用性的社会文化。法律文化的实践性、实用性表现在:(1)作为法律文化主要内容的法律制度本身就是社会实践的产物。一个法律制度它不单只停留在法律性文件之中,更重要的是它体现在国家的政治生活、经济生活和文化生活等现实的实践活动之中。

---

① [苏联]C.C. 阿列克谢耶夫:《法的一般理论》,司法文献出版社 1981 年版,第十三章第五节"法律文化"。

(2)法律组织机构以及设施等,都是为满足社会实践需要而产生的,并在社会实践中发挥其作用。(3)法律文化中的法律意识形态,体现和渗透在法律实践的活动和环节之中,并受其实践的检验。法律文化的实用性主要表现为法律文化是一种能够带来实际社会效用的调整性文化,它具有实际的应用价值。法律文化越发达,它的实用性范围越广,对社会和生产力的发展作用则越大;反之,则作用范围越小。苏联法学家也认为,在社会主义社会中,法律文化的意义超出了法和法律实践的领域。法律文化是社会主义整个文化不可分割的部分。把高度的法律文化水平普及到全体居民中,确立人们这样的价值标准,它将触及社会生活的极重要方面:高度组织性、权利和义务的确定性。这也是法律文化的实用性价值所在。渗透在法律文化中的法律技术则更加突出了它的实践性和实用性特征。

2.法律文化具有历史的连续性

人类在自身的发展中创造了法律文化,并且在长期的历史进步过程中发展了法律文化,使之不断丰富、繁荣。所以,法律文化不是一代人所创造的精神财富,而是人类历史发展过程中的一个文化积累的过程。列宁在论述无产阶级文化时讲道:"无产阶级文化并不是从天上掉下来的,也不是那些自命为无产阶级文化专家的人杜撰出来的……无产阶级文化应当是人类在资本主义社会、地主社会和官僚社会压迫下创造出来的全部知识合乎规律的发展。"[1]"马克思主义这一革命无产阶级的思想体系赢得了世界历史性的意义,是因为它并没有抛弃资产阶级时代最宝贵的成就,相反地却吸收和改造了两千多年来人类思想和文化发展中一切有价值的东西。"[2]法律文化作为一种文化形式,也是一个历史的连续过程。法律文化不可能在与过去相割裂的状态下得到发展。法律文化必须是在批判地继承历史上所积累起来的有价值的法律文化遗产的基础上发展适合于当代社会所需要的法律文化。

3.法律文化具有互容性

文化是人类交往的结果,它又使人类的交往成为可能。法律文化同其他文化一样,本身就是人类所创造的一种共同的精神财富。虽然从具体内容来讲,法律

---

① ［苏联］列宁:《青年团的任务》,载《列宁选集》(第四卷),中共中央马克思恩格斯列宁斯大林著作编译局译,人民出版社 1972 年版,第 348 页。

② ［苏联］列宁:《论无产阶级文化》,载《列宁选集》(第四卷),中共中央马克思恩格斯列宁斯大林著作编译局译,人民出版社 1972 年版,第 362 页。

文化总是在具体的民族和地域中产生、发展。离开具体的民族环境和地域条件，法律文化便不可能产生。从这一点讲，法律文化是民族的，是延绵千百年的民族传统文化在法这种文化现象上的反映和折射。法必须与一个国家的基本状况相一致，必须与一个民族的文化相吻合。美国三位法学教授撰文指出："要设法牢记，法律是民族的历史、文化、社会价值观念和一般意识与认识的集中表现。没有两个国家的法律体系是确切地相同的。法律是文化表现的一种形式，而且如果没有经过某种'本土化'的过程，一种文化是不可能轻易地移植到另一种文化里面的。法国法律是法国文化的一种反映。正如俄国法律是俄国文化的一种反映一样。"①但是文化所具有的天然特性，交流、传播、互容等特点，决定了民族文化必定会冲破各民族的界限到更广阔的世界中去竞争和交流。马克思和恩格斯曾在分析资产阶级历史作用的时候讲道，"资产阶级，由于开拓了世界市场，使一切……都成为世界性的了。……过去那种地方的和民族的自给自足和闭关自守状态，被各民族的各方面的互相往来和各方面的互相依赖所代替了。物质的生产是如此，精神的生产也是如此。各民族的精神产品成了公共的财产。民族的片面性和局限性日益成为不可能"。② 文化虽然是民族的，但文化却是没有国界的。各民族就是在广泛的文化交流中通过各种文化的冲突、竞争和筛选，寻找适合于本民族发展的文化形态。文化的交流并不是一个人为的现象，而是文化本身的一个规律。不交流，就是闭关自守，不交流，文化上就要落后。只有对外开放，扩大对外文化交流，才能取别人之所长，补自己之所短，同时，交流也是外部世界了解本民族文化的途径。交流历来就是双向的。人类文化正是在互相吸收、互相包容、互相渗透中，吸取精华，剔除糟粕，不断得到繁荣与发展。法律文化也是如此。因此，一个民族在自身现代化过程中，既应保持法律文化的历史连续性，也应对外开放，加强法律文化的交流，吸收世界上法律文化的先进成果，为我所用，以保证现代化的顺利发展。

4.法律文化具有政治功能

法律文化虽然是一种文化，但由于它的浓重的法律色彩，这种文化形式的政

---

① ［美］M. A. 格伦顿、M. W. 戈登、C. 奥沙克维：《比较法律传统序论——比较法的范围、目的、法律传统和方法论》，载《法学译丛》1987 年第 2 期，第 16 页。

② ［德］马克思、恩格斯：《共产党宣言》，载《马克思恩格斯选集》（第一卷），中共中央马克思恩格斯列宁斯大林著作编译局译，人民出版社 1972 年版，第 254-255 页。

治功能显得比其他文化突出和强烈。法律文化不同于文学、艺术、美学等欣赏性文化,法律文化是一种用来调整社会关系和社会生活的调整性文化,它承担着特定的政治使命和政治目的。首先,法律文化是建立在一定的经济基础之上的上层建筑的重要组成部分,它受社会经济条件的制约。一定社会的物质生活条件是法律文化产生和存在的终极原因。其次,不同社会类型的法律文化集中地体现了在经济上政治上占统治地位的阶级,社会集团的利益、愿望和要求,反映了统治阶级的意志,为统治阶级的利益服务。最后,在阶级社会中,一个社会里占主导地位的是统治阶级和社会集团的法律文化。法律文化的一个基本的政治功能就是实现社会控制,维持一种有利于政治统治集团的政治秩序和社会秩序。在人类历史上依次出现的奴隶制法律文化、封建制法律文化、资本主义法律文化,从发展的观点看,每一次变化都标志着一种进步。但每一种法律文化同时又代表了不同阶级的意志和利益。社会主义法律文化则是人类历史上一种更高级的精神文明产物。它同剥削阶级法律文化有着本质上的区别。这种区别如同苏联法学家 C. C. 阿列克谢耶夫所讲:"在剥削阶级社会中,尽管立法和司法实践的法律技术发展水平很高,但从法制水平的观点看,法律文化明显地表现出目光短浅的狭隘的阶级性。法律文化的这一因素恰恰说明,在剥削阶级社会形态中,法制基本上是为社会少数人,为剥削者效劳的。在劳动者的心目中,这种法律价值不是具有巨大的积极潜力的文化现象,而是一种反面的价值,和进步背道而驰的现象。在社会主义社会,巩固的、严格的法制是社会主义法律文化全面繁荣的基础。"①社会主义法律文化反映了工人阶级领导下的全国人民的法律要求和意志,为全国人民服务,为社会主义事业服务,并是人类彻底摆脱愚昧和野蛮,向更高级的文明社会迈进的社会精神财富。社会主义法律文化,不仅是过去的一切法律文化财富的继承者,而且保证法律文化的发展和丰富并发生质的变化,使法律上的进步达到新的最高的程度。

　　(摘自刘作翔:《论法律文化》第四部分和第五部分,原载《法学研究》1988 年第 1 期。)

---

　　① [苏联]C. C. 阿列克谢耶夫:《法的一般理论》,司法文献出版社 1981 年版,第十三章第五节"法律文化"。

法律文化的语义、语境及其中国问题

高鸿钧

  在传统社会中,文化具有至高无上的地位,法律通常是文化的组成部分。文化不仅决定着法律制度的价值取向和精神气质,法律的运行也受到文化价值和精神的指引,在两者存有冲突的场合,文化的价值往往占据上风。但是自进入现代社会以来,法律呈现出脱离文化的趋向,这种趋向最先出现于西方的现代化过程中。

  韦伯敏锐察觉到现代法律的这种趋向。他认为,在现代社会,世俗化和理性化过程以及由此而来的文化多元化必然导致价值领域的"诸神之争",由此传统社会那些以非理性或价值理性为基础的社会治理机制不再有效,取而代之的将是理性法律之治。法律要能够稳定人们的行为期待,其内容必须具有确定性,而只有剔除任何实体性价值,保持价值无涉的立场,才能获得这种确定性。^① 这意味着,现代法律须斩断与文化的直接联系,基本上成为形式理性的独立王国。按照奥斯汀的主张,现代法律不过是以制裁为后盾的主权者的命令,与文化及其价值没有关联。凯尔森虽然强调了现代法律等级体系中基础规范的重要性,但同时他认为这种基础规范不过是个预设的前提,与实体性的价值并无真实的关联,实质上法律仍然是个独立于文化之外的自治体系。与其他法律实证主义者不同,哈特对"命令说"提出了批评,并指出了"制裁论"的局限,在他的法律概念中容纳了"最低限度的自然法","主要规则"概念也包含了价值的意蕴。但是就整个体系而言,法律仍然是个封闭系统,"主要规则"不过是"次要规则"得以生成的逻辑起点,借助

---

  ① Max Weber, *Economy and Society: An Outline of Interpretive Sociology*. Berkeley: University of California Press, 1978.

这个第一推动力便可以进入两者蛋生鸡与鸡生蛋的无限循环,而无需价值外求。① 昂格尔通过对现代西方自由主义法律秩序的研究认为,现代西方法律在内容、机构、职业和方法论等方面都形成了自治,从而形成了一个形式主义的堡垒。② 关于现代法律的自治特征,卢曼基于生物系统论的观察所得出的结论更直截了当。他认为,现代法律制度是一个自我指涉、自我维持、自我繁衍、自我复制和自我创生(autopoietic)的社会子系统。经济、政治和文化等社会因素不过是法律的环境,它们无法直接进入在规范上封闭的法律系统,只能间接影响法律系统,这种影响取决于法律系统对环境的反应。③ 新系统论的另一位代表人物托依布纳也直接指出:"当代法律规则的生成在制度上是脱离文化规范的,大多法律领域同社会过程仅仅具有松散的而非系统性的接触。"④按照他的理解,在多数情况下,自治的法律系统仅仅通过反思对环境的影响进行自我调整;法律与经济、政治和文化等社会子系统的直接关联仅仅是源于特定领域的"结构性耦合"。⑤ 根据哈贝马斯的观察,现代社会在趋向理性化的过程中,法律开始脱离包括文化在内的生活世界,成为一个自主系统,因而法律与政治彼此进行循环的正当性论证,即法律的正当性源于政治,而政治的正当性又取源于法律。⑥

上述观点绝非空穴来风,它们至少反映了西方现代法律的以下特征和趋势:第一,伴随现代社会的分化,现代法律开始同生活世界分离开来,成为相对对立的系统,法律的正当性脱离了宗教、道德和文化基础,要么与政治互相"循环论证",要么通过法律内部诸要素的互动悖论式地实现循环的"自创生"。第二,现代法律开始呈现出价值无涉的姿态,具有形式主义的明显特征。第三,自19世纪后期以来,各种形态的法律实证主义成为西方法学的主要思潮,这一不争的事实从另一个侧面反映出现代法律与道德和文化相分离的实证化趋势。 如何看待现代法律

---

① 参见[英]哈特:《法律的概念》,张文显等译,中国大百科全书出版社1996年版。

② 参见[美]昂格尔:《现代社会中的法律》,吴玉章、周汉华译,中国政法大学出版社1994年版,第47页。

③ 参见[德]卢曼:《法律的自我复制及其限制》,韩旭译,载《北大法律评论》1999年第2期,第446-469页;洪镰德:《法律社会学》,扬智文化事业股份有限公司2001年版,第337-390页。

④ Gunther Teubner, Legal irritants: Good faith in British law or how unifying law ends up in new divergences, *The Modern Law Review*, 1998(1):11-32.

⑤ 参见[德]托依布纳:《法律:一个自创生系统》,张骐译,北京大学出版社2004年版。

⑥ 参见[德]哈贝马斯:《在事实与规范之间——关于法律和民主法治国的商谈理论》,童世骏译,生活·读书·新知三联书店2003年版。

的上述特征和趋势,不同法学流派的主张差异颇大。大多实证主义者认为,法律与道德的分离是现代社会分化的产物,理所当然。批判法学的代表人物昂格尔认为,到了后自由主义时代,形式主义的自由主义法律秩序面临严重的危机并走向崩溃,由此他主张超越西方自由主义的法治,在新的基础上复归习惯法。① 新自然法学的代表人物德沃金认为,现代法律的实证化倾向以及法律实证主义会导致恶法之治,只有重新举起"道德权利"的王牌才能走出法律形式主义的困境。② 当代交往行为理论的代表人物哈贝马斯认为,实证化的现代法律导致了"生活世界的殖民化",解救之道在于使法律与生活世界重新挂钩,通过生活世界与系统、公共领域与私人领域、基本人权与人民主权以及交往权力与行政权力的沟通互动,使现代法律获得新的生命力。③ 应当指出的是,以上论述都出自西方的学者,论述的对象也针对现代西方的法律,因而他们的"诊断"和"处方"并不具有普适性。但是,由于现代法律最初发轫于西方,在那里经历了数百年发展历程,积累了丰富的经验,也暴露出大量的问题,更为重要的是,非西方国家的法律现代化都不同程度受到西方现代法律模式的影响,因此,西方现代法律的问题对于观察和思考所有非西方国家的现代法律特征和趋势具有一定的参考价值。当然,本文关注的不是现代法律的一般问题,而是现代法律模式下法律文化与法律制度以及文化之间关系的变化。

在现代社会,伴随着制度机制的结构化和文化的多元化,文化不再具有它们在传统社会中那样的地位了。它不再是凌驾于法律之上的价值权威,而是退居生活世界,成为人们日常生活的意义载体;它不再无所不及地渗透到一切领域,而是成为生活世界的构成要素之一;它不再成为官方的意识形态,而主要成为私人选择的对象和大众消费的"精神产品"。法律与宗教分离是现代法律与文化相分离的重要标志之一。伴随法律与文化相分离,法律制度、法律文化和一般文化之间的关系发生了重大变化。在传统社会,法律文化主要与文化关联,而在现代社会,它开始与文化脱钩,与法律制度密切关联;在传统社会,法律文化的价值主要是文

---

① 参见[美]昂格尔:《现代社会中的法律》,吴玉章、周汉华译,中国政法大学出版社1994年版,第221-225页。

② 参见[美]德沃金:《认真对待权利》,信春鹰、吴玉章译,中国大百科全书出版社1998年版。

③ 参见[德]哈贝马斯:《在事实与规范之间——关于法律和民主法治国的商谈理论》,童世骏译,生活·读书·新知三联书店2003年版。

化赋予的,在现代社会,法律文化的价值主要是法律制度中的价值引导和形塑。法律文化一旦脱离了文化基础,就失去了直接形塑和影响法律制度的整体性内在力量,而被外在的利益左右。正是由于社会的现代化解构了作为生活意义资源的传统文化,现代人才有被连根拔起之感。法律文化一旦受到法律制度的左右,社会就会形成自上而下地强加法律价值的恶性导控,就会出现哈贝马斯所说的"生活世界殖民化"的局面。当然,上文所言并不意味着社会的现代化是一种误入歧途,也并不意味着我们应全面恢复传统文化。社会的现代化有其合理性,因而这个过程不可逆转;传统文化有其未经反思的特征,因而其中包含许多不合理的成分。笔者的意思是说,我们应在借鉴和吸收传统文化合理内核的基础上形成现代文化,然后将现代法律文化植根于这种现代文化,并通过这种现代法律文化将现代法律制度与现代文化加以连通。只有这样,才能确保生活世界对于法律制度价值和精神的良性导控,从而避免规则专政事实、形式宰制内容、功能消解意义。

在对现代社会的法律文化问题进行了以上叙述之后,现在我们需要把关注点转移到法律文化的中国问题上来。法律文化概念在当代中国法学界受到特别重视,不仅有其特殊的理论和学术背景,而且有其实践的重要性。自清末以来,伴随变法改制和法律现代化的追求,中国相继以外来的法律制度取代了传统的法律制度。这种外来法律制度主要来自西方和苏联,后者也具有西方文化的背景。[①] 与此同时,外来法律文化也进入了中国。中国法律传统虽然在制度之维被外来的法律制度所取代,作为法律文化的观念之维却顽强地存活下来。由此当代中国法治面临着五种冲突。第一,本土法律文化与外来法律制度之间存在冲突。中国传统法律文化历史悠久,根深蒂固,并没有伴随西方法律制度的引进而退出历史舞台,它仍然支配着人们的法律态度,影响着人们的行为模式,这使得外来的法律制度在实践中常常变样走形,甚至完全失效。第二,不同法律文化之间存在冲突。当代中国法律文化主要有三种力量同时并存。第一种是传统法律文化,第二种是西方法律文化,第三种是从苏联引进的社会主义法律文化。在这三种法律文化之间,一是本土法律文化与两种外来法律文化之间存在冲突,二是两种外来法律文化之间也存在冲突,因为社会主义法律文化虽然发源于西方,但它实质是反西方

---

① 例如伯尔曼和埃尔曼都将社会主义法系归入西方法律传统。参见[美]伯尔曼:《法律与革命——西方法律传统的形成》,贺卫方等译,中国大百科全书出版社1993年版,第24-25页、第32-39页;[美]埃尔曼:《比较法律文化》,贺卫方、高鸿钧译,清华大学出版社2002年版,第26-27页。

自由主义的法律文化。可以说,当代中国关于物权法的争论就是这两种外来法律文化之间冲突的体现。第三,外行法律文化与内行法律文化之间存在冲突。随着法学教育的发展和法律职业者专业化程度的不断提高,内行法律文化日益开始脱离外行法律文化,高度认同现行法律制度所体现的价值,外行人士虽然也开始受到现行法律制度中价值的影响和外来法律文化的熏陶,但对于本土传统法律文化具有更高程度的认同,在乡土社会,外行法律文化与内行法律文化之间的冲突尤其明显。第四,内行法律文化之间存在冲突。一是表现在来自西方的法律文化与来自苏联的法律文化之间存在冲突;二是表现在来自西方法律文化内部即大陆法文化和英美法律文化的冲突。第五,上述多元的法律文化与统一法律制度的要求之间存在冲突。上述种种冲突正在困扰着当代中国法治的发展,需要我们认真对待并寻找解决之道。

如何对待这些问题?第一种选择是采取任其自然的态度,相信车到山前必有路,船到桥头自然直,把它们托付给未来的实践来解决,任凭其在冲突中整合和在碰撞中协调。然而,这种"自发秩序"的思路只适用于小国寡民的乡土社会,至多适用于现代西方的自由放任阶段。对于当代中国这样复杂的大型社会来说,这种思路则未免显得过于天真和幼稚。第二种选择是摆脱一切外来文化和法律的影响,全面恢复传统的文化、法律制度和法律文化。但是中国社会业已历经了160多年的变革并已经被深深地卷入了现代化的洪流中。在社会结构、关系和价值已经发生深刻变化的情势下,退归过去的时间隧道已不复存在。中国古代的有识之士就已认识到,以先王之法治后来之世不过是刻舟求剑之愚:"舟已行矣,而剑不行,求剑若此,不亦惑乎!"①第三种选择是在法律制度和法律文化上全面西化。我们都知道,全盘西化的主张者在20世纪早期确实不乏其人,但随着对中西历史传统、文化差异和当代情境认识的深化,人们已经明确意识到,即便中国全盘西化是可欲的,也是不可能的。许多非西方国家全盘西化的试验所留下的惨痛教训便是明证。如此看来,上述几种选择都存在问题,我们必须考虑其他路径,以下试具体言之。

首先,中国现代法治需要"文化底盘",否则法治难以健康发展。如上所述,在现代社会,由于体制化和制度性"刚性"机制的强化,作为"柔性"机制的文化不再承担统驭万象和全面整合社会的功能,它开始退居生活世界,为私人生活提供意

---

① 《吕氏春秋·察今》。

义资源。但是，这并不意味着法律可以与文化毫无关联。中国在当代法治的发展中，应在法律制度、法律文化以及一般文化之间保持联系，使法律文化植根于一般文化，法律制度建立于法律文化的基础之上。只有这样，才能确保法律价值的良性发展，才能整合当代中国法律制度、法律文化以及一般文化之间的冲突。

这里所言一般文化即指中国传统文化的价值维度。当然，对于传统文化的价值我们应加以区分和鉴别，而不应"照单全收"。就传统文化价值的现代适应性而言，大体可分为三类：一是完全过时的价值，二是不完全过时的价值，三是完全不过时的价值。属于第一类的有"三纲"之类的不平等价值观、"守节"之类的泛道德义务观、严刑峻法的重刑主义以及诉诸灵魅的非理性因素，对此类价值应加以摒弃。属于第二类的有"民贵君轻"的民本主义和"法不阿贵"的平等执法诉求等，对此类价值我们可以通过扩充"内存"的方法实现"版本升级"，使之具有现代适应性。属于第三类的有"天人合一"和"道法自然"的天道观、"道并行而不相悖，万物并育而不相害"的宽容观、"一言既出，驷马难追"的信义观、"天下人皆相爱"的兼爱观、"己所不欲，勿施于人"的道德观以及"暴君放伐"的反抗暴政精神等，此类价值具有跨越时空的普适性，我们应当加以发掘和提炼，使之发扬光大。我们在当代所要复兴的就是后两类文化价值，并在此基础上形成中国的现代文化。换言之，我们可将具有现代适应性的文化价值作为法律价值的"底盘"，然后构建中国的现代法律文化，并通过法律文化的中介，把中国文化与现代法律制度联结起来。由此，这种法律文化既有中国文化的根基又有现代适应性，而体现这种法律文化的法律制度也既有中国文化的根基又有现代适应性。与此同时，这种既具有传统文化根基又具有现代适应性的法律文化在价值取向和精神气质上与基本人权、现代宪制和具有普遍性的各国现代法律文化相联通，由此，当代中国的法律文化得以与全球主流法律文化联结起来。

其次，静态法律制度不过是抽象的符号，对于普通民众的观念影响不大。实际上，法律制度运行的效果对于法律文化具有重要的影响。法律制度的运行效果如果不佳甚至与法律制度的目标和初衷相违，那么就会扭曲和消解法律制度的功能，进而就会影响公众的法律信念。因此，执法和司法活动的示范效应特别重要。国家机关及其工作人员奉公守法和严格执法，会对现代法律文化的形成、确立和发展产生良好的示范作用；反之，执法者胡作非为，将法律玩于股掌之间，会严重妨碍和颠覆现代法律文化。富勒在其法制的八项原则中之所以特别强调官员行为与法律的要求相一致，其意义就在于此。① 与此同时，在现代社会，司法活动日益成为法治运作的枢纽。司法机构的形象对于法律文化会产生十分重要的影响，如果公众对于司法机构缺乏信赖感，现代法律文化就难以形成和发展。在美国，人们之所以偏爱通过司法解决纠纷和有着"对法律的依赖性"，无疑与公众对于法院的公正司法认同程度较高有关。② 确保司法公正是促进现代法律文化形成和发展的重要途径。

最后，为了推进法治的发展进程，中国数十年来坚持不懈地开展了普法活动。普法活动实际上是推广现代法律文化的社会动员，所要解决的主要问题就是弥合传统法律文化与现代法律制度之间的鸿沟，以便民众能够改变"落后"的法律观念，形成与现代法律制度相适应的"先进"法律意识。毫无疑问，这种现代法律文化启蒙活动的初衷可谓用心良苦，其规模之大和持续时间之久为古今中外所未有，对于推动法治的发展具有重要的意义。但是这种活动也存在一些问题。一是这种普法活动的主要途径是向民众宣传和灌输法律制度的知识，试图通过民众对法律制度的认知从而培养现代法律意识。但是，法律文化应源自生活世界，自下而上地生成，试图通过自上而下灌输的方式实现法律文化的跨越式发展，无异于揠苗助长，其效果往往是欲速不达。在现代法律文化的建构中，可行的途径是将具有现代适应性的中国传统文化加以提炼和升级，在此基础上形成中国式的现代法律文化，然后再把这种扎根于本土文化的现代法律文化与外来的现代法律制度加以整合，两者可以在"现代适应性"的交点上实现对接，达到"视域融合"。这样的整合可以缓解乃至消解本土的传统中国法律文化与外来的现代西方法律制度之间的冲突。二是普法采取的是运动的形式，一些地方政府为了应付上级的检查，不是注重实效，而是"轰轰烈烈走过场，认认真真搞形式"，在参加普法活动人数的统计上下功夫，因而普法的实际效果往往不佳。三是普法活动中流行的主题词是知法、懂法、用法和守法，其寓意是使人们知法和懂法，从而用法和守法。但实际上，现代法律的体系复杂，用语抽象，专业性和技术性极强，只有经过专业训练的法律职业者才能理解和掌握，对于普通民众来说，知法和懂法的期待根本无法实现。由此可见，中国的普法目标定位过高。四是由行政机构主导的普法活动

---

① Lon L. Fuller, *The Morality of Law*. New Haven: Yale University Press, 1969:81-84.

② 参见［美］L. S. 温伯格、J. W. 温伯格:《论法律文化和美国人对法律的依赖性》，潘汉典译，载《法学译丛》1987 年第 1 期，第 21-24 页。

往往重在强调公民守法,而对于公民如何运用法律维护权益则强调不足。当然,对于中国的法治发展来说,强化遵守规则意识是十分必要的,但片面强调守法义务会使法治具有"以法治民"的导向,会使民众产生对法律的畏惧心理。近年来,媒体的普法启蒙教育比行政主导的普法效果更加显著,例如《今日说法》之类的电视节目就深受欢迎。尤其值得注意的是,这些节目在强化人们遵守规则的同时,逐渐开始强调公民依法维权的意识。

笔者相信,通过上述努力,当代中国法律文化与法律制度之间以及不同法律文化之间的冲突可以得到整合,由此法治有望健康发展。

（摘自高鸿钧:《法律文化的语义、语境及其中国问题》第三部分,原载《中国法学》2007 年第 4 期。）

中国法制现代化道路上的"知识联结难题"

一种基于知识联结能力批判的观察

舒国滢

一、被延误的法制现代化

在现代世界体系中,任何一个国家(特别是那些在地理和人口规模上体量较大的国家/帝国)一旦选择"现代化"(包括法制现代化)作为自己重新"进入世界"和"打开世界"的方式,它就不再是一个孤立的事件,不再是一个可以在完全封闭的环境中进行"舒舒服服"的"自我制度实验"、自我发展经济和"文化再造"过程,而必须是"以世界作为整体政治—社会单位"[如联合国、世界贸易组织等国际组织所代表的"世界",有学者提出"世界共和国"(Weltrepublik)概念①]来部分地参与世界(经济、政治和文化)的进程。应当看到,这里存在着希望走现代化之路的国家与外部世界(尤其是那些已经实现了现代化的西方发达国家)之间的"文化互视"或"双向的对流认知(解读)":外部世界审视和认知(解读)试图实行现代化的国家,后者亦审视和认知(解读)外部世界[既以外面的世界为观察对象,也以世界的眼光(他者的眼睛)反观自我],由此形成"对世界的知识",以及借由"对世界的知识"而产生"对自我的知识"(反射性自我认知/反观知识)。显然,试图走现代化之路的国家的"双向知识"("对世界的知识"和"对自我的知识"),尤其是如何对待

---

① Otfried Höffe, Vision Weltrepublik: Eine philosophische Antwort auf die Globalisierung, in: Winfried Brugger/Ulfried Neumann/Stephan Kirste (Hsg.), Rechtsphilosophie im 21. Jahrhundert, Suhrkamp Verlag Frankfurt am Main, 1. Aufl., 2008, S. 380 ff.

需要借鉴的知识和如何对待本国的传统①)对于它们实现现代化目标而言是异常重要的。

如前所述,从客观方面看,中国自 1840 年以来出现"被延误的现代化"既有外因,也有内因:晚清民间起义,太平天国革命,义和团运动,自强运动,维新运动,辛亥革命,皇权帝国解体,国民革命,军阀割据,土地革命,日本侵华,战乱频仍,政局长期动荡不安,政权更迭频繁,儒教文明崩坏,土地贫瘠,自然灾害频发,人口增长,疾病(瘟疫)蔓延,传统小农经济封闭,农业生产力低下,农村普遍贫困化,城乡差距拉大,工业基础薄弱,工商业依附政治权力,工业资本积累严重匮乏,等等。② 这些因素交织在一起,造成中央集权的国家体制的破坏,国家主权与统一的破损,社会秩序的混乱,大量资源的破坏与浪费,民族精神的损伤,从而减损了中国现代化的驱动力。③ 按照罗荣渠先生的描述,这个百年的历史过程伴随着统治的衰败,"半边缘化"(半殖民地化)和中国原有历史的中断,病急乱投医,模仿和抄袭各种外来的现代化方案,为引进现代文明的创新而丢掉既往文明的更新,在抄袭外国和回归传统之间摇摆不定,杂乱无章,从而延宕了中国的现代化。④

比较而言,中国法制现代化作为中国整体现代化的一个部分,其发生的时间相对较晚,被延误的原因亦更为复杂。总体来说,在一个有古老法律文明传统的国度,法律不可能主动担当改变"社会文明类型"的角色(只有列强在其殖民地才有可能因为统治和殖民的需要而下令废除殖民地原有的法律,强制推行自己的"文明"法律,来改变殖民地原有的社会结构、社会关系和社会生活),而是有选择地、渐进地因应社会本身的变化。所以,不是古老的法律会突然毫无理由地改变原有的社会结构、社会关系和社会生活,而往往是突然(至少部分地)变化了的社会结构、社会关系和社会生活要求原有的法律必须改变,即社会推动法律变革

---

① 如钱穆先生谈民族自我认知的意义:"当知无文化便无历史,无历史便无民族,无民族便无力量,无力量便无存在。所谓民族争存,底里便是一种文化争存。所谓民族力量,底里便是一种文化力量。"钱穆:《历史教育几点流行的误解》,载《教育》2010 年第 16 期。

② 参见雷颐:《被延误的现代化——晚清变革的动力与空间》,载《社会科学论坛》2000 年第 3 期;初新才:《1911—1949 年中国现代化进程延误的原因》,载《山东师大学报(社会科学版)》1995 年第 5 期;石冬明:《传统社会结构与中国早期现代化的延误》,载《齐齐哈尔大学学报(哲学社会科学版)》2006 年第 3 期。

③ 参见罗荣渠:《现代化新论:世界与中国的现代化进程》(增订本),商务印书馆 2004 年版,第 355-356 页。

④ 参见罗荣渠:《现代化新论:世界与中国的现代化进程》(增订本),商务印书馆 2004 年版,第 254-255 页、第 350-351 页、第 358 页。

（"变法"）。正如我们在上文所看到的，近代中国经济、政治、社会和文化等变化的外部因素和"中国问题"（特定国情）内生的特殊原因打破了传统中国的社会结构、社会关系和社会生活，"变法"在所难免，成了不可逆转的趋势。①

尽管如此，关于如何"变法"，这里有三个基础性立论需要确立：第一，中国法制有一个从传统到现代转型的现代化问题；第二，中国法制现代化存在着一个实现现代法治的"理想图景"或"理想目标"；第三，清末以来中国发生了一系列特殊的历史事件，上述"理想图景"或"理想目标"在某些历史阶段并未实现，故而存在所谓的"法制现代化被延误"现象。

第一个立论表明：中国要实行现代化，不可能直接依靠传统中国未经过任何转型或更新的旧法制来达到目标，借助传统的旧法制不可能使中国社会"自然进化"为现代法治社会。② 换言之，从传统中国的法制中不可能径直开出现代化议题，当然也不可能将它作为推动和保障中国社会现代化转型的工具。但在这个立论上有可能存在另一个完全相反的意见，在该立论的实际的和潜在的反驳者看来，一个国家的现代化与其法制现代化没有直接干系，或者说作为工具意义上的传统法制与现代化之间并不必然存在对立，③两者之间反而有可能存在相互联结的方式和方法。照此理解，法制本身无所谓现代化，"法制现代化"是一个伪命题。这无异于说，"旧瓶"完全可以装"新酒"，不论是"新酒"还是"旧酒"，都不能缺少作为盛酒容器的酒瓶，而酒瓶本身无所谓新旧。

不过，对于第一个立论的反驳性意见会遭到第二个立论的理论审查。第二个立论引出"实现现代法治"的话题，实际上就等于否定了"'法制现代化'是一个伪命题"的判断。如果说，中国法制现代化是"以建构和实现法治为目标的法律制度现代化"，那么，由于传统中国旨在维护"王道大一统"的旧法制与"现代法治"在价值目标和法律精神上的扞格不入，它对于以现代法治为原则的现代制度文明实际

---

① 参见张晋藩：《综论中国法制的近代化》，载《政法论坛》2004 年第 1 期。

② 参见信春鹰：《从艰难与挫折中走向辉煌——20 世纪中国法治发展回顾与未来前瞻》，载《清华法治论衡》2000 年第 1 期。

③ 罗荣渠先生指出，中国现代化的过程是一个历史连续性的破坏与延续的深刻矛盾运动。这意味着中国走现代化之路，也不能完全抛弃传统（当然包括中国传统的法制），不能打断历史的连续性。参见罗荣渠：《现代化新论：世界与中国的现代化进程》（增订本），商务印书馆 2004 年版，第 357-358 页、第 361 页。但笔者认为，这里的核心问题在于：当旨在"规划"未来可欲的"可能生活世界"之现代化改革方案与作为"既有的制度事实"的传统之间的矛盾到了不可调和的程度，可能就有一个"取一舍一"的选择。

上缺乏解释力和论证力；而任何一个旨在实行现代化的国家均必须以法治化，即以实现现代法治价值和法治精神、建构法治制度为其鹄，①这就在传统中国法制与社会现代化之间划出了一道需要逾越的鸿沟，传统中国法制不可能不经过任何（思想—知识上的）更新或转型而直接与现代化发生联结，并且径直作为社会现代化的"合法性"基础和联结的"桥梁"。

至于是否有一个实现现代法治的"理想图景"或"理想目标"，这个问题的讨论并不是辩护性的，也不是纯理论性的，而是实践性的。说它不是辩护性的，是因为这个主题即使内含有对诸如"'法制现代化'是一个伪命题"之类判断的反驳，但其本身的立论要义在于寻找实现法治的"图景"或"目标"，其主旨并不在于对其他议题的反驳或辩论，以维护自己的立论。它不是纯理论性的，是因为对这个问题的回答不是要从理论上"说明"实现现代法治的"理想图景"或"理想目标"的一般（普遍）标准，或者在理论上把作为借鉴/移植对象（即某个国家或地区）的某一个或某一些现代法治文明类型不加反思地确定为本国实现现代法治的"理想图景"或"理想目标"。这些都不是讨论该问题的正确方式。只有将实现现代法治的"理想图景"或"理想目标"作为一个实践性议题才是正确的，根本问题在于"中国"这样一个准备"计划"投身于现代法治建设的"内在参与者"必须从实践层面寻找到一种切合其自身"国情"的法治"图景"或"目标"，而且从其"内在的观点"来看是"符合实践理想的"。

故此，当传统中国的旧法制作为一个制度体系失去了直接作为晚近中国社会现代化的"合法性"基础并作为联结桥梁后，如何走现代法治之路，寻找既切合中国实际又"符合实践理想的"（可欲的）法制现代化方案就变成了中国平顺地完成由古代"农耕文明"社会向现代"商工文明"社会的转型，②并融入现代世界体系的一个重大而迫切的历史任务。

---

① 与传统的法制相比，法治价值和法治精神所体现的是一种全新的法律世界观，这种不同于古代社会的法律世界观与发生在近现代科学的、哲学的、形而上学的世界观中重要的转变（比如，从人类整体主体性转变为人类个体主体性，故而尊重个人的尊严、生命、自由、财产，以及强调人人平等）高度契合，尤其适合于为在实践中建构现代法律价值和法律制度奠定基础。参见［澳］沃克：《法治的危机——危险与机遇》，李小武、吴伟光译，载《清华法治论衡》2000 年第 1 期。

② 参见张恒山：《论文明转型——文明与文明类型》，载《人民论坛》2010 年第 32 期。

二、阻碍法制现代化的"知识联结难题"

重启现代化并融入现代世界体系的历史任务涉及处在各个不同历史时刻的当事者或当局者以什么样的知识来对其所处的"当下历史的局势"作出何种判断,这个判断可以被简称为"当下历史判断"。在这里,"当下历史判断"本身并不重要,以什么样的知识进行此种判断才是"在实践上重要的"。道理很简单:基于错误的知识或不适当的知识只能导致错误的或不适当的"当下历史判断",而根据这种判断就不可能寻找到既切合实际(国情)又"符合实践理想的"的法制现代化方案。只有基于正确的或适当的知识才有可能找到可欲的法制现代化之路。显然,若深入研究此问题,就必须回到上文提及的"双向知识"的讨论。

检视中国法制现代化的历史,我们似乎隐约地看到:处在各个历史时刻的当事者或当局者所作的"当下历史判断"总是或多或少表现出某种"片面性"和"短视性",他们看起来都来不及与外部世界进行足够充分的"双向的对流认知(解读)"("文化互视"),有时欠缺必要的"对世界的知识",尤其是缺乏有深度的"对自我的反观知识"。也就是说,中国法制现代化的道路上总是不同程度地存在着"知识联结难题":这个难题表现为在有关中国法制现代化主题上的诸种知识之间难以形成对接,即存在着联结的困难。

从理论上看,有关中国法制现代化的议题,至少有以下六类知识(如果加上时间/历史和空间/地域等认识对象,尚可作更为细致的知识类型分解)值得在理论上加以重视:(1)域外世界(这里主要是指中国以外的所有其他国家和地区作为构成单位的"世界")以"内部参与者"角色所形成的有关其各自历史上和当下的法律制度、法律文化之自我认知的知识;(2)域外世界中一些后发国家或地区以"外部观察者"或者有时以"内部参与者"角色(这主要是西方列强的殖民地)对于其曾经作为"模范"对象移植而来的法律制度、法律文化之认知的知识;(3)域外世界作为"外部观察者"对于中国历史上和当下的法律制度、法律文化的知识;(4)中国作为"外部观察者"对于域外世界历史上和当下的法律制度、法律文化的知识;(5)中国作为"内部参与者"对于中国自己历史上和当下的法律制度、法律文化的知识;(6)中国既作为"外部观察者",也作为"内部参与者"对"作为整体政治—社会单位"(以联合国、世界贸易组织等为代表)的"世界"的法律制度(国际法律规则)的知识。

第一类知识之所以对中国法制现代化是重要的,在于中国人应当像清末修律大臣沈家本和伍廷芳等在主持变法修律时那样,透过域外世界的自我法律知识找到"折冲樽俎,模范列强"的方式。也就是说,域外世界的自我法律知识是中国人设计自我法制现代化方案参考的基础,即要了解"法治典范国家"及其"法治模式",必须先了解"法治典范国家"的自我法律知识。

第二类知识包含那些移植"法治典范国家"及其"法治模式"的后发国家或地区对于其所移植的他国历史上和当下的法律制度、法律文化的认识。[①] 后发国家或地区对于所移植的法律经历过实践尝试,由此而经历过较长时间的文化过滤和文化调适,其中不乏化解本土法律制度、法律文化与所移植而来的异质法律制度、法律文化之间的冲突、矛盾的成功案例,也可能具有实践尝试不成功的个案及经验教训。这些成功和不成功的案例对于中国法制现代化方案的选择和设计具有重要的参考价值。

第三类知识乍看起来与中国法制现代化无关,但它实际上在两方面会产生相关的影响:第一,域外世界对中国法律的正确知识或错误知识会使域外世界的当事者或当局者对中国进行的法制现代化方案具有不同的认知态度、判断和策略,这反过来又作用于中国的法制现代化进展的方式;第二,域外世界对中国法律的知识也会被中国人用来作为认识自己历史上和当下的法律制度、法律文化的无反思性知识[比如,对待亚细亚(包括中国)的生产方式和社会制度,西欧学术界有一种正统的观念,即"东方专制主义";对此,德裔美国历史学家、汉学家魏特夫于1957年著《东方专制主义:对于极权力量的比较研究》一书,提出一套"治水社会"的理论,对此,中国理论界至今仍有相当部分的信奉者[②]],或者相反,中国借助域外世界对中国法律的知识而产生某些极端敏感的反思性知识,这些知识既可能是对自己的法律制度和法律文化之极端"否定论"和"悲观论",也可能是完全盲目自大的"独尊论"和"优越论"。毫无疑问,第三类知识在中国法制现代化过程中完全可能产生实践上的溢出性效应。

---

① 第二类知识是清华大学法学院张明楷教授在 2021 年 10 月 13 日—15 日召开的首届"学术中国"国际高峰论坛上对于笔者所做的学术报告进行评论时提出的。对于张明楷教授就本文论点所作出的实质贡献,笔者特致以诚挚的谢意。

② 参见[美]魏特夫:《东方专制主义:对于极权力量的比较研究》,徐式谷等译,中国社会科学出版社 1989 年版;施治生、郭方:《"东方专制主义"概念的历史考察》,载《史学理论研究》1993 年第 3 期。

第四类知识是中国作为后发国家在法制现代化过程中学习、模仿（模范）现代法治模式的必要知识前提。没有对域外世界的自我法律知识［特别是对那些拟作为"模范"对象的"法治典范国家"法治化（包括经验和教训）历程的自我总结和评价知识］全面深入的了解，中国在走法制现代化之路时其实难以找到正确、合适的"路标"，因为此时中国有可能不清楚存在哪些"法治典范国家"及其"法治模式"，应当以什么样的"法治典范国家"的"法治模式"作为"模范"对象。诚如前述，在此情形下，中国靠完全封闭的"自我制度实验"在实践上是行不通的。

第五类知识对于中国法制现代化的意义是不言而喻的。在一个有着悠久的文明传统，疆域辽阔、人口众多、民族多样及各地发展不平衡的泱泱大国实行任何"变法"都不是一件小事，而是一项"功在当代，利在千秋"的伟业。在此方面，无论怎样强调我们自己对于中国传统法律制度和法律文化的"地方性知识"（local knowledge）的了解都不为过，因为任何一个国家实行"新政""新法"都不可能抛开自己的"本土资源"，而强制推行一种与本土制度文化无关、完全异质的"自我殖民地化"式的所谓"先进制度"。[①] 只有通过"对于自己传统法律的知识"，深入了解本国法律制度和法律文化之"土壤"性质，才会找到与需要"移植"的"先进"法律进行嫁接的可能性。故此，在模仿"法治典范国家"的法治时，应当知道如何将这种"模范"行动与中国古代优秀的法制文明传统进行合理审慎的对接，避免走"变法"的弯路，否则就会由于法律嫁接不当造成法制现代化方案"实验，失败，再实验，再失败……"之过程的恶性循环，或者因为新旧法律之间的剧烈冲突导致法律发展之历史连续性的破坏和社会持续性的动荡不安，有可能为之付出沉重而惨痛的社会—历史代价。[②]

第六类知识问题在近代中国初走法制现代化道路之时即已存在，但在当代，该问题在中国法制现代化进程中显得尤为突出和重要。这是因为，近代以来形成的世界体系［尤其是 1648 年签订的《威斯特伐利亚和约》（Peace of Westphalia）所确立的世界体系，简称"威斯特伐利亚体系"（Westphalian System），确定了以平

[①] 梁漱溟先生很早就注意到，近代中国向西洋学习着挫败，中国不仅没有因此走向富强，反而加深了国人水深火热的生活。其原因在于，西洋文明的模式在中国不可复制，西洋文明的道路在中国走不通。参见颜炳罡：《人类文明的中国模式何以可能——梁漱溟乡村建设理论的实质及其当代意义》，载《文史哲》2021 年第 4 期。

[②] 参见罗荣渠：《现代化新论：世界与中国的现代化进程》（增订本），商务印书馆 2004 年版，第 360-361 页。

等、主权为基础的国际关系准则,强调和平商议、协调解决国际争端,因而成为近现代国际关系的奠基石]自觉不自觉地把近代和当代的各个国家强行纳入统一的"世界国家秩序"中,① 将主权国家逐渐变成了"整个世界的一部分"。有人甚至把1948 年《世界人权宣言》的发表看作"法的世界化"("法律世界化"或"法律全球化")进程开始的标志,认为这个宣言显现出"非排他的全球""承认所有文化的全球"性质。② 无论如何,现代世界体系以其不可阻挡的力量将它的国际法治秩序及其(一定程度上反映着西方价值的)"文化选择"强加于国际社会的各个成员国家,这也构成了中国法制现代化的一个"历史性条件"。作为置身于现代"世界结构"之中的中国已经从历史上"世界游戏"的"局外人"转变为"世界游戏"的"参与者",③ 当然也有义务了解和熟悉各个领域的国际法律规则,应当将国内法治("国家级法治")建设与国际法治("国际级法治")建设衔接起来,不应主动放弃参与乃至主导国际社会法治秩序与"和谐国际"重新共同建构的资格,不应在决定人类共同命运的历史进程中再次失去发言权。④ 鉴于国际法治("国际级法治")有可能构成"解释、理解、合法化各国政府的政策"的一个重要指标,⑤ 那么,中国对于(尤

---

① 近代世界体系发展的总趋势是:在各国关系中,文明的进展可以被认为是"从武力到外交、从外交到法律"的运动。See Louis Henkin, *How Nations Behave: Law and Foreign Policy*. New York: Columbia University Press, 1979: 1-400.

② 参见[法]戴尔玛斯-马蒂:《法的世界化——机遇与风险》,卢建平译,载《法学家》2000 年第 4 期。

③ 黑格尔指出:"中国很早就已经进展到了它今日的情状;⋯⋯中国和印度可以说还在世界历史的局外,而只是预期着、等待着若干因素的结合,然后才能够得到活泼生动的进步。"[德]黑格尔:《历史哲学》,王造时译,上海书店出版社 1999 年版,第 122-123 页。另参见邓正来:《中国法律哲学当下基本使命的前提性分析——作为历史性条件的世界结构》,载《法学研究》2006 年第 5 期。

④ 美国社会学家沃勒斯坦认为:"占人类四分之一的中国人民,将会在决定人类共同命运的历史进程中起重大的作用。"[美]沃勒斯坦:《现代世界体系》(第 1 卷),罗荣渠等译,高等教育出版社 1998 年版,"中文版序言",第 2 页。这像是沃勒斯坦专对中国读者说的一句客套话,但对于我们中国人的未来事业仍然不失为一种正面的期许。

⑤ Ian Hurd, The international rule of law: Law and the limit of politics, *Ethics & International Affairs*, 2014(1): 39-51.

其是其中涉及联合国成员国"法治自愿承诺"①的)国际法律规则的知识反过来会影响国内法治建设,影响中国内部的法制现代化进程,这一点是毋庸置疑的。②

在中国,无论走何种法制现代化道路,怎样寻求实现现代法治的"理想图景"或"理想目标",都离不开对上述六类知识的深度了解,以及对它们进行的有效联结。现代法治的"理想图景"或"理想目标"绝不是像某种摆放在博物馆或艺术馆中的展品,随时供人们浏览、观赏。毋宁说,它们的形象是在历史的不同阶段中自我展现出来的,它们的面纱在国家的法治实践/建设的实践过程之中才有可能被一丝一缕地撩开,这需要处在各个历史时刻对时局作历史判断的当事者或当局者在变动不居、云谲波诡的历史形势中对时局有清醒、客观、正确适当的判断,并准确地抓住对于其所从事的法制现代化事业、所欲实现的现代法治目标极为重要而又可能稍纵即逝的"历史时刻"。

(摘自舒国滢:《中国法制现代化道路上的"知识联结难题"——一种基于知识联结能力批判的观察》第二部分,原载《法学》2022年第12期。)

---

① 2012年9月24日,联合国大会通过《国家级和国际级法治宣言》(《联合国法治宣言》)之后,又倡导各会员国可以单独或联合作出"法治承诺",其内容包括国家行动和国家援助、条约的批准和加入及实施、国际法院管辖权的接受和判决的执行、有关防止和惩处国际威胁的措施、治理与反腐败、立法改革与发展、司法制度保障与改革、冲突和冲突后社会和平与法治建设、人权保护、性别与儿童权利等。参见曾令良:《国际法治与中国法治建设》,载《中国社会科学》2015年第10期。

② 参见贾烈英:《联合国与国际法治建设》,载《国际政治研究》2018年第2期;曾令良:《国际法治与中国法治建设》,载《中国社会科学》2015年第10期;范进学:《"法治中国":世界意义与理论逻辑》,载《法学》2018年第3期。

致　谢

本手册是浙江大学于 2023 年启动的"自主知识体系丛书·手册系列"之一。受学校学院的委托,由我牵头负责《法理学手册》的编辑。感谢学校社科院与光华法学院领导的信任。

我把这项工作视为集体学习的一次重要机会。本书编辑工作的主要团队成员是现在或曾经随我攻读博士学位的同学。在编辑过程中,按条目分工,所有团队成员都要在反复阅读学习相关文献的基础上,提出自己的推介意见并附带详细的说明与论证。我们还为此多次组织集体研讨活动,对一些有争议的选择展开讨论。其中,在杭州学习、居住、工作的团队成员,邵培樟、张帆、卢丽彬、赵义申、符镓麒、郭小东、徐翼、周元伟等,付出了更多的心血。感谢大家的热情参与。

包括手册的结构、选择标准等主要编辑构想,虽然是由我本人提出,并征求大家意见后形成的,但是两位副主编的工作,也发挥了重要作用。副主编之一的张帆副教授对于各种法学版本学科手册的丰富知识以及个人对手册编写的见解与观点,给了我重要启发;另外一位副主卢丽彬同学,则负责了手册编辑中的各类日常事务和琐细的工作,她的学识和认真,分担了这项工作给我的压力。

在手册的编辑过程中,我们曾经以各种方式向学界同仁请教,郑成良、季卫东、孙笑侠、张骐、胡玉鸿等五位教授曾亲临浙江大学光华法学院所在的杭州之江校区,参加手册编辑征求意见会,在肯定我们工作的同时,也当面给了我们宝贵的建议;还有公丕祥、李林、舒国滢等教授以书面的方式表达了对我们工作的支持,当然,也提出了许多建设性的意见。在入选作品基本确定之后,征求作者意见的过程中,所有作者都表示了对我们的支持,有些还与我们进行了反复商讨,有些做出了新的修改,信春鹰教授还提供了专稿。当我们向一些已经过世的老一辈法学家的学生征询意见时,沈国明、李林、张骐、谢鹏程等教授为我们提供了各自老师成果的许多重要线索。感谢各位专家学友。

　　本手册的编辑工作，也是在浙江大学社会科学研究院赵怡老师、浙江大学出版社陈佩钰、梅雪等几位编辑不断地提醒、督促下完成的。即使是普通的教师，如果没有人监督，也是会懈怠的。

　　当然，尽管有大家给予我们的大力支持，以及提出的诸多宝贵意见和建议，本文的编辑工作仍不可避免地存在一些缺点和错误。作为牵头人和最终决定者，《法理学手册》编辑的全部文责将由我来承担。

　　再次向大家表示诚挚的感谢！

葛洪义

2024 年 9 月 3 日

附　录

拓展阅读

第一章:法理学的问题域

1. 刘瀚、夏勇:《法理学面临的新课题》,载《法学研究》1993 年第 1 期。

2. 李龙、汪习根:《二十世纪中国法理学回眸》,载《法学评论》1999 年第 4 期。

3. 周永坤:《理论创新与结构重组——法理学的青春危机及其消解》,载《法学》2000 年第 3 期。

4. 严存生:《法理学、法哲学关系辨析》,载《法律科学》2000 年第 5 期。

5. 苏力:《也许正在发生——中国当代法学发展的一个概览》,载《比较法研究》2001 年第 3 期。

6. 蒋立山:《法理学研究什么——从当前中国实践看法理学的使命》,载《法律科学》2003 年第 4 期。

7. 侯猛:《当代中国法学理论学科的知识变迁》,载《法商研究》2006 年第 5 期。

8. 刘雪斌、李拥军、丰霏:《改革开放三十年的中国法理学:1978—2008》,载《法制与社会发展》2008 年第 5 期。

9. 徐显明:《中国法理学的时代转型与精神进路》,载《中国法学》2008 年第 6 期。

10. 徐爱国:《论中国法理学的"死亡"》,载《中国法学评论》2016 年第 2 期。

11. 於兴中:《法理学四十年》,载《中国法律评论》2019 年第 2 期。

12. 舒国滢:《新中国法理学七十年:变化与成长》,载《现代法学》2019 年第 5 期。

13. 葛洪义:《法理学的定义与意义》,载《法律科学》2001 年第 3 期。

14. 丰霏:《如何发现法理?》,载《法制与社会发展》2018 年第 2 期。

15. 朱景文:《中国法理学学科体系的变迁和反思——以中国人民大学法理学教材为主线》,载《中国法律评论》2020 年第 1 期。

16. 田夫:《从法学基础理论到法理学》,载《中外法学》2021 年第 1 期。

第二章:法学研究方法

1. 熊继宁、李曙光、王光进、覃桂生:《新的探索——系统法学派的崛起》,载《政法论坛》1985 年第 3 期。

2. 季卫东、齐海滨:《系统论方法在法学研究中的应用及其局限——兼论法学方法论问题》,载《中国社会科学》1987 年第 1 期。

3. 郑戈:《法学是一门社会科学吗? ——试论"法律科学"的属性及其研究方法》,载《北大法律评论》1998 年第 1 期。

4. 李其瑞:《论法学研究方法的多元化趋向》,载《法律科学》2004 年第 4 期。

5. 范愉:《新法律现实主义的勃兴与当代中国法学反思》,载《中国法学》2006 年第 4 期。

6. 邱昭继:《法学研究中的概念分析方法》,载《法律科学》2008 年第 6 期。

7. 桑本谦:《法理学主题的经济学重述》,载《法商研究》2011 年第 2 期。

8. 於兴中:《法学研究中的科学方法》,载《浙江社会科学》2014 年第 9 期。

9. 陆宇峰:《"自创生"系统论法学:一种理解现代法律的新思路》,载《政法论坛》2014 年第 4 期。

10. 凌斌:《什么是法教义学:一个法哲学追问》,载《中外法学》2015 年第 1 期。

11. 程金华:《当代中国的法律实证研究》,载《中国法学》2015 年第 6 期。

12. 郑智航:《比较法中功能主义进路的历史演进——一种学术史的考察》,载《比较法研究》2016 年第 3 期。

13. 王凌皞:《存在(理智上可辩护的)法律教义学么? ——论法条主义、通说与法学的智识责任》,载《法制与社会发展》2018 年第 6 期。

14. 姚远:《历史唯物主义法学原理中的"建筑隐喻"》,载《法制与社会发展》2020 年第 6 期。

15. 杨帆:《法社会学能处理规范性问题吗? ——以法社会学在中国法理学中的角色为视角》,载《法学家》2021 年第 6 期。

16. 马长山:《数字法学的理论表达》,载《中国法学》2022 年第 3 期。

17. 喻中:《论中国法理学史学科的创立》,载《中国法学》2024 年第 2 期。

第三章：法的本质与概念

1. 郭宇昭：《法的基本概念的再探讨》，载《中国法学》1988 年第 2 期。

2. 葛洪义：《规范主义·概念主义·国家主义（上）——评我国法概念研究理论框架的逻辑实证倾向》，载《政治与法律》1989 年第 3 期。

3. 葛洪义：《规范主义·概念主义·国家主义（下）——评我国法概念研究理论框架的逻辑实证倾向》，载《政治与法律》1989 年第 4 期。

4. 马长山：《从市民社会理论出发对法本质的再认识》，载《法学研究》1995 年第 1 期。

5. 孙国华、黄金华：《法是"理"与"力"的结合》，载《法学》1996 年第 1 期。

6. 李步云：《法的应然与实然》，载《法学研究》1997 年第 5 期。

7. 法律文化研究中心：《法律的本质：一个虚构的神话》，载《法学》1998 年第 1 期。

8. 谢晖：《法律本质与法学家的追求》，载《法商研究》2000 年第 3 期。

9. 信春鹰：《后现代法学：为法治探索未来》，载《中国社会科学》2000 年第 5 期。

10. 文正邦：《法的本原、本质和本体的法哲学论析》，载《法制现代化研究》2001 年第 00 辑。

11. 葛洪义：《法学研究中的认识论问题》，载《法学研究》2001 年第 2 期。

12. 王启梁：《法律是什么——一个安排秩序的分类体系》，载《现代法学》2004 年第 4 期。

13. 李琦：《法学关于法律是什么的分歧》，载《法学研究》2005 年第 6 期。

14. 郭道晖：《论法的本质内容与本质形式》，载《法律科学》2006 年第 3 期。

15. 陈景辉：《"习惯法"是法律吗？》，载《法学》2018 年第 1 期。

第四章：法律与权利

1. 张恒山：《论法以义务为重心——兼评"权利本位说"》，载《中国法学》1990 年第 5 期。

2. 封曰贤：《"权利本位说"质疑——兼评"社会主义法是新型的权利本位法"》，载《中国法学》1990 年第 6 期。

3. 郑成良：《权利本位论——兼与封曰贤同志商榷》，载《中国法学》1991 年第 1 期。

4. 文正邦:《有关权利问题的法哲学思考》,载《中国法学》1991 年第 2 期。

5. 葛洪义:《法律、权利、权利本位——新时期法学视角的转换及其意义》,载《社会科学》1991 年第 3 期。

6. 张文显、于宁:《当代中国法哲学研究范式的转换——从阶级斗争范式到权利本位范式》,载《中国法学》2001 年第 1 期。

7. 刘作翔:《权利冲突的几个理论问题》,载《中国法学》2002 年第 2 期。

8. 范进学:《权利概念论》,载《中国法学》2003 年第 2 期。

9. 程燎原:《权利理论研究的"再出发"》,载《法学研究》2014 年第 1 期。

10. 陆幸福:《权利话语的批判与反批判——围绕批判法学展开》,载《法制与社会发展》2014 年第 4 期。

11. 黄文艺:《权利本位论新解——以中西比较为视角》,载《法律科学》2014 年第 5 期。

12. 侯学宾、郑智航:《新兴权利研究的理论提升与未来关注》,载《求是学刊》2018 年第 3 期。

13. 刘杨:《基本法律概念的构建与诠释——以权利与权力的关系为重心》,载《中国社会科学》2018 年第 9 期。

14. 谢晖:《论新型权利的基础理念》,载《法学论坛》2019 年第 3 期。

15. 朱振:《认真对待理由——关于新兴权利之分类、证成与功能的分析》,载《求是学刊》2020 年第 2 期。

16. 陈景辉:《权利可能新兴吗?——新兴权利的两个命题及其批判》,载《法制与社会发展》2021 年第 3 期。

17. 刘叶深:《为新兴权利辩护》,载《法制与社会发展》2021 年第 5 期。

18. 王凌皞:《"被遗忘"的权利及其要旨——对"被遗忘权"规范性基础的批判性考察》,载《华东政法大学学报》2021 年第 5 期。

第五章:法律与权力

1. 李步云:《政策与法律关系的几个问题》,载《现代法学》1984 年第 3 期。

2. 陈春龙:《法治与国家稳定》,载《法学研究》1992 年第 2 期。

3. 林喆:《权力的交换与交换中的权力——市场经济中权力现象剖析》,载《中国法学》1993 年第 5 期。

4. 周永坤:《社会优位理念与法治国家》,载《法学研究》1997 年第 1 期。

5. 刘旺洪：《国家与社会：权力控制的法理学思考》，载《法律科学》1998年第 6 期。

6. 郭道晖：《权力的多元化与社会化》，载《法学研究》2001 年第 1 期。

7. 孙笑侠、郭春镇：《法律父爱主义在中国的适用》，载《中国社会科学》2006年第 1 期。

8. 李林：《论党与法的高度统一》，载《法制与社会发展》2015 年第 3 期。

9. 周尚君：《党管政法：党与政法关系的演进》，载《法学研究》2017 年第 1 期。

10. 张志铭：《中国法治进程中的国家主义立场》，载《国家检察官学院学报》2019 年第 5 期。

11. 吴玉章：《法律权力的含义和属性》，载《中国法学》2020 年第 6 期。

12. 尤陈俊：《法治建设的国家能力基础：从国族认同建构能力切入》，载《学术月刊》2020 年第 10 期。

13. 胡平仁：《权力概念的法学巡礼》，载《法律科学》2024 年第 4 期。

14. 郑玉双：《计算正义：算法与法律之关系的法理建构》，载《政治与法律》2021 年第 11 期。

第六章：法的创制

1. 吴大英、刘瀚：《立法体制研究》，载《法学评论》1984 年第 2 期。

2. 汪永清：《立法结构均衡问题初探》，载《中国法学》1990 年第 4 期。

3. 朱力宇：《立法体制的模式问题研究》，载《中国人民大学学报》2001年第 4 期。

4. 刘松山：《国家立法三十年的回顾与展望》，载《中国法学》2009 年第 1 期。

5. 张帆：《规范的缝隙与地方立法的必要性》，载《政治与法律》2010年第 3 期。

6. 宋方青、姜孝贤：《立法法理学探析》，载《法律科学》2013 年第 6 期。

7. 钱大军：《当代中国法律体系构建模式之探究》，载《法商研究》2015年第 2 期。

8. 朱志昊：《论立法协商的概念、理论与类型》，载《法制与社会发展》2015 年第 4 期。

9. 汪全胜：《立法成本效益评估制度的适用范围考察》，载《法学论坛》2016 年第 1 期。

10. 熊明辉、杜文静:《科学立法的逻辑》,载《法学论坛》2017 年第 1 期。

11. 冯玉军:《中国法律规范体系与立法效果评估》,载《中国社会科学》2017 年第 12 期。

12. 周尚君:《中国立法体制的组织生成与制度逻辑》,载《学术月刊》2020 年第 11 期。

13. 裴洪辉:《规范性立法法理学:理论空间与基本结构》,载《环球法律评论》2022 年第 4 期。

14. 封丽霞:《党领导立法的规范原理与构造》,载《中国法学》2024 年第 1 期。

第七章:法的实施

1. 沈宗灵:《论法律的实行》,载《法学研究》1988 年第 2 期。

2. 王晨光:《法律运行中的不确定性与"错案追究制"的误区》,载《法学》1997 年第 3 期。

3. 舒国滢:《从司法的广场化到司法的剧场化——一个符号学的视角》,载《政法论坛》1999 年第 3 期。

4. 郑永流:《法的有效性与有效的法——分析框架的建构和经验实证的描述》,载《法制与社会发展》2002 年第 2 期。

5. 张永和:《法律不能被信仰的理由》,载《政法论坛》2006 年第 3 期。

6. 范愉:《法律信仰批判》,载《现代法学》2008 年第 1 期。

7. 支振锋:《法律的驯化与内生性规则》,载《法学研究》2009 年第 2 期。

8. 许娟:《法律何以能被信仰?——兼与法律信仰不可能论者商榷》,载《法律科学》2009 年第 5 期。

9. 夏锦文:《当代中国的司法改革:成就、问题与出路——以人民法院为中心的分析》,载《中国法学》2010 年第 1 期。

10. 杜宴林:《司法公正与同理心正义》,载《中国社会科学》2017 年第 6 期。

11. 李娜:《守法社会的建设:内涵、机理与路径探讨》,载《法学家》2018 年第 5 期。

12. 陈柏峰:《乡镇执法权的配置:现状与改革》,载《求索》2020 年第 1 期。

13. 方乐:《司法说理的市场结构与模式选择——从判决书的写作切入》,载《法学》2020 年第 3 期。

第八章：法律体系、(规范)规则与原则

1. 罗玉中：《法律规范的逻辑结构》，载《法学研究》1989 年第 5 期。

2. 葛洪义：《法律原则在法律推理中的地位和作用——一个比较的研究》，载《法学研究》2002 年第 6 期。

3. 胡玉鸿：《法律原则适用的时机、中介及方式》，载《苏州大学学报》2004 年第 6 期。

4. 陈金钊：《作为方法的法律原则》，载《苏州大学学报》2004 年第 6 期。

5. 朱继萍：《法律规范的意义、结构及表达——一种实证的分析理论》，载《法律科学》2007 年第 4 期。

6. 刘杨：《法律规范的逻辑结构新论》，载《法制与社会发展》2007 年第 1 期。

7. 梁迎修：《方法论视野中的法律体系与体系思维》，载《政法论坛》2008 年第 1 期。

8. 张志铭：《转型中国的法律体系建构》，载《中国法学》2009 年第 2 期。

9. 范立波：《论法律规范性的概念与来源》，载《法律科学》2010 年第 4 期。

10. 陈林林：《法律原则的模式与应用》，载《浙江社会科学》2012 年第 3 期。

11. 吴玉章：《论法律体系》，载《中外法学》2017 年第 5 期。

12. 泮伟江：《法律是由规则组成的体系吗》，载《政治与法律》2018 年第 12 期。

13. 张骐：《论裁判规则的规范性》，载《比较法研究》2020 年第 4 期。

14. 宋旭光：《论法律原则与法律规则的区分：从逻辑结构出发》，载《浙江社会科学》2022 年第 2 期。

第九章：法律方法与法律思维

1. 郑成良：《论法治理念与法律思维》，载《吉林大学社会科学学报》2000 年第 4 期。

2. 张继成：《从案件事实之"是"到当事人之"应当"——法律推理机制及其正当理由的逻辑研究》，载《法学研究》2003 年第 1 期。

3. 严存生：《作为技术的法律方法》，载《法学论坛》2003 年第 1 期。

4. 谌洪果：《法律思维：一种思维方式上的检讨》，载《法律科学》2003 年第 2 期。

5. 张保生：《法律推理中的法律理由和正当理由》，载《法学研究》2006

年第 6 期。

6. 柯岚：《法律方法中的形式主义与反形式主义》，载《法律科学》2007年第 2 期。

7. 石旭斋：《法律思维是法律人应有的基本品格》，载《政法论坛》2007年第 4 期。

8. 熊明辉：《法律逻辑方法与司法公正实现》，载《中山大学学报（社会科学版）》2011 年第 5 期。

9. 孙光宁：《反思法律解释方法的位阶问题——兼论法律方法论的实践走向》，载《政治与法律》2013 年第 2 期。

10. 雷磊：《法律方法、法的安定性与法治》，载《法学家》2015 年第 4 期。

11. 吕玉赞：《论"把法律作为修辞"理论的合理性》，载《法学论坛》2015年第 2 期。

12. 孙海波：《通过裁判后果论证裁判——法律推理新论》，载《法律科学》2015 年第 3 期。

13. 王夏昊：《论法律解释方法的规范性质及功能》，载《现代法学》2017年第 6 期。

14. 焦宝乾：《法律人思维不存在吗？——重申一种建构主义立场》，载《政法论丛》2017 年第 6 期。

第十章：法治与人的尊严

1. 卓泽渊：《中国法治的过去与未来》，载《法学》1997 年第 8 期。

2. 孙育玮：《"法制"与"法治"概念再分析》，载《求是学刊》1998 年第 4 期。

3. 黎国智、庄晓华：《法治国家与法官文化》，载《现代法学》1998 年第 6 期。

4. 沈宗灵：《依法治国，建设社会主义法治国家》，载《中国法学》1999年第 1 期。

5. 姚建宗：《法治的人文关怀》，载《华东政法学院学报》2000 年第 3 期。

6. 叶传星：《法治的社会功能》，载《法律科学》2003 年第 5 期。

7. 徐亚文：《"以人为本"的法哲学解读》，载《中国法学》2004 年第 4 期。

8. 汪习根：《发展权与中国发展法治化的三维研究》，载《政治与法律》2007 年第 4 期。

9. 胡水君：《中国法治的人文道路》，载《法学研究》2012 第 3 期。

10. 钱弘道、王朝霞:《论中国法治评估的转型》,载《中国社会科学》2015年第 5 期。

11. 顾培东:《当代中国法治共识的形成及法治再启蒙》,载《法学研究》2017年第 1 期。

12. 范进学:《法治中国:世界意义与理论逻辑》,载《法学》2018 年第 3 期。

13. 齐延平:《"人的尊严"是〈世界人权宣言〉的基础规范》,载《现代法学》2018 年第 5 期。

14. 郑玉双:《人的尊严的价值证成与法理构造》,载《比较法研究》2019年第 5 期。

15. 张龑:《人之尊严:世俗化时代的法权基础》,载《中国人民大学学报》2019年第 5 期。

第十一章:法律现代化

1. 吕世伦、姚建宗:《略论法制现代化的概念、模式和类型》,载《法制现代化研究》1995 年第 00 期。

2. 夏锦文、蔡道通:《论中国法治化的观念基础》,载《中国法学》1997年第 5 期。

3. 苏力:《二十世纪中国的现代化和法治》,载《法学研究》1998 年第 1 期。

4. 刘星:《现代性观念与现代法治——一个诊断分析》,载《法制与社会发展》2002 年第 3 期。

5. 强世功:《迈向立法者的法理学——法律移植背景下对当代法理学的反思》,载《中国社会科学》2005 年第 1 期。

6. 邓正来:《中国法学向何处去(上)——建构"中国法律理想图景"时代的论纲》,载《政法论坛》2005 年第 1 期。

7. 邓正来:《中国法学向何处去(中)——建构"中国法律理想图景"时代的论纲》,载《政法论坛》2005 年第 2 期。

8. 邓正来:《中国法学向何处去(下)——对苏力"本土资源论"的批判》,载《政法论坛》2005 年第 3 期。

9. 邓正来:《中国法学向何处去(续)——对梁治平"法律文化论"的批判》,载《政法论坛》2005 年第 4 期。

10. 武树臣:《从"阶级本位·政策法"时代到"国、民本位·混合法"时代——

中国法律文化六十年》,载《法学杂志》2009 年第 9 期。

11. 张文显:《法治与国家治理现代化》,载《中国法学》2014 年第 4 期。

12. 刘小平:《法治中国需要一个包容性法治框架——多元现代性与法治中国》,载《法制与社会发展》2015 年第 5 期。

13. 郑戈:《法律帝国主义、法律东方主义与中国的法治道路》,载《交大法学》2017 年第 3 期。

14. 任强:《司法方法在裁判中的运用——法条至上、原则裁判与后果权衡》,载《中国社会科学》2017 年第 6 期。

15. 郝铁川:《中国改革开放以来法治现代化的范式转型》,载《法学》2019 年第 5 期。

16. 陈征楠:《社会理论视野中法律移植困境的重释》,载《法学》2020 年第 8 期。

17. 朱明哲:《法学交流的实践理论》,载《清华法学》2021 年第 4 期。

18. 季卫东:《中国式现代化与法律秩序重构》,载《中外法学》2023 年第 5 期。